自由と安全の刑事法学

生田勝義先生古稀祝賀論文集

編集委員
浅田和茂
上田 寛
松宮孝明
本田 稔
金 尚均

法律文化社

謹んで古稀をお祝いし

生田勝義先生に捧げます

執 筆 者 一 同

生田勝義先生 近影

はしがき

生田勝義先生はこのたびめでたく七〇歳の誕生日をお迎えになった。わたくしどもは、これを心からお祝い申し上げるとともに、先生の多年にわたる刑事法学の諸領域でのご活躍を思い返し、それぞれの問題関心に引き付けて、刑事法学の諸問題に関する論文集を作成し、生田先生の古稀をお祝いして献呈することを計画した。わたくしどもの意図は幸いにも多数の研究者・実務家の方々のご賛同を得ることができ、また法律文化社の絶大なご協力を得て、ここに本書を発刊する運びとなった。

生田先生は、一九四四年一〇月二五日、淡路島にお生まれになり、兵庫県立津名高校を経て大阪大学法学部へと進まれ、優秀な成績で同学部を卒業後は同大学大学院法学研究科において刑事法研究者としてのスタートを切られ、一九七三年四月、佐伯千仭先生の後任として立命館大学法学部に着任されたのである。それ以降、二〇一〇年四月に定年をもって一旦退職されたが、引き続き特任教授として立命館大学法学部と同大学大学院法学研究科ならびに同大学法科大学院での教育に携わられ、じつに四〇年余にわたって研究と教育とに多大の貢献を重ねてこられ、今日なお若々しい情熱を傾注され続けておいでである。

この間に先生の公表された研究業績は、巻末に収めた「業績目録」に見るように、多数かつ多分野にわたっているが、その端緒に置かれたものは、近代刑法の基本原理の一つである行為原理（Tatprinzip）の復権を図り、その豊富な内容と今日におけるその機能を含む、その全体像を明らかにしようとする企図であったように思われる。そして、長年にわたるご研究のひとつの到達点が、現代のわが国の法現象を見据えての、市民の自由と安全の確保を基本原理とする刑法の諸問題の再構成という課題の提起である。

刑事法学の各領域での先生のご研究に刺激され、また重厚なご業績に多くを学んだ者はきわめて広範囲に及んでいる。直接に立命館大学などの教室において、また各種研究会などを通じて、先生の指導を受け、あるいは発表される先生の研究成果に導かれて、研究者あるいは各分野の実務家となった者も膨大な数に上る。

今回、先生の古稀を祝賀する論文集としての本書に寄せられた多数の論稿は、大別して、
第Ⅰ部　自由と安全と刑法、
第Ⅱ部　現代社会と刑法解釈、
第Ⅲ部　人権保障と刑事手続、そして
第Ⅳ部　人間の尊厳と刑事政策、といった分野の諸問題を扱ったものであるが、そのいずれもが、生田先生のご研究に深く関係する内容である。その結果、本書は先生の果たしてこられた研究と教育の双方での大きな役割、そのご足跡を、あらためて振り返る機会ともなると期待したい。

わたくしどもは、長年にわたり研究上の刺激を与え続けていただいたばかりでなく、このたびは日頃の考察を論文として取りまとめる機会を与えていただいたということでも、この論文集に寄稿された多くの研究者・実務家の方々とともに、生田先生にあらためてのお礼を申し上げる。

先生は、教育と研究の両面でまさにご活躍中であることからも、また日常のお元気なお姿からも、とても「古来稀れ」なお年だとは信じられないが、今後ますますご健康に留意され、刑事法学のいっそうの発展と後進の育成のためにご活躍されるよう、心から願ってやまない。

二〇一四年七月二〇日

編集委員
浅田　和茂
上田　寛
松宮　孝明
本田　稔
金　尚均

目次

第Ⅲ部　人権保障と刑事手続

第Ⅳ部　人間の尊厳と刑事政策

第Ⅰ部　自由と安全と刑法

日本における法益論の歴史的検討——「学派の争い」を中心として——

嘉門　優

Ⅰ　本稿の課題

刑法学上、法益論に期待されてきた役割として、第一に、立法者に恣意的な処罰を許さず、国民にとって合理的な処罰根拠を示させるということが挙げられる。とくに、「法益侵害・危殆化」という概念の利点として、国民にとって比較的わかりやすい基準だということができるだろう。第二に、法益侵害説の功績として、違法判断の内容及び違法要素の範囲が、当該刑罰法規の予定する規制目的・保護目的によって限定されなければならないという認識を一般化させた点を挙げることができるとされる。(1) しかし、現在、法益論は期待された機能を果たしていない現状にあると評されている。(2) その原因を検討するにあたって、現在の日本刑法学における法益論の状況を詳細に分析する必要がある。これまで、法益概念の歴史について、ドイツにおける概念の形成過程は詳細に論じられてきたが、日本において法益概念がどのように導入されたのかについて詳細に論じられたことはなかった。たしかに法益論はドイツ刑法学における概念であるが、日本では、法益論はドイツとは異なる経過をたどって導入され、形成されてきたという特徴を有している（後述）。これまで日本の刑法学説は、主観主義と客観主義、行為無価値論と結果無価値論などの大きな争いを経験してきた。これらの学説において、犯罪についての理解は全く異なっていたにもかかわらず、どの刑法学説においても、基本的には法益論が採用されており、「法益関連性（＝法益侵害・危殆化）」が要求されてきた。ここで生じる疑問は、そこで要求されている法益概念や法益関連性とは、同じ内容のものなのか、また、同じ位置づけを与えられているのだろうかということである。

いわゆる自由主義的な法益概念を採用する見解（本稿では「自由主義的法益論」と称することとする）の特徴は以下のようなものである。

・【前実定的法益概念】法益は「法によって保護される一定の生活利益」を意味し、犯罪による侵害の対象となりうる現実的・事実的基礎をもたなければならない。その場合、一定の生活利益は、それ自体としては、実定法以前に所与として存在するものであり、前実定法的なものである。(3)

・【法益概念・法益侵害説の自由主義的性格】法益概念の原型としての法的財説が、権利侵害説から形成されたという歴史的な経緯からみれば、犯罪による侵害の対象を実質的に考えて、犯罪概念の不当な拡張を防止することによって、国家権力から市民的自由を確保するために法益論が刑法学に導入されたとみるべきである。(4)

・【結果としての法益侵害・危険】たとえば、未遂犯の処罰根拠としての、結果発生の危険を事後的・客観的に判断すべきと解する。(5)

結論から述べれば、各学説において使用されている「法益」ないしは「法益侵害・危険」という概念は、このような自由主義的な法益論とは、異なる意味、位置づけを与えられて使用されており、かなりの混乱状況にある。私見によれば、法益論が現在「期待される機能を果たしていない」とされる原因として、そもそも、刑法学上、法益概念、法益関連性の内実、位置づけがあまりにも多様化しすぎており、法益論の持つ意味が各論者で共有されていないという問題状況があると考えている。法益概念の非物質化や法益保護の早期化といった問題を検討する前に、そもそも刑法学において、法益概念や法益侵害にどのような意味や位置づけが与えられているかについて検討しなければ、議論がかみあうわけがない。また、このようなあいまいな法益論の使用は、処罰の限界や、真の意味での社会侵害性の要求についての議論を阻害しているとさえ思われる。そこで、日本への法益概念の導入過程について詳細に分析し、日本における法益論の特徴を明らかにしたい。本稿ではその第一歩として、法益論が日本に導入された時期、さらには、「学派の争い」期の学説における法益論をとりあげることとする。なかでも、主観主義刑法理論（牧野、宮本）、さらに旧派刑法理論のなかでも道義主義な観点を有する見解（大場、小野）における法益論を中心に分析することとする。

Ⅱ　法益概念の導入

1　折衷主義

法益概念はドイツ刑法の概念であるため、ドイツ刑法が日本に導入される以前の段階では、当然のことながら「法益」という文言が登場することはない。一八八〇年に旧刑法が治罪法とともに制定されたことは、その後、日本の刑法学が発展する契機となったといわれるが[6]、本稿の対象である法益概念に限ってみると、当然のことながら、旧刑法はフランス法の影響を受けたため、ドイツ刑法の概念である「法益」の文言は登場しない。旧刑法の生みの親であるボアソナードの刑法理論は、いわゆる折衷主義であり、刑罰の応報性を承認しながら、応報思想と功利的目的主義とを結合し妥協させようとする立場である。折衷主義は、犯罪を社会的害悪（mal social）であると同時に道徳的害悪（mal moral）であると解することにより、その折衷を実現しようとする理論であるが、その社会的悪とは、今日の言葉でいえば法益の侵害すなわち違法であり、道徳的悪とは道義的責任を意味し、結局、前者によって功利的目的主義を代表させ、後者によって応報思想を代表させていると評価されている。[7]

しかし、「社会的害悪・道徳的害悪」の内容について、ボアソナードに師事した宮城浩蔵によれば、「いかなる所為を罪として論ずるを得るや、いわく道徳に背きかつ社会を害する所為を罰するを得[8]」るのかの基準ははっきりとはしていなかった。たとえば、旧刑法二五八条の公然わいせつ罪は、「社会淳良の風儀を害する[9]」とのみ説明され、同二六三条の礼拝所不敬罪・説教等妨害罪については、本条の罪を規定する理由は、「元来神仏に対して敬うべきものであるとし、自分が尊敬していないことを理由に他人の尊敬を妨害するの悪行をなし、信仰者を害するをもってこれを罰する」と解し、この罪は道徳を害するものだとしている。[10] 以上のように、各則の解釈においては、社会的害悪と道徳的害悪の関係について、両者を要求することが徹底されているわけではなく、むしろ、場合によっては、道徳的害悪の存在のみによって処罰が正当化されていた。

2　犯罪の客体としての法益

当時、フランス刑法学の影響から、「被害者即ち犯罪の客者[11]」であるという記述が教科書に見られた。その後、ドイツ刑法学の影響を受けるが、当初は、一八八六年の江木衷の『現行刑法汎論全』をみても、ドイツ刑法学の引用が多数あるものの、法益という単語は登場しておらず、「犯罪の物体（Objekt）」という表現がみられるだけである。[12]

日本の刑法学において「法益」概念が登場するのは、一九〇〇年を少し過ぎたころだと考えられる。たとえば、岡田朝太郎が一八九四年に著した『日本刑法論』では、法益という語は見られず、犯罪について、「犯罪は国家の生存に必要なる条件に危害を加える所為なり」という説明をしていた。[13] しかし、ドイツ留学後の一九〇一年の『刑法講義総論』[14]や一九〇三年の『刑法講義（全）』には、「一切の法益は犯罪の客体なることを得。法益は法令の保護する利益というの節略語なり（法令自体の利益をいうに非ず）[15]」という記述がみられる。同様にリストの影響を強く受けた小疇伝も一九〇八年の段階で、「法律によって保護されるところの人類生活上の利益（一個人の利益または国体全体の利益を包含する）を称して法益という[16]」と書き記している。

その後、ドイツ刑法学の影響が強まるにしたがい、法益概念は日本刑法学に定着していくことになる。ただし、もともとフランス刑法の影響下で「犯罪の客体即ち被害者」という表現が広まっていた中で法益概念が導入されたために、法益は「犯罪の客体」であるという理解が広まることとなったようである。たとえば、泉二新熊は、一九〇八年の教科書において「犯罪の客体は犯罪の目的物をいうものなりとなし、刑法によって保護せるところの一切の利益（法益）は悉く犯罪の客体なりと解する[17]」とする。さらにその後公刊された教科書において、「すべて法律保護の目的物すなわち法益はその種類のいかんを問わず犯罪の客体たることを得るものとす」として、例えば、生命、身体、名誉、貞操、財産、信用、風俗、胎児、および無主動物などを例示した[18]。このように、泉二は法益を「犯罪の客体」と理解しており[19]、法益は「犯罪の性質如何によって」定まるとした。

以上のように、日本の刑法学に法益概念が定着する中、一九一七年に宮本英脩が、日本ではじめて法益論に関する本格的な論文を著した[20]。当時の研究者の間で法益論はあまり重要視されておらず、法益論に関する専門的な論考はなかったなかで、宮本は、法益論の研究が刑法学においてきわめて重要になると、当時すでに指摘していた。宮本論文の意義として、ドイツの法益論の議論状況を紹介したうえで、当時、日本刑法学において使用されていた法益概念の使用方法の混乱を整理しようとした点が挙げられる。つまり、当時、日本は、法益「の言葉の下に法益即ち保護客体および被害者の両者が理解せられることになって」[21]いたために、宮本は当時のドイツ刑法学における法益の理解を紹介することで整理を試みた。宮本によれば、客体という語は、被害者の意味以外に、行為の客体および保護の客体の二者を意味しうるという。保護の客体とは犯罪によって攻撃される客体であるとし、なぜなら、犯罪は不法行為として法によって保護される何者かを攻撃することをもってその実質としているからである。一方、行為の客体については、誤解を避けるために、犯罪の客体は、行為の客体を意味すべきとした。[22]

Ⅲ　学派の争いと法益論

1　現行刑法下における主導権争い

法益概念が導入されて以降、法益概念は「犯罪の客体」と理解され、多くの刑法教科書に「法益侵害、危険」という表現が犯罪の実質的定義として登場するようになる。ただし、これらの学説において「法益」は、「法律の保護する利益」[23]とのみ示され、具体的な内容については論じられていなかった。

一九〇七年の現行刑法制定後、明治末より大正にかけて「学派の争い」が牧野英一と大場茂馬を中心に展開された。現行刑法典は、犯罪鎮圧という国家的要請に応えるために新派刑法学の主張を受容し、刑罰論において旧派の妥協を強いたとされる。このことは刑罰の本質をめぐる議論を先鋭化させることになり、ひいては、現行刑法典の性格付けをめぐる議論へと進んでいく。[24]新派刑法学の全面的勝利を確信した牧野は、犯罪論においても主観主義を完徹する一方で、旧派を代表する大場は、現行法が責任主義を採用していること、各論において犯罪者の種類にしたがって刑罰が規定されているのではなく、犯罪の種類、犯罪行為の軽重大小に応じて刑罰の軽重大小が規定されていることを理由に、現行刑法典が基本的には旧派刑法学により強く依存している旨を強調した。[25]このような、牧野、大場による学派の争いはまさしく現行刑法における優位性を獲得するための主導権争いであったと評価しうる。[26] しかも、現行刑法典は、周知のとおり、犯罪の成立範囲と量刑について裁判官に広い裁量の余地を与えたため、それぞれの学派が自らの立場に立って解釈する余地が大きかった。そのため、それぞれの学派の立場によって犯罪を実質的に定義し、現行法を解釈することによって、主導権を握ろうと試みられることとなった。したがって、このような主導権争いは、当然のことながら、「法の保護する利益」として学問上、ならびに、実務上すでに定着していた法益概念、ならびに、法益侵害・危険の内実や位置づけに大きな影響を与えることとなった。

2 「法の保護すべき利益」としての法益

旧派刑法学の大場茂馬の場合、法益を「法の保護すべき利益」と定義して、人の利益を保護するという法律の目的よりその内容を理解する。[27] 各人は各生活上の利益を有するだけでなく、各人の多数によって成立する集合体もまた特定の利益を有する。しかし、各自の主観的利益は相一致するときもあれば、同時に相抵触する場合もあるため、法律によって各人はいかなる範囲までその利益を主張しうるか、また、いかなる行為を避けなければならないかを定めて、正当な利益を保護し、そうでないものは禁じるのである。このように単純な事実上の利益は、法律上保護される利益に変化するという。[28] そして、法律上保護すべき利益の中で、「刑法上保護すべき利益」は、とくに厚く保護することが必要なものであるとし、[29] 刑法の実質とは「特に保護に値し、かつ、特別なる保護を必要とする人の利益を保護するため強制力をもってその遵守を命ずる人類行為の準則であると略言することができる」とする。[30] このような準則の順守を強制する方法については、その保護すべき利益の軽重大小によって決定されるとし、利益が「一層優等なる保護を必要とするとき」は民事上の保護に加えて刑事上の保護を行うこととなるという。[31]

また、人の生活上の利益の保護は、「法律秩序」が保持されるによって最も平穏にかつ確実にその保護を全うしうるとし、さらに、刑法の目的たる利益の保護及び法律秩序の維持の目的を最もよく完徹しようと思えば、各人の道徳観念を培養助長するにとどまらず、さらに進んで道義の準則を確保しその威力を発揚することによって世道風教（良風美俗）の作振を図ることが必要だとする。大場によれば、刑法が存在しなければ道徳観念は自然に弱まり、道義の準則はその威力を喪失するというのである。[32] したがって、世道風教の保護もまた刑法の目的の一つであるとされることから、[33] 刑法上の準則は、刑法の目的である世道風教、法律秩序、および生活利益の保護を完徹できる実質を有していなければならないとする。[34] このような刑法上の準則に反する行為が犯罪であり、刑法上の準則は道徳上の準則と一致していなければならないとされる。

以上を踏まえて、違法性の説明において、「実質上よりすれば違法とは法律上保護する利益すなわち法益に対する攻撃なりとなすべき」とし、「法律上保護すべき利益、すなわち、法益なければ法律なく、したがって人類行為の法定準則なきに帰す」[35] と述べている。そして、「準則違反あれば法益侵害あるべく、また、法益侵害あれば必ず準則侵害あるべし」[36] とし、形式的違法と実質的違法とは表裏一体であると理解しているようである。本稿の関心からは、ここで述べられている「法益侵害」の内容が問題となるが、前述のように、大場は、刑法上の準則は、刑法の目的である世道風教、法律秩序、および生活利益の保護を完徹できる実質を有していなければならないと述べている。[37] したがって、法益の内容は「生活利益」にとどまらず、世道風教、法律秩序の保護までを含んでいると解される。このように法益概念を通じて、大場の旧派刑法学の主張がダイレクトに解釈論に導入されている。

3　新派刑法学と法益論

(1)　牧 野 説

一方、主観主義刑法学の主張者の中で中心的な役割を担ったのは牧野英一であった。牧野は、新刑法の制定とほぼ同時期に登場し、社会防衛の目的から一貫して現行刑法を解釈し、改革するべきという主張を行った[38]。牧野は、刑法による「社会保全」の必要性を主張し、「国家は、国家におけるわれわれの共同生活を保全し、統制し、発展せしめ、繁栄ならしめねばならぬ[39]」とする。刑法における法規の組織ないしそれによる犯罪の構成ということを理解するためには、それによって社会の保全という「目的」がいかに達成されうるかという観点から考察されるのだという[40]。したがって、「刑法は、すでに発生した実害又は危険に対するものではなくして、その侵害の反復に関する蓋然性に対するものとするので、刑事責任の基本及びその軽重は、犯行の反復の虞、すなわち悪性に依って、言い換えれば社会的危険性に依ってこれを定めるべきである[41]」とする主観主義を採用する。

では、このような牧野説において、「法益概念」はどのような位置づけを与えられているのだろうか。一九〇六年に、「犯人を処罰するは犯人の悪性に対して犯人の改善若しくは排除の方法をとり以て社会的防衛の手段をとらんとするのみ[42]」であって、「犯罪は法益の侵害にあらずして、悪性（反社会性）の表現なり[43]」と述べた。このような表現から法益侵害説を放棄するのかとも思える。しかし、現行刑法の各則では、犯罪は「法益」によって分類されており、犯人の性格の悪性に応じて分類されているわけではない[44]。このように各則が客観主義を採っている理由について、牧野は、刑法という国家の重要な法律が法益侵害のいかなるものをいかに重く評価することを明らかに示すことは重要な機能であるためとしており、一般予防効果の考慮であると説明していた[45]。さらに、実務上も、「法益」に基づく判断がすでになされていた（大判明治三九年一一月八日刑録一二輯一一九五頁など）。このような現行法の体系の下では、牧野も法益論を前提とする必要があった（ないしは、そうせざるをえなかった）と思われる。したがって、その後の教科書では、犯罪は、一定の侵害又は危険を発生する行為があったときに成立するとしている。ただし、法益概念についての定義はなされておらず、刑法の各本条から理解されると述べている。つまり、侵害又は危険の内容を刑法の各本条が個別的に規定しており、この侵害または危険の客体となっているものを「法益」と呼ぶとし、

各種の犯罪につき、その被害法益の何であるかを明らかにすることは刑法各論の仕事であるというのである。(46)

ここで問われるのが、各本条が規定しているとされる「侵害又は危険」の実質的内容である。当然のことながら、条文から「法益に対する侵害または危険」の内容が常に明らかになるわけではなく、牧野は、「刑法は、すでに発生した実害又は危険に対するものではなくして、その侵害の反復に関する蓋然性に対するもの(47)」であると解されている。そのため、牧野は、法益の侵害・危険を、社会の常軌を逸脱することだと理解し、換言すれば、共同生活を規律する法規の目的にしたがわないことだとする。(48)また、行為の社会的常軌性とは、行為が公の秩序および善良の風俗に反することだとする。このように、牧野説において、法益に対する「侵害、危険」は、処罰されるべき「行為」の属性を示す概念となっているといってよい。すなわち、法益に対する「侵害、危険」は、行為がいかに社会の常軌に反する行為であって、犯人の反社会的性格が示されているかということを示すための概念として使用されている。そして、牧野説では、法益に対する「侵害、危険」は、実害ではなく、「行為が有する、法益に対する一般的な危険性」として理解されるため、犯罪の成立に実害としての結果発生を必須の要件とは理解されないことにつながる。たとえば、安寧秩序に対する罪（昭和二二年法律第一二四号刑法の一部を改正する法律によって削除）のような形式犯も肯定的に解していた。(49)

以上のように、牧野説においても、新派刑法学という牧野の立場をダイレクトに解釈論に導入するための道具として法益論が利用されたといいうる。しかも、「侵害・危険」の概念は、実害の要求ではなく、行為の属性として理解されており、処罰を制約する機能を果たすことができないものとなっていた。それに加えて、牧野は周知のとおり、自由法論に立ち、類推解釈を許容すべきとしていたのであり、(50)処罰を限定するという観点からは非常に問題のある理論構成だったといわざるをえない。

(2) 宮本説

牧野と同じく主観主義を主張する宮本英脩も犯罪徴表説を採るが、その理由づけは規範論に基づいている点で異なっている。宮本によれば、規範（Normen）は当為（Sollen）を本質とする。すなわち、規範はある目的（価値）に照らして普遍的に一定の態度が要求されるときに成立する。したがって、規範に適合しまたは適合しない各個の態度はまた一の価値である。換言すれば、規範は価値実現の手段にして、同時に価値の標準であるという[51]。

宮本によれば、従来の応報刑主義の理論においては、たいていい一般規範を重視し、第一次法上の問題をもって同時に刑法の問題とした観があると批判する。犯罪は法の否定であって刑罰は法の否定の否定なりとする思考形式はこの学派の論者に共通の観念であるが、法の否定は、本来法に対する否定意思の自己主張であって、行為はその結果であるにすぎないと批判する。したがって、法の否定の否定は論理上法に対する否定意思の自己否定、すなわち、反省または改悛によってのみ可能であって、行為に対する有形的な応報は社会としてはむしろ二重に損害を被るものだという。ゆえに有形的なる刑罰が合理的となるためには、別にその自身の理由を有していなければならないとし、この独立の理由を与えるものは刑罰の実際的効果であるとする[52]。刑罰はこれに含まれる規範的評価を感銘させることによって、犯罪の動機に対する障害観念たる規範意識を啓発し、または、犯罪者を性格的に変改しようとするものであるとする[53]。このような刑罰、すなわち強制教育は、社会の防衛を目的とするばかりでなく、犯人の改善を直接の目的とするものであるから、犯人自身に対しても善を施すものだという[54]。したがって、犯罪はこの強制教育を施すに適する主観の状態を徴表するものとしてのみ意味を持つことになるため、「犯罪人に対する可罰的評価の標準は、当然犯罪を通じてみた犯罪人の性格たるべく、犯罪の事実たるべきにあらず[55]」とする。

では、このような宮本理論における法益概念とはいかなるものなのであろうか。宮本によれば、主観的法としての権利義務は法とその目的を同じくし、その目的はすなわち「調和」である。調和とは各当事者の立場を超越してこれを包容する統一であるために、権利義務の目的はこれをいずれの方面より見るも、必ずしも当事者の立場においては利益とみることができない場合がある。ただ権利義務をおこなうことによって、統一的に調和を得る意味においてのみ常に何人にとっても利益となるという。したがって、利益とは、醇化された調和的利益である。権利の目的である、この「調和的利益」はいわゆる法の保護する利益であり、これを法益というとし、法益は客体にあらずして客体に対して成立する利益関係であるとする。(56) この法益の意義について、法益の意義は価値標準たる法を前提とせずしては説明することができないという。また、このような価値的なものを事実的に説明しようとすることは、感情的なものを理知的に説明せんとするものにして本来不能のことであるとしている。(57)

そして、法律的規範はすべて法益保護の目的を有するとするとし、これを法の内容である権利義務についていえば、権利義務はおよそ法益保護の手段であることをもって目的とするという。法律的規範はこれを法益に対する関係から見ると、二種類に分かれる。その第一が、「一般的法律規範」、すなわち、狭義の法律的規範にして他の法律的規範に関係なく、独立の当為として第一次に法益を保護する。したがって、この種の規範が遵守される状態は各人の法益がこれによって直接に保護される状態であって、これに対して違反があれば、常に何らかの法益の侵害又は脅威（危険）を伴う。第二が、一般規範の違反を条件としてこれに対し一定の効果を付与すべきことを定める、制裁法としての第二次法である。刑法はこの制裁法中もっとも有力なものである。この意味において刑法の特質は通常その保護される法益の特殊な点ではなく、一般規範の保護する各種の法益に対し第二次的に作用する保護の方法の特殊な点に存するという。(58)

一方、犯罪の実質的意義については以下のように説明される。つまり、犯罪というときはすでに一つの価値判断を含んでいる。そして、犯罪は社会の必然的現象ではあるが、われわれの理想はその価値を否定する。犯罪が犯罪である理由は、その理想に対する反価値（違法）にあるという。したがって、犯罪は一面においては法益の侵害または脅威であるという。しかし、法益は単純なる利益ではなく、法律上の価値であるため、法律上の価値の根源は事実上の価値にほかならないが、事実上の価値あるところ常に法律上の価値ありとすることはできない。なぜなら、事実上の価値が相抵触する場合には、法はその可能なる程度においてこれを調和し、調和の形式に適合する限りにおいてのみこれを法益とするからである。そのため、法益の侵害ならびに脅威もまた、法律的規範を離れては考えることはできないという。[59] そして、犯罪の特質は違法なること、すなわち、法律上の価値（法益）を無視することであるとする。それは、規範に対する無関心、無頓着、もしくは、不従順の態度を意味するとし、これらの態度は行為者の性情の発露であって、この性情を称して行為者の反規範的危険性と呼ぶとされる。[60] つまり、犯罪は犯罪人各自の有する反規範性の徴表であるとする。[61] なお、その反規範性には種々の程度があるとされ、規範（法益）に対する無関心が直接か間接か（故意か過失か）、あるいは、規範に対する無関心は法益の量に関連して、犯罪の大小、軽重、単複の問題が決定されるという。[62]

このように、宮本説においても、犯罪は法益の侵害または脅威であると理解されているが、侵害・脅威の内実は行為者の反規範的危険性という主観面の判断である点が特徴的である。たとえば、警察犯は何ら法益に対する侵害・脅威なしとする説に対して、脅威または危険なる観念は主観主義的刑法理論においてはこれを抽象的に解するを正当とするために、法益の脅威が存在すると反論する。[63] この「抽象的」な脅威または危険の意義については、不能犯の項にて解説があり、主観的に違法な行為をすることは、すなわち、行為者の反規範性の徴表であるために、このような行為が犯罪の結果を予見して行われれば、結果不発生の場合においても、当然未遂罪として処罰の価値を有するものとされる。[64]

Ⅳ　戦後における法益論の変化

1　犯罪の実質的把握と法益概念

Ⅲでみたように、学派の争いにおいて、それぞれの学派の立場から犯罪を実質的に定義し、現行法を解釈することによって、主導権を握ろうと試みられることとなった。そのような主導権争いの中で、法益概念、法益侵害・危険の内実も各派の立場に応じて変化させられてきたが、そのような流れをより加速させたのが、類推の許容と目的論的解釈方法であると考えられる。類推の許容は、第一次世界大戦後の社会事情の変遷、さらには主観主義刑法学の有力化にしたがって通説化していく[65]。類推を許容すべき理由として、刑法が社会の防衛と個人の自由保障との調和の上に立つとするものならば、刑法の解釈は個人の利益において許容されるとともに、社会の利益においても許容されるべきだといわれ[66]、犯罪の実質的把握の要請は高まっていくことになる。また、ほぼ同時期に、ドイツでは一九三九年代に有力化した目的論的解釈方法が、日本刑法学にも強い影響を与えることとなった[67]。この目的論的解釈方法の通説化にともない、法益概念を通じた犯罪の実質的解釈は日本刑法学に定着することとなる。このような流れは、戦時中から戦後にかけての類推禁止への学説の転回[68]の後も変化することはなく、戦後、日本国憲法下で類推禁止の立場からも「目的論的解釈」の必要性が強調され、文理解釈や論理解釈はその補助であることが戦前と変わらずに認められていくこととなる[69]。

以上のような目的論的解釈方法が主流となる中、一九三〇年代には、それまでの刑法学説において、その認識対象の刑罰法規であることが看過され、むしろその内容に属する犯罪及び刑罰が専らその対象と考えられてきたことに対する批判が展開されるようになる[70]。つまり、これまでの学派の争いにおいて、実定法上、とくに刑法各則の解釈がおろそかにされてきたことが問題視され、「犯罪の構成及び刑罰の範囲は唯其の刑罰法規の内容を成す限りに於て刑法学的興味を有するに過ぎぬ」、「刑罰法規上に於ける犯罪及び刑罰を論ずることは、實に刑法各論が刑罰法規そのものを認識の対象とするからに外ならぬ」[71]と批判された。そして、その認識に当たって重要視されたのが、法益概念であった。[72] 一九三二年の段階で、木村亀二は各論の犯罪概念構成の選択原理としての「法益」の意義について論じている。[73] 本論文では、「法益」こそが、各論の概念決定の原理とされなければならないとされるのだが、その法益はいかにして決定されるのかという点について、「法規を機縁とする目的論的概念決定」[74]によるとされる。たとえば、誣告（虚偽申告）罪の「人」の概念について、誣告罪の法益を本質的には国家の審判作用であるとし、同時に被申告者である人が不当に刑事または懲戒の処分を受けないことについての法律的安定性であると解し、自己誣告は、以上のような保護されるべき個人的法益の放棄があるとすれば、「人」は他人に限られるため、自己誣告は犯罪を構成しないと理解される。[75] また、一九三八年には、小野清一郎が法益概念と刑法解釈の関係について論じ、たとえば、保護法益の観点から、「名義人が不明な場合でも文書偽造罪は成立するものと考える」[76]とする。その後さらに、一九四三年に、木村亀二は当時、ドイツにおいて主張されていた、シュヴィンゲ・ツィンマールによる「機能的目的論的法益概念」を検討の対象として、法益は、最初は「犯罪の基盤」に関する命題であったが、今日においては「刑法的解釈及び概念構成の方法に対する指示」を意味することになったと評価している。[77] これ以降、法益に基づく各論検討が進められ、代表的なものとして、小野清一郎『刑法における名誉の保護』（一九三四年）、木村亀二「死者の名誉毀損」同『刑法の基本概念』所収（一九四八年）、平野「贓物罪の一考察」同『刑法の基礎』所収（一九五一年）が挙げられる。このように、各則解釈の重要性が指摘されることにより、各論は法益を目標として目的論的に解釈されることが定着し、法益はじきに犯罪の本質を示すものと解されるようになっていく。[78]

2　小野説における法益論

小野清一郎の場合、「目的論的解釈」を超えて、法律の実証的な意味を見出すには、形式的な論理を超えて人倫の事理そのものに迫らなければならないとする「実体論理的解釈」、「倫理学的解釈」をとらなければならないとする。ここから価値、理念又は目的に関係させた解釈ということが考えられるのだという。[79] 小野理論において、刑法は国家的道義を根本とするものであって、国民生活の道義的、法律的秩序を完うし、国民的和を実現するものだとされる。犯罪はその国家的道義秩序に対する忍ぶことのできない侵害であり、何よりも倫理的、法的な規範の侵犯、蹂躙であるという。その意味で、犯罪はまさに人倫的な軌範に背くことである。そして、その軌範は、人倫的社会における現実の生活利益を離れてあるものではないことから、軌範を侵犯することは、また法益（法の保護する利益）の侵害でもあるといわれる。しかし、小野理論からは、法益の侵害があっても、軌範の侵犯がなければ犯罪にはならないと構成される。[80]

このことを小野の犯罪論体系における説明からみてみることにする。国家的法秩序を維持する実際的立場において、国民的倫理軌範に矛盾し道義的に責任がある行為のうち、その重大なもの、刑罰をもって制裁しなければならないと考えられるものを特殊的、類型的にとらえ、これを「罪」として規定している。それは法律的に定型化され、概念的に規定された犯罪であり、これを構成要件と呼ぶ。[81] そして、構成要件に規定された行為の実体は、倫理的な非行、すなわち、反道義的な行為で、社会的に処罰に値する（当罰的）と思惟される行為であり、国家としてその道義政策上放置することのできない行為である。[82] 小野理論において、構成要件は実に反道義的行為の社会的類型であり、法律的定型であって、反道義的行為の定型を規定することによって国家の道義的見解を明らかにするという。そして、反道義的行為にして放置すべからざるものは国家的、法律的に保護される法益に対する侵害であり、またはこれを危殆する行為であるとされる。[83]

そして、国民的道義と法益との関係については以下のように説明する。「道義はもと人倫の道である。それは抽象的、観念的な『軌範』であるだけではなく、具体的な人倫生活における事理であり、条理である。かかるものとしてはそれは人倫生活に即したものであり、それに内在するものである。しかるに人倫生活には生物学的、経済学的な物質の基礎があるのであって、その複雑な生活利益の上に成り立つ精神的、物質的な現実態である。刑法はかかる道義を根底としつつ、しかもその国家的、政治的実現を目的とする軌範として、その内容はしかく複雑な生活利益の交錯する人倫生活の現実態に即するものでなければならない(84)。」

同じ旧派である大場説との大きな違いは、小野は、法益をあくまでも個々の刑罰法規が保護しようとする「生活利益」として限定的に定義している点である(85)。小野にとって、法益はあくまでも実定法上の概念として理解されており、犯罪について、その法益の侵害・危険という概念だけではとらえていない。つまり、小野によれば、以下のように説明される。「法益の観念が刑法各論の体系化の基準となるのは、国民社会における人倫そのものの体系が、これを必然的ならしめているからである。人倫は人と人との関係であり、間柄であるが、人とは有情であり、欲望、感情、意思の主体である。それゆえにまた人倫は複雑な利益の交錯によって結ばれている関係である。この利益の主要なものが刑法における保護の対象となるのである。ただし、人倫は単なる利益の交錯ではない。そのうらに道理又は道義が支配している。すなわち、倫理的関係である。犯罪というものを単に法益の侵害または危険という概念だけでとらえることはできない。倫理的な行動の仕方が問題である(86)。」そのため、小野説では、特に構成要件上の行為の意味はその保護客体たる法益に対する危険性という概念によって指導されなければならないとされるが、単なる危険性はいまだ犯罪を構成せず、その行為の類型的反文化性を意味する場合においてはじめて犯罪を構成するとされる。したがって、構成要件上の行為は常にこれを類型的な反文化的行為として理解しなければならないというのである(87)。

さらに、小野説では、法益に対する侵害や危険は、実害としての結果とは理解されていないことも特徴的である。ある法益に対する侵害または危険は、単に物理的なそれではなく、道義的評価的観点においてとらえられている。[88]また、小野説では、保護法益に対する侵害または危険の結果を生じたことを必要としないと定義される形式犯というカテゴリーを肯定しており、[89]法益侵害の位置づけは相対化している。

Ⅴ　おわりに

本稿の検討をまとめると以下のとおりである。

旧刑法の段階では、折衷主義刑法理論により、犯罪は社会的害悪であると同時に道徳的害悪であると解されていたが、この社会的害悪とは、今日の言葉でいえば法益の侵害すなわち違法であると評価されてきた。ただし、各則の解釈においては、社会的害悪と道徳的害悪の関係について、両者を要求することが徹底されているわけではなく、むしろ、場合によっては、道徳的害悪の存在のみによって処罰が正当化されていることもあり、当時の日本刑法学における「社会的害悪・道徳的害悪」論に、いわゆる自由主義的・制約的契機を見出すことはできない。

その後、ドイツ刑法学の影響を受けて、法益概念が日本刑法学に登場するに至る。ただし、社会的害悪に代わる概念としてというよりも、フランス刑法の影響下で「犯罪の客体即ち被害者」という表現が広まっていた中で、「犯罪の客体」としての法益という理解が広まることとなる。しかも当時は、法益概念が誤って使用されている状況だったと評しうる。また、教科書において、ドイツ刑法学の影響を受けて随所に「法益」の文言は見られるものの、犯罪の実質としてその歴史的・自由主義的性格が強調されるといったことがなされた形跡はない。その一方で、少なくとも、法益概念は、刑法総則・各則、ならびに刑の量定、立法政策にまで影響する重要な概念であるとの理解が広まり、法益概念は日本刑法学に定着していくこととなる。

牧野・大場による学派の争いにおいて、法益概念、法益侵害・危険の内実・位置づけは大きく変化する。現行刑法における優位性を獲得するために、両派ともに、現行刑法が保護する利益としての「法益」と、それぞれの犯罪の実質についての理解（道義違反、ないしは、社会的危険性）との関係を説明することは避けられなかった。それまで「法の保護する利益」として理解されていた法益は、学派の争いのなかで、それぞれの立場から独自の内容が与えられることとなる。つまり、大場説では、法益を「法の保護すべき利益」と定義して、人の利益を保護するという法律の目的、つまり、世道風教、法律秩序、および生活利益の保護から理解されることとなる。牧野説では、法益は、「刑法の各本条から理解される」として実定法上の概念として理解される一方、法益の侵害・危険は、行為の属性として、行為が公の秩序および善良の風俗に反することだと理解される。ただし、両者の法益論に共通するのは、実定法上の概念としての法益の位置づけはいまだあいまいであり、法益侵害・危険という語を使用せずに、道義違反や、社会の常軌に反することと置き換えても、内容的には支障はなかったと思われる点である。

それに対して、宮本は日本ではじめて法益論に関する本格的な論文を示したこともあり(90)、かなり意識的に法益の内実や位置づけが検討されている。つまり、宮本説では、法益と規範との関係が論じられており、規範は価値実現の手段にして、同時に価値の標準であるとし、違法とは、法律上の価値としての法益を無視すること、つまり、規範に対する無関心、無頓着、もしくは、不従順の態度にあるとされた。

総じていうと、学派の争いの時期の法益論には、とくに、立法を制約する、ないしは、処罰を制限しようという意図は感じられない。また、とくに主観主義に見られる点だが、法益に対する「侵害、危険」の内容は、実害としての結果ではなく、行為者の反規範的危険性といった主観面の判断である点が特徴的である。

その後、目的論的解釈方法が主流となる中、法益論に基づく犯罪の実質的把握は日本に定着することとなる。ただし、その実質的把握に当たって、小野清一郎や木村亀二らは、これまでの学派の争いにおいて刑罰法規の解釈が看過され、むしろその内容に属する犯罪及び刑罰が専らその対象と考えられてきたことを問題視した。そのため、小野は、個々の刑罰法規が保護しようとする「生活利益」を法益であると理解し、法益を実定法上の概念として位置づけている。小野は、同じ旧派である大場と同じく、犯罪の実質として反道義性を挙げるが、道義性そのものを法益概念に含めることはなく、生活利益として限定的に解しており、この点が大場説とは異なるといってよい。

小野説では国民的道義と法益とは区別されていることから、次に問題になるのが、小野説における、法益侵害・危険の持つ意味、位置づけである。小野のいう「生活利益に対する侵害・危険」という要件が犯罪成立の必要条件なのであれば、少なくとも文言上は自由主義的法益論の要請と同じようにも思える。しかし、前述のように、小野のいう法益に対する「侵害、危険」は、あくまでも「道義的評価的な観点」から判断されるため、実害としての結果の要請ではない。小野説において犯罪の実質は反道義的行為であり、法益は、その反道義性と実定法上理解される生活利益とを結びつけて理解するための道具として位置づけられている。犯罪かどうかを決めるのは反道義性である以上、小野説において、法益概念に処罰限定機能を期待することはできないということになる。

以上から、法益論は当初、いわゆる自由主義的な法益論とはかなり異なる形で日本に導入されており、学派の争い以来、法益概念の内実にとどまらず、法益侵害・危険の位置づけについても論者によってかなりの差があることがみてとれる。その後の法益論をめぐる大きな流れとして、目的的行為論の導入との関係、刑法改正をめぐる自由主義的法益論の隆盛、行為無価値論と結果無価値論の論争などが挙げられる。このような流れの中で、さらに法益論は大きく内実や意味を変えていくことになり、現在の混乱状況へと至ったと思われるため、引き続き検討を続け、日本の法益論の詳細な分析へとつなげたいと考えている。

（1）井田良「犯罪論と刑事法学の歩み」法学教室一七九号（一九九五年）二〇頁。なお、そのような功績が「法益」によってしか実現できないものではないと述べられている。
（2）嘉門優「法益論の現代的意義（一）（二・完）―環境刑法を題材にして―」大阪市立大学法学雑誌五〇巻四号（二〇〇四年）九三四頁以下、五一巻一号（二〇〇四年）九六頁以下参照。
（3）内藤謙『刑法講義総論（上）』（有斐閣、一九八三年）二一一頁以下。
（4）内藤謙『刑法講義総論（中）』（有斐閣、一九八六年）三〇一頁以下。
（5）内藤謙『刑法講義総論（下）Ⅱ』（有斐閣、二〇〇二年）一二六九頁以下。
（6）小野清一郎「舊刑法とボアソナードの刑法學」同『刑罰の本質について・その他』（有斐閣、一九五五年）四二七頁以下。
（7）佐伯千仭＝小林好信「刑法学史（学史）」鵜飼信成ほか編『講座　日本近代法発達史』（勁草書房、一九六七年）二二六頁。
（8）宮城浩蔵『刑法（明治一三年）講義〔四版〕第一巻（復刻版）』（信山社、一九九八年）六一頁以下〔初出は一八八八年〕。
（9）宮城・前掲注（8）三七四頁以下。
（10）宮城・前掲注（8）三八七頁以下。
（11）井上正一・宮城浩蔵／訳『オルトラン・佛國刑法原論第一巻上巻』（司法省、一八八八年）四九〇頁。
（12）江木衷『現行刑法汎論全』（有斐閣、一八八七年）三七頁。
（13）岡田朝太郎『日本刑法論完』（有斐閣、一八九四年）一一四頁。
（14）岡田朝太郎『刑法講義総論』（有斐閣、一九〇一年）一九頁。
（15）岡田朝太郎『刑法講義全』（講法会出版、一九〇三年）二〇頁以下。
（16）小疇伝『改正日本刑法論　総則』（清水書店、一九〇八年）八頁以下、小疇伝『大審院判例と新刑法』（清水書店、一九〇九年）一九〇頁。
（17）泉二新熊『刑法原理研究書（総論）』（法曹閣、一九〇八年）一三三頁。
（18）泉二新熊『日本刑法論　上巻〔第三九版〕』（有斐閣、一九二五年）二八六頁以下。
（19）泉二新熊『刑法大要』（東京出版、一九一一年）七八頁以下。同様に「犯罪の客体」として法益を理解するものとして、山岡萬之助『刑法原理　上』（博文館、一九一八年）一二〇頁など。
（20）宮本英脩「法益論」京都法学会雑誌一二巻三号（一九一七年）三二頁以下。
（21）木村亀二「刑法における法益概念」同『刑法の基本概念〔第六版〕』（有斐閣、一九五四年）九九頁以下（初出は一九四三年）。
（22）宮本・前掲注（20）三六頁以下。

(23) 山岡・前掲注(19)一二〇頁。
(24) 堀内捷三「法典編纂と近代法学の成立〔刑事法〕」石井紫郎編『日本近代法史講義』(青林書院、一九七二年)一三二頁以下。
(25) 大場茂馬『刑法総論　上巻』(中央大学、一九一二年)二一七頁以下。
(26) 堀内捷三「大場茂馬の刑法理論」吉川経夫ほか編『刑法理論史の総合的研究』(日本評論社、一九九四年)二六一頁以下。
(27) 大場茂馬『刑法総論　下巻上冊』(中央大学、一九一三年)五二九頁。
(28) 大場・前掲注(25)一四四頁以下。
(29) 大場・前掲注(25)一四四頁以下。
(30) 大場・前掲注(25)一五二頁。
(31) 大場・前掲注(25)一五二頁以下。
(32) 大場・前掲注(25)一四四頁以下。
(33) 大場・前掲注(25)一四九頁。
(34) 大場・前掲注(25)一六〇頁。
(35) 大場・前掲注(27)五二八頁以下。
(36) 大場・前掲注(27)五二九頁。
(37) 大場・前掲注(25)一六〇頁。
(38) 牧野英一「刑法の主観主義」同『現代の文化と法律』(有斐閣、一九一九年)三〇七頁以下。
(39) 牧野英一『刑法総論上巻〔全訂版〕』(有斐閣、一九五八年)二三頁。
(40) 牧野英一「犯罪の構成と全体的考察」同『刑法研究第八巻』(有斐閣、一九三九年)三三頁以下。
(41) 牧野・前掲注(39)三〇頁。
(42) 牧野英一「犯罪の観念を論ず」法学志林八巻四号(一九〇六年)二〇頁以下。
(43) 牧野英一「犯罪の概念を論ず(承前)」法学志林八巻五号(一九〇六年)二四頁。
(44) 立法論としては、牧野は主観的基礎による犯罪分類、つまり、犯人分類を立法化する方法をとるべきだと主張していた。牧野英一「悪性による犯罪の分類」法学協会雑誌二七巻三号(一九〇九年)三五六頁以下。
(45) 牧野英一『改正刑法仮案とナチス刑法綱領』(有斐閣、一九四一年)二六五頁以下。
(46) 牧野・前掲注(39)二六〇頁。
(47) 牧野・前掲注(39)三〇頁。

(48) 牧野英一『日本刑法　上巻〔重訂版〕』(有斐閣、一九四一年)三三八頁。
(49) 牧野英一『刑法各論　上巻』(有斐閣、一九五〇年)七一頁以下。
(50) 牧野英一『罪刑法定主義と犯罪徴表説』(有斐閣、一九一八年)五頁以下。
(51) 宮本英脩『宮本英脩著作集第二巻〔刑法学粋(第五版)〕』(成文堂、一九八五年)五頁以下〔初出は一九三五年〕。
(52) 宮本・前掲注(51)序文二頁以下。
(53) 宮本・前掲注(51)四九〇頁。
(54) 宮本・前掲注(51)六四頁以下。
(55) 宮本・前掲注(51)五九頁。
(56) 宮本・前掲注(51)九九頁以下。
(57) 宮本・前掲注(51)二一九頁。宮本は別稿において、「権利と利益とが常に同一の主体に存在するときは権利上の被害者は同時に利益上の被害者であるために、あえて権利侵害と区別して利益侵害という観念を認める必要はない」とするが、「一般の犯罪では権利主体は必ずしも利益主体ではないことから、権利と利益とに区別し、さらに後者の意義を明確にするためにこれをとくに法益と呼ぶことは不当ではない」と述べている(宮本・前掲注(20)六〇頁以下)。
(58) 宮本・前掲注(51)一〇九頁以下。
(59) 宮本・前掲注(51)一六二頁以下。
(60) 宮本・前掲注(51)一六二頁以下。
(61) 宮本・前掲注(51)一六二頁以下。
(62) 宮本・前掲注(51)一六四頁以下。
(63) 宮本・前掲注(51)二二〇頁。
(64) 宮本・前掲注(51)三八六頁。
(65) 宮本英脩『刑法大綱』(弘文堂、一九三二年)二〇頁、小野清一郎「構成要件充足の理論」同『犯罪構成要件の理論』(有斐閣、一九五三年)二一六頁以下〔初出は一九二八年〕、木村亀二「刑法における類推解釈」法学志林三八巻二号(一九三六年)三五頁、滝川幸辰「罪刑法定主義の歴史的考察」団藤重光ほか編『滝川幸辰刑法著作集　第四巻』(世界思想社、一九八一年)三四頁〔初出は一九一九年〕。など。なお、吉川経夫「刑法解釈の超法規化」法学志林五二巻三＝四号(一九五五年)八九頁参照。
(66) 江家義男『刑法講義』(東山堂、一九四〇年)六三頁、木村亀二「刑法における類推解釈」法学志林三八巻二号(一九三六年)三五頁など。それに対して、依然として類推禁止を維持した見解として、泉二新熊『刑法大要』(有斐閣、一九三四年)四一頁。

(67) 佐伯千仭「刑法の解釈（一）」季刊法律学二〇号（一九五六年）二五頁。
(68) 滝川幸辰『犯罪の防衛か犯人のマグナカルタか』団藤重光ほか編『滝川幸辰刑法著作集　第四巻』（世界思想社、一九八一年）六六頁以下〔初出は一九三六年〕。
(69) 木村亀二「刑法解釈の本質」法学一四巻一号（一九五〇年）二四頁以下。
(70) 小野清一郎「刑法各論の対象及び方法に就て」同『法学評論（上）』（弘文堂書房、一九三八年）一〇六頁。
(71) 小野・前掲注（70）一〇七頁。
(72) 小野・前掲注（70）一一六頁。
(73) 木村亀二「刑法に於ける目的論的方法」法学志林三四巻二号（一九三二年）八九頁以下。
(74) 木村・前掲注（73）九九頁。
(75) 木村亀二『刑法各論（新法学全集一九巻）』（日本評論社、一九三八年）三五四頁。
(76) 牧野・前掲注（49）一八九頁。
(77) 木村・前掲注（21）一三六頁以下。
(78) 平野龍一「贓物罪の一考察」同『刑法の基礎』（有斐閣、一九六六年）一九九頁。
(79) 小野清一郎『刑法概論』（法文社、一九五二年）四二頁以下。
(80) 小野・前掲注（79）六八頁。
(81) 小野・前掲注（79）七三頁。
(82) 小野・前掲注（79）七五頁。
(83) 小野清一郎『新訂刑法講義総論〔第五版〕』（有斐閣、一九五一年）八九頁。
(84) 小野清一郎『新訂刑法講義各論〔第一〇版〕』（有斐閣、一九五三年）六頁以下。
(85) 小野・前掲注（83）四三頁以下。
(86) 小野・前掲注（79）二三八頁。
(87) 小野清一郎『犯罪構成要件の理論』（有斐閣、一九五三年）二六六頁。
(88) 小野・前掲注（79）七九頁。
(89) 小野・前掲注（83）九三頁。
(90) 宮本・前掲注（20）三二頁以下。

法益論と社会侵害性について

中村悠人

刑法は法益を保護するものであるという思想は、[1]今日ではほとんど否定されることはない。もっとも、近年においては、法益の立法批判機能はあまり作用していないことが指摘されている。[2]この点で、生田勝義教授は、立法批判的な法益保護原則を「法益侵害原理」と呼び、法益保護原則と法益侵害原理を区別するべきであるとしている。[3]その際、犯罪概念は社会との関係で検討されなければならないとされ、[4]行為原理によって、つまり、社会に損害を与えたかどうかという基準を示している。[5]そこでは、犯罪概念が社会侵害性によって規定されようとしているのである。

もっとも、この社会侵害性については、日本においてはほとんど展開されておらず、依然としてもっぱら法益論によって犯罪の限界を画すことが目指されている。しかしながら、一元的に法益論から犯罪を限界づけることは可能であるのか、また、法益論が犯罪の社会的な側面を十分に表しているのかは、それほど自明なものではない。そこで、本稿では、まず、日本における法益論に影響を与えてきたドイツの法益論を概観することで、その立法批判機能を検討する（Ⅰ）。そして、法益侵害説に批判を行い、社会侵害性論を展開したアメルンクの議論を参照し（Ⅱ）、犯罪の社会的特徴と人格の社会的な側面を検討することで（Ⅲ）、法益概念によって一元的に犯罪の限界を画することの問題性を明らかにしていきたい。

Ⅰ　ドイツにおける法益論の概観

さて、ドイツにおける法益論の歴史的概観を見ていきたい[6]。ドイツにおいて法益概念が用いられるようになった起源としては、一般にビルンバウムが挙げられる[7]。そして、ビルンバウムの法的財の概念ないし財保護理論[8]は、フォイエルバッハの権利侵害説[9]への批判により行われている。フォイエルバッハは、一般刑（罰）法（das allgemeine peinliche Recht）と実定刑（罰）法（das positive peinliche Recht）を区別していたように[10]、犯罪は実定刑罰法規によってのみ基礎づけられるものではなかった。そして、法的状態の実現、全ての人間の相互的自由の保護、法の法則に従った人間の共存という国家目的から[11]、犯罪を定義しようとした。

その際、フォイエルバッハは、狭義の犯罪概念としての権利侵害と、「権利侵害を含むことなく単に警察的根拠から、刑罰威嚇に服せられる可罰的行為[12]」としての違警罪（Polizeiübertretung）を区別していた[13]。もっとも、フォイエルバッハは両者をあわせて広義の犯罪と呼んでおり[14]、その区別はそれほど明確なものではなかった。とりわけ、宗教犯罪や風俗犯罪については、狭義の犯罪からは外したとしても、違警罪として処罰することは排除しておらず[15]、同性愛行為や、獣姦、近親相姦等を犯罪と等置することが求められていたのである[16]。

この問題に対し、ビルンバウムは犯罪概念を広く解することで解決しようとした[17]。まず、ビルンバウムは、権利侵害説への批判として「事物の本性上、権利侵害のみが犯罪として処罰され得るか否かを検討することを主たる課題としているのではなく、我々は問題を立法よりも法の適用に関係する別の観点から考察しようとしているのであり、この観点からは、自然的権利概念と実定的権利概念との更なる区別なしに、それに従えば犯罪がある刑罰法規の下に含まれる権利侵害と呼ばれるような定義を前置することは実定刑法の体系、すなわち、ドイツ普通刑法の体系において適合性を有するのかどうか、ということが第一の問題なのである」[18]とした。

もっとも、実定法との適合性を考えるからといって、もっぱら実証主義的な立場から考えているわけではなく、ビルンバウムは、犯罪を「事物の本性上あるいは国家において理性に適った形で可罰的であるとみなされる、人間の意思に帰属される形での、国家権力を通じてあらゆる者に等しく保障されるべき財（Gut）の侵害ないし危殆化全て」[19]としている。この点では、国家権力の本質から考察を加えており[20]、刑事立法者による処罰化の活動に限界を設定すべき超実定法的な基準を公式化することに努めていた[21]。この限りでは、フォイエルバッハと共通していたのである[22]。

しかしながら、ビルンバウムにとっては、国家の目的は個人の権利の保護というものではなく、国家権力の本質は財の保障であって、「国家における全ての者に平等に保障されるべき、その享受につき全ての者の権利領域が関係しているところの種々の財は、一部は自然によって既に人間に与えられ、一部は人間の社会的発展の成果である」[23]とされた。そして、「財」は個人に属するものだけではなく、超個人的なものも併存し得るとしていた[24]。例えば、宗教的、倫理的観念の総体も「公共財（das Gemeingut）」として罪に含まれたのである[25]。そのため、ビルンバウムの財保護理論は「自然法的思考から実証主義的思考への流動的な推移の一例」[26]であって、穏健な実証主義[27]への傾向があったと指摘されている[28]。

この権利侵害説に対する財保護理論は、ヘーゲリアナーにおいても排斥されていたわけではなかった[29]。例えば、ケストリンは、ビルンバウムのような財概念を採らないものの、財保護理論を「単なる違警罪ではない刑事犯である全てのものを、同一の本質の事物として把握しようという極めて正当な欲求が根底に存するのは疑いのないことである」としていた[30]。また、ヘルシュナーは、「法が有限的な定在――そこにおいてのみ法は犯罪行為にとって把握され得る――を権利と法的財という形式においてのみ有し得るとするならば、犯罪は全ての場合において、そのような法的財の毀損を前提とする」として、財の概念を用いている[31]。

一八七〇年代に入り、ビルンバウムを引合いにだし、より実証主義的な立場から保護客体論を展開するなかで法益概念を用いたのが、ビンディングであった[32]。ビンディングにとって法益とは、「それ自体権利ではないが、立法者の目には法共同体の健全な生活条件として法共同体に価値があり、それが変更されず、かく乱されることのない維持につき法共同体が立法者の目から見て利益を有し、したがって、立法者がその規範によりそれを望まれない侵害または危殆化から保護しようと努めなければならない全てのもの」とされた[33]。その際、ビンディングは法益概念に対して純粋に解釈論的な機能を与えた[34]。ビンディングにとっては、犯罪は刑罰によって威嚇された有責的な規範違反であるが[35]、規範の命令への不服従という観点からすれば完全に同価値である諸犯罪は[36]、それらが侵害する法益の価値に応じて段階づけられ得るようになった[37]。そのため、ビンディングにとって法益は、法秩序の諸規範と外界の事実的所与との間における結合を確立する機能を有することになり、法益は諸規範の明確化に資するものとなったのである[38]。

その際、前述のように、ビンディングは、法秩序ないし法共同体にとって価値があるかを決めるのは立法者である、ということを強調していた[39]。すなわち、「法益は、立法者の目線において法秩序にとって価値があり、したがって、規範によりそれがかく乱されることのない維持を確保しなければならないものであ」り、「国家の服従請求権の外部で犯行の攻撃客体を形成する全てのもの」であった[40]。このことからすれば、ビンディングにとって性犯罪も法益と結びつけて考えられ、その法益は「家族秩序」であるとして許容されることになるのである[41]。

このようなビンディングの見解に対して、リストは「法秩序という財の資本家」に「無秩序な一覧表」を与えるものだとして批判を行った。[42] リストは法益論を、利益保護の理論によって実質化できるとした。[43] 周知のように、リストにとっては目的意識的な法益保護が重要であった。[44] そして、法益概念は一般法論だけではなく刑法にとっても根本的な意義を有し、[45] 法益概念は「法学の政策との内的関連性」を強調するものとされる。[46] さらに、全ての法は人間のためにあり、人間の利益が保護され、促進されるべきことになる。[47] それ故に、法益とは人間の利益であって、「生活利益」であり、[48]「最終的には常に人間的存在（Dasein）であり、それが様々な形で顕現したもの」となる。[49]

リストは、人間的存在が「個別的存在としてみなされた人間の存在あるいは法仲間の全体における個人の存在のいずれか一方として」現れることから、刑法によって保護される利益を個人の法益と全体の法益とに区別していた。[50] ここでは、国家も利益や法益の主体として個々の市民と同格になっている。また、リストは、国家行政に対する罪として様々な犯罪類型を認めており、[51] どのような生活条件ないし生活利益が法益とされるのかについては不明確なままであった。[52] 人間のいかなる利益のために法があるのかが明らかではなかったために、[53]「個人の法領域に侵害的に介入する限り」婚外の性交渉の禁止も認められ、「個人の道徳感情」も保護に値する利益となっていた。[54] したがって、リストにとっても、多くの実定法規が説明されることになり、その意味では立法者による選別が重要となっており、[55] 結論においてはビンディングと相違はあまりないことになる。[56]

ビンディングとリストにおける法益論の議論の後は、状態説[57]と利益説[58]の対立という形で、議論がなされたが、いずれにせよ法益概念そのものは用いられるようになった。[59] そして、そのような状況のなかで、形式的な法益概念に立つことで、法益概念の精神化が行われることにもなった。[60] もっとも、一九三三年以降は国家社会主義の影響を受けて、とりわけキール学派に属するダーム[61]やシャフスタイン[62]から法益思想は批判されることになる。[63] しかしながら、ダームが述べていたように、その批判は法益概念一般に対してではなく、法益概念の一面的誇張に向けられていたものであった。[64] 事実、法益論を維持しつつ、「個人主義的精神態度を刑法において克服することが重要である」という見解[65]や、法益論から国家社会主義刑法の基礎づけを主張する見解が存在していた。[66] メッガーも法益を承認しながら、[67] 民族共同体を保護することを刑法の基本思想と位置づけていた。[68] そして、「究極的には、あらゆる態様の禁止がなされ、刑罰が科される心情表現（Gesinnungs-Äußerung）」も法益に含まれることになる。[69] メッガー自身が述べるように、法益概念の精神化が意識されていたのである。[70]

ヴェルツェルは、このような法益概念を「全ての差異を呑み込む概念の闇（Begriffsnacht）」として批判した。[71] ヴェルツェルは、利益による法益概念の定義づけを批判する。すなわち、「いったい何が『利益（Interesse）』を有しないものであり得るのか？　もちろん、まずもって、法的に利益を有しているのは事態価値（Sachverhaltswerte）である。それは、生命、身体、所有、自由等々であり、つまりは言葉の本来の意味からして法の『財』、すなわち、法的に保護された『状態』であるものである」。[72] ところが、「『事態価値』だけでなく、その事態価値に積極的あるいは消極的に関係する作為（行為）および不作為にも、国家は刑罰によってその作為や不作為を命じるあるいは禁止することによって保護する『利益』を有して」[73] おり、これが「法益」と呼ばれている。[74]

そして、そのような法益概念では「法益はおよそ刑罰によって保護されるもの全てでなければならず、したがって、その遵守が刑罰という制裁を通じて確保される規範全ても、同様に、全法秩序一般も法益でなければならない。この場合、このような法益概念は全てを呑み込み、それによって理論学上の個別要素としては利用不可能なものとなる」[75]。そのため、ヴェルツェルは、利用可能な法益概念とするために「刑罰を通じて保護されるべきものではなく、規範を通じて、すなわち、法的命令または禁止を通じて保護されるべきものだけを法益と規定する」のである。[76] この構想によれば、法益は「命令または禁止された行為が物質的あるいは観念的な行為客体として関係しているものだけであるが、行態（Verhalten）そのものではない」[77]。それ故に、ヴェルツェルにとっては、法益保護論は、それ自体は規範ではない何らかのものを保護する刑罰規範だけを正当と認めるのであり、規範違反および規範の妥当の脆弱化を超える結果を、規範が禁止することを要請している[78]。ヴェルツェルにおいては、以上のように法益に一定の実定法に対する規律を与えていた[79]。

第二次世界大戦後は、国家社会主義や反自由主義に対する戦いに重点が置かれ[80]、法益保護思想自体が国家社会主義と矛盾してはいなかったことはあまり注目されなくなっていく[81]。一九五〇年代にはいり、自然法的考察[82]から実定主義的な法益概念の問題も意識されたが、自然法論の鎮静化にともない[83]、自由主義的な刑事政策に重点が置かれることになった[84]。とりわけ、一九六六年の対案グループによって、刑事政策的観点から法と道徳の峻別と法益保護の強調が叫ばれ、男性の同性愛行為、姦通行為、獣姦行為、売春仲介行為などの非犯罪化が主張されたのである[85]。

もっとも、このような性犯罪の非犯罪化が法益論によって、あるいは法と道徳の限界づけによってもたらされたということには疑問が残る[86]。例えば、姦通行為の禁止については、「婚姻の脱経済化、困窮や高齢による危険への対策の集団での取り組み、そして特に子供の血筋を解明する確実な手法の発展によってはじめて、イメージが変化して姦通に対する刑罰規範が社会的な説得力を失った」というように、社会的な枠組み条件の変化こそが根拠と考えられるからである[87]。つまり、当該社会の変化によって法益ではなくなったが故に、非犯罪化が主張されたのであって、法益論の定義からそれが導かれたわけではない。

以上の考察から、法益論は、実定法の解釈の指針としては格別、立法批判的機能を有することが困難であり、それ自体では自由主義的にも反自由主義的にも作用し得るということが言える[88]。その意味では、法益論は刑罰法規を説明するに優れたものではあるが、法益であるか否かは結論的なものであり、刑罰投入の限界を画する基準としては、必要条件たり得ても、決定的なものとはならない。法益として刑法による保護に値するか否かを法益論から一元的に導くことは、困難なのである。むしろ、法益論とは異なった視点から、実定法を形成している社会の状態や社会のありよう自体に着目することが求められるように思われる。その一つの方向性として、社会システムに着目し、社会侵害性をもって犯罪を規定しようとしたアメルンクの見解を見ていきたい。[89]

Ⅱ　アメルンクによる社会侵害性論

アメルンクは、啓蒙主義における社会契約論に着目し、社会侵害的な行為のみが処罰されるべきであるという。[90]そして、「個人の権利あるいは社会が個人の権利を保護するために設けたところの国家の権利を侵害することによって、社会契約によって秩序づけられた社会を破壊する行為が社会侵害的である」とした。[91]その際、個人あるいは人格における検討を行うのではなく、パーソンズのシステム論[92]と初期のルーマンのシステム論[93]を継承し、社会システムにおける検討を行っている。[94]そのため、アメルンクにとっては、「刑法が人間の共同生活の諸条件を保障するべきであるならば、熟慮は必然的に社会システムを出発点としなければならず、人格からはじめるものではない」とされるのである。[95]つまり、アメルンクにとっては、「行為態様」が「その存続にかかる諸問題の解決の上でシステムの持続的調整に有害である場合に、社会侵害的」となる。[96]

もちろん、アメルンクは、国家社会主義への警戒から、システム論においては、システムの存続条件を指名する場合には、正当化されず[97]、それ故、「ある制度」は「それが倫理的に正しい場合」にのみ「正当」であるとしていた。[98]「社会システムの理論は…個々人と共同体の間の阻害の産物」であるとされる。[99]そのため、個々人は社会の構成員や一部ではなく、社会の周界（Umwelt）となる。[100]この前提からすれば、システム論は、あらゆる共同生活の基礎的な種々の組織問題の解決だけを確保するのであって、社会侵害性を「自然的」な概念として基礎づけることはできない。[101]

そこで、アメルンクは、憲法が「構造的な基礎的決定」になるとする。[102] そのため、アメルンクにとっては、社会の保護の裏面には、十分に個人の保護の場が見出されることになる。[103] すなわち、「社会および個人の『利益』は直接的に重なり合い」得るのであり、そして、発展した社会は個々人により良い「生存の可能性」を提供する。さらに、多様な「相互作用プロセス」が「種々の基本権の制度化を伴う高度に細分化された社会システム」においては制御され得ないか、あるいはけれども強制を通じて悪い形でしか制御され得ないが、「コミュニケーションの機会の高度化」を通じてより良い形で制御されることになる。[104]

このような社会から出発するアメルンクに対して、個人を出発点とする見解が対置されている。例えば、ミヒャエル・マルクスは、法益の定義において「人間がその自由な自己実現のために必要とするところの諸対象」としていたし、[105] ロクシンは、「個々人の自由な発展、個々人の基本権の実現、そして、このような目標設定の上に構築される国家的システムの機能化にとって必要なあらゆる所与ないしは目的設定」としている。[106] もっとも、このような個人から出発し、一元的に法益を把握する見解は、どのような財や利益を法益として保護するかの基準は不明確なままである。加えて、「多様な状態、機能ルーチン（Funktionsablauf）、信頼構成要件の保持は善であり正当であるとみなしている複雑な公共団体において、相応の行動態様によって害され、危殆化される財を、目指された処罰化の背景として定式化することについて特に困難は生じない」[107] ために、保護されている財や利益が疑問視される構成要件は、周辺的な問題としてだけ扱われるに過ぎないことになる。[108]

この点で、ハッセマーは、「個々の人格から機能化され」なければならないとしながら、[109] 社会を志向する形で、「社会的価値経験」あるいは「規範的合意」を伴って基礎づけを行っている。[110] ハッセマーによれば、「個々の人間の利益に機能しない普遍的法益は……基本法を志向する社会的価値経験とは一致し得ない」とされる。[111] ハッセマーにとっては、個々の人間の保護あるいはまた個人の「財」全体の保護が問題なのではなく、[112] その侵害が「特殊社会的な意義」をもって紛争を招来するところの法益のみが重要となる。[113] そして、不合理なものも含めて、[114]「社会的価値経験」を介して規範的なものが明らかとなる。

アメルンクが社会システムから出発したのに対して、ハッセマーは、社会モデルを志向しつつ個人から出発した。この両者は、現実の社会を志向する点では共通しているが、[115] ハッセマーはあくまで個人から出発をして法益概念を限界づけようとしている。もっとも、この見解においても、社会を持続させるのに不可欠な社会的、あるいは国家的、諸制度を個人とは独立のものとして捉えるのかは明らかではない。[116] また、個人から展開する場合には、犯罪は原則として孤立的に考えられた他の個人に対する所為として把握され、そこに犯罪の社会的な意義が継ぎ足されることになる。その意味で、この見解は、最初から犯罪が「社会的コンフリクト」であることを自明のものとはしていない。[117] その点では、アメルンクが社会システムから出発したことは、犯罪の社会的性質をとらえる点では優れていよう。

もっとも、前述のようにアメルンクにとっては、社会（システム）の中での人格の役割は、個々人が周界であるが故に、問題とはされない。また、アメルンクは社会の保護の裏面として個人の保護をはかるために、憲法をその基軸とするわけであるが、しかしながら、憲法自体が正当なものとして証明されなければ、憲法を参照することでは不十分なままであろう。[118] この点で、ヤコブスは、「正当であるものは、ある時代の精神（哲学が考えられる）として、それも、安定的で、受け継がれた法文化と結びつき、その増大を巡り配慮される精神として形成される」とし、[119] この精神の一例として自由を挙げ、「自由主義的かつ民主主義的に組織化された社会は、強制を用いる社会よりもより良い形で社会の存続の問題を解決する」とする。[120] そして、そこに、社会において人格を位置づけるための根拠を見出している。[121]

Ⅲ　法益と人格

この社会における人格には、相互性が求められ[122]、「人格であれ、そして他者を人格として尊重せよ」ということが求められる[123]。この他者、他の人格との関係性に着目することは、その人格がそれぞれ、どのような範囲において行動の自由を有し、またその責任を負うことになるのか、という視点をいれることである[124]。法益との関係でいえば、ある人格がある法益の不可侵性をどこまで保障されるかは、他の人格が当該法益の不可侵性の保持を要求されて良いのか、ということを明らかにする必要があるということである。刑法的な法益保護においては、潜在的な被害者の利益だけでなく、禁止規範によって行動の自由を制限される人格の利益も関係しているのである[125]。

この視点は、ある犯罪の基礎に保護に値する法益があるかどうかを問う法益論には足りないものである。すなわち、「ある利益が原理的に保護に値するという所見によって、この利益がどのような方法や手段を用いて保護されることが許されるかについては、なお言及されているわけではない」のである[126]。確かに、従前から法益論においても、法益の存在は、あくまでも刑罰威嚇の正当化の必要条件でしかなく、十分条件ではないことが強調されてきた[127]。しかしながら、「いかなる特殊な諸前提の下で、一定の行為が行われないことに対する利益が、刑罰を用いることによって、禁止の導入あるいはその安定化までをも正当化するのかを計る基準を読み取ることはできない[128]」のである。

法益論においては、法益の維持が目的であるならば、その危殆化は回避されるべきことになるが、そこでは、「立法者によって適切かつ必要な危険防除手段とみなされ、刑罰によって担保された行動の要請を、はたして、なお正当でないと示すことができるかは不透明なのである[129]」。法益論は、法の社会的相互作用との関係性が不明瞭であるために、一定の限界を示すことが難しいのである。つまり、法益論においては、犯罪が法の社会的相互作用を阻害しているという視点が不十分なのである。その意味では、法益論は、犯罪が社会的なコンフリクトであることを十分に表すものではない。加えて、ある行為に対して刑法的な規制をかけるか否かは、当該社会の状態や当該社会の枠組みとなっている条件を考慮することなしには決まらないのである。そして、その社会を構成し、行動に対する自由と責任を担う人格から出発することで、様々な法益の担い手とその管轄を明らかにすることが必要になってくるように思われる。

もちろん、以上の法益論への批判は、法益という概念を全て捨象するということを主張するものではない。しかしながら、一元的に法益概念によってのみ犯罪の限界を画するということは、歴史的な展開から見ても、理論的な点からも、極めて困難なものなのである。本稿においては、法益論の問題性を明らかにするとともに、犯罪が社会的な侵害性を有していることを導くには、方向性として、人格という視点、同時に社会的な視点から考察する必要があることを示した。もっとも、方向性を示したに過ぎず、検討は十分なものではない。その具体化については、今後の課題としたい。

＊　生田勝義先生には学部時代から現在に至るまで、多くの御教示を賜ってきた。特にその根本に立ち戻って思考する先生からの問いによって、多くの示唆を得てきた。多大なる御恩に感謝申し上げると共に、先生の一層の御壮健を記念して、拙稿を捧げたい。

（1）　平野龍一『刑法総論Ⅰ』（有斐閣、一九七二年）四三頁以下、中山研一『刑法総論』（成文堂、一九八二年）一三頁、内藤謙『刑法講義総論（上）』（有斐閣、一九八三年）四五頁、団藤重光『刑法綱要総論〔第三版〕』（創文社、一九九〇年）、山口厚『刑法総論〔第二版〕』（有斐閣、二〇〇七年）四頁、大塚仁『刑法概説総論〔第四版〕』（有斐閣、二〇〇八年）五頁、林幹人『刑法総論〔第二版〕』（東京大学出版会、二〇〇八年）一四頁、山中敬一『刑法総論〔第二版〕』（成文堂、二〇〇八年）五二頁等を参照。

(2) 浅田和茂「刑法的介入の早期化と刑法の役割」浅田和茂ほか編『転換期の刑事法学　井戸田侃先生古稀祝賀論文集』（現代人文社、一九九九年）七三一頁、井田良『講義刑法学・総論』（有斐閣、二〇〇八年）二〇頁、松宮孝明『刑法総論講義〔第四版〕』（成文堂、二〇〇九年）一六頁、生田勝義「違法の質・相対性と法的関係の相対性（序説）」立命館法学三五二号（二〇一三年）三五頁等を参照。もちろん、法益論の実質化をはかることで、法益に立法規制的な機能を持たせようとする試みも行われている（嘉門優「法益論の現代的展開――法益論と犯罪構造」國學院法学四四巻四号（二〇〇七年）九七頁以下等を参照）。

(3) 生田勝義『行為原理と刑事違法論』（信山社、二〇〇二年）八〇頁以下。

(4) 生田・前掲注（3）八五頁。

(5) 生田・前掲注（3）八七頁。

(6) 詳細な検討をしたものとして、Knut Amelung, Rechtsgüterschutz und Schutz der Gesellschaft. Untersuchungen zum Inhalt und zum Anwendungsbereich eines Strafrechtsprinzip auf dogmengeschichtlicher Grundlage. Zugleich ein Beitrag zur Lehre von der „Sozialschädlichkeit" des Verbrechens, 1972, S. 350 ff.; 内藤謙『刑法理論の史的展開』（有斐閣、二〇〇七年）六七頁以下、一三九頁以下、伊東研祐『法益概念史研究』（成文堂、一九八四年）一五頁以下等を参照されたい。

(7) もっとも、Reinhard Moos, Der Verbrechensbegriff in Österreich im 18. und 19. Jahrhudert. Sinn- und Strukturwandel, 1968, S. 92 はそれに批判的である。

(8) Johann Michael Franz Birnbaum, Ueber das Erforderniß einer Rechtsverletzung zum Begriffe des Verbrechens, Archiv des Criminalrechts (N.F.) 15, 1834, S. 149 ff.

(9) Johann Paul Anselm Feuerbach, Lehrbuch des gemeinen in Deutschland gültigen Peinlichen Rechts, 14. Aufl., 1847, § 22 (S. 46).

(10) Feuerbach, a.a.O. (Fn. 9), § 2 (S. 2).

(11) Feuerbach, a.a.O. (Fn. 9), § 8 (S. 36). なお、Thomas Würtenberger, Das System der Rechtsgüterordnung in der deutschen Strafgesetzgebung seit 1532, 1933, S. 221 も参照。

(12) Feuerbach, a.a.O. (Fn. 9), § 432 (S. 703).

(13) Feuerbach, a.a.O. (Fn. 9), § 22 (S. 46).

(14) Feuerbach, a.a.O. (Fn. 9), § 21 (S. 45).

(15) Johann Paul Anselm Feuerbach, Critik des Kleinschrodischen Entwurfes zu einem peinlichen Gesetzbuche für die Churpfältzisch-Bayerischen Statten. III, 1804, S. 16 f.

(16) Johann Paul Anselm Feuerbach, Ueber die Polizeistraf-Gesetzgebung überhaupt und den zweiten Theil eines „Entwurf des Strafgesetzbuchs,

München 1822", in: Ludwig Feuerbch (Hrsg.), Anselm Ritter von Feuerbachs Leben und Wirken aus seinen ungedruckten Briefen und Tatgebüchern, 1852, S. 353 f.

(17) Amelung, a.a.O. (Fn. 6), S. 45 ff.; ders., J. M. F. Birnbaums Lehre vom strafrechtlichen „Güter"-Schutz als Übergang vom naturrechtlichen zum positivistischen Rechtsdenken, in: Diethelm Klippel (Hrsg.), Naturrecht im 19. Jahrhundert, 1997, S. 349 ff., 354 ff.

(18) Birnbaum, a.a.O. (Fn. 8), S. 157 f.

(19) Birnbaum, a.a.O. (Fn. 8), S. 179.

(20) Birnbaum, a.a.O. (Fn. 8), S. 177.

(21) Johann Michael Franz Birnbaum, Beitrag zur Erörterung der Frage: ob Strafgesetzbücher keine allgemeine Bestimmungen in Hinsicht auf bösen Vorsatz enthalten sollen, Archiv des Criminalrechts (N.F.) 25, 1837, S. 473 ff., 495 f.

(22) Bernd Schünemann, Das Rechtsgüterschutzprinzip als Fluchtpunkt der verfassungsrechtlichen Grenzen der Straftatbestände und ihrer Interpretation, in: Roland Hefendehl / Andrew von Hirsch / Wolfgang Wohlers (Hrsg.), Die Rechtsgutstheorie, 2003, S. 133 ff., 140 f.; Frank Neubacher, Materieller Verbrechensbegriff und Rechtsgutsverletzung, Jura 2000, S. 514 f.

(23) Birnbaum, a.a.O. (Fn. 8), S. 177. ビルンバウムは財の侵害につき、自然的犯罪と社会的犯罪に区別をしたが、普遍的な犯罪の保護客体の理論を扱おうというより、その都度の生活環境を配慮した保護客体論を構想していた（Johann Michael Franz Birnbaum, Bemerkungen über den natürlichen Verbrechens und die römischen Begriffe von Delictum Juris Civilis, Delictum Juris Gentium und problum natura, Archiv des Criminalrechts (N.F.) 17, 1836, S. 575 ff. を参照）。

(24) Birnbaum, a.a.O. (Fn. 8), S. 179.

(25) Birnbaum, a.a.O. (Fn. 8), S. 178.

(26) Amelung, a.a.O. (Fn. 17), S. 356.

(27) Eberhard Schmidt, Einführung in die Geschichte der deutschen Strafrechtspflege, 3. Aufl., 1965, S. 283 ff. を参照されたい。

(28) Richard Honig, Die Einwilligung des Verletzten, 1919, S. 60 ff.; Amelung, a.a.O. (Fn. 17), S. 356; Wolfgang Naucke, Schwerpunktverlagerungen im Strafrecht, KritV 1993, S. 137 f. なお、ビルンバウムの法益論を、彼が国家功利主義を否定していた（Birnbaum, a.a.O. (Fn. 8), S. 180 を参照）ことから穏健自由主義的（gemäßigt liberal）と理解する文献としては、Gerhard Fiolka, Das Rechtsgut, 2006, S. 52. また、内藤・前掲注（6）八〇頁以下も参照。

(29) Moos, a.a.O. (Fn. 7), S. 443 も参照。また、ヘーゲリアナーの議論において保護客体と行為客体の区別への萌芽が生じていたことを指摘するものとして、Honig, a.a.O. (Fn. 28), S. 86 ff.; 伊東・前掲注（6）四七頁以下。

（30）Christian Reinhold Köstlin, Neue Revision der Grundbegriffe des Criminalrechts, Tübingen 1845, § 1 (S. 26 f.).

（31）Hugo Hälschner, System des preußischen Strafrechts. Erster oder allgemeiner Theil des Systems, in: ders., Das preußische Strafrecht. Teil 2, 1858, § 54 (S. 214).

（32）Karl Binding, Die Normen und ihre Übertretung, Bd. I, 3. Aufl., 1916, S. 341 ff.

（33）Binding, a.a.O. (Fn. 32), S. 353 ff. なお、初版では「実定法がその視点からすれば、その変更されず、かく乱されることのない維持に利益を有し、したがって規範によって望まれない侵害または危殆化から保護しようと努めなければならない全てのもの」とされていた（1. Aufl., 1872, S. 193）。

（34）Michael Pawlik, Das Unrecht des Bürgers. Grundlinien der Allgemeinen Verbrechenslehre, 2012, S. 129.

（35）Karl Binding, Handbuch des Strafrechts, Bd. 1, 1885, S. 499.

（36）Amelung, a.a.O. (Fn. 6), S. 73 f.; ders., Der Einfluß des südwestdeutschen Neukantianismus auf die Lehre vom Rechtsgüterschutz im deutschen Strafrecht, in: Robert Alexy / Lukas H. Meyer / Stanley L. Paulson (Hrsg.), Neukantianismus und Rechtsphilosophie, 2002, S. 363 ff., 364を参照。

（37）Binding, a.a.O. (Fn. 32), S. 366. つまり、不服従の秤皿に中核としての財の侵害が含まれることになる（S. 365）。

（38）Fiolka, a.a.O. (Fn. 28), S. 30.

（39）もっとも、「理性的に解釈する民族精神」による制限はあり得た（Binding, a.a.O. (Fn. 35), S. 456 f.）。これについては、Winfried Hassemer, Theorie und Soziologie des Verbrechens. Ansätze zu einer praxisorientierten Rechtsgutslehre, 1973, S. 48 f. も参照。

（40）Binding, a.a.O. (Fn. 35), S. 169.

（41）Binding. a.a.O. (Fn. 32), S. 352 f.

（42）Franz von Liszt, Der Begriff des Rechtsgutes im Strafrecht und in der Encyklopädie der Rechtswissenschaft, ZStW 8 (1888), S. 133 ff., 141.

（43）Franz von Liszt, Rechtsgut und Handlungsbegriff im Bindingschen Handbuche, ZStW 6 (1886), S. 663 ff.; ders., a.a.O. (Fn. 42), S. 133 ff.

（44）Franz von Liszt, Der Zweckgedanke im Strafrecht, ZStW 3 (1883), S. 1 ff. これについては、Rudolph von Jhering, Der Zweck im Recht, Bd. I, 3. Aufl., 1893, S. 435 ff. も参照されたい。利益説の創始者とされるイェーリングによれば、法は社会の生活条件の確保のためにあり（S. 443, 485）、立法の側から確定された刑罰によってのみ防御すべき社会の生活条件の危殆化が犯罪であるが（S. 490 f.）、そこでは既に社会も人間と並ぶ目的主体であり、また、魔女罪や魔術師罪といった魔女狩りさえも社会の生活条件の維持を目的としているとされた（S. 450）。もちろん、この結論が現代において不当であるとされることに異論はない。もっとも、この理論には、社会の生活条件に着目することで、それが変化することにより、当該行為が刑罰法規から除かれることが含意され得ることは付言しておく。

(45) Liszt, a.a.O. (Fn. 42), S. 133.

(46) Liszt, a.a.O. (Fn. 42), S. 140.

(47) Liszt, a.a.O. (Fn. 43), S. 672; ders., a.a.O. (Fn. 42), S. 138, 141.

(48) Liszt, a.a.O. (Fn. 42), S. 140 ff.

(49) Liszt, a.a.O. (Fn. 42), S. 142; ders., Lehrbuch des Deutschen Strafrechts, 22. Aufl., 1919, S. 282.

(50) Liszt, a.a.O. (Fn. 42), S. 148; ders., a.a.O. (Fn. 49), S. 282.

(51) Liszt, a.a.O. (Fn. 49), S. 573 ff. を参照。また、Susanne Ehret, Franz von Liszt und das Gesetzlichkeitsprinzip, 1996, S. 165 も参照。

(52) Hassemer, a.a.O. (Fn. 39), S. 39; Wolfgang Naucke, Zur Lehre vom strafbaren Betrug. Ein Beitrag zum Verhältnis von Strafrechtsdogmatik und Kriminologie, 1964, S. 41 f. また、Amelung, a.a.O. (Fn. 6), S. 87 f. も参照。

(53) Fiolka, a.a.O. (Fn. 28), S. 47 を参照。

(54) Liszt, a.a.O. (Fn. 49), S. 347, 348.

(55) Fiolka, a.a.O. (Fn. 28), S. 45

(56) Ehret, a.a.O. (Fn. 51), S. 163 ff.; Volker Haas, Die strafrechtliche Lehre von der objektiven Zurechnung – eine Grundsatzkritik, in: Matthias Kaufmann / Joachim Renzikowski (Hrsg.), Zurechnung als Operationalisierung von Verantwortung, 2004, S. 193 ff., 205; Fiolka, a.a.O. (Fn. 28), S. 338; Wolfgang Naucke, „Schulenstreit"?, in: Felix Herzog / Ulfrid Neumann (Hrsg.), Festschrift für Winfried Hassemer, 2011, S. 559 ff., 563. Hassemer, a.a.O. (Fn. 39), S. 39 によれば、リストの法益論はプログラム的な定義づけに過ぎないとされる。そのため、たとえリストが「社会的理想を心に持つ自由主義者」(Eduard Kohlrausch, Die geistesgeschichtliche Krise des Strafrechts, 1932, S. 16) であろうとも、リストの法益概念では、むき出しの国家主義の道具にもなり得るのである (Amelung, a.a.O. (Fn. 6), S. 109)。

(57) 例えば、Lassa Oppenheim, Die Objekte des Verbrechens, 1894, S. 64 ff.; Max Hirschberg, Die Schutzobjekte der Verbrechen, speziell untersucht an den Verbrechen gegen den Einzelnen. Eine konstruktiv-dogmatische Studie, zugleich ein Beitrag zur Strafrechtsreform, 1910, S. 68 ff. 等を参照。

(58) 例えば、Adolf Merkel, Lehrbuch des deutschen Strafrechts, 1889, S. 10 ff.; Paul Bünger, Über Handeln und Handlungseinheit als Grundbegriff der Lehre vom Verbrechen und von der Strafe, ZStW 8 (1880), S. 520 ff., 661 ff. 等を参照。

(59) Amelung, a.a.O. (Fn. 6), S. 96 を参照。ただし、Eduard Hertz, Das Unrecht und die allgemeinen Lehre des Strafrechts. Bd. I, 1880, S. 15 ff. も参照。

（60）これについては、Honig, a.a.O. (Fn. 28), S. 83 ff., 90 ff., 109; Erich Schwinge, Teleologische Begriffsbildung im Strafrecht. Ein Beitrag zur strafrechtlichen Methodenlehre, 1930, S. 8, 22 f. 等を参照。
（61）Georg Dahm, Verrat und Verbrechen, ZStW 95 (1935), S. 283 ff., 295.
（62）Friedrich Schaffstein, Das Verbrechen als Pflichtverletzung, in: Georg Dahm u. a., Grundfragen der neuen Rechtswissenschaft, 1935, S. 108 ff., 111 ff.
（63）これについては、佐伯千仭「刑法に於けるキール学派に就て（一）（二・完）」法学論叢三八巻二号（一九三八年）二八六頁以下、三八巻三号（一九三八年）五二六頁以下を参照。
（64）Georg Dahm, Der Methodenstreit in der heutigen Strafrechtswissenschaft, ZStW 57 (1938), S. 235. また、Friedrich Schaffstein, Der Streit um das Rechtsgutsverletzungsdogma, DStR 4 (1937), S. 335 ff., 336 は、法益を完全に排除するのではなく、犯罪の不法内実を決定する要因であることは認めている。
（65）Erich Schwinge / Leopold Zimmerl, Wesensschau und konkretes Ordnungsdenken im Strafrecht, 1937, S. 65.
（66）Karl Klee, Das Verbrechen als Rechtsguts- und als Pflichtverletzung, DStR 1936, S. 1 ff., 7, 11（特に「法益保護の手段としての意思刑法」を強調していた（S. 7））; Baldur Graf von Pestalozza, Rechtsgutsverletzung oder Pflichtverletzung ?, DStR 5 (1938), S. 107 ff.
（67）Edmund Mezger, Die Strfat als Ganzes, ZStW 57 (1938), S. 675 ff., 696.
（68）Mezger, a.a.O. (Fn. 67), S. 695.
（69）Mezger, a.a.O. (Fn. 67), S. 697.
（70）Mezger, a.a.O. (Fn. 67), S. 696 f. では「刑法における精神的要素としての保護思想の承認」は「必然的に同じく法益思想の承認」を意味し、「精神化なくしてはおよそ法益という概念は利用し得ない」とされる。
（71）Hans Welzel, Studien zum System des Strafrechts, ZStW 58 (1939), S. 511 Anm. 30. ヴェルツェルの法益論については、奈良俊夫「目的的行為論と法益概念」刑法雑誌二一巻三号（一九七六年）一七頁以下、伊東・前掲注（6）二一九頁以下、二五一頁以下を参照。また、Bernd Müssig, Schutz abstrakter Rechtsgüter und abstrakter Rechtsgüterschutz, 1994, S. 30 も参照。
（72）Welzel, a.a.O. (Fn. 71), S. 509.
（73）Welzel, a.a.O. (Fn. 71), S. 509.
（74）Welzel, a.a.O. (Fn. 71), S. 509. そして、用語法的に合目的的ではないことが、成人の同性愛行為の禁止（一七五条）を例に説明される（S. 510）。
（75）Welzel, a.a.O. (Fn. 71), S. 512 (S. 511 Anm. 30).

(76) Welzel, a.a.O. (Fn. 71), S. 512 (S. 511 Anm. 30).

(77) Welzel, a.a.O. (Fn. 71), S. 512 (S. 511 Anm. 30). このような法益概念に基づいた法益侵害説への批判については、Welzel, a.a.O. (Fn. 71), S. 514 f. を参照。

(78) Knut Amelung, Rechtsgutsverletzung und Sozialschädlichkeit, in: Heike Jung / Heinz Müller-Dietz / Ulfrid Neumann (Hrsg.), Recht und Moral, 1991, S. 269 ff., 275（翻訳として、クヌト・アメルンク（日高義博訳）「法益侵害と社会侵害性」日高義博『違法性の基礎理論』（イウス出版、二〇〇五年）二二六頁以下）; ders., Der Begriff des Rechtsguts in der Lehre vom strafrechtlichen Rechtsgüterschutz, in: Roland Hefendehl / Andrew von Hirsch / Wolfgang Wohlers (Hrsg.), Die Rechtsgutstheorie, 2003, S. 155 ff., 169 ff., 182.

(79) Pawlik, a.a.O. (Fn. 34), S. 136.

(80) Herbert Jäger, Strafgesetzgebung und Rechtsgüterschutz bei Sittlichkeitsdelikten, 1957, S. 6 ff.

(81) なお、Wolf Rosenbaum, Naturrecht undpositives Recht. Rechtssoziologische Untersuchungen zum Einfluß der Naturrechtslehre auf die Rechtspraxis in Deutschland seit Beginn des 19. Jahrhunderts, 1972 も参照。

(82) Werner Wippold, Die Entwirkung der Naturrechtsideologie auf westdeutsche Gerichtspraxis, Staat und Recht, 1959, S. 33 ff. を参照。

(83) Werner Maihofer, Ideologie und Naturrecht, in: Maihofer (Hrsg), Ideologie und Recht, 1969, S. 123 を参照。

(84) Claus Roxin, Sinn und Grenzen staatlicher Strafe, JuS 1966, S. 377 ff.; ders., Rechtsgüterschutz als Aufgabe des Strafrechts?, in: Roland Hefendehl (Hrsg.), Empirische und dogmatische Fundamente, kriminalpolitischer Impetus, 2005, S. 135, 136; Winfried Hassemer, Strafrechtswissenschaft in der Bundesrepublik Deutschland, in: Dieter Simon (Hrsg.), Rechtswissenschaft in der Bonner Republik, 1994, S. 259 ff., 283 f. を参照。

(85) Der Alternativ-Entwurf eines Strafgesetzbuches. Allgemeiner Teil vorgelegt von Jürgen Baumann, Anne-Eva Brauneck, Ernst-Walter Hanack, Arthur Kaufmann, Ulrich Klug, Ernst-Joachim Lampe, Theodor Lenkner, Werner Maihofer, Peter Noll, Claus Roxin, Rudolf Schmitt, Hans Schultz, Günter Stratenwerth, Walter Stree, Mohr, 1966.

(86) Ivo Appel, Rechtsgüterschutz durch Strafrecht?, KritV 1999, S. 278 ff., 285; Hans-Joachim Hirsch, Die aktuelle Diskussion über den Rechtsgutsbegriff, in: Nestor Courakis (Hrsg.), Die Strafrechtswissenschaften im 21.Jahrhundert. Festschrift für Dionysios Spinellis, Bd. I, 2001, S. 425 ff., 432; Wolfgang Frisch, Rechtsgut, Recht, Deliktsstruktur und Zurechnung im Rahmen der Legitimation staatlichen Strafens, in: Roland Hefendehl / Andrew von Hirsch / Wolfgang Wohlers (Hrsg.), Die Rechtsgutstheorie, 2003, S. 215 ff., 218; Wolfgang Wohlers, Die Tagung aus der Perspektive eines Rechtsgutsskeptikers, in: Roland Hefendehl / Andrew von Hirsch / Wolfgang Wohlers (Hrsg.), Die Rechtsgutstheorie, 2003, S. 281; Fiolka, a.a.O. (Fn. 28), S. 346 f.; Nikolaus Wrage, Grenzen der staatlichen Strafgewalt, 2009, S. 60.

(87) Pawlik, a.a.O. (Fn. 34), S. 135. 反対に、婚姻が経済共同体であり、子供に両親の老後の保障という重要な意義が認められていた間は、婚姻関係の不可侵性や血筋の明確性には重要な公的利益が存在していたといえる（S. 135）。なお、Günther Jakobs, Was schützt das Strafrecht. Rechtsgüter oder Normgeltung?, in: Toyo Atsumi, u. a. (Hrsg.), Festschrift für Seiji Saito, 2003, S. 780 ff, 771（渥美東洋ほか編『刑事法学の現実と展開——斉藤誠二先生古稀記念』（信山社、二〇〇三年）七八〇頁以下）も参照。

(88) Thomas Rönnau, Willensmängel bei der Einwilligung im Strafrecht, 2001, S. 165 が指摘するように、あらゆる望ましくない行為を犯罪化するマスターキーを立法者に手渡すことの危険性を意識する必要があろう。

(89) Amelung, a.a.O. (Fn. 6), S. 387 ff.

(90) 特に、Amelung, a.a.O. (Fn. 6), S. 16 ff. を参照されたい。

(91) Amelung, a.a.O. (Fn. 78), S. 269.

(92) Talcott Parsons, The Social System, 1951, pp. 3-5, 38, 167 等を参照。

(93) Niklas Luhmann, Gesellschaftsstruktur und Semantik, 1989; ders., Die Gesellschaft der Gesellschaft, Bd. 2, 1997 等を参照。

(94) Knut Amelung, Der frühe Luhmann und das Gesellschaftsbild bundesrepublikanischer Juristen, in: Cornelius Prittwitz / Michael Baurmann / Klaus Günther (Hrsg.), Festschrift für Klaus Lüderssen, 2002, S. 7 ff.

(95) Amelung, a.a.O. (Fn. 6), S. 390.

(96) Amelung, a.a.O. (Fn. 6), S. 387.

(97) Amelung, a.a.O. (Fn. 6), S. 363.

(98) Amelung, a.a.O. (Fn. 6), S. 363.

(99) Amelung, a.a.O. (Fn. 6), S. 363.

(100) Amelung, a.a.O. (Fn. 6), S. 363. そのために、社会は個々人の価値を切り上げることも切り下げることも、個々人がその地位を有していないためにできないことになる（Günther Jakobs, Sozialschaden?, in: Martin Böse / Detlev Sternberg-Lieben (Hrsg.), Grundlagen des Straf- und Strafverfahrensrechts. Festschrift für Knut Amelung, 2008, S. 37 ff., 38 を参照）。

(101) Amelung, a.a.O. (Fn. 6), S. 368.

(102) Amelung, a.a.O. (Fn. 6), S. 363 Fn. 67, S. 369.

(103) そこでは、「社会的現実性はそれ独自の現実性として」把握される（Amelung, a.a.O. (Fn. 6), S. 350）。

(104) Amelung, a.a.O. (Fn. 6), S. 391.

(105) Michael Marx, Zur Definition des Begriffs „Rechtsgut", 1972, S. 62. M・マルクスは、国家の目的は人間の自由を保障することにある

という、国家の目的論から展開をしている（S. 25 ff.）。人間は、「社会的個体性（sozialer Individualität）」を伴っているが（S. 43, 51. これについては、Arthur Kaufmann, Das Schuldprinzip, 2. Aufl., 1976, S. 102 を参照）、その人間が生きる生活状況は「歴史性の次元」とされていた（S. 46, 62.）。

(106) Claus Roxin, Strafrecht Allgemeiner Teil, Bd. I, 4. Aufl., 2006, § 2 Rn. 7 (S. 16).

(107) Wolfgang Frisch, Geglückte und folgenlose Strafrechtsdogmatik (Kommentar), in: Albin Eser / Winfried Hassemer / Björn Burkhardt (Hrsg.), Die Deutsche Strafrechtswissenschaft vor der Jahrtausendwende, 2000, S. 159 ff., 194.

(108) Frisch, a.a.O. (Fn. 86), S. 227; ders., a.a.O. (Fn. 107), S. 194. なお、Wolfgang Wohlers, Rechtsgutstheorie und Deliktsstruktur, GA 2002, S. 15 ff., 17 も参照。

(109) Hassemer, a.a.O. (Fn. 39), S. 233. また、ders., Darf es Straftaten geben, die ein strafrechtliches Rechtsgut nicht in Mitleidenschaft ziehen?, in: Roland Hefendehl / Andrew von Hirsch / Wolfgang Wohlers (Hrsg.), Die Rechtsgutstheorie, 2003, S. 57 ff. を参照（あわせて、S. 297 ff. も参照されたい）。ハッセマーの見解を検討する文献として、新谷一幸「法益保護の再構成―ハセマー「社会コントロールの形式化構想」―」修道法学二〇巻二号（一九九八年）八一頁以下も参照。

(110) Hassemer, a.a.O. (Fn. 39), S. 233. ハッセマーによれば、法益として問題となる具体的な財と利益は、自然的プロセスからではなく、「利益侵害の頻度、被侵害利益に関する必要性の強さ、そして、社会的に認知されている侵害の脅威の程度の契機を通じて財は生成する。したがって、財（例えば、単婚制度、所有制度あるいはまた、人間の自由や名誉、健康の意味のように）は歴史的、地域的に相対的なものである。また、社会の経済的、文化的な所与の条件についても相対的なものである」とし（Winfried Hassemer, Vorbemerkung vor § 1. Rn 282 f., in: Rudolf Wassermann (Hrsg.), Alternativkommentar zum Strafgesetzbuch, Bd. 1, 1990）、立法者は、法益を社会的な現実から引き出すのではなく、政策的判断から法益を構築するとされる（Rn. 284）。そのため、Müssig, a.a.O. (Fn. 71), S. 60 ff. によれば、この構想は、社会的価値体験の肯定的な追認に陥る危険があり、立法批判機能を見出し難くなる。

(111) Hassemer, a.a.O. (Fn. 39), S. 231 ff., 233.

(112) Hassemer, a.a.O. (Fn. 39), S. 233.「その意義が紛争の相手方の領域からは超え出ない様々な紛争は、類型的な形として刑法上重要ではない」とされる（S. 233）。

(113) Hassemer, a.a.O. (Fn. 39), S. 232.

(114) Hassemer, a.a.O. (Fn. 39), S. 241 ff., 244.

(115) Jakobs, a.a.O. (Fn. 100), S. 40. なお、Müssig, a.a.O. (Fn. 71), S. 57, 60ff. も参照。

(116) ハッセマー自身は、普遍的な法益も間接的に人格の利益である限りで是認するが（Hassemar, a.a.O. (Fn. 110), Rn. 276, 281）、間接的にであればいかなる法益も人格的法益に関連させることができよう。これについては、Müssig, a.a.O. (Fn. 71), S. 188 f. を参照。もちろん、この問題は、個人から出発する法益論に当てはまる。これについては、Roland Hefendehl, Kollektive Rechtsgüter im Strafrecht, 2002, S. 59 ff., 73 ff., 378 を参照されたい。

(117) Jakobs, a.a.O. (Fn. 100), S. 45 f. を参照。

(118) Winfried Hassemer, Buchbesprechung, ZStW 87 (1975), S. 146 ff., 151, 161.

(119) Jakobs, a.a.O. (Fn. 100), S. 47.

(120) Jakobs, a.a.O. (Fn. 100), S. 48.

(121) Jakobs, a.a.O. (Fn. 100), S. 48.

(122) Rüdiger Bubner, Von der Aufforderung zur Anerkennung, in : Jürgen Stolzenberg (Hrsg.), Subjekt und Metaphysik. Konrad Cramer zu Ehren aus Anlaß seines 65. Geburtstages, 2001, S. 61.

(123) 例えば、Georg Wilhelm Friedrich Hegel, Grundlinien der Philosophie des Rechts oder Naturrecht und Staatwissenschaft im Grundrisse, Werkausgabe 7, Herausgegeben von Moldenhauer (schurkamp taschenbuch wissenschaft 607), 1986, § 36 (S. 95).

(124) Günther Jakobs, Kriminalisierung im Vorfeld einer Rechtsgutsverletzung, ZStW 97 (1985), S. 751 ff., 752 f.; Frisch, a.a.O. (Fn. 86), S. 226 ff. を参照。

(125) Carl Torp, Die Lehre von der rechtswidrigen Handlung in der nordischen Rechtswissenschaft, ZStW 23 (1903), S. 84 ff., 88; Pawlik, a.a.O. (Fn. 34), S. 138.

(126) Pawlik, a.a.O. (Fn. 34), S. 138. また、Günther Jakobs, Strafrecht Allgemeiner Teil, 2. Aufl., 1991, 2. Abschnitt Rn. 22 (S. 44); Ivo Appel, Verfassung und Strafe, 1998, S. 350; Frisch a.a.O. (Fn. 86), S. 223 ff. を参照。

(127) Hefendehl, a.a.O. (Fn. 116), S. 7.

(128) Appel, a.a.O. (Fn. 126), S. 385.

(129) Wolfgang Wohlers, Deliktstypen des Präventionsstrafrechts-zur Dogmatik „moderner“ Gefährdungsdelikte, 2000, S. 50.

法益侵害と意思侵害
——住居侵入罪、詐欺罪、窃盗罪に関する近時の判例をめぐって——

松原芳博

Ⅰ　はじめに

刑法は、法益の保護を目的とし、法益の侵害またはその危険を生じさせる行為のみを処罰の対象とする。ここにいう法益とは、人の生存や自己実現にとって有用な「財」である。法益は、保護の客体として、特定の法益主体にとって有用であり法によってその要保護性が承認されたものであるとともに、侵害の客体として、物質性まで備える必要はないにしても、行為によって現実に侵害しうるような経験的な実在性を備えたものでなければならない(1)。法益の侵害とは、法益主体の意思に反してこの実在的な「財」を損なうことにほかならない。

ところが、近時の判例では、一般に立入りが許容ないし黙認されている場所への外見上通常の立入りにつき、管理権者の意思に反することを理由に住居侵入罪（広義）の成立を肯定し、身分や用途を偽って対価を支払い財物の交付やサービスの提供を受けることにつき、財物の占有者や施設の管理者の意思に反することを理由に詐欺罪の成立を肯定するなど、法益主体の意思に反すること自体を法益侵害とみるような傾向が顕著となっている。この傾向は、刑事司法における「被害者の発見」を背景としたものである。違法を被害者の視点で論じることは、違法を行為者の視点から切り離すという点で結果無価値論を徹底した姿ともいえよう。そのこともあって、学説でもこの判例の傾向を正当化する動きもみられるところである。

たしかに、自由や財産は、法益主体の意思と密接に結びついた法益であって、その意思に適った処分に法益侵害性を認めることはできない。しかし、近時の判例・学説の傾向は、法益主体の意思に反すること自体を法益侵害とみることで、「意思侵害のひとり歩き」を招き、法益侵害の内実を空虚なものにしているのではないだろうか。人の内心に存する「意思」については、もともと、その認識・証明の困難性、可変性、恣意性といった点で法的な取扱いには慎重さを要するところがあった。加えて、近時の判例は、法益主体（被害者）が現実に抱いている意思ではなく、「もし事情を知っていたら、それを望まなかったであろう」という仮定的な意思の侵害や、事前の包括的な意思に対する侵害を処罰根拠とすることで、その侵害の内実をさらに形骸化しているように思われる。

本稿では、自由に対する罪から住居侵入罪を、財産に対する罪から詐欺罪および窃盗罪を取り上げて、意思侵害と法益侵害との関係を明らかにし、これらの罪の適正な成立範囲を画するための視座を提供したい。

Ⅱ　住居侵入罪

1　最近の判例

①最高裁平成一九年七月二日決定（刑集六一巻五号三七九頁）は、被告人らが、客のカードの暗証番号等を盗撮するために、現金自動預払機の設置された、行員が常駐していない銀行支店出張所に営業中に立ち入ったという事案で、「そのような立入りが同所の管理権者である銀行支店長の意思に反するものであることは明らかであるから、その立入りの外観が一般の現金自動預払機利用客のそれと特に異なるものでなくても、建造物侵入罪が成立するものというべきである」と判示した。また、②最高裁平成二〇年四月一一日判決（刑集六二巻五号一二一七頁）は、被告人らが、イラク派兵反対のビラを投函するために、防衛庁宿舎の敷地および集合住宅の建物共用部分に立ち入ったという「立川自衛隊宿舎事件」において、建物共用部分は「邸宅」に当たり、敷地は「邸宅」の囲繞地として邸宅侵入罪の客体になるとするとともに、本罪の「侵入」とは「管理権者の意思に反して立ち入ることをいう」とする定義を示し、国家公務員宿舎法、同法施行令等を根拠に陸上自衛隊東立川駐屯地業務隊長、航空自衛隊第一補給処立川支処長等を管理権者とみたうえで、被告人らの立入りがこれらの管理権者の意思に反するものであったことは明らかであるとして、邸宅侵入罪の成立を肯定した。さらに、③最高裁平成二一年一一月三〇日判決（刑集六三巻九号一七六五頁）は、被告人が、政党のビラを投函する目的で、オートロックのない分譲マンションの共用部分に立ち入ったという「葛飾マンション事件」において、「本件マンションの構造及び管理状況、玄関ホール内の状況、上記はり紙の記載内容、本件立入りの目的などからみて、本件立入り行為が本件管理組合の意思に反するものであることは明らか」であるとして、住居侵入罪の成立を肯定した。(2)

これらは、住居侵入罪（広義）における「侵入」とは住居権者ないし管理権者の意思に反する立ち入りであるとする「意思侵害説」の論理によって、従来想定されていなかった場面にまで同罪の適用領域を拡張することを正当化したものといえる。

2　住居権説と平穏説

同罪の「侵入」の意義に関する意思侵害説と平穏侵害説との対立は、同罪の保護法益に関する住居権説と平穏説との対立を背景とするものであった。戦前の判例は、「住居侵入の罪は他人の住居権を侵害するを以て本質と為し住居権者の意思に反して違法に其住居に侵入するに因りて成立す」（大判大正七年一二月六日刑録二六巻一五〇六頁―カタカナをひらがなに、旧字体を新字体に改めた）として、住居権説を採用し、そこから意思侵害説を導くとともに、住居権の主体を戸主とすることで、夫の留守中に妻の不倫相手が妻の許諾に基づいて姦通目的で夫婦の居宅に立ち入った事案（姦通事例）で、住居侵入罪を肯定していた（前記大判大正七年一二月六日、大判昭和一四年一二月二二日刑集一八巻五六五頁）。

戦後になると、戦前・戦中の住居権説と封建的な家制度との結びつきへの反発から、本罪の保護法益を住居の事実上の平穏に求める平穏説[3]が有力化した。同説からは、平穏を害する立入りをもって「侵入」とする平穏侵害説が導かれた。最高裁も、活動家の学生らが一時的に設置されていた金網を引き倒して研究所の敷地に立ち入ったという「東大地震研事件」において、建造物利用の平穏を害したことを理由に建造物の囲繞地への侵入について建造物侵入罪の成立を肯定した（最判昭和五一年三月四日刑集三〇巻二号七九頁[4]）。

しかし、封建的な家制度と結びつくのは戸主を本罪の法益主体とみることであって、本罪の保護法益を住居権に求めることではないとの認識が一般化して、住居権説および意思侵害説が再度有力化する。[5]最高裁も、郵便局員らが春闘のビラ貼りのために営業時間外に宿直員に声を掛けて郵便局に立ち入ったという「大槌郵便局事件」で、「一三〇条前段にいう『侵入し』とは、他人の看守する建造物等に管理権者の意思に反して立ち入ることをいうと解すべきであるから、管理権者が予め立入り拒否の意思を積極的に明示していない場合であっても、該建造物の性質、使用目的、管理状況、管理権者の態度、立入りの目的などからみて、現に行われた立入り行為を管理権者が容認しないと合理的に判断されるときは、他に犯罪の成立を阻却すべき事情が認められない以上、同条の罪の成立を免れない」と判示し、明示的に意思侵害説を採用するに至った（最判昭和五八年四月八日刑集三七巻三号二一五頁）。

平穏説は、本罪を社会の平穏に対する罪とみる社会法益説の流れを汲むものであって、住居の平穏という法益の実体もその帰属主体も不明確なものであった。それゆえ、住居権説の再興は、特に法益侵害説の立場からすると、処罰範囲の明確化という観点からも法益主体（＝同意権者）の特定という観点からも歓迎されるべきことであった。

3　住居権の内実と「侵入」概念

もっとも、特に住居権の内容を住居への立入りを承諾するか否かの自由としての「許諾権」に純化していくと、[6]住居権者の「意思」が本罪の保護法益であるかのような様相を呈してくる。しかし、刑法は、裸の意思ないし願望を保護するものではない。[7][8]住居侵入罪も、「意思の侵害」ではなく、「意思に反した財の侵害」として捉えられるべきである。

このような見地からは、住居侵入罪の保護法益としての住居権の内実は、住居等の要保護空間に対する現実的な支配に求められるべきである。[9]それゆえ、本罪の「侵入」は、住居権者の当該空間に対する実効的支配が既に確立されていることを前提に、その支配を確保するための物理的ないし心理的な障壁を乗り越えて、住居権者の支配を、その意思に反して侵害することであると理解すべきである。「侵入」という言葉も、何らかの障壁の突破を含意しているといえよう。(10) 姦通事例において妻の不倫相手の立入りが留守中の夫の（推定的）意思に反しているにもかかわらず、これについて住居侵入罪を成立させるべきでないと感じられるのは、この障壁の突破としての「侵入」が認められないからではないだろうか。

以上のような住居権および「侵入」の理解からすると、①の事案では、銀行員が常駐していないうえ、支店から銀行員がモニターで監視するとしても、被告人らの立入りの外観が一般の現金自動預払機利用客のそれと異なるものではなく、銀行側がその立入りの適否を判断することができないとすれば、障壁の突破としての「侵入」の存在を認めるのは困難であるように思われる。この事案で建造物侵入罪の成立を肯定するとすれば、万引きの目的でコンビニエンスストアに立ち入った者についても、もし店主が客の目的を知っていたら立入りを許さなかったであろうという意味で「意思に反した立入り」が認められることから、同罪の成立を肯定することになろう。しかし、このような外形的に平穏な立入りについて、行為者の秘められた目的を理由に同罪を認めることは、実質的には「意思処罰」に等しいものであって行為主義に反するのではないだろうか。

②の事案では、宣伝ビラを投入しようとする者らが日常的に共用部分に立ち入っていたほか、敷地の出入口部分にフェンスも門扉もなく、近所の人が敷地を通り抜けていたとされ、③の事案でも、宣伝ビラの投入のために外部者が日常的に共用部分に立ち入っていたとされることから、両事案で「侵入」といえるだけの障壁の突破および住居侵入罪（広義）の予定する程度の支配権の侵害があったといえるかは疑問である。

Ⅲ　詐欺罪

1　最近の判例

④最高裁平成一四年一〇月二一日決定（刑集六一巻五号五二一頁）は、他人の名前で銀行預金口座を開設した事案で、交付された預金通帳に対する一項詐欺罪の成立を認め、⑤最高裁平成一九年七月一七日決定（刑集六一巻五号五二一頁）は、第三者に譲渡する目的を秘して自己の名前で預金口座を開設した事案で、同じく通帳に対する一項詐欺罪を認め、⑥最高裁平成二六年四月七日決定（判例集未登載）は、暴力団員が郵便局で暴力団員でないことを表明、確約して総合口座を開設した事案で、交付された総合口座通帳およびキャッシュカードに対する一項詐欺罪の成立を肯定し、⑦最高裁平成二二年七月二九日決定（刑集六四巻五号八二九頁）は、空港の国際線チェックインカウンターで別人を航空機に搭乗させる意図を秘して係員から搭乗券の交付を受けたという事案で、搭乗券に対する一項詐欺罪の成立を肯定した。[11] また、⑧最高裁平成二六年三月二八日決定（判例集未登載、平成二五年（あ）第七二五号）は、暴力団員であることを秘してゴルフ場でプレーした事案で、施設利用の利益に対する二項詐欺の成立を肯定している。[12]

2　形式的個別財産説と実質的個別財産説

従来の通説は、詐欺罪が財産罪であることを理由に同罪の成立に財産的損害の発生を必要としつつ、それを財物ないし個別利益の支配の喪失に求める形式的個別財産説に立っていた。この立場からは、真実を知っていたら財物・利益を交付しなかったはずであるといえる限りで、相当対価を得たとしても詐欺罪の成立が肯定されることになる。判例も、中風などによく効くと偽って電気アンマ器を販売した「ドル・バイブレーター事件」で、「たとえ価格相当の商品を提供したとしても、事実を告知するときは相手方が金員を交付しないような場合において、ことさら商品の効能などにつき真実に反する誇大な事実を告知して相手方を誤信させ、金員の交付を受けた場合は、詐欺罪が成立する」と判示している（最決昭和三四年九月二八日刑集一三巻一一号二九九三頁）ことから、形式的個別財産説と親和的なものと評されてきた。しかし、形式的個別財産説に立って、書店で未成年者が成人であると偽って成人向けの書籍を定価で購入した場合（書店事例）に、店主は客が未成年者だと知っていたら書籍を販売しなかったはずであるとして詐欺罪の成立を肯定するのは、未成年者の健全育成という社会的法益や店主の意思決定の自由を保護するために、詐欺罪の規定を転用するもののように思われる。

そこで、「財産」という法益の取引手段・目的達成手段としての性格から、財物・利益の喪失が被害者の財産権の行使という観点からみて損害と評価されうるということを本罪の成立要件とする実質的個別財産説[13]が有力化している。この見解からは、書店事例では、店主が代金の獲得という書籍販売の目的を達成していることから、その書籍の交付は財産的損害を構成しないという帰結が導かれる。なお、この実質的な財産的損害を本罪の成立要件とすることなく、交付者の錯誤が法益関係的錯誤といえるかを問題とし、書店事例では客の年齢に関する錯誤は財産権の行使にとって重要な事実に関する錯誤ではないという理由によって、本罪の成立を否定する見解[14]も唱えられている。しかし、何が法益関係的錯誤になるかは、当該犯罪の保護法益の理解によって決まる。財産権の行使にとって重要な事実に関する錯誤が法益関係的錯誤となるのは、同罪における法益侵害として、財産権行使の失敗という実質的な財産的損害が必要とされているからにほかならない。もちろん、本罪の成立要件としての欺罔および錯誤は財産的損害の惹起に向けられたものでなければならないから、実質的な財産的損害を本罪の成立要件とする立場からも、この損害の発生が否定されるような場合には、事態の推移が予定通りのものであった限りで、財産的損害の発生以前に、欺罔および錯誤の存在が否定されることになる。

ところで、最近の判例は、欺罔の対象が「交付の判断の基礎となる重要な事項」に関するものであったか否かに注目している。たとえば、⑦は、「航空券に氏名が記載されている乗客以外の者の航空機への搭乗が航空機の運航の安全上重大な弊害をもたらす危険性を含むものであったことや、本件航空会社がカナダ政府から同国への不法入国を防止するために搭乗券の発券を適切に行うことを義務付けられていたこと等の点において、当該乗客以外の者を航空機に搭乗させないことが本件航空会社の航空運送事業の経営上重要性を有していた」との認定をもとに、「搭乗券の交付を請求する者自身が航空機に搭乗するかどうかは、本件係員らにおいてその交付の判断の基礎となる重要な事項であるというべきである」としており、⑧は、「利用客が暴力団関係者かどうかは、本件ゴルフ倶楽部の従業員において施設利用の許否の判断の基礎となる重要な事項である」から、同伴者が暴力団関係者であることを申告せずに施設利用を申し込む行為は詐欺罪の欺罔行為に当たるとしている。

この「交付の判断の基礎となる重要な事項」とは、形式的個別財産説の見地から、当該事案における交付者の判断を事実上左右する事項を意味するものとも解されうるが、実質的個別財産説の見地から、実質的な財産的損害を基礎づける規範的に重要な取引目的に関係する事項を意味するものとも解されうる。

3　財産的損害の内実

それでは、近時の判例の事案において、財産犯の成立を基礎づけうるだけの実質的な財産的損害を認めることができるであろうか。実質的個別財産説（ないし同説を交付者の錯誤の要件に投影させた見解）を前提としつつ一連の判例の結論を正当化する試みには、(A)特定の者に交付することを取引の目的に含めることによるもの[15]と、(B)間接的な経済的損失によって財産的損害を基礎づけようとするもの[16]とがある。

(A)は、記名された氏名の者、自ら口座を利用しようとする者、自ら搭乗しようとする者、暴力団関係者以外の者に交付するという目的を達成せずに、財物やサービスを交付した点で財産的損害を肯定できるとする。しかし、この見解のいう「特定の者に交付する目的」が交付者の主観的な目的にとどまるなら、形式的個別財産説に回帰することになろう。一方、「特定の者に交付する目的」が社会的に要請された目的を意味するとすれば、マネーロンダリング、振り込め詐欺、ハイジャック、不法出入国の防止といった交付者の財産とは別の利益を詐欺罪で保護するものであって、詐欺罪を国家法益・社会法益に対する罪に変質させることになろう。また、この考え方からは、書店事例でも、未成年者に成人向け書籍を売らないことへの社会的要請が強くなれば、成人に販売することが書店の取引目的となって、その不達成により詐欺罪の成立が基礎づけられることになる。

(B)は、振込め詐欺等の被害者から銀行が不法行為に基づく損害賠償を請求されるリスク、口座が犯罪に利用されることで当該銀行の社会的信用が低下して営業成績が悪化するリスク、航空会社がハイジャック等によって経済的な損害を被ったり、その安全性に対する信頼が低下して営業成績が悪化したりするリスク、暴力団が出入りしているとの風評によりゴルフ場の客が減少するリスク等によって、財産的損害を基礎づけるものである。しかし、これらのリスクが財産罪を基礎づけるほど現実的なものであるのか疑わしいのみならず、これらのリスクは、欺罔行為者の獲得した預金通帳、搭乗券、ゴルフの施設利用の便益と対応関係に立つものではなく、銀行、航空会社、ゴルフ場の利益が欺罔行為者に移転したという関係を欠くため、財産移転罪としての詐欺罪の成立を基礎づけるものとはいえないであろう[17]。

刑法は、詐欺罪によって「財産」を保護しているのであって、一般的な意思決定の自由を保護しているのではない。財産は、もちろん、その帰属主体のために奉仕すべきものであって、その要保護性は被害者の意思に依存する。しかし、刑法が意思決定の自由一般から区別して、特に「財産」を保護していることからすれば、使用価値であれ交換価値であれ、客体となっている財物ないし利益に内在する経済的に評価可能な価値・効用の享受に対する侵害であってはじめて、財産的損害を構成すると解すべきではないだろうか。[18] このような観点からみると、④～⑧の事案では、客体は当該取引で予定された経済的効用を果たしていることから、その交付は財産的損害を構成しないと解すべきであろう。財産罪は、「意思に反して財産を侵害すること」を罰するものであって、「意思を侵害すること」を罰するものではない。

Ⅳ　窃盗罪

1　最近の判例

⑨最高裁平成一九年四月一三日決定（刑集六一巻三号三四〇頁）は、パチスロ機で大当たりが連続して出る回胴停止ボタンの押し順を判定する機能を有する電子機器（体感器）を装着してパチスロ店で遊戯したという事案で、「本件機器がパチスロ機に直接には不正の工作ないし影響を与えないものであるとしても、専らメダルの不正取得を目的として上記のような機能を有する本件機器を使用する意図のもと、これを身体に装着し不正取得の機会をうかがいながらパチスロ機で遊戯すること自体、通常の遊戯方法の範囲を逸脱するものであり、パチスロ機を設置している店舗がおよそそのような態様による遊戯を許容していないことは明らかである」から、被告人が当該パチスロ機で取得したメダルについては「本件機器の操作の結果取得されたものであるか否かを問わず、被害店舗のメダル管理者の意思に反してその占有を侵害し自己の占有に移したもの」として、その全体について窃盗罪が成立するとした。これに対して、⑩最高裁平成二一年六月二九日決定（刑集六三巻五号四六一頁）は、パチスロ店で仲間の不正な遊戯を隠蔽するための「壁役」として、その隣のパチスロ台で遊戯した者について、「自ら取得したメダルについて

は、被害店舗が容認している通常の遊戯方法により取得したものであるから、窃盗罪が成立するとはいえない」とした。

⑨によれば、パチスロ機からのメダルの排出自体を占有の移転とみる以上、これが店舗側の意思に反するとさえいえれば窃盗罪の成立を認めることができそうである。そうすると、一八歳未満の者など店舗側が望まない客が通常の遊戯によってメダルを獲得した場合にも、窃盗罪に問われることになってしまう。そこで、⑨は、「通常の遊戯方法の逸脱」という制約を付することで「意思侵害のひとり歩き」に歯止めをかけようとしたものと考えられる。⑩は、店舗の意思に反するともいえる「壁役」のメダルの獲得について、「通常の遊戯方法」によることを理由に窃盗罪の成立を否定したのであった。

2 「窃取」の意義

窃盗罪における「窃取」とは、財物の占有者の意思に反して、その占有を侵害し、自己または第三者の占有に移すことをいう（大判大正四年三月一八日刑録二一輯三〇九頁）。占有とは、財物に対する実力支配である。「窃取」とは、この財物の占有を占有者の交付行為なしに移転させるものであるから、財物の実力支配を保持するために占有者が講じていた手段・装置を乗り越えるような態様のもの、したがって、住居侵入罪における「侵入」と同様に、何らかの物理的ないし心理的障壁を突破するような態様のものであることを必要とする。侵入盗はもちろん、すりや万引きも、このような障壁の突破を伴っていると考えられる。

これに対して、パチスロ遊戯の場合には、「通常の遊戯方法」による限り、メダルはパチスロ機から自動的に排出されてくるのであって、その獲得に障壁の突破という契機は認められない。それゆえ、メダルの獲得について「窃取」が認められるのは、何らかの方法でパチスロ機のメダルに対する管理・支配機能を解除した場合に限られると解すべきである。[19] パチスロ機が物理的な容器にメダルを収納しつつ電子的方法によってメダルの排出を一定の確率に制御していることからすれば、針金等によって物理的にパチスロ機に働きかけた場合や、磁気・電流等によって電子的制御に異常を生じさせた場合のほか、⑨のように体感器といった特殊な装置を用いることでメダル排出の確率を人為的に変動させたような場合には、パチスロ機の管理・支配機能を解除したものとして、「窃取」を認めることができるように思われる。もっとも、⑨は「本件機器の操作の結果取得されたものであるか否かを問わず」窃盗が成立するとしているが、体感器が効果を発揮する以前の試し打ちの段階や、体感器の使用が大当たりに結びつかなかった場合には、店舗側の設定どおりの確率で自動的にメダルが排出されたのであって、パチスロ機の管理・支配機構を解除することによるメダルの占有移転は認め難いように思われる。

3　財産的損害の要否

従来、窃盗罪では、行為者と被害者との間に取引関係が存在しない場合が想定されてきた。しかし、取引の機械化・電子化が進み、自動販売機や現金自動預払機といった機械が人のなすべき財物の交付を代行するようになった現在、行為者と被害者との間に取引関係が存在する場面でも窃盗罪の成否が問題となってくる。このような取引の場面における窃盗罪においては、行為者から被害者に対して一定の対価の支払があることから、詐欺罪と同様に財産的損害の問題が顕在化する。

⑨⑩の事案においても、行為者は正規の代金でメダルを借り出して遊戯していることからすると、財産的損害の有無が問題とされねばならない。パチスロ店は、一定の確率でメダルを排出することを前提に、一定の価格でメダルを貸し出すことで全体として利潤を上げているので、店舗側の想定を超えた程度にまでメダル排出の確率を高める遊戯であってはじめて、財産罪一般の成立を基礎づける財産的損害の存在を認めることができよう。[20] これに対し

て、一八歳未満の者の通常の遊戯方法によるメダル獲得については、書店事例と同様に店舗側の財産的損害が認められないため、財産罪の成立は否定されるべきである。これを店舗側の同意の問題に投影するなら、次のように説明することもできるであろう。店舗側は、遊戯客に対して事前にメダルの排出に関する包括的同意を与えている。一八歳未満の者の通常の遊戯については、店舗側としては客が一八歳未満の者であると知っていればその遊戯を許さなかったといえたとしても、年齢の錯誤は窃盗罪にとって法益関係的錯誤ではないため、店舗側の事前の同意の有効性は維持される。これに対して、⑨のようにメダルの排出率を店舗の想定外にまで高めるような遊戯を行っている場合には、店舗側に法益関係的錯誤があるため、店舗側のメダル排出に対する事前の同意が無効になって財産罪の成立が肯定されることになる。[21]

以上の「窃取」の要件および財産的損害の要件は、窃盗罪固有の要件および財産罪一般の要件として重畳的に要求されるべきであるが、パチスロ機での不正遊戯の事例では、両者の判断は事実上重なるであろう。

V　むすびに代えて

法益とは、外界に実在する「財」に対して、人にとっての有用性ゆえに法が要保護性を付与したものである。「財と人との関係」が法益であるといってもよい。したがって、帰属主体としての人と無関係に財を保護するのは無意味であると同時に、財と無関係に人の意思・願望を保護することも法益保護主義の意図するところではない。単なる意思・願望を刑法で保護することは、刑法の恣意的運用を招くのみならず、侵害原理の要請にも反するものといわねばならない。とりわけ「自由」および「財産」という法益においては、財と意思との区別が不分明になりがちであるが、意思の関係する「財」を具体化する努力を怠ってはならないであろう。

以前から、「意思侵害のひとり歩き」という現象は、錯誤に基づく同意の文脈で問題となっていた。判例は、もし錯誤に陥っていなければ同意を与えなかったであろうといえるときには、同意は真意に沿わないものとして無効になるとする重大な錯誤説（条件関係的錯誤説）を採用し、心中を申し出た交際相手に対して、追死の意思がないのにあるかのように装って毒を飲ませて死亡させたという偽装心中の事案で、自殺関与罪（二〇二条）ではなく、殺人罪の成立を肯定した（最決昭和三三年三月一九日刑集一二巻四号六三六頁）。しかし、この帰結は、殺人罪の規定によって恋人に一緒に死んでほしいという自殺した者の願望を保護するものであるように思われる。

これに対して、法益関係的錯誤説[22]は、同意を無効にするのは当該構成要件の保護する法益に関する事実に錯誤があった場合に限られると説いた。同説は、判例にみられた「意思侵害のひとり歩き」を回避しようとするものとして、基本的に支持することができよう。もっとも、近年、法益関係的錯誤説に立ちながら、「法益」の構成要素に法益処分の自由を組み込む見解[23]が提唱されている。しかし、この見解によるなら、動機に錯誤があるにすぎない場合にも「法益処分の自由」が侵害されているため同意が無効とされることになって、再び「意思侵害のひとり歩き」を招くことが懸念される。

（1）　法益概念については、伊東研祐『法益概念史研究』（成文堂、一九八四年）、嘉門優「法益論の現代的意義（一）（二・完）」大阪市立大学法学会雑誌五〇巻四号（二〇〇四年）九三四頁以下、五一巻一号（二〇〇四年）九六頁以下等参照。

（2）　このほか、札幌簡易裁判所平成一七年一一月一六日判決（刑集六一巻三号三六三頁参照―後記最高裁平成一九年四月一三日判決の第一審判決）、仙台簡易裁判所平成二〇年九月二二日判決（刑集六三巻五号四六八頁―後記最高裁平成二一年六月二一日決定の第一審判決）は、不正遊戯目的で営業時間中にパチスロ店に立ち入った行為について、建造物侵入罪の成立を肯定している。

（3）　団藤重光『刑法綱要各論（第三版）』（創文社、一九九〇年）五〇頁等。

（4）　住居の平穏の侵害がないことを理由に姦通事例で本罪の成立を否定したものとして、福岡地裁小倉支部昭和三七年七月四日判決（下刑集四巻七＝八号六六五頁）、尼崎簡裁昭和四三年二月二九日判決（下刑集一〇巻二号二一一頁）。

（5）平野龍一『刑法概説』（東京大学出版会、一九七七年）一八三頁等。
（6）山口厚『問題探究刑法各論』（有斐閣、一九九九年）六六頁。
（7）脅迫罪や強要罪は、「意思の自由」を保護法益とするが、そこには現実の意思抑圧が存在するのであって、意思抑圧を要件としない住居侵入罪では、この意味での「意思の自由」の侵害は認められない。
（8）嘉門優「住居侵入罪における侵入概念——意思侵害説の批判的検討」大阪市立大学法学会雑誌五五巻一号（二〇〇八年）一四四頁以下参照。
（9）伊東研祐『現代社会と刑法各論〔第二版〕』（成文堂、二〇〇二年）一二九頁以下参照。
（10）佐藤陽子『被害者の承諾』（成文堂、二〇一一年）四七頁以下参照。
（11）このほか、第三者に無断譲渡する意図を秘した携帯電話機の購入の申込みに詐欺未遂罪の成立を認めたものとして、東京高裁平成二四年一二月一三日判決（高刑集六五巻二号二一頁）。
（12）なお、同日に言い渡された最高裁平成二六年三月二八日判決（判例集未登載、平成二五年（あ）第三号）および最高裁平成二六年三月二八日判決（判例集未登載、平成二五年（あ）第九一一号）は、暴力団員であることを秘したゴルフ場の利用について、暴力団を排除する措置が徹底されていなかったことから、施設利用を申し込む行為は暴力団関係者でないことを表示するものとはいえないため欺罔行為と認められないとして詐欺罪の成立を否定している。
（13）西田典之『刑法各論〔第六版〕』（弘文堂、二〇一二年）二〇四頁以下等。これに対して、林幹人『刑法各論〔第二版〕』（東京大学出版会、二〇〇七年）一四三頁は、交付者の財産状態の悪化を財産罪の要件とする全体財産説を唱えている。
（14）佐伯仁志「詐欺罪（一）」法教三七二号（二〇一一年）一〇七頁以下、山口厚『刑法各論〔第二版〕』（有斐閣、二〇一〇年）二六七頁以下、橋爪隆「詐欺罪成立の限界について」植村立郎判事退官記念論文集『現代刑事法の諸問題　第一巻』（立花書房、二〇一一年）一七五頁以下等。
（15）山口厚『新判例から見た刑法〔第二版〕』（有斐閣、二〇〇八年）二三四頁等。
（16）西田・前掲注（13）二〇九頁以下、松澤伸「判批」『判例セレクト07'』（有斐閣、二〇〇八年）三四頁等。
（17）二項詐欺罪を財産移転罪とみない立場からも、欺罔行為者の財産上不法の利益と被害者の財産的損害とが裏腹の関係に立つこと、あるいは被害者の処分行為から財産的損害が直接生じたことを要するとして、暴力団員のゴルフ場の利用による客の減少等は詐欺罪における財産的損害を構成しないとされる（松宮孝明「暴力団員のゴルフ場利用と詐欺罪」斉藤豊治先生古稀祝賀論文集『刑事法理論の探求と発見』（成文堂、二〇一二年）一六一頁以下参照）。
（18）西田・前掲注（13）二〇四頁以下は、「実質的な財産上の損害の有無は被害者が獲得しようとして失敗したものが、経済的に評価して損害といいうるものかどうかということにより決定すべき」とし、山口厚ほか編『理論刑法学の最前線Ⅱ』（岩波書店、二〇〇六年）一〇九頁〔佐伯仁志〕は、実質的な財産的損害を交付者の錯誤の要件に投影する立場から、「客観化可能で具体的給付に内在し、かつ経済的に重要な目的」に関する錯誤のみが詐欺罪を基礎づけるとしている。

(19) 林陽一「判批」『平成二一年度重要判例解説』（有斐閣、二〇一〇年）一八四頁参照。

(20) 内田幸隆「窃盗罪における窃取行為について」『曽根威彦先生・田口守一先生古稀祝賀論文集　下巻』（成文堂、二〇一四年）一三三頁以下参照。

(21) 佐伯・前掲注（14）一〇九頁参照。

(22) 山中敬一「被害者の同意における意思の欠缺」法学論集（関西大学）三三巻三＝四＝五号（一九八三年）九二一頁以下、佐伯仁志「被害者の錯誤について」神戸法学年報一号（一九八五年）五一頁以下等。

(23) 山口厚「『法益関係的錯誤』説の解釈論的意義」司法研修所論集一一一号（二〇〇四年）一〇三頁以下。

〔付記〕二校段階で、辰井聡子「『自由に対する罪』の保護法益――人格に対する罪としての再構成」町野朔先生古稀記念『刑事法・医事法の新たな展開　上巻』（二〇一四年）四一一頁以下に接した。同論文は、自由に対する罪の保護法益を自由の背後にある各種の人格的利益に求めるべきとするもので、本稿の立場からも注目すべき主張を含んでいる。

危険犯・小論——遺棄罪の解釈を出発点として——

武田　誠

Ⅰ　はじめに

私はかつて、遺棄罪に関する考察を試みた[1]。私はそこで遺棄罪に関する基本的な考えを示してみた。本稿では、そこで示した知見を出発点として、視野を「危険」ならびに「危険犯」に広げて検討を試みる。その過程で、これら両概念についてささやかな問題提起をすることが本稿の目的である。

Ⅱ　遺棄罪の基本問題

本稿では、以前の検討で得られた知見を基に、新たな問題提起を試みるが、本稿の考察に入る前に前稿での結論を示しておきたい。考察の対象にしたのは「遺棄」の概念と遺棄罪の性格（保護法益）であった。

1　まず、遺棄概念についてである。前稿では、代表的であると思われる四説に検討を加えた。すなわち、①二一七条は作為犯（移置）、二一八条前段は作為犯と不真正不作為犯（置き去り）、後段は真正不作為犯（不保護）によって構成される、②二一七条は作為犯（移置と置き去りは必ずしも作為と不作為に対応しない）二一八条前段は作為犯と不真正不作為犯、後段は真正不作為犯によって構成される、③二一七条は作為犯と不真正不作為犯、二一八条前段は作為犯と不真正不作為犯、後段は真正不作為犯によって構成される、④二一七条は作為犯、二一八条前段は作為犯、後段は真正不作為犯によって構成される、という四説である。

私が到達した結論は第四説であった。その理由は、かいつまんで挙げれば、遺棄概念は二一七条、二一八条を通じて統一することが好ましいこと、例外的な処罰類型である「不真正不作為犯」という概念を濫用すべきでないことに求められる。第四説に対してはいくつかの批判があるが、私は、それらの批判に対して次のように考えている。すなわち、二一八条の遺棄が二一七条の遺棄より重く処罰される理由は、それが保護責任者によって実行されるため、非難の程度が高く、それゆえに責任が加重されるからであり、不作為が二一八条のみで処罰される理由は、危険状態を放置するという事実のみでは処罰の根拠としては不充分であり、それが保護責任者によって行われることによって、初めて、当罰性を生じることに求められる。

2　つぎに遺棄罪の保護法益についてである。代表的な見解は二つ、すなわち、①遺棄罪は生命・身体に対する危険犯である、②遺棄罪は生命に対する危険犯であるという二説である。私が、おもに判例を分析して得た結論は、遺棄罪が肯定されているほとんどの事案で、身体に対する危険は論じられていないという事実であった。その事実は、判例は遺棄罪を生命・身体に対する危険犯と捉えている、という説明とは異なる認識を持たせるものであった。さらに、私の判例分析によって得られた知見は、その際の危険としては「抽象的危険」ではなく、「具体的危険」[2]が論じられているのではないか、というものであった。

以上の二点が本稿の考察の前提である。それらを出発点として、本稿の考察を進めていくことにしたい。

Ⅲ　遺棄罪の故意――主観的成立要件（ある判決の紹介）

遺棄罪の故意が認定されるためにはどのような事実の認識が必要であろうか。ここでは、二件の判決を紹介することによって、後の考察の資料としたい。二件の事件はいずれも両親がパチンコ遊技中に自動車の中に寝かされていた幼児が死亡したというケースである。特に、第一の事件は、事実ならびに被告人の供述を含めて、後の論述の必要上引用が長くなるが、あえて紹介することにしたい。

1　平成一九年七月九日　名古屋地方裁判所判決[3]

(1)　被告人両名（夫婦）は、本件以前にも四度、被害者（被告人両名の実子、事件当時生後七九日）を車中に寝かせてパチンコに興じているが特に問題は生じなかった。

平成一八年五月二八日、妻は、午前四時三〇分ころ被害者に授乳した後、午前七時三〇分にも約三〇分かけ、被害者に授乳した。

午前八時二〇分ころ、被告人両名は、肌着の上に上下つなぎのベビー服を着せた被害者を乳児かごに乗せ、乗用車でパチンコ店に向かい、午前八時四〇分ころ到着し、遊技を予定していたスロットコーナーから比較的近く、被害者の様子を見たりするのに便利と考えて、店の入り口に近い（入り口から一八・八メートル）露天の駐車場に乗用車を停めた。

被告人両名は、被害者の足の下あたりに乳児かごの上からタオルケットを掛け、乗用車の窓をすべて閉めてドアを施錠し、エンジンを切った状態で、午前八時五〇分ころ乗用車を離れ、開店を待ち、午前九時ころ入店した。なお、乗用車の鍵は妻が所持し、その後部座席両側の窓にはスモークフィルムが貼られていた。

T市消防本部の観測によれば、同日の同市の気温は、午前九時が一九・〇度、午前一〇時が二〇・五度、午前一一時が二二・六度であり、午前九時に〇・五㎜の降雨が観測されているが、その後降雨は観測されておらず午前九時から午後三時までは曇りであった。

入店後、被告人両名はスロット遊技を続け、午後一時五〇分ころまでの間、一度も被害者の様子を見に行かなかった。

被害者は、午前一一時ころから午後一時ころまでの間に、熱中症により死亡した。

午後一時五〇分ころ、妻が被害者の様子を見に行き、被害者の様子がおかしいことに気づき、被害者を抱きかかえ店内に駆け込み、夫に異常を告げるとともに、トイレに駆け込み、被害者に水をかけるなどし、その後、夫とともに被害者を病院に連れて行ったが、被害者の死亡が確認された。

(2)　まず、夫の捜査段階の供述である。「被害者が誘拐されたり、被害者の泣き声を聞かれたりして騒ぎにならないように、車のドアをロックし、窓も閉め、車の鍵を妻に預けた。いつごろ車に戻って被害者の様子を見るかなどの話を妻としたわけではなかったものの、妻が授乳のために時々車に戻ると思っていた。妻が被害者のところに行かないようなことがあれば、自分が行かなければならないとも思っていた。入店してから少なくとも二時間くらいたったころ妻が金を借りに来た時点で、被害者のことが気になりだしていたが、この時点では妻が被害者のところに行くだろうと軽く考えて、それほど心配していなかった。その後妻が二回にわたり金を借りに来た際、負けが込んでおり、妻が遊技に熱くなって被害者を見に行ってないのではないか、被害者がお腹をすかせているのではないか、誘拐されるなどしなければいいがとの不安が増してきたが、スロットに当たりが出ていたため被害者を見に行かなかった。」

夫は公判供述で、「最初に妻が金を借りに来た時点で、妻がこれから被害者のところに行くだろうと考えたのではなく、既に被害者のところにいっただろうと思っていた」と訂正している。

(3) つぎに、妻の捜査段階の供述を紹介する。「店に着いた時、雨は一回くらいすごく小さい雨粒が降ってくるのを感じたくらいで、天気は曇りという感じだった。屋根がないところに車を停めたら、車内が暑くなるかもしれないと思ったが、気温は暑くなかったし、空が曇っていたので、すぐに日が差して暑くなることはなく、このまま被害者を車の中において置いても、すぐに暑さで死んでしまうことはないだろうと思っていた。長い時間被害者を車に置きっぱなしにすれば暑さで死んでしまう危険があることは分かっていたので、一時間くらいで車に戻ってくるつもりだった。一時間位したら戻って様子を見ようと思った理由としては、それ以外にも、被害者に授乳をしたのが午前七時三〇分ころから午前八時ころまでだったので、それから三時間たった午前一〇時半ころまでには授乳などしなければならないと思ったのと、その際、おむつをかえてあげなければいけないと思ったこともある。スロット遊技を始めて一時間以上が経過し、被害者がどんな様子か、お腹は減っていないか、おむつは濡れていないか、むずかって泣いてはいないかなどと心配だった。しかし、当たる確率が高くなる回転数に近づいており、被害者の様子を見に行っている間に他人が台に座ってしまっては損をするので、『被害者はお腹が減ったりしていても、我慢してくれる。』などと都合のいいように考え、打ち続けることにした。その後、手持ちの現金がなくなり、夫に一万円をもらいに行く際、夫に被害者の様子を見に行ってもらうことも考えたが、ほ乳瓶やミルクを持ってきていなかったことから、夫に頼んでもあまり意味がないなどと思い、様子を見るように頼まなかった。その後、早く当たりを出して負けた分を取り返したいとの気持ちが強く、被害者のことは心配だったが、被害者には我慢して貰おう、被害者は大丈夫だと思って、夫から二回にわたって金を借りて遊技を続け、被害者の様子を見に行かなかった。」

妻は、公判では、車内に乳児を放置することの危険性の程度の認識について、捜査段階での調書に記載されているほど危険であるとの認識はなかった、と弁解している。

(4)　裁判所は、被告人両名の公判供述は信用できると判断した。ちなみに、妻の認識については、せいぜい、被害者を車に置きっぱなしにすれば、車内の温度の上昇等により体調を崩してしまう危険があるとの認識にとどまっていたというべきである、とする。

(5)　判決は、本件の客観的事実ならびに被告人両名の意識を前提にして、不保護の故意の存在について詳細な検討を加えている。裁判所は、一般的に、不保護の故意の内容として、①被害者が要保護者であること、②自己が保護責任者であること、③被害者の生存に必要な保護をしていないことの認識が必要であるとする。その後の検討の内容は省略するが、結論として裁判所は、被告人両名には「生存に必要な保護をしていないとの認識・認容」が存在したとはいえないと結論し、不保護の故意を否定し、被告人両名に重過失致死罪（予備的訴因）を言い渡している。

2　平成二四年七月三日　名古屋高等裁判所判決(4)

本件では保護責任者遺棄致死罪が肯定されている。事実の概要は、平成二三年七月二五日、パチンコ遊技中の両親が、生後約一年の乳児を、午前一〇時四〇分頃から午後二時五五分頃までの間、パチンコ店の駐車場に駐車させた、エンジンを停止させ、窓をすべて閉め切り、ドアに施錠した乗用車内に、チャイルドシートに固定して放置し、熱中症により死亡させた、というものである。当日の気温は三〇度に達せず、曇りがちであったとはいえ、車内に放置された被害者は大量の汗をかき、体温が四〇度以上になっていた。裁判所は、保護責任者遺棄の罪は、保護責任を負担する者が、事故が要保護者を保護すべき地位にあることを認識しながら、あえて保護責任を放棄する行為に及ぶことによって成立するものであり、その結果、生命、身体を害する結果が生じることまでの認識あるいは意欲は要しないとしたうえで、故意の存在を肯定している。

以上二つの判決を紹介した。両判決は、もちろん客観的事実で異なるため、同列に論じることができないが、遺棄罪あるいは不保護罪の故意の認定に際し、行為者がどのような事実を認識しなければならないか、あるいは認識していれば足りるかという問題を考察するための格好の素材であるように思われる。

Ⅳ 問題提起

1　遺棄罪の講義の際に、時折、つぎのように質問されることがある。すなわち、「殺人罪と遺棄（致死罪）罪とはどのように区別されるのか。」という問いである。その問いに対しては、「故意が異なる」[5]と答えることがまずは無難であろう。しかし、両罪の違いは単に、殺害の意思と遺棄の意思という故意の違いだけに求められるだけではない。本稿では、この点を論じることから始めて、「危険犯」および「危険」概念についての考察を進めることにする。

(1)　まず、両者が形式的にどのように異なるのか、という考察から始めよう。その議論の出発点は、もちろん、条文の文言である。殺人罪は「殺害」という行為を、遺棄罪は「遺棄」（さらには「不保護」）という行為を処罰の対象とする。両者の違いは、言葉のうえでは、一見、明らかであるようにも思われる。殺害は殺すことであり、遺棄は棄てることといえるからである。[6]

しかしわれわれは、刑法上、この区別が容易でないことを経験している。すなわち、「不作為犯」という犯罪類型を思い浮かべれば、その区別が必ずしも容易でないことは理解しえよう。具体的にいえば、(作為による) 殺人行為と (作為による) 遺棄行為の結果として発生する致死行為の区別は容易かつ明確であろうか。また、(不作為による) 殺害行為と (不作為による) 遺棄行為の結果として生じる致死行為の区別が容易かつ明確であろうか。[7]

(2)　つぎに、両者の実質的な区別はどうであろうか。実質論として、法益の側面からの考察が必要となる。殺人罪の法益は人の生命であり、遺棄罪の法益もまた人の生命である。[8] もちろん、殺人罪は被害者の死亡という結果の発生を必要とする犯罪であり、遺棄罪は結果の発生を要せず、その危険の発生をもって成立する危険犯であるという点で区別されることは当然である。しかし、この点については、さらに検討が必要であるように思われる。

(3)　さてこの時点で、後の検討に備えて「形式」と「実質」の関係について考えておきたい。犯罪概念を考察するにあたっては、形式、実質のいずれか一方に偏して説明することは妥当ではない。[9] 犯罪概念は、形式、実質両面から説明されるべきである。では、この両面はどのような関係に立つのであろうか。

そもそも、犯罪概念の考察、解釈の原点は条文である。われわれの議論は、その出発点を条文に求めなければならないのは自明の理であろう。とすれば、条文の文言こそが大前提となろう。その意味で、犯罪概念の外延を画するのは条文の文言によって示される形式でなければならない。しかし、形式によって外延を画された犯罪の内包は形式では説明しきれず、そこでは実質論が展開されなければならない。

実質論(説)が強調される場合には、時として、形式を超えるような議論が肯定される嫌いがある。私は、形式を軽視あるいは無視する実質論を展開することには反対である。罪刑法定主義を根本的な指導理念とする刑法では、まずは形式を示し、処罰可能な限界を明らかにしたのちに、初めて実質論が導入されるべきである。

以上の認識をもとにすれば、遺棄とは棄てることであり、不保護とは（生存に必要な）保護をしない、ということに尽きるのであって、これらの概念に、実質的に、殺害の内容を盛り込むことは、あるいはそのような解釈を導入することは妥当ではないと評価されよう。

(4)　つぎに、殺人罪と遺棄罪の区別に関する実質的な違いの検討に移るが、その前に、前提となる問題を簡単に考えておきたい

刑法四三条本文は未遂犯を処罰するための根拠規定である。現在、未遂犯の処罰根拠は法益侵害の「危険」[10]の発生であるとするのが、判例、通説であると理解しても差支えがないと思われる。それでは、未遂犯は「具体的危険犯」であろうか。その答えは、結論的にいえば、否である。その理由は極めて明確に説明することができる。刑法一〇八条の現住または現在建造物放火罪は、その未遂が一一二条によって処罰されると規定されている。ところで、一一八条の放火罪は、判例、通説によれば、「抽象的危険犯」である。その解釈の当否は本稿では問題にしない。判例、通説に従えば、一〇八条の放火罪は、時として、その発生が擬制されることもありうる、抽象的危険の発生をもって既遂とされることになる。であるとすれば、一一二条で処罰される、その未遂犯が成立するために要求される危険とはどのような内容をもつ概念なのであろうか。そこでは、「抽象的危険が発生する段階以前の危険」が対象とされるのであるから、その危険が具体的危険であるはずがない。われわれは、抽象的危険発生以前の危険の実体をどのように説明し、かつ、どのように呼称すべきなのであろうか。この認識は、従来の刑法学が、危険犯を「抽象的危険犯」と「具体的危険犯」に分類し、それを類型化し、各危険犯に振り分けてきた思考方法に疑問をなげかける契機となるのである。

本稿では、この問題の詳察に立ち入ることができないが、私見を結論的に示したい。未遂犯が成立するための条

件は、当該犯罪が予定する法益に対する危険が発生することである。そして、その危険は、当該犯罪が予定する法益侵害に対する「具体的危険」あるいは「実質的危険」でなければならない。その危険は「具体的危険犯」、「抽象的危険犯」という概念範疇とは異なる意味での危険なのである。

このように解釈する場合には、一一二条で処罰され、一〇八条の未遂犯で要求される危険の実体は何か、あるいはそのような危険が発生したとされる事実をどのような場合に観念することができるか、ということはかなり難しい問題であるように思われる。しかし、論理はそのような方向を示しているということになろう。さらに、危険は程度概念であって、「具体的な」危険という概念を用いたとしても、その内容は決して一様ではないということも付言しておかなければならない。

(5)　以上の危険についての認識を基にして、殺人罪と遺棄罪、不保護罪の実質的観点における区別についての私見を述べてみたい。もちろんすでに述べたように、殺人罪は侵害犯であり、遺棄罪、不保護罪は危険犯である。これらを同列に論じることはできない。しかし、殺人未遂罪と、遺棄罪、不保護罪を比較検討することは許されるであろう。つまり、実行の着手時点での両犯罪を比較するわけである。殺人罪の実行の着手があるといえるためには、当該行為によって、人の生命という法益に対する危険の発生が必要である。今少し詳しく言えば、当該行為自体によって、人の生命に対する具体的な危険が発生することが必要であるということになろう。これに対して、遺棄罪、不保護罪の場合はどのように考えるべきであろうか。遺棄罪、不保護罪の法益を、殺人罪と同様、人の生命と考えれば、殺人未遂罪と遺棄、不保護罪を区別することは、抽象的なレベルで考えれば、難しいということになろう。後とすれば、殺人罪と遺棄罪、不保護罪を区別するためには、同様に人の生命に危険を生じさせるのではあるが、後者の危険は前者の危険に比して、程度の低い危険でなければならないと理解すべきことになるであろう。殺人罪との比較で言えば、当該行為が行われた時点で、なるほど具体的な危険は生じているが、それは殺人罪の実行の着手時点で認められるほどの危険であってはならない、ということになるのである。

2　以上、形式的、実質的両観点から、殺人罪と遺棄罪、不保護罪の区別に検討を加えた。先述したように、犯罪概念は、形式かつ実質側面をともに考慮して確定されなければならない。とすれば、遺棄罪、不保護罪という犯罪類型は、形式的には「棄てる」、「保護しない」という行為によって、人の生命に危険を発生させるのではあるが、その危険は殺人（未遂）罪の成立にとって要求されるほどの高い危険ではありえないということになる。

このような理解に立てば、基本行為が遺棄あるいは不保護である以上、その行為の結果被害者が死亡した場合には、殺人罪の成立は否定しなければならず、遺棄致死罪のみが成立することになる。今一つ、殺人罪が成立するためには、当該行為自体によって、人の生命に対する具体的な危険が発生することが必要であると理解する以上、不真正不作為犯としての殺人罪の成立も極めて限定的にしか認めることができない、という結論にもなるであろう。[11]

3　上述の検討から得られる帰結として、私見によれば、いわゆる「不真正不作為犯」という犯罪類型は、ほとんど認めることができないことになる。その結果として、さらに派生する事柄にも若干言及しておきたい。それは、判例によって肯定されている「不作為による放火」事案の取り扱いである。周知のように、判例によって、「不作為による放火」の事例として処理された代表的なケースが三件存在する。[12]事実関係を改めて紹介することもない事件であろう。私見によれば、これらの事案はすべて「失火罪」として処理すべき事案である。その理由は、これらの事案においては、そもそも形式的に、故意的な放火行為が存在しないからである。とくに、戦前の二件では、「既発の火力を利用する意思」[13]という要素に引きずられて、不作為による放火という理論構成が行われたのではないかとも思われる。

4　ここまで、遺棄罪を中心に、危険犯の客観的側面に焦点を当てて論じてきた。最後に、危険犯における主観的成立要件にも目を向けておきたい。

従来、危険犯成立の主観的要件として「危険の認識」の要否が論じられてきている。私はかつて放火罪を論じたことがあるが、その際に危険の認識にも言及しておいた。[14] 私は、放火罪が危険犯である以上、その主観的成立要件として「焼損」の認識だけではなく「危険の認識」もまた必要であることは当然であると論じた。

この論理は、同じく危険犯である遺棄罪でも妥当する。本稿ではそのための検討素材としてⅡで二つの判決を紹介しておいた。特に、地裁判決は、被告人の認識した事実を示すために、丁寧に紹介したつもりである。ここであらためて被告人の認識について繰り返す煩は避け、理論的に重要な点だけを再度示すに止める。地裁判決は不保護の故意の内容は、一般的に、被害者が要保護者であること、自己が保護責任者であること、被害者の生存に必要な保護をしていないことの認識が必要である、とする。

それに対して高裁判決では、保護責任を負担する者が要保護者を保護すべき地位にあることを認識しながら、あえて保護責任を放棄することによって成立するのであり、生命、身体を害する結果が生じることまでの認識あるいは意欲は不要である、とする。

両判決が示す規範はどこが異なるのであろうか。自己が保護責任者であること、被害者が要保護者であることの認識を要求する点では、両判決に異なるところはない。両判決の違いは、一方が「被害者の生存に必要な保護をしていないことの認識」が必要であるとするのに対し、他方は「生命、身体を害する結果が生じることまでの認識あるいは意欲は不要」とする点である。「生命、身体を害する結果が生じることまでの認識あるいは意欲は不要」という規範は、結果的加重犯について重い結果についての認識が不要という趣旨を表現するものであるならば、それは当然のことである。とすれば、両判決の違いは、地裁判決が要求している「被害者の生存に必要な保護をしていないことの認識」に、高裁判決が論及していない点に求めることができるであろう。

地裁判決が要求する「被害者の生存に必要な保護をしていないことの認識」とはどのような内容の認識であろう

か。生存に必要な保護をしないことの認識とは、仮にその認識が存在すれば、その不保護が要保護者の生存に危険を及ぼすことの認識に通じる、というように理解できよう。とすれば、そこで要求されている認識は「危険の認識」に他ならない。本稿では、被告人に、そのような意味で、危険の認識がなかったと評価することの妥当性は問題にしない。私が着目するのは、危険犯である遺棄罪において、その主観的成立要件として、危険の認識が必要であるという判断であり、私は、それが極めて妥当であると考える。その前提に基づき、危険の認識の欠如を根拠に不保護罪の成立を否定し、結論的に、過失犯の成立の肯定した判決の論理はきわめて妥当であったと評価しなければならない。

V　おわりに

本稿では、遺棄罪の解釈を契機として、そこから得られる知見を利用して「危険」ならびに「危険犯」にまで射程を延ばして検討を進めてみた。本稿は、その結果として、若干の問題提起にまで及んでいる。しかしその問題提起は、単なる私の思い付きを述べたに過ぎない浅薄なものである。本稿での「単なる思い付き」に充分な内容を盛り込むことを今後の課題として私自身に課していく所存である。

（1）　武田誠「遺棄罪の基本問題」北陸法学九巻二号（二〇〇一年）。考察の素材は主として判例である。対象にしたのは大審院時代から平成二年に至る判決である。したがって、そこで得られた結論は、基本的に、判例の分析によって得られたものである。さらに、遺棄概念については学説を分析した。

（2）　危険は、すべからく、「具体的危険」として捉えるべきであるというのが私の年来の主張であるが、後ほど、本稿でもその点に論及する。

(3) 裁判所ウェブサイト。
(4) 裁判所ウェブサイト。念のため、第一の地裁判決とは別の事件である。
(5) 遺棄罪の故意については後述する。
(6) 「殺す」という概念は、当然であるが、その行為自体が「人を殺すに足りる」因果力を有する行為を内包するということである。
(7) ここでは、結果を含めて、行為と表示しておく。
(8) 遺棄罪の法益が人の生命、身体であるという説はひとまずおき、ここではもっぱら生命を中心に考えることにしたい。
(9) たとえば、実行の着手については形式的客観説と実質的客観説が対立していると説明されることが多いように思われるが、形式と実質を対立させて考えることは妥当とは考えられない。
(10) 私は、危険判断が事後的、客観的に行われるべきであると考えている。武田誠「『不能犯論』再論」國學院法学五〇巻第二号(二〇一二年)。
(11) 従来、不真正不作為犯としての殺人罪として論じられてきた事案のなかには、「作為犯として説明」が可能なケースがあるように思われるが、その点については、別の機会に考察したい。
(12) 大判大正七年一二月一八日(刑録二四・一五五八)、大判昭和一三年三月一一日(刑集一七・二三七)、最高昭和三三年九月九日第三小法廷判決(刑集一二・一三・二八八二)。
(13) この概念がさまざまな観点から議論の対象とされていることもまた周知の事実である。
(14) 武田誠『放火罪の研究』(成文堂、二〇〇一年)一一七頁以下。

組織犯罪・テロリズムとの闘い？

佐川友佳子

Ⅰ　序

現在の我々が生きる「国際化」社会の中では、法の領域においても様々な点において「国際」的な問題がテーマとして論じられている。従来のような、国際公法、国際私法といった、本来的に国境を超えたレベルの問題を扱う法領域ではもちろんのこと、伝統的に国内法を想定していた刑法の領域においても、様々な問題を「国際的な」観点から検討せざるを得ない現状が存在する。

通常犯罪とされるものは、各国の立法・裁判管轄に委ねられ、基本的に国内において処理されている。しかしながら、例えば国際法の領域では海賊行為は「人類共通の敵（hostis humani generis）」とされ、普遍的に処罰することが認められていた。ただ、このような扱いは拡大適用すれば他国との管轄の衝突という問題を生じさせ、外交問題等

にも発展しうるため、通常の旗国主義の例外として限定的に認められていたに過ぎない。(1)

その後さらに時代を経て「国際」犯罪という領域において想定されるようになったものとして、戦争犯罪や人道に対する罪など、いわゆる「マクロ犯罪」と称されるものがある。(2)その中で個人の行為は、純粋な単独犯としてはほとんど観念し得ないものであって、戦時等の状況において、国家や大規模な組織の中の一員として行ったものとして論じられるに過ぎなかった。(3)すなわち、人種差別、部族間抗争等を原因とした大量殺戮などのジェノサイド、人道に対する罪など、国際法上、コア・クライム（中核犯罪）と称される犯罪類型は、その当罰性・重大性は明らかであるものの、日常とは離れた特殊な事態であるとみなされる傾向にあり、そこでの関心は、例えば、そのような組織内の個人に対し、どのような理論に基づいて全体的に生じた犯罪結果の帰属が認められるのか、といったことが中心であった。(4)

しかし現在、国際的な犯罪として人々が想起するものは、それ以上に広い意義を持つものとなっている。世界的に見ても、ここ数十年で個々人の国境を越える移動はかなりの程度自由なものとなったが、それは同時に国境を越えた犯罪の増加をも導くこととなった。程度の差はあれ、人々は国際犯罪組織による人身取引、マネーロンダリング、国際テロリズムといった言葉を目にするようになっている。多くの国家においては、このような問題に対して従来の法的な枠組みでは十分に対応できておらず、薬物取引等、組織的に行われた犯罪類型は既存の立法で捉えきれないものであるとの認識が広がり、それに対する解決策が必要とされるようになった。そうした背景の中で、国際的にも様々な条約が締結され、日本においても九〇年代に麻薬特例法や組織犯罪処罰法等が制定されるなど、以降、刑事立法の活性化といわれる状況が生じたのである。(5)

他方で、そうした対応が現実的にどれほど必要なものであるのか、という点についての真摯な検討は、後回しにされてきた感も否めない。これに関しては、かつて生田教授より、こうした犯罪類型が従来の法では対応できない、伝統的な法理論の枠組を越えるほどのものであるのかという疑問が提起され、そしてまた、これに対応する制裁として刑罰が用いられている点についても、むしろ「第一次法としての行政法や経済法で対処すべき」ではないのか、との主張がなされていた[6]。

こうした立法の趣旨としては、組織的な犯罪が平穏かつ健全な社会生活を害している、そしてその犯罪収益が健全な経済活動に重大な影響を与えている、等の理由が挙げられているものの、このような形で既存の法とは別個の類型を置き、従来予定されていたよりも処罰を前倒しすることによって一定の行為類型を犯罪化することは、そこに規定された者――例えばテロリスト等――を異質な者として排除することによって社会的な安定を図り、こうした者に対する刑罰賦課を通じた社会的統合という意味を持つのではないかということも指摘されている[7]。

本稿では、このような現在の社会における、組織犯罪・テロリズムに関する法の状況とそれに関連する問題を明らかにし、そして今後、我々がそれに対してどのような策を講じていくべきかを検討してみたい。

Ⅱ　現在の世界と「国際」犯罪

1　「国際」犯罪対策の概要とその課題

上述のように、現在の社会では、人々の移動の自由度が増し、通信技術が発達したことによって国境を越える交流は非常に容易になったが、それは同時に国境の意義が相対化されることによって犯罪が従来よりも容易に国際問題となりうるという事態も招来した。そこで八〇年代以降、こうした状況に対処すべく、増加する薬物犯罪や組織犯罪の撲滅を目指すという動きの中、国連でも薬物関連条約、国際組織犯罪条約などが採択された。そしてそうした国際的な流れが、後にみるように、各国の国内立法、刑事政策にも大きな影響を与えることとなった。

さらに二〇〇一年九月にアメリカで生じた同時多発テロは、従来、政治的指導者の暗殺などが主たるケースであったテロリズムが、一般市民をもターゲットにして大きな被害を生じさせることを世界に示したことで、国際社会に衝撃を与えた。平穏な日常を生きる多くの人を巻込み社会に恐怖感を醸成する「テロリズム」との闘いを、一般に明白に意識させる契機ともなったのである。我々の生活は危険なテロリストと隣合せのものであり、彼らによって我々の日常が脅かされているのではないか、ゆえにそれに対処する必要があるのではないか、というわけである。

その後、テロリズムに対する規制が必要だとの共通認識の下、国際連合ではテロ防止関連条約などが採択されるなどの手段が講じられてきた。(8) そこでの目的は、条約で定義されたテロ行為を犯罪化し、テロ行為者を引渡すか自国で処罰するかの義務を課す（aut dedere aut punire）ことによって、いずれかの国家によって行為者の処罰を確保するというところにある。しかしこのように処罰を確保するために各国に積極的に裁判管轄を認めることは、裏面からすれば、同時に多数の管轄の競合も生じさせ、紛争を招来する要因ともなりかねない。したがって、テロとして各国で規制される行為は、広く一般に各国共通の利益の侵害行為と認められるようなものとして認識されている必要がある。

しかしながら、現在においてもその定義は依然として困難である。例えば、パレスチナ紛争における戦闘行為は、アラブ諸国側からみれば「正当な闘争」であり、英雄的行為であるが、イスラエル側からすれば「テロに該当しうるもの」と評価されるであろう。(9) それゆえに、テロ関連条約においても、包括的に「テロリズム」一般ではなく、特定のテロ行為の類型ごとに個別の条約を定めるという方式が採られたのである。(10) また、この点に関しては、テロと呼ばれる行為類型が従来の法では対応しきれないものを把握するとしても、実際のところ、既存の各国の国内刑法典に置かれた犯罪とどのような点で相違しているものであるのかが明確ではない、との指摘がなされうる。(11) そもそも、国際社会においてその当罰性が認められているとされるコア・クライムに位置付けられる侵略犯罪でさえも、その定義については長年の議論を必要としたという経緯があることからすれば[12]、上述のようにテロ行為の扱いについて広く一致させることができず、類型別に個別の条約で対応せざるをえなかったという状況は、ある意味で当然のことともいえる。

さらに問題なのは、各国の法において規制がある場合であっても、手続的制約等から、それが他国でも同様に扱われる保障はないということである。例えば、欧州共通逮捕状をめぐるドイツの憲法裁判所の違憲判断は、行為当時ドイツではまだ犯罪化されていなかった外国テロ組織への参加・支援行為に関与した者を、その逮捕状によって当該行為が可罰的であったスペインに引渡すことが出来るか否かが問題となった事案に関するものであるが[13]、ある程度共通の法的基盤を有する欧州連合内ですらこのような問題が実際に生じたのであるから、それ以外の国家間ではより一層の困難が生じる可能性が高い。

こうしたことを考慮すれば、ある程度共通性をもった各国の刑法典で犯罪化されている行為であっても、例えば個別の犯罪類型にとってどのような要素が要求されているか、それに対してどのような制裁が予定されているか（死刑もあり得るのか、自由刑か、罰金刑だけか、あるいは民事的・行政的な処分にとどまるのか）等、その内容が国によって全く異なった状況にあることは、容易に想像がつく。さらに、ある国で処罰の対象となる行為が、他国では全く問題とならないようなケースも多分にある。もちろん、どのような行為を犯罪化し、そしてそれに対してどのような刑罰をもって対応するかは、当該国の文化的、社会的背景に応じて決定されるべきものであって、そのこと自体は、各国家が法を制定する上で各々の立法権に立脚し、正当な手続に依拠している限り、正統性を有するものである。とはいえ、その法が妥当性を有するものであるのか、そして先に述べたように、手続的側面からその実効性が担保され得る状況にあるのかという点はまた別個に検討されるべき問題である。

この点、欧州連合の一員として、組織犯罪やテロリズムなど、国際的な犯罪に日常的に取り組んでいるドイツでは、こうした問題に関して既に様々な立法がなされており、注目に値する。そこで、以下ではドイツの議論を概観し、そこから見えてくる課題を明らかにした上で、今後の日本への示唆としたい。

2　ドイツにおける組織犯罪対策

ドイツでは一九九〇年の東西統一後、九二年に組織犯罪対策法が施行された。[14]この背景には、国連麻薬条約批准という目的の他、麻薬濫用による死亡者数の増加、ドイツに進出した国際犯罪組織に対応する意図等があったとされる。[15]そして、この立法に伴い関連する法規も改正されることとなった。例えば刑法においては資産刑（四三条a）の導入、犯罪収益剥奪の拡大（七三条d）、資金洗浄罪の創設（二六一条）等が挙げられる。さらに、刑事手続においても数多くの改正がなされ、ラスター捜査[16]や技術的手段の許容、そして潜入捜査官の投入[17]などが認められたが、これらは従来の捜査手法から大幅な変更を認めるものであって、手続上の原則や基本権との関係でも問題を孕むものであるとの指摘がなされたものの、実務上の要請から採用されるに至った。その後、九三年には資金洗浄規制法も成立し、金融機関に対して、本人確認、疑わしい取引を確認した場合に捜査機関に届け出ることなどが義務付けられるなど、数多くの立法が実現した。[18]

いずれにしても、これらは当該組織が得る収益を徹底的に剥奪し、経済的基盤を弱体化させるということ、そして捜査当局の権限を様々な面で強化することによって犯罪組織を撲滅するという目的の下、立法化されたものであったが、他方でそれを急ぐあまり、従来の法原則や制度との整合性について疑問を残すものとなり、様々な点において問題を生じさせることとなった。

例えば上述ドイツ刑法四三条aの一項は、「法律が本条の適用を指示するときは、裁判所は、無期自由刑又は二年以上の有期自由刑に併科して、その額が行為者の資産価値により限界付けられる価額の支払を言い渡すことができる（資産刑）」と定めたものであるが、これは組織犯罪からその動機となる利益を剥奪することによって犯罪への誘因をなくし、財政的基盤を奪い、活動を麻痺させるという目的を有するものであった。[19]

ただ、当初からこの規定に対しては、資産刑という制裁が政治的な闘争手段として濫用されて来た歴史歴経緯から刑罰としての妥当性に懸念があること、[20] 理論的にも、この刑そのものが行為の不法や責任の程度とは関係なく、行為者の財産によって限界付けられるという性質からして、責任主義に反するのではないか、という指摘がなされていた。さらには、この刑は上限も下限も定められておらず、罪刑法定主義から派生する明確性原則に反するのではないか、といった点も問題点として挙げられていた。

実際にその後、この制度は二〇〇二年に連邦憲法裁判所によって違憲との判断がなされた。その理由は、資産刑によって収奪される金額は犯罪行為に対する責任ではなく、行為者の資産に応じて決定されるがゆえに、犯行以前に刑罰として剥奪される財産的価値についての予測が困難であり、基本法一〇三条二項の罪刑法定主義原則に違反する、といったものであった。[21] この違憲という重い司法判断は、実務上の要請を急ぐあまり理論的な課題を解決しないまま制定された法の在り方そのものに再考を迫るものとなった。

また、同時期の改正で、犯罪収益の移転を阻止するという目的を達成するために刑法典二六一条に資金洗浄罪が置かれ、当該収益が犯罪に由来するものであることを隠蔽する行為等が処罰の対象となったが、これは、従来の犯人庇護罪等では対処できない事態についてもこの条文によって把握しようとするものであった。[22] しかしながら、この規定についても、次のような問題点が指摘された。

まず、この犯罪構成要件の客観的要素につき、例えば一項の「物の収奪、没収又は保全を危険にさらすこと」とはどの程度の行為を指すのか不明確であり、広範過ぎるといった問題が挙げられる。また、訴訟上、当該対象が犯罪に由来することを行為者が認識していたか否かを立証することは時として困難であるが、そのような訴追側にとっての不都合を回避し、資金洗浄の訴追を確実にするという目的のために[23]、同条五項にはその物が犯罪に由来することを軽率にも（leichtfertig）認識しなかった者についても資金洗浄罪の成立を認める、との規定が置かれた[24]。しかしながら、単に訴追側の便宜性からこのような規定の正当化を導くことは不十分であり、さらには責任主義の観点からしても疑わしい[25]。これを限界付けるため、実務上は、例えば異常に高額な取引の場合などにこの規定の適用が認めうるものとされるが[26]、そのような基準が果たして有効に機能しうるのかという点でも疑問が残る。

また、資金洗浄行為に関しては、刑法で行為それ自体を処罰するのみならず、上述の資金洗浄規制法に従って、金融機関側にも疑わしい取引について届け出義務を課すことでその実効性を担保しようとしている。しかしながら、日常的に夥しい数の取引から犯罪性のあるものを発見するのは極めて困難であるため、金融機関側は義務違反を指摘されることのリスクを考慮し、過剰に防衛的な届け出を行う傾向となる。しかしながら現実には人的資源やコストの問題もあり、全ての案件に対応することは困難である。また、資金洗浄行為を確実に防止しようと全ての取引にあたって厳格な要件を課すことは、経済活動を阻害することにもなりかねないという問題もある。従って、このような規制に実際にはどれほどの有効性があるのか、と疑問視されるのである。しかし、このような問題点を指摘されつつも、後述するように、資金洗浄行為については、より一層関連法規が強化されていくことになる。

3　テロリズム対策関連法規

上述のように二〇〇一年のアメリカのテロ事件の影響は諸外国にも波及し、欧州連合においては二〇〇二年にテロ対策のための枠組決定が採択されたことにより、各国にはそれに対応した国内法の整備が求められた。この点、当時のドイツでは既にテロ組織の創設等に関する処罰規定が存在していたため、既存の法を改正することによってこれに対応し、実効性を担保することが目指されることとなった[27]。例えば、謀殺や虐殺等を犯すことを目的とした組織創設等の処罰を定めていたドイツ刑法一二九条aの対象となる行為の拡大、法定刑の引上げなどである。具体的には、テロリスト犯罪とされるものが拡大され（政府施設等の破壊、火器の製造・所持等）、当該組織が外国に存在している場合にも法の適用を認めることとし（一二九条b）、またテロ団体指揮権に対する刑の上限の引上げ、テロ犯罪を実施するとの脅迫を行うテロリスト団体の指揮に関する規定などがそうした例として挙げられる。こうした行為を可罰的とするために援用された論拠は、枠組決定を前提とした実務上の要請に応えるためには、従来の回顧的な処罰を前提とした刑法によっては危険なテロ行為が阻止できず、ゆえに予防的な方法が要求されるがゆえ、というものであった[28]。

手続面においては、テロリズム対策法（国際的テロリズム対策のための法律）により、例えば連邦の情報機関に対し、国際テロ対策のために航空会社、金融機関、通信会社から個人情報を入手する権限を与えるといった内容の法改正がなされた[29]。これは、アメリカのテロ事件で主犯格とされた者たちが事件以前にドイツ国内に長期滞在していたことを当局が把握できていなかったことから、従来の安全保障や危機管理体制が不十分であったとの認識の下、情報収集体制の強化が図られたのである。これにより、従来原則的には州が管轄していた警察行政について連邦組織の権限が拡大され、国際組織犯罪以外についても連邦レベルで広範な情報収集が可能となった。

また、上述の資金洗浄についても二〇〇二年に資金洗浄対策法（資金洗浄対策及びテロリズムへの資金提供対策の強化のための法律）が成立し、資金洗浄法等の関連法規が改正されるに至った[30]。テロ組織関の経済的基盤を弱体化するため、資金洗浄の防止について一層の強化がなされたのである。

このように、関連法規の改正によって手続的な側面が強化され、テロ組織に関する情報を集約することによって早い段階で危険なテロの兆候を把握し、同時にテロ組織の資金源を絶つことによってそのネットワークを瓦解させることが容易となったようにも思われた。

しかしながら、その後、このような立法だけでは対応できない状況が問題となった。つまり、従来の刑法典一二九条aで想定されていたような階層的な構造を持たないような者たち、すなわち、従来の確固とした組織によらず、ゆるやかなネットワークの中で他者と繋がり、テロ行為に関与する者たちの存在が指摘されるようになったのである。その場合、単独行為者であってもテロリストたりうるものとされ、それゆえ、組織の存在を前提とした従来の一二九条aでは補捉できず、可罰性の間隙が生じる、という問題が指摘されるようになり、そこで、この問題に対応するためとして、二〇〇九年にテロ準備取締法が制定され、新たに刑法八九条a、八九条b、九一条にそれに関連する規定が置かれることとなった。[31] これらは、テロ行為の計画、準備、指導、テロ組織創設の準備段階の行為、そしてテロ組織との接触またはこれに関連する宣伝行為も処罰の対象とするものである。[32] また、こうした処罰規定を置くと同時に、犯罪者に捜査協力を促すためとして、いわゆる王冠証人（Kronzeuge）規定も導入された。[33] さらに、犯罪の具体的な危険が発生する前の段階で介入する権限を連邦刑事庁に認め、オンライン捜査等、強力な情報収集手段を使用することで個人の私的領域に介入することなどが定められた。[34] これらは、先のような特定の組織に属さないようなテロリストも捕捉するとの目的を有していたため、先の改正からより一層踏み込んだものとなった。

例えば、ドイツ刑法典八九条aでは、国家を危険にさらす重大な暴力行為を準備した者に対し六月以上一〇年以下の自由刑を科すと規定されており、その行為としては、武器や爆薬などの取り扱いを指導する、指導を受ける、あるいはそうした物を製造することなどが列挙されている。これらはそれ自体危険を内包し、テロ行為に関連のある行為を把握しようとする、いわゆる抽象的危険犯であるとされる。[35] 他方でこのような規定はかなり前倒しされた予備段階の行為を処罰するものであって、限界付け機能がないという危険性を伴った「予防志向的な」刑法を意味するのではないのか、そしてその処罰は、比例原則や責任主義と一致しうるものであるのか、という疑問も提起されうる。[36]

これに対しては、実際に侵害が発生していない段階での介入が正当化されるのは、武器や爆薬の利用など、法治国家的秩序の存続を危殆化する行為が問題となるためであって、いわば計画性を伴って行為者の外部に表現された客観的な行為であれば、刑法上の不法を認めるのに十分であるとの反論がなされる。つまり、このような段階に至った行為は、もはや行為者の内心領域にとどまるものではなく、既に外的領域に基づいたものであるから、処罰が許容されるというのである。[37] またこの規定は、ドイツ連邦共和国の存続や保全、そして憲法原則といった法益を保護するものであるがゆえに、そのような早い段階での、比較的重い法定刑が定められたとされるのである。

しかしながらこのような主張に対しては、次のような批判がなされる。刑法で抽象的危険犯としての処罰が予定される場合、そこでは例えば放火や飲酒運転など、相当に具体的な危険または侵害に類型的に転化しうるような抽象的な危険の存在が問題とされるのであって、それは単なる民事上または秩序法上の危殆化不法とは区別されるべきものである。その意味で、八九条aの行為は、未だ制裁として刑罰を用いることを正当化できるような段階にはないものではないか、というのである。[38]

同様のことは刑法九一条にも妥当する。この規定は、国家を危険にさらす重大な暴力行為の手引きとなるような文書を賞賛し、または他人がこれを利用できるようにした者を三年以下の自由刑または罰金に処するとしたものである。頒布の際に、それが国家を重大な危険にさらす暴力行為を促進または呼び起こすのに適したものでなければならない、という限定がなされてはいるものの[39]、明確性に欠けており、憲法適合性について疑問が提起される。

そもそも法益は具体的な行為によって危殆化されるのであって、抽象的に、行為者によって危殆化されるものではない。したがって、この規定は結局のところ予備の予備を把握するものであって、この処罰の要求は、行為者の非難されるべき心情や反社会性といった行為者自身の危険性と結び付いたものであって、刑法上の不法に関する決定が行為者の人格的価値判断に委ねられることとなってしまうのではないか、それは畢竟、心情刑法に至るものではないのか、との指摘がなされるのである。[40] いずれにしても、こうした行為を処罰の対象とすることは、純粋に日常的な行為の多くをこの条文の適用範囲に取り込む可能性を有し、またそれ自体に明確な限界付け機能を欠いたものであるゆえ、処罰が際限なく拡大するおそれがある。

このことは、やはり同時期に成立した八九条bにおいてより一層問題となりうる。この規定は、国家を危険にさらす重大な暴力行為について指導を受ける意図をもってテロ組織と接触することを処罰すると定めたものである。[41] 適用事例としては、例えば国外のテロリストキャンプのような施設で訓練を受けることが念頭に置かれている。[42] ただ、この規定は、先に挙げた八九条aが、危険な武器や爆発物の取扱いの指導など客観的な物理的危険性を高めるような行為を把握するものであるとされることと比較すると、接触をもったことを理由に処罰されるとするものであって、かなり早い段階での刑法上の介入を認めることになり、「予備の予備の予備」ではないか、との批判がなされている。[43]

そもそも、組織に接触しただけの者がその関係から生じる可能性を利用するかどうかは彼の決定に委ねられており、それは未だ彼の内面領域にとどまっている。[44] つまり当該行為者は、その内面を外部に向けるか、という客観的な非危険性になお配慮することができる存在である。[45] しかしながらこの条文がそのような段階にある者まで処罰の対象とする場合、その不法の内容は、客観的構成要件から形成されるものではなく、ほとんど主観的要件によって確定されることになってしまう。外部的には、完全に中立的・日常的な態度であったとしても、当該行為者が国家を危険にさらす行為をする目的を有していた場合には、この条文を適用する可能性が生じるからである。このような規定は、果たして現在の行為を前提として構築されて来た体系と一致しうるのだろうか。

また、明確性原則との関係では、この条文にいう「接触」につき、その接触が目的とする将来の犯罪について特に規定されておらず、罪刑法定主義に抵触するのではないか、という点も指摘される。[46] 特に、この規定が予備段階での行為を処罰するものである以上、そこにはより一層の正当化が要請されるはずであるが、潜在的な被害者の生命、身体、自由、そして国家の存立といった法益の保護がこのような早期の処罰を根拠づけるために十分なものであるのかは疑わしい。

4　立法に対する評価

上述の規定のように、確かに、組織犯罪やテロとの闘いという名目の下では、出来る限り早い段階で刑法が介入する方向に傾き易い。しかも法益として法治国家的秩序の存続といった大きなものを持ち出せば保護の必要性は高いとして、その傾向は一層強まる。しかしながら、そこでは既に、過去の不法ではなく、将来の不法が処罰の対象となっていると評価せざるを得ない。[47] 立法的対応を急ぐあまり、理論的に十分な基礎付けなく従来の法とは異質な規定を導入することは、理論的整合性を欠き、法治国家的に疑わしい状況を生じさせることとなる。例えば、上述の組織犯罪に関して刑法に導入された資産刑をめぐる憲法判断はその典型である。また、処罰を早期化する様々な犯罪構成要件も、その正当性、妥当性について、様々な疑問が提起されたことは既に見た通りである。

例えば上述ドイツ刑法八九条bなどは、その適用判断にあたって主観的な要素を大幅に考慮せざるを得ず、それは客観的な行為の危険性よりもむしろ行為者の内面やその危険性に着目するものであって、国家による行為者の内心的領域への介入の可能性を生じさせることとなり、そこでは結局、処罰の限界付け機能が失われることになる。このように、危険を撲滅するという目的のために構成要件を前倒しすることは、結局、予測される犯行よりも前の段階の行為について、行為者に「『刑罰』という名の先取りされた予防拘禁」が科されることを意味する。[48] つまり、そこでは過去の行為ではなく、行為者の将来の危険性が問題とされるのである。こうした法の傾向については、近時、敵味方刑法として論じられているものではないかとの評価がなされており[49]、そこでは、犯罪者を非人格的な存在、すなわち敵として扱い、従来、犯罪者を市民の一員として扱っていた刑法上の原則が妥当しないものとされる。

しかしながら、テロとの闘いという目的そのものは、果たして上で挙げたような立法に依拠しなければ達成し得ないものであろうか。確かに、ドイツを始めとして、世界各地ではテロと称される事件が時として問題となるが、行為者の属性、その動機、態様についても多種多様な行為を一括りにテロリズムとして扱い、それを直ちに国家の存続を脅かす行為であるとするのは短絡的であり、ましてや、潜在的な単独行為者によって国家が危殆化されるという事態はあまりにも過大な評価であろう。上述のような規定に依拠せずとも、実際の侵害またはその危険が生じた段階で従来の犯罪構成要件で把握することは可能であるにもかかわらず、それをあえて従来の原則から逸脱する形で前倒しすることは、憲法に違反し体系を破綻させるような意味を持つものであって、上述のように、心情刑法や敵味方刑法に接近するものとなってしまう[50]。さらに、このような前倒しについては、実務上、犯罪の成否の判断にあたって、行為の危険性ではなく、潜在的に危険な行為者を予測させるという過剰な負担を裁判官に課すものではないか、という問題も指摘される[51]。

いずれにしても、組織犯罪やテロとの闘いのために制定されたドイツの多数の法は、国家の安全を強調することによって予備行為の処罰化を促し、手続的にも憲法上の疑念がある多くの手段を用いて早期の段階での法の介入を招来するものであるが、現実的にはその支払うべきコストに見合ったほどの効果を得られるものとは言い難いものであると言わざるを得ない[52]。

Ⅲ　日本の現状

1　組織犯罪対策関連法規

日本では、組織犯罪処罰法が制定された後、そこに置かれた資金洗浄罪の前提となる犯罪が従来の薬物犯罪から一定の重大犯罪に広げられるなど、その適用範囲が次第に拡大されている。また、ドイツと同様、疑わしい取引については金融機関等の届出制度が採用されることとなり、さらに資金洗浄に関する情報を一元的に管理し、捜査機関に提供する権限が金融監督庁に認められた。これらの法は暴力団による薬物や銃器の不正取引の増大に鑑み、これらの犯罪収益を剥奪するという目的を有したものである。[53] また、暴力団等の団体・組織的犯罪行為については、一般の犯罪に比較して法定刑が加重されることとなったが、その根拠としては、当該犯罪行為の違法性が高いこと、重大な結果を生じさせやすいことなどが挙げられている。[54] しかし、ここで法による「団体」の定義が、当該犯罪のために結成されたというような限定のないものであり、会社や労働組合などもその適用範囲となる可能性があることを前提とすれば、結局、何らかの集団に幇助的な立場で手伝わされたような場合であっても、組織的な犯罪に関与したことをもって、この加重された刑が科されることとなるのではないかという懸念が指摘されている。[55]

これと並び、手続的にも「犯罪捜査のための通信傍受に関する法律（通信傍受法）」、「刑事訴訟法の一部を改正する法律」が制定され、その導入にあたっては非常に大きな議論となったことは周知の通りである。

また、その後、資金洗浄行為につき、金融機関以外の事業者を利用した場合にも対応が必要であるとの認識から二〇〇七年に犯罪収益移転防止法が制定され、金融機関以外の特定事業者による取引記録保存、疑わしい取引の届出制度の拡充などが定められ、資金洗浄に関する情報を、国家公安委員会・警察庁が収集し、関係機関に提供することとなった。

このように、ドイツと同様、資金洗浄行為を防止することによって犯罪組織の経済的な基盤を弱体化させることが目指され、そのために情報収集に関する関係官庁の権限が強化された。このような傾向は、次のテロに関する規制についても同様である。

2　テロ対策関連法規

九〇年代のオウム真理教による地下鉄サリン事件などを契機に、日本でもテロに対する関心が高まり、サリン規制法などが制定され、一九九九年には「無差別大量殺人を行った団体の規制に関する法律」が制定された。この法は不特定かつ多数人を殺害する行為やその未遂を無差別大量殺人とし、そのような行為を行った団体に対して、公安調査庁の観察処分を行うことができるものとしている。

また、二〇〇一年のアメリカのテロ事件を受けて締結された爆弾テロ防止条約を受けて爆弾使用防止法が成立し、同時に多数の関連法規が改正され、条約に対応するよう法の整備がなされた[56]。さらに二〇〇二年にはテロ資金供与防止条約が締結されたことにより、テロ資金供与防止法が制定されると同時に、組織犯罪処罰法も改正され、テロに関する資金供与の疑いがある取引についても届出の対象とされることとなった。個人のレベルでも、本人確認法の制定、また出入国管理法改正による入国審査手続の厳格化がなされ、テロリスト入国の阻止などが図られている。

3　立法の評価

組織犯罪対策とテロリズム対策は、犯罪収益を剥奪し、関連機関による情報収集が犯罪防止にとって重要な手段とされているという点で重なる面がある。また、上述のように、組織犯罪にいう団体の概念は明確性に欠けるという評価があり、テロリズムについても未だ明確な定義はなされていないという点でも共通する。このことは、両者が適用される範囲を文言上限定する契機がなく、拡大解釈されるおそれを示唆している。生田教授は、「組織犯罪という問題のたて方自体が、まず個人責任原則の変容を迫る…組織犯罪論の基礎には結社や組織を危険視する思想があるので、他害行為原理に照らすと犯罪にすべきではない行為をも犯罪にしてしまうおそれがある」と指摘されている。(57) 刑法上、複数人による行為を組織犯罪として容易に認めることは、本来、個人を単位として厳密に決定されるべき刑事責任が、組織性を帯びることによって緩和されてしまう可能性を持つ。そのことは、当該行為と結果との因果関係が容易に肯定され、限定的に処罰の拡張を認めて来た従来の共犯理論などにも影響を与えないとも限らない。

さらに、組織犯罪に関係するということを理由にして、資金洗浄のように通常の取引行為と見分けることのきわめて難しい行為まで犯罪としてしまうことは、犯罪組織の資金源を絶つという意味があるにしても、経済取引の自由との関連においても、刑法の補充性、最終手段性といった点に鑑みても、問題を孕んでいる。上述のように夥しい数の報告義務を課すことによる実効性の問題もあり、また、犯罪収益から派生する利益を得ることをすべてこの適用対象とするならば、例えば、暴力団や犯罪組織などの構成員から弁護報酬を受け取る弁護人も、その適用対象となってしまうのではないか、といった問題点も指摘されている。(58) さらに、手続的側面においても、様々な情報収集、捜査手法の強化が図られているが、それらに実際どの程度の効果があり、またその利用が濫用されていないか、といった点についての検証も必要であろう。

Ⅳ　今後の展望

ドイツにおける議論で明らかになったように、このような組織犯罪やテロリズムに関する規制が、従来の刑事法の原則と一致するものであるのか、そしてそれが実際にどれほど実効性を有するものであるのかは疑わしい。日本においても、国際社会における要請は考慮しつつも、それに伴う立法的対応、そして現在の法の在り方については改めて慎重に検討する必要があるように思われる。例えば、組織犯罪・テロリズムへの規制および対策は一層の拡大傾向にあるが、従来の法の規定によっては本当に対処不可能なものであるのか、経済的基盤の弱体化を意図するなら、むしろ刑罰以外の手段に依拠する方が、実効性をもって問題を解決することが出来るのではないか、といった点である。

組織犯罪の前提となる犯罪につき、組織的な形態でなされる必要はないとの主張もなされているように[59]、こうした行為は、要罰性のみを考慮するならば、当然拡大する方向に向かうであろう。また、そのような考えは、ドイツの規定にあるように、もはや組織やネットワークに属さない単独行為者すらも、法が危険な「テロリスト」としてみなすことを可能なものとする。これは処罰の早期化をもたらし、従来の法原則との整合性に問題を生じさせることになるのみならず、結局、未だ潜在的な行為者を危険な「敵」として、刑罰という名の下に社会から排除することになってしまうであろう。

我々が平穏かつ安全な日常生活を希求する場合、組織犯罪者、テロリストといった社会にとって危険な存在は出来る限り排除し、そのためには早期段階でそういった者たちを把握しようとする方向に動く。しかしながら、上述のドイツの組織犯罪およびテロ対策の関連法規を巡る議論から示されたのは、従来の理論との整合性を十分検討することなく実務上の要請から様々な立法がなされたとしても、結局のところ、伝統的な法原則やこれまで構築して来た法理論を掘崩して実現すべきほどの意義があったとは評価し難く、むしろそれと引換えに我々が失うものは極めて大きいのではないか、という懸念であった。内的領域として認められた領域には（それが外部的領域に影響を与えない限り）法は介入しない、という原則が侵食されれば、上述のように、心情刑法や敵味方刑法と評価されることになってしまう。そうした状況は、個々人の自由保障を前提とした現在の刑法理論、そして法治国家の在り方とは相容れない。

テロリズムに対しては、その立法動機ともなったように、従来の手段ではもはや対応できない、従来の理論は時代遅れである、との評価もありうるが[60]、しかしそこで問題となるのは、「犯罪」である。そのためには、あくまでも現実の侵害あるいはその危険性を基礎としなければならない。そしてそれを行った「犯罪者」は、死刑、あるいは釈放可能性が全くない終身刑が科されるのではない以上、いずれ社会に戻ってくる者たちである。それに対処し得るのは、結局のところ、「敵」として排除する手段ではなく、これまで我々が議論を重ね、発展させて来た伝統的な刑法理論の枠組以外にはないように思われる。そうした者にとっては社会から隔絶された期間が長ければ長いほど社会復帰は困難となり、社会に対する憎悪・不満を募らせることにもなりうる。そのような者により重い刑を科すことが果たして最善の策であるのか、その効果に関する評価を含め、冷静に検討する必要がある[61]。組織犯罪にしろテロリズムにしろ、犯罪と評価されるものである以上、いずれの行為者も、「敵」ではなく、従来の刑事法の基本原則に応じて対処されるべきであるということが、法治国家において我々の進むべき途であろう[62]。犯罪者も「人格」たる存在として扱い、異質な者も単に排除するのでなく、包摂し、可能な限り多様な価値観を許容するような政策や制度の構築こそが、今後の国際社会を豊かなものとしうるであろう[63]。

＊　生田先生に古稀のお祝いとしてささやかながら本稿を捧げ、大学院時代から現在に至るまで賜ったご指導に、心からの感謝を申し上げる次第である。

本研究は、ＪＳＰＳ科学研究費２５７８００４８の助成を受けた研究成果の一部である。

（1）　奥脇直也「海上テロリズムと海賊」国際問題五八三号（二〇〇九年）二〇頁。

（2）　*Gerhard Werle*, Völkerstrafrecht, 3.Aufl., 2012, Rn.88. マクロ犯罪とは、組織構造、権力構造またはその他の集団的な行動関係内での制度および状況に応じた犯罪行為、とされる。*Herbert Jäger*, in: *Lüderssen* (Hrsg.), Kriminalpolitik III, 1998, S. 122 f.

（3）　古典的な国際法の考え方からすれば、国際法上、法的主体となりうるのは国家又は国際機関であって、自然人たる行為者自身は、直接に主体となるのではなく、その本国によって「媒介される」ものとされる。Vgl. *Helmut Satzger*, Internationales und Europäisches Strafrecht 6. Aufl., 2013,§12, Rn.10.

（4）　個人の国際法上の刑事責任の帰属形式とその展開について、フィリップ・オステン「国際刑法における『正犯』概念の形成と意義」川端博ほか編『理論刑法学の探究③』（成文堂、二〇一〇年）一一一頁以下。

（5）　これにつき、生田勝義『人間の安全と刑法』（法律文化社、二〇一〇年）八六頁以下、井田良「越境犯罪と刑法の国際化」斉藤豊治ほか編『神山敏雄先生古稀祝賀論文集第一巻』（成文堂、二〇〇六年）六七一頁以下。

（6）　生田勝義『行為原理と刑事違法論』（信山社、二〇〇二年）二一頁。

（7）　金尚均「処罰段階の早期化再考」浅田和茂ほか編『村井敏邦先生古稀記念論文集』（日本評論社、二〇一一年）六二頁以下。

（8）　テロリズム関連条約については、中谷和弘「テロリズムに関する諸対応と国際法」山口厚＝中谷和弘編『安全保障と国際犯罪』（東京大学出版会、二〇〇五年）一〇三頁以下。これに含まれる条約としては例えば、爆弾テロ防止条約、テロ資金供与防止条約、核テロリズム防止条約などがある。

（9）　中谷・前掲注（8）一一四頁以下。

（10）　奥脇・前掲注（1）二〇頁。なお、条約レベルで犯罪化したとしても、当該条約に入らない国や、政府が実効的支配を確立できていない所謂失敗国家が犯罪の温床となってしまうことを阻止できないという限界はある。

（11）　この点、テロリズムとされるハイジャックや人質なども、従来からの各国の刑法等に基づき規制可能であるとの指摘につき、例えば清水隆雄「テロリズムの定義――国際犯罪化への試み」レファレンス五五巻一〇号（二〇〇五年）三八頁以下。

(12) *Satzger*, (Fn.3)§12, Rn.3.

(13) BVerfG, Urt. v. 18.07.2005 in : NJW 2005, 2289 : この事件については、髙山佳奈子「ドイツの欧州共通逮捕状法に関する違憲判決について」法学論叢一六〇号一号（二〇〇六年）五頁以下参照。

(14) この法については、例えば、フォルカー・クライ（宮澤浩一＝勝亦藤彦［訳］）「不正な麻薬取引その他の組織犯罪の現象形態の対策に関する法律案（組織犯罪対策法案）[Bundestagsdrucksache 12/989 vom 25.Juli 1991]における収益の剥奪――資産刑・拡大収奪――および資金の洗浄に関する規定の批判的検討」法学研究六六巻一〇号（一九九三年）一〇三頁以下を参照。

(15) 森下忠「ドイツの組織犯罪対策法」判例時報一四五四号（一九九三年）三七頁。

(16) 「様々な機関に保存された個人データを集め、電子的に照合することによって、特定のメルクマールに該当する人物を抽出する捜査手法」のこと。宮地基「安全と自由をめぐる一視角――ドイツにおけるラスター捜査をめぐって」法政論集二三〇号（二〇〇九年）三三六頁参照。

(17) ただ、実務上は既にこの規定の導入以前から行われていたとのことである。内藤大海「ドイツにおける潜入捜査――組織犯罪対策法と学説の検討」北大法学論集五六巻四号（二〇〇五年）一八五四頁以下。

(18) 谷口清作「ドイツの組織犯罪対策立法――最近の動向から」警察学論集五七巻八号（二〇〇四年）一四八頁以下。

(19) BT.Drs.11/5461, S.5.

(20) Vgl. *Albin Eser*, Die strafrechtliche Sanktionen gegen das Eigentum, 1969, S.13ff.

(21) BVerfG, Urt.v.20.3.2002, in : NJW 2002, 1779 : これを紹介したものとして、岡上雅美「ドイツ連邦憲法裁判所による資産刑違憲決定――組織犯罪対策の失敗あるいは後退？」捜査研究六一一号（二〇〇二年）七〇頁以下。

(22) 以下、ドイツ刑法二六一条の条文を一部挙げておく。同条一項「第二文に掲げる違法な行為から生じた物を隠匿し、その由来を隠蔽し、その由来の捜査、そのような物の発見、収奪、没収又は保全を妨げ又は危険にさらした者は、三月以上五年以下の自由刑又は罰金に処する。第一文の意味における違法な行為とは、一．重罪、二．a）第三三二条一項、第三項と併せて適用される同条項及び第三三四条　b）麻薬法第二九条一項一文…に定める軽罪…をいう…」。訳文については、法務省大臣官房司法法制部編『ドイツ刑法典』（法曹会、二〇〇七年）も参照した。

(23) BT-Drs. 12/989, 27.

(24) 二六一条五項「第一項又は第二項の場合に、物が第一項に掲げた他の者の違法な行為から生じたことを軽率にも認識しなかった者は、二年以下の自由刑または罰金に処す」。

（25）*Ernst-Joachim Lampe*, Der neue Tatbestand der Geldwäsche (§261 StGB), JZ 1994, S. 128f.

（26）*Neuheuser* ; in MüKo StGB 2. Aufl., 2012, § 261 Rn.87f.

（27）これについては、BGBl. I 2003 S. 2836, 渡邉斉志「テロリスト犯罪規定を改正するための法律案――ＥＵ法の国内法化」外国の立法二一八号（二〇〇三年）一五四頁以下参照。

（28）*Mark Zöller*, Terrorismusstrafrecht, 2009, S. 503.

（29）BGBl.I2002 S.361. 同法は、連邦情報局法、連邦刑事庁法など、関連する多数の法の改正を内容としたものである。

（30）この法の成立の経緯として、戸田典子「マネーロンダリング対策立法」外国の立法二一二号（二〇〇二年）一一五頁を参照。

（31）BT-Drucks. 16/12428 S.1f. これらの条文については、渡邉斉志「テロ準備取締法」ジュリスト一三九三号（二〇一〇年）一〇一頁参照。

（32）*S. Becker/Steinmetz*, in : *Matt/Renzikowski* (Hrsg.) StGB Kommentar, 2013, S.942 f. ただ、その実効性について疑問とするのは *Radtke/Steinsiek*, Bekämpfung des internationalen Terrorismus durch Kriminalisierung von Vorbereitungshandlungen? – Zum Entwurf eines Gesetzes zur Verfolgung der Vorbereitung von schweren Gewalttaten, ZIS 2008, S. 384.

（33）王冠証人規定自体は既に麻薬法やテロや組織犯罪対策のための時限立法であった王冠証人法などに見られるが、ここで刑法典に導入された四六条ｂは、特定の犯罪に限らない幅広い犯罪を対象とする、いわゆる大王冠証人規定であり、また、王冠証人自身の犯罪と、解明される犯罪行為との間には何らの関係も要求されていないという点に特徴がある。この規定については、野澤充「ドイツ刑法の量刑規定における新しい王冠証人規定の予備的考察」神奈川法学四三巻一号（二〇一一年）七三頁以下、同「ドイツ刑法における王冠証人規定の二〇一三年改正について」犯罪と刑罰二三号（二〇一四年）一七七頁以下、池田秀彦「ドイツの王冠証人規定（刑法四六条ｂ）の改正を巡って」創価法学四三巻二号（二〇一三年）一九頁以下などを参照。

（34）山口和人「ドイツの国際テロリズム対策法制の新たな展開――『オンライン捜索』を取り入れた連邦刑事庁法の改正」外国の立法二四七号（二〇一一）五四頁以下。

（35）*Sternberg–Lieben* ; in *Schönke/Schröder* StGB 29. Aufl., 2014, §89 a, Rn.1g.

（36）*Katrin Gierhake*, Zur geplanten Einführung neuer Straftatbestände wegen der Vorbereitung terroristischer Straftaten, ZIS 2008, S.397ff. ; *Ulrich Sieber*, Legitimation und Grenzen von Gefährdungsdelikten im Vorfeld von terroristischer Gewald, NStZ 2009, 356f.

（37）*LianeWörner*, Expanding Criminal Laws by Predating Criminal Responsibility - Punishing Planning and Organizing Terrorist Attacks as a Means to Optimize Effectiveness of Fighting Against Terrorism, 13 German Law Journal, 2012, p.151 (http://www.germanlawjournal.com/index.php?pageID=11&artID=1463).

(38) *Gierhake*, (Fn.36) S.403.

(39) 刑法一三〇条の民衆煽動罪にも類似の文言があるが、その内容としては特定の民族等、一定の集団に対する憎悪をかき立てること等の行為が列挙されている。

(40) *Radtke/Steinsiek*, (Fn.32) S. 392.

(41) ドイツ刑法八九条bの規定は、八九条a二項一号に基づいて国家を危険にさらす暴力行為の挙行において指導を受ける意図のもとで、国内（一二九条a）又は国際的（一二九条b）テロ組織との間で関係を構築しまたは維持した者も処罰するものとしている。

(42) *Sternberg–Lieben*, (Fn.35) §89 b, Rn.1.

(43) *Gazeas/Grosse-Wilde/Kießling*, Die neuen Tatbestände im Staatsschutzstrafrecht, NStZ 2009, S. 601.

(44) *Wörner*, (supra note 37) p. 1053.

(45) *Günther Jakobs*, Strafrecht AT, 2. Aufl. 1993, 25/1b.

(46) *Wörner*, (supra note 37) p. 1054.

(47) *Rainer Zaczyk*, in: *Kindhäuser/Neumann/Paeffgen* (Hrsg.), StGB, 4. Aufl., 2013, § 30, Rn. 1 ff., 4. また、ドイツでは行為者の危険性に着目して科される処分として保安監置制度があるが、刑罰に予防的側面を求めることは、この制度との関係でも困難を生じさせる。この制度については、飯島暢「例外的な自由の剥奪としての保安監置？―ドイツにおける保安監置改正法の動向―」例外状態と法研究班『例外状態と法に関する諸問題』（関西大学法学研究所、二〇一四年）一〇九頁以下を参照。

(48) ギュンター・ヤコブス（松宮孝明＝平山幹子［訳］）「市民刑法と敵味方刑法」立命館法学二九一号（二〇〇三年）四六八頁。

(49) 中村悠人「刑罰の正当化根拠に関する一考察（四・完）」立命館法学三四四号（二〇一二年）二一〇頁。Feindstrafrecht という語に対しては周知のように「敵対的刑法」「敵味方刑法」等、様々な訳語が当てられている。Jakobs によるこの議論の展開については、川口浩一「敵に対する刑法と刑罰論」法律時報七八巻三号（二〇〇六年）一二頁以下参照。

(50) *Rita Haverkamp*, Staatsschutzstrafrecht im Vorfeld –Probleme strafrechtlicher Prävention bei mutmaßlichen terroristischen Einzeltätern, Schöch 2010, S. 398f.

(51) *Radtke/Steinsiek*, (Fn. 32) S.393.

(52) ドイツでは、二〇〇〇年から二〇〇七年の間に治安当局の介入によって失敗したテロが少なくとも七回あったとのことである。ハンス＝ゲオルグ・マーセン「ドイツにおけるテロ対策の手法――その法的基盤と実践経験」警察学論集六三巻八号（二〇一〇年）七五頁以下。

(53) 佐久間修「組織犯罪・テロ犯罪と刑事立法」犯罪と非行一六〇号（二〇〇九年）一六五頁以下参照。

(54) 三浦守「組織的な犯罪に対処するための刑事法整備に関する法制審議会の審議概要等」ジュリスト一一二二号（一九九七年）二三頁。
(55) 松宮孝明『刑事立法と犯罪体系』（成文堂、二〇〇三年）四八頁以下。
(56) 爆発物取締罰則、原子炉等規制法、生物兵器禁止法といった法の改正、罰則の強化など。
(57) 生田・前掲注（6）二一頁。
(58) 村井敏邦「暴力団・麻薬立法の問題」法律時報六三巻七号（一九九一年）三頁以下。
(59) 佐久間・前掲注（53）一七〇頁。
(60) *S. Michael Pawlik*, Der Terrorist und sein Recht –*Zur rechtstheoretischen Einordnung des modernen Terrorismus*, 2008. この点については特に、この文献の翻訳であるミヒャエル・パヴリック（川口浩一［監訳］小島秀夫［訳］）「テロリストとその法（権利）（一）」関西大学法学論集五九巻五号（二〇一〇年）一六八頁以下も参照。
(61) 松宮孝明「法定刑引き上げと刑罰論」法律時報七八巻三号（二〇〇六年）九頁。
(62) 上田寛「グローバリゼーションと国際組織犯罪」立命館法学三一〇号（二〇〇六年）六五頁。
(63) 生田・前掲注（6）四九頁。

国家秘密の概念とその立証——判例における実質秘の概念をめぐって——

安達光治

Ⅰ　はじめに

国家公務員法（以下、国公法）一〇〇条一項は、「職員は、職務上知ることのできた秘密を漏らしてはならない。その職を退いた後といえども同様とする。」と定め、これに違反して秘密を洩らした職員に対し、同法一〇九条一二号は、一年以下の懲役または五〇万円以下の罰金に処すると規定する。外務公務員についても、外務公務員法四条が国公法一〇〇条一項を準用し、同法二七条は、これに違反して秘密を洩らした者を一年以下の懲役または三万円以下の罰金に処すると定める。[1] さらに、自衛隊法五九条一項は隊員の秘密保持義務を定め、[2] これに違反して秘密を洩らした者につき、同法一一八条一項一号は、一年以下の懲役または三万円以下の罰金に処すると規定する。

秘密保持義務は一般的には公務員の服務規律の一つであり、その違反は、基本的には懲戒処分の対象となる。処罰されるのは、重大な法益侵害のある場合に限られる。すなわち、刑罰はまさに最終手段である。[3]

このような見地からは、漏えいの対象となる「秘密」にも制約がかかる。判例は、「国家公務員法一〇〇条一項の文言及び趣旨を考慮すると、同条項にいう『秘密』であるためには、国家機関が単にある事項につき形式的に秘扱の指定をしただけでは足りず、右『秘密』とは、非公知の事項であって、実質的にもそれを秘密として保護に価すると認められるものをいう」としている（最決昭和五二・一二・一九刑集三一巻七号一〇五三頁〔「徴税虎の巻事件」上告審決定〕）。これは実質秘概念と呼ばれ、国公法等の罰則によって保護される「秘密」の概念として定着している。また、自衛隊法五九条一項における「秘密」について、裁判例は、その漏えいが刑罰の対象となることに鑑み、「上司の職務上の命令の一形式とも考えられるところの形式上の秘密指定があるという一事によって、ただちに、その漏洩が刑事上可罰的であるというふうに判断すべきではなく、真にその実質が行政上ないしは国の防衛政策上秘密の取扱いをする必要性、相当性、有効性があり、それが刑罰の制裁によって保護されるに足りる実体を備えているかどうかを考えるべきである」とする（東京地判昭和四六・一・一三判時六二〇号一四頁）。これも実質秘概念と呼べるであろう。

他方で、前掲・東京地判昭和四六・一・一三は、次のようにも述べている。「ここにいう秘密は、単なる指定秘を意味せず、刑事制裁によって保護されるにふさわしい実質を備えた秘密であるとする以上、事柄の性質上、それに相当するか、否かの判断に当っては、当該秘密の対象そのものを公判廷において公開するに適しないばあいもあることが当然予想されるから、当該国家機関により、秘密の種類、性質等のほか、秘密にする実質的理由を明らかにさせることによって秘密の実体を推認することは、是非必要であり、また可能であろう」と。しかしながら、本判決も述べるとおり、防衛問題に対する国民の関心は「正当な関心」であり、その意味で国民の知る権利の対象である。[4] 防衛秘密といえども国民の負託を受けた国家機関が取得・保持するものであるから、国民によるコントロールの対象となる。[5]これに鑑みると、実質秘であることを推認によって立証することは妥当といえるのか。

ところで、二〇一三年一二月に特定秘密保護法が成立した。この法律は、防衛、外交、特定有害活動の防止、テロ活動の防止に関する事項で、その漏えいが我が国の安全保障に著しい支障を与えるおそれがあるため、特に秘匿が必要であるものを、行政機関の長が「特定秘密」に指定して厳格に管理し、漏えい等に対して刑罰を科すとする。判例を前提とすると、特定秘密も実質秘になりそうであるが、他方で、秘密保護法は、特定秘密の指定、管理、提供、解除等に事項について比較的詳細な規定を有しており、さらに必要な事項については政令に委任するとしている（二一条）。これに徴すと、仮に推認による実質秘性の立証を許すとした場合、特定秘密の指定を受けていることは、きわめて有力な根拠として援用されそうである。しかし、刑事裁判の場で秘密のヴェールを解かないことは、特に刑事裁判では被告人の防御権にもかかわる。そもそも、罪体の重要な一部を為す行為客体が知られないまま行われた刑事手続が、はたして適正か。

本稿ではこのような問題意識の下、秘密保護法の成立を機縁として、国家秘密における実質秘の概念およびその立証に関し、裁判例を今一度検討し若干の考察を試みる。[6]

Ⅱ　「秘密」の概念に関する裁判例

1　裁判例の概要

国家の保有する「秘密」の意義が問題となった最高裁レベルの裁判例として、「ラストボロフ事件」（最決昭和三五・一一・三〇刑集一四巻一三号一七六六頁）、「徴税虎の巻事件」（前掲・最決昭和五二・一二・一九）、「外務省秘密漏えい事件」（最決昭和五三・五・三一刑集三二巻三号四五七頁）が知られる。いずれも、国公法の秘密保持義務違反ない

しはそのそのかしの罪が問題となったケースである。(7)

このうち、「ラストボロフ事件」は、外務事務官として外務省経済局第二課に勤務し、同課の所管事務中、世界海運の調査および執務資料の執筆を担当していた被告人が、同課発行の「国際経済機関」上下巻の配布を職務上受けたところ、同文書が秘密文書であることを知りながら、ソ連人であるXにその上巻および下巻をそれぞれ交付して、記載内容を知らせたものである。第一審判決（東京地判昭和三一・八・二五）は、公訴事実を認定した上で、国公法一〇〇条一項違反の罪の成立を認めた。控訴審判決（東京高判昭和三二・九・五）も、国公法違反の罪については原判決の判断を支持したが、そこでは指定秘概念を前提とした。この点、上告審では、一審判決の示す事実は優に認定するに足りるとしたうえで、被告人がXに対して漏えいした両文書は、「単に形式的に秘扱とせられたというにとどまらず、実質的にも職務上知ることのできた秘密に当ると解するを相当とする」と判示した。

「徴税虎の巻事件」の被告人は大蔵事務官で、大阪国税局管轄下堺税務署の係員として、所得税の課税業務に従事していたが、大阪商工団体連合会事務局長Yに対し、かねて被告人が職務上堺税務署長より配布を受けていた大阪国税局直税部所得税課作成の秘密文書である「昭和三十二年度分営業庶業等所得標準率表」および「昭和三十二年度分所得業種別効率表」各一冊を手交したものである。一審判決（大阪地判昭和三五・四・六下刑集二巻三＝四号六〇〇頁）は、国公法一〇〇条一項の違反に対して刑事処分をもって臨む場合、「秘密」とされる事項は、広く国家社会そのものの秩序維持に関係のある事柄として、刑罰によって保護されるに値するものでなければならず、何が刑罰による保護に値するかの判断は、当該国家機関においてこれを指定し得るという法律上の規定がない以上、刑罰法規の解釈・適用を任務とする裁判所において独立判断すべき事柄であるとして実質秘概念を採用した。これに対し、控訴審判決（大阪高判昭和三七・四・二四下刑集四巻三＝四号二〇四頁）は、原審が、検察官申請の証人の取調請求を却下し、直ちに審理を終結して検察官に立証の機会を与えなかったことは、現行刑訴法の当事者主義の建前からして、合理的な理由が見出せないので違法なものであるとして、原判決を破棄・差戻しとした。差戻第一審判決（大阪地判昭和四二・五・二三）は、再び被告人を無罪とした。本判決は、「秘密が実質的に保護に値するものであってはじめてその侵害が可罰的なものとなるといわなければならないから、同条（国公法一〇〇条―引用者）一項の秘密とは、実質的に秘密性のあるものとして刑罰によって保護するに値するものを指称するものと解するのが相当である」として、実質秘概念をとる。そして、本件文書で示されているとされる標準率、効率が課税標準そのものを決定し、あるいは変更するものでないとしても、それらが課税標準認定のために現実に適用されている以上、納税者たる国民に対してこれを秘匿することは、租税法律主義の精神に照らして許されないなどと述べて、本件文書の内容の秘匿による要保護性を否定する。また、昭和三一年分の標準率、効率は（いずれの国税局のものか分明でないが）相当の部分が刊行物を通じて公表されているなどの事情も勘案し結論的に実質秘性を否定した。これに対し、差戻控訴審判決（大阪高判昭和四八・一〇・一一高刑集二六巻四号四〇八頁）は、原判決を破棄し、自判して秘密漏えい罪の成立を認めた。本判決は、検察官が主張する指定秘概念は排斥し、実質秘概念を前提とすることを明言したが、原判決がいうように、課税処分における課税要件事実の認定についてまで租税法律主義ないしはその精神が機能するものとは考えられず、かかる事実の認定の領域に予測可能性を要求することには賛成できないとする。上告審決定（前掲・最決昭和五二・一二・一九）は、すでにみたとおり、実質秘概念を採用し、そのうえで、本件漏えいに係る文書については、本件当時いまだ一般に了知されておらず、これを公表すると、青色申告を中心とする申告納税制度の健全な発展を阻害し、脱税を誘発するおそれがあるなど、租税行政上弊害が生ずるので一般から秘匿されるべきであるとした。

「外務省秘密漏えい事件」の事案はすでに周知といえるが、本稿の課題の関係では、新聞記者であった被告人が、外務省の事務官として一般的秘書業務に従事し、A外務審議官に回付または配布される文書の整理・保管を担当していたZに働きかけ、リコピーの手交を受けた三つの公電の実質秘性が問題となる。一審判決（東京地判昭和四九・一・三一）は「秘密」とは、実質的にも秘密として保護するに値すると客観的に認められる事項、すなわち非公知性と保護の必要性を具備している事項を意味するとする。そして、本件外交交渉については、「国会の承認を経る段階において交渉経過に対しても民主的コントロールがなお可能であるという建て前になっていることを考え合わせると、右危険性（妥結・調印前に外交交渉の具体的内容が漏れることによって、外交交渉の能率的・効果的遂行が国民に保障され得なくなる危険――引用者）が認められる場合には、このような会談の具体的内容は、当該交渉中における限り、外交交渉（当該又は将来の外交交渉一般）の能率的効果的な遂行を優先させる必要があるため」、実質秘性を具備するとされる。しかし、実際には、圧力や影響の程度は必ずしも大きくなかったことなどを勘案すると、実質秘性はあまり高度とはいえないとする。控訴審判決（東京高判昭和五一・七・二〇高刑集二九巻三号四二九頁）は、実質秘概念を前提としながら（ただ、原判決とは異なり、保護の必要性に程度があることは明確に否定している）、「秘密指定権を有する公務員は、その担当する国政について、秘密情報を含む各種の情報に精通し、担当する国政についての専門知識と経験とを保有しているからこそ、特定の情報に秘密の指定をしないと国家の利益がどの程度害せられるか、公務の能率的運営がどの程度阻害されるか、特定の情報を秘匿する利益がその情報を国民に開示する利益をりょうがするかどうかについての判断能力を有する」とも述べる。さらに、いわゆる疑似秘密や違法秘密に関する検討もみられるが、本件の電信文案等については、いずれもこれにあたらないとする。上告審決定（前掲・最決昭和五三・五・三一）でも、本件第一〇三四電信文案の内容は、実質的に保護に値するとされた。本件電信文案の内容は非公知の事実であり、条約や協定の締結を目的とする外交交渉の過程で行われる会談の具体的内容については、当事国が公開しないという国際慣行が存在し、それが漏示されると相手国ばかりでなく第三国の不信を招き、当該外交交渉だけでなく、将来の外交交渉の効果的遂行が阻害される危険性があるからとされる。本件電信文案に含まれている対米請求権問題の財源については、日米双方の交渉担当者において、円滑な交渉妥結を図るため、それぞれの対内関係の考慮上、秘匿することを必要としたもののようであるが、我が国においては早晩国会における政府の政治的責任として討議批判されるべきであったもので、政府がそのような密約によって憲法秩序に抵触するとまでいえるような行動をしたものではないので、違法秘密といわれるべきものではなく、この点も外交交渉の一部をなすものとして、実質的に秘密として保護に値するとされた。

2　裁判例から明らかになること

以上の裁判例を俯瞰して明らかになることとは、主として次の三点である。

第一に、「秘密」は、これを保有・管理する官庁等において単に秘密指定(秘扱の指定)がなされているだけでは足りず、それが刑事制裁でもって保護するに値するだけの内容を有している必要があることである。「ラストボロフ事件」控訴審判決では、秘密指定で足りるという指定秘の考え方がとられたが、これは後の裁判例には受け継がれず、「徴税虎の巻事件」上告審決定において、「秘密」は実質秘でなければならないことが示された。もっとも、「外務省秘密漏えい事件」控訴審判決は、ある事項が「秘密」としての要保護性を有するかについては、担当する国政に関する情報に精通し、専門知識と経験を持つ点で、指定権を持つ公務員が判断能力を有するともしていた。これは形式的実質秘とも言い得るものであるが、それでは後述の実質秘性の有無に関する司法審査を形骸化させかねない[8]。ただ、この点は、本判決を結論において正当とする本件上告審決定では、まったく言及されておらず、最高裁としてこのような考え方をとっていると評することは難しいであろう。むしろ、本決定は「徴税虎の巻事件」上告審決定を引用して、端的に実質秘説を採ることを表明した。

第二に、ある事項が実質秘に該当するか否かは、司法判断の対象となる。たしかに、ある事項が一般公衆に対し秘匿しておくべき情報であるか否かの判断は、その情報を取り扱っている者が最もよくなし得るとの考え方もあり得る。しかしながら、特に「外務省秘密漏えい事件」では、実質秘性の有無が司法判断の対象となることは、一審判決から上告審判決に至るまで一貫して基本前提とされている。

第三に、それにもかかわらず、問題となった漏えいに係る事項について、その実質秘性を否定した裁判例はほとんど存在しない。唯一の例外といってもいいのが、「徴税虎の巻事件」差戻第一審判決であり、本件の漏えいに係る標準率表および効率表について、租税法律主義の見地から、課税率に関する納税者の予測可能性を保障するうえでは、かかる情報は納税者に秘匿されるべきではないとして、実質秘性を否定した。[9] しかし、本件の控訴審・上告審も含め、実質秘性を否定した裁判例は、他にみられない。この事情は、実質秘性をどのような観点からそれを判断するかで結論が異なり得ることを示す。また、これとかかわって、国公法上の「秘密」について、実質秘であることが要求される根拠も問題である。というのも、上記の裁判例の中には、「徴税虎の巻事件」一審判決のように、国公法上の「秘密」が指定秘ではなく実質秘である理由として、秘密指定の権限を有する者、指定の要件、管理の方法、解除などの具体的事項に関して一切規定しておらず、また、これらの事項に関して政令等に委任する旨の規定を設けていないことを指摘するものがみられるからである。[10] これは裏を返せば、今次成立した特定秘密保護法のように、上記の事項について法律上明確に規定をすれば、「秘密」は実質秘でなくともよいとも受け取れる。この点につき、浜田純一は、本判決の説示そのものは正当としつつ、「裁判所による実質秘の審査権の根拠として、行政機関に秘密指定の権限を認める法律の不存在を形式的に強調することには陥穽がある」と指摘する。[11]

以上のような点を踏まえつつ、以下では、「秘密」に関する学説をみたうえで、実質秘の存否を司法判断の対象とすることの意味、および要保護性判断にとって必要な観点について考察する。

Ⅲ　実質秘概念の内容

1　「秘密」の意義

庭山英雄によると、「秘密」の法的性格ないしはその認定方法をめぐっては、判例・学説上次の三つの考え方があるとされる。[12] 第一は、実質秘説であり、これは「秘密」か否かを裁判官の確認によって決める考え方である。第二は、指定秘説（形式秘説との名称も付されているが、本稿では指定秘説で統一する）であり、これは秘密指定の要件（指定の手続、指定事項、指定の必要性・相当性）が確認されれば、「秘密」の証明ありとする考え方である。第三は折衷説（形式的実質秘説）であり、これは基本的に実質秘説に立ちながら、秘密指定に実質秘性の推定力を与える考え方である。

このうち、第二の指定秘説（形式秘説）は、すでにみたように、検察官が控訴趣意書などで主張する見解であり、例外的にこれを採用する裁判例も存在したが、庭山が指摘するように、判例法上すでに克服された見解とみてよい。[13] 所定の手続に従って秘密指定がなされているというだけで、刑罰による保護に値する「秘密」に該当するという考え方は、少なくとも刑事裁判実務では、もはや通用しないものというべきであろう。そのような考え方は、刑事制裁の基本前提を、行政官庁（の担当者）による指定行為に従属させるものとして、法律主義の見地から許容できないのである。[14] 第一の実質秘説の基礎には、ある行為の可罰性の評価は、法律に則り司法が行うものであるという、近代国家における至極当然の思想があるということができる。もっとも、これに対しては、先にみたように秘密指定の要件や手続等を法律で規定すれば、指定秘説でも法律主義に抵触しないという理解もあり得ないではない。

これに対し、行政官庁（の担当者）による秘密指定行為に、実質秘性の推認力を認めるのが第三の形式的実質秘説である。この見解の背景には、当該情報が実質的にみて保護に値するかの判断は、その情報を専門的に取り扱っている指定権者がよりよくなし得るという、先に見た「外務省秘密漏えい事件」の控訴審判決で示された見解があるといえるであろう。このような秘密指定に推認力を認める考え方は、可罰性の評価は司法が行うものであるという基本的前提を、実質上、突き崩すものというべきである。本説と第二の指定秘説（形式秘説）との相違は、問題となる事項の実質秘性の有無について、反証を許すか否かにある。しかし、本説においても、次章でみるように、裁判例は反証の評価において、秘密指定を行う側の事情を重視するため、反証は困難を極める。もとより、実質秘性の立証に関し、秘密と指定する側の事情だけをいわば片面的に重視することは、中立性の点で好ましくないように思われる。第三の見解は、指定権者の秘密指定行為に実質上決定的な意味を認めるという点で、むしろ実際には指定秘説に近く、それゆえ、「実質的指定秘説」とでも呼ぶのがふさわしいように思われる。刑事制裁で保護されるべき「秘密」の意義として、このような見解が相応しいものとはいえない。すでに先にみた最高裁の二つの裁判例も、このような見解を明示的には採用していない。

以上みてきたことから、漏えい等の行為が刑罰による禁止の対象となる「秘密」の意義としては、基本的に、第一の実質秘説をもって妥当と解すべきであろう。

2　実質秘性判断に必要な観点——公務の民主性

実質秘説に立つとしても、問題となる事項につき、どのような観点からその実質秘性——とりわけ要秘匿性——を判断するのかによって、存否の結論が分かれることがあることは、すでにみたとおりである。それゆえ、実質秘性の判断をどのような観点から行うかが重要といえる。「外務省秘密漏えい事件」一審判決は、この点に関し、次のような一般論を展開していた。すなわち、「わが国のような民主主義国家においては、公務は原則として国民による不断の監視と公共的討論の場での批判又は支持とを受けつつ行われるのが建て前である。従って、一定の事項が漏示されるならば公務の民主的且つ能率的運営が国民に保障され得なくなる危険がある場合とは、当該事項が公共的討論や国民的監視になじまない場合（例えば、プライバシーに関する事項）、当該事項が公開されると行政の目的が喪失してしまうに至る場合（例えば、逮捕状の発付又は競争入札価格）、又は、公共的討論や国民的監視によるコントロールは事後的に（又は結果に対する批判として）行う機会を残しつつ公務遂行中にはその能率的・効果的な遂行を一時優先させる必要のある場合（例えば、行政内部での自由な発言を確保するための非公開委員会など。……）その他右に準ずる場合に限られなければならない」（括弧内を一部省略―引用者）。これは、原則的には、公務に関する情報は公開され、国民の監視を受け、公共の討論で支持ないしは批判を受けるものとし、正当な根拠を有する一定の事項についてのは、例外的に秘匿の必要性が認められるとするものである。

これは、要秘匿性の原則・例外関係の理解としては妥当なものと思われる。しかし、本件で問題となった外交交渉における会談の内容に関する限り、すでにみたように外交交渉の能率的・効果的遂行が前面に打ち出され、その国民的監視や公共の討論などの民主主義的側面が顕著に後退し、国会承認の際の討論を待たねばならないとするのである。本判決は、一般論としては、公務の民主的コントロールという国民主権原理からの要請に理解を示しつつも、実際のケースへの適用においては、公務の能率的・効果的遂行の面が強調され、前者の要請はほとんど顧みられない結果となっている[15]。さらに、本件控訴審判決および上告審決定では、上のような一般論すら展開されることなく、外交交渉における会談内容の要秘匿性は、それが外部に漏れた場合の第三者からの圧力や我が国の信用の毀損といった事情から、端的に認められている。これにより、「この判決は、その主観的意図にはかかわりなく、行政機関の秘密一般を広く実質秘として承認する基盤を準備する、理論的可能性を提供している[16]」。

この種の事案において、公務の効率性・能率性のみを一面的に強調することは適切でない。「外務省秘密漏えい事件」では、沖縄返還の際のいわゆる費用負担に関する「密約」が問題となっており、これが国民の重大関心事であることは論を俟たない。本件上告審決定も、「わが国においては早晩国会における政府の政治責任として討議批判されるべきものであつた」と述べていることから、この点は認めるようである。外交交渉のあり方として、すべての情報を即座に公衆の前に詳らかにすることが現実的でないにせよ、この種の情報は、国民による国政に対するコントロールの内容として、原則的には、知る権利が及ぶものというべきである。ここで外交上の秘密を安易に認めることは、秘密外交と世論操作へ道を開きかねない。[17] このような観点からの要秘匿性の判断は、事柄の性質上、秘密指定を行う者自身の手で行うことが期待できない。[18] ここに、実施秘性の判断を司法機関が行うことの意義が存する。

3　実質秘性と実害

もっとも、実際には、本件一審判決が示すように、「圧力」は懸念されていたほど強いものではなく、本件外交交渉の帰趨に深刻な影響を与えるようなものではなかった。そもそも、ある事項を秘匿し、その漏えいを処罰するという場合、その事項が外部に漏れた場合の実害が考慮されている（そうでなければ、本件控訴審判決で言及されたように、擬似秘密であって保護されない）。その意味で、秘密の漏えい罪は一種の危険犯といえるが、実害を具体的に考慮するという点では、純粋な形式犯と理解すべきではない。[19] 当該法益に対して実害を与える危険性が小さい場合、可罰的違法類型としての構成要件を充足しないことになる。本件一審判決は、漏えいによる実害が可罰性の程度に達しているかの判断は示さず、むしろ、事後的にみて当該事項の保護の必要性が小さかったことを、漏えいを受けた側のそそのかし行為の実質的違法性判断において、取材の自由と比較衡量している。しかし、実害に鑑み保護の必要性が小さいということであれば、端的にそれは構成要件該当性において評価すべきと思われる。[20] その意味で、本件一審判決は、あまりに形式的な構成要件の理解に基づいていたと言わざるを得ない[21]。この点、秘密の保護について、このような実害の観点からの必要性の程度を入れる余地はないとした本件控訴審判決の理解は、その「そそのかし」構成要件の実質的解釈の試みにもかかわらず、一審判決以上に形式的である。しかし、漏えいやそのそそのかしを実質犯と解するならば、結果的に、これにより生じた実害が可罰性の程度に達していないと判断される場合、危険の現実化という観点から構成要件該当性が阻却される余地があるように思われるのである。

Ⅳ　実質秘性の立証

1　立証のあり方

前章では、実質秘概念に関し、実体的な側面からの検討を行った。それを踏まえ、本章では実質秘性の立証に関して若干検討する。

裁判所は概して、訴追側が「秘密」と主張する事項に精通しているとは限らず、むしろ、ある事項の要秘匿性の評価は、それを専門的に取り扱う者が最もよくなし得るという理解がある（これは、先にみたとおり、「外務省秘密漏えい事件」控訴審判決に最もよく表れている）。そのような理解からは、先にみた「防衛庁スパイ事件」判決が行ったように、実質秘性の判断を、「秘密」とされる事項を公開の法廷に顕出することなく、秘密指定した官庁の担当者の証言に基づいて行うことも許容されることになり得る。しかしそれは、たとえていうなら、被害を受けたと称する者の自己鑑定を裁判所がそのまま前提事実として認定することを意味しており、自由心証主義に抵触し得るばかりか、司法の中立性の上でも適切でない。それゆえ、実質秘性の立証においても、通常の審理と同様、訴追側に挙証、立証を尽くさせ、その成否を裁判所が認定するのが筋である。

しかしながら、実際の審理においては、裁判の公開原則との関係で、公知でない秘密を法廷に顕出させることは、とりわけ行政機関たる政府としては躊躇される。このことを、「徴税虎の巻事件」差戻控訴審判決は、「裁判の公開の原則と秘密保護の要請とは互いに矛盾する関係にある」と端的に述べている。[22]「実質秘性を立証するには、必ずしも秘密とされる事項の内容自体を明らかにしなければならないわけではなく、当該事項につき国家機関の秘扱の指定がなされている場合は、右に替えて、その秘扱の指定が国家機関内部の適正な運用基準に則ってなされたこと、あるいは、当該事項の種類、性質、秘扱を必要とする縁由等を立証することにより実質的秘密性を推認せしめうる場合もあり」、その場合、被扱の指定が「その依存する指定基準（指定権者、秘密の範囲、指定および解除の手続）と相俟って実質的秘密性の立証の一の有力な資料となりうる」としている。これ自身は傍論にとどまるが、いわゆる外形立証の定義を示したものとみることができる。[23]

2　外形立証を用いた裁判例

実際に外形立証を容認した裁判例として知られるのが、「外務省スパイ事件」一審判決（東京地判昭和四三・一〇・一八下刑集一〇巻一〇号一〇一四頁）である。本件では、外務事務官から、北朝鮮帰還協定交渉に関する秘密の漏えいを受けた被告人が、国公法違反の罪に問われた。本判決は、本件外務大臣宛ての電信文が、実質秘性を有することを、次のような事情から推認できるとした。すなわち、①「極秘」および「秘」扱いの電信については、外務大臣宛てに打電を行ったソ連駐在大使、およびジュネーブ駐在大使によって、その指定がなされていたこと、②外務省においては、秘密指定の手続につき、秘密文書取扱規程および官房長文回章等により、「極秘」、「秘」等の指定基準、その指定および解除の決定権者、様式、方法などを詳細に定めており、特に秘密電信文については、暗号保護の見地等から、一層高度の秘密性を保持するために特別な配慮がなされているほか、ほぼ右規程に準ずる手続が定められていて、本件の「極秘」および「秘」扱い電信は、いずれもこの手続に則りその指定がなされ、かつ、解除の手続がとられていないこと、③電信の内容は、「交渉の経緯、内容、情勢判断」、「交渉の技術的方法や具体的態度決定のための訓請」および「右赤十字会談に対する国際赤十字委員会の意向伝達」などの事項に関するものであり、加えて「極秘」扱い電信は、いずれも暗号が使用されていたこと、である。

これを根拠とする推認に対し、本判決は弁護人に反証を求め、弁護人は、赤十字会談の交渉経過は、すでに新聞報道等を通じて公知となっており、また、会談を担当する日本赤十字社は、赤十字の最高原則である人道主義の原則に基づき、在日朝鮮人の北朝鮮帰還事業を行ってきたのであるから、その交渉に関する電信を秘密のものとして秘匿し、それを漏らすよう唆す行為に刑罰を持って臨むことは許されないとして、当該電信の実質的な秘匿性が存在しないことを主張した。しかし本判決は、赤十字会談の内容、経過が報道されていたとしても、会談に関する「極秘」および「秘」扱いの電信の内容が、外務省から公式発表され、報道されたと認めるべき資料はないとして、公知性の主張を排斥した。さらに、当該電信は、日本赤十字社の全く関知しない外務省の電信であり、また、日本赤十字社代表団が起草した会談に関する電信が外務大臣宛てに秘密扱いとして打電されたのは、北朝鮮帰還事業が、国の了解と援助がなければなし得ない性質のものであり、日本赤十字社においても関係省庁と密接な連絡をとりつつ、交渉にあたっていたという事情に基づくことから、形式的にも、実質的にも国の電信としての性質を有しており、日本赤十字社の業務の性質だけを根拠に、実質秘性を否定すべきではないとして、弁護人の主張を退けた。

3　外形立証に対する疑問

このような裁判所による「反証潰し」には、根本的な疑問がある。まず、非公知性に関する部分について、秘密とは、本質的に「情報」を意味することから、公知性の有無についても、内容が知られているかどうかが基準となるはずである。本来は、電信の内容を見たうえで、それが報道されている内容と対応しているか、それとも、秘匿されている事項が含まれるか判断しなければならない。しかるに、電信の公表の有無という、指定権者である外務省の対応を基準に考えるのは、形式秘的な発想であると言わざるを得ない。また、実質的な要保護性に関しても、日本赤十字社には関係のない国の電信であり、本件北朝鮮への帰還事業が国の事業として行われているという事実でもって、赤十字会談に関する外電に対し直ちに要秘匿性が認められるというのも、秘密指定を行う側の事情を重視している。この点は、弁護人が、電信の起草者は日本赤十字社であることから、その事業の人道性に鑑み、秘匿すべきではないとの主張したのに対し、揚げ足を取ったつもりなのであろうが、これでは、要保護性の立証になったと評価することはできない。非公知性にしても、要秘匿性にしても、秘密指定を行う側の事情を基準に判断されており、肝心の「秘密」と称される事項の内容に関する立証とは、距離があるのである。

このような立証対象と実際の立証内容との懸隔は、秘密指定に関する外形的事実から、その要秘匿性を推認するという手法が、そもそも実質秘性の立証方法として適格性を有しないことを物語る。[24] 外形立証を、実質秘性の立証方法として位置づける見方もあるが、[25] むしろ、秘密指定をめぐる外形が整っていることの証明をもって「秘密」の内容に関する立証とする手法は、指定秘説のものといった方がよい。このような秘密概念は、実質的指定秘説と呼ぶにふさわしいことは、先に述べたとおりである。

すでに検討したとおり、実質秘性の判断にとって必要な観点は、当該事項が外部に漏れた場合の実害の危険のみならず、その国民的監視ないしはコントロールの必要性であり、これについては指定権者のみで判断するのは適切でない。ここに裁判所による実質秘性判断の必要性の基礎があるといえるなら、立証に際して、裁判所は、訴追側によって「秘密」と主張される事項の内容を吟味する必要が出てくる。外形立証は、このような意味での実質秘性の立証の道を閉ざすものといわざるを得ない。

4　外形立証の判例性と代替策

すでに確認したように、外形立証が前提とする秘密概念である形式的実質秘説（本稿の言い回しでは、実質的指定秘説）は、少なくとも「秘密」の意義が問題となった最高裁裁判例において明示的に採用されているわけではない。もっとも、実質秘説を採用したとされる「徴税虎の巻事件」上告審決定や「外務省秘密漏えい事件」上告審決定の事案では、完全な形ではないものの、「秘密」と主張される事項が提示されている。これに対し、国家秘密であることを盾に、「秘密」と主張する事項を明らかにすることを、訴追側が頑なに拒絶し、秘密指定を行った官庁の担当者に証言させることでこれに代えようとする場合、裁判所がどのような判断を示すべきであろうか。本稿で再三にわたって述べてきたように、「秘密」の刑法的保護が問題となる場合、その実質秘性の判断は、裁判所がなすべきものであることに鑑みると、下級審裁判例の存在のみに依拠して、外形立証を許容することは適切でない。「外務省秘密漏えい事件」上告審決定が明確に述べるように、実質秘性の有無は、司法判断の対象となる。これは、国公法が秘密指定の実体的要件および指定・解除の手続を（委任事項としても）定めていないことによるのではなく、端的に、「秘密」が刑罰による保護の対象となることに基づくものである。この点は、秘密指定に関し、指定権者、指定および解除の要件等の事項について、法律で明確に規定している特定秘密保護法における「特定秘密」でも同様のことが妥当する。

もっとも、このような前提に立つとしても、公開の法廷での顕出に適さない事項であると主張される場合、どのような対応をすべきかは検討の必要がある。具体的には、①まず裁判所が提示を受け、当事者への開示の可否について判断し、可能であれば開示する（これは特定秘密保護法一〇条一項ロがすでに予定している手続である）、②整理手続の一環として提示を受けた上で、当事者間で共有し、顕出してよい範囲をあらかじめ確定させ、その範囲で攻防を行う（これは不正競争防止法の「秘匿決定」に類似した手続となるであろう）、③公判廷を非公開にして審理する（これは憲法上の公開原則の例外をなすものであるから、できる限り慎重な判断が必要であり、基本的に行われるべきではない）などの方策が想定し得るが、いずれも、被告人の防御権、国民の知る権利、裁判の公開といった重要な法原則の制約をとなることから、本来的にはけっして望ましいものではなく、できる限り通常の審理を基本とすべきである。

Ⅴ　結びにかえて

本稿では、国家が保有する「秘密」に関し、これを問題とした判例をもとに、実体的側面および立証の面に関し若干の検討を行ってきた。そこで確認ないしは主張されたことは、第一に、「秘密」が刑事制裁による保護を受けるためには実質秘性を有していなければならないこと、第二に、実質秘性の存否は司法判断の対象であること、第三に、実質秘性の判断は国民の国政に対する監視ないしはコントロールという観点を踏まえてなされなければならないこと、第四に、漏えい等による実害が可罰性の程度に達していない場合、危険の現実化の観点による構成要件該当性阻却を検討すべきこと、第五に、実質秘説をとる場合、「秘密」に該当するか否かは裁判所の実体的判断によるが、それは訴追側が「秘密」だと主張する事項の内容を見て行うべきであり、外形立証のような方法は容認できないこと、第六に、外形立証は一部の下級審裁判例で容認されたにすぎず、最高裁レベルでは、第二で確認した立場をとっていることなどである。

ところで、本稿で取り上げた裁判例の事案は、いずれも四〇年以上も前のものであり、これらの重要な裁判例をきっかけに、「秘密」に関する学説の検討も深まっていた。これらに鑑み、本稿は裁判例を改めて検討し、問題点を分析することで、議論の掘り起こしを試みたものである（もっとも、学説の検討は十分に行えなかった）。これに対し、近年は「秘密」の意義をめぐる解釈論上重要な裁判例が出ているわけではなく、また、学説上もこれにつき新たな問題提起がなされているとも言い難い(26)。それにもかかわらず、このような掘り起こしを試みたのは、冒頭でも述べたとおり、特定秘密保護法の成立を機縁とする。本法が施行されたとしても、国家秘密ないしは「秘密」に関し、ここで述べたことは基本的に妥当すると考える。とはいえ、「秘密」の概念をめぐる本稿の検討は、未だ十分に詰められたものとはいえず、特に、刑事手続における実質秘性の判断をどのように行うかについては、試論を提示するにとどまるなど、課題も多い。これらについては、今後、特定秘密保護法の検討を通じて追求していきたいと考える。それゆえここで、敬愛する生田勝義先生の古稀をお祝いし、ひとまず本稿を閉じることとしたい。

（1） 外務公務員とは、「特命全権大使」「特命全権公使」「特派大使」「政府代表」「全権委員」「政府代表又は全権委員の代理並びに特派大使、政府代表又は全権委員の顧問及び随員」「外務職員」をいう（外務公務員法二条一項）。

（2） この場合の「職務上知ることのできた秘密」とは、国の秘密と私人の秘密の両方を含むとされる。秘密保全に関する訓令（昭和三三年防衛庁訓令第一〇二号）は、旧防衛庁の所掌事務に関する国の秘密を、「機密」（秘密の保全が最高度に必要であって、その漏えいが国の安全または利益に重大な損害を与えるおそれがあるもの）、「極秘」（機密に次ぐ程度の秘密の保全が必要であって、その漏えいが国の安全または利益に損害を与えるおそれがあるもの）、「秘」（極秘に次ぐ程度の秘密の保全が必要であって、関係職員以外の者に知らせてはならないもの）に区分して管理するとしていた（安田寛『防衛法概論』（オリエント書房、一九七九年）一二七頁）。この三区分は、二〇〇七年四月二七日の同訓令の全面改正でなくなり、「秘」に統一して運用されている（一六条以下参照）。

（3） 鹿児島重治・森園幸男・北村勇〔編〕『逐条　国家公務員法』（学陽書房、一九八八年）一一二八頁。安田・前掲注（2）二四七頁は、隊員の義務違反に対して刑罰を科す理由につき、「反社会性（Sozialschädlichkeit）」に言及する。

（4） 判時六二〇号（一九七一年）二〇頁。

（5） この点につき、安達光治「国家秘密保全法制と刑事法」田島泰彦・清水勉〔編〕『秘密保全法批判——脅かされる知る権利』（日本評論社、二〇一三年）一一三頁以下。

（6） 国家秘密ないしは「秘密」の概念と国民の知る権利について論じた文献は多数に及ぶ。国家秘密法の意義について論じた浩瀚な文献として、斉藤豊治『国家秘密法制の研究』（日本評論社、一九八七年）六四頁以下がある。その他、斉藤豊治「国家秘密の刑法的保護と秘密性の立証」刑雑二〇巻二号（一九七五年）一六九頁以下、小林孝輔「知る権利と国家機密」判時七三二号（一九七四年）三頁以下、上田勝美「国民の知る権利と国家秘密――外務省秘密漏洩事件第一審判決について」判時七三四号（一九七四年）一二六頁以下、庭山英雄「刑事訴訟における『秘密』の認定――憲法的実質秘論の展開」判時七三四号（一九七四年）一三二頁以下、清水睦「外務省公電漏洩事件控訴審判決について」判時八二〇号（一九七六年）三頁以下、中山研一「外務省秘密漏えい事件最高裁決定をめぐって――「そそのかし」と取材活動を中心に」判タ三六五号（一九七八年）五頁以下、伊藤正己「国家秘密と報道の自由――外務省秘密文書事件第一審判決を読んで（一）・（二・完）」ジュリ五五七号（一九七四年）一五頁以下、五五八号（一九七四年）九七頁以下、山内敏弘「自衛隊裁判と軍事秘密について――小西反戦自衛官裁判控訴審判決に関連して」ジュリ六四六号（一九七七年）一〇八頁以下、佐藤幸治・松井茂記「外交秘密と『知る権利』――外務省秘密漏洩事件決定によせて」判時八九六号（一九七八年）一一六頁以下、江橋崇「沖縄密約事件と国家の秘密――東京地判昭四九・一・三一をめぐって」法時四六巻三号（一九七四年）七〇頁、浜田純一「『秘密』性審査の方法とその限界――戦後の秘密漏洩事件関係判決の検討」法時五九巻五号（一九八七年）三〇頁以下、奥平康弘・吉川経夫・古賀正義・高木四郎「知る権利と国家の秘密――外務省密約漏洩事件で問われている真の国民的利益とは何か」法セミ一九八号（一九七二年）二頁以下、奥平康弘「外務省公電漏洩事件判決と国民の知る権利――国家機密とは国民にとっていかなるものか」法セミ二二一号（一九七四年）二頁以下など。刑事法における「秘密」について通観的に論じたものとして、佐伯仁志「秘密の保護」阿部純二他（編）『刑法基本講座　第六巻』（法学書院、一九九三年）一三八頁以下。本稿は、裁判例をもとにした考察を主眼としたため、これらの学説について立ち入った検討は行っていない。他日を期すこととしたい。

（7）　秘密の意義ないしはその立証に関する文献と同様、これらの裁判例に対する評釈類は多数にのぼるが、注（6）で一部提示したものを除き、本稿では紙幅の都合上割愛せざるを得ない。

（8）　清水・前掲注（6）四頁。

（9）　本件第一審判決も、実質秘説を前提にした無罪判決と評価し得るが（庭山・前掲注（6）一三三頁）、実質秘の判断の対象となる内容の提示がないことによるものであり、内容そのものの実質秘性を判断したものではない。

（10）　この点、佐藤功・鵜飼信成『公務員法』（有斐閣、一九五八年）一一一頁は、秘密の指定・解除の手続がない中で、「運用上の問題としては、刑事裁判の手続で、何が実質的に保護を要する秘密の範囲に属する事項であるかを、裁判所が独自に判定できるものと解するのが正当である」とする。

（11）　浜田・前掲注（6）三一頁。

（12）　庭山・前掲注（6）一三二頁。斉藤・前掲注（6）刑雑一七二頁以下では、形式秘（指定秘）主義と実質秘（自然秘）主義の詳細な比較がなされている。

(13) 庭山・前掲注(6)一三二頁。

(14) 橋本公宣「推計課税(二)——課税標準率の秘密性」『租税判例百選』(有斐閣、一九六八年)一七一頁は、「実質秘的にも秘密といえないでも関係職員がひとたび秘密と指定した場合においては、これを漏らした職員の処罰を認めるという見解は、公務員の人権を軽視するもので、合理性を見出すことができない」とする。

(15) 奥平・前掲注(6)四頁は、この点、「外交だけは特別な秘密主義が必要だという伝統的な思考方法への反省が出ていない」と批判する。

(16) 浜田・前掲注(6)三三三頁。

(17) 江橋・前掲注(6)七三頁参照。

(18) 橋本・前掲注(14)一七一頁は、「徴税虎の巻事件」に関し、標準率・効率が、本件一審判決が認めるように、白色申告者の大部分の課税標準、税額の認定のための法則的なものとして適用されているというが税務行政の現状であるのであれば、そのような機能を営むものは、国民に対し秘匿されてはならないとする。

(19) 鹿児島・森園・北村〔編〕・前掲注(3)八三一頁は、この点に関し、「秘密とは一般に知られていない事実であって、それを漏らすことにより、特定の法益を侵害するものをいう」とする。

(20) もちろん、その場合、本件電信文案等の漏えいを受けた被告人だけでなく、これを漏えいした相被告人Zの無罪も導くことになる。また、このような理解に立てば、本件でみられたような取材方法の不当性への争点のすり替えも、意味をなさないことになる。

(21) 本文のような構成要件の理解に対しては、構成要件の保障機能を害するという批判も想定される。しかし、これは形式的な構成要件理解によってもたらされる、妥当でない処罰から、被告人を解放しようという議論であるから、保障機能の意義に鑑みると、そのような批判はあたらない。

(22) 斉藤・前掲注(6)刑雑一七八頁は、「国家秘密と公開裁判の矛盾は、対立を融和することの困難な矛盾である」と述べていた。

(23) 寺尾正二「国家公務員法第一〇〇条第一項(秘密を守る義務)に違反するとされた事例」『最高裁判所判例解説(刑事篇)昭和三十五年度』(一九六六年)四一五頁は、外形立証を文献において明らかにした最初のものであるとされる。斉藤・前掲注(6)刑雑一七六頁以下では、判例における秘密性の立証方法を、①形式秘主義に立つ立証方法、②秘扱の指定・表示を受けている事態そのものを尊重し、指定・表示があれば実質秘性が推認されるとするもの、③秘密文書の作成方法・秘密の指定および解除の手続、秘密事項の種類、性質、秘密事項を公開することによって生じるであろう支障等から、秘密の内容を推認し、これに基づいて実質秘性を立証するもの、④秘密性の立証にあたっては、秘密内容を法廷で明らかにしなければ立証し得ないとするものに分類する。このうち、外形立証に相当するのは③といえる。

(24)　村井敏邦「刑事法から見た秘密保護法の問題点」海渡雄一・清水勉・田島泰彦〔編〕『秘密保護法　何が問題か――検証と批判』（岩波書店、二〇一四年）一八九頁。外形立証に対する批判としその他、三島聡「処罰規定の想定される運用とその問題点、刑事司法に与える影響」村井敏邦・田島泰彦〔編〕『特定秘密保護法とその先にあるもの――憲法秩序と市民社会の危機』（日本評論社、二〇一四年）一二六頁以下。外形立証に関する実情として、清水勉「特定秘密保護法の刑事裁判と弁護活動への影響について」村井・田島〔編〕・前掲『特定秘密保護法とその先にあるもの』一〇九頁以下。

(25)　臼井滋夫「国家公務員法一〇〇条一項にいう『秘密』の意義および秘密性の認定方法」法律のひろば二七巻三号（一九七四年）四一頁は、外形立証を行った「外務省スパイ事件」一審判決を、実質秘説の立場をとるものに位置づける。

(26)　近年でも、防衛省（旧防衛庁）の保有する秘密の漏えいに問われた事件はある。自衛隊法上の秘密漏えいが問題となった裁判例として、東京地判平成一三・三・七判タ一〇八五号三〇六頁（ボガチョンコフ事件）、いわゆるＭＤＡ秘密保護法の特別防衛秘密の漏えいが問題となった裁判例として、東京高判平成二一・一二・三高刑速平成二一年一五三頁。これらの裁判例では、「秘密」の概念そのものは正面から問題となっていない。

自由と安全と生命倫理——胚の保護を巡って——

浅田和茂

Ⅰ　はじめに

「ＳＴＡＰ細胞」が迷走している。二〇一四年一月三〇日の新聞各紙は、一面トップで「ＳＴＡＰ細胞」の作製の英科学誌ネイチャーへの掲載を報じた。理化学研究所（理研）発生・再生科学総合研究センター（神戸市）の小保方晴子ユニットリーダー（三〇歳）らが、新型の万能細胞「刺激惹起性多能性獲得（STAP＝Stimulus-Triggered Acquisition of Pluripotency）細胞」の作製に成功したというものである。マウスの体細胞を弱酸性の液体で刺激するだけで細胞の初期化が起こり、万能細胞に変化するという。もっとも、ヒト細胞からも作製できるかは今後の課題とされていた。ところが、その後、論文に疑惑が生じた。用いられているデータ（写真）が不正確であり、再現可能性に疑問があるというのである。理研の調査では「ずさんな論文」と言わざるをえないとされ、他の再現例が出てこないことなどから「ＳＴＡＰ細胞」自体の存在が疑問視され、論文の撤回が取りざたされている。しかし、その後、小保方氏の不服申立、謝罪と反論の記者会見が行われるなど、四月三〇日現在、その帰趨は今後を待つしかない(1)。

どうしてこのような事態になったのであろうか。万能細胞の端緒は「ＥＳ細胞（embryonic stem cell＝胚性幹細胞）」であった。しかし、ＥＳ細胞は、ヒトの受精卵を用いるという点で倫理的な問題があるとされた。その後、山中伸弥京都大学教授によって、ｉＰＳ細胞（induced pluripotent stem cell＝人工多能性幹細胞）が作製されることにより、この問題が解決され、山中教授は、二〇一二年一二月一〇日に、ノーベル医学生理学賞を受賞した。「ＳＴＡＰ細胞」の作製は、これに勝るとも劣らぬ快挙であり、そのこともあって、小保方氏も理研も、論文の公表を急ぎ過ぎたといわざるをえない。

いずれにせよ、人類はヒトの生命を操作できる時代に立ち至った。生田教授は、生命倫理に関する分野につき、一方では、脳死状態からの心臓移植についての立法があり、他方では、遺伝子操作に関しクローン人間の作製について立法が行われてきたとし、「これらの立法では、人間の尊厳や自律的人格、自己決定権の中身が問われることになった。人格や権利の土台をなす生命そのものを人格の自律性や自己決定の名において処分できるのか、遺伝情報を自分の知らないうちに人為的に操作されない権利は現時点では人ではなく将来において人となるにすぎない存在のためにも保障できるのか。あるいは『人類の遺伝情報の不可侵性』という普遍的法益によるのか。人間の尊厳とは、人格の自律性という限定されたものなのか、それとも人間という生命体は物や商品と同じ扱いを受けない、つまり人間は人間であるということだけで尊重されるという広いものなのか。まさに法益論の基本問題が、緊要の検討課題となっている」と述べた(2)。

脳死と臓器移植の問題については、最近、別稿で扱ったので(3)、本稿では、「胚の保護」との関連で、胚の法的地位について触れたうえ、ＥＳ細胞・ｉＰＳ細胞と、出生前診断・着床前診断とについて検討することにしたい。この分野では、一方では、学問・研究の自由、他方では、人間さらには人類の安全が問われることになる。表題を「自由と安全と生命倫理」とした所以である。もとより、生命倫理自体は筆者には専門外の分野であり、試論にとどまることを予め断っておかなければならない。(4)

Ⅱ　胚の法的地位

1　日独の法規制

(1)　日本のクローン技術等規制法

わが国における「胚」の取り扱いは、二〇〇〇年に成立した「ヒトに関するクローン技術等の規制に関する法律」(クローン技術等規制法)によって規制されている。第一条の目的規定では、クローン技術等が「人の尊厳の保持」「人の生命および身体の安全の確保」ならびに「社会秩序の維持」に重大な影響を与える可能性があることから、禁止・規制・措置を講ずることにより、人クローン個体および交雑個体の生成の防止ならびにこれらに類する個体の人為による生成の規制を図り、もって「社会および国民生活と調和のとれた科学技術の発展を期する」ことを目的する、と規定されている。「人の尊厳の保持」などが、「科学技術の発展」に優越するというのではなく、「社会および国民生活」との「調和」を掲げる点に問題があるように思われる。その主な規制対象は、以下の二つである。

第一に、①人クローン胚、②ヒト動物交雑胚(ハイブリッド胚)、③ヒト性融合胚(ハイブリッド胚)、④ヒト性集合胚(キメラ胚)を、人または動物の胎内に移植することを禁止し(三条)、その違反を罰する(一六条、一〇年以下の懲役もしくは一千万円以下の罰金または併科)。それらの胚の作成でも、人クローン・ハイブリッド・キメラの作成でもなく、それらの胚を人または動物の胎内に移植すること（＝生殖目的のクローン胚等の利用）を禁止・処罰している点に特徴がある。

第二に、以上の四種に、①ヒト胚分割胚（クローン胚類似胚）、②ヒト胚核移植胚（同）、③ヒト集合胚（同）、④動物性融合胚（ハイブリッド胚類似胚）、⑤動物性集合胚（キメラ胚類似胚）を加えた九種の胚を「特定胚」とし、文部科学大臣が、これらの作成・譲受・輸入・取扱につき指針を定め、その遵守義務を科す（五条）。指針の順守義務違反について直罰の規定はなく、届出義務違反や中止・改善命令違反などに罰則を規定している点に特徴がある。

以上のとおり、クローン技術等規制法は、必ずしも「胚の保護」を主目的とした法律ではなく、むしろ「胚の研究」を促進しているようにさえ見える。[5]

(2)　ドイツの胚保護法

他方、一九九〇年に成立したドイツの「胚保護法（EschG）」は、世界に先駆けて、胚の広範な保護を宣言した。クローン胚、キメラ胚、ハイブリッド胚の形成および移植の禁止（六条、七条、五年以下の自由刑または罰金）のみではなく、妊娠以外の目的で卵細胞を受精させることの禁止（一条一項二号、三年以下の自由刑または罰金）、三個以上の胚を女性に移入することの禁止（同三号）、代理母の禁止（同七号）、ヒト胚の譲渡またはその維持に役立たない目的のために交付・取得・使用することの禁止（二条一項、一〇年以下の自由刑または罰金）、妊娠以外の目的でヒト胚を体外で育成することの禁止（同二項）、性の選択のための人為的授精の禁止（デュシェンヌ型筋ジストロフィーおよびこれと類似の罹患の場合を除く、三条、一年以下の自由刑または罰金）、専断的授精・胚移入、死後の人工授精の禁止（四条、三年以下の自由刑または罰金）、ヒト生殖系細胞の人為的変更の禁止（五条、五年以下の自由刑または罰金）などである。[6]

クローン等の胚の生成そのものを禁止・処罰する点で日本法とは異なっており、代理母の禁止や、妊娠以外の目的すなわち主として研究目的でヒト胚を生成することを禁止しているなどの点で、日本法をはるかに超えている。

2 胚の法的地位

「胚」とは、ドイツ胚保護法八条一項によれば「受精した発育能力を有するヒトの卵細胞であって核融合の時点以後のもの」および「胚から取り出された全能性を有する細胞」をいうとされている。また、ドイツ刑法二一八条一項によれば、「受精卵が子宮に着床を完了する前」は人工妊娠中絶の対象ではないとされており、「胚」は着床の完了(子宮への受領後約一三日)によって「胎児」になるものと解されている。そして「胎児」は出生によって「人」となる。以上の点は、わが国でも議論の前提として良いであろう。

(1) 秋葉説

このヒト胚の法的地位について、秋葉説は、「ヒト個体としての発生(……)は受精に始まり、その後の発生のプロセスには明確に区別できるような特定の時期はない」「体外の初期ヒト胚も人間である以上、その尊厳と生命権の保護は憲法上の要請である」「ヒト胚も胎児と同じように、法的な人格として保護されなければならない」と明確に述べたうえ、それを、存在論的人格主義の立場から、受精した人の生命は、質量的には細胞の塊に過ぎないがそのフォルムは最初から人格(精神的霊魂)であり、「人格の発生時期はその質量的に存在し始めた時期と一致する」として基礎づけている。ヒト胚は「ヒトの個体」「要するに人間であり」、「その破壊を伴う治療目的のクローニングは当然許されない、というよりも、生殖目的のクローニングは胚を子宮に移植する段階で初めて禁止されるのではなく、作成それ自体が禁止されなければならない」「生殖目的のクローニングは胚作成の段階から禁止されるべきであり、わざわざヒトクローン胚を作成して破壊する治療目的のクローニングはなおさら許されないはずである」としている。(7)

(2) 石川説

秋葉説と同様に、ドイツにおいて「初期胚に対しても人間の尊厳および生命保護を完全な範囲で認める見解」につき、石川説は、「それが母胎内に存在する場合には、受精から着床までの初期胚に対して法的な生命保護を全く与えず、他方で、同様の成長段階にある初期胚が、それが母体外に存在する場合には、胚保護法によりあらゆる利用行為・消費的研究から保護されている」という矛盾が問題になるとする。この見解は、母胎内では、妊婦自身にも認識可能ではなく、着床阻止手段による侵害結果発生の有無も証明できないが、そのような状況は母胎外では存在しないとし、また、中絶との関係について「妊婦の利益と胎児の生命との客観的利益衝突や望まない妊娠をした妊婦の主観的葛藤」という点で母胎外とは異なるとしているが、これでは、なにゆえに相談モデルに妊娠一二週という期限が付されるのか説明できないし、適応事由による中絶についても、なぜ「期待不可能な葛藤状況が常に妊婦の利益になるように解決され」胎児は常に生命侵害を甘受しなければならないのか理解できない、と批判する。

石川説自体は、「初期胚に対してはより相対的な、その成長に応じて段階づけられた法的保護のみを認める見解」が妥当であるとしたうえ、初期胚も余剰胚も、さらに母胎内の胚も、同様の成長段階において同じ法的地位を有しているが、衡量要素として、それぞれの置かれている状況や対立利益が異なるだけであるとする。「人クローン個体の発生」については、個人を超える人間の尊厳というだけでは処罰根拠として不十分であり、個人は一回かぎりの存在という建前や、国民の価値感情を刑法上の法益とする見解にも疑問があるとしつつ、生殖補助技術の濫用であり、その処罰根拠は、「遺伝子が他者により決定・操作されるという点」にあり、個人の人格の尊厳が認められるわけではないとしても、「ある特定の遺伝子を決定・操作しうる生殖方法は人間にとって維持すべき本質的部分からの大きな逸脱」であるとしている。(8)

(3)　タウピッツ説・ローゼナウ説

タウピッツ説は、学問・研究の自由の制限は、人間の尊厳と胚の生命の保護を顧慮して根拠づけられるが、連邦憲法裁判所は、胚に固有の基本権享受主体性を認めておらず、また、その保護が生まれた人と同範囲・同程度でなければならないとも言っておらず、むしろ着床以降につき堕胎問題の枠内で人間の尊厳の保護ならびに生命の保護を認めているとする。胚研究の高度な目的にかんがみれば、着床予定のない胚の研究は（条件付きで）基本法上是認できるが、研究目的での胚の生成は認められないとしている。[9]

ローゼナウ説も、「人間の生命は、着床の時点から始まる」としたうえ、余剰胚は人間に成長する可能性のないものであり、「高いランクの研究や治療を目的とするものに生殖細胞採取の使用を限定すれば、余剰胚の緩やかな廃棄という人間の尊厳の保護要求も同時に充たすことになる」とし、治療的クローンの場合、胚から人間が生成されることはないので、人間の尊厳に対する違反はないとしている。[10]

（4）検　討

胚の法的地位は、まず、胚の使用目的ではなく胚の状態そのものを基準に判断すべきであろう。その意味では、石川説のとおり、母胎内の（着床前の）胚も、余剰胚も、体外受精による母胎外の初期胚も、同等の法的地位を有するということを出発点とすべきである。その場合、ヒト胚に「人間の尊厳」が認められるかという点については、（ドイツ法や秋葉説とは異なり）「限定的に」認められると言わざるをえない。胎児にも「人間の尊厳」は「限定的に」認められると解すべきであろう。中絶の許容は、たしかに妊婦の葛藤を根拠とするが、それだけではなく、やはり胎児には「人」と同等の「人間の尊厳」が認められないことにある（私見は、立法論としても胎児殺を殺人と同じに扱うべきであるとは考えない）。ヒト胚の法的地位は、胎児と同等か、それに劣後すると考えざるをえないのである。

もちろん、ヒト胚は「物」ではなく、限定的にではあるが人間の尊厳を有するものとして慎重に取り扱われなければならない。すなわち、その使用目的ごとに、何がどのような条件の下に許容されるかが、確定されなければならない。本稿で具体的に検討する余裕はないが、重要なのは、「人の尊厳の保持」の方が「科学技術の発展」や「経済的利益」に優越するという視点である。とりわけ、医療機関ないし研究者、厚労省、製薬会社という鉄のトライアングルといわれる構造の下で、人権より経済の優先に陥ることが懸念される。[11]

なお、人クローン個体の生成は、人間の育種ないし優生学的選別に至りうることを考えると、将来的にも禁止すべきであるが、その禁止は、必ずしも刑事規制には馴染まない。具体的な法益が欠けていると同時に、処罰の実効性にも疑問があるからである。[12] むしろ、「生命科学基本法」（仮称）を制定し、そこで、禁止の趣旨を明らかにしたうえ、実施段階での差止めを含む行政的規制を整備するべきであろう。なお、万一、法に違反してクローン人間が生成された場合、一個の人格として、その者に個人の尊厳を含むあらゆる基本的人権が保障されることは言うまでもない。

Ⅲ　ＥＳ細胞・ｉＰＳ細胞

1　ＥＳ細胞

ＥＳ細胞（胚性幹細胞）は、受精後五〜七日経過した受精卵（胎盤胞）の内部の細胞を取り出して培養したもので、一九八一年にマウスのＥＳ細胞が樹立され、ヒトのＥＳ細胞は一九九八年に至って樹立された。このようにして初期化されたＥＳ細胞は、多能性を有しており、特別の操作を加えることにより造血幹細胞や神経幹細胞に分化しうることから「万能細胞」と呼ばれ、将来は、人の臓器の作成にまで及ぶものと期待されている。これにクローン技術を組み合わせれば、拒絶反応のない臓器を作成することが可能になり、臓器移植の問題が一挙に解決されるというのであり、世界中がこぞってＥＳ細胞研究に取り組むことになった。[13]

問題は、その基になっているのが人の受精卵（胚）であり、そのまま子宮内に着床させ成育させれば「人」になるものを破壊するという点にあった。とりわけ、人の生命は神の領域と考えるキリスト教（カトリック教会）の視点からは、許されない暴挙ということになる。[14] さらに、前述のとおり、ドイツの胚保護法では、妊娠以外の目的で卵細胞を受精させること、ヒト胚の譲渡またはその維持に役立たない目的のために交付・取得・使用すること、妊娠以外の目的でヒト胚を体外で育成することが禁止されており、ＥＳ細胞の樹立自体が許されない。そこで、ドイツでは、外国から輸入するという方策が採用された。二〇〇二年の「幹細胞法（StZG）」により、二〇〇二年一月一日より前に産出されたＥＳ細胞の輸入と使用を許容することとしたのである（その後、二〇〇八年の改正で日限が二〇〇七年五月一日に変更された）。[15]

2　iPS細胞

山中教授は、二〇〇六年八月にマウス、二〇〇七年一一月にはヒトのｉＰＳ細胞（人工多能性幹細胞）を樹立・公表した。体細胞の染色体に四つの遺伝子＝山中遺伝子（Oct3/4、Sox2、Klf4、c-Myc）をレトロウィルスベクターを使って導入することにより初期化させるという手法である。当初は、できたｉＰＳ細胞に入れた遺伝子が残存するというものであったが、そのうちの一つ（c-Myc）が発がんに関わることから、現在では、それを除いて代わりに三つの遺伝子（L-Myc、Lin28、p53shRNA）を加え、さらにプラスミドを使って導入することにより、入れた遺伝子が残存しないというものに改良されているという。[16]

二〇一一年八月にはマウスのｉＰＳ細胞から精子を作製し、受精させ出産に至ったと報じられ、同年一〇月にはマウスのｉＰＳ細胞から卵子を作成し、体外受精させて子供が生まれたと報じられた。[17] 理論的には、これがヒトに応用されれば、男女の区別なく、体細胞から生命を誕生させる（子供を作る）ことも可能になる。このようなことが果たして許容できるであろうか。

他方、二〇一一年一二月には、ｉＰＳ細胞から血小板を量産する方法が開発されたと報じられ、二〇一三年七月にはヒトのｉＰＳ細胞からミニ肝臓（五ミリほど）が作成されたと報じられ、二〇一四年一月には、染色体に異常のある人の皮膚細胞からｉＰＳ細胞を作成すると異常が修復され正常化することが発見されたと報じられ、二〇一四年二月には、いよいよヒトのｉＰＳ細胞から網膜組織を再生しその一部を「加齢黄斑変性症」の患者に移植する予定と報じられた[18]。この分野については生命倫理上の問題も少なく、再生医療が加速度的に進むことが期待されている。筆者が気になるのは、前記の六つの遺伝子につき、「このうち、P53shRNAという遺伝子の技術は民間企業が特許を持っていて、高い権利料が生じてしまう。いま、これを使わずにすむ別の組み合わせを探している」という記事である[19]。人類に福音をもたらす可能性のある研究が、当然のように経済の論理に組み込まれていることに問題はないであろうか。

Ⅳ　出生前診断・着床前診断

1　出生前診断（Pränataldiagnostik＝PND）

（1）　日本の現状

出生前診断は、着床前の胚の診断と区別して、着床後の胎児の診断を指す用語として使用されてきた。一九七〇年代に羊水検査、八〇年代以降は超音波診断が普及し、九〇年代には母胎血清マーカー検査が広まった。二〇一三年四月から、妊婦の血液の検査で胎児の染色体異常が分かる「新型出生前診断」が開始された。日本産科婦人科学会の指針で、妊娠一〇週以降、原則として三五歳以上の妊婦に対して実施するものとされ、ダウン症、一三トリソミー、一八トリソミーの検査が可能であるが、遺伝子解析を行うので二一万円の費用がかかる。その後、同年一〇月に至って、妊婦の血液中の特定のたんぱく質の濃度などの検査と超音波検査を組み合わせた新たな手法が登場した。妊娠一一週以降、年齢制限はなく、ダウン症、一八トリソミーの検査が可能で、費用は二万五千円とされている。確定診断には羊水検査を要するが、これは妊婦への侵襲を伴うものであり、その前に非侵襲的かつ容易に実施できる血液検査が普及してきた。[20] なお、いずれの検査もアメリカに検体を送って行われているという。

(2) 検　討

問題は、検査で陽性とされた場合、妊婦およびその夫は、出産するか中絶するかを選択する岐路に立つことになるという点にある。母体保護法が胎児の障害や疾患を理由とする中絶を認めていないことからすると、それを理由とする中絶は認められないことになるはずであるが、わが国では、母体保護法一四条一項一号の「身体的又は経済的理由により母体の健康を著しく害するおそれ」が無限定に拡張されて運用されていることにより、事実上、この場合にも中絶が無制限に認められてきた。確定診断で陽性と判定された妊婦の九割以上が中絶していたという指摘もある。[21]

私見は、妊娠の継続および出産自体が、妊婦の生命・身体に関わる重大事態であり、障害児を出産した後の現実の厳しさを考慮すると、陽性の判定の場合になお妊娠の継続および出産を強制することは不可能であり、中絶の意思が堅固な場合には、それに従わざるをえないという立場である。他方、胎児には生命権があり、自己の出生を求める権利がある。しかし、その権利は、妊娠の継続・出産という妊婦の負担および出生後の生活を十分に保障しているとはいえないわが国の現状では、妊婦の自己決定に劣後すると言わざるをえないであろう。このことを正面から認め、事実上の違法状態を回避するための法改正が必要である。もちろん、このことと、ダウン症児と知らずに出産した母親およびそれと知りつつ出産した母親や父親達に「生まれた子に対する愛情」が芽生え、出生した子も「生きている素晴らしさ」を実感していること、[22] 国や地方公共団体が・障害者が安心して生活できる体制を整備する責務を有すること、そのための施策（ノーマライゼイション）を推進すべきことは、全く別論である。

2　着床前診断（Präimplantationsdiagnostik=PID）

(1)　日本の場合

問題は、さらに着床前の試験管内にある胚（受精卵）の診断にある。これは、人工授精された受精卵が八細胞期に入った段階で、一ないし二個の細胞を採取して、染色体や遺伝子を検査し、遺伝性疾患の発症の可能性を調べるもので、疾患の可能性のない受精卵を母胎に移植することにより、流産を回避し、健康な子供をもうけることを可能にするとされている。この場合、妊娠の継続・出産という妊婦の負担ないし葛藤は問題にならず、主として重篤な遺伝病の存否（優生学的思考）が問題になる。

わが国では、日本産婦人科学会が、一九九八年に、①重篤な遺伝性疾患、②事前の学会への申請と審査、③十分な説明と同意、を要件として許容するという「会告」を公表した。その後、なかなか承認に至らなかったが、二〇〇四年七月、同学会倫理委員会は、慶應義塾大学からの申請を承認し、理事会決定に至った。筋ジストロフィーのデュシェンヌ型を対象とするもので、右記の要件を充たすと判断されたものである。他方、同年に神戸の開業医大谷医師が、二〇〇二年に学会申請なしに着床前診断をしていたことが明かになり、同医師は学会から除名処分を受けた[23]。大谷医師は、その後、学会の倫理指針を順守するという誓約書を出して復職したが、二〇一二年七月、学会に申請せずに不妊患者に着床前診断を行っていたことが明らかになったという[24]。

(2)　ドイツの場合

ドイツでは、一九九五年の「リューベック事件」において着床前診断の是非が問題となり、当時は、胚保護法はそれを許容していないとされた[25]。しかし、二〇一〇年七月六日に至って、連邦通常裁判所は、着床前診断を行い胚保護法違反に問われた医師に無罪判決を下した。同法一条一項二号（妊娠以外の目的で卵細胞を受精させることの禁止）違反については、検査は妊娠をもたらす目的で行われたものであり、妊娠を目指して行われた全過程の通過点に過ぎないとされ、二条一項（ヒト胚の譲渡またはその維持に役立たない目的のために交付・取得・使用することの禁止）違反については、本件で採取されたのは多能性の栄養胞細胞であって胚そのものではなく、陽性所見の胚を死滅させ廃棄したことは保存の不作為であるが、その胚を保存する義務は認められないとしたのである。[26] これを受けて立法作業が進む中で、ドイツ倫理評議会が二〇一一年三月に答申を行い、連邦議会に三つの法律案が提出され、二〇一一年一一月二一日に着床前診断法が成立した。[27]

「着床前診断の規制のための法律（着床前診断法 PräimpG）」は、胚保護法第三条の次に第三a条を追加するものであり、その内容（試訳）は次のとおりである。[28]

第三a条　着床前診断・処方の認可

一　試験管内の胚の細胞を子宮内に移植する前に検査（着床前診断）する者は、一年以下の自由刑又は罰金刑に処する。

二　卵子が由来する女子もしくは精子が由来する男子または両者の遺伝的素因に基づき、両者の子について、重大な遺伝病の高度の危険が存在するとき、妊娠をもたらすために、卵子が由来する女子の書面による同意により、一般に認められた医学および技術の水準に従って、試験管内の胚の細胞を、それを子宮内に移植する前に、その病気の危険に関して検査する者は、違法に行為するものではない。卵子が由来する女子の書面による同意により、高度の蓋然性で死産または流産へと導くような胚の重大な損傷を確定するために、着床前診断を行う者も、違法に行為するものではない。

三　第二項による着床前診断は、

1　女子が希望する胚の細胞の遺伝的検査がもたらす医学的、心理的および社会的効果について説明と助言が行われた後に、ただしその説明は同意が得られる前に行われなければならないものとし、

2　着床前診断のための認可されたセンターの学際的に構成された倫理委員会が、第二項の要件が守られていることを審査し、同意するという評価を付与した後であって、かつ、

3　その資格を有する医師により、着床前診断の措置を実施するために必要な診断的、医学的および技術的可能性を有している着床前診断のための認可されたセンターにおいて、

実施される場合にのみ、行うことが許される。〔以下、略〕

(3)　検　討

わが国には、ドイツのような法律はなく、立法の動きも見られない。この分野の違反に対して刑罰で対処することには賛成できないが、学会の「会告」で済ませることにも疑問がある。着床前診断そのものについては、出生前診断を許容する以上、前述のヒト胚の法的地位からして、一定の要件の下に許容されるものと解すべきであろう。妊婦の葛藤という要因がないことは、むしろ予めそれを回避するのであるから、着床前診断を肯定する理由になる。ただし、あくまでも死産・流産を避け健康な子供を出生させるのが目的であって、男女の産み分けや優生学的選別を目的として行われてはならない。そのことを明記した法律を制定すべきであろう。私見は、ほとんどの行政法規に「罰則」がつけられている現状に問題があると考えており、むしろ、行政制裁を整備したうえ、その適正手続を定めることにより、大幅な非犯罪化を図るべきであるという意見である。この分野についても、改善命令違反に対する過料ないし課徴金とともに、甚だしい違反には医師免許の停止・剥奪を含む行政制裁を整備すべきであろう。

Ⅴ　おわりに

以上、最近の生命倫理に関する議論の一端を検討したが、この分野を含む「生命科学基本法」（仮称）の制定が残

された課題である。わが国のみではなく世界レベルにおける生命倫理の基本的な考え方を示し、可能なかぎり具体的に、この分野における「自由と安全」すなわち「許容と限界」を示すことが不可欠と考えるからである。この点でとくに参考になるのはフランスの「生命倫理法」である。

フランスの「生命倫理法」は、三つの法律からなる。第一は「人体の尊重に関する法律（一九九四年七月二九日）」、第二は「人体の諸要素および産出物の提供および利用、生殖に対する医療的介助、および出生前診断に関する法律（同日）」、第三は、「保健の分野における研究を目的とする記名データの処理に関し、情報処理・情報ファイルおよび自由に関する一九七八年一月六日法律第七八 - 一七号を変更する法律（一九九四年七月一日）」である。(29)

本稿との関係で注目すべきは、第一法が、①「人の生命の開始時からすでに人間存在の尊重を保障する」としている点、②人体、その諸要素および産出物は財産権の対象としてはならず、それらに財産的価値を与える契約は無効であるとしている点、③裁判官に不法な侵害を差し止める権限があるとしている点、④人の選別を目的とするあらゆる優生学上の行為を禁止している点、⑤これらの違反に対し最高二〇年の自由刑（④に対する罪）を規定している点、第二法が、⑥生殖への医学的介助は親になる要求に応えるために行われるとしている点、⑦商業または産業目的での人の胚の作成・使用を禁止している点、⑧検査・研究・実験を目的として人の胚を体外で作成すること、人の胚に対する実験を禁止している点、⑨出生前診断および着床前診断（体外の胚から採取された細胞の生物学的診断）を条件つきで許容している点、⑩これらの違反に対しても刑事制裁を規定している点にある。

①については、人の生命の開始時が受精卵にあるのか着床時にあるのかは明らかでない。②および⑦が人体の利用や生殖の商業化を徹底的に排除しようとしている点を積極的に評価すべきであろう。(30)③については、主体を裁判官にするか行政官庁にするかはさらに検討を要するが、生命倫理法の実効性を確保するためには有効かつ不可欠である。④および⑥は、この分野における法的規制を行ううえで基本となる原則である。⑧については、ヒトＥＳ細

胞の樹立（一九九八年）前の法律であることに配慮する必要がある。⑨は、まさに本稿が法律による規制を要すると考えているところである。⑤および⑩については、どれをどこまで刑事制裁の対象とするか、慎重な検討を要する。私見は、前述のとおり、刑事制裁ではなく、研究や施術の差し止めを含み、甚だしい場合には医師の免許剥奪や研究者の第三者機関による懲役処分を可能にするような行政制裁が、有効かつ適切な制裁であり、同時に、行政制裁についてデュープロセス（適正手続）を十分に保障する手続法を整備すべきであると考えている。(31)

いずれにせよ、わが国でも、この種の生命倫理法ないし生命科学基本法を早急に整備すべきである。法律にするということは、ドイツの状況に見られるとおり、国民的議論を誘発することを意味する。人間とは何か、人の生命をどこまで操作することが許されるのかを、医師や研究者に任せるのではなく、国民のレベルで議論する時期にきているのである。

（1）朝日新聞二〇一四年一月三〇日朝刊、同三月九日朝刊、三月一四日夕刊、三月一五日朝刊、四月一日夕刊、四月二日朝刊、四月九日朝刊・夕刊参照。同年七月三日朝刊は、七月二日にネイチャー論文が撤回されたと報じている。

（2）生田勝義『行為原理と刑事違法論』（信山社、二〇〇二年）二三頁。

（3）浅田和茂「改正臓器移植法の問題点」石塚伸一ほか編『近代刑法の現代的論点――足立昌勝先生古稀記念論文集』（社会評論社、二〇一四年）一頁以下。

（4）筆者は、現在、立命館大学法学部において「生命倫理と刑法」に関する専門ゼミ、同・法科大学院において「法と生命倫理」に関する講義の一部を担当しており、学生・院生とともに学習中である。

（5）浅田和茂「遺伝子医療の限界としての法」龍谷大学「遺伝子工学と生命倫理と法」研究会編『遺伝子工学時代における生命倫理と法』（二〇〇三年、日本評論社）三八頁以下、甲斐克則『生殖医療と刑法』（二〇一〇年、成文堂）二〇一頁以下など参照。なお、町野朔『生命倫理の希望――開かれた「パンドラの箱」の三〇年』（二〇一三年、上智大学出版）一三頁によれば、法を受けて作成された「特定胚指針」は動物性集合胚以外の胚の作製を禁止したが、その後改正され、クローン胚からＥＳ細胞を作ることを許容し、改正された「ＥＳ指針」も余剰胚だけでなく人クローン胚からＥＳ細胞を樹立する手続を規定した。

(6) アルビン・エーザー（上田健二＝浅田和茂編訳）『医事刑法から統合的医事法へ』（二〇一一年、成文堂）一八六頁以下、三三〇頁以下など参照。

(7) ホセ・ヨンパルト＝秋葉悦子『人間の尊厳と生命倫理・生命法』（二〇〇六年、成文堂）一一四頁以下（「Ⅳ　ヒト胚の研究利用」）、一三三頁以下（「Ⅴ　生殖補助医療」）、いずれも秋葉執筆部分。なお、甲斐・前掲注（5）一五五頁以下参照。

(8) 石川友佳子「生殖医療をめぐる刑事規制（一）（二・完）」法学（東北大学）七〇巻六号（二〇〇七年）一八頁以下、七一巻一号（同）一二八頁以下。本論文の書評として、浅田・法時八〇巻一号（二〇〇八年）一一〇頁以下。

(9) ヨッヘン・タウピッツ（辻川義之訳）「胚の地位――特に研究のための胚生成とその利用」龍谷大学「遺伝子工学と生命倫理と法」研究会編・前掲注（5）二七七頁以下。

(10) ヘニング・ローゼナウ（石塚伸一訳）「人クローンの禁止――再生的および治療的クローン」龍谷大学「遺伝子工学と生命倫理と法」研究会編・前掲注（5）三三六頁以下。

(11) 龍谷大学「遺伝子工学と生命倫理と法」研究会編・前掲注（5）六五頁以下の青井秀夫氏の発言参照。

(12) 浅田・前掲注（5）四一頁以下参照。

(13) 大朏博善『ＥＳ細胞――万能細胞への夢と禁忌』（二〇〇〇年、文春新書）など参照。

(14) 町野・前掲（5）四八頁以下など参照。

(15) アルビン・エーザー（上田＝浅田編訳）・前掲注（6）三三四頁以下など参照。

(16) 朝日新聞二〇一四年二月二〇日朝刊。

(17) 朝日新聞二〇一一年七月二二日朝刊（オピニオン）、二〇一一年八月五日朝刊（精子）、二〇一二年一〇月五日朝刊（卵子）。

(18) 朝日新聞二〇一一年一二月一一日朝刊（血小板）、二〇一三年七月四日朝刊（ミニ肝臓）、二〇一四年一月一三日朝刊（染色体異常）、二〇一四年二月一九日（網膜再生）。

(19) 朝日新聞二〇一二年一二月六日朝刊。なお、現在もこの状態は変わらない。

(20) 徳永哲也「人工妊娠中絶と出生前診断」伏木信治ほか編『生命倫理と医療倫理』（二〇〇四年、金芳堂）四八頁以下、朝日新聞二〇一二年九月二〇日朝刊、同年一二月一五日朝刊、二〇一三年四月二日朝刊、同年一〇月三日朝刊など参照。

(21) 朝日新聞二〇一四年三月一六日朝刊。

(22) 朝日新聞二〇一四年四月二二日朝刊参照。

(23) 北宅弘太郎「着床前診断と胚選別」伏木信治ほか編・前掲注（20）四〇頁以下、金尚均「日本における着床前診断」龍谷大学「遺伝子工学と生命倫理と法」研究会編・前掲注（5）四六八頁以下。三重野雄太郎「着床前診断と刑事規制――ドイツにおける近時の動向を中心として」早稲田法研論集一四三号（二〇一二年）三五九頁以下、只木誠『刑事法学における現代的課題』（二〇〇九年、中央大学出版部）四三頁以下（「着床前診断をめぐる諸問題——ドイツにおける理論状況」）など参照。

（24）三重野雄太郎「着床前診断の規制と運用——ドイツの着床前診断令の分析を中心として」早稲田法研論集一四八号（二〇一三年）二二九頁以下、二三一頁。

（25）スザンネ・シュナイダー（金尚均訳）「着床前診断と出生前診断」龍谷大学「遺伝子工学と生命倫理と法」研究会編・前掲注（5）四四九頁以下によれば、一九九五年、リューベックの倫理委員会に着床前診断の許可申請がなされた。当事者は、膵臓繊維症の子供を亡くし、その後二回にわたり出生前診断で同症罹患の診断に基づき中絶した夫婦であり、病気でない胚のみを母胎に移植するために人工授精を行おうとした。倫理委員会は、胚保護法に照らして許容されないという結論に達したので、夫婦はベルギーで着床前診断を受け健康な子供を出産したという。

（26）三重野・前掲注（23）三六二頁以下によれば、事案は以下のとおりである。被告人（婦人科医）は、二〇〇五年一二月に患者Aに着床前診断を行ったが、大学教員Dの忠告を受けてベルリン検察庁に出頭したところ、同検察庁は「回避不可能な禁止の錯誤」を理由に捜査を中止した。それを受けてDおよび弁護士Eにコメントを求めたところ、今後処罰されるリスクはないとの回答を得たので、二〇〇六年四月に患者B、同年五月に患者Cに着床前診断を行ったところ、再捜査が行われ六月に起訴された。

（27）三重野・前掲注（23）三六七頁以下、Konig, Selektive Willkür ? – Zum „PID-Urteil" des Bundesgerichtshofs, Festschrift für Achenbach, 2011, S.207 ff., Frister, Notwendige Korrekturen beim „Embryonenschutz", AG Medizinrecht im DAV/IMR (Hrsg.), Aktuelle Entwicklungen im Medizinstrafrecht, 2013, Nomos, S.81 ff., 参照。

（28）Bundesgesetzblatt Jahrgang 2011 Teil I Nr.58. Gesetz zur Regelung der Präimplantationsdiagnostik (Präimplantationsdiagnostikgesetz – PräimpG) vom 21. November 2011.

（29）大村美由紀「フランス『生命倫理法』の全体像」外国の立法三三巻二号（一九九四年）一頁以下、北村一郎「フランスにおける生命倫理立法の概要」ジュリスト一〇九〇号（一九九六年）一二〇頁以下など参照。

（30）大村・前掲注（29）四頁は「フランスは、人体の利用と生殖の商業化を徹底的に排除しようとしている。それはアメリカの市場的自由主義への対抗政策であり、欧州市場統合への対応の一環でもある」と指摘している。

（31）浅田「『新時代の刑事法』管見」高橋則夫ほか編『曽根威彦先生・田口守一先生古稀記念論文集〔上巻〕』（二〇一四年、成文堂）一頁以下、一一頁。

児童ポルノ単純所持の処罰根拠について
――ドイツの議論を手がかりに――

豊田兼彦

Ⅰ　はじめに

児童ポルノの単純所持を犯罪化する法案が衆議院に提出されている（二〇一四年四月末日現在）。法案は、児童ポルノをみだりに所持することを禁止し、自己の性的好奇心を満たす目的で児童ポルノを所持した者を一年以下の懲役または百万円以下の罰金に処するとしている。(1) 児童ポルノの刑事規制は、これまで、児童ポルノの提供（児童買春等処罰法七条一項）、提供目的・不特定多数者への提供目的での製造・所持・運搬・輸出入（同二項・五項）、製造（同三項）、不特定多数者への提供・公然陳列（同四項）といった供給側の行為のみを対象にしてきたが、法案は、刑事規制の対象を需要・消費者側の行為にまで及ぼそうとするものである。[2]

児童ポルノの単純所持をめぐっては、これを処罰していないのは主要八か国（G8）の中で日本とロシアのみであり、国際協調の観点からも早急に犯罪化されるべきだとの主張がある一方、表現・出版の自由の不当な制約、プライバシーの侵害、捜査権の濫用等への懸念から、単純所持の犯罪化に反対する声も根強い。法案が、禁止の対象を「みだりに」所持した場合に限定し、処罰の対象を「自己の性的好奇心を満たす目的」がある場合に限定しようとしているのは、こうした懸念に配慮してのことであるとも考えられる。

このような限定に実際上の意味があるか、何らかの限定を付すべきだとして具体的にどのような限定を付すのが妥当であるかといった問題は、もちろん重要である。

しかし、それ以前に、あるいはそれ以上に重要と思われるのは、児童ポルノ単純所持の処罰根拠（処罰の正当化根拠）の解明である。刑法理論の見地から処罰根拠を具体的かつ説得的に説明できない限り、児童ポルノの単純所持を犯罪化することは許されないというべきであり、また、処罰根拠の解明は、処罰範囲（客体、行為）の限定の要否・方法等を理論的に検討する上でも重要な意義を有すると考えられるからである。

そこで、本稿では、これまで日本で詳細に論じられることのなかった児童ポルノの単純所持の処罰根拠・正当化根拠について、児童ポルノの単純所持が処罰されているドイツの議論を参照しながら、[3]若干の検討を加えることとしたい。[4]

Ⅱ　児童ポルノ市場との闘争

ドイツの立案当局によれば、児童ポルノ単純所持の処罰理由は、第一に、児童ポルノ市場との闘争である。[5]その論理はこうである。児童ポルノは、通常、児童に対する性的虐待を描写したものであるがゆえに根絶されなければならない。児童ポルノを根絶するためには、児童ポルノの市場を枯渇させなければならない。そのためには、児童ポルノの製造、頒布といった供給側の行為を処罰するだけでは不十分であり、需要・消費者側の行為、つまり児童ポルノの取得、単純所持をも処罰する必要がある。需要があるからこそ供給があるからである。これを刑法理論の見地から説明すれば、児童ポルノの消費は、児童ポルノの需要を拡大し、新たな児童ポルノの生産、つまり児童に対する性的虐待を間接的に促進する。したがって、児童ポルノの消費者による児童ポルノの所持も、新たに行われる児童に対する性的虐待について間接的に答責性があり、ここに児童ポルノの単純所持が処罰されるべき理由がある、ということである。

ドイツには、このことを盗品等の買受人（Hehler）の処罰と対比させる見解もある。[6] 窃盗犯人の多くは、盗品を買い取ってくれる人がいるからこそ窃盗を行う。これは、すなわち、盗品の買受人は窃盗を誘発・促進しているということである（本犯助長的性格）。それゆえ、盗品の買受人は盗品等に関する罪（Hehlerei）で処罰される。児童ポルノについても同じことが当てはまる。児童ポルノは、児童ポルノを消費する人がいるからこそ生産される。その意味で、児童ポルノの消費者は、児童ポルノの生産ひいては児童に対する性的虐待を誘発・促進している。したがって、盗品の買受人が処罰されるように、児童ポルノの消費者も処罰されてしかるべきだ、というのである。

児童ポルノの刑事規制の重点が児童ポルノ市場との闘争にあると考える点では、ドイツの裁判例[7]・通説[8]は一致している。問題は、児童ポルノ市場との闘争のために、児童ポルノの供給側の行為だけでなく、需要・消費者側の行為、とりわけ児童ポルノの単純所持をも処罰することが正当化されうるかである。

ドイツの学説には、立案当局の見解を支持し、児童ポルノ市場との闘争を根拠に児童ポルノ単純所持の処罰を正当化する立場もある。[9] しかし、そのような立場は必ずしも通説とはいえず、むしろ近時は、この立場に批判的なものが増えてきているように思われる。[10] この批判に耳を傾けるならば、児童ポルノ単純所持の処罰を児童ポルノ市場との闘争という目的によって正当化することは困難であるように思われる。

たしかに、児童ポルノ市場を枯渇させるために市場への参加を禁止することには理由がある。誰も参加しなければ市場は枯渇するからである。そして、市場への関与が強い者については、答責性も大きいため、その関与を刑罰で禁止することに合理性が認められる。例えば、児童ポルノの頒布者は、児童ポルノを拡散させる作用を有しており、市場への関与の程度は大きい。したがって、市場の存続ひいては児童に対する性的虐待についての答責性も高く、処罰に値するだけの関与をしていると考えられる。[11] 特定少数人への提供についても、市場への関与の程度は頒布よりは弱いものの、供給側の行為であり、答責性を肯定することができるであろう。

しかし、児童ポルノの所持それ自体が、児童ポルノ市場の存続について答責性を有するといえるかは疑問である。児童ポルノ市場が存続するのは、児童ポルノの取得という動的な活動が市場を存続させうる規模でなされるからであって、静的な所持状態の維持それ自体によってではないからである。[12] 求めること（需要）と持っていること（所持）とは異なる。盗品の買受人は、児童ポルノの取得者と対比させることはできるとしても、単なる所持者と対比させることはできないというべきである。

児童ポルノ単純所持の処罰根拠を児童ポルノ市場との闘争によって説明することは、非故意的に得られた児童ポルノの所持が不作為犯として処罰されうることとも整合しない。[13] ドイツの立案当局の見解・裁判例・学説によれば、取得の時点では児童ポルノであるとの認識を欠いていたとしても、児童ポルノであると気づいて以降は、これを一定時間内に廃棄し、あるいは当局に引き渡さない限り、所持者は可罰的となる。[14] たしかに、取得とは別に所持それ自体を犯罪とする以上、理論的には、このように解するのが筋であると思われる。したがって、単純所持の処罰根拠は、この場合の所持の処罰をも説明できるものでなければならない。しかし、この場合の所持者は、児童ポルノの消費者にはなりうるとしても、非故意的に得た児童ポルノの所持との関係では児童ポルノ市場の参加者とはいえないのであり、その処罰を児童ポルノ市場との闘争の観点から説明することには無理がある。

児童ポルノの需要・消費者側の行為のうち、取得は、児童ポルノを求めて市場に参加する行為であるから、児童ポルノ市場との闘争という目的のためにその処罰を正当化することは不可能ではないかもしれない。[15] しかし、単純所持それ自体は、市場に参加する行為ではないから、これを児童ポルノ市場との闘争という理由で処罰することは正当化できないように思われる。

Ⅲ 模倣の危険

児童ポルノ単純所持の処罰根拠として挙げられるものの二つ目は、児童ポルノの所持者がこれを消費することにより、児童に対する性的好奇心が刺激され、児童に対する性的虐待が模倣されるおそれがある、というものである。[16] これは、児童ポルノの所持者はそうでない者よりも児童に対する性的虐待に至る危険性が高いという点に児童ポルノ単純所持の処罰根拠を求めるものであるといえる。このような模倣の危険が科学的に証明できるのであれば、児童ポルノ単純所持の処罰を基礎づけるのは比較的容易である。模倣の危険は、児童ポルノ所持者がこれを消費することから生じるからである。

しかし、児童ポルノの所持者がそうでない者よりも児童に対する性的虐待に至りやすいということは証明されていない。たしかに、児童ポルノ所持者のうちの少なからぬ割合の者が自己の小児性愛の傾向により児童ポルノを所持しているということは容易に予想され、現にこれを裏付ける研究もある。[17] しかし、児童ポルノの所持・消費と児童に対する性的虐待との間に関連性があることを実証した研究は見あたらない。むしろ、比較的最近に独立して行われた二つの研究は、いずれも、児童ポルノの消費と現実の児童に対する性的虐待との間には関連性がまったくないとの結論に至っている。[18]この二つの研究は、児童ポルノの消費と児童に対する性的虐待との関連性を調査した最も広範囲にわたる最も著名な研究とされており、[19]その結論は、現時点で最も信頼できるものと考えてよいであろう。

なお、断るまでもないことかもしれないが、児童に対する性的虐待の犯人の家から児童ポルノが見つかるのが通例であるとしても、[20]このことから、児童ポルノの所持者は児童に対する性的虐待に至る危険性が高いと推論するのは誤りである。[21]児童ポルノの所持者は、児童に対する性的虐待の犯人とは限らないからである。児童ポルノを大人のポルノに置き換えてみれば、このことは明らかであろう。

児童ポルノの所持・消費により児童に対する性的虐待が模倣されるおそれがあるという主張は、児童ポルノの消費と現実の児童に対する性的虐待との関連性が科学的に証明されていない以上、根拠のない憶測に基づくものといわざるをえない。このような憶測によって児童ポルノ単純所持の処罰を根拠付けることは許されないというべきである。[22]

Ⅳ　受け皿構成要件

児童ポルノの所持は、通常、所持するための取得に由来する。したがって、取得を処罰するのであれば、取得後の所持をわざわざ犯罪化する必要はないように思われる。しかし、インターネット上から故意なく取得した場合や、故意に取得したことの立証に困難を伴う場合は少なくないと考えられる。取得が公訴時効にかかる場合もありうる。そこで、これらの場合の受け皿構成要件として、単純所持を犯罪化するということが考えられる。[23]

しかし、単純所持それ自体が当罰性を欠くのであれば、受け皿構成要件としての必要性を理由に単純所持の処罰を正当化することはできないというべきである。[24] 受け皿構成要件としての必要性は、それだけでは、児童ポルノ単純所持の犯罪化を正当化する根拠とはなりえない。

V 人格権侵害

児童ポルノ単純所持の処罰根拠としての児童ポルノ市場との闘争（Ⅱ）、児童に対する性的虐待の模倣の危険（Ⅲ）は、いずれも、児童ポルノの所持が児童に対する性的虐待を促進するという理解を前提にしていた。つまり、これらの見解は、児童に対する性的虐待が新たに行われるのを阻止するという点に児童ポルノの単純所持の処罰根拠を求めるものであった。要するに、これらは、児童ポルノ単純所持の処罰の正当化を、新たに行われる児童に対する性的虐待との関係で試みるものであったといえる（このような立場によれば、児童ポルノ単純所持の処罰は、性的虐待から児童の保護の前倒しということになる）。しかし、これまでに述べたように、いずれも、児童ポルノ単純所持の処罰を正当化する根拠としては説得力を欠くといわざるをえない。受け皿構成要件としての必要性（Ⅳ）も、前述のように、それだけでは児童ポルノ単純所持の処罰根拠にはなりえない。

では、将来行われるかもしれない児童に対する性的虐待との関係（Ⅱ、Ⅲ）や受け皿構成要件としての必要性（Ⅳ）に注目するのではなく、所持された児童ポルノそれ自体に注目してみてはどうか。

ドイツの学説では、近時、このような見地から、現に所持されている児童ポルノの被写体児童に注目し、児童ポルノ単純所持の処罰根拠を現に被写体となった児童の人格権ないし人間の尊厳の侵害に求める見解が有力化している。[25] 児童ポルノの被写体となった児童の人格権ないし人間の尊厳が刑法によって保護されるべき利益となりうることについては、おそらく異論はないであろう。児童ポルノの所持による被写体児童の人格権・人間の尊厳の侵害は、児童ポルノ単純所持の処罰を正当化する根拠となりうるように思われる。

Ⅵ　むすびにかえて

ドイツだけでなく、日本においても、児童を性的虐待から守るために児童ポルノの単純所持を処罰すべきだと訴えるものが少なくない。しかし、これまでの検討によれば、このような理由で単純所持の処罰を正当化することは困難である。また、受け皿構成要件として必要であるというだけでは、処罰根拠を説明したことにはならない。児童ポルノ単純所持の処罰は、現に被写体となった児童の人格権ないし人間の尊厳の侵害を理由にすることによってはじめて正当化の余地が認められるというべきである。

もっとも、人格権・人間の尊厳の侵害が児童ポルノ単純所持の処罰根拠となりうるとしても、その罪質は、将来の性的虐待から児童（一般）を保護することを主要な目的とする他の行為のそれとは大きく異なる。取得を除く他の行為が供給側の行為であるのに対し、単純所持は消費者側の行為である点でも異質である。児童ポルノをインターネット上から知らぬ間に取り込んでしまうことも少なからずあると予想される。したがって、その処罰が刑事政策上妥当であるかは、別途検討されなければならない。また、単純所持の犯罪化の是非は、表現・出版の自由、プライバシーとの兼ね合いや捜査権の濫用のおそれを十分に考慮した上で、慎重に論じられるべきものであることはいうまでもない。

このことを断った上で、仮に児童ポルノの単純所持を犯罪化するとした場合、被写体児童の人格権・人間の尊厳の侵害（のみ）を処罰根拠と解する立場からは、どのような帰結が導かれるかを確認しておきたい。少なくとも、次の二つが導かれるように思われる。

第一に、児童ポルノの単純所持は、児童ポルノ市場との闘争をも処罰根拠とする他の行為に比べて違法性が低い。したがって、その法定刑は、他の行為よりも軽いものでなければならない。法案では、児童ポルノ単純所持罪の法定刑は、一年以下の懲役または百万円以下の罰金となっており、他の行為(最も軽い児童ポルノ提供罪の法定刑は、三年以下の懲役または三百万円以下の罰金)よりも軽い。相対的に刑が軽いという点では、法案は支持できる。

第二に、被写体は実在児童でなければならない。非実在のものについて人格権・人間の尊厳の侵害は観念できないからである。現行法は、客体の範囲を実在児童の姿態を描写したものに限定していると解されているが、法案は、附則の第二条において、政府に対し、「児童ポルノに類する漫画等」と児童の権利を侵害する行為との関連性に関する調査研究を推進することを求めている[26]。本稿の検討結果によれば、少なくとも単純所持については、このような調査研究の必要はない。「児童ポルノに類する漫画等」は、その客体になりえないからである[27]。

児童ポルノの単純所持の犯罪化を検討する際には、すでに犯罪化されている国の議論を参照することが有益かつ不可欠であるように思われる。本稿では、ドイツの、それも刑法上の処罰根拠をめぐる議論のみを参照するにとどまった。ドイツにおける単純所持罪の構成要件の解釈や刑事政策上の意義をめぐる議論、日本で懸念されている諸問題(表現・出版の自由の不当な制約、捜査権の濫用のおそれなど)についての議論、ドイツ以外の国における議論についての調査、検討および紹介は、今後の課題としておきたい。

(1) 法案の詳細および経過については、衆議院ホームページ(http://www.shugiin.go.jp)参照。なお、児童買春等処罰法によれば、「児童ポルノ」は有体物であり(同法二条三項)、児童ポルノ情報を記録した電磁的記録(無体物)と区別されている。これに応じて、同法は、児童ポルノの「所持」に対し、電磁的記録については(提供目的での)「保管」という語を用いている(同法七条二項等)。法案も同様である。しかし、本稿の課題との関係では両客体を区別する必要がないので、本稿では、児童ポルノ情報を記録した電磁的記録を含めて児童ポルノ、保管を含めて所持と呼んでおく。

（2）もっとも、取得は処罰の対象とされていない。なお、条例のレベルでは、すでに奈良県で児童ポルノの単純所持が処罰されている。ただし、刑の上限は三十万円の罰金と軽い。また、京都府、栃木県では廃棄命令違反が処罰されている。

（3）ドイツの児童ポルノ（子どもポルノ）単純所持罪は、一九九三年七月二三日の第二七次刑法一部改正法により刑法典に挿入された。ドイツにおける児童ポルノ（子どもポルノ、青少年ポルノ）の刑事規制の概要は、次の通りである。まず、ドイツ刑法一八四条bにより、「子どもポルノ文書」(kinderpornographische Schriften)、すなわち「子ども（一四歳未満の者）による性的行為（sexuelle Handlungen）、子どもに対する性的行為または子どもの前での性的行為を対象とするポルノ文書」の「頒布」、「公然陳列」（その他到達可能にする行為）、頒布等のための「製造」（以上、同条一項）、「他人に得させる行為」（同条二項）、「取得」、「単純所持」（以上、同条四項）が処罰される（法定刑は、一項・二項の罪が三月以上五年以下の自由刑、四項の罪が二年以下の自由刑または罰金）。また、二〇〇八年に追加された同一八四条cにより、「青少年ポルノ文書」(jugendpornographische Schriften)、すなわち「青少年（一八歳未満の者）による性的行為、青少年に対する性的行為または青少年の前での性的行為を対象とするポルノ文書」についても、同様の行為が処罰される（ただし、法定刑は、子どもポルノの場合よりも軽く、例えば、単純所持のそれは、一年以下の自由刑または罰金となっている）。なお、ここにいう「文書」には記録媒体（Datenspeicher）が含まれ（同刑法一一条三項）、判例（BGHSt 47, 55）によれば、そこには電子データも含まれる。

（4）児童ポルノの単純所持の処罰については、前提問題として、そもそも「所持」を刑法上の行為ということができるかという問題があるが、本稿では扱わない。この問題については、松原芳博「所持罪における『所持』概念と行為性」西原春夫ほか編『佐々木史朗先生喜寿祝賀・刑事法の理論と実践』（第一法規、二〇〇二年）二三頁以下、仲道祐樹「状態犯罪としての所持罪理解と行為主義——行為主義研究序説」高橋則夫ほか編『曽根威彦先生・田口守一先生古稀祝賀論文集〔上巻〕』（成文堂、二〇一四年）九三頁以下、Ken Eckstein, Besitz als Straftat, 2001; Gudrun Hochmayr, Strafbarer Besitz von Gegenständen, 2005 が参考になる。

（5）BT-Drucks. 12/3001, S. 5.

（6）Friedrich-Christian Schroeder, Das 27. Strafrechtsänderungsgesetz - Kinderpornographie, NJW 1993, S. 2582.

（7）OLG Schleswig NStZ-RR 2007, 41 ; OLG Hamburg, NJW 2010, 1893.

（8）Statt vieler Thomas Weigend, Strafrechtliche Pornographieverbote in Europa, ZUM 1994, S. 140 ; Gunnar Duttge/Tatjana Hörnle/Joachim Renzikowski, Das Gesetz zur Änderung der Vorschriften über die Straftaten gegen die sexuelle Selbstbestimmung, NJW 2004, S. 1070 ; Heinrich Wilhelm Laufhütte/Ellen Roggenbuck, in : Leipziger Kommentar zum Strafgesetzbuch, Bd. 6, 12. Aufl., 2009, §184 Rn. 2 ; Tatjana Hörnle, in : Münchener Kommentar zum Strafgesetzbuch, Bd. 3, 2. Aufl., 2012, §184b Rn. 1.

（9）Schroeder, aaO (Anm.6), S. 2581ff.; Laufhütte/Roggenbuck, aaO (Anm.8), Rn. 2.

（10） Vgl. etwa Hörnle, aaO (Anm.8), Rn. 2 ; Walter Perron/Jörg Eisele, in : Schönke/Schröder, Strafgesetzbuch, Kommentar, 28. Aufl., 2010, §184b Rn. 15 ; Kristian Kühl, in : Lackner/Kühl, Strafgesetzbuch mit Erläuterungen, 28. Aufl., 2014, §184b Rn. 8 ; Walter Gropp, Die Strafbarkeit des Konsums von Kinder-und Jugendpornographie - Schutz der Person statt Schutz der sexuellen Selbstbestimmung, in : Festschrift für Hans-Heiner Kühne, 2013, S. 685ff.

（11） Vgl. Hörnle, aaO (Anm.8), Rn. 2.

（12） Vgl. Perron/Eisele, aaO (Anm.10) Rn. 15.

（13） Vgl. Perron/Eisele, aaO (Anm.10), Rn. 15.

（14） BT-Drucks. 12/3001, S. 6 ; OLG Oldenburg MMR 2011, 118 ; Hörnle, aaO (Anm.8), Rn. 2 ; Perron/Eisele, aaO (Anm.10), Rn. 15.

（15） しかし、児童ポルノの取得者は市場参加者であるとしても、個々の取得行為が市場に与える影響力、つまり個々の取得行為に含まれる児童の性的虐待に対する因果性・危険性は、多くの場合、証明不可能なほどにわずかである。このことからすると、児童に対する性的虐待の防止を目的とする児童ポルノ市場との闘争は、取得行為の処罰根拠として十分であるか、疑問の余地がある。

（16） BT-Drucks. 12/3001, S. 6 ; VGH Mannheim NJW 2008, 3082 ; Thomas Fischer, in : Strafgesetzbuch mit Nebengesetzen, 61. Aufl., 2014, §184b Rn. 2.

（17） Michael C. Seto/James M. Cantor/Ray Blanchard, Child pornography offenses are a valid diagnostic indicator of pedophilia, Journal of Abnormal Psychology 115 (2006), pp. 610-615 ; Petya Schuhmann/Michael Osterheider, Qualitative Bildanalyse von Kinderpornographischen Darstellungen aus dem Internet, MschrKrim 93 (2010), S. 394.

（18） A.Frei/N.Erenay/V.Dittmann/M.Graf, Paedophilia on the Internet - a study of 33 convicted offenders in the canton of Lucerne, Swiss Medical weekly 135 (2005), pp. 488-494 ; J.Endrass/F.Urbaniok/L.C.Hammermeister/C.Benz/T.Elbert/A.Laubacher/A.Rossegger, The consumption of Internet child pornography and violent and sex offending, BMC Psychiatry 2009, 9:43 (http://www.biomedcentral.com/content/pdf/1471-244X-9-43.pdf).

（19） Vgl. Gropp, aaO (Anm.10), S. 686.

（20） BT-Drucks. 6/1552, S. 35

（21） Gropp, aaO (Anm.10), S. 686.

（22） Gropp, aaO (Anm.10), S. 687.

（23） 実際、児童ポルノ単純所持罪は、受け皿構成要件として訴追機関に人気があるとのことである。Vgl. Walter Gropp, Besitzdelikte und periphere Beteiligung. Zur Strafbarkeit der Beteiligung an Musiktauschbörsen und des Besitzes von Kinderpornographie, in : Festschrift für

Harro Otto, 2007, S.250.

(24) Perron/Eisele, aaO (Anm.10), Rn. 15.

(25) Hörnle, aaO (Anm.8), Rn. 4 ; Gropp, aaO (Anm.10), S.690f ; Ulrich Sieber, Sperrverpflichtungen gegen Kinderpornografie im Internet, JZ 2009, S. 655 ; Andreas Popp, Strafbarer Bezug von Kinder-und Jugendpornographischen „Schriften", ZIS 2011, S. 202. ただし、Gropp, aaO (Anm.10), S.691ff. は、ドイツ刑法二〇一条a二項（私的生活領域を侵害する画像の使用）により処罰されるべきだとする。

(26) もっとも、二〇一四年四月二三日時点での自民党の修正案では、この附則は削除されている。山田太郎参議院議員のホームページ（http://taroyamada.jp/）参照。

(27) ドイツ刑法の子どもポルノ単純所持罪（一八四条b四項二文）の客体は、「現実の、または現実に近い事象」(ein tatsächliches oder wirklichkeitsnahes Geschehen) を描写した子どもポルノ文書であるが、被写体児童の人格権・人間の尊厳の侵害を処罰根拠とする見解からは、その客体は「現実の事象」に限られるべきことになる。もっとも、現行法の解釈としては、これを貫くことができないことから、Hörnle は、被写体児童の人格権・人間の尊厳の侵害を、模倣の危険を補完するものと解している。Vgl. Hörnle, aaO (Anm.8), Rn. 5. なお、「現実に近い事象」とは、平均的な観察者において現実でないと認識できない事象（フィクションであると認識できない事象）であり、平均的な観察者が現実の事象ではないと認識できる漫画やアニメ等は除かれる。Vgl. Fischer, aaO (Anm.16), Rn. 13f.

〔追記〕脱稿後の二〇一四年六月一八日、児童ポルノの単純所持を処罰する改正法が成立した。しかし、本稿の内容は、児童ポルノをめぐる今後の議論にも一定の意義を有すると思われる。改正法の検討は、別の機会に行うこととしたい。

風営法「ダンス」規制の問題性

高山佳奈子

はじめに

大阪地方裁判所第五刑事部は二〇一四年四月二五日に、風俗営業等の規制及び業務の適正化等に関する法律違反で起訴されたクラブ元経営者に対し、無罪判決を言い渡した。(1) 検察側が控訴し、事件は大阪高等裁判所に継続中である。筆者は第一審で刑法学の観点から意見書を提出すると共に証人となり、本件が自由と安全に関する重要な問題提起を含むものであると考えるので、ここにその意見を示して議論の素材を提供させていただくことにした。

事案は、被告人の金光正年氏が、二〇一二年四月四日二一時四三分にクラブ「NOON」において、許可なく客にダンスをさせる営業を行ったというものである。本件当時および本稿執筆時における同法二条一項三号は「ナイトクラブその他設備を設けて客にダンスをさせ、かつ、客に飲食をさせる営業」を「風俗営業」に含め、その無許可営業を処罰している。本件当時に店内では（典型的な洋楽である）イギリスのロック音楽を聴くイベントが行われており、客はそれぞれ音楽に合わせてステップを踏むなどして軽く体を動かしていた。また、摘発時に店内に未成年者のいたことは確認されておらず、NOONでは過去に薬物犯罪や暴力、飲酒による迷惑行為などの違法行為や、騒音・廃棄物等の問題が指摘されたことはない。

弁護側が専門家として証人申請を行ったのは、永井良和教授（社会学）、新井誠教授（憲法学）と筆者（刑法学）である。永井教授は、ダンス営業規制が売春防止を目的として設けられたものであること、新井教授は、クラブが単なる飲食店にとどまるものではなく、ダンスや音楽、映像を通じた表現活動と文化的創造の「メディア」であって表現の自由の保護を受けることなどを述べられた(2)。以下のⅠ～Ⅴは筆者が提出した意見書の主要部分である。

Ⅰ　「刑罰法規の合憲性に関する基本的な考え方」

1　概　論

日本国憲法第三一条は「何人も、法律の定める手続によらなければ、その生命若しくは自由を奪はれ、又はその他の刑罰を科せられない」と規定している。法の適正手続を保障する本条は、単に形式的意味での「法律」があれば刑罰を科しうるとする趣旨ではなく、「法律」の名に値する実質的内容を備えた刑罰法規の存在を要請するものである（実体的デュー・プロセス）。この原則に基づき、憲法に反する内容の刑罰法規の適用は、法令違憲または適用違憲と判断される。また、刑罰法規そのものが有効だとされる場合にも、憲法に違反する解釈・適用が許されないことから、合憲限定解釈の手法が用いられる。

最高裁判所における実例としても、尊属殺人罪違憲判決[3]、ポツダム制令および連合国最高司令官覚書による表現活動処罰規定がサンフランシスコ平和条約発効に伴い失効したことを確認した占領法規違憲判決[4]のほか、国家公務員の政治的行為の処罰に関し合憲限定解釈を採用した上で、被告人を無罪とする原判決を維持した判決[5]がある。

2　刑法の謙抑性・最終手段性

尊属殺人罪違憲判決は、重すぎる刑罰が憲法に違反することを示したものであるが、重すぎる刑罰は、他の場合との比較における平等原則違反となるだけでなく、不必要に重い刑罰であるという点で、刑法の謙抑性の原則にも反する。刑罰の賦課は人権の剥奪であるから、民法や行政法などの他の手段では対処できない真に必要な場合に限って、認められるのである。刑法は最後の手段（ultima ratio）だと言われることもある。

また、占領法規違憲判決にもみられるように、形式的に条文が削除されずに残っていたとしても、内容が合理性を失っている場合には、その適用が憲法に違反し許されないこととなる。これも、不必要な処罰が禁止されるということである。

日本には憲法裁判所がなく、抽象的な法令の違憲審査は行われないため、実質的に違憲状態となった条文が残存したままのことがしばしばある。尊属殺人罪の規定は刑法を現代語化した一九九五年の改正時まで削除されなかった。またたとえば、遺伝性疾患や遺伝病ですらないハンセン病の場合の人工妊娠中絶を規定する優生保護法は一九九六年まで改正されず、北海道旧土人保護法も一九九七年まで存在した。刑罰法規についても、条文が存在するからといって常に適用が許されるわけではないことに注意を要する。

3　合憲限定解釈の必要性

さらに、刑罰法規の過度に広範な解釈・適用も、憲法に違反することとなるため、たとえ刑罰法規自体が有効であるとしても、これを合理的な範囲に限定して解釈することが必要となる。

国家公務員の政治的行為に関する前述の最高裁平成二四年判決は、最高裁判所の最新の判断であり、特に、憲法上の自由と、国家公務員法の規制目的とが対立しうることを前提に、「公務員に対する政治的行為の禁止は、国民としての政治活動の自由に対する必要やむを得ない限度にその範囲が画されるべきものである」から、「『政治的行為』とは、公務員の職務の遂行の政治的中立性を損なうおそれが、観念的なものにとどまらず、現実的に起こり得るものとして実質的に認められるもの」のみを指すとした上で、被告人の政党機関誌配付行為には「公務員の職務の遂行の政治的中立性を損なうおそれが実質的に認められるものとはいえ」ず「本件罰則規定の構成要件に該当しない」と判示している点が重要である。

Ⅱ　「風営法の目的」

1　風営法の立法趣旨

風俗営業等の規制及び業務の適正化等に関する法律（以下、風営法とする）の前身である風俗営業取締法は一九四八年に制定された。立法目的は、売春および賭博の防止であり、その後の改正を重ねても、本法のこの目的は基本的に変わっていない。(6)すなわち、同法は、一条で「善良の風俗と清浄な風俗環境を保持し、及び少年の健全な育成に障害を及ぼす行為を防止する」ことを目的としており、麻雀・パチンコ店や各種の性風俗関連特殊営業を規制対象にすると共に、一定の少年保護規定を含むものとなっている。

当時の売春自体の法規制としては、公娼制度が廃止されて一九四七年に「婦女に売淫をさせた者等の処罰に関する勅令」が出されるのと並んで、地方自治体により売春取締条例を定めるものがあった。しかし、その後の一九五六年に売春防止法が成立して翌一九五七年に施行され、同法の罰則も一九五八年から施行されることとなった。同法は、売春それ自体を禁止しつつ、これに刑事罰を科さず、売春を促進する行為を広範に処罰の対象として両罰規定も設けている。売春防止法の導入に伴い、その附則において、前記勅令、および、売春取締条例上の売春処罰規定は無効であるとされた。

法制定当時の「風俗営業」は、「待合、料理店、カフェーその他客席での客の接待をして客に遊興又は飲食をさせる営業」、「キャバレー、ダンスホールその他設備を設けて客にダンスをさせる営業」、「玉突場、まあじゃん屋その他設備を設けて客に射幸心をそそるおそれのある遊技をさせる営業」の三種類であった。その後、「客にダンスをさせる営業」の実態が多様化したため、一九五九年改正において、「客の接待をして客に飲食をさせるものをキャバレー等」、「客の接待をせずに客に飲食をさせるものをナイトクラブ等」、「客の接待をせず客に飲食もさせないものをダンスホール等」と区別したという実態論的経緯があるとされる(7)。すなわち、現在の法二条一項一号、三号、四号の「ダンス」はすべて同じものを指していた。

2　他法令との関係

(1)　売春防止法

このように、風営法と売春防止法とは規制目的を一部同じくしているため、重複部分について「新法は旧法に優先する」との原則に従った解釈が要請される。風営法の無許可営業等罪（四九条）の法定刑は二年以下の懲役もしくは二〇〇万円以下の罰金、またはそれらの併科で、法人処罰がある。他方、売春防止法六条一項では「売春の周旋をした者」、同二項では「売春の周旋をする目的で」「一　人を売春の相手方となるように勧誘」した者、「二　売春の相手方となるように勧誘するため、道路その他公共の場所で、人の身辺に立ちふさがり、又はつきまと」った者、「三　広告その他これに類似する方法により人を売春の相手方となるように誘引」した者を、それぞれ二年以下の懲役もしくは五万円以下の罰金で処罰することとしており、両罰規定がある。

両者の対比からすれば、新法たる売春防止法上の売春周旋等罪（六条）にすら該当しない行為を、それよりも法定刑が重い風営法で処罰することは、論理的に考えられない。すなわち、売春を助長する行為の規制としては、売春防止法が法定刑の重いもの（最高刑は管理売春罪の懲役一〇年）から軽いものまでを包括的に予定しているのである。この分野で風営法に残された役割は、売春に及ぶ危険のあるソープランドなどの性風俗関連特殊営業等について、許可制ではなく「届出制」を採用することで、行政からの監視を確保しつつ、営業の自由を保障することである。

まとめると、売春防止の領域では、まず売春防止法が優先的に適用され、それに該当しないものについて、より軽い風営法上の犯罪の成立が検討されることになる。それと同時に、風営法上の無許可営業罪の解釈においても、ソープランドなどの性風俗関連特殊営業等について届出義務違反の罪（刑の上限は懲役六月）が規定されているにすぎないこととの論理的関係から、売春の危険性においてこれよりも高いものだけを含める必要がある。

(2)　騒音・振動・ごみ不法投棄の防止

騒音の規制は、騒音規制法（昭和四三年法律第九八号）、都道府県の拡声機暴騒音規制条例などにより行われている。

ごみ投棄の規制は、廃棄物の処理及び清掃に関する法律、興行場法、各地の廃棄物処理条例、軽犯罪法などにより行われている。

これらを助長する行為は、各法令の罰則にあたる罪あるいはそれらの共犯として処罰されうる。

これらに対し、風営法は一五条で風俗営業にかかる騒音・振動を明示的に規制しており、違反には営業停止処分の制裁が科されうる。したがって、風営法の「ダンス」規制は、騒音・振動・ごみ不法投棄の防止を目的とするものではない。

(3) 暴行・傷害・器物損壊の防止

暴行罪、傷害罪、器物損壊罪は刑法で処罰されており、風営法の規制とは関係がない。これらを助長する行為は、各罪の共犯として処罰されうる。また、いずれの犯罪類型についても、未遂罪・予備罪の処罰規定は存在せず、既遂に至って初めて可罰性を肯定するのが法の趣旨である。

(4) 違法薬物規制

薬物規制は、覚せい剤取締法、麻薬及び向精神薬取締法、大麻取締法、毒物及び劇物取締法、薬事法などにより行われている。

これらを助長する行為は、各法令の罰則にあたる罪の共犯として処罰されうる。風営法は薬物の規制を目的とするものではない。

(5) 青少年保護法令

青少年保護を目的とする刑罰法規としては、風営法自体にも複数の明文の規定がある。また、児童福祉法、いわゆる児童買春・児童ポルノ処罰法、いわゆる出会い系サイト規制法、未成年者飲酒禁止法、未成年者喫煙禁止法、各都道府県の青少年保護条例などの特別刑法が多数存在している。

これらの規定の反対解釈から、風営法の中で「少年の健全な育成」に明示的に言及していない規定は、青少年保護を目的とするものではないことが導かれる。

なお、未成年者が夜間も自由に出入りする進学予備校・学習塾やスイミングスクールでは少年の健全育成に問題を生じない。多数の少年が集合するというだけでは規制根拠にならないことが明らかである。

(6)　酒類の規制

風営法は深夜酒類提供飲食店営業（三三条）について届出制を定めている。風営法上の「風俗営業」にも「客に飲食をさせる営業」であることを要素とするものがある。また、酒類の提供は、食品衛生法、酒税法、未成年者飲酒禁止法などで規制されており、飲酒自体による害は、道路交通法や「酒に酔つて公衆に迷惑をかける行為の防止等に関する法律」などにより処罰の対象とされている。

これらの規定の反対解釈から、風営法の中で「飲食」以外の要素により規制対象が特定されているものは、酒類の弊害の防止を目的とするものではないことが導かれる。「ダンス」と酒類の弊害との間には相互促進関係が存在せず、むしろ、酒を飲み過ぎると踊れなくなる、あるいは身体が水分不足となる、という抑制的関係の認められる場合が多いであろう。

3　ダンス規制の問題性

風営法二条一項三号は「ナイトクラブその他設備を設けて客にダンスをさせ、かつ、客に飲食をさせる営業」を「風俗営業」とし、無許可営業罪の対象にしている。元の立法趣旨は、売春防止法の制定以前に、ダンスという名目で身体を密着させることなどにより売春の勧誘が行われたことへの対応であったと考えられる。[8] すなわち、売春周旋の防止である。

しかし、1、2の内容を風営法の「風俗営業」における「ダンス」の要素にあてはめると、次の帰結が得られる。まず、「ダンス」は、騒音・振動、ごみ投棄、暴行、傷害、器物損壊、薬物、少年保護、飲酒のいずれにも関連せず、賭博にも関連しないことから、売春防止のために規定された要素であることが明らかである。売春と関係のない理由によって「ダンス」にかかる処罰を根拠づけることは許されない。(9) それと同時に、風俗営業の処罰のうち、売春防止に関する部分の適用は、売春防止法に劣後する。また、届出制のとられている性風俗関連特殊営業等よりも高度の危険性を要する。

したがって、「ダンス」規制がこのような要請を満たすかが問題となるが、売春防止法との関係では、「設備を設けて客にダンスをさせ、かつ、客に飲食をさせる」ことが一般的に売春周旋に該当するとは到底いえない。このような営業を売春周旋等罪よりも法定刑が重い罪として処罰する実体は認められない。それと同時に、ソープランドなどの性風俗関連特殊営業等との対比でも、売春の危険性は低いといわざるをえない。ソープランドなどの届出義務違反の罪より重い処罰に値する実体はやはり認められない。

Iで述べた考え方からすれば、風営法二条一項三号に規定された営業は、売春防止法に該当する場合にのみ可罰的であることになる。この部分の風営法の罰則はすでに存在意義を失っており、これを適用して処罰することは憲法に反し、許されないと考えられる。

Ⅲ 「現代におけるダンスの意義」

1 概 論

Ⅱで述べたとおり、風営法のダンス規制は売春防止法の制定によって効力を失ったと考えるべきであるが、仮に、新法である売春防止法との関係を度外視したとしても、風営法制定時に存在した立法事実は現在では失われている。さらに、風営法制定時に存在しなかった新しい形態のダンスの普及により、「ダンス」全般に対する規制が過度に広範なものになっている。

このため、仮に風営法の規定自体を有効であると解釈したとしても、危険性の高いものとそうでないものとを区別し、高度に危険な行為のみを処罰の対象とするための限定解釈が不可欠である。

2 「ダンス」を利用した売春の不存在

風営法制定時に問題とされた形態の売春は、現在では問題になっていないため、これに関する罰則を維持する必要性が認められない。

現在では、女性が男性に対してダンスの相手をすることによりいかがわしい気持ちを起こさせるという事実認識自体が、女性蔑視的なものになっているといわざるをえない。ペアダンス愛好者のグループが開催しているパーティでは、たいてい、女性参加者のほうが多い。このため、男性の参加費を安くしたり、チケット制の男性パートナーを待機させたりしていることもある。これを務めているのは定年退職後の高齢者や競技ダンス部の大学生であることが多いが、売春は全く問題となっておらず、仮に、大学生アルバイトが未成年者であったとしても性風俗上の問題の起こることはまず考えられない。

3 ペアダンスの社会的意義

それどころか、現在では、ダンスに種々の積極的意義が認められるようになっている。その一つが、社交ダンスの高齢者における普及である。軽度のスポーツとしてのダンスは、個人の幸福追求に資するものであって心身の健康を増進するばかりでなく、国家的に見ても医療費削減や自殺防止という社会的価値の高い効果に結び付いている。「高齢者にとってソーシャルダンスが最も優れたスポーツである」と指摘する医師もある。(10) 他方で、ここでは売春の危険は全く生じていない。

このような価値の実現から、風営法では、「ダンスホールその他設備を設けて客にダンスをさせる営業」を「風俗営業」としていた二条一項四号が改正され、社交ダンス教室について「客にダンスを教授するための営業のうちダンスを教授する者（政令で定めるダンスの教授に関する講習を受けその課程を修了した者その他ダンスを正規に教授する能力を有する者として政令で定める者に限る。）が客にダンスを教授する場合にのみ客にダンスをさせる営業を除く」こととされた。

二〇一三年四月一二日に、天皇・皇后両陛下が国際福祉協会の慈善晩さん会で二〇年ぶりにワルツやタンゴなどのペアダンスを披露されたとの報道があった。国民の象徴とされる天皇も披露されているダンスが、「善良の風俗と清浄な風俗環境」を害する危険のあるものとして位置づけられるべきだとは考えられない。

4　学校教育におけるダンスの意義

さらに、二〇一二年度からは、中学校の保健体育でダンスが必修化された。文部科学省によれば、ダンスの積極的意義として、①身体能力を高める、②健康・安全に配慮する、③表現力を高める、④構成を考え、創造性を高める、⑤積極的・自主的に取り組む姿勢を養う、⑥互いの良さ・違いを認め合う、⑦動きを見せ合って交流する、⑧自己の責任を果たす、⑨風土や風習、歴史など踊りの由来を理解する、といった数々の特性が挙げられる。

具体的に学ぶこととされているのは「創作ダンス」、「フォークダンス」、「現代的なリズムのダンス」であり、「フォークダンス」の中には、「ドードレブスカ・ポルカ」や「ヒンキー・ディンキー・パーリ・ブー」のように、社交ダンスと同じく男女が向かい合って組む「クローズド・ポジション」を含むものもある。また、「現代的なリズムのダンス」としては主にヒップホップが想定されている。

中学校生徒が必ず学ばなければならないこととされるダンスが、「善良の風俗と清浄な風俗環境」を害したり「少年の健全な育成に障害を及ぼ」したりする危険のあるものだとはいえない。ダンスをそのように位置づけることこそが、むしろ子どもに不健全な観念を植え付けるおそれすらある。

5　クラブの意義

特に、中学校で「現代的なリズムのダンス」して教えられるべきこととされているヒップホップなどは、クラブ文化において近年発展してきたものである。クラブは、音楽、ダンス、映像等が融け合うマルチメディアの表現活動の場であり、異文化理解にも資するものとなっている。

また、クラブにおけるダンスはペアダンスではなく、風営法が売春防止のために想定してきた形態のダンスとは全く異なる。法律上の「ダンス」をあらゆるダンスに及ぼすことは、明らかに立法趣旨に反する。

これに関連して、警察庁が二〇一二年一一月二一日に公表した「『風俗営業等の規制及び業務の適正化等に関する法律施行令の一部を改正する政令案』等に対する御意見及びこれに対する警察庁の考え方について」は次のように述べていた。「風営法第二条第一項第四号において「ダンスホールその他設備を設けて客にダンスをさせる営業」（以下「四号営業」という。）を風俗営業として掲げ、これに所要の規制をしているのは、このような営業は、その行われ方によっては、男女間の享楽的雰囲気が過度にわたり、善良の風俗と清浄な風俗環境を害し、又は少年の健全な育成に障害を及ぼすおそれがあるからです。」「したがって、社交ダンスに代表されるような男女がペアとなって踊ることが通常の形態とされているダンスを客にさせる営業は、その性質上、男女間の享楽的雰囲気が過度にわたる可能性があり、四号営業として規制対象となりますが、一方、ヒップホップダンスや盆踊りなど、男女がペアとなって踊ることが通常の形態とされていないダンスを客にさせる営業は、それだけでは、男女間の享楽的雰囲気が過度にわたる可能性があるとは言い難く、現実に風俗上の問題等が生じている実態も認められないことから、原則として四号営業として規制対象とする扱いをしていません。」

ところが、二〇一二年一二月一七日に警察庁が都道府県警に発した通達「客にダンスをさせる営業に係る質疑応答について」は次のようになっている。ペアダンスでなくても「密集してダンスをさせるものなど、男女間の享楽的雰囲気が過度にわたる可能性があるものについては、四号営業として規制対象となりうる」とし、三号営業は「四号営業と異なり、『客にダンスをさせ』ることに加えて、『客に飲食をさせる』ことを伴うものであり、このため、四号営業よりも享楽的雰囲気が過度にわたり風俗上の問題等を生じさせるおそれが大きいことから、……ペアダンス以外のダンスをさせるものであっても、なお所要の規制を行い、各種弊害を防止する必要がある。実際に、風営法の規制に違反して営まれている三号営業の状況をみると、ペアダンスをさせているものではなくても、店内外における暴行・傷害事案等が発生したり、周辺住民等からの騒音や酔客による迷惑行為等の苦情が警察に寄せられたりするなど、善良の風俗等を害し、各種問題を起こしている実態がある。」しかしその一方で、「外形的には『設備を設けて客にダンスをさせ、かつ、客に飲食をさせる営業』に当たる営業であっても、当該営業の実態に照らして明らかに『享楽的雰囲気が過度にわたり風俗上の問題等を生じさせるおそれがある』とは認められないものについては、三号営業としての規制の対象とならないものと解される」とされている。

これでは結局、何が処罰の対象となるかは、取締官の主観的判断次第であり、刑罰法規の明確性の原則に違反することとならざるをえない。そもそも、Ⅱ1で述べたとおり、三号と四号との「ダンス」に区別はない。しかも、「暴行・傷害」、「騒音」、酒に酔っての「迷惑行為」はすべて、それに直接対応する法規によって規制されている問題であって、「ダンス」の規制根拠とならないことが明らかなものばかりである。ペアダンス以外のダンスに「飲食」が加わると売春の危険が発生するということは、上の警察庁によってすら主張されていない。ヒップホップが売春につながることは問題になっていないのである。「各種問題」の列挙は「ダンス」規制自体に合理性のないことを自認するものにほかならない。

刑法における抽象的危険犯の処罰は、危険のないところに処罰を認めるものではなく、抽象的危険で足りるとするものである。およそ抽象的危険すら考えられないものを処罰することは、一般に憲法違反だとされている[11]。たとえば、草原の一軒家に人がいないことを確認して火をつけても、現住建造物放火罪は成立せず、建造物損壊罪にしかならないとするのが通説である[12]。

6　規制対象から除かれるダンス

以上から、警察庁の主張をそのまま前提にしたとしても、ペアダンス以外のダンスから「男女間の享楽的雰囲気が過度にわたり、善良の風俗と清浄な風俗環境を害」することとなる問題が生じている事実は認めえない。抽象的危険すらないものを処罰の対象とすることは許されない。また、暴行罪・傷害罪・酒に酔って公衆に迷惑をかける罪などの、他の刑罰法規における違法性の内容を、風営法の処罰の根拠として持ち出すことも許されない（これらの罪の共犯と風営法違反の罪とは法条競合にはならず、二重処罰となることが明らかである）。

したがって、クラブでペアダンス以外のダンスを行わせること自体には処罰対象となる実質がない。これを処罰することは憲法に違反する。

しかも、ペアダンスであっても、その効用に照らせば、現在規制対象とすることには問題がある。売春の危険性がそれよりも小さいその他のダンスを規制する根拠はさらに乏しい。ヒップホップが学校教育にも採り入れられていること、また、その背景となったクラブ文化が有する積極的意義にもかんがみれば、クラブダンスの規制には何の合理性もないといわざるをえない。警察庁の指摘する「各種問題」は、すべてダンスとは関係のないものであり、他の刑罰法規が対応を予定している。

Ⅳ「許可要件・適用除外の不合理性」

1 概論

風営法では、「風俗営業」も許可を得て行えば違法ではないこととされている。しかし、許可制は、そもそも当該行為が一般的な危険性を含むものである場合にのみ、採用することが許される。一般的に売春の危険があるといえない行為を、原則的に禁止することは、憲法上、幸福追求権、表現の自由、営業の自由等に反することとなる問題がある。

2 許可要件の問題

警察庁の見解では、「密集してダンスをさせる」場合には「男女間の享楽的雰囲気が過度にわたる可能性」があるとされている。これに関連して、風俗営業等の規制及び業務の適正化等に関する法律施行規則は、床面積や照度などの規制を置いている（八条）。しかし、同規則は「男女」が同じ場所にいるかどうかや、面積あたりの人数を全く問題にしていない。いくら狭くても客が一人しかいなければ、あるいは密集していても女性しかいなければ、売春の危険はない。このように、許可要件の内容自体も不合理なものとなっている。

人の密集することは、ライブコンサートなどが行われる「興行場」でも珍しくないが、興行場法において、興行場営業につき許可制を採用しているのは、営業者が「換気、照明、防湿及び清潔その他入場者の衛生に必要な措置を講じなければならない」とされるように（興行場法三条一項）、公衆衛生上の理由のみによる。風営法ではこのうち、ストリップ劇場など性的な関心に応じることを直接の目的とした施設だけが、「性風俗関連特殊営業」に含められ(風営法二条六項三号、風営法施行令二条)、届出制の対象となっている。「人の密集が売春を引き起こす」という因果関係は、法律によっても前提とされていないことになる。

3　適用除外の問題

また、Ⅲ3で触れたように、社交ダンス教室などに関し「政令で定めるダンスの教授に関する講習を受けその課程を修了した者その他ダンスを正規に教授する能力を有する者として政令で定める者」が客にダンスを教授する場合が二条一項四号の規制から除外されているが、この除外要件も何重もの意味で不合理である。まず、ダンスは人類の歴史と共に歩んできた表現活動であって、地方ごと、また表現者ごとに異なるスタイルのものが存在する。そもそも資格を想定できるダンスがごく例外的な種類にすぎない。政令によってこれを判断することも個人の表現活動に対する規制であり不合理である。さらに、教師に資格があるということは、売春の危険が小さいことの理由にはならない。教師の立場を利用した性的行為の要求は十分ありうるからである。売春防止という目的と、技能によって付与される資格要件という規制手段とは、関連性を有しないのである。

4　小　括

したがって、「営業したければ許可や資格を取ればよい」という立論も成り立たない。そもそも原則禁止とする理由がない上に、現行の許可・規制除外の要件自体にも合理性がなく、憲法上の諸権利を不当に制約することになっているためである。

警察庁は上記二〇一二年一一月二一日の「警察庁の考え方について」の末尾において、「風営法は、客にダンスをさせる営業に対して所要の規制をしているものでありますが、ダンスをすること自体を規制しているものではありません」と述べている。しかし、音楽も空間もないところでダンスをすることは、特殊な舞踏などを除いて不可能である。多くのダンスには床が必要である。場所の提供を原則的に禁止することは、ダンスそのものの禁止に事実上直結する。

Ⅴ 「結語」

以上のとおり、風営法によるダンス規制は売春防止法の制定によってその存在意義を失っている（Ⅱ）。仮に規制法の有効性自体を肯定したとしても、クラブで行われるダンスは規制対象たる「ダンス」にあたらない（Ⅲ）。許可や資格の取得を強制しても、憲法上の権利および自由を保障したことにはならない上に、現在課されている取得要件自体にも問題がある（Ⅳ）。

したがって、クラブにおいてヒップホップやロック等のダンスを行わせることを、それ自体として原則的な禁止の対象に含ませ、処罰対象とすることは、日本国憲法の下では許されない。

Ⅵ 大阪地裁判決の概要

以上が筆者の意見書の内容であるが、第一審の無罪判決は、次のとおり、これを含む各意見書の内容をかなりの程度認めるものとなった。

まず、法二条一項三号の営業を規制する根拠は「わいせつな行為の発生を招くなど性風俗秩序の乱れにつながるおそれ」にのみ認められ、薬物や暴力、騒音・振動への対処を含まないとされた。

次に、法の無許可営業の規制は職業の自由（憲法二二条一項）のみならず表現の自由（憲法二一条一項）の制約にもなりうるため、規制目的との関係で必要かつ合理的な範囲に限定されなければならないとされた。すなわち、「許可の対象とされる三号営業とは、形式的に『ナイトクラブその他設備を設けて客にダンスをさせ、かつ、客に飲食をさせる営業』との文言に該当することはもちろん、その具体的な営業態様から、歓楽的、享楽的な雰囲気を過度に醸成し、わいせつな行為の発生を招くなどの性風俗秩序の乱れにつながるおそれが、単に抽象的なものにとどまらず、現実的に起こり得るものとして実質的に認められる営業を指すものと解するのが相当である。そしてこのようなおそれが実質的に認められるかどうかは、客が行っているダンスの態様、演出の内容、客の密集度、照明の暗さ、音量を含む音楽等から生じる雰囲気などの営業所内の様子、ダンスをさせる場所の広さなどの営業所内の構造設備の状況、酒類提供の有無、その他性風俗秩序の乱れにつながるような状況の有無等の諸般の事情を総合して判断するのが相当である。」

そして、このように限定的な理解を前提とすれば、法の規制内容は憲法二二条一項・二一条一項のいずれにも違反するものではなく[13]、また、明確性の原則（憲法三一条）にも反しないとされた。

その上で、しかし、本件では「歓楽的、享楽的な雰囲気を過度に醸成し、わいせつな行為の発生を招くなど、性風俗秩序の乱れにつながるおそれが実質的に認められる営業が行われていたとは、証拠上認めることができない」ので、無許可営業罪は成立しないとされた。

Ⅶ　風営法改正案

1　規制改革会議意見

判決の直後の二〇一四年五月一二日に、政府の「規制改革会議」は「ダンス営業に係る風営法規制の見直しに関する意見」を公表した。(14) 同意見は、法二条一項三号の「客にダンスかつ飲食をさせる営業」を「風俗営業から除外した上で、深夜営業を可能とし、騒音等の各種問題に対して有効に対応できる新たな規制を導入すべきである」とする。同四号の「客にダンスをさせる営業」については規制の撤廃、同一号の「客にダンスをさせ、かつ、客の接待をして客に飲食をさせる営業」は二号の「客の接待をして客に遊興又は飲食をさせる営業」への解消が実質的に提案された。

2　ダンス議連案

これに続く二〇一四年五月一六日には、主要政党のすべてから国会議員が参加して二〇一三年五月に発足した「ダンス文化推進議員連盟」が、風営法改正案をまとめた。同案は規制改革会議意見と同様に、一号を二号に統合することと、四号を撤廃することとを内容とする。ところが、三号営業については「風俗営業」の定義からは外すものの、新たに「ダンス飲食店」の規制を設け、九時から二四時までの営業を届出制、二四時から六時までの営業を「深夜ダンス飲食店」営業として許可制にするとしている。

おわりに

大阪地裁の無罪判決は、抽象的危険を根拠とする許可制においても、およそ危険のない行為を処罰対象とすることは許されないとする立場に基づき、いわゆる堀越事件最高裁無罪判決の枠組みに従って、風営法の「ダンス」につき合憲限定解釈を行ったものと解される。ダンスが通常の形態で行われる場合には許可制の対象にはならないことを含意しており、筆者はマスコミの取材に対しこれを「九割方違憲判決」と評したところである。だが、本判決は、いかなるダンス営業が規制の対象たりうるのかを具体的に明らかにしておらず、明確性の原則との関連で、これが一般人にとっても判断可能だとした点[15]には疑問も残る。そもそも一般に「ダンス」として観念されるものはそれ自体として性風俗秩序を乱すおそれを含まない。売春防止法で規制されている売春の周旋や、刑法一七四条の公然わいせつ罪（およびその共犯）に該当しない「ダンス」であって、かつ、風営法で独自に規制の対象とする必要のある活動がどの範囲でありうるのか。

この観点では、「騒音等の各種問題」のみの規制を必要とする規制改革会議の意見は妥当な方向性を示しているが、「ダンス飲食店」の届出制および「深夜ダンス飲食店」の許可制を残すダンス議連案には問題がある。飲食店・深夜飲食店営業についてはすでに規制が設けられており、「ダンス」がそれにつけ加える危険性は存在しないからである。同じ議連案が、飲食を伴わずにダンスのみをさせる法二条一項四号の営業規制を撤廃していることとも矛盾しよう。

筆者は本件公判において、「ある人がビールを飲みすぎて酔い、別の人は酎ハイを飲みすぎて酔い、もう一人はハイボールを飲みすぎて酔い、問題を起こした。そこで炭酸を飲むことを禁止した。ダンスの規制は本来悪くない炭酸を悪者にするものである。」との趣旨の証言を行った。「ダンス」一般に危険性を認めえないことは判決が述べるとおりであり、この理解に沿った法改正が望まれる。

（1）判決書の日付は平成二六年五月二日である。
（2）新井教授の意見書の内容は新井誠「風営法におけるダンス営業規制の合憲性について」広島法科大学院論集一〇号（二〇一四年）一七一頁以下に掲載されている。
（3）〔原注〕最大判昭和四八年四月四日刑集二七巻三号二六五頁。
（4）〔原注〕最大判昭和二八年七月二二日刑集七巻七号一五六二頁、最大判昭和三〇年四月二七日刑集九巻五号九四七頁。
（5）〔原注〕最判平成二四年一二月七日判時二一七四号二一頁、判タ一三八五号九四頁〔＝刑集六六巻一二号一七二二頁、堀越事件〕。
（6）〔原注〕蔭山信『注解風営法Ⅰ』〔東京法令出版、二〇〇八年〕五四頁、五九頁参照。
（7）〔原注〕蔭山信『注解風営法Ⅰ』〔前掲注（6）〕一〇八頁、一一五頁。
（8）〔原注〕蔭山信『注解風営法Ⅰ』〔前掲注（6）〕一一五頁参照。
（9）〔原注〕犯罪類型ごとに違法性の実質的内容が異なることを肯定した全逓東京中郵事件判決、最大判昭和四一年一〇月二六日刑集二〇巻八号九〇一頁。
（10）〔原注〕内田淳正［「健康で長生きするためには運動が大切だ」］学士会会報九〇〇号〔二〇一三年〕七八頁。
（11）〔原注〕国家公務員の政治的行為に関する前記最判平成二四年一二月七日判時二一七四号二一頁、判タ一三八五号九四頁〔＝刑集六六巻一二号一七二二頁、堀越事件〕参照。
（12）〔原注〕平野龍一『刑法総論Ⅰ』〔有斐閣、一九七二年〕一二〇頁、内藤謙『刑法講義総論（上）』〔有斐閣、一九八三年〕二〇九頁以下、内田文昭『刑法各論〔第三版〕』〔青林書院、一九九六年〕四四二頁、中山研一『口述刑法各論〔新版補訂二版〕』〔成文堂、二〇〇六年〕二四九頁、野村稔『刑法総論〔補訂版〕』〔成文堂、一九九八年〕一〇〇頁以下、中森喜彦『刑法各論〔第三版〕』〔有斐閣、二〇一一年〕一六四頁注12、西田典之『刑法総論〔第二版〕』〔弘文堂、二〇一〇年〕八五頁、浅田和茂『刑法総論〔補正版〕』〔成文堂、二〇〇七年〕一二九頁、曽根威彦『刑法総論〔第四版〕』〔弘文堂、二〇〇八年〕二〇九頁、山中敬一『刑法総論〔第二版〕』〔成文堂、二〇〇八年〕一七一頁、山口厚『刑法総論〔第二版〕』〔有斐閣、二〇〇七年〕四六頁、高橋則夫『刑法各論』〔成文堂、二〇一一年〕四四七頁、松原芳博『刑法総論』〔日本評論社、二〇一三年〕五四頁、岡本勝『犯罪論と刑法思想』〔信山社、二〇〇〇年〕九〇頁以下、佐伯和也「『抽象的危険犯』における可罰性の制限について（二・完）」関西大学法学論集四六巻二号三一六頁以下、謝煜偉『抽象

的危険犯論の新展開』〔弘文堂、二〇一二年〕五一頁など。

(13)　判決は、「風営法が性風俗関連特殊営業については許可制ではなく届出制を採用していることとの均衡から、本件各規制が過剰な規制である」とする意見書の主張につき、「規制の程度は、単に許可制か届出制かという形式のみではなく、その実質的内容をみて判断すべきところ、性風俗関連特殊営業に関しては、許可の対象とすることでその営業を公認したかのような印象を与えることが適当ではないという政策的な理由から届出制が採られているにすぎず、実質的にはより厳格な規制の下に置かれていると認められる」としてこれを斥けている。

(14)　議事録等からは、意見の取りまとめる際に実質的な中心になった委員が安念潤司教授（憲法学）であることがうかがえる。

(15)　最大判昭和五〇年九月一〇日刑集二九巻八号四八九頁（徳島県公安条例事件）、最大判昭和六〇年一〇月二三日刑集三九巻六号四一三頁（福岡県青少年保護育成条例事件）に代表される判断枠組みが採用された。

〔付記〕脱稿後、大野友也「ダンスクラブの無許可営業が風営法に違反しないとされた事例」TKCローライブラリー新・判例解説（文献番号z18817009-00-010831079）、新井誠「風営法によるダンス営業規制をめぐる憲法論」法律時報八六巻九号八九頁が公刊された。また、ダンス議連案は国会に提出されず、警察庁の「風俗行政研究会」が法改正の検討を開始した。NOON裁判では検察側から控訴趣意書が提出されたが、ダンスがどのように危険であるのかに全く触れない内容となっている。

心理強制説をめぐる十九世紀前半の議論
――フォイエルバッハの「威嚇」論はどのように受け止められたのか――

高橋直人

Ⅰ　序　論

「近代刑法学の父」と呼ばれるドイツの法学者フォイエルバッハ（Paul Johann Anselm von Feuerbach, 1775-1833）は、「国家におけるあらゆる法的な刑罰は、外的な権利を維持する必要性によって根拠づけられ感性的な害悪をもって権利侵害を威嚇するところの法律の、法的効果である」ということを「刑法の最高原理」とした(1)。そして一方で、罪刑法定主義を簡明に表現する「法律なければ刑罰なし」の原則が前記の最高原理から導き出され(2)、他方で同原理にいう「威嚇」を具体的に理論化したものが、「犯行への衝動が満足させられないことから生ずる不快感よりも大きい害悪が自らの行為に従って生ずると誰もが知っているならば、市民の意思は、権利侵害を控えるよう心理強制によって決定される」[3]という心理強制説（Theorie des psychologischen Zwanges）である。罪刑法定主義と心理強制説は、フォイエルバッハの理論体系の根幹部分でこうして密接に結びついている。

ところが、フォイエルバッハの今日の名声を確たるものとした罪刑法定主義に比べ、彼の心理強制説の歴史的意義を評価することは容易でない。特に十九世紀前半のドイツにおいて、当時、「威嚇説（Abschreckungstheorie）」とも呼ばれた心理強制説に対して数多くの批判が存在することを、いかに受け止めるかが問題となる。それらの批判の中には、犯罪予防に向けた合目的性を徹底的に追求するフォイエルバッハの姿勢と彼の機械論的な発想とを前にして、同時代の論者たちの抱いた警戒感が見いだされる。フランクフルト国民議会で活躍した自由主義的政治家であり、法学教授として刑法学も専門としたヴェルカー（Carl Theodor Welcker, 1790-1869）は、フォイエルバッハの理論を「恐怖のメカニズム（Furchtmechanismus）」[4]と呼んでいる。さらに、人間の意思の自由を刑法学と「司法心理学」の共通の基礎として強調した、医学・生理学教授で鑑定医のフリートライヒ（Johannes Baptista Friedreich, 1796-1862）は、「威嚇説」のもとでの人間像を「刑罰に対する恐怖によって決定づけられる自動機械（Automat）」[5]と表現する。雑誌『Archiv des Criminalrechts〔刑法論叢〕』の編者も務めた刑法学者のヘプ（Karl Ferdinand Theodor Hepp, 1800-1851）は、刑罰法規による威嚇に実効性をもたせるために裁判官の裁量を過度に制限するフォイエルバッハの理論が、裁判官を「単なる包摂機械（Subsumtionsmaschine）におとしめる」[6]ものであるとする。以上の三者において、フォイエルバッハの心理強制説それ自体、その前提のもとにおける人間、裁判官——いずれもが一様に「機械」的なものに例えられている点は興味深い。これらの批判には、「近代刑法学の父」としてのフォイエルバッハの功績を強調する描写とは別の一面がみられる。

心理強制説においては、犯罪の予防という目的を達成するための手段として刑法が効果的に機能することを——

W・ナウケ氏の指摘を借りれば「高機能性（Funktionstüchtigkeit）」を――首尾一貫して追求するフォイエルバッハの姿勢が現れている。そこには、敢えて言えば刑法の道具化を招きかねない彼の論理の危うさを、それはそれとして批判的に直視しなければならない部分もある。「法律における刑罰の威嚇の目的は、潜在的な侵害者としてのあらゆる市民を権利侵害から遠ざけるための威嚇であり、刑罰の執行の目的は、それなしには威嚇が無意味な（効果のない）ものであろうという点で、法律による威嚇の実効性を基礎づけることであり」、「執行されない威嚇というものは、誰ひとり恐れさせることのできない無意味な威嚇である」とし、法律による厳格な威嚇と、この威嚇の実効性を違反者に対する確実な処罰によって担保することを通じ、市民一般を犯罪の実行から遠ざけるための広範かつ合理的なシステムを、フォイエルバッハは従来の論者とは一線を画する緻密な理論によって構築した。ただし、そのシステムが「高機能」であるからこそ、犯罪の予防という目的が一面的に追求されて人権保障との軋轢を生まないよう、適切にコントロールするための内在的な歯止めもいっそう必要となるのである。[7][8]

これに対しては、犯罪予防の追求が行き過ぎれば個人の自由が抑圧されるという危険をフォイエルバッハが強く意識していたからこそ、彼は同時に罪刑法定主義を徹底したのではないか、という反論も予想される。しかしながら彼の理論において、罪刑法定主義が一方では市民の自由を守るものであると同時に、他方で刑罰法規による威嚇が効果的に機能するための不可欠な前提条件でもある（何が犯罪となりどのような刑が科せられるのかが事前に明示されていなければ、心理強制説の想定する機能は意味をなさない）という二面性を考えれば、その種の反論は楽観的にすぎると言わざるを得ない。[9]

それ以前の問題として、フォイエルバッハの罪刑法定主義の限界も考える必要がある。違法な処罰や法律の恣意的な解釈・適用から市民を守る理論を打ち立てたことに関しては、彼の功績は確かに大きい。反面、不当な内容の法律から市民を守る役割をどれほど果たせるかということに関しては、彼の罪刑法定主義には弱点がみられる。筆者が「意思の自由と裁判官の恣意」（二〇〇六年）で論じたように、フォイエルバッハの罪刑法定主義の眼目は、「裁判官の恣意」を排除して「立法者の意思」を貫徹させることにあり、裁判官に対する彼の著しい不信感に比べると、当時の立法者すなわち君主に対する批判的な視点は彼には乏しいように思われる。[10]「実定法学は形式に適った法（das förmliche Recht）を叙述しなければならない。その法を評価し、一般的諸原則に従って検証するのは、法学者ではなく哲学者の仕事である。法学者自身は……ただ法律のもとにあり、法律よりも上にあるのではない」[11]とするフォイエルバッハの姿勢にも、法律実証主義的な考え方に通ずる部分がある。「刑の執行の法的根拠は、それに先行する法律による威嚇である」[12]とし、法律に処罰の規定されている犯罪を行ったことが処罰に対する行為者自身の同意となるというフォイエルバッハに対し、ザクセンの刑法家ティットマン（Carl August Tittmann, 1775-1834）は次のように批判した。[13]ならば法律に従って「一グロッシェン〔＝グロッシェン銀貨一枚分〕の横領」に「死刑」が科される場合、それが「法に適った刑罰であると誰が考えるというのだろうか」[14]、つまり、刑罰法規の内容自体が適正性を欠く場合でも行為者の「同意」が成立するのか――この批判は一見すると極論めいているにせよ、立法者に対しては警戒心の薄いフォイエルバッハの立場をふまえていえば、問題の本質を突いているのである。

　ナウケ氏は、フォイエルバッハは「法律による刑罰が効果的に機能すること」の基礎づけには成功したにせよ、そのような刑罰に対する「制御のメカニズム」を基礎づけることには成功していないと評価する。[15]筆者もそう考えざるを得ない。自らの打ち立てた強力な威嚇の理論が、権力の側からみれば容易に「便利な道具」となり得ることに対し、フォイエルバッハはいささか楽観的であったように思われる。実際、「フォイエルバッハの思想から借用している多くの者たち」によって、彼本来の思想に対する偏った理解のもとで「威嚇のシステムは一面的なものへと仕上げられ」、これを「警察国家の手中にある危険な道具とする」という結果が展開されることになった[16]、というケストリン（Christian Reinhold Köstlin, 1813-1856）の言葉がそれを物語るように、である。

しかも、「たいていの立法者は、フォイエルバッハの心理強制説を、この説を知っているか否かにかかわらず今日まで信奉している」とナウケ氏が述べるように[17]、心理強制説を含めた広義の「威嚇説」に属する考え方は、後世、現在も新たな装いのもとで繰り返し引き合いに出されている。たしかに現代に固有の文脈を伴っているにせよ、威嚇によって犯罪と対峙しようとする立法者の姿勢そのものは、犯罪に対する厳罰化や違法行為の犯罪化をめぐる近年の動向の中、今日の日本にも見いだされる[18]。このような現状を前にすると、「威嚇」というプリミティブな発想を独自の高度な刑法理論の域にまで高めたフォイエルバッハの営為を見つめ直すことは、今なお一定の意義を有するのである。

以上を意識しつつ、心理強制説に対して行われた批判と改めて向き合うことを通じ、フォイエルバッハの理論を多面的に理解し、さらには近代刑法・近代刑法学そのものの歴史的実像を光と影の両面からいっそう実質的に描き出していく必要がある。そのための基礎的な作業に当たるのが本稿である。具体的には、一七九〇年代から一八四〇年代までの時期を中心に、グロールマン、ケストリン、ヴェルカー、ベルナー、ミッターマイアー、バウアーを主な例とし、フォイエルバッハと同時代およびその直後の時代において彼の心理強制説がどのように受け止められたのかということを考察するものである。なお、引用箇所の〔　〕部分および傍点はすべて引用者による。

Ⅱ　予防説と威嚇説の交錯——グロールマン

まず、フォイエルバッハと直接に論争を繰り広げた人物の代表例として挙げられるのが、グロールマン（Karl Ludwig Wilhelm von Grolman, 1775-1829）である。フォイエルバッハが法律による威嚇を通じた一般予防の立場であるのに対し、グロールマンは刑の執行を通じた特別予防の立場であると、しばしば対比される[19]。だが、そのような理解は一面的である。グロールマンが、たしかに「刑罰の目的」とは「刑罰を受けるべき者に将来の違法な行為を行わせないようにすること」であるとする一方で、あわせて「法律による威迫としての刑罰の目的とは、あらゆる者の威嚇である」[20]としている点を見落としてはならない。このことをバウアー（Anton Bauer, 1772-1843）も指摘し、グロールマンの理論は「刑事法律の目的は一般予防に、刑の執行の目的は特別予防に存するものである」という「威迫説（Androhungstheorie）と予防説（Präventionstheorie）の結合」であると述べている。[21]つまり威嚇による一般予防という考え方自体は、グロールマンも認めるのである。

その上でグロールマンは、刑の執行に特別予防の目的を与える。これに対し、フォイエルバッハにとって刑罰は、法律による威嚇の実効性を確保するにとどまる。「人間は、決して単に他者の意図のための手段としてのみ取り扱われることはできない」[22]というカントの見解をふまえ、刑の執行自体は目的を有すべきではないとフォイエルバッハは考えるからである。彼が刑罰法規による威嚇と刑の執行とを区別し、前者にのみ目的をもたせたという点は、カント哲学からの要請を満たしつつ同時に合目的的な手段としての機能を刑法に付与しようとする試みである。これに対してグロールマンは、フォイエルバッハの説が、刑罰の根拠は「定言的な（kategorisch）」なものであるとするカントの説と、本来それとは両立し難い――刑罰を「防衛のための手段」とする――予防説の両方に近い性質を併せもつことに疑問を示す。[23]フォイエルバッハは「法律による刑罰の有用性に関する理論へとカント〔の理論〕を転換しようという試みについて、基本的に挫折した」[24]とナウケ氏が述べるように、グロールマンの指摘した前記の点には確かにフォイエルバッハの理論の矛盾が存在する。けれども、その矛盾を明らかにする説得的な議論をグロールマンは展開できていないと思われる。

グロールマンは、特別予防だけでなく、フォイエルバッハと同様に法律による威嚇を通じた一般予防にも立脚しているため、結局のところ、威嚇説そのものを根本的に批判し得る立場にはない。むしろ両者の主たる争点となったのは、同時に両者の決定的な相違点でもある、刑の執行という意味での刑罰の根拠である。この部分のみに注目した場合、グロールマンとフォイエルバッハの論争は、前者の特別予防（目的刑）と後者の「応報刑」の対立という様相を呈する（法律による威嚇の部分も含めて全体的にみれば、実際にはいずれも広義の「予防説」であると解されるけれども）[25]。そしてフォイエルバッハは、グロールマンの特別予防論によれば「実行された行為から我々が認識する〔行為者の〕悪しき心情」によって基礎づけられ蓋然的とされる「将来の権利侵害」にしか刑罰の根拠は存しないことになる、として鋭く批判した[26]。犯罪とは権利侵害であるということを厳密にとらえるフォイエルバッハの立場からすれば、過去に実際に発生した権利侵害に対して刑が科されるべきであって、過去の行為からみて危険視されるにせよ未だ生じていない権利侵害に対し、その発生を予防するために刑を科すことは認め難い。ここではフォイエルバッハの自由主義的な面が大いに発揮され、グロールマンを圧倒している。

最後に、もう少し基本的なレベルで対比した場合、刑法の前提となる人間観について両者の立場は大きく異なっている。グロールマンは相対的な非決定論に立つ。彼によれば、人は「理性的に行為すること」ができると同時に「自然法則に支配され」てもいる「理性的な自然的存在（vernünftiges Naturwesen）」であり、そのような人間について特徴的なものが、「理性の要求に応じ、獣性を人格に従わせる」能力すなわち「選択意思（Willkühr）」であるとする[27]。フォイエルバッハは、意思の自由は倫理・道徳の世界の問題であるとし、これを刑法学においては厳格に排除し、決定論の立場を取っている。彼は、経験の対象となり得る人間のみを法学では取り扱うべきであるとし、そのように「人間を自然の対象とみなす限りにおいて」は「人間に何らの自由もまったく発見し得ない」のであって、「人間が行うことすべては、不可避の自然法則によって予め決定されている」とする[28]。もっとも、お互いの依拠する人間観に本質的な違いがあるにもかかわらず、この部分を争点化しフォイエルバッハの決定論を直接的に批判の目標とする方向性を、グロールマンは――後掲のヘーゲル学派のような論者たちに比べると――十分には採用していないと思われる。また、決定論を前提にすると帰責論の部分に矛盾が生じるという論点を取り上げ、フォイエルバッハの人間観を批判したのは、十九世紀初頭までの段階では主としてむしろクライン（Ernst Ferdinand Klein, 1744-1810）である。[29]

Ⅲ　ヘーゲル学派の例として――ケストリン

フォイエルバッハが敢えて決定論を採り、その上に威嚇説を展開したことを真正面から批判することになるのは、グロールマンの次の世代、典型的にはベルナー（Albert Friedrich Berner, 1818-1907）やケストリンに代表されるヘーゲル学派の論者である。ここではケストリンの見解を中心に取り上げる。ヘーゲル自身も心理強制説を「犬に向かって杖を振り上げるような」やり方であると論難した[30]ことは、よく知られている。これと同様に、心理強制説は「犬の調教」も同然であるとケストリンは主張する。

その際、彼は、単に決定論を批判するだけでなく、フォイエルバッハが決定論を採らざるを得なかったことをカント哲学との関係から読み解こうとしている。すなわち「理論理性のことを、その内容を経験から獲得するという単なる形式的活動であると解するカント哲学に依拠する者は、理論理性の法則のもとにある帰責論に対しても、経験的な基盤のみを与え得るにすぎないであろう」とケストリンは述べ、「実践理性を、意思の自律性を、絶対的自由を、まさにいっそう理想的に解すればするほど、それを超感性的な概念として刑法の領域から追放しなければならないであろうし、ここでむしろ因果法則の決定論をよりどころにしなければならないであろう[31]」とする。この帰結は、少なくとも形式的にみれば、フォイエルバッハが選び取った見解にそのまま当てはまる。ちなみに、ケストリンとほぼ同様の理解をベルナーも示している。[32]

決定論に依拠したそのような刑法は、「責任（Schuld）」に基礎づけられるのではなく「単なる合目的性によって基礎づけを獲得しなければなら」ず、「人間の主体性を純然たる手段へと貶め、刑法を獣の懲らしめとしなければならないであろう」とした上で、ケストリンは次のように述べる。「なぜなら、法律で威嚇することによって人間に対して行使されるものである心理強制は、その本質からして、犬の調教の際に杖で行われる強制と全く同じだからである」[33]。以上のケストリンの主張が、ヘーゲルの言葉をアレンジしながらもいっそう鋭いのは、決定論に依拠して威嚇が行われる場合、刑法が「単なる合目的性」によって自らを基礎づけるしかなくなると明確に断じた点である。つまり心理強制説のもとでは、刑法そのものの性格が犯罪予防という目的のための一面的な手段とならざるを得ないのではないか、ということをケストリンの指摘は浮き彫りにしている。

Ⅳ　断固たる批判者——ヴェルカー

ヘーゲル学派と並んで、十九世紀前半にフォイエルバッハに対する厳しい批判を行った刑法家の例としては、当初は彼の「熱烈な擁護者」[34]であったヘンケ（Eduard Henke, 1783-1869）[35]とともに、ヴェルカーがあげられる。ヴェルカーは、刑罰に「七つの目的」を認めつつも、それらすべてが「犯罪者の責任によって生じた精神的損害の止揚」という「根本思想」によって統一されるとし、「単なる政策的な目的では決してなく、正義の理念、その第一の要請としての不正の否定が刑法の頂点にある」とする[36]。目的刑を認めながらも、その大前提として正義の実現を強調する点で、彼には、応報刑の立場であるヘーゲル学派およびヘンケと一定の親和性がみられる。

ロテック（Karl von Rotteck, 1775-1840）と共に自らも編者となった『国家事典』（新版・第十二巻、一八四八年）の中で、ヴェルカーは以下のように述べている。ちなみにその内容は、バーデン刑法典草案（一八四〇年）の委員会所見にみられるヴェルカー自身の記述[37]をほぼ引き継いだものである。心理強制説における「〔刑の〕執行は、威嚇を通じた恐怖の実効性を維持するための手段にすぎない。この威嚇は、刑の正当さおよび重さを、ただ恐怖による保安（Sicherung）という政策的目的を通じてのみ根拠づける。犯罪者は、保安の手段として、物として持ち出される。まさにカカシ（Vogelscheuche）同様に、彼自身にはまったく咎のない他者の悪しき欲求を威嚇するために、彼は絞首台に吊るされる」[38]。なるほど心理強制説は、前出の通り刑罰自体には目的を与えず、刑を受ける者が他者のための手段とされていないとする。だがヴェルカーの言う通り、ここで刑罰は、一般予防の目的を担う法律による威嚇の実効性を担保する役割をもつ。この意味で受刑者は、目的達成をより効果的にするための手段として扱われていると言わざるを得ない。「刑罰を与えることの間接的な目的（最終目的）は、市民に対する法律を通じた純然たる威嚇である」[39]というフォイエルバッハ自身の言葉も、そのことを裏付けると考えられる。カントのテーゼとの衝突を巧みに迂回したかのような心理強制説に対し、その形式主義的な論法の弱点をヴェルカーは見抜き、結局は受刑者を「カカシ」扱いするものだと手厳しく批判したのである。

また「感性的な恐怖」を通じた犯罪の予防は、その実効性を確保するためには厳罰化の途を辿らざるを得ず、ギリシアの苛烈な立法者「ドラコンのように（drakonisch）」なるに違いないとヴェルカーは主張する[40]。心理強制説は過酷な処罰を招きかねないという主張は他の論者にもみられるものであり、たとえばティボー（Anton Friedrich Justus Thibaut, 1772-1840）も、やはりドラコンの名を挙げつつ疑問を呈している[41]。後述のバウアーも同様の見解である。そしてヴェルカーは、「フォイエルバッハの理論は、もうそれが破綻を表明し、かつ犯罪の阻止のためのその恐怖のメカニズムを極めて実効性のないものであると表明した場合にのみ……一部で満足できるにすぎない」ものであり、今では「フォイエルバッハの恐怖の理論は、ありがたいことに、とうとう完全に瓦解した」[42]とさえ断言する。

V　ベルナーの「題辞」とミッターマイアー

ヴェルカーの述べるように心理強制説が「瓦解した」か否かはさておくとしても、少なくとも一八四〇年代に至ると、同説に対する批判的な評価は相当に高まっていると思われる。このことのうかがえる一節が、ベルナーの著書『刑事上の帰責論の綱要』（一八四三年）の本論冒頭に「題辞」として次のように掲げられている――「この最近の数十年間に広まった努力、すなわち意思の自由に関する問題を帰責論から追放しようとする努力は誤った見解に基づいている、ということがますます認識されている」[43]。ここで注目すべきは、以上の「題辞」がミッターマイアー（Karl Joseph Anton Mittermaier, 1787-1867）の言葉を引用したものであり、かつ、その出典がフォイエルバッハの『ドイツ現行普通刑事法教科書』の第十三版（一八四〇年）であるということ、すなわち彼の死後に補訂者としてミッターマイアーが引き継ぐかたちで公刊されたものに他ならないということである[44]。

ベルナーの「題辞」をめぐる前記の人間関係は意味深長である。「意思の自由に関する問題を帰責論から追放しようとする努力」を行った者とは、まさにフォイエルバッハ自身に他ならない。そしてミッターマイアーは、前出の『教科書』のうち帰責論を扱った箇所に、次のような注釈を付している。「要するに心理強制説の帰結であり、刑事法律の全能とこれによる威嚇とにすべてを期待したフォイエルバッハの見解の根拠のなさは、すでに以前から証明されており……今では一般に認められている」[45]。これに続く部分に登場するのが、件の「題辞」の言葉なのである。フォイエルバッハの教科書を引き継いだミッターマイアーさえも心理強制説の破綻を注釈で認めているという事実が、ここでは重要である。しかもミッターマイアーの見解を肯定し、敢えて自著の「題辞」にまで掲げて強調したのが、十九世紀ドイツの学界において一時代を築くヘーゲル学派の代表的人物として、さらにはベルリン大学教授として影響力を有したベルナーである、ということも当時の学界状況を理解する上で無視できない。

Ⅵ　バウアーの「警告」説

最後に、心理強制説を単に批判するにとどまらず、むしろ同説の「修正の試み」として「警告説（Warnungstheorie）」を提唱した、ゲッティンゲン大学教授のバウアーを取り上げておこう。彼は心理強制説を「威嚇説（Abschreckungstheorie）」と呼び、この威嚇説と前記の警告説とが「威迫説（Androhungstheorie）」という同一の類概念に含まれる異なる種概念であるとする。[46] 法律を通じ、刑罰の表象によって市民一般を犯罪から遠ざけるという基本的な枠組みにおいては、警告説も心理強制説と同様である。

だがバウアーは、心理強制説において「人間は過度に感性的な存在であると、特に恐怖を受け入れやすい存在であるとみなされており、その理性的本性、とりわけ徳、法および名誉についての感情が、さらに国民のよって立つ教養の程度が、しかるべく考慮されていない」と述べ、「快と不快の間」で「感性の支配下」にある人間を前提にする心理強制説は「帰責の基盤」を維持し難いとする。[47] そして「むしろ人間は常に理性的・感性的存在（vernünftig-sinnliches Wesen）であるとみなされねばなら」ず、「人間の理性的本性と感性的本性との結合および相互作用のみが、人間の自由という理念、意思の自由、または、相対する行為の間の決断あるいは自己決定の可能性に存するところの選択意思（Willkür）を生み出す」[48]と彼は主張する。なお、バウアーの以上の人間観と前出のグロールマンのそれとの間に多くの共通点がみられることは注目に値する。

フォイエルバッハは、決定論の見地から、「あらゆる違反は心理的な発生原因を感性のうちに有して」おり、その「感性的衝動」は「相反する感性的衝動によって打ち消されねばならない」とした。[49] それゆえ心理強制説は、人間の犯罪への衝動を一般的に抑圧するに足るほどの威嚇力を必要とすることになる。同説が厳罰化をもたらすというヴェルカーやティボーの批判は前出の通りであり、バウアーも心理強制説が「過度の厳格さ」に至ると指摘する。(50)これに対し、理性的・感性的存在としての人間を前提にする警告説の場合、「倫理、法、宗教および名誉という動機と並んで」、刑罰法規による「警告」は「行為の実行を思いとどまるための新たな重要な理由を人間に与え、これによって感性的衝動の支配を軽減する」(51)ものとなる。したがって「警告」には、心理強制説における「威嚇」のような峻厳さは必須ではない。警告説と心理強制説がいずれも広義の威嚇説（バウアーのいう「威迫説」）に属し、両者には理論構造上の共通点も多いにせよ、以上のような重要な相違点をふまえると、決定論を基礎とする心理強制説に対して非決定論を基礎とする警告説は、実質的にはもはや心理強制説の「修正」にはとどまり難いものではなかろうか。

Ⅶ 結語

本稿の考察の限りでいえば、フォイエルバッハの心理強制説およびその前提にある決定論の人間観は、十九世紀前半に学界で厳しい批判を受け、同世紀も中盤に近づく頃には（少なくとも一旦は）支持を大幅に失っているのではないかと考えられる。このことのもつ意味を、彼の刑法理論にみられる二面性という角度から見つめ直す必要がある。特に十八世紀後半以降、近代刑法（学）の成立に向けて決定的な影響を及ぼした啓蒙の合理主義は、人間性の尊重を勝ち取ると同時に、その人間性が疎外されかねないような方向にも——すなわち刑法を政策的な目的のための手段として自覚的に位置づけ、市民の自由との軋轢を伴いつつ、効率的な目的達成を粛々と追求するような方向にも——扉を開くこととなる。こうした二面性が、フォイエルバッハの打ち立てた「近代刑法学」にも受け継がれ、まさに彼の心理強制説をめぐって顕在化しているのではなかろうか。このような部分にも光を当て、近代刑法（学）をその輝かしい側面だけでなく影の側面からも描き出しつつ、いわば弁証法的な見方によって批判的に再検討していこうとする動向が、現在のドイツにおける刑法史研究に存在する。[52] これと同様の視点を意識しつつ、いっそう複眼的・多面的に近代刑法（学）を理解していくことは、日本における法史学および刑法学の研究にとっても有意義であると筆者は考える。本稿がそのための手がかりとなれば幸いである。

（1） Paul Johann Anselm von Feuerbach, Lehrbuch des gemeinen in Deutschland geltenden Peinlichen Rechts, 1.Aufl., Giessen, 1801, S.20.
（2） Ebd.
（3） Ebd., S.16.
（4） Carl Theodor Welcker, „Strafrecht, Strafrechtstheorie, Strafpolitik“, in: Carl von Rotteck, Welcker (Hrsg.), Das Staats-Lexikon, Encyklopädie der sämmtlichen Staatswissenschaften für alle Stände, Neue Auflage, Bd.12, Altona, 1848, S.493.
（5） Johannes Baptista Friedreich, Systematisches Handbuch der gerichtlichen Psychologie für Medicinalbeamte, Richter und Vertheidiger, Leipzig, 1835, S.124.
（6） Ferdinand Carl Theodor Hepp, Kritische Darstellung der Strafrechts-Theorien nebst einem Versuch über die Möglichkeit einer strafrechtlichen Theorie überhaupt?, Heidelberg, 1829, S.96.
（7） Vgl. Wolfgang Naucke, Feuerbachs Lehre von der Funktionstüchtigkeit des gesetzlichen Strafens, in: Eric Hilgendorf, Jürgen Weitzel (Hrsg.), Der Strafgedanke in seiner historischen Entwicklung: Ringvorlesung zur Strafrechtsgeschichte und Strafrechtsphilosophie, Berlin, 2007.
（8） Feuerbach, a.a.O. (Anm.1), S.16-18.
（9） この点について、Naucke, a.a.O. (Anm.6), S.107も参照。
（10） 高橋直人「意思の自由と裁判官の恣意——ドイツ近代刑法成立史の再検討のために」立命館法学二〇〇六年三号六〇－七一頁参照。
（11） Feuerbach, Revision der Grundsätze und Grundbegriffe des positiven peinlichen Rechts, Erster Theil, Erfurt, 1799, S.180.
（12） Feuerbach, a.a.O. (Anm.1), S.18f.
（13） Feuerbach, Ueber die Strafe als Sicherungsmittel vor künftigen Beleidigungen des Verbrechers, Chemnitz, 1800, S.95f.

(14) Carl August Tittmann, Handbuch der Strafrechtswissenschaft und der deutschen Strafgesetzkunde, Erster Theil, Halle, 1806, S.50f., Anm.i).
(15) Nauke, a.a.O. (Anm.7), S.124f.
(16) Christian Reinhold Köstlin, Neue Revision der Grundbegriffe des Criminalrechts, Tübingen, 1845, S.140f.
(17) Nauke, a.a.O. (Anm.7), S.108.
(18) 現代における厳罰主義とその背景の理解をめぐって、生田勝義『人間の安全と刑法』（法律文化社、二〇一〇年）から多くの教示を得た。
(19) 今日だけではなく十九世紀前半の論者にも、このような理解がみられる。一例として、Hepp. a.a.O. (Anm.6), S.103を参照。
(20) Karl Grolman, Ueber die Begründung des Strafrechts und der Strafgesetzgebung, nebst einer Entwicklung der Lehre von dem Maasstabe der Strafen und der juridischen Imputation, Gießen, 1799, S.116f.
(21) Anton Bauer, die Warnungstheorie nebst einer Darstellung und Beurtheilung aller Strafrechtstheorien, Göttingen, 1830, S.184.
(22) Immanuel Kant, Metaphysische Anfangsgründe der Rechtslehre, Königsberg, 1797, S.196.　邦訳として、カント［加藤新平・三島淑臣訳］「人倫の形而上学　第一部　法論の形而上学的基礎論」（野田又夫編『世界の名著三九　カント』中央公論社、一九七九年所収）四七三頁も参照。
(23) Grolman, a.a.O. (Anm.20), S.229-231.
(24) Nauke, a.a.O. (Anm.7), S.114.
(25) Vgl. Hepp. a.a.O. (Anm.6), S.103.
(26) Feuerbach, a.a.O. (Anm.13), S.36.
(27) Grolman, Grundsätze der Criminalrechtswissenschaft nebst einer systematischen Darstellung des Geistes der deutschen Criminalgesetze, Gießen, 1798, S.13f.
(28) Feuerbach, a.a.O. (Anm.11), S.319f.
(29) 高橋・前掲注（10）五四頁参照。
(30) Georg Wilhelm Friedrich Hegel / Eduard Gans (Hrsg.), Grundlinien der Philosophie des Rechts, oder Naturrecht und Staatswissenschaft im Grundrisse, Berlin, 1833, S.138f.　邦訳として、ヘーゲル［藤野渉・赤沢正敏訳］「法の哲学」（岩崎武雄編『世界の名著四四　ヘーゲル』中央公論社、一九七八年所収）三〇〇頁も参照。
(31) Köstlin, a.a.O. (Anm.16), S.139f.
(32) Vgl. Albert Friedrich Berner, Grundlinien der criminalistischen Imputationslehre, Berlin, 1843, S.31f.

(33) Köstlin, a.a.O. (Anm.16), S.140.
(34) Hepp, a.a.O. (Anm.6), S.38f.
(35) 例えば、Eduard Henke, Lehrbuch der Strafrechtswissenschaft, Zürich, 1815, S.18-28.
(36) Welcker, Die letzten Gründe von Recht, Staat und Strafe, Gießen, 1813, S.265f.
(37) Welcker, Commissions-Bericht (Nr.2), S.24f., in: Entwurf eines Strafgesetzbuchs für das Großherzogthum Baden, nach den Beschlüssen der Kommission der Zweiten Kammer der Landstände, Carlsruhe, 1840.
(38) Welcker, a.a.O. (Anm.4), S.493.
(39) Feuerbach, a.a.O. (Anm.1), S.18.
(40) Welcker, a.a.O. (Anm.4), S.493.
(41) Vgl. Anton Friedrich Justus Thibaut, Beyträge zur Critik des Feuerbachischen Theorie über die Grundbegriffe des peinlichen Rechts, Hamburg, 1802, S.82.
(42) Welcker, a.a.O. (Anm.4), S.493f.
(43) Berner, a.a.O. (Anm.32), S.1.
(44) Feuerbach / C. J. A. Mittermaier (Hrsg.), Lehrbuch des gemeinen in Deutschland gültigen peinlichen Rechts, 13.Aufl., Giessen, 1840, S.139, Note.I. des Herausg[ebers].
(45) Ebd.
(46) Bauer, a.a.O. (Anm.21), S.155-157.
(47) Ebd., S.171f.
(48) Ebd., S.172.
(49) Feuerbach, a.a.O. (Anm.1), S.15f.
(50) Bauer, a.a.O. (Anm.21), S.179.
(51) Ebd., S.188.
(52) ドイツにおける近年の研究動向については、高橋直人「ドイツ近代刑法史研究の現在」法制史研究六一号（二〇一二年）を参照。

刑法史認識の対象と方法について

本田　稔

Ⅰ　はじめに

戦後日本刑法学の出発点に憲法の価値・理念、その基本原則が位置づけられてきたことは、すでに多くの刑法学者によって指摘されてきたところである。それは、憲法の理念や基本原則が、それまでの戦争とファシズムと専制に奉仕してきた刑法学を克服し、平和と民主主義と自由へと向かわせる生きた指針であるからに他ならない[1]。しかし、戦後七〇年近くを経た今日において、そのことが改めて強調されているのは、刑法学がその指針に基づいて歩んで行くことが容易でないこと、その行方を阻む社会的・政治的な諸力が活発化していることを示している。それは戦前の戦争とファシズムの教訓が風化し、忘れ去られ、新たな形をとって繰り返される危機が増大しつつあることを暗示している。その危機を回避するために、それを推進する現実の動きに抗しつつ、同時に戦前の刑法史の問題性を憲法に基づいて検証し、その残滓を摘出する作業が進められている。(2) 小論は、このような刑法史の認識方法と刑法の現代的状況の検証方法について、若干の考察を加えることを目的としている。

Ⅱ　刑法史認識の死角

本稿の問題意識は次の点にある。今から二〇年ほど前、文芸評論家の加藤典洋は、坂口安吾と太宰治の敗戦直後の文学作品を比較して、両者は文学界を支配してきた権威や象徴に対して批判的でシニカルな傾向がある点で共通しながらも、作品において表明された戦前の歴史認識の方法について看過できない違いがあると論じた。(3) 坂口安吾は、一九四六年四月に『堕落論』を世に問うた。その冒頭、「半年のうちに世相は変わった」と述べた。何がどう変わったのか。若い兵士は君子のために命を捧げて花と散り、生きて帰った敗残兵は恥辱の涙を流した。しかし、それも束の間、流した涙はすぐに乾き、今では闇市を取り仕切り、金儲けに精を出しているではないか。出兵の日の朝、女性たちは健気な心情で涙を抑えて夫を見送ったが、戦死の知らせを受けた半年後、亡き夫の遺影は消え薄れ、新たな人の面影が胸に宿り始めているというではないか。敗戦から半年の間に確かに世相は変わった。しかし、人間は全く変わっていない。日本人は、敗戦を契機に戦前の国家と社会が大きく変化し始めていること、そして新しい時代が到来しつつあることを体感し、その大きな流れに合わせて自らも変わるべきこと、また自己にある旧い名残りを洗い落とさねばならないことを実感している。しかし、そのような躍動的な変化もまた、時代迎合的に衣替えを繰り返してきた日本人の本性の現れでしかない。坂口はこのように論ずるのである。「無頼派」の坂口が戦後の日本人に向ける視線は非常に冷ややかである。

しかし、加藤は坂口が戦後の日本人に対して辛辣な批判を加えられたのは、戦後の風の勢いのお陰ではないのかと疑問を呈する。それは次のようなイメージで語られている。戦前と戦後の境目に水門がある。その水門が敗戦によって開かれ、待望の戦後の水が戦前へと流れてきた。平和と民主主義、自由と平等に満ち溢れた戦後の水が、乾ききった戦前へと勢いよく押し寄せてきた。その流れと渦のなかで、日本人は戦前の自分を洗い流し、新しい戦後の世相に適合する。しかし、坂口がそのような時代迎合的な日本人を酷評したのは、自由が枯渇した戦前ではなく、戦後の世相が変化し、自由が溢れる世の中になってからである。その意味において、戦後の日本人像は坂口にもあてはまる。もっとも、加藤が坂口に疑問を呈したのは、彼が戦前に語らなかったことを戦後になって話し始めたからではない。戦後の風を追い風にして時代迎合的な日本人像を論ずるのはよいとしても、坂口がその追い風の分を「これは自分の取り分ではない」と、戦後の自分自身から差し引いて論じなかった姿勢を問題視しているのである。何故そのようなことを問題にするのかというと、同じ「無頼派」のなかには、坂口が書いたような文章を戦後一行も書かなかった者がいたからである。それは太宰治である。太宰は、『堕落論』を書いた坂口を意識しながら、「時代は少しも変わっていないと思う。一種のあほらしい感じである」と述べ、戦後の風を受けて日本人論を論ずる坂口を「馬の背中に乗っている狐」に例えて、小馬鹿にした。太宰と坂口の違いはどこにあるのか。太宰の場合も戦前と戦後の間に水門はあるが、敗戦によって水門が開かれても、戦後の水は流れ出さないし、戦後の風も吹かない。敗戦によって戦後は到来したが、それによって戦前の何かが変わったわけではない。戦争があったこと、それに敗北したこと、新しい時代が到来したことは、太宰にとっては何の意味もない。太宰は自分自身が変わらない限り、たとえ水門が開かれても、戦後に適合することなく戦前のままでいるのである。坂口は戦後になり、世相が変わったと言ったが、太宰は戦後においても戦前のままである。(4)

太宰は、なぜこのように頑なな態度をとったのか。戦後の風を受けて世相が変化し、勢いよく流れる戦後の水によって戦前的なものが簡単に洗い流されてしまうとき、新しい時代に飲み込まれ、それに適合するのは主体性を欠いた自己でしかなく、そこに歴史が繰り返される危険性を感じたからではないだろうか。加藤が坂口の戦後の語り口調に太宰の頑固な姿勢を対置させたのは、太宰が自己を通して示した歴史認識に共感しているからであろう。戦後的なものを基準にして戦前を眺めたとき、否定されるべきものとして浮き彫りにされるものは数多くある。しかし、坂口が戦後的なものに基づいて戦前を否定したとき、戦後との同一性が肯定された自己とは、いみじくも坂口自身が述べたように、時代迎合的に衣替えを繰り返してきた日本人でしかない。それは、戦後の法的価値体系を基準にして戦前の刑法の軍国主義的・人権抑圧的性格を総括的に否定し、憲法との同一性を自認する戦後の刑法とどこか似ていないだろうか。しかし、太宰は戦後においても戦前の自己を肯定し続けた。それは、戦後の法的価値体系に直面しても、それとの非同一性を肯定し続ける戦前の刑法のようである。戦争とファシズムの教訓の死角になっているのは、この非同一的な戦前の刑法なのではないか。

Ⅲ　日本法理運動の歴史的位相

戦後の法的価値体系に直面しても、肯定され続ける非同一的な刑法とはどのようなものか。例えば、戦前の日本法理運動に関わった刑法学者として、小野清一郎と佐伯千仭がいる(5)。小野清一郎は、一八九一年に生まれ、一九一九年に東大法学部の刑法講座の助教授に就任し、その後教授を経て、一九四六年に教職追放の処分を受けた。佐伯は、一九〇七年に生まれ、一九三一年に京大学法学部の刑法講座の助教授に就任し、一九三三年の京大事件で辞職後、立命館大学法学部の刑法講座の教授に就いたが、翌年に京大助教授に復職し、その後教授を経て、一九四七年に同じく教職追放の処分を受けた。この二人の刑法学者が追放されたのは、一九四〇年代の前半に日本法理運動に関与したからである。戦後の風を受けて彼らの刑法学研究を評価すれば、それは天皇中心の刑法学であり、全体主義の刑法学であり、人権抑圧の刑法学であり、戦争政策の刑法学である。それゆえ戦後の憲法のもとで存在することが許されない刑法学ということになる。戦後の法的価値体系は、戦争とファシズムに奉仕した刑法学者を追放する根拠として機能したのであるが、彼らの経歴から窺われるように、彼らは刑法学の研究に従事し始めた時から一貫して天皇制国家の刑法を探求していたわけではなかった。従って、日本法理運動に関与する前の刑法学研究が同じように断罪されたわけではない。小野清一郎は一九二〇年代から三〇年代の初頭にかけて、新カント主義の価値関係的な概念構成方法に基づいて、当時の刑法学界において支配的であった実証主義的な主観主義刑法学を批判し、構成要件論を基礎にすえた客観主義刑法学を体系化した。佐伯もまた、一九三〇年代にドイツ刑法学を研究し、その影響を強く受け、その時期に構築された客観主義刑法学の体系的理論は現在においても継承されている。人間の主観面や内面に犯罪の本質を見出し、それを刑罰権の発動の根拠とする主観主義刑法学に対して、客観主義刑法学が行為の外部的側面を重視することによって刑罰権の行使を制約することに務めた。その限りにおいて、小野や佐伯の刑法学研究は、現状批判的で、人権保障に資するものであったといえる。

しかし、そのような彼らが一九四〇年前後から敗戦までの間、日本法理運動に関わったのである。何故なのか。戦争とファシズムこそが時代の本流であり、それに参加・協力することが自己の責務であると確信したからなのか。それとも、戦争中は言論の自由が抑圧されていたため、国家の体制に不本意ながら従わざるを得なかったからなのか。あるいは、自分が関わらなければ、別の誰かが関わるだけであり、それでは抵抗の意味をなさないので、自分が関わって少しでも日本法理運動の勢いを鈍らせられるなら、まだましだと考えたからなのか。日本法理運動に関与した動機の具体的な内容には非常に興味があるが、二人の刑法学者が日本法理運動に関与したことがどのように評価されているかが重要である。例えば、小野の場合、人権保障的な刑法学から日本法理運動に向かったことを「変節」であると指弾することもできるが、あの時代の圧倒的な勢いを思うならば、一人の人間にいかほどの抵抗が可能であったであろうかと論ずるものがある。(6)佐伯の場合も、彼が日本法理運動に関与したことは、その研究の経歴のなかでも「異質」な部分と見なし、誰しも偏狭なナショナリズムが支配する戦時化の波には抵抗できなかったと同情的に評価するものがある。(7)戦争とファシズムの時代、偏狭なナショナリズムが支配する時代において、それまで主張し続けてきた批判的な刑法学説を主張し続けるのは困難であり、時代の流れに抗しきれず、日本法理運動に関与したこともやむを得なかったというのである。そのような評価の妥当性はさておき、日本法理運動とそれへの関与が総じて戦前の刑法史において異質・変節といった一種の例外状態として認識されていることに注視したい。何故ならば、例外状態とは、日本法理運動の軍国主義的性格や専制支配的性格のことなのであるが、それは戦後の平和と民主主義の風の勢いを受けて、その水の勢いによって洗い流されるべき刑法史の一部として浮き彫りにされたものだからである。しかし、戦前の刑法史にはそれとは異なる部分があるのではないか。戦後の平和と民主主義によって浮き彫りにされないような、あるいは戦前の戦争やファシズムの陰に隠されたもう一つの刑法史があるのではないか。水門が開かれても、風が吹いても、戦後の法的価値体系を前にしても、肯定され続ける非同一的な刑法史があるのではないか。そのなかに戦争とファシズムの危険性が潜んでいたとするならば、それこそが実は戦争とファシズムにとってより本質であり、それを浮き彫りにすることこそが刑法史認識の課題なのではないのか。そうであるならば、もう一つの視線が重要である。法思想や法の基礎概念の深部において戦争やファシズムを支えた具体的普遍を明らかにすることが必要である。戦前の刑法と刑法学が戦争とファシズムを支えたのは紛れもない事実である。しかし、憲法を基準にして戦前の刑法体系から軍国主義的・専制支配的条項や要素を放逐すれば、戦後の刑法と刑法学が平和的で民主的に再生できると安心できるほど、事は単純ではないように思われる。本稿が太宰の坂口批判を援用する理由はここにある。戦前の刑法史に向けられるべきなのは、太宰的な視線である。

Ⅳ　法思想における自然主義と価値哲学の挫折

戦前の刑法史に太宰的な視線を向けるとはいっても、それは容易なことではない。坂口のように、戦後の憲法的価値体系を基準にして戦前の刑法史を総括するならば、その価値観とは相容れない部分、つまり小野や佐伯が関わった日本法理運動に自然と目が向けられる。明治維新以降の刑法学研究、あるいは小野や佐伯の刑法学研究が一貫して戦争とファシズムを目指してきたのでない限り、彼らが関与した日本法理運動は、彼らの刑法学研究のなかでは異質なものとして映り、それまでの研究からの変節であると評価されるのも自然である。しかし、視線が向けられるべきは、戦争とファシズムに直結する日本法理運動だけであってはならない。それとは直接結びつかない刑法史にも目が向けられるべきである。彼らの刑法理論は、一貫して戦争やファシズムを志向していたわけではなかったが、それにもかかわらず、それを志向する日本法理運動へと向かっていったのである。その理由や契機に目が向けられねばならない。戦争やファシズムとの間に直接的な関係があったわけではないにもかかわらず、そこに向かっていった刑法学説の深部にある傾向を明らかにしなければならない。ここで一つの例証として着目すべきなのは、一九三〇年代後半期の小野の刑法学研究である。それは、いわば日本法理運動へと向かう過渡期の刑法学研究である。

先述のように、小野は研究生活に入った一九二〇年代から新カント主義の法学方法論に基づいて刑法理論の体系化を図ったが、一九三〇年代後半から法哲学の研究に重点を移していった。その時期の小野の法哲学研究に大きな影響を与えた思われるのが、ユリウス・ビンダーの法哲学とハンス・ヴェルツェルの刑法イデオロギー批判である。(8)

それは、法学方法論における自然主義的で実証主義な傾向や新カント主義の価値哲学的な傾向を批判して、新ヘーゲル主義の立場から存在論的な法理論を主張した点において共通している。ビンダーは、戦前のゲッティンゲン大学法学部の法哲学講座の教授であったが、ヴェルツェルはビンダーの法哲学から影響を受け、それを刑法学批判に援用したと思われる。一九世紀末から二〇世紀初頭にかけて、それまで支配的であった実証主義的な法思想が陰りを見せ、それに代わるものとして価値関係的な認識論を重視した新カント主義の批判的な概念法学が影響力を拡大していったが、この二人のドイツ人は、その抽象的・認識論的性格を批判し、一九三〇年代に新ヘーゲル主義の立場から具体的・存在論的な法概念を主張した。小野は、後に日本法理運動に向かう自己変革の契機をこの方法論の変遷過程に見出したようである。

ヘーゲルがフランス革命を高く評価して、世界は今や思想の上に立っていると述べたことは有名である。それまで思考の中にだけあった思想や観念が外界において現実化した。前近代の封建的な世界や人間のあり方を批判して、国家・社会はかくあるべし、人間はかく生きるべしと論じた哲学者の思想が現実のものになった。近代の世界においては、かくあるべしという当為とかくあるという存在との間には乖離はない。存在すべきものは、目の前に存在している。また、現に存在しているものは、存在すべくして存在している。現に存在しているものとは別に、存在すべきものを考察する必要はもはやない。近代資本主義の経済活動とその下にある法制度も、生産と分配が安定的に行われている間は、資本主義経済はかくあるべし、その法制度はかくあるべしと考える必要はない。現実に行われている資本主義経済とそれに照応する法制度を実証的に説明するだけでよいのである。実証主義の法思想は、このような近代的な世界観の肯定的側面を反映している。しかし、資本主義経済の矛盾が明らかになるにつれて、存在すべきでないものが存在していることが明らかになる。一方の社会的極には富と権力が集中し、他方の極には貧困と隷属が集積されてくると、存在するものは実は存在すべきものではないのではないか、現実の世界は存在すべきものによって構成されていないのではないか、存在すべきものは今なお観念の世界に留まっているのではないかと実感されるようになる。そして、この観念が現実を認識・批判する基準として肯定的に受け入れられるようになる。法制度・法体系が存在するということと、それがあるべき法制度・法体系であることとは次元の異なる問題であり、法学が研究すべきなのは、存在する法体系に基づいて、あるべき法体系とその理念を構想することである。現実の世界において存在する法体系が法的理念や価値に適合しないなら、観念的に批判することが法学の実践になる。(9)これが新カント主義の法思想であり、批判的観念論と呼ばれる所以である。

小野清一郎は、研究活動に入った当初からこの新カント主義の法思想を学び、彼が理想とする文化的共同体や文化的正義の観念を基準にして、刑法改正作業に対して批判的な発言を続けていたが、それは一定の言論の自由が許容されていた時代までであって、自由な発言が封殺されるようになってからは批判の調子は徐々に低下していった。その傾向は、一九三三年の滝川事件以降、顕著になった。

V　法思想における新ヘーゲル主義の台頭

新カント主義の方法論に基づいて、あるべき刑法を構想し、発言してきた小野は、戦争とファシズムの傾向が強まり始めた時代にどのような対応をとったのか。小野は理念や価値の世界から現実の世界を批判的に認識する方法論を放棄し、逆に現実の世界のなかに理念や価値を見出すことに努めた。それに理論的なてがかりを与えたのが、ビンダーであり、ヴェルツェルであった。

第一次世界大戦における敗北から革命へ、そして社会不安からファシズムへと突き進むドイツ社会の流れのなかで、法学研究の視座は、実定法から法的な価値や理念へとシフトされ、さらにはその背景にある国家や民族の精神へと向けられていった。第一次世界大戦に敗北したドイツ国民は、ヴェルサイユ体制のもとにおいて、敗戦国の国民として屈辱的な扱いを受け、それがドイツ人に民族の誇りと自覚を呼び覚ました。ワイマール憲法もまた、西洋近代の合理主義・個人主義の産物でしかなかった。欧米諸国を敵に回して戦った戦争には大義があり、その世界史的意義は今なお生きている。それにもかかわらず、その大義と使命は敗戦ゆえに否定され、民族の誇りと自尊心は汚され続けた。ヒトラーは、西洋世界に対してドイツの民衆の不満が溢れ出した時代に、第一次世界大戦後のヴェルサイユ体制において奪われたドイツ民族の誇りを取り戻すべくドイツ民族の政治運動を推進し、多くの国民はそれに精神的活路を見出し始めた。ビンダーとヴェルツェルは、このような時代に、現実的なものは理性的であり、理性的なものは現実的なものであるというヘーゲルの教えを復興させ、ドイツ民族の国民革命に国家と法の理念・価値を重ね合わせていった。ビンダーは、法思想の研究において新カント主義から新ヘーゲル主義へと衣替えし、その影響を受けてヴェルツェルも自然主義と新カント主義を批判する刑法学を模索し始めた。一般的・抽象的な法の理念など存在しない。それは死せる法である。ドイツにおいて今存在するのは、ドイツ民族のなかに流れる生きとした具体的で直接的な法だけである。それがドイツ法である。ドイツ民族の精神こそが、ドイツの国家と法の具体的普遍であり、それなしに国家も法も成立しえない。新カント主義は法の価値や理念を口にしたが、それは現実の周辺を徘徊するだけの実体のない空虚な観念であり、観念的であるがゆえに現実的な力を持ち得なかった。ビンダーもヴェルツェルも、このような新ヘーゲル主義の法思想の旗を掲げて、ドイツの歴史的使命の法学的実践に身を投じていった。

小野もこの方法を引き継いで、一九三〇年代半ば以降の日本の現実のなかに法の理念と価値を見出していった。それは戦争とファシズムの時代に言論の自由が抑圧されていたからではない。小野は、日本的なもの、仏教的なものに触れるなかで、それまで自己の知性を支えてきた西洋の近代科学、近代法学が陳腐なものに思えたために、日本的なものに目覚めたのである。日本共産党幹部の佐野学らが獄中で発した転向声明に関して小野が書いた評論には、佐野が獄中で仏教書を耽読するなかで、天皇制に帰依していった心の模様が記されている[10]。佐野にとって、仏教や国学は奥が深いものであった。青年期に時流であった西洋の近代科学よりも、東洋の智恵の方が含蓄に富んでおり、複雑な事象を単純に非合理なものと切って捨てる短絡さはなく、全体において包み込む包容力を持っていると受け止められた。絶対主義的天皇制は、コミンテルンによれば近代資本主義や共産主義とは相容れないものであり、民主主義・社会主義の日本を建設する途上において打倒すべき対象と教えられた。それは、智恵のない短絡的な教えである。天皇制は、日本人の深層心理の奥深いところに息づいており、日本の歴史をして日本史たらしめ、日本の文化をして日本文化たらしめる支柱である。このように受け止めたのは、佐野だけではなかったはずである。小野もまた、それに気づいたはずである。社会に息苦しさが増し、社会的発言の選択肢が狭められ、力強く推移する時局が決断を迫ってくるなかで、焦る小野が手探りで掴み取ったのが、ビンダーやヴェルツェルの法思想であったのではないか。小野のなかで、徐々に近代法学が終焉を迎え、その超克が始まった。小野は、世界に冠たる日本法学の建設へと向かって歩み始めた。西洋の近代法学によって水浸しにされた日本法学を再建し、その世界史的任務を全うするために、近代を克服する日本法理が法思想の分野において自覚的に展開されたのである[11]。

戦争とファシズムという現象面だけでなく、それを形而上において支えた「近代の超克」が小野をして日本法理運動に向かわせたとするならば、戦前の刑法史を戦後の法的価値体系から総括して、その軍国主義的・専制支配的要素を除去するだけでは問題の解決にはならない。法学における近代性の克服過程をも批判的に分析することが求められている。新カント主義が資本主義的矛盾の思想的反映として蔓延したこと、その根本原因を明らかにするのは観念論的認識論では不十分であること、さらにその思想的反動として新ヘーゲル主義が台頭し、ありのままの現実が受け入れられ、それが理念の現実化であると信じられたこと、そのために、非合理的な現実をも理念的に弁証する存在論へと堕したことの問題を批判し、それに代わる法思想を対置させることが必要である。日本の思想状況としては、京都学派の近代の超克論や安田與重郎などが唱えた近代の終焉論など、一九四〇年代の思想的潮流をその脈絡に位置づけ、批判的に総括する必要があろう[12]。それ自体としては、戦争やファシズムに直結する問題ではなかったのかもしれない。しかし、時局が戦争とファシズムへと向かうにつれて、それが世界に伍する日本の躍進として映ってしまったのは、法思想が非合理的な時代精神の誘惑に対して脆弱であったからである。

法思想において近代を超克する日本的精神は戦後の法的価値体系に基づいて総括されたのだろうか。戦後においてもその非同一性を維持し続けているのだろうか。それは日本法の深層に息づく伝統的な精神文化なのか。それとも封印されるべき危険な思想なのか。太宰的な視線は、問われてこなかった問いに目を向けさせる。

Ⅵ　戦前の刑法学？

新ヘーゲル主義は、第一次世界大戦後のヴェルサイユ体制において失われたドイツを取り戻す政治運動と結合して、その影響力を拡大した。一九四〇年代の日本法理運動は、直接的・間接的に新ヘーゲル主義の法思想の影響を受けたが、当時の日本はそのような政治課題に直面していたわけではなかった。それと同じ課題に直面しているのは、第二次世界大戦後のサンフランシスコ体制下にある敗戦国・日本なのかもしれない。その意味において、第二次世界大戦後の日本は第一次世界大戦後のドイツと共通している。第二次世界大戦中の日本法理運動を支えた法思想をひも解いていくと、第一次世界大戦後のドイツの新ヘーゲル主義法思想に行き着いたが、その法思想を求めているのは、大義を掲げて戦争に敗れ、失われた日本を取り戻そうとしている今の日本のようである。誇りある国家と民族を守るために、自存自衛の戦争に備えねばならないと政治家が豪語するとき、刑法思想は非合理な神話と幻想に再び誘惑され、戦争とファシズムの前に立たされる。来るべき戦争とファシズムの回避は、刑法思想がその誘惑に対していかに自制的であり続けれるかにかかっている。

＊　本稿は、二〇一四年三月二六日に開催された「第二回　二一世紀の国家像と産業・社会シンポジウム・法哲学セッション」（二一世紀の国家像と産業・社会研究会主催）において行った研究報告「ドイツ法哲学者ビンダーの法思想」を加筆・補正したものである。

（1）　例えば、生田勝義『人間の安全と刑法』（法律文化社、二〇一〇年）は、刑事立法および刑法解釈・適用のあるべき方向を示す指針として、自由・連帯・寛容などの理念を位置づける。それらは、憲法的理念の探求であるといえる。

（2）　内田博文『日本刑法学のあゆみと課題』（日本評論社、二〇〇八年）は、憲法および国際人権法を基準に据えて、戦前の刑事立法・刑事判例・刑法学説を総括し、そこから日本刑法学の現代的課題を析出する。

（3）　加藤典洋「戦後後論」『敗戦後論』（講談社、一九九七年）一三四頁以下。

（4）　このことによって、戦後の坂口が戦前の日本と断絶し、太宰が戦前の日本と連続していることが意味されているわけではない。むしろ、太宰の態度に戦後の実存主義的世相が如実に表されていると見るべきである。戦後の実存主義的世相というのは、久野収・鶴見俊輔『現代日本の思想——その五つの渦』（岩波新書、一九五六年）によれば、次のように説明されている。一九四五年八月から九月までの一ヶ月は、明治維新から昭和二〇年までの八〇年の日本国家の歴史に相当するほどの振り幅で揺れた。徹底抗戦か、それとも時局収拾かが問われ、その狭間で逡巡したあげく、最後には最も頑強な国粋主義者であった頭山秀三が一億総懺悔を説き、正戦の旗印であった天皇が衣替えをしてマッカーサーを訪問した。頭山秀三、天皇、東久邇、高坂正顕、大妻たかこ、どの人をとって見ても日本軍国主義を担った公人であったにもかかわらず、かつて民主主義者であった時期があったので、戦後の民主主義に適合するのは難しいことではなかった。日本の歴史は、過去百年の間に数回、国家的な温度を変えてきたので、例えば徳富蘇峰などのように百歳近くまで生きてきた人にとっては、昨日まで軍事主義者であっても、必要に応じて民主主義者の時代の体温を呼び覚ますことができたのである。「彼らは温度調節に長じ、決して風邪をひくことのない思想家である」。だが、若者たちは自分の内部の隅々を点検しても、自分が民主主義者であったとか、国際主義者であったという根拠を見出すことはできない。彼らは、大軍国主義の公人の指導に従った小軍国主義者でしかなかった。大軍国主義者は、小軍国主義者の頭を戦争とファシズムの泥沼のなかに突っ込ませておきながら、自分たちだけは平和と民主主義の方向へと路線転換していったのである。久野・鶴見によれば、戦後の実存主義はそのような世相の変化に順応する無節操な思想傾向に対する拒否の態度であり、太宰の戦後の作品を戦後の転向文学に現れた実存主義的傾向の一例として挙げている。

（5）日本法理運動における小野・佐伯の刑法理論の特徴を詳細に分析するものとして、中山研一『佐伯・小野博士の「日本法理」の研究』（成文堂、二〇一一年）を参照。また、拙稿「歴史と刑法学」立命館法学三二六号（二〇〇九年）一頁以下、同「刑法史における法理学的普遍主義の展開」立命館法学三三三・三三四号（二〇一一年）一二八七頁以下、同「刑法史における過去との対話（一）（二）」法と民主主義四六二号（二〇一一年）三五頁以下、同四六三号（二〇一一年）八二頁以下、同「刑法のイデオロギー的基礎と法学方法論」立命館法学三四四号（二〇一二年）五六七頁以下（本田稔・朴智賢編著『刑法における歴史認識と過去清算』〔文理閣、二〇一四年〕一二二頁以下）参照。Vgl. Minoru Honda, 100 Jahre japanisches Strafgesetzbuch - das japanische Strafrecht in Zeitgeschichte und Gegenwart, in: Journal der Juristischen Zeitgeschichte, 3/2008, S.110ff.; ders., Überwindung der Moderne im Strafrecht - Entstehung, Entwicklung und Schicksal der japanistischen Rechtslogik vor dem Zweiten Weltkrieg, in: Journal der Juristischen Zeitgeschichte, 1/2010, S.10ff.; ders., Über den rechtsphilosophischen Universalismus in der japanischen Strafrechtsgeschichte - eine kritische Betrachtung über den Strafrechtsgedanken Seichiro Onos in der Zweiten Weltkriegszeit, in: Ritsumeikan Law Review, Nr. 31, 2014, S.1ff.

（6）宮澤浩一「小野清一郎の刑法理論」吉川経夫・内藤謙・中山研一・小田中聰樹・三井誠『刑法理論史の総合的研究』（日本評論社、一九九四年）五一二頁以下参照。前田朗『ジェノサイド論』（青木書店、二〇〇二年）二二五頁以下は、戦中の小野の刑法思想を「侵略の刑法学」と規定している。これもまた、抵抗と解放という戦後の植民地国の独立と国際関係の変化を基準にした評価である。

（7）浅田和茂「タートベスタント論」犯罪と刑罰一八号（二〇〇八年）三六頁、同「佐伯刑事法学の形成と展開」刑法雑誌四八巻一号（二〇〇八年）七五頁、斉藤豊治「刑法史および刑法思想史研究」犯罪と刑罰一八号（二〇〇八年）一二九頁等を参照。

（8）小野清一郎「ヘーゲル主義的法律哲学——Binder, Grundlegung zur Rechtsphilosophie (1935)」、同「刑法に於ける自然主義と価値哲学」は、いずれも小野清一郎『法学評論（下）』（有斐閣、一九三九年）に収められている。ユリウス・ビンダーの法哲学については、末川博・天野和夫『法学と憲法』（大明堂、一九六六年）一八〇頁、竹下賢「法思想における全体主義への道」『ナチス法の思想と現実』（関西大学法学研究所、一九八九年）三頁以下、Ken Takeshita, Ein Weg zum Totalitarimus. Der rechtsphilosophische Wendepunkt Julius Binders, in: ARSP 79 (1993), S. 237ff., Eckart Jakob, Grundzüge der Rechtsphilosophie Julius Binders, 1996; Ralf Dreier, Julius Binder (1870-1939) - Ein Rechtsphilosoph zwischen Kaiserreich und Nationalsozialismus, in: Recht und Staat - Vernunft. Studien zur Rechtstheorie 2, S. 142ff., Frankfurt am Main (Zuerst erschienen in: Fritz Loos (Hrsg.), Rechtswissenschaft in Göttingen. Göttinger Juristen aus 250 Jahren, Göttingen 1987, S. 435ff.)　その邦訳として、ラルフ・ドライアー（本田稔訳）「ユリウス・ビンダー（一八七〇－一九三九年）——

帝国とナチスの間の法哲学者」立命館法学三五〇号(二〇一三年)五四三頁以下。

(9) 近代以降の法思想史の歴史過程については、三島淑臣『法思想史〔新版〕』(青林書院、二〇〇三年)三一八頁以下参照。

(10) 小野清一郎「思想犯と宗教」『法学評論(下)』三八七頁以下。

(11) 小野清一郎『法学評論(上)』(有斐閣、一九三八年)の「序文」では、日本民族には東洋文化と西洋文化の修得者として、新たな極東の文化圏を確立すべき任務があると述べられているが、同『日本法理の自覚的展開』(有斐閣、一九四二年)の「序文」では、日本文化は東洋文化を摂取してきたことによって西洋文化よりも優越していることが論ぜられている。

(12) さしあたり、河上鉄太郎・竹内好他『近代の超克』(富士房百科文庫、二〇〇四年)、高山岩男『世界史の哲学』(こぶし文庫、二〇〇一年)、保田與重郎『日本の橋』(新学社、二〇〇一年)、同『近代の終焉』(新学社、二〇〇二年)などの日本思想史論や文芸評論を刑法史のコンテキストに位置づける必要があろう。「近代の超克」を哲学的・思想史的に考察したものとして、廣松渉『〈近代の超克〉論——昭和思想史への一視角』(講談社学術文庫、一九八九年)参照。

第Ⅱ部　現代社会と刑法解釈

譲渡担保権者による目的物の不承諾引揚げと自救行為

大下英希

Ⅰ　はじめに

自救行為は、民事法上は自力救済と呼ばれる。両者は重なるものではあるが、民事法上の自力救済の方がその対象とする範囲は広い。例えば、相殺などは自力救済的な債権回収ともいえる。(1) 確かに、自力救済を「国家機関の手によらない自力による権利の実現」と定義すれば、そのような債権回収方法も自力救済といえる。しかし、そのような自力救済が禁止されているとは思われない。自救行為の禁止の意義は、「すべての権利は国家機関の手によってしか実現してはならない」ということを意味しているのではなく、「行為者がその信じるところの権利を法定の手続きを経ないで実力で実現してはならない」ということを意味している。自救行為の禁止の意義をそのような観点からとらえれば、相殺などは法的に許容された手続きなのであり、自力救済「的」とはいえても、自力救済そのものではない。

他方、刑法が対象とする自救行為は体系上の制約を受ける。すなわち、刑法上、自救行為が問題となる場面は、その行為が何らかの意味で「構成要件」に該当していることが前提となる。そのようないわば「犯罪」に該当する行為が、自救行為として違法性が阻却される場合はいかなる場合であるかを明らかにするのが刑法が対象とする自救行為論の中心課題となる。

通説的見解によれば、刑法における自救行為は、時機を失することによって権利の実現が事実上不能またはいちじるしく困難になり、法律上の手続きをとる暇のない場合に、「法律上の手続きによらないで自力によって権利を救済・実現する行為」(2)とされており、具体的には「鞄を盗まれた者が、翌日、雑踏で自分の鞄を持っている者に遭遇し、その者の腕から鞄をひったくって奪還した場合」(3)といったような、自己の財物の取戻しの場面が例として挙げられる。

このような違法性阻却事由としての自救行為を考えるにあたっては、二つの点が問題となる。まず、自救行為論においては、時機を失することによって権利の実現が事実上不能またはいちじるしく困難になり、法律上の手続きをとる暇がないという緊急状態において、私人は「何が」できるのか、という点が問われる。そして、二つ目として、その前提として、窃盗罪において「他人の財物」とは何を意味するかが問われることになる。

筆者はすでに、この問題について一定の結論に達している。自救行為が禁止されている現在の法体系のもとにおいては、たとえ緊急状態にあったとしても「自力による権利の実現」は許されず、ただ、国家機関における救済を受ける暇がないという時間的限界からくる、眼前における権利の実現に対する危険性を除去するという、請求権の保全行為としての自救行為（一般自救）のみが許容される。また、窃盗罪の保護法益に関しては、後述の最決平一・七・七等の判例の傾向を受け、所持という状態そのものを保護する所持説、あるいは民事上の権利に基づかない一定の場合に窃盗罪の構成要件該当性を認める中間説が通説化している。しかし、そのような窃盗罪（の一部）に、「自救行為罪」という社会的法益ないし国家的法益の機能を担わせる見解は、窃盗罪の「財産犯性」をゆがめるものでありとることはできない。窃盗罪の財産犯性を貫徹するためには本権説をとるべきであり、その上で自救行為の禁止については、自力による権利実現に用いられた手段を処罰することによって、また、不法な自力による権利の実現に対して、被侵奪者に占有の「事実」に基づいた取戻し行為（占有自救）を許容することで貫徹するという見解をとるべきである、というのが私見の概要である。[4]

本論は、そのような前提をもとに、民事上の権利の実現が問題となる場面で、刑法における自救行為論及び窃盗罪の保護法益論がどのような意味を持つかについて、若干の考察を加えようとするものである。

Ⅱ　譲渡担保物件の不承諾引揚げ

次のような事例を考えてみよう。

甲はA社とA社所有の機械につき譲渡担保契約を締結した上で、機械類をA社に無償貸与して使用させていた。しかし、その後、甲はA社の代表取締役が行方をくらませたという情報を聞きつけ、A社に駆け付けたところ、もぬけの殻であったことから、甲は譲渡担保権の目的物である機械類を引揚げた。

このような事例において、甲の行為につきどのような点が問題となるであろうか。[5]

甲の行為が通常、窃盗罪及び建造物侵入罪の構成要件に該当することは疑いようがない。自救行為の禁止を前提として占有者の占有そのものを保護法益とする所持説にあってはもちろんのこと、窃盗罪の保護法益を所有権としながら、刑法二四二条において他人が本権に基づいて占有する場合であれば、その財物は「他人の財物」とみなされる、とする本権説の立場に立っても、Aは目的物を譲渡担保契約に基づく無償貸与によって占有しているのであるから、その占有は本権に基づく占有でありその侵害は窃盗罪の構成要件に該当する、ということになろう(6)。では、甲の行った住居侵入罪及び窃盗罪につき、自救行為であるとしてその違法性を阻却することは可能であろうか。

この点を考察するにあたって、まず譲渡担保の契約から実行までの流れを概観しておこう(7)。

継続的な商取引において、そのたびごとに現金で決済することは現実的ではなく、多くの場合、売掛金や手形などによる信用取引が行われている。債権者は取引先が債務超過に陥った場合、他の債権者との関係でいち早く債権の回収を急ぐことになるが、現在のわが国においては、債権者平等の原則により、債権者の一人が債務者の財産を競売にかけたとしても、それぞれの債権額に比例して配当されるにとどまる。

そこで債権者は、債務の優先的弁済を確実にするために担保を取ることになる。担保には、人的担保と物的担保があるが、担保を取っておくと、仮に取引先が破産あるいは民事再生手続、会社更生手続に入ったとしても別除権あるいは更生担保権として、他の債権とは異なる扱いを受けることができる。

物的担保には様々なものがあるが、譲渡担保は非典型担保の一つである。譲渡担保は、債権者が債務者との間で、担保の目的で所有権などの財産権を債務者または物上保証人から譲り受けるという法形式をとる。債務者が被担保債権全額を返済すれば、目的物の権利を取り戻すことができる（受戻し）が、債務者が履行遅滞に陥った場合には、譲渡担保権が実行されることになる。実行の方法として、帰属清算型（目的物を確定的に譲渡担保権者の所有物として、所有権を取得する）と処分清算型（譲渡担保権者が目的物を売却して、その売却代金から債権を回収する）とがあるが、いずれの場合においても、売却価額が被担保債権額を上回る場合には、清算の義務がある。帰属清算型の場合には清算

金の支払ないし清算金が生じない旨の通知と目的物の明渡しは同時履行の関係にある。(8)

動産譲渡担保契約には一般的に、動産の特定、所有権の移転、占有改定による動産の引渡し、債務者による使用の許諾、債権の担保を示す諸情報、期限の利益喪失条項、および実行の方法などが定められている。加えて、目的物に当該物件が譲渡担保に供されており、処分が禁止されていることを表示するプレートを付けることが一般的である。(9) これは譲渡担保の目的物は債務者が引き続き使用するものであるから、債務者が第三者に対して目的物を処分してしまった場合には、第三者がその物の所有権を善意取得してしまうリスクがあり、そのリスクを避けるために行われるものである。また、動産譲渡の対抗要件は、動産の引渡しを受けることであるが、譲渡担保の場合においては、占有改定によるしか方法がなく、第三者から見て外形上その存在が判然としないため、後日、動産を取得する者が現れて占有改定の有無、先後をめぐって紛争を生じる恐れがある。そのような事態に対応するために平成一六年には、「債権譲渡の対抗要件に関する民法の特例等に関する法律の一部を改正する法律」が施行され、法人がする動産の譲渡について、登記によって対抗要件を備えることが可能となった（動産譲渡登記）。(10)

債務者による債務の履行が滞った場合、債権者は譲渡担保権を実行して債権を回収することになる。(11) 譲渡担保権の実行は裁判所に対して執行等を申し立てる必要がなく、私的に実行することが可能である。譲渡担保権の実行にあたっては、まず債務者に動産譲渡担保権の実行通知を送付する。実行通知には、譲渡担保契約に基づき譲渡担保権を実行して、目的物の所有権を確定的にする旨が記載されている。またその際、弁済期日が到来していないが期限の利益喪失条項に該当する場合には、期限の利益を喪失した旨を通知することも必要となる。(12) 実行通知を行ったら、債務者から同意を得て目的物を引揚げることになる。もっとも、先述のように、目的物の価格が被担保債権額を上回るときは、その差額を債務者に支払う必要がある。

動産譲渡担保は、以上のような流れで実行されるものであるが、債権者にはどのようなリスクが存在するであろうか。

債務者が動産譲渡担保の目的物の引揚げに同意しない場合がある。このような場合には、債権者は所有権に基づく動産引渡請求訴訟を起こし、勝訴判決を得たのち、強制執行によって物の引渡しを受けることになる。もっとも、そのような場合、他の債権者が目的物を持ち出したり、債務者が他の債権者に売却あるいは引渡しをするなどの危険性がある。そのような危険性がある場合には、民事保全法二三条以下に基づいて仮処分をすることができる。仮処分の中には、占有移転禁止の仮処分や、特に目的物の移転の危険性が高い場合などに行われる断行の仮処分がある。

一般に、動産譲渡担保権は、破産手続きや民事再生手続きにおいて、別除権として取り扱われ、破産・再生手続とは無関係に権利行使が可能である（破産法六五条、民事再生法五三条）。[13]もっとも、譲渡担保契約の締結の時期によっては、他の債権者から債権者取消権（民法四二四条）を行使される可能性がある。したがって、譲渡担保契約に基づいて所有権を取得し、引渡しを受けたとしても、民法四二四条の要件を充足する限りで、他の債権者から債権者取消権を行使され、債務者の行った担保設定行為が取り消され、物の返還が求められることもある。[14]

さらに、債務者が法的倒産手続き（破産、民事再生、会社更生など）に入った場合には、破産管財人などから否認権（破産法一六〇条以下、民事再生法一二七条以下、会社更生法八六条以下）を行使され、破産手続などの開始決定前に債務者との間で結ばれた譲渡担保契約が否認され、それに基づいて引渡された物の返還が求められることもある。

動産譲渡担保権の実行においては以上のようなリスクが伴うが、この中でもっとも債権者が恐れるのは、目的物が散逸することであろう。したがって、債務者が倒産状態に陥った場合には、いかにして担保の目的物を引揚げるかが課題になる。

このような場合でも担保の目的物を引揚げる際には、債務者である会社の代表取締役、ないしその弁護士から引揚げの同意をとることが前提とされている。そしてそのような承諾なく目的物を引き揚げる行為は禁じられた自力救済として窃盗罪等の犯罪にあたり得ることが指摘されている。

では、冒頭に挙げたような、その場に責任者が存在しない場合や、存在したとしても目的物の引渡しを拒絶している場合には、債権者は何もできないのであろうか。

Ⅲ　三つの最高裁判例

判例①　最決平一・七・七刑集四三巻七号六〇七頁

【事案】

被告人は、いわゆる自動車金融の形式により、出資法による利息の制限を免れる外形を採って高利を得る一方、融資金の返済が滞ったときには自動車を転売して多額の利益をあげようと企て、「車預からず融資、残債有りも可」という広告を出し、これを見て営業所を訪れた客に対し、自動車の時価の二分の一ないし一〇分の一程度の融資金額を提示したうえ、用意してある買戻約款付自動車売買契約書に署名押印させて融資をしていた。契約書に書かれた契約内容は、借主が自動車を融資金額で被告人に売渡してその所有権と占有権を被告人に移転し、返済期限に相当する買戻期限までに融資金額に一定の利息を付した金額を支払って買戻権を行使しない限り、被告人が自動車を任意に処分することができるというものであり、さらに本件の三台の自動車のうち二台に関しては、買戻権が行使された場合の外は被告人は「自動車につき直接占有権をも有し、その自動車を任意に運転し、移動させることができるものとする。」という条項を含んでいた。しかし、契約当事者の間では、借主が契約後も自動車を保管し、利用することができることは、当然の前提とされていた。また、被告人としては、自動車を転売した方が格段に利益が大きいため、借主が返済期限に遅れれば直ちに自動車を引き揚げて転売するつもりであつたが、客に対してはその意図を秘し、時たま説明を求める客に対しても「不動産の譲渡担保と同じことだ。」とか「車を引き揚げるのは一〇〇人に一人位で、よほどひどく遅れたときだ。」などと説明するのみであり、客には契約書の写しを渡さなかった。借主は、契約後も、従前どおり自宅、勤務先等の保管場所で自動車を保管し、これを使用していた。また、借主の中には、買戻権を喪失する以前に自動車を引き揚げられた者もあり、その他の者も、次の営業日か短時日中に融資金を返済する手筈であつた。被告人又はその命を受けた者は、一部の自動車については返済期限の前日又は未明、その他の自動車についても返済期限の翌日未明又は数日中に、借主の自宅、勤務先等の保管場所に赴き、同行した合鍵屋に作らせた合鍵又は契約当日自動車の点検に必要であるといつて預かつたキーで密かに合鍵屋に作らせたスペアキーを利用し、あるいはレッカー車に牽引させて、借主等に断ることなしに自動車を引き揚げ、数日中にこれらを転売し、あるいは転売しようとしていた。

【判旨】

被告人が自動車を引き揚げた時点においては、自動車は借主の事実上の支配内にあつたことが明らかであるから、かりに被告人にその所有権があつたとしても、被告人の引揚行為は刑法二四二条にいう他人の占有に属する物を窃取したものとして窃盗罪を構成するというべきであり、かつ、その行為は、社会通念上借主に受忍を求める限度を超えた違法なものというほかはない。

判例②　最判昭五三・六・二三判タ三七五号七九頁

【事案】

Yは A に対する債権の担保のために昭和四三年六月二九日付公正証書をもって譲渡担保契約を有効に締結した。

(一)Aは、Yらとの間の本件契約により、Aの所有する機械類をYらに譲渡担保に供してその所有権を移転するとともに、被担保債権の弁済期を昭和四三年九月二一日と定め、同日まで右担保物件を無償で借り受けた、(二)右契約においては、Aは善良な管理者の注意をもって譲渡担保物件を使用し保管する旨、もしAが右債務を履行しないときは使用貸借契約は当然に解除され、Aは直ちに譲渡担保物件をYらに返還し、Yらは右物件を適宜処分して被担保債権の弁済に充当しうる旨、約定されていた、(三)ところが、Aは同年七月一日不渡手形を出して倒産し、Aの代表者はこれより先の同年六月二九日から行方不明となっていた、(四)Yらは、右弁済期日前である同年七月初旬ころ及び同年八月九日の二回に、右譲渡担保物件である原判示の物件をAからその承諾を得ないで搬出し取り戻した、(五)Yらは、右物件を弁済期日まで保管していたが、Aの弁済がないために、同年一二月一〇日ころこれを四三〇万円で売却処分し、被担保債権の一部に弁済充当した。

これに対して、Aの一般債権者であるXらは、Aの承諾を得ないで担保物件を搬出したYらの行為はAに対する不法行為にあたるとして、Aに代位して物件の価格相当額の損害賠償の支払をYらに請求した。

【判旨】

上告人Xらが、被上告人Yらの右行為は訴外Aに対する不法行為を構成するから被上告人Yらはこれにより生じた損害を訴外会社に賠償すべき義務があると主張するものであることは、記録上明らかであるところ、被上告人Yらが本件譲渡担保物件を搬出取戻し、これを弁済期日まで自ら保管していた行為は、その搬出取戻しが訴外会社側の抵抗を実力をもって排除してされたものであるとか、その当時行方不明であった訴外会社代表者から授権された何ぴとかが適正に占有管理していたものであるとか、訴外会社がその倒産及び代表者の行方不明後も借用中の本件譲渡担保物件を使用してその業務を正常に運営しうる状況にあったとか等、特段の事情の認めるべきものがあるのでない限り、叙上認定のような事実関係のもとでは、まだ被上告人Yらに対して不法行為に基づく損害の賠償の責めを負わせるべきものとまではいうことができない。そして、被上告人Yらは訴外Aが弁済期を徒過した時点で譲渡担保権の実行として右物件の換価処分権能を取得したものというべきであるから、被上告人Yらの右物件の売却処分行為を不法行為であるということもできない。

そうすると、被上告人Yらの本件譲渡担保物件の搬出取戻し行為が訴外会社に対する債務不履行に該当するとし、それによって生じた訴外Aの損害と訴外Aの被上告人Yらに対する債務と差引計算して上告人Xらの請求を棄却した原審の認定判断は、上告人Xらの主張しないところに従ってした違法があるが、その結論において、結局、正当である。

判例③　最判昭四三・三・八判タ二二一号一一九頁

【事案】

YはAから極度額を四〇万円としてA所有の織機四台につき根譲渡担保の設定を受けた。その後Xは同じくAから、建物及び同織機につき、極度額四〇〇万円の工場抵当法による根抵当権の設定を受けた。その後、Aは倒産し代表取締役が行方をくらましたので、Yは約一五万円の債権を確保するため、織機四台（時価一一七万円相当）を引揚げた。引揚げの際、XはYに対して、Aの債務を変わって弁済するので引揚げはやめて欲しいと懇願したが、Yはこれを聞き入れず、実力で引揚げを実行した。そこで、Xは自らの抵当権が有効であり、Yによって損害を受けたとして、不法行為に基づく損害賠償請求を求めた。

【判旨】

原判決の確定した事実によれば、被上告人が本件機械に対して有する権利は、いわゆる処分清算型の譲渡担保権であるというのであるから、担保の目的を超えて所有権を主張し得ないことは、所論のとおりである。しかし、処分清算型の譲渡担保権者が優先弁済権を実行するためには、目的物を換価するため処分する以外に方法がないのであるから、その前提として目的物を搬出する行為は、同人の権利を実行するための必須の行為であって、不法行為とはいえない。これと同趣旨の原判決は正当である。上告人としては、債務者の被上告人に対する精算金返還請求権を代位行使して、その救済をはかるは格別、本件論旨は理由なく、採用できない。

①は窃盗罪の保護法益における判例の所持説的傾向を決定づけた判例として著名なものである[15]。先述のように、譲渡担保の目的物を占有者の承諾なく引き揚げた場合に窃盗罪に当たる可能性を指摘するものは、①を前提としているように思われる。また、①は占有者の占有そのものが保護されることを示したのみならず、社会通念上借主に受忍を求める限度であれば、所有権者の行為の違法性が阻却される場合があり得ることを示した点でも注目されている。

②及び③は本論が問題とする事案を対象にした最高裁民事判例である[16]。両者はともに、譲渡担保に関するものであるが、事案の細かな部分については重要な差異が見られるので、確認しておこう。

第一に、②は債務者のほかの債権者が、担保権者の引揚行為が債務者に対する不法行為であり、それを代位請求したという事案であるが、③は債務者のほかの債権者である抵当権者が、担保権者の引揚行為が自分に対する不法行為にあたると主張して損害賠償を求めた事案である。②は担保権者と担保権設定者との関係についてのものであるのに対して、③は担保権者と他の債権者である第三者との関係であることに注意が必要であろう。

第二に、引揚時期の問題である。②については、約二ヵ月後が弁済期の譲渡担保権を設定した二日後に、債務者が倒産、行方不明となったことから、弁済期日到来前に引揚げたものである。③においては、判例を見る限りでは、引揚行為の時点が弁済期の前であったのか後ろであったのかが明確ではないが、判示中にその点が特に論じられていないことから考えると、担保権者が引揚行為を行った時点では、既に弁済期が到来していたと考えられる。

第三に、引揚行為についてである。②においては、既に代表者は行方不明となっており、同社の取締役は目的物の持ち去りを承諾しなかったことが第一審で認定されている。第二審では、たとえ取締役の承諾があったとしても代表権限がなかったので、有効な意思表示とは認められていない。行為については、抵抗を実力を持って排除したものではないとされているので、承諾はなかったにせよ、外形上は平穏に引揚げたと考えられる。③においては、判決文中からは明確には分からない点もあるが、搬出時に上告人が担保権者に対して、引揚げをやめるように懇願したのに関わらず、実力で引揚げたものである。

以上のように見てくると、これらの両事案は、次のようにいうことができるように思われる。まず、②は、譲渡担保が設定された後、設定者が行方不明になるといった事情があった場合には、その搬出取戻しがA側の抵抗を実力をもって排除してされたものであるとか、その当時行方不明であったAの代表者から授権された何ぴとかが適正に占有管理していたものであるとか、Aがその倒産及び代表者の行方不明後も借用中の本件譲渡担保物件を使用してその業務を正常に運営しうる状況にあったとか等といったような特段の事情がない限り、設定者の承諾なく自力で搬出しても、不法行為責任を負わない、と判示したといえる。他方、③は、処分清算型の譲渡担保が設定され、その弁済期が到来した場合には、設定者の承諾なく目的物を自力で搬出したとしても、処分清算型の譲渡担保は換価するために処分する必要があることから、その前提として、目的物を搬出する行為は、設定者に対する精算金支払い義務があることは格別、少なくとも他の債権者に対する不法行為とはならない、と判示したといえる。

Ⅳ　若干の検討

1　譲渡担保の目的物の不承諾引揚げは窃盗罪にあたるか

まず、①について検討しよう。①は最高裁が戦後強めていった所持説的傾向を決定づけたと評価されている。しかし、本決定を一般に譲渡担保の目的物を承諾なく引揚げた場合に窃盗罪が成立する、と理解するのはやや早計に過ぎるように思われる。というのも、譲渡担保契約において債権者が確定的に所有権を取得するためには、債務者が債務の履行を遅滞し債権者が債務者に対し目的物を確定的に自己の所有に帰せしめる旨の意思を表示しただけでは足らず、清算金の支払あるいは清算金が債務の額を上回らない旨の通知をしなければならない。しかし、①の事実関係においてはそのような清算義務が果たされておらず、被告人は所有者としての権利を行使できる状態にはない[17]。そうだとすると、本件事実関係の下において、被告人は当該自動車の所有権を完全に取得しておらず、被告人による自動車の引揚げは、債務者の民事上保護される占有を侵害したとして本権説からも窃盗罪の成立を肯定できるのである[18]。

したがって、①をもって、譲渡担保権者が担保権を実行して所有者となったとしても、債務者の承諾なく目的物を引揚げることができない、引揚げた場合には債務者の事実上の占有を侵害したとして窃盗罪が成立する、という先例と解することはできないように思われる。まして、①の事実関係の下では、被告人は所有権者としての権利を行使できないのであるから、その行為が、社会通念上借主に受忍を求める限度の中に納まることもまたあり得ないのであって、その意味でも、①の先例性はそれほど強いものではない。

このように、①を前提にしたとしても、譲渡担保権者による目的物の不承諾引揚げは相手方の占有を侵害している以上、いかなる場合でも窃盗罪にあたる、と解するべきではない。

では、譲渡担保権者による目的物の不承諾引揚げは、何罪の構成要件に該当するのであろうか。そして、それに関して担保権者はどのような理由でどのような実力を行使することができるであろうか。刑法学の立場から見た場合、まず行為者の行為の構成要件該当性が問題となる。そこで問題を弁済期日到来前と到来後に分けて検討してみよう。

2　弁済期日到来前の不承諾引揚げ

弁済期日到来前に、譲渡担保の目的物を引揚げた場合どのような犯罪に当たるであろうか。この場合、所持説に立った場合であればもちろんのこと、本権説の立場からも窃盗罪の構成要件に該当することになろう。譲渡担保契約は、所有権の移転を内容とするが、同時に目的物は依然として債務者が占有・利用するからである。もちろん、譲渡の効果を生じさせるためには動産の引渡しが必要であるが、譲渡担保契約においては通常占有改定あるいは法人にあっては動産譲渡登記を行うことによって、その効力を発生させる。しかし、窃盗罪において保護される占有は、事実上の占有に限られるのであるから、占有改定が行われていたとしても、依然として窃盗罪にいう占有は債務者にある。したがって、債務者の占有は、譲渡担保契約とそれに基づく使用の許諾によって保護される占有であり、その侵害は窃盗罪の構成要件に該当する。また、引揚げの際、債務者の住居や会社に侵入した、あるいは暴行、脅迫を用いたなどいった事情があれば、それぞれの行為態様に応じた住居侵入罪や恐喝罪あるいは強盗罪の構成要件に該当することになろう。

では、それらの行為を自救行為として違法性阻却することは可能であろうか。通説的見解によれば、自救行為は「法律上の手続きによらないで自力によって権利を救済・実現する行為」である。そうすると、この段階での自救行為の問題は、目的物を引揚げさらにそれを処分して債権を満足させる行為が許容されるか、ということになる。しかし、弁済期日前の段階でそのような行為を許容することはできない。そもそも、弁済期日が到来していない段階では、債権者が譲渡担保権を実行して目的物を自己に帰属させる、あるいは処分する権能を有さないからである。

したがって、自救行為を自力による権利実現行為と捉える見解に立てば、たとえ、その段階で、時機を失することによって権利の実現が事実上不能またはいちじるしく困難になり、法律上の手続きをとる暇のない場合であったとしても、何ら手出しをすることはできないという結論に達すると思われる。そして、これは、刑法における自救行為を、権利を自力によって実現できるかできないか、という二者択一で考察してきたことに起因しているのである。

ここで、刑法において許容される自救行為を自救行為の禁止の意義から遡って検討してみると、異なった結論に至り得る。刑法が許容する自救行為は、国家の権力独占を背景に、国家が権利実現のための制度を整備していることを条件として、私人が権利の確定・実現において、法定の手続きを経ないで実力で実現することを禁止するという自救行為の禁止の限界から導かれる。つまり、権利の実現が危険にさらされているにもかかわらず、国家の制度を利用する暇がない場合には、国家は自救行為の禁止を私人に強制することを差し控え、その時点における問題解決を私人の手に委ねざるを得ないのである。

そのような根拠から私人による実力行使が許容されるとしても、そこで許される実力行使の内容は「自力による権利の実現」ではない。あくまでも国家が用意した法的手続きの限界に関する部分のみが委ねられるのである。したがって、私人は権利の実現が危険にさらされている状況下で、国家の救済が間に合わない限度、すなわち眼前に存在する危険の除去にかんしてのみ実力を行使することが許され、それに用いられた手段が自救行為（一般自救）として違法性阻却される(19)。

②の判例の状況は、Ａの代表取締役はＹとの譲渡担保契約を結んだ当日に行方不明となり、Ａはその二日後に不渡りを出している[20]。しかも、判決文の挙げた条件を逆から考えれば、目的物をＡの代表者から授権された何ぴとかが適正に占有管理していたという状態ではなく、Ａが借用中の目的物を使用して業務を正常に運営しうる状況でもなかった、という状態にあったというのであるから、この状態を放置すれば、Ａの債権者らがおしかけ、その混乱の中で目的物が他の者に持ち去られ処分されて散逸する危険性が十分に存在すると考えられる状況にあったといえる。

さらに、Ｙらの行為は弁済期日前に目的物を無承諾で持ち出したというものであるが、その後の状況を見てみると、弁済期日まで保管した上で、Ａからの弁済がないために弁済期日後に売却処分して担保債権の一部に弁済充当したというものである。譲渡担保権を実行し物件を処分することは法定の手続きを必要としない私的実行であるから、弁済期日が到来した後の売却処分については特に問題はないと思われる[21]。ここではむしろ、Ｙらは弁済期日前に引揚げて売却処分しようとしていたわけではないという点が重要である。また、その後ＸらからＹが訴えられているところから考えても、本件引揚げは他の債権者やＡの従業員等に気付かれないうちに強引な方法によって行われたわけではないということが推測できる。

したがって、ここでの問題は、弁済期日前に目的物を無承諾で持ち出すことができるかどうか、という点に限られることになる。そして、先述の各点を考えみると、Ｙらの行為は、目的物に対する自己の所有権ないし返還請求権の実現が不可能または著しく困難になる状況下において、請求権を「保全」するためにした行為として評価され、そこで行われた窃盗罪（及び場合によっては建造物侵入罪）の違法性が阻却されると考えるべきであるように思われる[22]。

3　弁済期日到来後の不承諾引揚げ

では、③で問題となったような、弁済期日到来後の不承諾引揚げについてはどうであろうか。この点は、弁済期日到来後に所定の手続きを経て、譲渡担保権者が完全な所有権を取得したが、債務者が引渡しに応じない、という場面で問題となる。その場面で、債務者の承諾を得ずに目的物を引揚げた行為は窃盗罪の構成要件に該当するであろうか。この点、所持説に立てば構成要件該当性を否定できないであろう。債務者に権限があるかどうかにかかわらず、占有しているという状態には変わりがなく、その占有を侵害した以上、窃盗罪の構成要件該当性は肯定されるからである。他方、本権説に立てば、目的物の引揚げに際して用いた手段が、他の構成要件に該当することは別として、窃盗罪の構成要件該当性自体は否定されるように思われる。[23] したがって、「処分清算型の譲渡担保権者が優先弁済権を実行するためには、目的物を換価するため処分する以外に方法がないのであるから、その前提として目的物を搬出する行為は、同人の権利を実行するための必須の行為であって、不法行為とはいえない」とする③の判旨は本権説と親和的であるといえよう。[24]

もっとも、そのように解してしまうと、譲渡担保権者は債務者が引渡しを拒む場合であっても、実力によって目的物を自力で引揚げることができることとなり自救行為の禁止に反するのではないか、という所持説（ないし中間説）からの批判が考えられる。

この点、本権説をとる論者にあっても、「当該物が自己の所有物であるから窃盗罪に該当しない」ということから、「自己の所有物であるから自力で取戻してもかまわない」ということは導かれないという点を十分考慮しておく必要がある。自救行為が禁止されているという前提は、本権説においても共通であり、窃盗罪の保護法益において本権説をとったとしても、他方で自救行為の禁止をいかに貫徹するかを考慮しなければならない。

仮に弁済期日が渡過し目的物の所有権を確定的に取得したとしても、現在の法体系は自救行為の禁止を前提にしているのであるから、債務者が（どのような理由であれ）目的物の引渡しを拒んでいる場合には、譲渡担保権者は原則として動産引渡請求訴訟を起こした上で、勝訴判決を受け、強制執行によって目的物の引渡しを受けなければならない。したがって、③のような事例において、目的物を承諾なく引揚げた行為が窃盗罪にあたらないとしても、その際に用いた手段が他の構成要件に該当する場合（建造物侵入罪、暴行罪、脅迫罪などが考えられる）には、その違法性を阻却する余地はない。そのことによって譲渡担保権者が目的物の引渡しを受けるためには結局のところ訴訟手続きに訴えるほかないのであるから、たとえ窃盗罪の保護法益について本権説をとったとしても、自救行為の禁止を貫徹することは可能であるように思われる[25]。

　このように解すると、本権説に立ったうえで構成要件に該当する手段を用いずに目的物を引揚げることが可能となるのは、目的物が何らの手当てもされないまま公道上等に放置されているといったような状況に限られる。所持説によれば、このような債務者が目的物の適正な管理を行っているとはいえない状況下であっても、それを持ち去ることになお窃盗罪の構成要件該当性を肯定することになろうが、それは窃盗罪を純粋な自救行為罪と理解していることにほかならず、もはや窃盗罪の「財産犯性」は全く無視されることになるとする批判が妥当しよう[26]。

　もっとも自救行為の禁止との関係でさらに検討を要するのは、民事法学上、③のような場合において、担保権の本質に鑑みて、債権者による自力による引揚げを認めるべきであるという議論がなされていることである[27]。譲渡担保権のような非典型担保をめぐる議論には、実務上発展しそれに対して学説・判例が時間をかけて形成してきた一定の到達点がある。その中で譲渡担保権の実行は、私的実行であり、その実行の方法としてどのようなものが考えられるか、どのような実力の行使を許容するか、という問題についてはさらに今後の民事法学上の展開や議論が予想されるところである。その問題にどのような解決を与えるかは、主として、民事法学上の問題なのである。そしてその中で、私人による実力の行使が一定の範囲で許容される、という結論に達したとしても、それ自体は自救行為の禁止に反しない。なぜなら、冒頭でも述べたように、自救行為の禁止は、「すべての権利は国家機関の手によってしか実現してはならない」を意味しているのではなく、「行為者がその信じるところの権利を法定の手続きを経ないで実現してはならない」ということを意味しているからである。

したがって、譲渡担保権の実現に際していかなる手続きを用意し、その中で国家による強制と私人の実力行使をどのようなバランスで配置していくかについては、各権利や制度の背景、実務上の必要性、他の手続きの関係などを慎重に比較検討して、判例・立法等を通じて民事法学の課題として整備を進めていくべきである。

しかし、自救行為の禁止を占有という事実上の状態そのものを保護するものであると理解した上で、それを侵害する行為にすべて窃盗罪の構成要件該当性を肯定してしまう所持説をとることは、かえってそのような民事法学の発展の阻害要因になりかねないように筆者には感じられる。(28)

4 おわりに

以上、譲渡担保権者による目的物の不承諾引揚げについて、判例等を参照しながら若干の検討を加えてきた。

それらの検討の結果、従来のように刑法上の自救行為を、「法律上の手続きによらないで自力によって権利を救済・実現する行為」と定義し、実現行為ができるか、できないか、といった二者択一でとらえることは、自救行為の禁止の意義から考察しても、実際上の問題の解決という場面においても十分な解決を与えることができないこと、自救行為の禁止を占有という状態の保護という意味でとらえそれを窃盗罪の保護法益と理解する所持説は、自救行為の禁止と窃盗罪の「財産犯性」の理解を混同しているものであること、さらに、所持説をとることがかえって民事法学の発展を阻害している可能性があること、などが指摘できたと思われる。

ここで、Ⅱの冒頭で挙げた事例について若干検討しておこう。

まず、甲の引揚時点が弁済期日以後か以前か、正確にいうと、甲が譲渡担保契約に基づいて、所有権を適法に取得した時点以後か、以前かによって結論が異なり得る。前者であれば、甲は所有権者であるから、その引揚げは、「他人の財物」を窃取したとはいえないのであるから、原則として窃盗罪に問われることはない。しかしながら、そのような場合でも自救行為の禁止を前提とする以上、自力によって取戻すことは原則としては許されず、そこで用いられた手段が他の構成要件に該当する範囲で処罰の可能性は残されている。

他方、後者であれば、甲は所有権者ではない、あるいはAには民事法上保護される権利に基づいて占有しているのであるから、その侵害は窃盗罪の構成要件に該当することになろう。

もっとも、いずれの場合においても、眼前に存在する状態を放置すれば、請求権の実現が不可能または著しく困難となるおそれがあり、その除去のために民事保全などの手続きをとる暇がない場合には、危険性を除去し、状況を保全するという意味での、（目的物の移転を含めた）実力行使は自救行為として許容されることになる。

確かに刑法の判断、とりわけ構成要件段階での該当性判断は類型的判断になじむものではある。そこから、個々の事例やその背景となっている権利の質や行為態様によって判断が異なることは好ましくない、あるいは民事法学・民事判例の目的は、刑事法学・刑事判例の目的と異なるのであるから、民事法学に依拠しなくても問題は生じない、という指摘もあり得るかもしれない。しかし、だからといって刑法上の判断が民事法学・民事判例と異なってよいということにはならないように思われる。窃盗罪は財産犯であり、そこでは他人の財産、他人の財物とは何かを問うことになるが、その問い自体が既に財産上の権利関係を規律する民事法への参照を前提にしているのである。

財産犯を検討するということは、現在の民事法学・判例の到達点について十分な配慮をしながら、その中で刑法・財産犯はどのような役割を果たすべきなのか、という点を常に考察し続けることを意味しているように思われる。

（1）谷口安平「担保権の実行と自力救済」米倉明ほか編『金融担保法講座Ⅲ巻』（筑摩書房、一九八六年）二一六頁。

（2）団藤重光『刑法綱要総論〔第三版〕』（創文社、一九九〇年）二五二頁、同旨、南由介「自救行為に関する一考察」『慶応の法律学 刑事法』（慶應義塾大学出版、二〇〇八年）二五七頁、松宮孝明『刑法講義総論〔第三版〕』（成文堂、二〇〇四年）一一一頁、福山道義「自救行為」阿部純二ほか編『刑法基本講座第三巻』（法学書院、一九九四年）一三六頁、内藤謙『刑法講義総論中』（有斐閣、一九八六年）四四二頁など。

（3）松原芳博『刑法総論』（日本評論社、二〇一三年）一九〇頁。

（4）詳細については、大下英希「自救行為と刑法における財産権の保護」川端博＝浅田和茂＝山口厚＝井田良『理論刑法学の探求 第七号』（成文堂、二〇一四年）七一頁以下を参照。

（5）なお、譲渡担保においては、特定物を対象とする動産譲渡担保と、債務者に帰属する一定の範囲内に存在する動産の一切を譲渡担保の対象とする、集合動産譲渡担保があるが、本稿では問題をより単純に理解するために集合動産譲渡担保の事例は対象としない。

（6）弁済時期が渡過した、あるいは期限の利益を喪失し、目的物の所有権が確定的に債権者に移転した場合には、本権説においては刑法二三五条にいう他人の財物に当たらない可能性もあるが、その点については後に検討する。

（7）以下の記述は、生熊長幸『担保物権法』（三省堂、二〇一三年）、井上治典＝中島弘雅『新民事救済手続法』（法律文化社、二〇〇六年）、中井康之監修・堂島法律事務所編著『実践！債権保全・回収の実務対応担保の取得と実行のポイント』（商事法務、二〇〇八年）、権田修一『債権回収基本のき〔第三版〕』（商事法務、二〇一一年）、森田修『債権回収法講義〔第二版〕』（商事法務、二〇一一年）を参考とした。

（8）最判昭四六・三・二五民集二五巻二号二〇八頁。

（9）通説・判例によれば、譲渡担保権の第三者対抗要件としてこのような明認方法を備えることを要件とはしていないが、目的物が譲渡、あるいは差押えられるリスクを避けるためにこのような措置をとることが一般的である。

（10）動産の即時取得については、取得者に善意・無過失が要求されるが、すべての動産譲渡において動産譲渡登記の有無を調査することまで要求されているとはいえず、動産譲渡登記をしていることをもって即時取得を防止できるわけではないと解されている。植垣勝裕『一問一答・動産・債権譲渡特例法〔三訂版増補〕』（商事法務、二〇一〇年）三七頁、井上＝中島・前掲注（7）四〇三頁参照（宮川聡執筆分）。

(11)　もっとも、債務者の信用不安が生じた場合には、債務者の現状や他社の動向の情報収集、取引先などとの弁済の交渉、相殺や代物弁済などが行われることもあり、いきなり担保権の実行手続に入るというわけではない。また通常、債権には約定に基づく支払期限があることが一般的であり、債務者は当該支払期限までは債権を弁済する必要はない。これを期限の利益という。したがって、債権者が債務者に対する債権を法的に請求するためには、当該債権について期限が到来しているか、あるいは期限の利益を喪失させておく必要がある。

(12)　期限の利益喪失条項は、該当事由が発生した場合に、当然に期限の利益を失う当然喪失と、該当事由が発生したことに加えて、何らかの通知・請求をした場合に期限の利益を失う請求喪失があり、どちらを約定することも可能である。当然喪失の場合には、理論上は通知の必要はないが、実務上は実行通知に記載をすることが通常であるようである。

(13)　会社更生法においては、更生手続開始後は原則として担保の実行等はできないが（会社更生法五〇条以下）、更生担保権として他の更生債権とは別異の取り扱いを受けることになる。

(14)　債権者取消権の対象は物的担保の供与に限られない。近江幸治『民法講義Ⅳ〔第三版補訂〕』（成文堂、二〇〇九年）一五八頁以下。

(15)　大審院は本権説的傾向を有していたが（大判大七・九・二五刑録二四輯一二一九頁）、最高裁は所持説的傾向を強め、窃盗罪においても、最判昭三五・四・二六刑集一四巻六号七四八頁は、会社更生手続き開始決定を受けて、管財人が会社の運転手に委託して占有していた物件を、譲渡担保権者が自力で持ち去ったという事案で、「他人の事実上の支配内にある本件自動車を無断で運び去つた被告人の所為を窃盗罪に当るとした原判決の判断は相当である」として、窃盗罪の成立を認めた（なお、当該自動車所有権の法律的帰属は被担保債権に対する会社からの弁済の充当関係が不明確なため民事裁判によらなければこれを確定しがたい状態であったと認定されている）。

(16)　③の評釈として、近江幸治「譲渡担保権者による目的物の搬出と不法行為責任」手形研究四〇四号（一九八七年）八〇頁以下、加藤雅信「譲渡担保権者の自力救済による目的物搬出行為と不法行為」担保法の判例Ⅱ（一九九四年）九頁以下、明石三郎「判批」判評二四一号（一九七九年）一二頁以下、田高寛貴「譲渡担保権者による目的物の無断搬出と不法行為」法政論集一五六号（一九九四年）四七九頁以下、吉田真澄「譲渡担保権者による期限前の無断搬出と不法行為責任」判タ三九〇号（一九七九年）七四頁、竹内俊雄「判批」亜細亜法学一四巻一号（一九七九年）一八四頁以下、野口恵三「譲渡担保物件の無断引揚げと不法行為の成否」ＮＢＬ一七三号（一九七八年）四四頁以下がある。②の評釈としては、上掲の評釈中に触れられているもののほか、浅沼武「譲渡担保権者の目的物搬出行為は不法行為となるか」金融法務事情五二六号（一九六八年）一二頁以下がある。

(17)　佐伯仁志＝道垣内弘人『刑法と民法の対話』（有斐閣、二〇〇一年）七六頁参照。

(18)　ここでどのような利益が債務者に存するかについては、譲渡担保の性質論によって変わりうるが、少なくとも債務者の占有が民事上の権利に裏付けられたものであることに変わりはない。また、本件最高裁は結論として上告を棄却して、原判決を確定させたのであるが、原判決である大阪高判昭五九・七・三刑集四三巻七号六三一頁は、被告人の行為に二三五条のみを適用し二四二条を適用していないのである。したがって、本決定の該当部分は判例ではなく傍論にすぎないことに注意しておく必要があろう。

(19) このような一般自救の要件として、請求権の実現が不可能又は著しく困難となるような危険が現在すること（危険）、その危険を除去するために法律上の手続きを利用する暇がないこと（緊急性）、請求権実現の目的（目的）、その行為が危険除去のための保全行為であること、用いた手段が危険除去のための必要最小限の行為であること（相当性）といったものが考えられる。大下・前掲注（4）八七頁以下参照。

(20) このように、Yらの譲渡担保契約は、Aの代表が行方不明になる当日であり、Aが不渡りを出す二日前に、抜け駆け的に締結されたものである。したがって、Xらが債権者取消権を行使していれば、譲渡担保契約を取り消して物の返還を請求できたのではないかと考えられる。しかしながら、債権者取消権は債務者の行為の後、他の債権者が別訴を提起することによって初めて認められるものであり、また、他の債権者が債権者取消権を行使しなければ、Yらの処分行為は非難されるべき筋合いではないと思われる。

(21) 上述のように、Yらには清算義務があるが、本件の事実認定によれば、目的物の処分によって得られた金額は被担保債権の一部の充当にしかならなかったのであるから、清算金は生じなかったと考えられる。この点についての通知が行われたかについては判決文上判然としないが、清算金が生じないことの通知が行われなかったことは目的物の引揚げの違法性の判断とは別個の問題である。

(22) 前掲注（16）の各評釈においても②の結論自体はおおむね是認されている。もっとも、明石前掲注（16）一四四頁は①Aの抵抗がなければ当然に自力取戻が許されるわけではない、②従業員や非代表の取締役が取戻現場にいたということは、これら物件の占有補助者によって占有管理が行われていたということであるから、敢えて物件の占有管理についての正当な授権を云々するまでもない、③Aの業務の正当な運営による物件の使用価値があったか否かはこの自力取戻を正当化する理由とするに乏しい、などと指摘して、Yの不法行為が否認される理由について疑問を呈する。もっとも、明石は、倒産という非常事態のもとで、特に目的物が動産という散逸しやすいものであることにかんがみ、譲渡担保権者が自己の所有権ないし返還請求権を保全するための緊急の必要性と同時に、訴訟経済ないし日常の利便にもとづく自力救済として正当化さるべきではないか、と述べる。筆者も、本件における請求権に対する危険除去のための保全行為であったか、という観点から違法性阻却を検討すべきであると考えており、基本的に明石の指摘と同一の方向性を有している。

(23) もっとも、帰属清算型の譲渡担保契約においては、清算金の支払あるいは清算金の支払がない旨の通知をもって初めて完全な所有権を取得することになり、それがなされていない場合には、債務者の占有は民事上保護される正当な占有であり、その侵害は窃盗罪の構成要件に該当する。したがって、ここでは処分清算型の譲渡担保契約であるか、帰属清算型の譲渡担保契約であり、そのような支払い・通知がなされていることを前提とする。

(24)　もっとも、近時では処分清算型の譲渡担保契約においても、その処分の時までの間は、債務者は債務の全額を弁済して譲渡担保権を消滅させ、目的不動産の所有権を回復することができるとされており、したがって、譲渡担保権者が確定的に所有権を移転するのは、設定者が受戻権を行使し得なくなったとき、すなわち処分が実行されたときということになる（生熊・前掲注（7）三一三頁以下）。そのような理解のもとでは、債務者の占有は、一定の民事法上保護される占有と理解され、自救行為の禁止という点を強調しなくても、目的物の不承諾引揚げについて本権説から窃盗罪の構成要件該当性を肯定できる。

(25)　債権者にとって重要なのは、窃盗罪にあたるかあたらないか、ではなく、犯罪にあたるかあたらないかということではなかろうか。そうすると、自救行為の禁止は、その行為が何らかの意味で犯罪に該当することの宣言によって、達成可能であるように思われる。なお、この場合に、目的物の引渡請求権の実現が不可能あるいは著しく困難になるという状況があれば、譲渡担保権者は民事保全法上の仮処分をすることになる。そして、そのような民事保全法上の仮処分すら間に合わないような場合には、請求権を保全するために、自力によって危険性を除去する一般自救が肯定される。一般自救によって危険性が除去されれば、再び自救行為の禁止が妥当し、債権者は法的手続きを履行して、物の引渡しを実現していくことが求められる。

　さらに所有権者（譲渡担保権者）の実力による引揚げは、窃盗罪に当たらないとしても不法なものなのであるから、被侵奪者（債務者）に、占有の事実に基づく取戻しを認めることによって、自救行為の禁止はより徹底されたものとなるであろう。占有自救については、大下・前掲注（4）九二頁以下参照。

(26)　債務者が譲渡担保の目的物をそのような状態で放置しているとすれば、それは譲渡担保権者の側に譲渡担保権ないし所有権に基づく妨害排除請求が認められるような状態ですらある。そのような状態であっても債務者の占有に財産犯たる「窃盗罪」によって保護される利益があると解することには無理がある。

(27)　前掲注（16）に掲げた評釈においても、③について結論としては妥当とする見解が多数を占めるし、谷口・前掲注（1）二二五頁以下、米倉明『担保法の研究』（新青出版、一九九七年）五一頁など。アメリカの統一商事法典（ＵＣＣ）§9-609（旧§9-503）、§9-610によれば、担保権者は目的物を平穏を害しない限りで（it proceeds without breach of the peace）自力で引揚げることを許している。その点を参照としながら、自力引揚権を認めるべきであると主張するものとして伊藤眞「アメリカ合衆国における動産担保権者の自力救済」同『債務者更生手続の研究』（西神田編集室、一九八四年）二〇五頁以下。やや異なった観点から、物の自力による引揚げを検討するものとして、佐藤鉄男「緊急時の権利実現方法としての物の引揚げ」中野貞一郎ほか編『三ケ月章先生古稀祝賀　民事手続法学の革新・下巻』（有斐閣、一九九一年）三五九頁以下。もっとも、これらの議論においても手段の相当性が認められることは当然の前提とされており、自力引揚権が認められるから、暴行・脅迫を用いてもかまわないとする論者はいない。アメリカ法における自救行為論については今後の検討課題としたい。

(28) 所持説をとる論者は、窃盗罪の構成要件該当性において、それぞれの権利の質や法制度などを勘案しないのであるから、仮に民事法学上、譲渡担保物の自力引揚げが一定の範囲で不法行為とならない、とする解釈が受け入れられたとしても、そのことを考慮することができず、民事法上許容されるが、刑事法上は窃盗罪に当たるという、法秩序間の矛盾を生み出すことになるだろう。

刑法における過失概念の規定のあり方に関する一考察
――ドゥトゲ－ヘルツベルグ論争を手掛かりにして――

玄　守道

Ⅰ　はじめに――問題の所在と問題の設定

現行刑法典において、「過失」という文言は、例えば刑法二一〇条において、「過失により人を死亡させた者は……」というように、各則において登場するが、しかし「過失により」とするのみで定義は与えられていない。また、総則において、過失に関する規定は三八条一項であるが、この規定は故意犯処罰が原則であり、過失犯は法律に規定がある限りで例外的に処罰されるということを規定するのみで、ここでも過失概念の内容に関する手掛かりを何ら与えていない。それゆえ、過失概念をいかに理解するのかは、もっぱら判例・学説に委ねられてきたのである。この点、学説においては、周知のように、要件論、判断基準論、過失構造論などをめぐって現在においても様々な学説が主張され、議論は錯綜するばかりである。

これだけ議論が錯綜する主たる原因は、要件論その他の検討以前に、そもそも刑法上の過失とはなんなのかということについての原理的考察が十分に深められ、共有されていない点にあるように思われる。それゆえ、本稿においては、刑法上の過失とは何かということを明らかにすべく、次のような問いを設定する。すなわち、刑法上の過失概念はいかに規定されるべきか、換言すればどのような観点・アプローチから過失概念の内容を明らかにすべきなのか、である。このように問うことで、刑法上の過失とはなんなのかということの一端を明らかにできると思われる。もっとも、本稿において、問題のすべてを論じつくすことはできず、あくまで過失概念を明らかにするうえでの序論的・前提的考察にとどまらざるを得ない。

先に設定した問いの検討に際して、以下では、過失規定につき日本と同じような法状況にあるドイツにおいて、近年行われたドゥトゲとヘルツベルグによる論争を手掛かりにしたい。というのも、両者の論争とその検討は本稿の問題設定に答えるうえで重要な示唆を与えてくれるからである。

Ⅱ　ドゥトゲの見解

ドゥトゲは、二〇〇一年に彼の教授資格請求論文に基づいて『過失犯の行為反価値の明確性について』(1)を公刊した。この著書で示されたドゥトゲの見解に対して、その書評論文においてヘルツベルグが激しい批判を展開したことから、両者の間に論争が生じることになった。(2)以下では、まずドゥトゲの見解を、その後の、二〇〇三年に公表された「過失と明確性の要請」論文に基本的によりつつ、(3)概要を紹介したい。というのも、ドゥトゲの問題意識と彼の見解の概要が二〇〇三年論文においてコンパクトに示されているからである。もっとも、適宜、著書と彼が過失について執筆したコンメンタール(4)の叙述で内容を補う。

ドゥトゲはまず、過失の概念と類型の現状について次のような認識を示す。すなわち、注釈書やその他の著作において、ドイツ基本法一〇三条二項(5)に言う明確性の要請は到底保障されているとはいえない、あるいはそもそも問題として認識されておらず、他方で、判例は、過失犯において（未遂の可罰性が存在しないような）前倒しされた行為をも処罰するに至っており、(6)ここで過失はうってつけの白地手形（Blankett）として理解されているとする。そして、このような問題の原因を、ドゥトゲは、そもそも過失において、実質的に禁止されているものが不確かであること、つまり、過失がいまだ正体不明で、十分厳格に把握されていないという点に見出すのである。(7)このような問題意識から、ドゥトゲは、過失概念にも明確性の要請を妥当させ、過失概念の内容を明確化することを試みるのである。

まずドゥトゲは、明確性の要請がそもそも総則規定に妥当することを確認したうえで、明確性の求められる程度に関して、次のように述べる。明確性の要請において求められるのは、解釈の恣意的な拡大に対して、限界を効果的に設定する十分に枠づけられた規制枠組みである。そして、このことは保護法益の明確化に加えて、立法者は個々の法概念の解釈にとって基準となる観点を、「いかなる視点の下で、いかなる方向においてさらなる具体化を行わなければならないかということを、あらゆる法適用者が法規から読み取ることができる程度」までに規定することによって達成されるとするのである。(8)つまり、ドゥトゲは明確性の要請に、法適用者が法規の文言からその限界を読み取り得ることまでも求めているのである。

明確性の要請の内容をこのように理解した上で、ドゥトゲは現行ドイツ刑法における過失規定を検討する。現行ドイツ刑法典に、過失それ自体の概念規定は存在しない。過失に関する規定としては一五条があるが、この規定からは、過失犯処罰の例外的性格、そして過失は故意と同様のカテゴリー段階にあること（一六条一項二文も参照）、さらには過失が故意に比べて軽く処罰されるということが読み取れるに過ぎない（一八条も参照）とする。また、Fahrlässigkeitの意味や語源からしても、上記の意味での明確性の要請を満たしているとはいえず、それゆえ、ドゥトゲは現行法上の過失という要素は明確性の要請を満たしていないとの判断を下す(9)。

したがって、現状のままでは、過失犯規定は基本法一〇三条二項に反することになるが、しかしドゥトゲによれば、過失規定が憲法違反であるとの裁定は、連邦憲法裁判所の確定判例と通説によれば、当該法規の「憲法適合的解釈」によって回避されうるとする。すなわち、仮に過失規定が憲法に反し無効ということになれば、とてつもない帰結を導くことになることから、このような法的真空状態を回避するために、さしあたり高権活動を維持し、その利点（Vorzug）を享受する解釈を探求しなければならないのであり、それゆえある刑罰法規がそのままでは憲法に反するとしても憲法適合的な解釈を施すことによって違憲を回避できるとするのである。このような考えの下、ドゥトゲは立法者の意図を憲法上許容された程度に限定、並びに明確化することは法適用者に全く許されており、課されてもいるとしたうえで、このような憲法適合的解釈の過失解釈論への意義を次の点に見出す。すなわち、憲法適合的解釈による、可罰性の限界づけへの影響と同時に過失に特殊な行為反価値の明確化は刑法解釈論および実務にとって過小評価しえない意味を持つという点にである。というのも、現在有力な学説、すなわち過失を、ドイツ民法二七六条の規定に依拠しつつ、社会生活上の注意を怠った場合とし、このことを具体的な特別規範によって確認する客観的注意義違反論や、過失を客観的帰属ないし許された危険の超過として捉える客観的帰属論は、上記の意味での憲法適合的解釈を満たしておらず、それゆえ明確性の要請の基準を満していないことが明らかであるからとするのである(10)。

以上のように有力な見解の不十分性を指摘した上で、ドゥトゲは過失概念の明確化のためには、そもそも刑法理論上の根本的な要請、つまり、「他者を害するなかれ（alterum non laedere）」という危害原則に立ち返り、この要請から過失概念を規定しなければならないとする。すなわち、この危害原則から、十分な回避活動を行うことの義務（die vorwirkende Pflicht）を導いたうえで、この義務の効果的な組織化は、自由な共同体においては、原則的に各法主体自身に、自己答責的なものとして満たされるべき課題として委ねられている。ドゥトゲはこのような法主体の義務から、刑法上の不法内容を導き出す。すなわち刑法上の不法に内在するのは特殊な回避義務侵害であり、これは故意・過失不法に共通するものとする。そして、この特殊の回避義務侵害は、抽象的ではなく、具体的状況の事実（Gegebenheit der konkreten Situation）を顧慮することで初めて確認されるとする。というのも、ある行為はそれ自体損害の可能性を有するのではなく、特定の状況の下でのみ損害の可能性を有するのであり、この具体的な状況が回避義務の定式化においても顧慮されなければならないからである[11]。

そしてドゥトゲによれば、このように定式化された刑法上の不法の構想は、過失を構成要件実現の認識可能性に依存させる構想と結びつくが、ここでいう認識可能性は純粋心理学的に解されるべきではないとする[12]。というのも、このような純粋心理学的な予見可能性によれば、あらゆる事象は何らかの程度は予見可能であったと言え、その認められる範囲に際限がなくなるからである。それゆえ、ドゥトゲは純粋な心理学的な認識可能性を規範的に限界づける要素として「誘因要素（Veranlassungsmoment）」の導入を主張するのである。というのも、損害結果の具体的回避可能性が決定的に重要であるが、このことは、十分な「契機（Anlass）」に基づく、その都度の状況における損害内在的な事象経過について個人的に認識可能であることを前提とするからである。このような、際立って特異な危険状況があって初めて刑法上重要な予見義務を根拠づけることができ、またこのような契機があることで、あらゆる事態に備えて常に意識を集中するよう求める過剰な要求を食い止めることができるとする。以上の過失構想からすれば、過失の核心は、そもそも（抽象的な）危険行為を行ったということではなく、むしろ十分に根拠のある契機にも関わらず、法益侵害の方向に向けられているさらなる事象経過を止めなかった、あるいは適時に止めなかった点に見出されるとするのである。(13)

ドゥトゲは、以上の過失概念の理解の下、認知心理学に依拠してその具体的な適用の明確化を図る。すなわち、先述の誘因要素を八つのカテゴリー（①具象性（Anschaulichkeit）のアスペクト、②危険シグナルの獲得、③警告シグナルがシンボルによって符号化されている場合、④警告シグナルの時点と間隔／規則性⑤危殆化の蓋然性、⑥予示された損害結果、⑦危険関連情報の認識が第三者の振る舞いにどの程度依存しているのか、⑧事前の警告時間）に分類し、さらにこれらを四つの評価段階に分け、第一段階が最高値で第四段階が最低値で、これらの数値を合計して平均値を出し、その平均値が二以下であれば過失ありとする。このことを、ドゥトゲは、確定判例が「差し迫った法益侵害がおのずと思い浮かぶ（Sich-Aufdrängen）」という言い回しですでに示している基準を参照して導き出している。すなわちこの基準が、リアクションに対する十分な契機が与えられてなければならなかったということを意味するのであれば、知覚可能性の中間段階では十分ではなく、すべてのカテゴリーにおいて第一段階に限定すべきということになろう。しかし、通常は、外界に変化が生じてさえいれば注意喚起にとって適切であるという認知心理学上の知見を想起すれば、具象性その他においてカテゴリーにおいて第二の評価段階で十分としうる。このことから、過失という価値判断は、少なくとも各カテゴリーの各段階の平均値において第二の評価段階に達している場合になされるとするのである。(14) このようにして、ドゥトゲは過失の判断基準の明確化を図り、もって法適用者の恣意的でない過失概念の適用を保障することを試みているのである。

Ⅲ　ヘルツベルグによる批判

以上が、ドゥトゲによる過失概念の構想であるが、この構想に対しては、ヘルツベルグは、二〇〇一年にGA誌上で批判を展開した(15)。以下では、本稿の問題関心に沿う主要な批判に限って紹介する。

1　ヘルツベルグの見解

まず、ヘルツベルグは一通説ないし自身の立場を簡潔に明らかにする。一通説は、ドイツ民法二七六条二項の規定を刑法においても参照して、社会生活上、必要な注意を怠った者が過失で行為する者としたうえで、刑法上争われているのはさらなる限定が必要なのかどうか、つまり行為者の個人的な能力を考慮する必要があるのかどうかであるとする。この点につき、ヘルツベルグは個人的な能力の考慮は不要とする。というのも、過失の判断において個人的な能力を考慮しなくても、総則上の責任に関するルールで適切な解決に導くことができるからである。その上で、社会生活上必要な注意を怠ったのかどうかの判断は、例えば道路交通法などの、ヘルツベルグが言うところの前置規範（Vorfeldnorm）がある場合には、前置規範に反して結果を発生させた場合に注意義務違反が認められ、前置規範が存在しない場合、従来の学説は、行為自由の利益と危険減少の利益との衡量に基づいて、当該行為が許された危険の範囲内にあるのかどうかによって判断するとする(16)。

2　過失規定は明確性の要請を充たさないとの主張について

以上のことを前提にヘルツベルグは、ドゥトゲの主張する現行ドイツ刑法典上の過失規定が基本法一〇三条二項にいう明確性の要請を充たさないとの主張について、この主張を文字通り受け取れば、現行法による過失犯処罰はその法的基礎を欠き、またこれまでの過失犯処罰も憲法上正当化されない状態で処罰されてきた不当なものになるという途方もない帰結に至るもので、現行法を前提とした過失概念の検討は無意味となる。したがってドゥトゲは新たな過失規定について提案を行わなければならないはずである。にもかかわらず、ドゥトゲは新たな立法提案を行うのではなく、結局は現行法の憲法適合的な解釈で満足しており、このことからヘルツベルグは、ドゥトゲにおいても過失規定は明確性の要請を満たしているのであり、結局のところ、問題は、過失の限界をより明確化する解釈なのであるとする。(17)

次にヘルツベルグは、ドゥトゲの提起する新たな過失概念が、ドゥトゲのいう明確性の要請に適うものであるのかを検討する。すなわち、ドゥトゲ説に基づけば、

「特別な諸事情ゆえにその原因となる態度を回避する十分に根拠のある契機を有していたにもかかわらず、人の死を惹起した者は、……罰せられる(18)」

という条文になるだろうとしたうえで、ヘルツベルグによれば、この規定によってもどの範囲の行為までが禁じられているのかの限界基準は争いうるし、それゆえドゥトゲ説によったとしても、過失規定は明確性の要請を充たしていないとするのである。結局のところ、ドゥトゲの見解は単に、法律上の過失概念と社会生活上必要な注意から、特別な事情と十分な契機という解釈論上の概念へと単に移し替えただけにすぎないとするのである。(19)

3　民法上の過失概念との関係

次にヘルツベルグは、ドゥトゲがドイツ民法二七六条二項にいう社会生活上必要な注意を怠った場合が過失とす

る定義の刑法への参照を、民法と刑法との規制目的の相違や、民法上の定義それ自体十分明確でないことなどを理由に否定することを批判する。ヘルツベルグによれば、民法二七六条二項によって要求されているものは、少なくとも刑法にとっても最低限の要件である。というのも、ドゥトゲのいうように、民法とは無関係に刑法独自の過失概念を想定する場合、例えば、社会生活上必要な注意を遵守したにもかかわらず傷害結果を引き起こした者は民法八二三条（損害賠償規定）によっては負責されないのに対して、刑法二二九条（過失傷害罪）によって場合によっては処罰されうるということになってしまい、全くもって不当だからである。つまり、民法二七六条を無視することは、法律の序列に基づく部分定義（Teildefinition von Gesetzesrang）を無視することを意味するのである。それゆえ、刑法における過失は、いかなる場合であっても行為する者が社会生活上必要な注意を怠ることを前提にするとする。さらにヘルツベルグは、自身が言うところの前置規範を考慮することのほうが過失犯の行為反価値の明確な規定の寄与にも資するとしている[20]。

4　故意との関係

ヘルツベルグは、明確性の要請との関連で、さらに故意と過失との関係について問題にする。従来、故意と過失との関係については、両者をプラス－マイナス（Plus-Minus）関係と捉える見解と質的に異なる（aliud）関係と捉える見解が争われてきた。この点、ヘルツベルグによれば、ドゥトゲは、故意と過失の関係について明確な態度決定はしていないが、両者の関係を質的に異なる関係としてとらえている傾向にあるとする。しかし、ヘルツベルグによれば、故意の傷害罪は、過失による傷害罪のすべての条件を満たしている。というのも、例えば、死の結果を故意に惹起する者は、同時に注意義務に反して死の結果を惹起してもいるからである。つまり、故意犯は過失犯の成立条件を含むものであり（プラス－マイナス関係）、このように理解する場合、明確性の問題は、過失犯に特殊な問題ではなく故意犯にも妥当するものとなる。そうすると、ドゥトゲのいうとおり過失犯が明確性の要請を充たさないのであれば、それは同時に故意犯もまた明確性の要請を充たさないことを意味すると批判するのである。(21)

5　誘因要素による過失判断の妥当性について

ドゥトゲの提案する、八つのカテゴリーの分類と四段階評価による過失判断基準の明確化に対して、ヘルツベルグは、例えば両親がベビーシッターに自己の子供に二二時に薬を与えるよう強く指示したが、ベビーシッターはこのことを忘れ、そのことによって子供に不作為で傷害を与えたという場合、あるいは隣の庭に誰もいないだろうと思って石を投げ入れたら、たまたま庭にいた隣人が投げ入れられた石に驚いて倒れ傷害を負ったという場合、具象性、獲得可能性、符号化でどうなるのかが明らかではない。また、ドゥトゲの提起する、評価段階は四段階であるが、なぜこれが五段階、あるいは一〇段階ではだめなのかと問い、このことから、段階付それ自体がすでに評価活動であると批判する。さらに、ヘルツベルグは、各カテゴリーの評価段階において最低の段階だが、しかし多くの危険の指標を有する場合になぜ契機として不十分なのかも不明確であるとする。結局のところ、このようなカテゴリー化と段階付は、恣意的なものであり、判断発見の安定性と平等性を高めるどころか減少させると結論付けるのである。(22)

Ⅳ　ドゥトゲの反論

以上がヘルツベルグの、ドゥトゲ説に対する批判の概要であるが、このような批判に対して、ドゥトゲは二〇〇三年にＧＡ誌上でおいて反論を展開したので、次にドゥトゲの反論の概要を紹介しよう。(23)ドゥトゲの反論の概要は、まずヘルツベルグの事実誤認ないし誤解を指摘した上で、批判に答えつつ、併せてヘルツベルグ説を批判するものである。

1　明確性の要請に関する批判について

この点に関するドゥトゲの反論は、GA誌上では必ずしも明確に述べられていない。ドゥトゲによれば、ヘルツベルグによる前置規範を考慮する方が明確性の要請に資するとの批判について、以下の反論にもあるように、前置規範違反の有無は、過失判断にとって徴表的な意味しか有さず、それゆえ法適用の明確性に役立ないとする。それに対して、自身の過失の判断基準はカテゴリーの分類と評価の段階付を手掛かりに禁止の妥当性が詳細に規定され、このような方法ではじめて予測可能になり、それゆえ明確性の要請に適っているとする。(24)

2　民法上の過失概念との関係

刑法上の独自の過失概念を主張することに対するヘルツベルグの批判について、ドゥトゲは民法でいうところの社会生活上必要な注意という基準は空虚な公式で使いものにならないとの先述の批判に加えて、民法と刑法の規制目的が異なる以上、民法における概念をそのまま刑法において受け入れることはできないとする。ドゥトゲによれば、このような両者の主張の相違の基礎には、法的諸概念において名目的定義が問題となるところ、その定義の実質的妥当性をヘルツベルグは他の法概念や法分野との論理的な関係において判断するのに対して（いわゆる体系的解釈を重視）、ドゥトゲは法概念の実質的定義の妥当性は、当該法の目的に適っているのかどうかによるとして（目的論的解釈を重視）、このような法概念の内容の妥当性に関する考え方の相違があるとする。もっとも注意すべきは、ドゥトゲが、民法上の過失と刑法上の過失の内容が異なることを認めつつも、民法上の過失が認められない場合であっても刑法上の過失は肯定されうるとするのではないということである。というのも、刑法上の過失概念は民法上のそれよりもより厳格な規制に服するからである。その意味で、ドゥトゲは民法と刑法の過失概念は論理的な段階関係ではなく評価的（規範的）な段階関係にあるとするのである。(25)

3 故意との関係

ドゥトゲによれば、故意と過失の関係も論理的な段階関係ではなく、評価的・規範的段階関係が問題とする。にもかかわらず、ヘルツベルグは、あらゆる故意行為には過失行為も含まれていて、それゆえ故意犯において行為者は同時に注意義務違反、つまり社会生活上の注意をも怠っているとする。しかし、ドゥトゲによれば、注意義務違反は、そもそも過失の特性を形成するものではなく、故意と過失に共通するものなので、これは故意と過失の内的関係（Binnenverhältnis）を明らかにするものではないとする。つまり、ヘルツベルグはその外的視点（Außenperspektive）における共通性のみに着目し、内的関係を明らかにしえていないのである。そもそも故意犯と過失犯は、回避義務侵害という法益関連領域で共通するが、しかし過失を形成するその特性においては故意とは異なるのである。すなわち、過失の特性は、犯罪結果は発生しないとの信頼によって示されるのに対して、故意の特性は、あり得る法益侵害についての意識的な決断という形式での行為者の法敵対的態度にあり、両者はこの点で質的に異なるとするのである。(26)

また、ヘルツベルグが、故意と過失の関係を概念論理的な関係として把握するその実際上の理由は、故意に関して証拠不十分（non-liquet）で過失を認定する択一的認定の場合、故意と過失の関係を概念論理的な包摂関係として捉えるしかないとの考慮にあるが、しかし、ドゥトゲは、要罰性の理由（Gründen des Strafbedürfnisses）から、non-liquet事例において過失処罰は可能とする。このように、故意と過失の関係を規範的・評価的段階関係と捉えることで、択一的認定を肯定できるのであり、それゆえヘルツベルグの批判は当たらないとする。[27]

4　誘因要素による過失判断の妥当性について

ヘルツベルグの誘因要素のカテゴリー化と段階付が具体例においてどのように用いられるのかが不明確との批判について、ドゥトゲは、この点に関する該当部分全体を正確に読めばそのような誤解は解け、カテゴリー化と段階付の有用性は明らかとする。そして、認知心理学的な解明は結局のところ、評価に依存するとの批判に対しては、ドゥトゲは自身の論証を、刑法上重要な誘因要素を明確化するための心理主義的―規範的な試みとして、まず、認知心理学的な基礎を明らかにし、首尾一貫して過失判断を担う法的基準に関する議論へと移行しているのであるから、ヘルツベルグの批判をあたらないとする。[28]

さらに、ドゥトゲはヘルツベルグが指摘するように危険指標における段階付において、四段階ではなく、五段階や六段階でも可能なのではという批判に対して、いかなるファクターが人間の（危険）知覚にとって重要であり、その際、いかなる細分化が事実的観点において認められうるのかについては、認知心理学だけがその基礎づけを明らかにできるとするのである。[29]

5　ヘルツベルグ説批判

ドゥトゲは以上の反論に加えて、ヘルツベルグが過失と前置規範違反を同視し、これを通説とすることについて、通説によれば、前置規範違反はあくまで過失の徴表としてしか捉えておらず、それゆえ過失を基礎づけるものではなく、ヘルツベルグはこの点で誤解しているとして、通説との相違を確認した上、[30]ヘルツベルグ説の問題点は、結局のところ以下の三つに集約されるとする。すなわち、一つ目は、過失の典型例の留保の下で過失を抽象的に定義している点である。このことによって現実との関係が切り縮められ、その結果、個別事例における適切性が保障されないとする。二つ目は、前置規範が過失のすべての事案への適用を保障しない点である。最後は、各前置規範と刑法との目的の相違、つまり、前置規範によって過失を基礎づける場合、刑法とは異なる目的をもつ法律が刑法上の責任を基礎づけることになるが、これはベルサリ責任であると批判するのである。[31]

V　ヘルツベルグによるさらなる批判的検討

ヘルツベルグは、二〇〇四年にＮＳｔＺ誌上で、ドゥトゲ説（だけではないが）についてさらなる検討を加えている。[32]この論考では、とりわけ、明確性の要請と故意との関係に焦点を絞って検討されている。

1　過失規定は明確性の要請を充たしているのか

ヘルツベルグはまず、憲法起草者は現行の過失規定が明確性の要請を充たしていないとは考えていなかったということを確認する。[33]その上でドゥトゲが現行の過失規定が憲法違反との判断を下しても、過失規定を憲法適合的に解釈することで、憲法違反との帰結を回避できるとすることに対して、ヘルツベルグは、首尾一貫性に欠けるとする。というのも、もちろん刑罰法規は憲法適合的に解釈されなければならないが、憲法適合的解釈の対象は、基本法一〇三条二項のコントロール下にある規定のみであって、明確性の要請を充たさないのであれば、そもそも憲法適合的な解釈の対象たりえないからである。すなわち、憲法適合的解釈の対象は無効ではない、つまり明確性の要請を充たす刑罰規範のみなのである。もっともヘルツベルグは、ドゥトゲが主張するように、法適用者が恣意的に法適用を行えないよう基準を明確化することが重要であることは認めつつ、しかしそれは明確性の要請とは別の問題であるとする。さらに、ヘルツベルグによれば、ドゥトゲは明確性の要請を解釈者と法適用者に過失負責の制限を義務付けるものと理解し過失概念を限定するが、しかしこのような限定は誤りであるとする。というのも、行為者は、「十分に根拠のある（triftig）」危険がなくても、刑法上の意味における許された危険を超過しうるし、超過すれば可罰的であるからである。以上のことから、先の結論と同様に、ヘルツベルグによれば、ドゥトゲはただ限界線を移動させたにすぎないのであり、限界基準を明確にすることは、十分な契機と特異な危険状況への着目ではまったく不適切とするのである。(34)

2　故意との関係

次にヘルツベルグは、故意と過失との関係について再度、検討する。その際、ヘルツベルグは、故意と過失の関係を実質的な関係と形式的な関係に区別し、まず実質的な関係から検討する。

ドゥトゲは、例えば、殺人故意を有していた者と有していなかった者とは事実として異なると理解することで、両者は質的に異なる関係にあることを正当化しているとヘルツベルグは理解する。ドゥトゲのこのような論証方法は、対象の相違から概念の相違を論証する誤りを犯しているとする。すなわち、ここで問題となっている故意と過失の関係は、概念レベルでの関係についてであって、それが指し示す事態が質的に異なることが問題ではないのである。そして、ヘルツベルグは故意と過失の概念レベルの関係とは、例えば双子（故意）に対する兄弟姉妹（過失）、あるいは槍投げ（故意）に対する陸上競技（過失）と同様に、前者は後者を前提にさらなるものが付け加わっているという関係にあるとするのである。(35)

また、対象となる事実それ自体が異なる以上質的に異なるとする点については、ヘルツベルグは事実レベルで故意と過失の相違が量的なレベルでのみ異なるのか、質的なレベルでのみ異なるのかという問いは重要でないとする。

というのも窃盗と強盗の関係を考えてみると、両者は事態としては質的に異なるが、しかし要件を比較すると、窃盗は明らかに強盗に対してマイナスの関係にあり、故意と過失の関係もまさに同様であるからである。[36]

さらに、故意と過失の関係を質的に異なる関係とすると、故意による犯行であると同時に過失ではない犯行というものも想定可能となるが、ドゥトゲはこの点に関する具体例を示していないと批判する。その上で、ヘルツベルグは、考えられうる事例として、例えば、ボクシングの試合において、当該ルールを守りつつ、相手方を殺害するつもりで殴打するという場合のように許された危険内での特定の犯罪故意を有する場合であろうとする。そして、このような事例において故意犯を認めることの不当性は、上記の事例において結果が発生しなかった場合、つまり未遂犯の場合を想定すれば明らかとして、故意と過失を質的に異なるとする主張を批判するのである。[37]

以上の検討の後に、故意と過失との形式的関係についてヘルツベルグは検討する。まず、ヘルツベルグは、故意と過失の関係を、先述のように、概念論理のレベルでの関係と捉えるが、しかしそうすると故意と過失の関係は、形式的には「故意あり」と「故意なし」というように論理的な排他的関係として理解され、両者はプラス・マイナス関係として捉えられなくなる。しかし、この点についてヘルツベルグは、過失をいわゆる単に故意との限界を画するに過ぎない要素としてみなすことで、両者の関係を排他的関係ではなく、プラス・マイナス関係として理解できるとする。例えば、ある者が証人として裁判所に対して偽りの証言をしたことを証明しようとするが、しかし当該証人が宣誓したのかどうかわからないという場合にドイツ刑法一五四条[38]は「宣誓のある」ことを要件としている以上、適用することができないが、しかし当該証人を処罰することが必要なのは明らかである。他方で一五三条[39]は明示的に「宣誓のない」偽証を前提としている。この場合、「宣誓のない」という要件を無視するか、疑わしきは被告人の利益に原則に従い不処罰とするかであるが、一般に「宣誓のない」という要素を無視し、この点、特に問題視することなく処罰されている。このことから明らかになるのは、「宣誓のない」という要素は、一五四条との限界を示すに過ぎない要素であって、犯罪を構成する真の要素ではないということである。そして、このことは、ヘルツベルグによれば、故意と過失の関係にも当てはまるのである。すなわち、過失とは「故意のない」ことであって、これは、「宣誓のある」と「宣誓のない」との関係と同様に、故意との限界を画するにすぎない要素であるから、真の犯罪構成要素ではないとするのである。[40]

以上の考察を前提にヘルツベルグはさらに、故意と過失の関係に関するドゥトゲの見解を批判する。すなわち、ドゥトゲは、故意と過失との関係を規範的段階関係と捉えるが、ヘルツベルグによれば、このことが意味するのは「評価的考察」は、あらゆる場合において例えば射殺を、行為者の故意の有無とは無関係に、過失致死とするということである。しかし、そうするとドゥトゲは、過失殺人はマイナスとして故殺の中に含まれていないとしつつ、他方で故殺を行った者は必然的に過失殺人をも行っているのだとすることになり、両者は矛盾すると批判するのである。[41]

Ⅵ　ドゥトゲの再反論

ドゥトゲは、二〇〇四年にＮＳｔＺ誌上で上述のヘルツベルグの論考に対して再反論を加えているが、[42]反論の趣旨が議論の誠実さに関してであることもあって、先の反論以上の議論の深化は見られない。すなわち、ドゥトゲは、ヘルツベルグが自身の批判に答えず（もっとも、以下で見るように、ヘルツベルグは二〇〇五年のＮＳｔＺ誌でドゥトゲの批判に一定程度、答えている）、またドゥトゲ説を正確に理解せず、誤解や拡大解釈の上で、一方的に批判していると して議論の誠実さの観点から批判し、再度、先述の反論を述べるにとどまっている。

Ⅶ　ドゥトゲによる批判に対するヘルツベルグの応答

ヘルツベルグは、その後の、二〇〇五年にＮＳｔＺ誌上でＢＧＨ判例（BGH NStZ 2005, S. 446）を手掛かりに再度、ドゥトゲ説の批判的検討を行っている。[43]この論文は、ドゥトゲが、詳細な判例分析から、判例もまたドゥトゲの立場と基本的に同様に特異な危険状況とその契機が認められる場合に過失を認めているという主張に対して、そのような特異な危険状況とその契機が認められない場合であってもＢＧＨは過失を認めていることを具体的に示すことで、ドゥトゲの判例理解に対する反証を示しつつ、ドゥトゲによってくわえられた自身の批判に一定、答えるものである。[44]

二〇〇五年論文においてヘルツベルグは、ドイツ刑法二二二条が明確性の要請と両立するのかどうかを明らかにするためには、明確性の要請の意味を明らかにしないといけないとする。その上で、ヘルツベルグは、「bestimmt」という文言を、多かれ少なかれ精確な指示（Anordnung）が求められているものと理解でき、このことからすれば憲法起草者と立法者の意思がとりわけ重要になるとしたうえで、憲法起草者や立法者は過失規定が明確性の要請にとって不十分で憲法に反するとは考えていないとする。[45]

ヘルツベルグは、さらにドゥトゲが憲法に違反するにもかかわらず立法提案を行わない理由を単に怠っているのではなく、行うことができないとの点に見出す。というのも、ドゥトゲが求めるような市民への指示を刑法典は行いえないからである。例えば、母親が自宅で親しい友人たちとパーティーを行いその際、喫煙など火の扱いや幼い子供に関して不注意に振る舞った場合、いつ放火やあるいは子供の死に関して処罰の危険が生じるのかを、過失要件を詳細に説明しても現行の規定よりもよりよく認識できないとするのである。結局のところ、過失の規定は抽象的レベルにとどまらざるを得ず、注意義務の具体化は規範の名宛人の経験と他の規範の助けでもって認識するほかないのである。もっとも、このことは明確性の要請を全く考慮しなくてよいというものではもちろんなく、ドゥトゲの求めるような市民への指示機能を刑法典は有さないことを意味するにすぎない。また、ヘルツベルグは体系的解釈の観点から、過失を注意義務違反とする見解が明確性の要請を充たさない場合、その他の刑法典上の義務違反要素も明確性の要請を充たさないことになると批判するのである。(46)

結局のところ、ヘルツベルグによれば、明確性の要請で問題となるのは、処罰される行為が明確に規定されているかどうかであって、その限界基準までも市民（と法適用者）が読み取り得るほどに明確に規定しなければならないということまでが問題となるのではないのである。処罰される行為の限界基準の設定は刑法学に課せられた課題で、刑法解釈学が法規上の文言を様々に解釈することによって可能な限り明確な限界線を引かなければならないのである。(47)

次に、ドゥトゲによる前置規範違反と過失とは無関係とする批判について、ヘルツベルグはこのようなドゥトゲの法的行為命令の過小評価を理解できないとする。というのも、例えば、建築現場において事故防止規定を無視し、そのような措置を怠ったがために死傷結果が発生した場合、当該事故防止規定違反が過失にとって決定的な問題であることは明らかであるからとする。さらに、刑法上の過失と民法上の過失を同一視することは誤りとする批判について、ヘルツベルグは、同一のものとすることを誤りとする実質根拠も具体例も示されていないとする。例えば、注意義務に適った形で行為し、しかし損害結果を発生させてしまった場合、損害賠償義務が生じないだけでなく、刑罰も科せられないのに対して、注意義務に反し、そのことによって損害結果を発生させた場合には、民法上の損害賠償義務も発生し、刑罰も科せられるからである。もちろん、実際には処罰されない場合もあるが、しかしこのことは実体法上の可罰性を否定することがその理由ではなく、決定的なのは、いつ過失処罰をせずに済ますべきか、あるいは済ましうるかを規定する刑法と刑事訴訟法上のルール（刑事訴訟法一五三条、一五三条a、三七六条、三八三条二項、刑法四六条a、六〇条参照）なのであるとする。(48)

Ⅷ　若干の検討

以上が、ドゥトゲとヘルツベルグの論争の概要の紹介であるが、次に両者の論争について若干の検討を行おう。その前に争点を確認しておくと、両者において対立しているのは、①現行の過失規定は明確性の要請を充たすのかどうか、②刑法上の過失を規定する際の手掛かりとして民法上の過失規定を前提とする必要があるのかどうか、③過失の内容規定に際して故意との関係をいかに考えるのか、④過失に主観的予見可能性要件は必要なのかどうか、⑤ドゥトゲの過失概念それ自体の妥当性ということにあった。

この争点の順に沿って、若干の検討を加えよう。まず、過失という要素が明確性の要請を充たしているのかどうかである。ドゥトゲは、先述のように、明確性の要請の内容に、法規上の文言からいかなる行為が処罰されるのかが市民にとって明確であることだけでなく、法適用に際して法適用者にとってその限界基準が明確であることをも含ませ、このことから現行ドイツ刑法の過失規定は憲法違反との判断を下した。しかし、ヘルツベルグが指摘するように、明確性の要請に、適用基準の明確性までを要求するのは過剰な要求と云わざるをえないだろう。少なくとも、過失に故意以上の明確化の要請を求めるのは過剰であろう。また憲法違反とするならば、これもまたヘルツベルグが指摘するように、立法論を展開するのが筋であり、にもかかわらず立法論を展開せず、憲法適合的解釈で憲法違反との判断を免れるとするのは、無理があるように思われる。というのも、過失の内容及びその限界基準を憲法適合的解釈によって明確にしたからとって、条文上の「過失」という文言それ自体はなんら変わらないからである。

したがって、ドゥトゲの見解は、明確性の要請とは無関係に、現行法を前提にした過失概念の明確化の試みとして理解するのが適切であろう。

その上で、次に、過失概念の規定に際して、民法上の過失概念との関係について検討しよう。この点、刑法は、一次規範である民法上の規範を前提に、これを二次的に保障するものである以上[49]、民法とは無関係に刑法上、独自の過失概念を形成できるとすることは、刑法の二次規範性に反するものであり、さらに法秩序の統一性の観点からも妥当ではないだろう。しかし、他方で、ヘルツベルグのように、民法上の過失概念と刑法上の過失概念を一致させるのは、ドゥトゲも指摘するように、民法と刑法とでは規制目的が異なる以上、やはり無理があるように思われる。それゆえ、刑法上の過失概念は民法上の過失概念を前提としつつ、刑法に固有の観点、つまり刑法の目的ないし法効果の観点から独自に規定されるべきであろう。この点、ドゥトゲは刑法の主たる関心事は法益保護にあるとし、この法益保護と危害原理は調和するものとして危害原理を基礎づけ[50]、そして、危害原理から故意・過失に共通の結果回避義務を基礎づけ、このことから過失の中核的内容たる誘因要素を基礎づけたのである。このような刑法の目的ないし根本的原理にまで遡って、過失の内容を規定し、正当化しようとするドゥトゲの方法論それ自体は妥当なものと思われる。

しかし、ドゥトゲの論証過程についてはいくつかの疑問もある。まず、刑法の目的を法益保護に見出し、このことで危害原理を基礎づけている点である。というのも、刑法の目的を法益保護とすることと刑法による介入は他者を害し、あるいは危険にさらした場合に限るとする危害原理との間には矛盾があるように思われるからである。すなわち、法益保護という目的を達成するためには、法益に危害が加えられてからよりも、それ以前に刑法による介入を行うことのほうがその目的達成に資するはずである。にもかかわらず、刑法による介入は法益に危害が加えられた限りにおいてのみ正当化されるとするのなら、法益保護とは異なる目的が設定されなければならないと思われる。[51]さらに、危害原理それ自体についても再検討の必要があると思われる。というのも、国家による強制的介入は、他人に危害を与えた場合にのみ許されるとするのは、必要条件ではあるかもしれないが十分条件ではないからである。すなわち、他人の法益を害したとしても、例えばそれが許された危険の範囲内にある行為から生じた場合のように、常に刑罰による介入が許容されるわけではないのである。[52]ただ、これらの点に関するさらなる検討は今後の課題とせざるを得ないので、ここでは、最終的には刑法の目的にまで立ち返った検討から、過失概念の内容を規定し、正当化するそのアプローチの妥当性を確認するにとどめたい。

もっとも、刑法の目的や根本原理をいかに理解しようとも、結果回避義務の存在については共通の理解が得られるであろうから、[53]結果回避義務の基礎づけとその内容はともかく、過失の内容は結果回避義務の観点を考慮して規定する必要があろう。ただ、結果回避義務はドゥトゲも指摘するように、故意・過失に共通の義務であるから、この義務から故意犯と過失犯が規定されるにしても、故意との関係で過失がいかなる特性を有するのかを明らかにしなければならない。それゆえ、次に、故意と過失の関係について検討しよう。

この点、ヘルツベルグは故意と過失の関係をプラス－マイナス関係とみる見解であったのに対して、ドゥトゲは、質的に異なる関係とみる見解であった。そして、ヘルツベルグはドゥトゲに対して、質的に異なる関係とするとnon-liquet事例において過失の択一的認定が認められないのではないか、と批判した。この点についてドゥトゲは、質的に異なる関係であるとしても、要罰性の理由から過失の認定は可能としたが、しかしこの根拠は、説得的なものとは思われず、ヘルツベルグの批判がそのまま妥当するものと思われる。また、故意犯と過失犯が質的に異なる犯罪であるのであれば、質的に異なる以上、故意犯が過失犯よりも原則的に重く処罰される必然性はないことになろう。[54]しかし、周知のように、現行のドイツ刑法典や日本刑法典は、原則として、過失は故意よりも軽く処罰しているのであるから、故意と過失の関係を質的に異なる関係と捉える見解は現行法に合致しないと思われる。それゆえ、故意と過失の関係は、少なくとも、プラス－マイナス関係にあると解しておくべきだろう。

もっとも、ヘルツベルグは、過失犯は故意犯に含まれており、故意犯に対する独自の過失要素は存在しないとしたうえ、条文解釈上、「過失」という文言は故意との区別を規定したに過ぎないみせかけの構成要件要素とした(55)。ヘルツベルグのいうように、過失をみせかけの構成要件要素とすると、結果犯における帰責の基本形態は過失犯で、故意犯はその加重類型ということになり、過失犯が処罰の原則形態ということになる。

しかし、このヘルツベルグ説には以下の問題点がある。まず、「過失」をみせかけの構成要件要素と捉える点であるが、ヘルツベルグは、故意と過失の関係を「故意のある」の場合と「故意のない（＝過失）」の場合と捉え、「故意のない」という要素は、故意との限界を画すに過ぎないみせかけの構成要件要素としたのであるのが、しかし、「故意のない」あらゆる場合が「過失」というのはヘルツベルグの立場にたった場合にいえるのであって、「故意のない」場合でも、「過失」が認められる場合もあれば認められない場合もあるとする立場もあり、この立場に立てば、「故意のない」というのは限界を示すにすぎないみせかけの要素ではあっても(56)、「過失」という要素はそれに解消されない実体を伴った真の犯罪構成要素となる。つまり、「故意のない」≠「過失」なのである。それゆえ、「宣誓のある」と「宣誓のない」との関係を故意と過失の関係に無条件に当てはめることはできないのである。

次に、過失犯を帰責の原則形態とする場合、ドイツ刑法が（日本においてもそうだが）、故意犯処罰が原則で過失犯は例外的にのみ処罰していることと合致しないように思われる。また、理論的にも、過失犯を帰責の基本形態とすることには問題があるように思われる。というのも、過失犯が帰責の原則形態だとすると、故意犯処罰なき過失犯処罰も理論的に肯定できることになるからである。つまり、例えば、故意による殺人罪を処罰することなしに、過失致死罪のみを処罰するという立法形式も理論上はあり得ることになる。しかし、これはやはり不当であろう。それゆえ、処罰の原則形態、つまり帰責の基本形態はやはり故意犯と解すべきなのである。

以上の考察から、主観的予見可能性は必要かという問いにも一定の結論を得ることができる。結果犯の帰責の基本形を故意犯に見出す場合、過失犯においても故意犯と同様に、結果との間に何らかの主観的な関連性が認められなければならない。それゆえ、ヘルツベルグ（などの過失は客観的注意義務あるいは客観的帰属に尽きるとする論者）が、このような結果との主観的関連性を不要とするのは、故意犯を帰責の原則形態とすることと合致しないし、ドゥトゲが指摘するように、このことは一種のベルサリ責任を認めるもので妥当とは思われないのである（ただし、ベルサリ責任だからアプリオリに批判されるべきというのではない。そうではなく、ベルサリ責任は現代の自由主義社会に合致しないがために批判されるべきなのである（ベルサリ責任を認める社会がどのような社会であるのかを想起してみればよい）。このことから明らかになるのは、帰責形式は社会の在り方と密接に結びついているということである。）。

したがって、過失においても故意とは異なる形での、結果との主観的関連性が必要となるが、このことを予見可能性に求める場合、問題は予見可能性をいかに解するのかである。最後に、この点に関するドゥトゲの見解を検討しよう。ドゥトゲは、従来の予見可能性を心理的予見可能性として批判し、そこに規範的要素としての誘因要素を導入し、このような誘因要素を一定のレベルで行為者が認知している場合、行為者は結果を予見しなければならなかったとした。しかしこのようなドゥトゲの見解は、以下の点で問題がある。

まず、ドゥトゲは一定の危険指標の認知という事実から、結果を予見しなければならないという義務（予見義務）を導いており、このことは、事実から義務を根拠づけている点で誤っている。例えば、ある者が道端でたまたま怪我人を見かけ、怪我人を助けることができるという場合、助けることができるという事実が存在するからといって、その者が助けなければならないというわけではないだろう。さもなければ周りにいた怪我人を助けることができる者すべてに助ける義務が発生するであろう。この場合に、助ける義務があるとすれば、それは助けることができるという事実からではなく、その者に当該怪我人を助けなければならないという何らかの義務があらかじめ存在していることを前提にして初めて認められるのである。

ドゥトゲ説のさらなる問題点は、予見義務の基礎づけに関してだけではなく、予見義務それ自体を認めることにもある。すなわち、仮に予見義務が充たされたとすれば、それは過失を故意に変えるもので[57]、それゆえ、予見義務とは故意を有する義務を意味するのである。故意を有する義務を認めること自体、既に不合理であることは置くにしても、予見義務を認める場合、次のような不合理な結論に至る。すなわち、予見義務を認めれば、過失は予見義務に反した場合であるのに対して、故意は予見義務を充足した場合となり、しかし、重く処罰されるのは、予見義務違反（過失）ではなく、予見義務充足（故意）の場合という不合理な結論に至るのである。

以上のようなドゥトゲ説の問題点の原因は、予見可能性を判断する際の一事情にすぎない契機ないし誘因要素を[58]、過失の法的要件として位置づけた点にあると思われる。このことによって、ドゥトゲは過失犯を主観面において結果犯から危険犯へと転換しているのである。

いずれにせよ、予見義務を認めることは以上の問題点があるので、予見可能性を過失の要件として故意に対するその独自性を認めるのであれば、予見義務によってではなく、上述の通り、少なくとも結果回避義務の存在について争いがないのであれば、予見可能性は結果回避義務によって基礎づけられることになるだろう。もっとも、結果回避義務の内容と予見可能性との関係、それに基づく予見可能性の内容、判断基準についての検討は、今後の課題とせざるを得ない。

以上のように、予見可能性をそもそも必要としない、あるいは予見可能性を必要とするとしても、その内容をいかに規定しなければならないのかについて争いがあるということは、そもそも予見可能性という要件がなぜ必要で、それはどういう機能を有し、いかなる根拠から基礎づけられるのかという原理的な考察の不十分さを示しているように思われる。

Ⅸ　まとめと今後の課題

以上、ドゥトゲの過失犯における問題提起に端を発する、ヘルツベルグとの論争の概要の紹介と若干の検討を試みた。両者の論争の意義を確認しておくと、初めに述べたように、過失において様々な観点から内容を規定する試みがなされる原因は、過失の定義規定が刑法典になく(59)、またその内容を規定する手がかりもまたほとんどないという点にある。このような状況の中で、ドゥトゲは目的論的解釈を重視する立場から過失概念の内容を規定することを試み、それに対してヘルツベルグは体系的解釈を重視する立場から過失概念の内容の規定を試みているのである。このような両者の過失概念の内容規定の試みは、従来、日本においてあまり意識されていなかった観点、例えば民法との関係や故意犯との関係、さらには刑法の目的ないし根本原理との関係から、過失概念の内容規定に迫るものであり、過失の概念規定のあり方を考えるうえで有益な示唆を与えるものと思われる。

次に、両者の論争の検討から明らかになったことを確認しておくと、刑法上の過失概念を規定するためには、民法その他の法領域との整合性を意識しつつ、さらに刑法の目的にまで遡った検討を必要とし、そのうえで、故意との共通点と相違点を意識しつつ、故意とは異なる結果との主観的関連性の意味内容を明らかにしなければならないということである。

もっとも、本稿では検討できなかったが、過失の内容規定においては、「過失（Fahrlässigkeit）」という文言が、なぜ、どういった経緯で、現行刑法典に採用されたのかの検討と、その際の判例・学説、さらにはそれ以後の判例・学説の動向なども踏まえる必要があろう。これらの検討も本文で触れた課題とともに今後の課題である。以上のような過失概念の規定に関する未だ不十分な検討で残された課題も多いが、当初設定した刑法上の過失とは何かという問いについて、その一端は明らかにできたものと思う。

生田勝義先生のもとで研究生活を始めた者として、本稿のような拙い論稿であっても、先生の学恩に少しでも報いることができていれば、このことほど嬉しいことはない。謹んで本稿を生田勝義先生に捧げたい。

（1）Duttge, Zur Bestimmtheit des Handlungsunwerts von Fahlässigkeit, 2001.

（2）ドゥトゲの見解とそれに対するヘルツベルグの批判の一端は既に、山本紘之「予見可能性の「契機」について」法学新報一一二巻五＝六号（二〇〇五年）二二一頁以下において紹介と検討がなされている。

（3）Duttge, Fahrlässigkeit und Bestimmtheitsgebot, in; Hirsch u.a. (Hg), Festschrift für Kohlmann, 2003, S. 14.

（4）Duttge, in : Joecks u.a. (Hg), Münchener Kommentar zum Strafgesetzbuch (MK) 2003, § 15. Rn 81ff.

（5）条文は以下の通りである。Artikel 103 (2) Eine Tat kann nur bestraft werden, wenn die Strafbarkeit gesetzlich bestimmt war, bevor die Tat begangen wurde.

（6）このような判例としてドゥトゲは、BGH, NStZ 2001,S. 143 (S. 144f.) や BGHSt. 42, S. 235 (S. 236f.) を挙げている。Duttge (Fn. 3), Kohlmann FS 2003, S. 14.

（7）Duttge (Fn. 3), Kohlmann FS 2003, S. 13f.

（8）Duttge (Fn. 3), Kohlmann FS 2003, S. 15ff., S. 24f.

（9）Duttge (Fn. 3), Kohlmann FS 2003, S. 26ff.

（10）Duttge (Fn. 3), Kohlmann FS 2003, S. 29ff.

（11）Duttge (Fn. 3), Kohlmann FS 2003, S. 33.

（12）ドゥトゲは、ここでいう純粋内心上の要素としての予見可能性とは、例えば、「過失者は違法な結果を予見しなかったが、しかしそのことを予見する個人的能力を有していた」という意味において解する場合であるとする。Duttge (Fn. 4), MK 2003, § 15, Rn. 108.

（13）Duttge (Fn. 3), Kohlmann FS 2003, S. 34f.

（14）Duttge (Fn. 4), MK 2003, Rn 122ff., 126ff. 詳細は、Duttge (Fn. 1), 2001, S. 410ff., 436f. さらに、山本紘之「予見可能性の「契機」の具体的内容について」法学新報一一六巻七＝八号（二〇〇九年）三八頁以下も参照。

（15）Herzberg, Ein neuer Begriff der strafrechtlichen Fahrlässigkeit, GA 2001, S. 568.

(16) Herzberg (Fn. 15), GA 2001, S. 569f.
(17) Herzberg (Fn. 15), GA 2001, S. 571f.
(18) 原文は以下のとおりである。「Wer den Tod eines Menschen verursacht, obwohl er wegen besonderer Umstände einen triftigen Anlaß hatte, sein ursächliches Verhalten zu vermeiden, wird...bestraft.」Herzberg (Fn. 15), GA 2001, S. 575.
(19) Herzberg (Fn. 15), GA 2001, S. 573ff.
(20) Herzberg (Fn. 15), GA 2001, S. 573f.
(21) Herzberg (Fn. 15), GA 2001, S. 572f.
(22) Herzberg (Fn. 15), GA 2001, S. 581f.
(23) Duttge, Ein neuer Begriff der strafrechtlichen Fahrlässigkeit Erwiederung auf Rolf D. Herzberg GA 2001, 581ff., GA 2003, S. 451ff.
(24) Duttge (Fn. 23), GA 2003, S. 461f.
(25) Duttge (Fn. 23), GA 2003, S. 464ff.
(26) Duttge (Fn. 23), GA 2003, S. 466f.
(27) Duttge (Fn. 23), GA 2003, S. 467f.
(28) Duttge (Fn. 23), GA 2003, S. 452f.
(29) Duttge (Fn. 23), GA 2003, S. 462.
(30) Duttge (Fn. 23), GA 2003, S. 455. さらに vgl, Roxin, Strafrecht Allgemeiner Teil BnadI 3. Auflage, 1997, § 24, Rn. 8ff.
(31) Duttge (Fn. 23), GA 2003, S. 459f.
(32) Herzberg, Grundprobleme der deliktischen Fahrlässigkeit im Spiegel des Münchener Kommentars zum Strafgesetzbuch, NStZ 2004, S. 593ff.
(33) Herzberg (Fn. 32), NStZ 2004, S. 594.
(34) Herzberg (Fn. 32), NStZ 2004, S. 594f.
(35) Herzberg (Fn. 32), NStZ 2004, S. 596.
(36) Herzberg (Fn. 32), NStZ 2004, S. 596f.
(37) Herzberg (Fn. 32), NStZ 2004, S. 596., 597f.
(38) 条文は以下の通りである。§ 154 Meineid「(1) Wer vor Gericht oder vor einer anderen zur Abnahme von Eiden zuständigen Stelle falsch schwört, wird mit Freiheitsstrafe nicht unter einem Jahr bestraft.」
(39) 条文は以下の通りである。§ 153 Falsche uneidliche Aussage「Wer vor Gericht oder vor einer anderen zur eidlichen Vernehmung von

Zeugen oder Sachverständigen zuständigen Stelle als Zeuge oder Sachverständiger uneidlich falsch aussagt, wird mit Freiheitsstrafe von drei Monaten bis zu fünf Jahren bestraft.」

（40）Herzberg (Fn. 32), NStZ 2004, S. 598f.

（41）Herzberg (Fn. 32), NStZ 2004, S. 599.

（42）Duttge, Die Kunst, Recht zu behalten-oder: über die Rechtlichkeit im juristischen Diskurs-am Beispiel von Herzberg, NStZ 2004, 593ff. und 660 ff.-, NStZ 2005, S. 243ff.

（43）Herzberg, Zweifelfragen des 222 StGB-Zugleich eine Besprechung des Urteils BGH NStZ 2005, 446-, NStZ 2005, S. 602ff.

（44）その後、ヘルツベルグは、再度、過失と明確性の要請に関して、ドゥトゲと同様に現行の過失規定は明確性の要請を充たしていないとするシュミットの見解を批判的に考察している。Herzberg, Die Fahrlässigkeit als Deliktsvoraussetzung und das Bestimmtheitsgebot (Art. 103 Abs. 2 GG), Zeitschrift für Internationale Strafrechtsdogmatik 2011, S. 444ff. シュミットの見解については、Schmitz, Nullum crimen sine lege und die Bestrafung fahrlässigen Handelns, in; Joecks u.a. (Hg), Festschrift für Samson 2010, S. 181ff.

（45）Herzberg (Fn. 43), NStZ 2005, S. 603.

（46）Herzberg (Fn. 43), NStZ 2005, S. 603f.

（47）Herzberg (Fn. 44), ZIS 2011, S. 445.

（48）Herzberg (Fn. 43), NStZ 2005, S. 605.

（49）松宮孝明『刑法総論講義〔第四版〕』（成文堂、二〇〇九年）一五頁など参照。

（50）Duttge (Fn. 1), 2001, S. 451, ders (Fn. 4), MK 2003, S, 588f.

（51）近時の試みとして例えば Jakobs, Erfolgsunwert und Rationalität, in; Joecks u.a. (Hg), Festschrift für Samson 2010, S. 43ff.

（52）Jakobs (Fn. 51), Samson-FS 2010, S. 48ff.

（53）Jakobs, Das Fahrlässigkeitsdelikt, Zeitschrift für die gesamte Strafrechtswissenschaft Beiheft 1974, S.12.

（54）Vgl, Jakobs, Altes und Neues zum strafrechtlichen Vorsatzbegriff, Rechtswissenschaft Heft 3 2010, S. 304f.

（55）みせかけの構成要件要素論について、松宮孝明「みせかけの構成要件要素と刑法三八条二項」立命館法学三二七・三二八号（二〇〇九年）八五九頁以下参照。

（56）Jakobs, Strafrecht -Allgemeiner Teil 2. Auflage, 1993, S. 317.

（57）Jakobs (Fn. 54), ZStW 1974, S. 12., 松宮・前掲注（49）二二八頁など。

（58）佐伯仁志『刑法総論の楽しみ方・考え方』（有斐閣、二〇一三年）三〇八頁参照。

（59） 過失概念をドイツ刑法典上において定義する近時の試みとして、Freund, Die Definitionen von Vorsatz und Fahrlässigkeit-Zur Funktion gesetzlicher Begriffe und ihrer Definition bei der Rechtskonkretisierung, in: Hettinger u.a. (Hg), Festschrift für Küper, 2007, S. 63ff. がある。

麻薬事例における被害者の危険引受け

塩谷　毅

Ⅰ　はじめに

我が国で被害者の危険引受けが問題になった判例の一つとして「坂東三津五郎ふぐ中毒死事件」があるが、その最高裁決定において、弁護人は、被害者の中毒死は危険を認識して料理を食した被害者の自己責任であって、ふぐ料理を提供した被告人に中毒死に対する責任はないということを説明するために、「麻薬密売人の責任は麻薬売買禁止に違反したことだけであって、麻薬購入者の中毒死にまで及ばない」と述べたことがあった(1)。

麻薬事例は、ドイツでは被害者の危険引受けに関する重要な適用領域となっている。ここでは、主に、麻薬譲渡者が被害者に麻薬を不法に譲渡し、被害者がそれを使用することによって中毒死した場合における麻薬譲渡者の刑事責任が問題になっている。我が国では、麻薬取締法等の処罰規定の法定刑が(重)過失致死罪の法定刑より重いので、この種の事例で（重）過失致死罪の成立を認める実益はない。[2] しかし、ドイツでは事情が異なり、過失致死罪の法定刑が麻薬不法譲渡罪のそれより重いので、被害者の自己使用によって死が発生した場合に、麻薬譲渡者の麻薬譲渡行為を、過失によって被害者の死を導いた行為と評価することが実際にも意義を有することになる。[3] そのため、ドイツでは、しばしばこのような事案において、麻薬譲渡者が過失致死罪によって処断されてきたのである。さらに、近年、麻薬事例に関する興味深い連邦裁判所判決があらわれた。それは、これまでのような自己危殆化の事案ではなく、他者危殆化の事案であった。ここでは、自己答責的でない他者危殆化の事案であるとして被告人の正犯性が認定された上で、被害者の承諾によって被告人の傷害行為を正当化することができるか否かと承諾の有効性に関する錯誤をどう扱うかが論じられたのであった。

私は、かつて、このような危険引受けの問題について包括的に検討したことがあったが、[4] 本稿では、麻薬事例を素材にして、被害者の危険引受け（及び承諾）の問題を再検討することにする。

Ⅱ　ドイツの麻薬事例

1　百回ヒット事件（BGH Urteil vom 14.2.1984）[5]

〔事実〕被告人と被害者は以前から親しかったが、ある日、被害者は被告人に対して、一緒に使用できるヘロインを持っているが注射器を手に入れることができないと告げた。そこで被告人は、使い捨て注射器を調達した。被害者と被告人は飲食店のトイレに入り、被害者は麻薬を二本の注射器に満たして、一本を被告人に渡した。それぞれ自分に自己注射した後、すぐに二人は意識を失った。客の通報によって医師が駆けつけたとき、被害者はすでに死亡していた。地裁は被告人をヘロイン不法所持罪と過失致死罪によって有罪としていたが、連邦裁判所は過失致死罪による可罰性を否定した。

〔判旨〕自己答責的に意欲され実現された自殺あるいは自傷は、殺人の罪あるいは傷害の罪の構成要件に該当しない。なぜなら、法律は他人の殺害あるいは傷害だけを処罰しているからである。それに故意的に関与する者は、（正犯行為が欠如しているために）教唆もしくは幇助として処罰されえない。自己答責的な自殺などの自己侵害に、過失的に関与した者は、故意的な関与が処罰されない場合には処罰されない。それを過失致死傷として処罰するならば、故意犯より過失犯が軽いという責任形態の段階関係に違反し評価矛盾が生じるであろう。

自己答責的に意欲され実現された自己危殆化も、殺人の罪あるいは傷害の罪の構成要件に該当しない。自己答責的に意欲され実現された自己危殆化に、故意的あるいは過失的に関与する者は、殺人の罪および傷害の罪の可罰性が問題になる限り、構成要件該当的でない事象に関与しているのである。関与者が優越知識によって、被害者より危険をより多く認識している場合に、はじめて関与者の可罰性が生じうる。自己答責的な自己危殆化に関与する者に、被害者の身体あるいは生命に関して保障義務が課せられる場合にどうなるかは、ここでは議論しないままにしておく。

本件では、被告人は、被害者の自己危殆化に関与しただけである。被告人が被害者より危険をより多く認識していたということを示す根拠はない。被害者が自己答責的に行為したのかどうかは、確かに疑わしい。しかし、このことについてはこれ以上の認定ができない。それ故、自己答責性の基準をどのように規定するかにかかわらず、被告人に有利になるように、被害者の自己答責性は肯定されなければならない。

2　ヘロイン注射事件（BGH Urteil vom 11.12.2003）(6)

〔事実〕身体障害者である被害者は、アルコール依存症であり、両手はしばしば痙攣のため震えていた。被害者がときどきヘロインを注射していることを被告人が聞き知った後、被告人は二回ほど被害者とヘロインを使用し、それによって被害者と親しくなった。ある晩、被告人と被害者は、一グラムのヘロインを一緒に使用することに合意した。被害者はこの時点で既に多量のビールを飲んでいた。被告人は麻薬を調達し、注射器一式を持ってきてヘロインを沸かした。被害者は両手の震えのために自分で注射することができなかったので、被告人にヘロインを注射してくれるように頼み、被告人は被害者の願いに応じた。注射後すぐに、被害者はヘロイン中毒のために死亡した。死亡結果の発生は、被害者の著しい飲酒酩酊によって助長されていた。地裁は被告人を傷害致死罪と故意の麻薬不法投与罪で有罪としていたが、連邦裁判所は傷害致死罪による可罰性を否定した。

〔判旨〕被告人の傷害の罪または殺人の罪における可罰性は、自己答責的な自己危殆化の観点から否定されない。連邦裁判所の確定した判例によれば、自己答責的に意欲され実現された自己危殆化は傷害の罪あるいは殺人の罪に該当しない。そのような危殆化に関与した者は、傷害の罪あるいは殺人の罪によって処罰されえない。なぜなら、殺人の罪や傷害の罪の可罰性が問題になる限りで構成要件該当性がない事象に関与しただけであったからである。自己答責的な自己危殆化・自己侵害への不可罰的な関与と原則的に可罰的な他者危殆化・他者侵害との間の限界基準は、正犯・共犯の区別である。危殆化行為についての支配が被害者にのみあるのではなく、少なくとも行為者にもあるのならば、行為者は正犯である。被害者がヘロイン注射を自分ではできなかったので、被告人がヘロイン注射を実行したということから、地裁は被告人の正犯性を正しく認定したのである。

被害者の同意のある傷害は、行為が同意にもかかわらず善良な風俗に反する場合には違法である。被害者の同意のある傷害は、全ての公正かつ公平に考える者の礼節感情に傷害が反しているという場合にはじめて良俗違反とされるべきである。この基準によって良俗違反性が確実に確定されえないならば、傷害罪による可罰性は否定される。行為の良俗違反性の検討は、非難されるべき目的（例えば、犯罪の準備や実行など）が行為によって追求されたのか否かということとだけ関係を持つのではない。むしろ、構成要件的な法益侵害の特別な重大さ、すなわち、被害者によって受け入れられた傷害の範囲やそれと結びついた生命の危険の程度が常に考慮されるべきである。今日の一般的な良俗感情によれば、麻酔剤法によって処罰される麻薬投与は常に良俗違反であるということはできない。被害者の同意のある可罰的な麻薬投与によって引き起こされた傷害も、場合によっては正当化されることがありうる。ここでは、具体的な行為によってどの程度被害者に健康や中毒の危険が発生し、強化されたのかということが決定的である。一般的な良俗感情によれば、麻薬投与によって被害者に具体的な死の危険がもたらされた場合にはじめて可罰的な傷害となる。本件では、被害者の健康障害とアルコール中毒に助長されて、被告人のヘロイン注射によって直接に被害者に死の危険がもたらされたのであり、実際にも被害者は死んだ。それ故、被害者の注射に対する同意にもかかわらず、被告人によってなされた傷害は違法だったのである。

被害者の同意があるにもかかわらず、傷害が違法であるとされることは、本件では、ヘロイン注射によって被害者に具体的な死の危険が発生したことに基づいている。被告人がこの危険を知らなかったならば、例えば彼が被害者の健康障害の重大さと飲酒酩酊の程度を不正確に評価し、ヘロイン注射は被害者に単に軽い薬物酩酊状態を起こさせるだけであると考えていたならば、彼は同意傷害罪の法的評価を錯誤したのではなく、違法阻却事由に関する事実を錯誤したのである。そのような錯誤は禁止の錯誤ではなく構成要件の錯誤のルールによって取り扱われるべきである。そのような錯誤の存在を地裁は検討しなかった。単に被告人は行為の危険性を知りうることができたと認定したにすぎない。それ故、傷害致死罪という有罪判決は維持することができないのである。

Ⅲ 検 討

1 自己危殆化への関与と合意による他者危殆化の区別

連邦裁判所は、麻薬事例以外の適用領域における危険引受けに関する判例と同様に[7]、麻薬事例においても自己危殆化への関与と合意による他者危殆化を区別している。このような区別を行うことには批判もあるが[8]、やはり両類型は区別すべきである。そのような区別を行う意義は、以下の点にある。他者危殆化の場合は、行為者が結果発生を導く行為を直接行うので、まずもって彼に結果が帰属し、正犯性も存在すると一応推定される。これに対して、自己危殆化への関与の場合は、行為者の行為後に被害者行為が介入するので、生じた結果は被害者に帰属すると一応推定されるのであり、行為者への結果帰属は他者危殆化の場合に比べて疑わしくなる。最終的な行為者の可罰性は、決して両類型のどちらなのかということだけによって決まるわけではなく、被害者の自己答責性が最終的に決定するのであるが、結果帰属や正犯性の一応の推定に違いがある以上、議論の出発点としてこの両類型を区別し、それを意識しておくことは必要なのである[9]。

両者の限界基準について、ヘロイン注射事件では、両者の間の決定的な限界基準は正犯・共犯の区別であり、危殆化行為についての支配が被害者にのみあるのではなく、少なくとも行為者にもあるのならば、合意による他者危殆化である、とされている[10]。私見によれば、危険引受けの諸事例は、「結果発生への直近行為を行った者が被害者自身だったのかそれとも行為者だったのか」に従い、自己危殆化への関与と合意による他者危殆化の二つの類型に分けられる。すなわち、被害者の自手実行だったのかそれとも他手実行だったのかによる区別である。この基準からは、百回ヒット事件は被害者が麻薬を自己注射したのであるから自己危殆化への関与の事案であり、他方、ヘロイン注射事件は被告人が被害者に麻薬を注射したのであるから他者危殆化の事案である。

2　被害者の自己答責性

自己危殆化への関与であれ、合意による他者危殆化であれ、行為者の最終的な可罰性は被害者の自己答責性によって決定される。被害者の自己答責性が認められるということは、事象における中心的な役割を担ったのは被害者自身であるということであり、それは被害者の広い意味での正犯的な自損行為が行われたということを意味している。その結果、行為者は被害者の自損行為に関与しただけであったのだと評価され、行為者には共犯的な処罰のみが問題になるのである。[11] このようにして、被害者の自己答責性が認定されると、行為者の正犯性が否定される。そして、私見によれば、被害者の自己答責性が認められるための要件としては、危険認識、自己答責能力、自己答責的態度の三つが必要である。①まず、主観的要件として、最終的には結果が発生しないだろうとその可能性を内心で打ち消したにせよ、その危険行為が特定の構成要件的結果に結びつきうることの表象がいったんは被害者にあって、なおそれでも任意に危険に接近していったという意味での危険認識が必要である（意識的な危険引受け）。危険認識の可能性、すなわち、無意識的な危険引受けではたりないというべきである。たとえば、被害者は軽い傷害の危険は意識していても、死亡結果には全く思い至らなかったような場合には、死亡事故が発生したときに被害者は死という危険を引き受けていたとすることはできない。[12] 被害者が責任を持って決断するためには、自分がどのような種類のどの程度の危険にさらされているのかを正確に分かっていたことが前提とされるというべきである。②つぎに、危険認識という要件の前提として、被害者が自己の法益に対する危険の判断に関して必要な自己答責能力が存在したことが第二の条件となる。[13] ③さらに、客観的要件として、被害者が単に成り行きに身を任せ行為者の手に自らを委ねたというのではなく、少なくとも行為者と同程度以上に結果発生に対して積極的な自己答責的態度を示したことが必要である。この点、自己危殆化への関与の場合には、結果発生に至る行為を直接自らの手で行ったということからこの要件は満たされる。これに対して、合意による他者危殆化の場合には、直接結果発生に至る最終行為が行為者の手に委ねられていることから原則的に行為者の正犯性が推定されるので、この要件を認定するためには特別な事情が必要である。すなわち、事象全体において被害者の方がイニシアチブをとっていたことが明らかに示される場合でなければならず、具体的には、行為者が結果発生の危険を指摘し、自己の行為実行を控えるつもりであると被害者に説得していたにも関わらず、被害者が彼の行為の遂行をなお要求し駆り立てるような場合に、この要件が満たされるのである。

このような観点から問題となった事例を見ると、まず百回ヒット事件は、自己危殆化への関与の事案であるので、③自己答責的態度は被害者自身が麻薬を自己注射したという点で満たされている。①危険認識と②自己答責能力は、たしかにやや疑わしいが、この点について明確な認定ができない以上「疑わしきは被告人の利益に」の原則から満たされていると認定することは許されるであろう。これに対して、ヘロイン注射事件では事情が異なる。まず、②自己答責能力の点について、被害者はアルコール依存症であり当日も多量のビールを飲用していたのであるからこの要件が満たされているかはかなり疑わしい。仮に、この点を（および①危険認識も）「疑わしきは被告人の利益に」の原則から満たされていると認定したとしても、合意による他者危殆化の事案であるから、③自己答責的態度の点で、事象全体において被害者の方がイニシアチブをとっていたことが明らかに示されるような特別な事情が必要である。しかし、本件では、被害者は行為者に注射してくれと頼んだだけであり、そのような特別な事情は見られないのでこの要件は満たされない。従って、被害者の自己答責性が肯定されなかったのは正当である。

3　形式的な論証連鎖について

自己危殆化への関与の不可罰を論証するために、しばしば以下のような形式的な論証連鎖（推論）が用いられることがある。（一）故意の自殺に対する故意的教唆・幇助が（ドイツにおいては）不可罰であることから、故意の自殺に対する過失的教唆・幇助も不可罰である。（二）故意の自殺に対する過失的教唆・幇助が不可罰であることから、過失の自己危殆化に対する過失的教唆・幇助も不可罰である。このような論証連鎖は正当であろうか。

まず、（一）の推論は成り立つのだろうか。[14] この点、過失犯において限縮的正犯概念が妥当すると考えるのであれば、この推論は成立するであろう。[15] 教唆・幇助が正犯ではなく正犯以外への処罰拡張事由なのであれば、過失的教唆・幇助は過失正犯ではなく、また、そのような場合を捕捉する特別な共犯処罰規定も存在しないため、「構成要件該当性のない故意の自損行為への過失的な共犯」は過失共犯としても処罰されないということになるからである。しかしながら、過失犯において拡張的（もしくは統一的）正犯概念が妥当するとすれば事情は異なる。拡張的正犯概念からは、教唆・幇助も本来正犯なのであるが特別な共犯規定があれば処罰縮小事由とされるということなので、刑法二〇二条以外に自損行為への共犯を処罰する各則規定がないということは特別な処罰縮小事由がないということを意味することになり、故意の自殺に対する過失的教唆・幇助は「他害結果の過失的な惹起」なのであるから、原則にかえって過失正犯になってしまうのである。それ故、（一）の推論が成立するか否かは過失犯における正犯概念をどのように理解するかに依存することになる。私見によれば、過失犯において（も）故意犯のときと同様に限縮的正犯概念が妥当すると考えるので、この推論までは承認できると思われる。[16]

つぎに、（二）の推論は成り立つのだろうか。この点、シューネマンは、より弱い形態の自己危殆化への関与を、より強い形態の自殺への関与より重く処罰するとすれば、重大な評価矛盾を引き起こしてしまうし、また、過失の自己危殆化は死への要望があるわけではないから被害者の行動の自由を尊重することについてはるかに問題が少ないとして、この推論を承認している。[17] しかしながら、この推論はやはり論証できないというべきであろう。過失的自己危殆化と故意的自己侵害（自殺など）を比べた場合、「遡及禁止」の観点からは、故意的自己侵害の方が過失的自己危殆化より被害者が結果をより多く自分の責任で引き受けているといえるのであって、それとの対比で過失的自己危殆化の関与者の当罰性は故意的自己侵害の関与者のそれよりも高いとみられるからである。[18]

それ故、形式的な論証連鎖それ自体はそれほど説得的なものではない。我が国では、ドイツと異なり、自殺関与罪が刑法二〇二条において可罰的とされているので、そもそもこの推論の前提を欠くのであるが、この推論自体が説得的なものではないので、自己危殆化への関与事例の解決にとって我が国とドイツの実定法上の相違はさほど重要ではないのである。自己危殆化への関与の場合における不可罰性は、そのような形式論から導かれるものなのではなく、前述した「被害者の自己答責性の思想」という実質的な論拠から根拠づけられるものなのであり、そのような実質論こそがここでの問題にとって決定的に重要なのである。

4　不作為犯構成による処罰について

連邦裁判所は、百回ヒット事件のあと、麻薬譲渡それ自体は被害者の自己答責的な自己危殆化の観点のもとで不可罰であることを認めながらも、被害者が意識不明になった後の不救助を不作為犯と構成することによって過失致死罪による処罰を認めようとした。例えば、被告人が被害者らとヘロインを服用したあと、被害者が意識不明状態になったときに医者を呼ばなかったために翌朝被害者が死亡したという事案について、「被告人は、被害者にヘロインを渡すという先行行為によって被害者の危険状況を作り出したので、ドイツ刑法一三条により結果回避の義務を負っている。被告人の作為義務は、当初被害者の了解のもとで自己危殆化を可能にしたということによって影響されない。それ自体が不可罰であるということは、危険が明白に実現した時点での保障人的地位を根拠づけることを妨げない」と述べたのである[19]。

しかし、このような不作為犯構成による処罰は不当である。被害者の自己答責性から帰結される不可罰の効果がそのような迂回路を通ることによって実質的に骨抜きになってしまうからである。この点につき、シュトレーは以下のように述べている。「麻薬の使用による自己答責的な自己危殆化によって、被害者の危殆化に対する責任は被害者自身に移行し、麻薬譲渡者はそれ以降の出来事に対する責任から解放される。被害者に責任が移行したことによって、麻薬使用により発生した危険状況に対する麻薬譲渡者の責任はなくなる。先行行為による保障人的地位は、危険状況に対して責任がある人に対してだけ負わせられるのである[20]」。つまり、山中教授も述べているように、先行行為が保障人的義務を発生させるのは、単に先行行為が「義務違反」的行為であるというだけでなく、結果発生に対して保護すべき目的をもった義務違反行為である必要があるのであり[21]、被害者の自己答責的な自己危殆化によって、被害者が結果発生を自己責任で引き受けたということから行為者の行為はそのような性質を失うのである。

たしかに、関与者と被害者の間に、「医師と患者」のような関係があれば、被害者の自己危殆化に対して関与者が特別な保障人的地位に立ち、被害者の自己答責的な自己危殆化による不処罰が一定の制限を受けるということは考えられなくはない。しかしながら、そのようなパターナリズムによる制限は、専門家としての職業上の特別な義務があるような場合についてのみいえることであり、麻薬事例において、麻薬譲渡者は麻薬使用者（被害者）に対して特別な保障人的地位に立つとは一般的にいえないのである[22]。

5　被害者の承諾と危険引受けの関係

被害者の承諾と危険引受けの関係はやや曖昧であるが、これは明確に区別しなければならないものである。この点について、ロクシンは以下の三点を指摘している[23]。「①被害者の同意は結果に関係しなければならないが、他者危殆化への合意は冒された危険にのみ関係する。②具体的な生命危殆化の場合に、被害者の同意は無効であるが、危険への合意はそうではない。③合意による他者危殆化においては、危険認識と並んで、危殆化状況に対する答責性が本質的な役割を果たす。例えば、メーメル河事件[24]において、被告人は被害者から危険行為に駆り立てられ、疑念を抱きつつ渋々被害者に従ったという事情があったが、それが危殆化状況に対する答責性である。この観点は被害者の同意のカテゴリーによっては把握されないものである」。このように、法益の処分として構成要件該当性または違法性を阻却する被害者の承諾と、正犯性のみを否定する危険引受け（における被害者の自己答責性）はその要件も法的効果も異なっているので、注意しなければならない。

危険引受けの問題状況において、被害者は「結果の発生そのもの」には納得しておらず、ただ「危険な行為を実行すること」のみを容認しているに過ぎない。結果の発生については、それに全く思いをはせていないか、あるいはせいぜい漠然とした危惧感の程度でその可能性はありうるとしか思わず、おそらく大丈夫だろうと考えて結果発生の可能性を最終的に心の内で打ち消していたのであって、結果が発生するのであればそれでもかまわないとまでは決して思っていない。ヘロイン注射事件においても、被害者は被告人にヘロイン注射を依頼しているが、それによる自身の死亡には全く思い至らずに注射を依頼している。このような場合、死という最終結果については被害者の承諾によって正当化されえないのである。その理由は、以下の三点にある。まず、第一に、承諾の対象は行為では足りず結果でなければならない。本件では、注射行為に対する承諾は認められても、死という結果に対する承諾は認められない。注射による薬物酩酊等の傷害に対する承諾までしか認められないのである。第二に、承諾によって被害者と法益との保護必要性という関係を断ち切るためには、単に被害者が結果発生を認識・予見しただけでは足りず、承諾の心理的内容としても、被害者が結果発生を「意欲するか、少なくとも認容的に甘受する」ことが必要である[25]。本件において、被害者に死亡結果に関する意欲や認容は認められない。第三に、危険引受けにおける中心事例は被害者に死亡結果が生じた場合であるが、その場合、仮にここでの被害者態度を死の結果発生についての承諾であるととらえたとしても、そもそも被害者の生命処分意思には完全な違法性阻却効果が与えられていないのであるから、そのことから直ちに行為者の犯罪阻却を導くことは出来ない。そして、生命という法益は被害者が完全に放棄しきれるものではないということは、行為者の主観的事情によって変わるものではないので、行為者が過失であっても生命侵害は違法といわざるを得ないのである。[26]

6　傷害への承諾の有効性と承諾の有効性に関する錯誤

ヘロイン注射事件において、被害者はヘロイン注射による薬物酩酊などの傷害については認識も認容もあり承諾しているが、そのような傷害に対する承諾は有効といえるかが問題になった。この点、本件において、地裁と連邦裁判所の考え方は明白に異なっていた。[27] 地裁は、倫理主義的な立場から承諾の有効性を考えることにより、麻酔剤法の処罰規定に違反する麻薬投与は社会のモラルに違反するが故に良俗違反なので、傷害への承諾は無効であるとし、また、承諾の有効性に関する錯誤は回避可能な禁止の錯誤なので傷害の故意を阻却しないとした。これに対して、連邦裁判所は、倫理主義的な立場から離れ、麻薬投与は被害者に生命の危険をもたらした場合のみ良俗違反であって承諾が無効とされると考えた。本件の場合は生命の危険がある傷害なので承諾は無効である。しかし、被告人が被害者の生命に危険はないと錯誤していたのであれば、承諾によって違法性が阻却される事実について錯誤していたことになるので、構成要件の錯誤として傷害の故意が阻却されうるとしたのである。

この問題について、学説状況は以下のように整理できる。第一に、生命に危険がある場合も含めて任意の承諾があれば傷害はすべて正当化されると考える立場（無限定説）からは、本件においても傷害への承諾は有効であり、過失致死罪が成立することになる。[28] 第二に、生命に危険がある傷害の場合にだけ承諾は無効になると考える立場（生命危険傷害説）からは、本件では生命の危険があるので傷害への承諾は無効である。ただし、生命に危険がない傷害であると錯誤していたならば、違法性阻却事由に該当する事実の錯誤は故意を阻却すると考える通説の立場からは、[29]傷害の故意が否定され、過失致死罪が成立することになる。第三に、倫理主義的な立場から承諾の有効性を考える立場（社会的相当性説）からは、麻薬の不法譲渡等の反倫理性から傷害への承諾は無効となる。この場合は、たとえ生命に危険がない傷害であると錯誤していたとしても、その点は承諾の有効性に関係せず、麻薬不法譲渡等の反倫理性の認識から承諾の無効（違法性）を基礎づける認識があることになるので傷害の故意は阻却されず、傷害致死罪が成立することになる。この点については以下のように考えるべきである。倫理主義的な立場は、価値多元的な社会において直感によって処罰の限界が左右されることになるので妥当でない。他方、生命に危険のある傷害への有効な承諾を認めることは、個人の自己決定の存立基盤である生命そのものを脅かすことになりかねない。そこで、その場合にだけ処分の限界が設けられるのであり、第二の立場が正当である。[30]

Ⅳ　おわりに

危険引受け事例は、自己危殆化と他者危殆化を区別して考えるべきである。その区別基準は「結果発生への直近行為を行った者が被害者自身だったのかそれとも行為者だったのか」である。麻薬事例であれば、麻薬を被害者自身が自己注射したのか、それとも、麻薬譲渡者が注射もしてあげたのかによって区別される。そして、麻薬事例においても、その他の危険引受け事例と同様に「被害者の自己答責性」が重要になる。百回ヒット事件でいわれているように、それはしばしば認定しにくいものであるとしてもである。被害者に麻薬を譲渡した時点で、被害者が中毒症状により自己答責的に行為できないような状態であれば、それを認識して麻薬を譲渡する行為は被害者の死傷を惹起する危険性が高い行為であり、また主観的にも被害者に死傷の結果が生じる予見可能性を有していたといえるので、（重）過失致死傷罪による処罰は肯定されうる。これに対して、被害者に自己答責性が認められるのであれば、麻薬譲渡者は正犯性の否定を通じて被害者の死傷についての処罰を免れるのであり、ただ麻薬の不法譲渡行為のみが麻薬取締法の規定によって処罰されるにとどまるのである。

筆者は、大学院進学以来、生田先生から親身なご指導を賜り、今日まで研究を続けてきた。生田先生の古稀を心からお祝いし、ますますのご活躍とご健康をお祈りして、本稿を閉じることにする。

（1）最決昭和五五年四月一八日刑集三四巻三号一四九頁。

（2）麻薬及び向精神薬取締法六四条の二第一項は、「ジアセチルモルヒネ等を、みだりに、製剤し、小分けし、譲り渡し、譲り受け、交付し、又は所持した者」を一〇年以下の懲役に処するとし、覚せい剤取締法四一条の二は「覚せい剤を、みだりに、所持し、譲り渡し、又は譲り受けた者」を同じく一〇年以下の懲役に処するとしている。他方、刑法二一〇条（過失致死罪）の法定刑は五〇万円以下の罰金であり、刑法二一一条（重過失致死傷罪等）の法定刑でさえ五年以下の懲役もしくは禁錮又は一〇〇万円以下の罰金である。

（3）ドイツにおける麻酔剤法二九条一項は、「本法三条一項一号（連邦保険庁の許可）無く麻酔剤を栽培、製造、及び取り引きしたり、もしくは取り引きすることなくこれを輸入、輸出、譲渡、交付、その他市場に出す、これを買い取る、もしくは他の方法で調達した者」を四年以下の自由刑又は罰金に処するとしている。他方、ドイツ刑法二二二条（過失致死罪）の法定刑は五年以下の自由刑又は罰金である。

（4）塩谷毅『被害者の承諾と自己答責性』（法律文化社、二〇〇四年）二四〇頁以下。

（5）BGHSt 32, 262.　なお、松生光正「自己危殆化への関与（BGHSt32, 262）」法学ジャーナル四四号（一九八六年）一一一頁以下も参照。

（6）BGHSt 49, 34.　なお、佐藤陽子『被害者の承諾――各論的考察による再構成』（成文堂、二〇一一年）二七五頁以下も参照。

（7）Vgl. BGH Urteil vom 20. 11. 2008, BGHSt 53, 55.

（8）小林憲太郎『因果関係と客観的帰属』（弘文堂、二〇〇三年）六三頁以下。我が国では、ドイツと異なり、同意殺人だけでなく自殺関与も処罰されていることなどから、自己と他者の区別に合理的な根拠はないとする。

(9) デリングも以下のように述べている。他者危殆化においては、被害者は行為者の行為の作用として設定されるのに対し、自己危殆化においては、被害者は事象を最後まで自分自身で決定できるのである。他者危殆化は被害者の法領域への侵襲を意味しており、これに反して、自己危殆化への関与においては、被害者が自己の法益を自己の行為によって危殆化することに関与者は単に共働しただけである。Dieter Dölling, Zur Strafbarkeit wegen fahrlässiger Tötung bei einverständlicher Fremdgefährdung, Festschrift für Klaus Geppert, 2011, S. 55.

(10) なお、支配が専ら被害者にのみある場合は自己危殆化であり、専ら行為者にのみある場合は他者危殆化であることに争いはないが、被害者と行為者の双方に支配がある場合はどちらになるのかは争われている。この点、連邦裁判所は他者危殆化であるとしているが、ドゥットゥゲは自己危殆化であるとしている。Gunnar Duttge, Fahrlässige Tötung bei illegalem Autorennen, NStZ 2009, S. 691f. この点について、外形的・形式的に見れば行為者と被害者が共同正犯的に関わったとみなされる場合であっても、被害者と行為者の間には「疑似共同正犯」しか成立せず、一部実行全部責任が働いて両者が正犯性を有することになる「真正な共同正犯」は成立しないのであり、その場合は自己危殆化であると考えるべきであろう。

(11) すなわち、被害者がある一定の主観的事情を満たした上で、自己の態度によって事象におけるイニシアチブを取ることを示したのであれば、発生した結果は正犯的に被害者自身の答責領域に帰属されるべきなのであり、行為者はせいぜい共犯的に事象に関わっただけだったのだと見なされるべきなのである。

(12) 第三者からする他害行為の場合と被害者の自損行為に過ぎない場合の、両者の法益保持に対する答責性の違いということからは、たとえ行為者の場合の可罰性は危険認識の可能性だけ(すなわち、認識なき過失)で発生しえても、被害者の場合はそれとは異なり、現実の危険認識があって、すなわち意識的な危険引受けであってはじめて被害者は自己の負担で危険を引き受けたといえるという相違が発生するのである。

(13) この点について、特に麻薬事例での被害者は、麻薬の常習使用によってこの能力を欠いていることが考えられる。しかしながら、それは中毒症状が心神喪失といえるほどに強度な場合だけであり、いまだ心神耗弱にとどまる場合には、被害者は完全に不自由な状態で決断したわけではないので、自己答責能力を認めてもよいであろう。

(14) いわゆる「警官ピストル放置事件(BGH Urteil vom 16. 5. 1972., BGHSt 24. 342.)」でこの点が問題となった。警察官の被告人が恋人の女性を車で送っていく際、ピストルをダッシュボードの上に置きっ放しにしてその場を離れたので、もともと自殺願望のあった恋人が自殺したという事案において、連邦裁判所は、自殺の故意的幇助が処罰されないならば、自殺の過失的幇助を処罰することは正義の根拠から禁止されるとしたのである。

(15) 松宮孝明『過失犯論の現代的課題』(成文堂、二〇〇四年)二五五頁以下。

（16）安達光治「客観的帰属論の意義について」國學院法学四〇巻四号（二〇〇三年）一〇二頁以下も参照。

（17）Bernd Schünemann, Fahrlässige Tötung durch Abgabe von Rauschmitteln? - Besprechung des Urteils BGH, NStZ 1981, 350-, NStZ 1982, S.62.

（18）深町晋也「危険引受け論について」本郷法政紀要九号（二〇〇〇年）一三一頁も参照。

（19）BGH Urteil vom 27.6.1984, NStZ 1984, 452.

（20）Walter Stree, Beteiligung an vorsätzlicher Selbstgefährdung - BGHSt 32, 262 und BGH, NStZ 1984, 452., JuS 1985, S.184.

（21）山中敬一『刑法における客観的帰属の理論』（成文堂、一九九七年）七三六頁以下も参照。

（22）これに対して、プッペは、麻薬事例における麻薬譲渡者も、医師と患者の関係のように、パターナリズムの観点から、自己危殆化に対する被害者の自由意思による決断が尊重されないので、過失致死罪によって処罰されなければならないとする。Ingeborg Puppe, Mitverantwortung des Fahrlässigkeitstäters bei Selbstgefährdung des Verletzten Zugleich Besprechung von BGH, Urteil vom 20.11.2008, GA 2009, S. 494f.

（23）Claus Roxin, Zur einverständlichen Fremdgefährdung, JZ 2009, S. 402 f.

（24）RG Urteil vom 3.1.1923, RGSt 57, 172.

（25）危険引受けの問題状況においては、被害者は結果発生の表象を持たないかあるいは仮にいったんもったとしてもそれを打ち消しており、行為の実行は認容したとしても結果の発生そのものは全く認容していないのである。

（26）島田聡一郎「被害者による危険引受」山口厚編著『クローズアップ刑法総論』（成文堂、二〇〇三年）一三六頁。

（27）ロクシンは、本件に関する連邦裁判所判決は以下の二つの点で判例の革新的な新方向を示しているという。一つは、麻酔剤法における可罰的な麻薬譲渡行為が常に良俗違反であるとはいえないとしたことである。これによって、倫理主義的な立場から良俗違反性を判断する古い判例の路線から最終的に離れることになった。もう一つは、傷害の良俗違反性は具体的な生命の危険から生じるとしたことである。このような考えは、嘱託殺人罪の法思想からよく根拠づけられるし、これによって、善良な風俗に反するため承諾が無効になる可罰的な傷害とは何かがはっきりしたとしている。Claus Roxin, Strafrecht AT, Bd1, 4.Aufl. 2006., S. 566.（§13. Rn.62, 63.）

（28）シュテルンベルク－リーベンは以下のように述べている。同意傷害罪の意味における良俗違反は、人間の尊厳への違反、ここでは自己の人格の自己破壊ということからは導き出されえない。なぜなら、そうでないと、基本法的な自由保護の核心が、こっそりと自由を制約する負担に変質させられることになってしまうからである。Detlev Sternberg-Lieben, Strafbare Körperverletzung bei einverständlichem Verabreichen illegaler Betäubungsmittel -BGH, NJW 2004, 1054., JuS 2004, S. 956.

(29) これに対して、厳格責任説ならば、違法性阻却事由に該当する事実の錯誤は故意を阻却しないと考えるので、傷害致死罪が成立することになる。

(30) 生田勝義『行為原理と刑事違法論』(信山社、二〇〇二年)二一四頁以下も参照。一身への処分が、明らかに生命にまで危険を及ぼす場合はもはや自由の問題でないとし、生命危険傷害の場合には被害者の処分権は否定されるとする。

フランスにおける弁識能力と年齢
――犯罪少年に関する一九四二年七月二七日の法律を素材として――

井上宜裕

序　論

刑法解釈論上、未だ解決されない問題の一つとして、責任と年齢の関係が挙げられる。犯罪体系論において、責任論は、構成要件該当性、違法性の吟味を経た上で、実質的・主観的に行為者への帰責性を問う、いうなれば、犯罪の成否を決する最終段階である。ここでは、具体的な行為者への主観的帰属が問題となるため、各事案に即した個別的判断が必要とされる。

このように、責任論の領域では本来的に個別・具体的判断が要請されるが、刑法典には、「一四歳未満」という年齢によって一律に不処罰を導く規定も存在する(刑法四一条)。同規定は、一般的に、一四歳未満の少年の責任能力を否定したものと解されており、そうだとすれば、責任の有無を形式的・客観的に判断することを要請する、責任論においてはかなり異質な規定ということになる。

他方で、責任能力と年齢の問題は、少年法の領域で古くから議論されている。とりわけ、本稿との関係で参照しうるのは、保護処分における責任能力必要説と責任能力不要説との対立である。(1) ここでは、保護処分の対象にしかなりえない年齢、保護処分と刑罰の双方の対象となりうる年齢、及び、刑罰の対象にしかなりえない年齢をどのように捉えるのかが鍵になる。

この点、責任能力と年齢をめぐって、刑法と少年法を整合的に解釈しようとする試みも見られる。刑事未成年と成人年齢の間に属する少年を限定責任能力とした上で、刑法と少年法の整合的解釈を指向する主張等がそれである。(2)

以上のように、責任と年齢の問題は、さまざまな形で活発に議論されているが、依然として、実質的・主観的に個別・具体的な判断が必要とされる責任論において、年齢という形式的・客観的基準によって責任の有無を判断することの合理的説明はなされていないように思われる。

そこで、本稿では、刑法解釈論の観点から、年齢と責任能力の関係について検討する。その際、年齢と責任能力をめぐって議論の蓄積があるフランス法を参照し、その中でも、ヴィシー（Vichy）政権下で成立した、犯罪少年に関する一九四二年七月二七日の法律(3)を素材とする。本法は、弁識能力の概念を否定し、少年に対する教育的措置の優先性の原則を定立するという画期的内容を含んでいた。この法律自体は、政体の変動の影響を受け、結局、施行されることはなかったが、その主たる内容は、現在のフランス少年法として位置づけられる、犯罪少年に関する一九四五年二月二日のオルドナンス(4)に受け継がれている。

以下では、弁識能力と年齢の関係を中心に、一九四二年法が登場するまでの経緯をたどった上で、同法の内容を吟味し、その後の展開について概観する。

Ⅰ　弁識能力と年齢の連動性

1　一八一〇年刑法典

一八一〇年刑法典は、弁識能力の有無によって、少年に対して刑罰を賦課するか否かを決定し、刑罰が科される場合の軽減的宥恕を規定していた。

・一八一〇年刑法典

第六六条─被告人（l'accusé）が、一六歳未満で、弁識能力なく（sans dicernement）行動したと決されるとき、当該被告人は無罪となる。但し、当該被告人は、情状に応じて、親へ引き渡され、または、判決が定めた年数の間、そこで養育されかつ拘禁されるため、少年院（maison de correction）に収容されるが、少年院への収容年数は、対象者が満二一歳に達する時点を超えることはできない。

第六七条─①少年が弁識能力をもって（avec discernement）行動したと決されるとき、刑罰は、次のように宣告される。

一　科される刑罰が死刑、無期徒刑（travaux forcés à perpétuité）、流刑（déportation）の場合、当該少年には、少年院（maison de correction）での一〇年以上二〇年以下の拘禁刑（emprisonnement）が宣告される。

二　科される刑罰が有期徒刑（travaux forcés à temps）、または懲役刑（réclusion）の場合、当該少年には、これらの刑罰の一つにつき宣告されえた期間の三分の一以上二分の一以下に相当する期間、少年院への収容が宣告される。

②上記いずれの場合も、当該少年は、判決によって、五年以上一〇年以下の間、高等警察（haute police）の監視下に置かれうる。

③科される刑罰が首枷の刑（carcan）または追放刑（bannissement）の場合、一年以上五年以下の間、少年院への収容が宣告される。

第六八条―前条に規定されるいかなる場合においても、被有罪宣告者は、公に晒されることはない。

第六九条―有責者が軽罪刑のみを科される場合、当該有責者は、一六歳であれば科されたはずの刑罰の半分を下回る限度で、適切と思料される軽罪刑を宣告されうる。

その後、被拘禁少年の教育と援護に関する一八五〇年八月五－一二日の法律[5]は、行刑コロニー（colonie pénitentiaire）及び矯正コロニー（colonie correctionnelle）を設置し、弁識能力なく（sans discernement）行動したとして刑法第六六条に従い無罪となったが親へ引き渡されない被拘禁少年の送致先を行刑コロニーと定めた。

また、刑法第六六条及び同第六七条並びに治罪法第三四〇条を修正し、刑事成人年齢を一八歳に定める一九〇六年四月一二－一四日の法律[6]は、刑事成人年齢をこれまでの一六歳から一八歳に引き上げ、弁識能力なく無罪となった場合に教育的措置の対象となる範囲を拡大した。しかし、刑罰が科される場合の軽減的宥恕の対象年齢は一六歳未満のまま据え置かれたため、刑法第六六条と第六七条の間に若干齟齬を来すこととなった。

2　少年及び青年のための裁判所並びに監視付自由に関する一九一二年七月二二日の法律[7]

この法律では、青少年のための特別な裁判組織が設置されるとともに、監視付自由（保護観察）の制度が導入された。併せて、同法は、少年が弁識能力なく行動したとして刑法第六六条に従い無罪となった場合、慈善家や慈善施設への引き渡しも認めた。

年齢との関係でも、一九一二年法は、特筆すべき改正を行った。それは、一三歳未満の少年の絶対的無答責を承認したことである。

・少年及び青年のための裁判所並びに監視付自由に関する一九一二年七月二二日の法律

第二一条―刑法典第六六条は、次のように修正される。

「被告人が一三歳以上一八歳未満で、弁識能力なく行動したと決されるとき、当該被告人は無罪となる。但し、情状に応じて、当該被告人は親、慈善家もしくは慈善施設へ引き渡され、または、判決が定めた年数の間、そこで養育されかつ拘禁されるため、行刑コロニーに送致されるが、その年数は、対象者が二一歳に達する時点を超えることはできない。少年が親、慈善家または慈善施設に引き渡される旨命じる場合、裁判所は、さらに、少年が二一歳になるまで監視付自由の制度下に置かれる旨決定することができる。裁判所により定められた期間が満了した時点で、裁判所は、共和国検事の申請に基づき、改めて裁定を下す。

第二六条―刑法典第六七条、第六八条及び第六九条は、次のように修正される。

「第六七条―一三歳以上一六歳未満の少年が弁識能力をもって行動したと決される場合、刑罰は次のように宣告される：科される刑罰が、死刑、無期徒刑、流刑の場合、矯正コロニーにおける一〇年以上二〇年以下の拘禁刑が宣告される。科される刑罰が、有期徒刑、禁錮刑または懲役刑の場合、これらの刑罰の一つにつき宣告されえた期間の三分の一以上二分の一以下に相当する期間、矯正コロニーでの拘禁刑が宣告される。いずれの場合も、五年以上一〇年以下の期間、政府によって当該少年に通告される禁止場所につき立入禁止（défense de paraître）が宣告されうる。科される刑罰が市民権剥奪刑（dégradation civique）または追放刑（bannissement）の場合、一年以上五年以下の期間、行刑コロニーまたは矯正コロニーでの拘禁刑が宣告される。」

「第六八条―一三歳以上一六歳未満の少年で、一六歳以上の現に存在する共犯者を有していない、重罪の被告人は、前二条に従い軽罪裁判所において裁判される。」

「第六九条―一三歳以上一六歳未満の少年が単なる軽罪しか犯さなかった場合にはいずれも、当該少年に対して宣告される刑罰は、一六歳であれば宣告されたはずの刑罰の半分を上回ることはできない。」

Ⅱ　弁識能力からの訣別

1　犯罪少年に関する一九四二年七月二七日の法律

上述の通り、これまでの立法では、刑罰を賦課するかどうかが弁識能力の有無で決されていた。しかしながら、弁識能力概念の活用は学説及び実務から問題視され、このことが一九四二年法成立の一因となった。

犯罪少年に関する一九四二年七月二七日の法律の立法理由は、国家元首フィリップ・ペタン（Philippe PÉTAIN）に提出された報告書から窺い知ることができる。弁識能力をめぐっては、次のような記述が見られる。即ち、「一九一二年の立法者は、複雑で、含みのある、微妙な制度の構築によって、刑法の伝統的な原理と少年の更生を目指す新たな構想とを妥協させようとした。この試みが成功しなかったことは経験が示している。実際、司法官は、弁識能力の概念の拡張的適用によって、法律の効果を修正しなければならなかった。……裁判所は、弁識能力の概念を専権的に用いた。犯罪少年の大多数に教育的措置を適用するため、裁判所は、少年に無答責を宣告した。かくして、一九三〇年から一九三五年の間に、犯罪少年の七〇％が、弁識能力なく行動したとして無罪となったのである。従って、弁識能力の問題は、無益なように思われる。法案は、この問題を消滅させる。以後、法律は、実態と調和するであろう」と。(8)

同様の主張は学説によっても見られる。いずれも、弁識能力概念の曖昧さを批判した上で、実務において、弁識能力の有無が「純粋な効用」の問題になっていた点を指摘する。即ち、拘禁の弊害を回避するために、裁判官は敢えて少年の弁識能力を否定しなければならず、裁判官の関心は、心理学的実体よりも自己の回答の帰結にあったとされる。(9)

・犯罪少年に関する一九四二年七月二七日の法律

第一条―刑法上の犯罪を行う一八歳未満の少年は、本法によって定められる特別の制度に服する。

第一七条―①重罪または軽罪の正犯者または共犯者とされる一八歳未満の少年は全て、原則として、保護及び更生の措置の対象にしかならない。

②但し、重罪または軽罪の正犯者である一六歳以上一八歳未満の少年、及び、重罪の正犯者である一六歳未満の少年は、少年及び青年のための裁判所（tribunal pour enfants et adolescents）が必要と思料する場合、本法第二三条によって定められる条件において、刑罰的措置（mesure répressive）の対象となりうる。

第一八条―①少年及び青年のための裁判所が重罪または軽罪の正犯者である少年に対して取りうる保護及び更生の措置は、以下の通りである。

一　少年の父親、母親もしくは後見人、または、当該少年に対して監護権を有していた者への引き渡し

二　信頼に値する者の元、または、権限を有する慈善団体（œuvre habilitée）への預託

三　保健局（secrétariat d'Etat à la Santé）、国民教育局（secrétariat d'Etat à l'Education nationale）、家族庁（commissariat général à la famille）に属する施設への収容

四　発達異常児または知的障害児治療教育施設（institut médico-pédagogique d'enfants anormaux ou arriérés）への収容

五　司法省管轄の監視付教育公施設（institution publique d'éducation surveillée）への収容

六　司法省管轄の矯正コロニー（colonie corrective）への収容

②これらの収容の期間は、少年が二一歳に達する時点を超えることができない。

③少年及び青年のための裁判所が、少年の親もしくは後見人、または、慈善家もしくは慈善施設への少年の引き渡しを命じる場合、当該裁判所は、さらに、少年が、最長二一歳まで、監視付自由の制度の下に置かれる旨決定することができる。

第二三条―①重罪または軽罪の正犯者である一六歳以上一八歳未満の少年は、成人と同じ刑罰を宣告されうる。この場合、当該刑罰は、行刑施設（établissements pénitentiaires）において執行される。

②重罪が認定された一六歳未満の少年は、以下の条件において刑罰を宣告されうる：有期徒刑（travaux forcés à temps）、禁錮刑（détention）または懲役刑（réclusion）が科される場合、当該少年は、成人に適用される刑期の三分の一以上二分の一以下の期間の拘禁刑が宣告される。
③この拘禁は、一八歳までは矯正コロニー（colonie corrective）の特別区画（quartier spécial）において、一八歳からは行刑施設において執行される。但し、有罪宣告を受けた者が改善の真摯な証を示す場合、この者は、国璽尚書の決定（décision du garde des Sceaux）により、二一歳を超えない限度で、矯正コロニーにとどまりうる。
④いずれの場合も、被有罪宣告者には、五年以上一〇年以下の間、公権力によってこの者に通告された禁止場所につき立入禁止（défense de paraître）が宣告されうる。
第二四条—①一六歳以上一八歳未満の少年は、違警罪に関して一般法に従う。
②一六歳未満の少年によって犯された違警罪は、聴衆を排除して開廷される違警罪裁判所に付託され、少年、親、後見人、または、監護権を有する者が召喚され、聴聞される。
③違警罪が証明される場合、判事は、少年に対して、法律によって定められる罰金以外の刑罰を宣告することができない。判事は、さらに、少年を譴責し、親、後見人または監護権を有する者に注意を与え、これらの者に累犯の場合の帰結を警告する。判事は、これらの措置につき、特別な記録簿に記載する。
④累犯の場合、刑法典第四八三条に従い、少年は、民事裁判所の評議部に召喚され、評議部は、罰金を宣告し、少年をその家族に引き渡した上で、少年を監視付自由（liberté surveillée）の制度の下に置く必要があるか否かを判断する。
第三五条—刑法典第六六条、第六七条、第六八条、第六九条、一八五〇年八月五日の法律、一九二一年二月二二日の法律、一九二七年三月二六日の法律及び一九二八年三月三〇日の法律によって補完される、少年及び青年のための裁判所並びに監視付自由に関する一九一二年七月二二日の法律、並びに、一般的に、本法に抵触する全ての規定は、廃止される。

このように、一九四二年法は、一九一二年法によって創設された、絶対的無答責が保障される一三歳未満のカテゴリーを廃止する一方で、弁識能力の存在と刑罰の賦課との連動性を切断し、少年に対する教育的措置の優先性の原則を確立した[10]。

しかし、一九四二年法は、国土上の共和国的正当性の再構築に関する一九四四年八月九日のオルドナンスに追加する一九四四年一二月八日のオルドナンス第一条によって[11]、無効性が確認され、結局、施行されることはなかった[12]。

2　犯罪少年に関する一九四五年二月二日のオルドナンス

一九四二年法はそれ自体効力を発することはなかったものの、弁識能力概念の排除等、さまざまな革新的内容は、一九四五年オルドナンスに受け継がれている。

一九四五年オルドナンスの理由書[13]では、「以後、刑罰法規に対する違反が帰責される、一八歳未満の全ての少年は、少年裁判所にのみ召喚されるであろう。当該少年は、例外的にかつ理由を付した決定によってしか反しえない、刑事無答責の制度によって、保護、教育または改善の措置の対象にしかなりえないであろう。一三歳未満の少年と一八歳未満の少年の区別は、真の実態にもはや合致しない弁識能力の概念同様、消滅する」とされている。

・犯罪少年に関する一九四五年二月二日のオルドナンス

第一条―重罪または軽罪と擬律される犯罪が帰責される一八歳未満の少年は、一般法上の刑事裁判所には召喚されず、少年裁判所の管轄にのみ属する。

第二条―①少年裁判所は、事案に応じて、適当と思料される、保護、援護、監視、教育または改善の措置（mesures de protection, d'assistance, de surveillance, d'éducation ou de réforme）を宣告する。

②但し、少年裁判所は、情状及び犯罪行為者の人格に鑑みて必要とされる場合、一三歳以上の少年に対して、刑法典第六七条乃至第六九条の適用により刑罰の宣告をすることができる。
③少年裁判所は、一六歳以上の少年に対して、特に理由を付した判示によって、未成年の軽減的宥恕を付与する必要がない旨決定することができる。
第一八条―一三歳以上の少年に対して嫌疑が証明される場合、当該少年は、第二条に従い、刑罰の宣告の対象となりうる。

第三三条―刑法典第六八条は廃止される。刑法典第六六条、第六七条及び第六九条は、次のように修正される。

「第六六条―被告人（le prévenu ou l'accusé）が一三歳以上一八歳未満である場合、当該被告人は、本法第六七条及び第六九条の適用によりその者に対して刑罰が宣告される場合を除いて、情状に応じて、単に叱責され、もしくは、親、後見人、監護権を有していた者もしくは信用に値する者に引き渡され、民間の慈善団体の監護に引き渡され、または、判決が定めた年数の間、そこで養育されかつ監護されるため、教育、職業訓練もしくは治療の施設もしくは機関、国もしくは行政機関の治療教育施設、専門教育、監視付教育もしくは矯正教育の施設に収容されるが、その年数は、対象者が二一歳に達する時点を超えることはできない。」

「いずれの場合にも、当該少年は、さらに、二一歳を超えない年齢まで監視付自由の制度下に置かれる旨決されうる。」

「専門教育、監視付教育もしくは矯正教育の公的施設に少年を収容し、または、送致することを命じる決定に対する上訴は、明文で仮執行を命じている場合を除いて、執行を停止する。破棄申立は、停止効をもたない。」

「少年がその家族の元を離れて収容される場合、当該決定は、職権によっても、修正されまたは取り消されうる。但し、親及び少年は、当該決定の執行から一年が経過した後でなければ、引渡または監護権の回復を請求することができない。請求が棄却された場合、再度の請求は、一年間経過後でなければ行いえない。」

「第六七条―情状及び犯罪行為者の人格の故に、一三歳以上の少年が刑罰の宣告の対象となるべきと決されるとき、刑罰は、必要な場合には一六歳以上の少年に対して未成年の軽減的宥恕を排除する可能性を留保した上で、次のように宣告される。」

「科される刑罰が死刑、無期徒刑（travaux forcés à perpétuité）、流刑（déportation）の場合、当該少年には、一〇年以上二〇年以下の拘禁刑が宣告される。」

「科される刑罰が有期徒刑（travaux forcés à temps）、禁錮刑（détention）または懲役刑（réclusion）の場合、当該少年には、これらの刑罰の一つにつき宣告されえた期間の二分の一以下に相当する期間の拘禁刑が宣告される。」

「当該少年には、さらに、五年以上一〇年以下の間、政府によって当該少年に通告される禁止場所につき立入禁止（défense de paraître）が宣告されうる。」

「科される刑罰が市民権剥奪刑（dégradation civique）または追放刑（bannissement）の場合、当該少年には、二年以下の拘禁刑が宣告される。」

「第六九条―一三歳以上の少年によって行われた犯罪が単なる軽罪である場合、第六七条の条件において当該少年に対して宣告されうる刑罰は、同様の留保の下、一八歳であれば宣告されたはずの刑罰の半分を上回ることはできない。」


このように、一九四五年オルドナンスは、一九四二年法の革新を受け継ぎ、弁識能力を法文に盛り込むことなく、少年に対する教育的措置の優先性を堅持した。学説でも、本オルドナンスは、基本的に一九四二年法と同様の方向性であるとする評価が一般的であるが[14]、両者の差異を指摘するものもある。

例えば、弁識能力概念について、一九四五年オルドナンスはこれに言及しておらず、心理学的実体と実務的評価の乖離を解消すべく同概念を廃止したものと捉える見解と[15]、「但し、情状及び少年の人格に鑑みて必要とされる場合、刑罰を宣告することができる」とするのは、理由書が放棄すると主張していた、責任及び弁識能力の概念を事実上再導入しているのではないかと疑問を呈する見解とが存在する[16]。

また、一三歳未満の少年に対する刑事無答責についても、少年全般に刑事無答責の推定が及んでいるとし、一三歳未満の少年にとってその推定は絶対的であるが、一三歳以上の少年においては反証を伴う推定であるとして相対的に捉えるものと、[17]結局、理由書が廃止を宣言していた、「一三歳以上の少年」と「一六歳以上の少年」の区別すら再導入していると指摘するものがある。[18]

なお、一九四五年オルドナンスの枠組みは、基本的に一九九四年施行の新刑法典の登場によっても維持されたままであった。[19]

結論

以上、弁識能力と年齢の関係について、フランスの立法動向を中心にその議論状況を検討したが、弁識能力概念自体の曖昧さ、及び、それに伴う心理学的実体と実務的評価の乖離という問題が浮き彫りになった。

そもそも、年齢で責任能力の有無を判断することが妥当なのか。この点、わが国も一九九四年に批准している、児童の権利に関する条約は、第四〇条第三項で、「締約国は、刑法を犯したと申し立てられ、訴追されまたは認定された児童に特別に適用される法律及び手続の制定並びに当局及び施設の設置を促進するよう努めるものとし、特に、次のことを行う。(a)その年齢未満の児童は刑法を犯す能力を有しないと推定される最低年齢を設定すること」と定めている。この規定は、責任能力による線引き、即ち、有責行為能力という意味での責任無能力の推定を求めているように見える。しかし、年齢による責任能力の画一的判断は必ずしも心理学的実体を反映しておらず、他方で、子どもの成長発達権の保障という観点から、刑罰はこれを阻害する危険性があり、その危険性は対象者が年少であればあるほどより高くなる。これらを前提とすれば、本条項を責任能力と直結させて理解するよりも、要保護性に関連づけて把握する方が実体に即しているともいえる。また、この条約上の要請に対応するのは刑法第四一条であるが、同じく同条を要保護性に関する規定と解する余地も出てくる。

刑法と少年法との整合的解釈を考えるとしても、少年に対する刑罰の賦課との関連で刑法が要請しているのは、第四一条が明文で一四歳未満の少年に対して刑罰を科しえないとしている点、及び、消極的責任主義を前提に、刑罰を科すには、当該犯罪行為者に行為時、責任能力が存しなければならないという点のみである。そうであるとすれば、年齢を責任能力の問題と直結させて論じる必然性は、少なくとも刑法解釈論から導出されるものではないことになる[20]。

少年に対しては、責任能力がある場合でも必ずしも刑罰を科さなければならないわけではなく、少年の要保護性の見地からは、むしろ原則として保護処分に付すべきと考えられよう。その意味で、当時のフランスで、弁識能力の有無で刑罰か教育的措置かが決定される法制を実務が問題視し、法改正がなされた意義は大きいといえる。その根底には、常に、少年の保護という視点があり、現在でも、少年に対する教育的措置の優先性が堅持されているのは非常に興味深い[21]。

やはり、年齢による一律の線引きは、少なくとも犯罪体系論における責任論にはなじまないものであり、弁識能力の存在と刑罰賦課の連動性が積極的責任主義的な意味を獲得した際の危険性は計り知れないといわざるをえないであろう[22]。

(1)　守屋克彦・斉藤豊治編『コンメンタール少年法』(現代人文社、二〇一二年)八六頁以下(加藤学)、廣瀬健二編『裁判例コンメンタール少年法』(立花書房、二〇一一年)三二頁以下(廣瀬健二)、田宮裕・廣瀬健二編『注釈少年法〔第三版〕』(有斐閣、二〇〇九年)六一頁以下、佐伯仁志「少年法の理念――保護処分と責任」猪瀬愼一郎・森田明・佐伯仁志編『少年法のあらたな展開――理論・手続・処遇』(有斐閣、二〇〇一年)三五頁以下等参照。

(2)　例えば、近時では、渡邊一弘『少年の刑事責任――年齢と刑事責任能力の視点から』(専修大学出版局、二〇〇六年)二二七頁以下。

(3) Loi n° 683 du 27 juillet 1942 relative à l'enfance délinquante, J.O. du 13 août 1942, p.2778; rectificatif, J.O. des 24-25 août 1942, p.2898; Gaz. Pal., 1942 (2e sem.), lois et décrets, p.351; S., 1942, Lois annotées, etc., p.1114.

(4) Ordonnance n° 45-174 du 2 février 1945 relative à l'enfance délinquante, J.O. du 4 février 1945, p.531; S., 1945, Lois annotées, etc., p.1769.

(5) Loi du 5-12 août 1850 sur l'éducation et le patronage des jeunes détenus, Bull. n° 2542; D.1850.4.181. なお、一八五〇年法に関しては、フランス刑事立法研究会訳「被拘禁少年の教育と援護に関する一八五〇年八月五－一二日の法律」法政研究八〇巻四号（二〇一四年）五五五頁以下参照。

(6) Loi du 12-14 avril 1906 modifiant les art. 66, 67 du Code pénal, 340 du Code d'instruction criminelle et fixant la majorité pénale à l'âge de dix-huit ans, J.O. du 14 avril 1906; D.1907.4.59. なお、一九〇六年法に関しては、フランス刑事立法研究会訳「刑法第六六条及び同第六七条ならびに治罪法第三四〇条を修正し、刑事成人年齢を一八歳に定める一九〇六年四月一二－一四日の法律」法政研究八〇巻二・三合併号（二〇一三年）一〇三頁以下参照。

(7) Loi du 22 juillet 1912 sur les tribunaux pour enfants et adolescents et sur la liberté surveillée, J.O. du 25 juillet 1912.

(8) Code pénitentiaire, Tome 29, 1er janvier 1941 au 31 décembre 1943, 1949 , p.184.

(9) DONNEDIEU DE VABRES, H., Commentaire de l'ordonnance du 27 juillet 1942, D., 1943, législation, pp.30-31, 35; ROSSIGNOL, Christian, La législation "relative à l'enfance délinquante", De la loi du 27 juillet 1942 à l'ordonnance du 2 février 1945, les étapes d'une dérive technocratique, Revue d'histoire de l'enfance "irrégulière", Le Temps de l'histoire, Numéro 3/2000, p.24. なお、GAILLAC, Henri, Les maisons de correction, 1830-1945, 1971, p.363 参照。

(10) 少年に対する教育的措置の優先性の原則を定立したことによって、一三歳未満の少年に対する刑事無答責の廃止をカバーすることができるかは問題とされうる。この点、DONNEDIEU DE VABRES, op.cit. (note 9), p.36は、一九四二年法が一三歳未満の少年に対する完全な刑事無答責の恩恵を廃止した点に関して、これにより、刑事訴追はあらゆる年齢の少年に対して可能となるのであり、「若年犯罪の増加によって世論が動かされる時代に、立法者は、寛大さを示すのを差し控える」と評している。

(11) Ordonnance du 8 décembre 1944 additionnelle à l'ordonnance du 9 août 1944 relative au rétablissement de la légalité républicaine sur le territoire continental, J.O. du 9 décembre 1944, p.1772.

(12) これに関連して、「一九四〇年から一九四四年の間に配備された法制を全面的に無視することは、理論的、実際的及び政策的に不可能であった」との指摘もある（ROSSIGNOL, op.cit. (note 9), p. 30）。

(13) J.O. du 4 février 1945, p.530; rectificatif, J.O. des 5-6 mars 1945, p.1162.

(14) DONNEDIEU DE VABRES, op.cit. (note 9), p.170.

（15）LÉGAL,Alfred, Commentaire de l'ordonnance du 2 fév. 1945, S., 1946, Lois, décrets, avis du coseil d'État, etc., pp.250-251.
（16）ROSSIGNOL, op.cit. (note 9), p.41.
（17）LÉGAL, op.cit. (note 15), p.250.
（18）ROSSIGNOL, op.cit.(note 9), p.41.
（19）一九九四年施行の新刑法典は、第一二二－八条で、「①刑法上の犯罪につき有責とされる少年は、特別法によって定められる条件において、保護、援護、監視及び教育の措置の対象となる。②この特別法は、同様に、一三歳以上の少年に対して刑罰が宣告されうる条件も規定する」と定め、弁識能力の概念を持ち込むことをしなかった。一八一〇年刑法典第六六条及び第六七条は、一九四五年二月二日のオルドナンス第二〇－二条及び第二〇－三条となった（一九九三年五月一四日の通達（Circulaire du 14 mai 1993, Commentaire des dispositions de la partie Législative du nouveau Code pénal (livres I à V) et des dispositions de la loi du 16 décembre 1992 relative à son entrée en vigueur）参照）。
（20）刑法解釈論において、限定責任能力という表現は心神耗弱を想起させる。混合的方法を前提とすれば、一四歳以上の少年を限定責任能力とすることは、若年を精神障害と同等に扱うことにもなりかねない。
（21）二〇〇二年九月九日の法律第二〇〇二－一一三八号（Loi n° 2002-1138 du 9 septembre 2002 d'orientation et de programmation pour la justice (rectificatif), J.O. du 24 décembre 2002, p.21500）によって修正された、現行の刑法第一二二－八条は、再び、弁識能力の概念を導入している。刑法第一二二－八条「①弁識能力を有する少年は、当該少年が対象となりうる保護、援護、監視及び教育の措置を規定する特別法によって定められる条件において、自己が有責とされる重罪、軽罪または違警罪につき刑法上責任を負う。②この法律は、同様に、一〇歳以上一八歳未満の少年に対して宣告されうる教育的制裁、及び、一三歳以上一八歳未満の少年がその年齢故に恩恵を受ける責任の軽減（atténuation de responsabilité）を顧慮した上で宣告されうる刑罰を規定する」。なお、教育的制裁については、井上宜裕訳「ロランス・ルチュルミ著「一九四五年二月二日のオルドナンス第二条によって表明された指導原理の崩壊」（外国文献紹介）」法政研究八〇巻二・三合併号（二〇一三年）三八五頁以下、及び、同「少年に対する保護処分の保安処分性（一）——フランスにおける「教育的制裁（sanctions éducatives）」概念を素材として」法政研究七九巻四号（二〇一三年）一頁以下参照。
（22）年齢による一律の線引きという点では、刑法第一七六条【強制わいせつ】及び第一七七条【強姦】についても検討を加える必要があろう。

真正身分犯の共犯について——共犯の処罰根拠の観点から——

金子　博

Ⅰ　問題の所在

共犯の処罰根拠論は、ドイツの議論を契機として展開され[1]、現在では、いわゆる因果的共犯論（惹起説[2]）が有力化している。この理論によれば、共犯は、単独正犯と同じく、法益侵害またはその危険の惹起を処罰するものであり、両者の違いは、単独惹起と共同惹起・間接惹起にある[3]、とされる。もっとも、因果的共犯論は、「真正身分犯の共犯」を契機として細分化されている。すなわち、正犯なき共犯を容認する「純粋惹起説」と正犯不法を前提とする「混合惹起説」の対立である。この対立は、例えば、公務員である夫が妻に賄賂を受け取るよう指示した収賄罪（刑法一九七条）の事例にみられる、いわゆる「身分なき故意ある道具」の事例において先鋭化される。いずれにせよ、真正身分犯の共犯の可罰性は、「法益侵害（または危険）の惹起」によって説明され、その根拠は、刑法六五条一項の真正身分犯の規定にも反映されている。

もっとも、わが国では、「真正身分犯の共犯」は、教唆犯や従犯だけでなく、共同正犯も包含された関与形態として展開されている。(4) このような関与形態は、「刑法六十五条第一項の規定する所は、身分が犯罪の構成要件を成せる場合であって、共同者の一人が此の身分を有するに於ては、他の共犯者がかかる身分を有せなくとも身分ある者と見做さるる」(5) とした上で、意思連絡を根拠とした共同行為を（広義の）共犯と考える共同意思主体説だけでなく、現在では、いわゆる因果的共犯論によっても基礎づけられる傾向にある。このような動向の背景には、「法益の侵害（および危険）が違法性の実質だとすると、一定の身分の者についてだけ犯罪が成立するのは、その身分を持ったものでなければ、事実上、その法益を侵害することができないからだ」(6) という理解がある。そして、身分犯の特殊性を自ら法益を侵害できない点に求めるならば、身分者を利用して法益を侵害することは可能であるとして、(7) いわゆる「身分なき故意ある道具」の事例においても、真正身分犯の共同正犯が非身分者にも認められているのである。(8)

このように、真正身分犯の共犯の可罰性は、「非身分者は自ら法益を侵害できない」という身分犯の制約を事実的（物理的）制約として位置づけることを前提とした上で、「法益侵害（またはその危険）の惹起」に求められているのである。しかし、真正身分犯の共犯の可罰性が、事実上の制約を受けつつも、因果的共犯論、実質的には「事実的な因果的惹起」に収斂されるならば、いわゆる「身分なき故意ある道具」の事例は、本来的に問題とならないことになる。というのも、その領域では、行為支配や因果的惹起を自然主義的な正犯原理として理解するとき、関与者を不可罰とせざるを得ない事情に直面したがゆえに、問題が生じたからである。(9)

そこで、この点にかんがみて、ドイツの共犯の処罰根拠論を踏まえ、わが国における真正身分犯の共犯の可罰性について考察する。

Ⅱ　ドイツにおける共犯の処罰根拠論

1　共犯の処罰根拠論における基本的視座

ドイツにおける共犯の処罰根拠論では、「刑罰拡張事由としての共犯（Teilnahme）が処罰される根拠」が模索され、共犯処罰・不処罰の限界づけが試みられてきた。現在においても、学説の統一的な整理は、必ずしも行われていないが、いずれの分類方法にせよ、共犯の処罰根拠は、主として、「正犯不法の誘発・促進」または「結果の（間接的）惹起」に求められている。[10]そこで、これらの基軸に応じて学説を整理した上で、真正身分犯の共犯に関する可罰性の根拠を検討する。

2　不法共犯説（従属性志向惹起説）の意義とその限界

従来、ドイツにおける支配的見解として、共犯の処罰根拠を「正犯不法の誘発・促進」に求める見解が主張されてきた。これによれば、「共犯処罰に関する実質的根拠は、共犯者が正犯者を責任ないし罪責に陥れたことにあるのではなく（いわゆる責任共犯説）、社会的に耐えがたい、すなわち、構成要件に該当する違法な行為を造意によって誘発し、または、促進したことにある」。[11]この処罰根拠論には、次のような特徴がある。すなわち、「共犯者は、自ら犯罪構成要件に含まれている規範を侵害するのではなく、その不法は、その者が正犯者の規範侵害に協働（mitwirken）する」[12]という点にあり、「共犯者の行為の不法は、その根拠と程度において、正犯行為の不法に従属する」[13]というものである。このような理解によれば、他者による正犯不法は、共犯行為の結果として構成され、正犯不法を共犯の結果とする限りで、構成要件該当結果が考慮される。もっとも、その際、当該結果は、共犯者の行為との関係では、事実的な因果的惹起が認められることで足りることになる。

このような処罰根拠によれば、真正身分犯の共犯の可罰性は、容易に基礎づけられる。[14] というのも、正犯による構成要件該当結果の惹起は、共犯者にとっては間接的に問題となるものの、正犯不法を惹起すれば足り、正犯行為の結果と共犯者自身の関係は、直接問われないからである。[15] 換言すれば、正犯者は構成要件上の結果を惹起しなければならないが、共犯者が自ら構成要件該当結果を惹起する必要はないのである。

しかし、真正身分犯の共犯の可罰性において意義をもつ理論構成は、その反面、具体的帰結として、**agent provocateur** の不可罰性や、自己の所有物を窃取するよう他者に教唆した場合の不可罰性、すなわち、自己の法益侵害に対する共犯の不可罰性を説明できず、[16] 特別な根拠を求めない限り、正犯処罰と共犯処罰との間で規範矛盾を生じさせる。[17] さらには、正犯と共犯の関係において、（共同）正犯と（狭義の）共犯の競合を認めざるを得なくなり、例えば、複数人が構成要件の実現において協力・補充関係にある場合には、各関与者は、（共同）正犯だけでなく、共犯としても責任を負うことになる。[18]

このように、「正犯不法の誘発・促進」を結果とする犯罪、換言すれば、「正犯と性質上異なる犯罪」として共犯を一般化させる不法共犯説は、「真正身分犯の共犯の可罰性」に対応するにとどまるのである。

3　（純粋）惹起説の意義とその限界

これに対し、正犯不法から共犯不法を導き出す不法共犯説（従属性志向惹起説）の問題点を「共犯不法の独自性」の欠如に認め、正犯と同様に、共犯は「自らの不法および有責性に対して責任を負う」とする惹起説が展開されている。[19] この見解によれば、「構成要件該当性は、正犯の処罰根拠だけでなく、共犯の処罰根拠でもある、換言すれば、構成要件は、正犯だけでなく、共犯形式における犯罪に対する共働をも―確かに、完全ではないが（完全であれば四八条以下は不要となろう）、その中核において―記述する」[20]。すなわち、法益侵害が正犯者にとって構成要件に該当するものだけでなく、共犯者自身にとっても構成要件に該当するものでなければならないとするのである[21]。そして、各関与者の人的関係（共犯者と結果との関係）に着眼することを通じて、正犯不法に従属しない「独自の共犯不法」を見出し、「正犯行為」の存在を前提とする共犯の従属性を純事実的な性質と位置づけることによって、各則の構成要件と総則の共犯規定から成る、正犯とは独立した「共犯構成要件」を作出するのである[22]。したがって、惹起説によれば、正犯不法という結果が共犯者に帰属されるのではなく、共犯者自身による結果の惹起が帰属されることになる。その結果、構成要件が前提とする法益が共犯者からも保護されることを前提とする以上、不法共犯説の問題点は生じない。

しかし、真正身分犯の共犯の可罰性が問われる。というのも、非身分者は、真正身分犯の場合、共犯形式でも、構成要件に該当する不法を自ら実現することができないからである。実際、***Schmidhäuser***は、真正身分犯の共犯に関して、「特別義務の違反が不法構成要件にとって本質的であるならば、当該義務を課されていない者は、特別義務者の不法行為に対する共犯としても処罰されない。というのも、その者は、共犯者としても、制定法が不可罰のままにした一般的な方法で法益を侵害するからである」と主張する[23]。その結果、枉法罪（ドイツ刑法三三九条）や公務員犯罪などの真正身分犯の場合、そのつど構成要件として記述された人的範囲の犯行のみが処罰されるとするのである[24]。

もっとも、（純粋）惹起説の観点から、真正身分犯の共犯の可罰性を基礎づける試みもある。***Lüderssen***によれば、次のような理論構成が行なわれる。「公務員」などの客観的な人的要素が法益侵害の条件となる場合、その人的要素がなければ犯罪はないという意味で、その要素は、法益保護の程度に影響を与えるだけでなく、法益侵害に至る要因でもある[25]。もっとも、そのような人的要素を持たない者（非身分者）も、結果発生が直接行為者（身分者）の一身に（in der Person）かかっているという条件のもとで法益侵害を間接的に惹起することができる以上、法益侵害の帰属を考えるにあたっては、複数の異なった（客観的な）答責性が存在することを考慮しなければならない。すなわち、法益侵害という概念には、法益の価値だけでなく、法益侵害への関与の質および量も不法の程度を共に決定するという思考が含まれているのである。このような特質に着眼すれば、例えば、非公務員でも、公務員による実行を条件として、「公務遂行の純粋性」という法益を間接的に侵害しうると説明できる。なお、このようなケースにおいても、依然として、身分者と非身分者の区別は、純事実的な性質である[26]、とするのである[27]。

（純粋）惹起説の理解を貫徹するならば、正犯行為の介在事情は、本来、共犯者にとって意味をなさない。しかし、真正身分犯の共犯の可罰性を説明するためには、身分者による正犯行為を規範的なものとして理解することが必要不可欠となる[28]。というのも、身分なき関与者は、そもそも構成要件的不法をもたらさないからである[29]。この点、*Lüderssen*は、正犯者と共犯者の義務者的地位の相違を前提とした、正犯構成要件とは異なる特殊な「共犯構成要件」を想定することによって、真正身分犯の共犯の可罰性を試みるが、それは、真正身分犯の共犯を「本来的な共犯と同種ではない独自の関与形態」として位置づけるものである[30]。というのも、「身分者による実行」を処罰条件とした構成要件を作出することによって初めて、非身分者の行為を「各則の構成要件の実現」と関連づけることができるからである。それゆえ、（純粋）惹起説は、真正身分犯の共犯を不可罰あるいは特殊な犯罪類型として位置づけるほかないのである。しかし、いずれにせよ、介在（正犯）行為を事実的性質と解する限りで、「真正身分犯の正犯不法」を前提とする現行法との整合性が問われる[31]。

4　混合惹起説（従属的法益侵害説）の意義とその限界

（純粋）惹起説が現行法上の共犯規定に適合しないことに鑑みて、共犯の処罰根拠を「正犯不法を介した間接的な法益侵害（Rechtsgutsangriff）」に求める理論構成が有力となりつつある。[32] 例えば、*Samson* は、共犯の処罰根拠を「各則の構成要件で保護された法益を攻撃すること」[33]に求めつつも、正犯不法を前提とした理論構成を次のように展開する。「各則の構成要件は、共犯者を直接捕捉するわけではない。」むしろ、「共犯規定が、各則の構成要件が示す範囲における法益侵害の可罰性を拡張するのである。しかし、制定法のルールによれば、各々の因果的な法益侵害では足りない。関与者が正犯でない限りで、法益侵害を違法な正犯行為を介して攻撃する場合にのみ、共犯者は責任を負う」とするのである。その上で、現行法上定められた共犯の従属性は、事実的な特質にとどまらず、「構成要件の明確性に資するものであり、共犯によって惹起された法益侵害と正犯によって遂行された構成要件に該当する違法行為を結びつけることによって、構成要件の枠を解消することなく、可罰性が共犯者に拡張される」[34]とするのである。このような理論構成は、*Roxin* によっても展開されている。*Roxin* によれば、共犯は「従属的惹起、すなわち、間接的な、正犯を介した構成要件に該当する法益侵害の惹起」[35]であるとした上で、「共犯不法は、一部は独立し、一部は正犯行為から導き出される」[36]とし、正犯不法だけでなく、共犯者の独自の法益侵害（Rechtsgutsangriff）も要求することで、正犯者だけでなく、共犯者にとっても法益侵害が可能でなければならないとするのである。

かくして、混合惹起説によれば、共犯不法は、正犯を介した法益侵害にその本質があり、正犯者とともに作出した共同の仕業であるがゆえに、正犯行為が共犯者にも帰属される。[37] もっとも、不法共犯説とは異なり、正犯行為の結果は、共犯者によって惹起される、かつ、帰属可能な法益侵害である以上、保護法益は、共犯者に対しても保護されていなければならないとし、正犯者から見た構成要件の実現だけでなく、共犯者から見た構成要件の実現でもなければならないことを前提とする。この意味で、共犯においても、正犯と同様の客観的帰属のルールが適用される、[38] というのである。このような理解に基づき、共犯とは、正犯メルクマール（行為支配）のない法益侵害を捕捉するものと理解され、「各則の構成要件のメルクマールと共犯規定のメルクマールから合成された犯罪」と定義される。[39]

その上で、真正身分犯の共犯の可罰性に関しては、例えば、*Samson*は、「共犯者は構成要件を自ら充足するわけではない以上、共犯者が構成要件において条件とされる特別義務を負っていないことは、真正身分犯の共犯の可罰性を否定する論拠にはならない[40]」とした上で、その保護法益は、非身分者に対しても保護され、正犯としての構成要件が存在しないだけであると解する。[41]同様に、*Roxin*もまた、正犯不法から独立した共犯不法は、「身分犯の共犯の可罰性と矛盾しない。というのも、この構成要件の法益は非身分者の自由になるのではなく、正犯としてではないが、非身分者によっても侵害されうるからである[42]」とする。すなわち、一定の身分者に課せられた「義務の違反は正犯を基礎づけるが、構成要件の実現までも基礎づけるわけではない。教唆者や幇助者も保護法益に対する攻撃を行うが、正犯は、構成要件に特殊な特別義務の違反によってのみ基礎づけられる[43]」。それゆえ、例えば、私人が裁判官に枉法を唆した場合（ドイツ刑法三三六条、三三九条）、「非身分者も誤った判決を惹起したことによって司法を攻撃しており、それゆえ、三三九条に対する教唆として処罰される[44]」というのである。かくして、「共犯には（共犯不法の独立的要素は別として）正犯行為（例えば、枉法）の不法が帰属され、共犯における特別の一身的要素の欠如は量刑についてのみ意味をもつ[45]」とするのである。

しかし、真正身分犯の共犯においては、共犯不法は、正犯不法から一部導き出されるものの、「（間接的な）法益侵害の惹起」を基礎づける共犯不法の独自性は、必ずしも明らかにされてはいない。というのも、独自の共犯不法は、『共犯者にとって任意に処分できない法益』に対する攻撃」にとどまるからである。正犯不法の帰属（従属）を前提とすることが法益侵害と共犯者の関係性を必ずしも基礎づけるものではない以上、混合惹起説においても、「各則の構成要件が前提とする法益を自ら侵害することができるか否か」が問われなければならない。

この問題に関しては、*Jakobs*による「身分犯の共犯」と「通常の犯罪の共犯」との対比が示唆に富む。すなわち、身分犯の共犯の場合、正犯者を機械と入れ替えて考えるならば、犯罪構成要件がなくなるのに対し、通常の犯罪の共犯の場合、正犯者を機械と入れ替えて考えるならば、共犯者は自ら遂行する正犯者となる、というものである。[46] *Jakobs*は、裁判官にとって回避できない誤判であった場合、その裁判官の態度から枉法罪に関する態度表明はない以上、裁判官ではない者が積極的に関与したとしても、枉法罪は問題とならないことを指摘し、正犯不法と共犯者との関係（結びつき）に着眼すれば、身分犯の場合、共犯規定による可罰性の拡張は、「通常の犯罪」と異なった内容を有するというのである。[47] すなわち、真正身分犯の場合、身分なき共犯者は、各則の構成要件該当結果を自ら惹起するわけではないのである。この真正身分犯の特殊性に鑑みて、*Kindhäuser*は、構成要件の実現の前提となる人的メルクマールに関しては、行為態様によって獲得または消失されるものではない以上、身分者と非身分者の答責領域は任意に一体化されえないとし、身分なき共犯には正犯者の（一次的）義務違反を誘発・促進しない（二次的）義務だけが課されるとして、正犯と共犯の答責性を質的に区別する。[48] かくして、共犯者は、正犯行為の誘発（*Bewirken*）ないし促進により正犯者の義務違反に関与するため、責任を負うとするのである。[49]

以上のことを踏まえるならば、真正身分犯の場合、「身分」は、単なる因果的「惹起」に解消されるメルクマールではなく、構成要件の実現に不可欠な規範的メルクマールとして位置づけられる。[50] その結果、通常の犯罪と異なり、「身分犯の場合、共犯ルールは、規範違反の態度の範囲だけでなく、名宛人の範囲をも拡張する、より正確にいえば、特定の地位の保持者から万人に拡張する」[51] 以上、身分犯における「正犯」構成要件と「共犯」構成要件は、単なる事実的な因果経過にとどまらず、結果の意味内容においても差異をもたらすことになる。すなわち、「正犯不法がなければ、犯罪構成要件自体は存在しない」という限りで、真正身分犯の共犯は、各則の構成要件該当結果の惹起ではなく、「正犯不法の誘発・促進」に向けられた犯罪なのである。したがって、身分者と非身分者の共働による構成要件の実現は、本来的に存在せず、身分者の正犯行為を介した事実的な因果的惹起を根拠とすることは、「義務を課された身分者と非身分者との関係」を看過し、[52]「独自の共犯不法」を形骸化することにほかならないのである。

もっとも、非身分者の関与に関する処罰根拠は、身分犯の保護法益と関連づけられないわけではない。この点につき、*Jakobs*は、処罰根拠を「特別ではあるが、非身分者もその構成員であるような社会によって負わされるべき地位にある」[53]点に求めている。すなわち、親子関係などから生じる特別義務を課される地位は、社会的に不可欠な制度の一部である以上、非身分者も無関心ではあってはならず、身分者への義務づけを尊重することが従属的に義務づけられると解するのである。[54]このような「真正身分犯の共犯」の位置づけは、その可罰性を可能とするが、いずれにせよ、その場合、真正身分犯への非身分者の関与は、保護法益の間接的な侵害（または危殆化）ではなく、「真正身分犯を誘発・促進させたこと」を結果とする行為態様である。

このような真正身分犯の共犯の特殊性を踏まえるならば、混合惹起説が前提とする「間接的な法益侵害」とは、当該領域では、正犯の構成要件該当結果とは異なる、「共犯固有の構成要件該当結果」（「正犯不法」の誘発・促進）の惹起のことであり、この意味で、身分者と非身分者の「共働」は、「構成要件の枠を超えた事実的協働」にすぎない。したがって、「共犯不法の独自性」は、正犯不法を前提とする混合惹起説においても、基礎づけられないのである。この場合、共犯においても「各関与者の義務者的地位」を前提とした理論構成を考えるならば、真正身分犯の「共犯」は、ドイツ刑法一二〇条（被拘禁者の解放）のように、共犯形式（教唆ないし幇助）を内容とする独立した（正犯）構成要件として位置づけられうる。かくして、真正身分犯の共犯の可罰性は、混合惹起説によっても導き出されるものではないのである。

Ⅲ 「真正身分犯の共犯」の可罰性について

1 共犯の処罰根拠論からの帰結——「結果の惹起的側面」の限界

共犯の処罰根拠は、「共犯不法の独自性」を認める限度に応じて、「正犯不法の誘発・促進」または「結果の（間接的）惹起」に求められ、真正身分犯の共犯も、その処罰根拠の対象として位置づけられてきた。この点、ドイツでは、法益侵害の惹起的側面を重視する立場から、真正身分犯の共犯における可罰性を説明する傾向にあるが、いまだ十分な根拠は得られていない。というのも、共犯者自身による結果の惹起的側面を重視するならば、非身分者も自ら身分犯の構成要件該当結果を惹起することができるといわなければならないからである。むしろ、真正身分犯が身分から導き出される義務者的地位を前提とした犯罪であるという犯罪の特殊性に鑑みるならば、真正身分犯の共犯は、身分犯の法益保護と関連する独立した犯罪類型として理解される必要があり[55]、ここに、共犯の処罰根拠論の限界があるように思われるのである。

翻ってわが国の議論を見るに、真正身分犯の共犯の可罰性は、いずれの共犯の処罰根拠論からも基礎づけられ、刑法六五条一項は、少なくとも狭義の共犯に関して「注意規定」と解されている[56]。このような理解は、因果的共犯論（惹起説）においても同様である。すなわち、わが国で有力に主張されている因果的共犯論においても、真正身分犯の共犯の可罰性は、「共犯不法の独自性」としての「法益侵害の惹起」によって説明されているのである。それゆえ、真正身分犯の共犯については、「正犯なき共犯」の是非を巡る純粋惹起説と混合惹起説の対立にとどまる[57]、とされている。

そこで、とりわけ、わが国の因果的共犯論が提示する「法益侵害の惹起」に焦点を当て、真正身分犯の共犯の処罰根拠を検討し、「真正身分犯の共犯」の位置づけを試みる。

2　わが国における「真正身分犯の共犯」の位置づけ

わが国では、「共犯の処罰根拠」としての「（間接的な）法益侵害の惹起」は、公務員である夫が妻に賄賂を受け取るよう指示した収賄罪の事例にみられる、いわゆる「身分なき故意ある道具」の事例において展開され、非身分者による関与の可罰性が説明される。

もっとも、その可罰性の根拠は、主として、次のような理解を前提とする。すなわち、強姦罪（刑法一七七条）の存在を背景として、(58)「構成的身分者への加功といっても、その主体的限定の故に、非身分者は自ら単独でこれを犯し得ないといふ制限を除けば、理論上一般の教唆又は幇助犯の可罰的根拠と別に異なるところはないと考へねばならぬ。即ち非身分者は自己自らに課せられた規範的要求に違反して、身分者をして犯罪を実行せしめることに因り、当該の身分犯を犯したものに外ならないのであり、従って又その故に処罰せられるのであって、他に何ら特別の理論を必要とするのではない(59)」というものである。ここでは、真正身分犯の共犯においても、正犯と同様に、「法益侵害の惹起」という点で処罰根拠は異ならないと解されているのである。(60)

「身分犯の共犯」を共犯一般として位置づける根拠は、強姦罪にあり、女性は直接単独では強姦罪の構成要件を実現できないという事情を「真正身分犯の共犯」へ転用させることにある。しかし、強姦罪は、万人を名宛人とするもので、暴行・脅迫自体は誰にでも可能である以上、女性も構成要件を実現する主体となりうる。(61)これに対し、真正身分犯では、非身分者は自ら実行できないという規範的な制約を受け、非身分者の関与の可罰性が身分者の正犯不法に左右される点に鑑みれば、非身分者は各則の構成要件該当結果を自ら惹起することができないのである。それゆえ、例えば、収賄罪の場合、非公務員が公務員とともに賄賂を受け取ったとしても、「法律的な目で見れば、非公務員にとっては、その目的物は『賄賂』ではないし、これを受け取ることは『賄賂の収受』の実行行為ではない」[62]。すなわち、非身分者は、構成要件の実現を分担することができないのである[63]。このような性質の相違から、強姦罪の特性は、真正身分犯の共犯を本来的共犯として基礎づけるものではないのである。

いずれにせよ、真正身分犯の共犯を自然主義的観点から理論構成するならば、「法益侵害の惹起」を事実的なものとして捉えることになる。実際、わが国における（純粋）惹起説によれば、「共犯を自己固有の犯罪を犯すものと考へる限り、共犯は自己の犯罪を犯すに当って他者をしてその『犯罪を実行』せしめれば足るのであって、この要件にして満される以上固有の意味での正犯の存することは必らずしも必要ではない」[64]として、例えば、公務員が妻に賄賂を受け取るよう依頼した場合においても、「身分犯を犯したこと」を根拠に、真正身分犯の共犯が認められているのである。しかし、非身分者による「身分犯の実現」を認める限り、「共犯者自身による構成要件該当結果の惹起」の意義は後退している。

この共犯不法の問題は、正犯不法を必要条件とする混合惹起説においても同様である。もっとも、わが国における混合惹起説では、惹起説を「共犯は、他人によって引き起こされた法益侵害と因果性を有するがゆえに処罰される」[65]とする考え方と定義した上で、「関与者の誰かの行為が構成要件を充足することが、共犯の処罰根拠になる」[66]とされている。そして、このような理解から、「非身分者は単独では法益侵害を惹起することは不可能であるが、身分者を介してであれば、法益侵害を（間接的に）惹起することは可能」とし、ここに、刑法六五条一項が定める身分の連帯作用の根拠が認められるとするのである[67]。

しかし、身分の連帯作用の容認は、要素従属性において誇張従属形式と調和するもので、本来の惹起説の意味内容と相反する。というのも、共犯の本質を惹起説の観点から理解するならば、「真正身分犯の共犯」の領域でも、「法益侵害の（事実的な）因果的惹起」ではなく、不作為犯において顕著であるように、保護法益との関係から導き出される各関与者の義務者的地位（答責領域）が前提とされなければならないからである。そして、「身分」自体（例えば、公務員）は、非身分者の管轄として位置づけられない一身専属的な規範的メルクマールである以上、身分なき関与者は、間接的であっても、真正身分犯の想定する保護法益を自ら侵害することはできない。(68)すなわち、身分者による構成要件の実現は、非身分者との間では、事実的協働にすぎないのである。

このように、わが国における（純粋）惹起説または混合惹起説は、主として、共犯不法を「事実的な因果的惹起」として捉えることによって、「身分犯への関与」を「法益侵害（またはその危殆化）の共働」と位置づけているのである。(69)このような処罰根拠は、少なくとも身分犯の共犯においては、「各関与者の義務者的地位」を形骸化する点で、本来の惹起説から逸脱するものである。むしろ、真正身分犯における「共犯」構成要件は、身分犯の保護法益を侵害する行為類型ではない以上、結果の惹起的側面を考慮した共犯の処罰根拠論は機能しないように思われるのである。

Ⅳ　結びにかえて

従来、共犯の処罰根拠論は、真正身分犯の共犯も対象とした共犯一般を統一的に説明するものとして理解されてきた。しかし、真正身分犯の共犯の可罰性は、多義的な「法益侵害の惹起」を根拠にしたため、十分に論じられてこなかったように思われる。それゆえ、真正身分犯の共犯は、共同正犯も対象とされ、いわゆる「身分なき故意ある道具」の事例においても、身分者と非身分者との間に、共同正犯が認められる傾向にあるといえよう。

しかし、真正身分犯の特殊性、すなわち、「身分者による正犯不法が存在しなければ、犯罪構成要件が存在しない」という性質に鑑みるならば、真正身分犯の構成要件は、身分者を名宛人とするものと解せざるを得ないように思われる。この点で、「正犯との協働による構成要件の実現」は、必ずしも「共犯者も自ら構成要件該当結果を惹起した」行為を意味するものではなく、共犯の本質を惹起説の観点から捉えるならば、共犯者は身分犯の構成要件的不法を自ら作出できない以上、真正身分犯の共犯規定である刑法六五条一項に関しては、本来の共犯原理とは異なった説明が求められるべきである。[70]

これらのことを踏まえるならば、身分者と非身分者による真正身分犯の共同正犯は、答責領域の相違により、想定されないことになる。[71] 例えば、秘密漏示罪（刑法一三四条）の場合、ある看護師が医師に対して優越的地位にあったとしても、医師による秘密漏示行為が存在しなければ、秘密漏示罪の構成要件は実現されない。[72] そうであるならば、「医師」という身分は、構成要件の実現にとって重要な機能を果たすが、「行為支配」ないし「因果的寄与（重要な役割）」によって基礎づけられるものではない。[73] その意味で、「行為支配」ないし「因果的寄与（重要な役割）」は、正犯原理として機能しない。真正身分犯における正犯と共犯の質的差異に鑑みるならば、身分者と非身分者による協働は、たとえ「因果の共同」または「意思連絡」が存在したとしても、真正身分犯の構成要件の実現を対象とする「共同行為」とはいえない。それゆえ、いわゆる「身分なき故意ある道具」の事例において、前記の正犯原理を手がかりとした理論構成は、「構成要件の特殊性」や「惹起説の本質」を軽視するものであるように思われるのである。

（1）「共犯の処罰根拠」を詳細に論じたモノグラフィーとして、大越義久『共犯の処罰根拠』（青林書院新社、一九八一年）一頁以下、同『共犯論再考』（成文堂、一九九一年）一頁以下、高橋則夫『共犯体系と共犯理論』（成文堂、一九八八年）九一頁、香川達夫『共犯処罰の根拠』（成文堂、一九八八年）一頁以下、松宮孝明『刑事立法と犯罪体系』（成文堂、二〇〇三年）二七五頁以下、豊田兼彦『共犯の処罰根拠と客観的帰属』（成文堂、二〇〇九年）一頁以下などがある。

（2）もっとも、いわゆる因果的共犯論は、各則の法益を侵害（または危殆化）したことを処罰根拠とするが、その理論構成において様々なアプローチが存在する。この点につき、高橋則夫『規範論と刑法解釈論』（成文堂、二〇〇七年）一五六頁以下参照。したがって、因果的共犯論は、ドイツの「惹起説」とは必ずしも一致しない。

（3）例えば、佐伯仁志『刑法総論の考え方・楽しみ方』（有斐閣、二〇一三年）三七〇頁。

（4）例えば、収賄罪に関する判例に関しては、大判大正三年六月二四日刑録二〇輯一三二九頁、大判昭和七年五月一一日刑集一一巻六一四頁。

（5）草野豹一郎『刑法要論』（有斐閣、一九五六年）一四一頁。草野によれば、公務員を教唆してその職務に関して虚偽の文書を作成させる非公務員は、公務員と共に、「公務員なる身分に因って構成すべき犯罪を共同して行ふ意思連絡の下に一体となることによって、公務員たる身分を取得するもの」とみなされ、虚偽公文書作成罪（刑法一五六条）の教唆犯として責任を負う（同書一三八頁）。さらに、西原春夫『刑法総論〔改訂準備版下巻〕』（成文堂、一九九三年）四〇七頁以下も参照。

（6）平野龍一『刑法総論Ⅱ』（有斐閣、一九七五年）三六八頁。

（7）平野・前掲註（6）三七〇頁、西田典之『共犯と身分〔新版〕』（成文堂、二〇〇三年）一七七頁以下。

（8）西原・前掲註（5）四〇九頁以下、島田聡一郎「いわゆる『故意ある道具』の理論について（三・完）」立教六二号（二〇〇二年）八五頁以下、西田典之『共犯理論の展開』（成文堂、二〇一〇年）八七頁、松原芳博『刑法総論』（日本評論社、二〇一三年）四〇八頁。

（9）大塚仁『間接正犯の研究』（有斐閣、一九五八年）一三六頁以下参照。

（10）なお、「正犯者を堕落させた」ことを共犯の処罰根拠とする堕落説（責任共犯論）を主張するものとして、*Hellmuth Mayer*, Strafrecht Allgemeiner Teil, 1967, S. 155. さらに、「正犯者を不法に陥れた」ことを共犯の処罰根拠とするものとして、*Stefan Trechsel*, Der Strafgrund der Teilnahme, 1967, S. 54ff., 107. もっとも、*Trechsel*によれば、教唆の処罰根拠は、「被教唆者による社会的統合解体を意図すること」にあり、幇助の処罰根拠は、「正犯行為の遂行に対する因果的寄与」にある。

（11）*Hans Welzel*, Das Deutsche Strafrecht, 11. Aufl., 1969, S. 115; *Hans-Heinrich Jescheck/Thomas Weigend*, Lehrbuch des Strafrechts Allgemeiner Teil, 5. Aufl., 1996, S. 685f. なお、*Karl Lackner/Kristian Kühl*, StGB, 2011, Vor §25 Rn. 8によれば、「いわゆる従属性志向惹起説によれば、共犯の処罰根拠は、教唆者や幇助者が正犯者によって遂行された違法な行為を促進ないし共同惹起（mitverursachen）することである」と定義される。

（12）*Jescheck/Weigend*, a.a.O., S. 685.

（13）*Jescheck/Weigend*, a.a.O., S. 685f.

（14）*Welzel*, a.a.O., S. 115, 194f.

（15）Vgl. *Günther Jakobs*, Strafrecht Allgemeiner Teil, 2. Aufl., 1993, 22/3.

（16）Vgl. *Welzel*, a.a.O., S. 116.

(17) *Joachim Renzikowski*, Restriktiver Täterbegriff und fahrlässige Beteiligung, 1997, S. 42. その他の問題点については、*Lackner/Kühl*, a.a.O., Vor §25 Rn. 12; *Claus Roxin*, Strafrecht Allgemeiner Teil, Bd. 2, 2003, S. 137.

(18) *Jakobs*, a.a.O., 22/3.

(19) Vgl. *Klaus Lüderssen*, Zum Strafgrund der Teilnahme, 1967, S. 25; *Eberhard Schmidhäuser*, Strafrecht Allgemeiner Teil Lehrbuch, 1. Aufl., 1970, 14/98.

(20) *Lüderssen*, a.a.O., S. 29. なお、当時の制定法では、総則にある（狭義の）共犯規定は、ドイツ刑法四八条以下にある。

(21) *Lüderssen*, a.a.O., S. 25.

(22) *Lüderssen*, a.a.O., S. 161. *Eberhard Schmidhäuser*, Strafrecht Allgemeiner Teil Studienbuch, 2. Aufl., 1984, 10/17によれば、正犯者犯罪（Täterdelikt）とは、直接、各則の犯罪構成要件において捕捉されるものであり、これに対し、共犯者犯罪（Teilnehmerdelikt）とは、各則の個別の犯罪構成要件と共犯規定である総則の処罰拡張規定の組み合わせのみによって記述されるものであると定義される。

(23) *Schmidhäuser*, a.a.O. (Fn. 19), 14/98.

(24) もっとも、*Eberhard Schmidhäuser*, Strafrecht Allgemeiner Teil Lehrbuch, 2. Aufl., 1975, 14/85 mit Anm. 25は、現行法を踏まえ、身分の欠如を刑の減軽に求める限りで、真正身分犯の共犯の可罰性の肯定に転じるものの、「不当（sachwidrig）」と評価する。むしろ、刑法一二〇条（被拘禁者の解放）のように、真正身分犯の共犯という関与形態を特別規定（独立した正犯形式）として設けるならば、この問題に終止符を打つことができるとする（*Schmidhäuser*, a.a.O. (Fn. 22), 10/38）。

(25) *Lüderssen*, a.a.O., S. 135.

(26) *Lüderssen*, a.a.O., S. 137.

(27) Vgl. auch *Lüderssen*, a.a.O., S. 197f. *Lüderssen*によれば、枉法（ドイツ刑法三三六条）の場合でも、裁判官でない関与者は、その人的メルクマールに依拠した保護法益を侵害することができるが、「裁判官による法適用の純粋性」という法益に関しては、裁判官と比べ、保護の程度が軽いとする。

(28) *Roxin*, a.a.O., S. 132.

(29) Vgl. *Jakobs*, a.a.O., 22/7.

(30) *Jakobs*, a.a.O., 22/4.

(31) *Erich Samson*, SK-StGB, Bd. 1, AT, 3. Aufl., 1981, Vor §26 Rn. 8, 11.

(32) *Samson*, a.a.O., Vor §26 Rn. 11ff.; *Claus Roxin*, Zum Strafgrund der Teilnahme, in: Festschrift für Stree und Wessels, 1993, S. 369ff.; *Günther Jakobs*, Strafrecht Allgemeiner Teil, 2. Aufl., 1993, 22/6; *Renzikowski*, a.a.O., S. 47f.; *Harro Otto*, Grundkurs Strafrecht Allgemeine

Strafrechtslehre, 7. Aufl., 2004, S. 322; *Bernd Schünemann*, LK-StGB, 12. Aufl., 2007, Vor §26 Rn. 1ff.; *Günter Stratenwerth/Lothar Kuhlen*, Strafrecht Allgemeiner Teil, 6. Aufl., 2011, §12 Rn. 121f.; *Helmut Frister*, Strafrecht Allgemeiner Teil, 6. Aufl., 2013, 25/28.

(33)　*Samson*, a.a.O., Vor §26 Rn. 14.

(34)　*Samson*, a.a.O., Vor §26 Rn. 14.

(35)　*Roxin*, a.a.O.(Fn. 32), S. 369.

(36)　*Roxin*, a.a.O.(Fn. 32), S. 365.

(37)　Vgl. *Urs Kindhäuser*, Strafrecht Allgemeiner Teil, 6. Aufl., 2013, S. 323; *Jakobs*, a.a.O., 22/6.

(38)　*Samson*, a.a.O., Vor §26 Rn. 34; *Roxin*, a.a.O.(Fn. 32), S. 380ff.（純粋）惹起説との差異は、「正犯不法が、共犯成立にとって必要条件となるか否か」にある。この差異は、「正犯なき共犯」、例えば自殺関与の事例における取り扱いに反映される。すなわち、純粋惹起説によれば、自殺に関与した者は、関与者自身の立場から見れば殺人罪の構成要件を実現する以上、殺人罪の共犯として責任を問われる（Vgl. *Lüderssen*, a.a.O., S. 168, 214f.）が、混合惹起説によれば、正犯不法を必要条件とする以上、少なくとも殺人罪の共犯として責任を問われない（Vgl. *Roxin*, a.a.O. (Fn. 32), S. 365, 371; *Schünemann*, a.a.O., Vor §26 Rn. 2.）。なお、*Lüderssen* の見解に関して、*Klaus Lüderssen*, Der Typus des Teilnehmertatbestandes, in: Festschrift für Koichi Miyazawa, 1995, S. 449ff.　も参照。

(39)　*Samson*, a.a.O., Vor §26 Rn. 19.

(40)　*Samson*, a.a.O., Vor §26 Rn. 16.

(41)　*Samson*, a.a.O., Vor §26 Rn. 24. Vgl. *Schünemann*, a.a.O., Vor §26 Rn. 3, 5.

(42)　*Claus Roxin*, LK-StGB, 11. Aufl., 1993, Vor §26 Rn. 3.

(43)　*Claus Roxin*, Täterschaft und Tatherrschaft, 8. Aufl., 2006, S. 745. Vgl. auch *Raúl Pariona Arana*, Täterschaft und Pflichtverletzung, 2010, S. 79ff.

(44)　*Roxin*, a.a.O.(Fn. 17), S. 239.　もっとも、非身分者は、正犯者の義務違反による特別な「追加的」不法を実現することができないため、ドイツ刑法二八条一項により、刑が減軽されるとする。

(45)　*Roxin*, a.a.O. (Fn. 17), S. 239.　なお、わが国の刑法六五条一項に相当するドイツ刑法二八条一項は、身分の欠如を量刑において考慮する。

(46)　*Jakobs*, a.a.O., 22/7.

(47)　*Jakobs*, a.a.O., 22/7.

(48)　*Urs Kindhäuser*, Handlungs- und normtheoretische Grundfragen der Mittäterschaft, in: Festschrift für Hollerbach, 2001, S. 651.

(49) *Kindhäuser*, a.a.O. (Fn. 37), S. 323.
(50) Vgl. *Roxin*, a.a.O. (Fn. 17), S. 132.
(51) *Jakobs*, a.a.O., 22/7.
(52) *Jakobs*, a.a.O., 23/15. ギュンター・ヤコブス〔阿部純二・緑川邦夫（共訳）〕「支配犯および義務犯における関与」法学五七巻三号（一九九三年）四八頁も参照。
(53) *Günther Jakobs*, Tun und Unterlassen im Strafrecht, 1999, S. 12.
(54) ヤコブス・前掲註（52）四九頁参照。Vgl. auch *Javier Sánchez-Vera*, Pflichtdelikt und Beteiligung, 1999, S. 170f. さらに、真正身分犯の共犯の処罰根拠については、松生光正「刑法六五条の『身分』概念について（二）完」姫路二三・二四合併号（一九九八年）一一七頁以下、平山幹子『不作為犯と正犯原理』（成文堂、二〇〇五年）一八七頁以下も参照。
(55) ドイツにおける身分犯への関与の議論に関しては、佐川友佳子「身分犯における正犯と共犯（二）」立命三一七号（二〇〇八年）五三頁以下参照。
(56) この点については、共犯の処罰根拠論の間で差異は見られない。例えば、植田重正『刑法要説（総論）』（紅帆社、一九四九年）二七七頁、大塚仁『刑法概説（総論）〔第四版〕』（有斐閣、二〇〇八年）三三二頁、井田良『講義刑法学・総論』（有斐閣、二〇〇八年）四八三頁。
(57) 葛原力三「共犯の処罰根拠と処罰の限界（上）」法教二八一号（二〇〇四年）六三頁参照。
(58) 植田・前掲註（56）二七六頁。
(59) 植田重正『共犯の基本問題』（三和書房、一九五二年）一五六頁註三。同旨、中義勝『講述犯罪総論』（有斐閣、一九八〇年）二六一頁。
(60) 植田・前掲註（56）二七七頁参照。
(61) 団藤重光『刑法綱要総論〔第三版〕』（創文社、一九九〇年）四二二頁註六、松宮・前掲註（1）二九六頁参照。強姦罪の場合、間接正犯や共同正犯の犯罪主体として女性を想定することができる以上、構成要件の実現が女性にも可能なのである。もっとも、女性が姦淫の手段である暴行を遂行した事例につき、刑法六五条一項を適用して共同正犯を認めたものとして、最決昭和四〇年三月三〇日刑集一九巻二号一二五頁。
(62) 団藤・前掲註（61）四二〇頁。
(63) 松宮孝明『刑法総論講義〔第四版〕』（成文堂、二〇〇九年）三〇六頁。これに対し、西田・前掲註（8）三七九頁は、収賄罪の主体が公務員に限定される根拠を「直接単独正犯の形態においては公務員しか『公務の適正さに対する国民の信頼』という保護法益

書三三九頁）とする。しかし、このような理解は、身分者と非身分者の事実的協働を示したものにすぎず、非身分者による構成要件の実現可能性を明らかにしたものではない。

(64) 植田・前掲註(59)八九頁以下。
(65) 西田典之『刑法総論〔第二版〕』（弘文堂、二〇一〇年）三三六頁以下。
(66) 西田・前掲註(65)三三八頁。
(67) 山口厚『刑法総論〔第二版〕』（有斐閣、二〇〇七年）三二八頁。同旨、西田典之・山口厚・佐伯仁志編『注釈刑法　第一巻　総論§§一～七二』（有斐閣、二〇一〇年）九五七頁（小林憲太郎）。なお、制限従属性から「違法の連帯性」を導く見解として、西田・前掲註(65)四〇二頁。さらに、照沼亮介『体系的共犯論と刑事不法論』（弘文堂、二〇〇五年）一五五頁註一六五参照。照沼は、共同正犯を刑法六五条一項の対象外としつつ、「狭義の共犯については、当該身分の内容において独自の法益の存在を観念しうる場合には、共犯はこれに従属して当該不法を侵害し得るので、身分の効果が連帯」するとしている。
(68) 真正身分犯の共犯の可罰性に関する問題点につき、豊田兼彦「客観的帰属論と共犯の処罰根拠論の関係」刑法五〇巻一号（二〇一〇年）一二頁以下も参照。なお、十河太朗『身分犯の共犯』（成文堂、二〇〇九年）二四九頁は、「身分も実行行為や結果と並ぶ構成要件要素の一つであって、何ら特殊な要素ではない」とするが、「身分」自体は、行為態様によって統制し得るメルクマールではない以上、身分なき行為者の答責領域を基礎づけることはできないように思われる。
(69) なお、井田・前掲註(56)四八三頁は、看護師が医師に対し、患者の秘密の漏示を誘発したという秘密漏示罪の事例に関して、「秘密漏示罪の保護法益の中には、個人の秘密だけでなく、医師の業務への信頼が含まれているとしても」、看護師は医師を介することで、いずれの法益を侵害することが可能とした上で、「非身分者自身による秘密漏示行為それ自体は処罰されないが、非身分者が身分者に秘密漏示行為を行わせたときには、教唆者にとり刑法上違法な事態が惹起されたといえるので、共犯不法の惹起を肯定」でき、「正犯不法の惹起、すなわち、正犯不法への従属を条件として、教唆犯の成立を認めることができる」と解する。しかし、看護師は医者が保持する「人の秘密」を自ら漏示したとしても、刑法一三四条の構成要件に該当しない以上、法益侵害との事実的な因果性にとどまり、共犯者自身による構成要件該当結果の惹起が存在しないように思われる。
(70) 松宮・前掲註(63)三〇七頁、高橋則夫『刑法総論〔第二版〕』（成文堂、二〇一三年）四七六頁、佐川友佳子「共犯論と身分犯の共犯―特に義務犯について―」刑法五〇巻一号（二〇一〇年）一五頁以下。この点で、刑法六五条一項は、真正身分犯の共犯を処罰対象とする包括的な特別規定として位置づけられる。
(71) 西田・前掲註(8)三七九頁は、「非身分犯者は構成的身分犯の共同正犯たりえないという主張自体が、身分犯の義務犯的な理解を前提としたもの」であるとする。しかし、支配犯的な理解を前提とするとしても、例えば、収賄罪の場合、「結果の惹起的側面」を重視する限りで、「共同」正犯の不存在を甘受しなければならないように思われる。

(72) これに対し、西田・前掲註(65)三三三頁以下は、秘密漏示罪や虚偽公文書作成罪の場合には、身分犯の間接正犯成立を認める。しかし、このような理解は、「身分」が一身専属的な規範的要素である(中・前掲註(59)二六一頁参照)以上、事実上、間接正犯を「刑罰拡張事由」として位置づけるものであるように思われる。なお、虚偽公文書作成罪の事例につき、私人を不可罰とした最判昭和二七年一二月二五日刑集六巻一二号一三八七頁、さらに、文書作成に関与する職務を担う公務員に本罪の成立を認めた大判昭和一一年二月一四日刑集一五巻一一三頁、最判昭和三二年一〇月四日刑集一一巻一〇号二四六四頁参照。

(73) この点につき、島田・前掲註(8)九二頁は、共同正犯性について、身分者の場合、「身分」が構成要件的不法の基盤を提供する以上、寄与の程度を問わず正犯性が認められ、他方で、非身分者の場合、「構成要件該当事実の実現に重要な役割を果たす」場合に正犯性が認められるとするが、両者において前提とされる正犯原理が事実上異なるにもかかわらず、「共同行為」が認められる根拠が明らかではない。なお、西田・前掲註(8)三三九頁は、行為主体の限定が法益侵害の可能性の事実上の制限に由来する収賄罪や偽証罪等の場合、「身分を法益侵害の一条件と考えるならば、非身分者の共同正犯性も一律に否定さるべきではなく、それぞれの正犯原理に応じてその成否を決定すべき」とするが、このような理解は、もはや構成要件の実現に向けられた共働、すなわち、「共同性」の問題ではなく、犯罪の事実的競合を示すものである。

名誉侵害罪における「人」の範囲

金　尚均

Ⅰ　問題提起

名誉毀損罪（刑二三〇条）の刑罰規定は、「公然と事実を摘示し、人の名誉を毀損した」行為を処罰し、侮辱罪（刑二三一条）は、「事実を摘示しなくても、公然と人を侮辱した」行為を処罰する。これら名誉侵害罪の構成要件としての「人」とは、自然人はもちろんのこと、法人などの集団も含むとするのが判例・通説の立場である。これに対して、殺人罪や傷害罪などにおける攻撃客体としての「人」とは、自然人に限定される。ここでは侵害・危殆化される法益の内容と構成要件の予定する行為と関連させて「人」の意義を考える必要がある。生命を保護法益とする殺人罪などは自然人以外に対して成立することはあり得ないが、法人など、つまり統一的意思をもつ集団等も社会的機能を有しており、それゆえ自然人と同様に社会的評価を受ける対象であることからすれば、これに対する侮辱的表現による攻撃もありうる。それゆえ団体・集団も名誉侵害犯の保護対象に含まれる[1]。

これに対して、同じく集団・団体であるが、統一的意思を持たないそれも名誉侵害罪では保護されるのであろうか。例えば、人種、皮膚の色、国籍、民族又は性別など、ある属性を有する集団（＝統一的意思をもたない集団）に対する侮辱的表現行為は、行為の点だけを見ると、名誉侵害罪における構成要件の予定するそれと相違はない[2]。しかも攻撃の対象となっている集団に属する人々にとっても何らの害もないとは言い切れない。むしろ集団そのものに対する否定にもつながる可能性があることからすれば、甚大な社会侵害を生じさせているとも言える。それにもかかわらず、統一的意思をもたない集団に対する侮辱的表現が処罰対象から外されることにはどのような理由があるのだろうか。たとえ名誉侵害罪の処罰対象から外される場合であっても、統一的意思をもたない集団に対する侮辱的表現に対して何らの法益の侵害・危険はないといえるのであろうか。

本稿は、名誉侵害罪における法益とは何かを検討するが、統一的意思を持たない集団に対する侮辱的表現に関して規制可能性を検証するためにこの問題を扱う。その際、ここでは名誉侵害罪の保護客体である「人」の範囲と関連させながら、統一的意思を持たない集団に対する侮辱的表現が「名誉」の毀損に当たり得るのか、それゆえ名誉侵害罪の保護対象に含まれるのかを検討する。

Ⅱ　名誉侵害罪における「人」

日本における名誉毀損罪や侮辱罪などの名誉侵害罪は、「人」の名誉を保護対象としている。刑法上も民法上も、名誉が保護されるのは、社会の中に存在し、相互の交流を通じて自らを発展させる可能性をもつ個人にとって、かかる人格発展の前提として名誉が不可欠だからである。かくして、名誉の保護が、共同して社会の中に生きる人間のあり方から必然的なものと指摘されることがある。[3]
一般的に、名誉の毀損とは、具体的に特定された人に向けた表現（口頭、文書に関係なく）によってその名誉を攻撃する行為のことを指す。その名誉とは、名誉があきらかに人格的価値であることからすれば[4]、特定の生存している個人の名誉のことである。[5] 名誉は、人の行為や人格に対する倫理的価値、政治的・社交的・学術的・芸術的能力、身体的・精神的資質、職業、身分などの広く社会生活上認められる価値を含む。[6]

ここでいう人の定義としては自然人のほか、法人などの団体や集団も含むとするのが判例・通説の立場である。[7]「法人などの団体も、一定の社会的評価の対象となるものであり、自然人と同様、社会的な活動を行っているのであるから、そのような評価は社会生活上保護に値するものと解され、名誉毀損罪による保護の対象とすることが妥当」[8]とされる。[9][10] これに対して、団体や集団を名誉侵害罪の保護客体として認めない考えも有力である。丸山（雅）は、人間の内的価値（人の真価）と無関係な名誉概念を想定することはできないとして、人の真価としての内部的名誉と関連づけられた名誉として名誉侵害罪の保護法益を把握する見地から自然人以外に内部的名誉を有する主体を考えることができないとする。[11] そこで団体の社会的評価の侵害に対しては、民法上の不法行為による損害賠償が認められ、内部的名誉をもたない団体に対する法的保護としてこの程度のもので十分ではないかと指摘する。[12]

例えば、経済活動の単位として擬制的に人格を認められた法人に対しては信用毀棄罪（刑二三三条）による保護の可能性がある。[13] しかし、団体・集団の刑法的保護を否定しながら無批判に民法的保護を肯定するのは理論的に問題であるし、一定の経済的資力を有する団体・集団であれば民事訴訟を提起することは可能であるが、それをすることができるのは実際には限られた団体・集団である。しかも、団体・集団といっても多様のものがあり、その中には社会的偏見から、侮辱的表現などによる攻撃にさらされやすいものもある。そうすると、社会的実態として一定の社会活動をし、評価を受け得る可能性が常にあるにもかかわらず何ら法的保護を受けることのできない事態が生じうるにもかかわらず何ら問題はないということができるであろうか。例えば、「侮辱罪の保護法益は社会的名誉と解されるところ、これは、自然人に特有のものではなく、自然人の集団にも、その集団の性格によっては個人と別に帰属するものであるところ（なお、集団が名誉の帰属的主体たり得るかはその社会的実態から判断すべきであって、法人格の存否が決定的な要素に当たるとは解されない。）、学校については、長年の教育、文化、芸術活動を通じて社会から一定の評価を受け、このような活動、評価に対し、現に在校する生徒、教職員のみならず、卒業生等も強い関心を持つものであるから、侮辱罪の保護法益たる名誉の帰属主体となる集団に当たるというべきである(14)」と判示した判例があるが、ここでは小さな学校であっても長年の教育活動実態に照らして社会的評価を受けることは明らかであり、しかも社会事情によって攻撃にさらされやすいことを勘案するべきではなかろうか。社会的評価は、その前提を構築するのは本人であるにしても、これを不当に攻撃することは容易く、傷つきやすい。しかもそれによって低下させられた社会的評価、つまり新たな社会的評価を受けることは集団の場合も自然人と何ら変わりない。また、――法人に関連して――集団・団体を被害者とするよりも、むしろその構成員個人に対する名誉侵害罪の成立を認めるという構成の方が、同罪の罪質に適合しているとの主張がある。(15)確かに人の人格的価値から導かれるところの個人的法益としての名誉の保護に忠実に解釈すればその通りであり、その限りで妥当と言える。しかし、侮辱的表現が集団・団体に向けられている場合に、当該集団の規模が大きくなればなるほど個人的連関を失うことになる場合や、団体に対する侮辱と個人に対する侮辱を必ずしも同一視できない場合もある。

そうであるならば、このような集団も名誉主体として「人」に含むべきである。(16)

会社等の法人などは法的性格からいって輪郭づけしやすく、そのため「人」と見なすことにもさほど困難を伴わない。とりわけ集団に関連して名誉侵害罪における「人」の範囲が問題になることはいうまでもない。名誉侵害罪が個人の人格的価値の保護を本旨とすることから、そこでの「人は特定した者であることを要する。(17)」とされる。このことは、本来、集団の概念と相容れないように思われる。しかし、社会生活上、集団にも様々な現象形態があることが知られている。一定の目的をもって統率されたものや、客観的に見て集団であるが、何らの統率もない「烏合の衆」等があり得るが、これらはいずれも一般的には集団と呼ばれる。「団体も社会的活動の重要な単位である以上、その経済的側面での評価たる以外でも、社会的評価につき保護を受けてよい[18]」との説示からすると、名誉侵害罪が人格的価値を保護することからすれば、集団も特定個人と同様の人格をもつものに限定なければならないことはいうまでもない。したがって、烏合の衆そのものは対象から除外される。そこで、一個の「名誉の主体である人は、それが単一の評価が成立しうるという意味において特定されたものであることが必要」であり、「団体は、その存在と活動が社会的実体を伴った単一的評価の客体となるものでなければならない。その構成員の範囲などの不明確な単に漠然とした集団は、名誉の主体にはならない[19]」といわれる。「団体は、その存在と活動が社会的実体を伴った単一的評価の客体となるものでなければならない。その構成員の範囲などの不明確な単に漠然とした集団は、名誉の主体にはならない[20]」。つまり、社会において統一的な意思のもとに行動していると認められる団体でなければならないのである[21]。ドイツにおいても、法的に承認された目的を満たし、しかも統一的意思を構築することができる場合、判例・通説によれば集団に対する侮辱は可能であると評価される[22]。

Ⅲ　統一的意思をもたない団体・集団に対する侮辱的表現

団体や集団が名誉侵害罪の名誉の享受主体であり、かつ攻撃客体でありうるには統一的意思を有するものでなければならないことがわかった。これに対して、とりわけ統一的意思を有する集団とは言えないが、人種、皮膚の色、国籍、民族、性別、出自など、一定の属性を有する集団に対して、これに属する人々を貶めるような侮辱的表現をした場合には、当該属性を有する集団に属する個々人は名誉侵害罪の保護客体となりうるのであろうか。つまり、集団に関係する表示を用いての侮辱（集団侮辱）である。

ドイツでは集団侮辱が肯定されるが、それは、侮辱的表現に用いられる表示が客観的特徴に基づいて具体化可能な集団に関係する限りで、この集団に属する（全ての）個人が侮辱されると解されている。[23]なお、集団侮辱については、大まかに二つの態様がある。一つ目は、行為者が言葉・文字による表現を個別の個人に向けているが、個人を名指しするのではなく、一定の性質、特性又は身分などを示す場合である。例えば、「ある連邦大臣」、「ある取締役の男性」等がある。二つ目として、街頭で、「ユダヤ人はアウシュヴィッツ神話をでっち上げたペテン師で、ドイツ人を搾取している。」や、「○○人は税金も払わず、年間六〇〇万円も受け取っている。こいつらを日本からたき出せ」などと怒鳴り立てる表現のように、個々人に向けて表現をするのではなく、集団に対する評価、つまり集団に属する全ての構成員に関係する場合である。[24]本稿では、後者の問題を扱う。

この問題について中森は、「全員に共通する性質が認められる場合であれば、集合的名称での複数人に対する名誉毀損は可能である。[25]」としながらも、しかし、「集合が大きく、それに属する者が単一の性質を示すことがあり得ない場合には、そもそも侵害の対象の存在も認められない[26]」と述べる。ここで単一の性質とは何かが判然としないが、属性は、個人の人格の形成にきわめて大きな影響をもつ可能性のある事柄であるが、人格そのものとは言い難い。そのことからすれば名誉侵害罪の保護客体から外れることになるのであろう。

Fischerも同様に、「その意味によれば、表現が集団の全ての構成員に関連し、このことを行為者が認識している場合、明示的には個々人に対してであるが、より詳しく特定の個人に対してではない表現によって多数人が侵害される。行為者が集団の全ての構成員を知っていることは必要ではない。が、個別的に侮辱された個人が確定できなければならない。[27]」と述べる。[28]ここでは、行為者が集団表示を介して集団の全ての構成員に対して攻撃をすることによって特徴づけられる。ここでもドイツの侮辱罪が個人の名誉を保護法益として据えている以上、個々人の名誉の侵害が問題であるが、しかし表現が個人だけでなく、集団の個々の構成員に向けられている。これについてドイツの判例は、侮辱的表現をもって攻撃された集団又は単位について、一定の要件にしたがってその範囲が明確に輪郭づけられ、しかも個々人がその集団に属することが疑いないほどに明確に一般から区別される場合に集団侮辱が認められるとの基準を打ち立てた。(29)

ナチス政権時代に迫害を受けたユダヤ人に対する侮辱的表現についてドイツの判例は、戦後早くから今日ドイツで生存しているユダヤ人を集団として侮辱罪の客体として認めており（Die heute in Deutschland lebenden Juden sind als Gruppe passiv beleidigungsfähig）(30)、「第三帝国における数一〇〇万人のユダヤ人の虐殺はシオニストのペテンだ。六〇〇万人のユダヤ人がガス死させられたとの嘘は甘受できない」という内容の印刷物を掲示板に貼り付けたことについて、ユダヤ人としての出自をもつ人々は、ドイツ連邦共和国においてその人格権に基づいて国家社会主義時代におけるユダヤ人に対する迫害を認めることを要求することができるのであり、『第三帝国』におけるユダヤ人殺害を否定する者は、これらの人々の各人を侮辱しているとする。(31) このような判例を受けて、集団侮辱に関する集団の範囲について、「客観的観察者にとって、そのような表現は単に単なる歴史的ないし道徳的次元におけるユダヤ人迫害の歴史像に対する人格とは区別された修正を目的とするだけではない。むしろ直接的に、ユダヤ人の迫害によって特徴づけられる人々の人格像が攻撃されている。」、「このような唯一無二の歴史はこのような過去を強いたこの国の人々に対する彼等の各々の妥当要求及び尊重要求を刻印する。人格にとっての各々の事象の意義は国家社会主義を通じての差別と侮蔑の人的経験を超えている。人々をいわゆるニュルンベルク法の出自基準に基づいて区別し絶滅目的でその個人性が奪われたという歴史的事実は、ドイツ連邦共和国で生存するユダヤ人にその市民との関係において特別な人的関係を形成する。このような関係において事象は今もなお現代的である。迫害によって際だたせられる人的集団に属すると理解されること――これは全ての他人に対する特別の道徳的な責任に対して存在する――がその人的な自己理解に属するのであり、しかも彼の尊厳の一部である。この自己理解に対する尊重は、集団の各人にとってまさにそのような差別の彷彿に対する保証であり、ドイツ連邦共和国における生存のための基本条件である。このような歴史を否定しようとする者は、集団に属する各人に対して彼等の要求している人格的尊重を否定する。被害者にとってこのことはこの人的集団に対する差別の継続を意味する」、「全体を示す表示で『ユダヤ人』に対して向けられた侮辱的表現が、個々人に対する侮辱として刑法上訴追するのに被害者の範囲を十分に輪郭づけられるかという問題に対する連邦裁判所の本刑事部が展開してきた諸原則は、このことに対応している。連邦裁判所はこのことを他の集団侮辱に対しては制限的である態度との対比において肯定し、すくなくとも国家社会主義的国家の特別立法以来、ユダヤ系市民は各々の関係において厳格に区別された集団となった、と説示した。国家社会主義によって引き起こされた運命は彼等を一つの単位へと結びつけ、それは彼等を一般から際だたせるのであり、しかも人格的に各人においてこれへの帰属が具現される。[32]」。

しかし、これらの判例では、ユダヤ人という民族を根拠する属性に向けられた侮辱的表現が問題になっており[33]、表現が個人を侮辱するために直接向けられたわけではない。つまり、侮辱的表現による本来の保護客体への攻撃が直接的ではない。侮辱の対象は、ここでは「ユダヤ人」という人々の属性であり、個人を侮辱するために属性が取り上げられているわけでもない。**Zaczyk** によると、「集団（人的共同体）そのものは侮辱され得ない。なぜなら、刑法における名誉の概念は、自ら経験ししかも承認を介して他の主体と関係を持つ主体を前提としているからである。集団はそれ自体としては何ら人格的単位ではなく、主体ではない。名誉保護を集団にも転用すると、名誉概念の価値低下と平凡化を招く[34]。」。

Lackner/Eisele によれば、最終的に個人が侮辱されるということを確定するために、被害者の範囲を明確に限界づけなければならず[35]、その人的範囲について人数的に把握可能でなければならないという基準を加えることを求める[36]。これに対してZaczykは、一・示された表示が、その構成員という区別要件として、個々の（潜在的）被害者の自己理解にとって死活的に重要であること、二・示された表示が、全ての個々人の社会的結びつきを根拠づけていること、三・侮辱的表現が集団の個々の個人に関する今日も当てはまる判断として把握されうるほどの性質を持っていなければならない[37]、との基準を示す。その上で、Zaczykは、「たとえユダヤ人であることにその構成員の個々人を生命にとって実際的な重要性をもって区別する要件を見いだしたとしても、共に被った運命は個々人間における何ら社会的結びつきを構築しない[38]。」と主張する。Fischerも「その意味によれば表現が集団の全ての構成員に関連し、このことを行為者が認識している場合、明示的には個々人に対してであるが、特定の個人に対してではない表現によって多数人が侵害される場合がある。行為者が集団の全ての構成員を知っていることは必要ではない。が、個人的に侮辱された者が確定できなければならない[39]。」と述べる。

その意味で集団侮辱の概念には無理があると考えざるを得ない。侮辱的表現による個人に対する攻撃という側面から見て、攻撃対象が拡張し、かつ拡散しているのが明らかである。しかも、それに応じて被害者の具体的個人性が消失ないし抽象化する。このことは、個人的法益としての名誉を保護する名誉侵害罪における処罰範囲から外れているといわざるを得ない。

Ⅳ　小　括

日本の刑法における名誉侵害罪の刑罰規定において「人」とは、自然人並び統一的意思を有する団体・集団を含むと解することができる。しかし、同じ集団でも統一的意思を持たない集団も含むと考えることができるであろうか。

も し含むとした場合、その社会的評価を低下させるということは、つまり統一的意思を持たない集団に対する侮辱的表現を名誉法益で処理することは、一定の集団そのものの名誉を保護するのであり、その実体はその集団の存在に対する社会的承認であって、個人的連関は間接的なものに過ぎない。[40]

名誉とは特定個人に直接的に向けられてその評価の低下をさせることが可能であり、被害者の属性に関連して侮辱的表現が行われた場合にも名誉毀損罪の対象となる。しかし、特定個人ではなく、集団に対してその特徴となす属性そのものを示して侮辱することは、直接個人に向けられていない場合にはその攻撃は個人の人格的価値である名誉に対して直接的でなく、それゆえ個人の社会的評価を低下させる訳ではない。もちろん属性に対する侮辱によってその集団に属する個々の人々の社会的評価を低下させる可能性があるが、しかしそれは媒介的であるにすぎない。その意味で、侮辱的表現は直接的に個人の社会的評価の毀損にはつながらない。

以上のことから、人の属性に対する侮辱的表現、すなわちヘイト・スピーチと呼ばれる行為は、個人的名誉を保護する名誉侵害罪の対象とは言い難い。ヘイト・スピーチは必ずしも具体的な個人に向けて発せられる表現行為ではない。名誉侵害罪における侵害の特徴が、個人攻撃と個人のプライヴァシーの暴露であるのに対して、ヘイト・スピーチのそれは、社会に存在する一定の集団への排除的な攻撃にある。ヘイト・スピーチは、個人は直接的にその人格そのものに向けて攻撃されてはいないかもしれないが、一定の集団の排除をそのメタ・メッセージとして社会に発していることを見逃してはならない。社会からの排除、つまり存在の否定という意味をもつことから、ヘイト・スピーチについては個人的利益にもまして社会的利益に対する侵害・危険がクローズアップされてくる。[41] ここで名誉侵害罪における保護範囲に当てはまらないことを理由にヘイト・スピーチが何らの利益も侵害・危険にさらしていないということにはならないことが判明する。つまり、例えば、人種や民族を背景とする一定の属性を有する集団に属する人々を法的保護の対象外とすることから、個人の問題としてだけでは処理しきれない、まさに法の下の平等の問題がある。全ての法的問題を個人の法的権利の問題として対処できるのであれば、憲一四条の「法の下の平等」の存在意義は失われることになる。

属性に関する誹謗中傷が集団そのものに対する誹謗中傷を意味することはいうまでもなく、そのメタ・メッセージとして集団そのものを不当に低い地位に貶めることをあげることができる。これは、属性に対する攻撃が当該属性をもつ人々を別扱いし、従属的地位に貶め、社会構成員としての一定の属性を有する人々を主体としてではなく、客体化し、その人々の社会的地位を貶める。その実態とは、社会における平等関係を危険にさらすことである。ヘイト・スピーチを法の下の平等の問題として扱うことで、それが、攻撃対象となる集団そのものを「二級市民ないし人間以下」扱いし（＝個人の尊厳と生存権の否定）、社会における存在の否定を明らかにすることができる。つまり、一定の属性を理由にある集団に対して侮辱的表現をすることは、その集団そのものを否定するところに最大の特徴を持つ。この法の下の平等への抵触を根拠として、あらためて集団の個々人の尊厳の問題へと還元される。それゆえ、属性を理由に人間扱いしないことはまさに一定の属性を有する人々・集団の基本的人権の尊重、個人の尊厳、生存権を危殆化する、まさに法の下の平等に抵触する行為ということになる。ここで、ヘイト・スピーチについて、これを規制する根拠として、社会的平等を保護法益としてあげることができる。[42]

（1）　窃盗罪（刑二三五条）や強盗罪（刑二三六条）等の他「人」は、財物の占有者を自然人に限定する必要はないから、当然、法人も含む。

（2）　あからさまな差別的言動では、行為者の側では、統一的意思をもたない集団を持たない集団に対してであろうか、一定の属性を有する個人に対してであろうが、区別なしに発現が行われている場合が多々ある。

（3）　金澤真理「刑法上の名誉に関する覚書」『民主主義法学・刑事法学の展望　下巻――小田中聰樹先生古稀祝賀記念論文集』（日本評論社、二〇〇五年）二〇九頁。

(4) 団藤重光『刑法綱要各論〔第三版〕』(創文社、一九九〇年)五一一頁。
(5) 「法益の保持者であり名誉侵害の可能的被害者は一般的見解によれば各々の生存している人である。」(Rainer Zaczyk, in: Nomos Kommentar zum Strafgesetzbuch, 3. Aufl, S. 1280.)。
(6) 山中敬一『刑法各論〔第二版〕』(成文堂、二〇〇九年)一八七頁。
(7) 大判大一五年三月二四日大審院刑集五巻一一七頁。最決昭五八年一一月一日刑集三七巻九号一三四一頁。
(8) 山口厚『刑法各論〔第二版〕』(有斐閣、二〇一〇年)一三六頁。
(9) 団体や集団を保護客体とすることに反対する見解によれば、「『名誉』という法益は、元来、自然人の人格の尊厳に由来するというものであって、社会的評価であることから直ちに法人にも『名誉』があるという結論が導かれるわけではない。むしろ、『名誉』の憲法上の地位を憲法一三条の『個人としての尊重』に求めるのであれば、そこにいう『個人』はいうまでもなく自然に限られるのであって、ゆえに『名誉』もまた自然人に固有の法益である」(松宮孝明『刑法各論講義〔第三版〕』(成文堂、二〇一二年)一四八頁)と指摘する。
(10) また、「一個の名誉の主体たり得るためには、単一の評価の成立しうる団体でなければならないから、家族などは含まれないであろう。」(中森喜彦『刑法各論〔第三版〕』(有斐閣、二〇一一年)七六頁)とされる。内田(文)によれば、「『家族』は、それ自体が、権利・義務の主体たり得るのではなしに、その構成員が個々的に人としての名誉を有しているのであるから、構成員全員の名誉を毀損すること、あるいは、娘に対する名誉毀損が、直接父親に対する名誉毀損となることは可能であるが、家族そのものは名誉の主体たり得ないものと考えるべきであろう。」(内田文昭『刑法各論〔第三版〕』(青林書院、一九九七年)二一〇頁以下)。
(11) 丸山雅夫「個人的法益としての『名誉』概念」『内田文昭先生古稀祝賀記念論文集』(青林書院、二〇〇二年)三二八頁。
(12) 丸山、前掲、三二九頁。
(13) 松宮によると、「『名誉』という法益は、元来、自然人の人格の尊厳に由来するというものであって、社会的評価であることから直ちに法人にも『名誉』があるという結論が導かれるわけではない。むしろ、『名誉』の憲法上の地位を憲法一三条の『個人としての尊重』に求めるのであれば、そこにいう『個人』はいうまでもなく自然に限られるのであって、ゆえに『名誉』もまた自然人に固有の法益である」とされる(松宮、前掲、一四八頁。龍岡資晃『最高裁判所判例解説刑事篇昭和五八年度』(一九八三年)四一七頁。
(14) 大阪高判平二三年一〇月二八日LEX/DB文献番号25480227。
(15) 山本輝之『刑法判例百選Ⅱ〔第四版〕』(一九九七年)四三頁。
(16) 注(14)に関連する民事裁判では、「示威活動①の映像は、多数のけんか腰の大人が学校の門の前で大声で怒鳴り散らすという刺激的な映像であり、必然的に、本件学校を世間の好奇の目に曝すという効果を持つ。したがって、示威活動①及び映像公開①は、本件学校を世間の好奇の目に曝しながら、本件学校を経営する原告が、昭和三五年（本件学校が本件公園北側に移転した時期）から平成二一年まで五〇年間もの長きにわたり、本件公園を不法占拠したこと、原告が本件学校の敷地も暴力で奪い取ったこと、本件学校が北朝鮮のスパイを養成していること、本件学校の児童の保護者は密入国者であることを、不特定多数人に告げるという行為あり、原告の学校法人としての社会的評価たる名誉・名声（以下、単に「名誉」という。）を著しく損なう不法行為である。」として、学校法人について民法上の名誉毀損の保護客体として認めている。

(17) 団藤、前掲、五一六頁。
(18) 中森喜彦『大コンメンタール刑法〔第二版〕』（青林書院、二〇〇三年）一五頁。
(19) 山口、前掲、一三六頁。
(20) 山口、前掲、一三六頁。
(21) 中森、前掲・大コンメンタール刑法、一六頁。
(22) Rainer Zaczyk, in: Nomos Kommentar zum Strafgesetzbuch, 3. Aufl, 2013, S. 1281.
(23) Hohmann/Sander, Strafrecht BT II, 2. Aufl, 2011, S. 117, 119.
(24) Eric Hilgendorf, in: Leipziger Kommentar, 12. Aufl, 2010, S. 1249.
(25) 中森、前掲・大コンメンタール刑法、一六頁。
(26) 中森、前掲・大コンメンタール刑法、一二頁。
(27) Thomas Fischer, Strafgesetzbuch, 56. Aufl, 2009, S. 1322.
(28) 「集団表示・集団侮辱では、名誉侵害の態様は個々の人々のそれがあげられる。各々個人が侵害され、それゆえ刑事告訴をすることができる。行為者の表現によって実際に集団の個々人が被害にあったか否かが決定的である。」（Zaczyk, Nomos Kommentar, S. 1285f.）。
(29) BGHSt 11, 207.
(30) NJW 1952, S. 1183. BGHSt 11, 207.
(31) NJW 1980, S. 45. 本判決では、そのような侮辱的表現によって、ユダヤ人として又はユダヤ人とのハーフとして第三帝国時代に迫害されていたかもしれない一九四五年以降に生まれた人々も被害者であると判示した。なお、本判例によれば、ユダヤ人としての出自をもつ各人が告訴権を有する訳であるが、一つの侮辱行為によって複数の者の名誉を毀損した場合、これら者に対する数罪は観念的競合として評価されることから（ドイツ刑五二条）（Rudolf Regier, Strafrecht Besonderer Teil II, 11. Aufl, 2010, S. 233）、確定判決を得た後は、本罪について一事不再理となる。

(32) BGH 6. Zivilsenat NJW 1980, S. 45.
(33) Vgl. Hendrik Schneider, in: Gesamte Strafrecfht, 3. Aufl, 2013, S. 1053.
(34) Zaczyk, Nomos Kommentar, S. 1281.
(35) BGH 2 38.
(36) Lenckner/Eisele, in: Schönke/ Schröder, Kommentar, 28. Aufl, 2010, S. 1746.
(37) Zaczyk, Nomos Kommentar , S. 1286.
(38) Zaczyk, Nomos Kommentar , S. 1287.
(39) Fischer, Strafgesetzbuch, S. 1322.
(40) 佐伯（仁）は、「その人の責任において変更することのできる事実」に限定すべきであるとして、身体的障害、精神的障害、病気、血統、階級などに関する事実は「名誉」から除外すべきとの見解（佐伯仁志「プライヴァシーと名誉の保護（四・完）」法協一〇一巻一一号（一九八四年）六二頁以下）に立ち、これを金澤は、「ただ単に名誉を機能的に考察することに拘泥するときには、例えば、個人の人格とは無関係な出自、人種などの公表も名誉侵害に取り込まれてしまい、かえって特定の出自、人種が『不名誉』であると法的に宣言される矛盾を招来する。」（金澤、前掲、二〇九頁）と述べるが、ドイツ的文脈からすると、ドイツ刑法における民衆扇動罪が二〇一一年に改正され、一定の属性を有する特定の個人に対して、その属性を用いて侮辱的表現をすることも民衆扇動罪に該当するようになっているので、このような議論はドイツでは成り立たないかもしれない。西田は、名誉毀損罪がプライヴァシー保護の機能を有すべきであるとすれば、人の人格的価値に関する事実のみならず、肉体的・精神的障害、病気、家柄、血統などの事実も名誉に関係しうるものと解すべきと主張するが（西田典之『刑法各論〔第五版〕』（弘文堂、二〇一〇年）一〇八頁）、秘密の暴露からのプライヴァシーの保護というのであれば名誉侵害罪の保護範囲といえようが、もっぱら公の場で排斥的に攻撃する目的で、他人の属性を利用して表現が行われる場合には、ドイツ刑法では民衆扇動罪の対象となる可能性がある。
(41) 極端な例であるが、殺人罪の刑罰規定が、「〇〇人以外の人を殺した者は、××刑に処する。」という規定であったとしよう。ここでは、〇〇人に属する個人の問題ではなく、〇〇人という集団そのものが法的保護の範囲外に置かれることになる。また、〇〇人に属するある個人が例外的に保護されても、同じ〇〇人の他の人々は保護されないままであるから問題そのものは解消しない。これは単に個人の生存権や個人の尊厳だけに収まらない問題であることの証左と言える。ここに憲一四条の「法の下の平等」が保障されていない状態、まさに不平等がある。人の属性に対する侮辱的表現は、社会における多数者・マジョリティによって社会的少数者や社会的弱者・マイノリティに対して向けられる。その背景には偏見、無理解、無認識などがある。この様な構造を有する侮辱的表現が公の場において行われる場合に、表現そのものとこれが発するメタ・メッセージはその攻撃対象である集団に対する二級市民扱い、つまり市民としての地位の否定である。この様な実態があるにもかかわらず、ヘイト・スピーチを規制しない立法者の態度が法の下の平等に抵触する。つまり、憲一四条の意義は、別異の取り扱いだけにとどまらず、立法による平等の確保を含む。このことは、不平等が一定の集団に属する人々の市民としての地位の否定を実態としていることから明らかになる。

(42) 外国人排斥との関係では、ヘイト・スピーチをする行為者自身は、自分が生まれ、その国の国籍をもつ社会では、ヘイト・スピーチの客体・被害者になることはまずない。ここにヘイト・スピーチが社会におけるマジョリティによってマイノリティに対して発せられるという典型的な特徴がある。

虚偽犯罪予告行為と業務妨害罪

野澤　充

はじめに

例えばインターネット上の掲示板などに、虚偽の犯罪予告が書き込まれた場合に、このような行為はどのような規定により処罰の対象となるべきものであろうか。東京高裁平成二一年三月一二日判決(1)はこのような事例に対して、後述するように、偽計業務妨害罪の成立を認めた。その際に、この偽計業務妨害罪の被害者は、「被告人の予告さえ存在しなければ遂行されたはずの警ら、立番業務その他の業務の遂行を困難ならしめ」られた「警察職員」であるとされた。本稿は、このような「(虚偽)犯罪予告行為」に対して「警察職員」を被害者とする偽計業務妨害罪が成立することの当否について、解釈論上の観点からまず検討し、その帰結に基づいて、立法論もある程度展開するものである。なお、この「(偽計)業務妨害罪」を「警察職員」が行う「公務」への妨害行為に対して適用するか否かが問題となる事例の検討の際に、どの論考においてもほぼ必ずといってよいほど前提として、「公務は業務に含まれるか」という論点が検討されている。しかし、本稿においては、あえてこの論点について検討せずに――すなわち「公務は業務に全面的に含まれる」という見解を前提にしたとしても、その論点の帰結に関わりなく――、「（虚偽）犯罪予告行為」に対する「警察」を被害者とする「偽計業務妨害罪」の成否があり得るのか、という点を検討していくことにする。

Ⅰ　解釈論として

1　平成二一年東京高裁判決に関連して[2]――同種事案の判例について

東京高裁平成二一年三月一二日判決の事案は第一審の事実認定によれば以下のようなものであった。被告人Xは自宅のパソコンから、そのような意図がないにもかかわらず、インターネット掲示板にその日から一週間以内にJRのA駅において無差別殺人を実行する旨の虚構の殺人事件の実行を予告し、これを不特定多数の者に閲覧させ、同掲示板を閲覧した者からの通報を介して、警察職員を同駅構内その周辺への出勤、警戒等の業務に従事させ、その間、同人らをして被告人の予告さえ存在しなければ遂行されたはずの警ら、立番業務その他の業務の遂行を困難ならしめ、もって偽計を用いて人の業務を妨害した、としたのである。

このような事実に対して、一審（水戸地土浦支判平二〇・一一・一〇公刊物未登載）は業務妨害罪（二三三条）が成立するとした。このような第一審に対し、弁護人は、妨害の対象となった警察官らの職務は「強制力を行使する権力的公務」であるから、同罪にいう「業務」に該当せず、同罪は成立しないとして控訴した。

これに対して、東京高裁平成二一年三月一二日判決は、「……最近の最高裁判例において、『強制力を行使する権力的公務』が本罪にいう業務に当たらないとされているのは、暴行・脅迫に至らない程度の威力や偽計による妨害行為は強制力によって排除し得るからなのである。本件のように、警察に対して犯罪予告の虚偽通報がなされた場合（インターネット掲示板を通じての間接的通報も直接的一一〇番通報と同視できる。）、警察においては、直ちにその虚偽であることを看破できない限りは、これに対応する徒労の出勤・警戒を余儀なくさせられるのであり、その結果として、虚偽通報さえなければ遂行されたはずの本来の警察の公務（業務）が妨害される（遂行が困難ならしめられる）のである。妨害された本来の警察の公務の中に、仮に逮捕状による逮捕等の強制力を付与された権力的公務が含まれていたとしても、その強制力は、本件のような虚偽通報による妨害行為に対して行使し得る段階にはなく、このような妨害行為を排除する働きを有しないのである。したがって、本件において、妨害された警察の公務（業務）は、強制力を付与された権力的なものを含めて、その全体が、本罪による保護の対象になると解するのが相当である（最高裁昭和六二年三月一二日第一小法廷決定・刑集四一巻二号一四〇頁も、妨害の対象となった職務は『なんら被告人らに対して強制力を行使する権力的公務ではないのであるから、』威力業務妨害罪にいう『業務』に当たる旨判示しており、上記のような解釈が当然の前提にされているものと思われる。）。」とした。

その上で弁護人の「①警察官の職務は一般的に強制力を行使するものであるから、本罪にいう『業務』に当たらず、②被告人の行為は軽犯罪法一条三一号の『悪戯など』に該当するにとどまるものである」という主張に対しても、「……①については、警察官の職務に一般的に強制力を行使するものが含まれるとしても、本件のような妨害との関係では、その強制力によってこれを排除できず、本罪による保護が必要であることは上述したとおりであって、警察官の職務に上記のようなものが含まれているからといって、これを除外した警察官の職務のみが本罪による保護の対象になると解するのは相当ではない。」とした上で最高裁昭和二六年七月一八日大法廷判決刑集五巻八号一四九一頁は「本件と事案を異にする」とし、さらに「②については、軽犯罪法一条三一号は刑法二三三条、二三四条及び九五条（本罪及び公務執行妨害罪）の補充規定であり、軽犯罪法一条三一号違反の罪が成立し得るのは、本罪等が成立しないような違法性の程度の低い場合に限られると解される。これを本件についてみると、被告人は、不特定多数の者が閲覧するインターネット上の掲示板に無差別殺人という重大な犯罪を実行する趣旨と解される書き込みをしたものであること、このように重大な犯罪の予告である以上、それが警察に通報され、警察が相応の対応を余儀なくされることが予見できることなどに照らして、被告人の本件行為は、その違法性が高く、『悪戯など』ではなく『偽計』による本罪に該当するものと解される。」として、刑法二三三条による偽計業務妨害罪が成立するとした原判決を是認したのである。

この東京高判平成二一年三月一二日と同様に、そもそも「虚偽内容事実の通報」という形態が業務妨害罪を構成するのか否かが問題となった事案として、どのようなものが存在するのかを見ていくことにする。

①東京地判平成一一年一二月一〇日（公刊物未登載、研修六四九号一三頁以下参照）

掲載誌によれば本事案において「被告人は、虚偽の火災通報又は救急通報を行って、東京都消防庁勤務職員の業務を妨害しようと企て、平成一一年五月三一日から同年七月一三日までの間、前後七回にわたり、東京都千代田区内ほか六か所に設置された公衆電話を使用して、東京消防庁警防部総合司令室ほかに電話をかけ、前記総合司令室勤務の職員らに対し、いずれも火災又は災害による事故等がないのに、内容虚偽の火災通報又は救急通報を行い、同通報を受理した前記職員らをして、同通報に応じて、不必要な消防部隊又は救急隊所属職員をして、同通報場所付近に出場させて徒労の業務を行わせるとともに、いずれもその間、これらの職務に従事した総合司令室勤務職員及び消防部隊若しくは救急隊職員をして正常な各業務の遂行を困難ならしめた(3)」、というものである。

以上のような事実に対して東京地裁は、「消防法によれば、火災発生のおそれが著しく大であり、かつ、火災発生の場合には人命等に甚大な被害が予想されるときには、消防長又は消防署長は火災警戒区域を設定して当該区域への立入り等を制限することができ（二三条の二）、消防吏員又は消防団員は、火災現場において、消防警戒区域を設定して当該区域への立入り等を制限することができ（二八条）、出動した消防車には優先通行権（二六条）、消防隊には緊急通行権（二七条）が認められており、前記二六条、二七条の規定は、救急隊にも準用があるとされているのであるが、これらの規定に反した者に対しては、いずれも罰則を科すことにより間接的に義務履行を図っているにすぎず、直接強制を許す規定はないこと、消防部隊及び救急隊の出動活動は、それ自体強制力を行使する権力的公務とは考え難いこと等にかんがみれば、本件で妨害の対象とされた業務は刑法二三三条の業務に該当するというべきである」、とし、さらに「弁護人は、本件のような行為は消防法四四条一五号所定の虚偽通報罪が成立するに過ぎないと主張するが、消防法の立法趣旨、規制対象と偽計業務妨害罪のそれとは異なる面があり、本件のような行為については、消防法四四条一五号に該当するだけではなく、偽計業務妨害罪が別に成立するというべきである」[4]、として偽計業務妨害罪の成立を認めた。

②東京地判平成一二年一一月一六日（公刊物未登載、研修六四九号一四頁以下参照）

掲載誌によれば本事案は、「被告人が、警察の通信指令業務を妨害しようと企て、NTTドコモ運営に係るｉモードシステムを利用して、NTTDATA内のサーバーコンピューター内に開設したホームページを携帯電話使用に閲覧した者が、同所に表示された爆弾様の印をクリックする方法により、自動的に一一〇番通報されるシステムを設定した上、平成一二年五月二八日から同年六月三日までの間、前後七九回にわたり、情を知らないホームページ閲覧者七九名をして、前記方法により一一〇番通報を行わせ、その間、通信指令業務の遂行を困難ならしめた」ものであり、「この事案では、無用の一一〇番通報が集中してなされたのみで、パトロールカー等の出動には至らなかったようである」が、この事案において東京地裁は「偽計業務妨害罪の成立を認め」[5]た。

③大阪高判平成一四年六月一三日高刑集五五巻二号三頁

本事案において被告人はコンビニエンスストアで買った紙パック入りオレンジジュースに家庭用洗剤を注入した

上、警察官に対して、上記コンビニエンスストアで買った紙パック入りオレンジジュースに異物が混入していた旨虚偽の申告をし、警察職員からその旨の発表を受けた報道機関をして、上記コンビニエンスストアで異物の混入されたオレンジジュースが陳列、販売されていたことを報道させた。

上記事実に対して一審（大阪地判平成一三年一二月一一日）[6]は虚偽の風説の流布による信用毀損罪ならびに業務妨害罪の成立を認め、刑法二三三条での「罰条による一罪」処理をした。[7]これに対して被告人が控訴し、信用毀損罪の成否を争い、[8]さらに「虚構の犯罪を申告する場合、軽犯罪法一条一六号の虚構申告罪は刑法二三三条の信用毀損罪及び業務妨害罪の特別法と解すべきであるから、被告人の原判示第一の所為については軽犯罪法を適用すべきである旨主張」した。しかしこれに対して大阪高裁は「軽犯罪法一条一六号は、異常な事態に対処すべき公共の機関が無駄な活動を余儀なくされ、ひいては公共の利益を害することになるおそれのある行為を防止する趣旨で規定されたものであるのに対し、刑法二三三条の信用毀損罪等は、人の経済的面における社会活動に対する侵害を内容とする犯罪で、信用や業務の安全を保護するものであり、このような軽犯罪法の立法趣旨、両罪の罪質、保護法益の相違等を考え併せると、両罪が特別法と一般法の関係にあるとはいえない。したがって、捜査機関に虚偽の申告をし、これが公表されて人の信用等が害された場合は、軽犯罪法一条一六号の虚構申告罪が成立するほか、刑法二三三条の信用毀損罪等も成立すると解するのが相当であり、これと見解を異にする所論は採用できない」、として弁護側の上記主張が退けられた。[9]

④横浜地判平成一四年九月五日判タ一一四〇号二八〇頁[10]

本事案において、被告人は虚偽の犯罪事実を通報して海上保安庁職員の行政事務、パトロール業務、出動待機業務等を妨害しようと企て、被告人方の架設電話から横浜海上保安部に電話を掛け、当直勤務の者に対し、そのような事実がないにもかかわらず、「今日一九時ちょっと前、江の島の南側で妻と二人で天体観測をしようと、坂道を下がっていたところ、正面の海面に筒のような物が浮き上がってきてふたが開き、中からアクアラングの格好をした五～六人の男が出てきた。その者たちは、がけをよじ登ってその場を去って行った。この者たちは、日本語ではない言葉を交わしていた。」などと、国籍不明の外国人が、本法内の海域に不法入国した旨虚偽の犯罪事実を通報し、横浜海上保安部警備救難当直勤務職員をして、同海上保安部所属の巡視船艇及び湘南マリンパトロールステーション職員の出動を指示させるとともに、第三管区海上保安本部警備救難当直に勤務中の職員に対してその旨伝達させた上、同伝達を受理した同海上保安本部の警備救難当直勤務職員及び警備救難部警備課勤務職員らをして、上記内容虚偽の通報に応じて、いずれも不必要な上記海域周辺における巡視船艇又は航空機等の出動を指示させ、各種指令、連絡等の徒労の業務を行わせ、出動の指示を受けた横浜海上保安部等の所属の巡視船艇の職員等を、上記海域周辺等に出動せしめて捜索等の徒労の業務を行わせるとともに、いずれもその間、上記横浜海上保安部等の職員をして、被告人の通報さえ存しなければ遂行されたはずの本来の行政事務、パトロール業務、出動待機業務等の業務の遂行を困難ならしめ、もって偽計を用いて人の業務を妨害したものである、として、横浜地裁は偽計業務妨害罪の成立を認めた。

⑤前橋地判平成一四年九月一二日（LEX/DB 28085185）

本件は併せて強盗、強盗未遂、銃砲刀剣類所持等取締法違反についても審理されているが、業務妨害に関連した犯罪事実のみを記載すると、被告人は、公衆電話から県庁に電話をかけ、電話交換手に対し、「五時に爆弾を仕掛けた。」「爆弾、爆発するからな、五時に。」などと言って、同人をして県総務部の者に報告させ、よって、同人からの指示により、午後四時二五分ころから午後五時五五分ころまでの間、同県庁職員ら約二〇〇〇名をして上記県庁庁舎外への避難を余儀なくさせるなどし、もって威力を用いて同県庁の業務を妨害した、とされた。以上のような事実に対して前橋地裁は、何ら問題なく威力業務妨害罪の成立を認めた。

⑥名古屋簡判平成一六年四月二八日（公刊物未登載、警察公論六〇巻一号八一頁参照[11]）

掲載誌によれば本事案は、「被告人両名は、共謀の上、虚偽の被害届を提出して、警察官の職務を妨害しようと企て、被告人Aにおいて、平成一六年一月二九日、甲警察署乙交番において、同署地域課員三名に対し、そのような事実がないにもかかわらず、同月二八日から二九日までの間に、駐車中の普通乗用自動車が盗難の被害に遭った旨の虚偽の被害届を提出し、そのころ、上記地域課員らをして、愛知県警本部情報管理課照会センターに対し、上記車両の被害品速報を行わせ、上記車両を盗難車両として全国手配させた上、同年二月二三日午後一一時三三分ころから同月二四日午前三時三〇分ころまでの間、名古屋市内において、上記車両を発見した愛知県警察本部地域部自動車警ら隊員六名をして、いずれも不必要な上記車両の運転手らに対する職務質問などを行わせ、次いで、同人らを丙警察署まで任意同行させ、同署において、同署署員らと共に、上記運転手らからの事情聴取、同人らの人定事項に関する各種照会手続、被告人Aの呼び出し、同人からの事情聴取等の徒労の業務を行わせるとともに、いずれもその間、これらの職務に従事した上記自動車警ら隊員らをして、上記虚偽の被害届さえ存しなければ遂行できたはずの本来の機動警ら業務、事案発生に備えた出動待機業務、相談受付業務等各業務の遂行を困難ならしめ、もって偽計を用いて人の業務を妨害したものである」、というものであり、この事案において名古屋簡裁は偽計業務妨害罪の成立を認めた。

⑦大阪高判平成二一年一〇月二二日判タ一三二七号二七九頁

原審の事実認定[12]によれば、被告人は「インターネットの掲示板に虚偽の犯罪予告を掲示すれば警察業務を妨害するおそれがあることを知りながら、……携帯電話を使用してインターネット上の……掲示板に「六月一六日三時にアメリカ村で無差別殺人おこします。」……などと記載した文章を送信して同掲示板に掲示し、不特定多数のインターネット利用者が閲覧可能な状態とし、同掲示板の閲覧者からの通報を受理した大阪府南警察署の署長……に同市中央区西心斎橋一帯通称「アメリカ村」の警戒活動等を同警察署警察官に指示させ、……同指示を受けた同警察署警察官らに前記警戒活動等の業務に従事させて、同警察署警察官らの正常な業務の遂行に支障を生じさせ、もって偽計を用いて人の業務を妨害した」、というものであり、このような事実認定を前提にして大阪高裁も「インターネットの掲示板に、大阪市内の繁華街で無差別殺人を行う旨の書き込みを行い、特別の警戒活動の業務を行わせるなどして警察の正常な業務を妨害した事案である」とした上で、「被告人の書き込みの内容の通報を受けた所轄警察署では、犯行予告日までの間、連日、警察官を増員して重点的な警戒を行わざるを得なくなり、さらに、府警本部や地域自治会等と連携して対応策を検討させられるなど警察業務の円滑な遂行を大きく妨害した」として、偽計業務妨害罪の成立を認めた。[13]

以上の同種事案について業務妨害罪が問題となった事例を検討すると、「虚偽内容事実の通報」が通報先である「警察（または消防、海上保安部）」を被害者とする業務妨害罪を構成するとした裁判例として①、②、④、⑥があり、中でも④、⑥は「なされたはずの本来の業務が妨害される（遂行が困難ならしめられる）」という構成によって業務妨害罪の成立を認めている。[14] またインターネット上への虚偽犯罪事実の予告が「警察」を被害者とする業務妨害罪を構成するものとした裁判例として⑦および今回の東京高判平成二一年三月一二日があることがわかる。このような観点からは、「インターネット上への虚偽犯罪事実の予告」がそもそも「虚偽内容事実の通報」という「警察（警察職員）に対する」妨害行為になるかどうか、という論点と、「虚偽内容事実の通報」が通報先である「警察」を被害者とする業務妨害罪を構成するのか否か、という論点を分けて検討すべきことが明らかになる。以下、検討していくことにする。

2　各論点に関して

(1)　そもそもインターネット上への予告が「虚偽内容事実の通報」という「警察（警察職員）に対する」妨害行為になるか？

そもそもまず大前提として、インターネットの掲示板への（虚偽の）犯罪行為予告の書き込み行為が、「虚偽内容事実の通報」という「警察（警察職員）に対する」妨害行為と言えるのかどうかが問題とされなければならない。なぜならば、当該「インターネットの掲示板」が警察の管理下の緊急通報先として設定されているものであればともかく、そのような用途を前提としたものではない、通常の一般的なインターネット掲示板への書き込みが「（警察に対する）通報」（または「申告」）ということができるかどうかが検討されなければならないからである。

この点につき、東京高判平成二〇年五月一九日東高刑時報五九巻一－一二号四〇頁は、インターネットの掲示板に、文化センターで開催予定の講座に関して、「一気にかたをつけるのには、文化センターを血で染め上げることです」、「教室に灯油をぶちまき　火をつければ　あっさり終了」などと書き込んだ事案について、本件講座の講師を務める者として、上記書き込みがされたのを目にすれば、本件講座の開催中に、会場に火をつけられ、自らの生命、身体に危害が加えられるのではないかと畏怖するのが通常であるから、脅迫罪に該当し、さらに本件書き込みは、本件講座の会場に灯油をまき火をつけ、会場を血の海にするとの犯罪予告を内容とするものであって、その連絡を受けた本件講座の主催者である上記センターの事務局長らの自由意思を制圧するに足りる勢力の行使があったというに十分なものである、として、威力業務妨害罪を認めた。また前掲の⑦大阪高判平成二一年一〇月二二日判タ一三二七号二七九頁も、「インターネットの掲示板に、大阪市内の繁華街で無差別殺人を行う旨の書き込みを行い」、「同掲示板の閲覧者からの通報を受理した大阪府南警察署の署長……に……警戒活動等を……指示させ、……同指示を受けた同警察署警察官らに前記警戒活動等の業務に従事させて、同警察署警察官らの正常な業務の遂行に支障を生じさせ」たとしている。本判決も、「（インターネット掲示板を通じての間接的通報も直接的一一〇番通報と同視できる。）」として、「インターネットの掲示板への犯罪予告行為」を、「警察に対して犯罪予告の虚偽通報がなされた場合」と同視するものとしている。

しかしこの場合、犯罪予告の内容が誰に対して（ないしは何に対して）向けられたものとしてなされているのか、すなわち「偽計（威力）行為」が向けられている客体を問題とせざるを得ないはずである。東京高判平成二〇年五月一九日の事案であれば、直接に文化センターで開催予定の講座に対する犯罪予告がなされているので、「威力行為」が向けられた対象（客体）はその文化センターで開催予定の講座そのものであるといえる。[15] しかし裁判例⑦の事案や今回の東京高判平成二一年三月一二日は、「警察」に対する妨害行為が予告されたような事案ではない。「犯罪事実の予告」がなされたがために、それに対して警察が、その警察本来の職務として対応することになっただけのものである。このような場合の「犯罪予告」を「通報」（または「申告」）そのものと言うことができるかどうかは、はなはだ疑問であるといわざるを得ない。

今回の平成二一年東京高裁判決も「インターネットの掲示板への犯罪予告行為」を「間接的通報」（傍点部筆者）としているが、これは「間接的通報」ですらないのである。[16] なぜなら、当該事案の行為者は当該「犯罪予告」を警察の手元に届かせるための行為として「インターネット掲示板への掲示」という手段を用いたわけではなく、そもそも「通報」行為とすら言えないからである。[17] 当該事案の行為者の犯罪事実内容は「インターネットの掲示板への犯罪予告行為」をしたことに尽きるものであって、それが警察の知るところとなるかどうか自体は、当該事案の行為者の当初から予定している犯罪事実の内容に含まれないのである。すなわち、当該犯罪予告の存在を警察に通報するかしないかは、その犯罪予告を見た第三者がどのような行動をとるのかという点に委ねられており、その限りでそれは当該事案の行為者のコントロール下には無い事象なのである。

しかし本論文においては、この点も百歩譲って、このような「インターネットの掲示板への犯罪予告行為」も「（警察に対する）通報」（または「申告」）ということができる、という仮の前提に基づいて、さらに検討を続けていくことにする。それを前提にしたとしても、やはり偽計業務妨害罪が今回の平成二一年東京高裁判決のような事案において成立すべきものなのかどうかが、検討されなければならないと考えるからである。

(2)　「『妨害行為』の結果として為さざるを得なくなった対応業務も、その本来の業務に含まれる事例である」場合の特殊性

今回の平成二一年東京高裁判決さらに、「……警察に対して犯罪予告の虚偽通報がなされた場合……、警察においては、直ちにその虚偽であることを看破できない限りは、これに対応する徒労の出勤・警戒を余儀なくさせられるのであり、その結果として、虚偽通報さえなければ遂行されたはずの本来の警察の公務（業務）が妨害される（遂行が困難ならしめられる）のである」、として、「なされたはずの業務がなされなかった」ことをもって、妨害の結果と評価しているようである。

ただしその前提としてまず確認しておかなければいけないことは、「警察の業務（公務）」そのものの範囲である。すなわち東京高裁平成二一年判決は、第一審事実認定中の「警察職員を同駅構内その周辺への出勤、警戒等の業務に従事させ」たことを「妨害結果」と評価しているようである。しかし、犯罪計画を察知した場合に、それに対応して出動、警戒することはそもそも本来の警察官の職務である。これはその犯罪計画が実際には虚偽であるか真実であるかに関わりながない。なぜならば、「個人の生命、身体及び財産の保護に任じ、犯罪の予防、鎮圧及び捜査、被疑者の逮捕、交通の取締その他公共の安全と秩序の維持に当ることをもつてその責務とする」[18]警察の責務・職務からして、犯罪計画を察知した場合にはそれに対応して出動すること自体が警察の職務内容として当たり前のことなのである。もし仮にたとえその通報された犯罪計画が虚偽であった場合には、その通報行為自体が軽犯罪法一条一六号の「虚構申告罪」にあてはまる刑事事件になるというだけのことなのであり、いずれにしても犯罪内容の通報に対応することは警察の業務（公務）の範疇内のものでしかないのである。すなわち、虚偽の通報行為への対応は、それ自体が「警察の職務」の範囲内に含まれるべきものなのである。そうだとするならば、もしこれを以て警察官

の職務が妨害されたというのであれば、何らかの事件を起こして警察の人員が投入された事例は全て「なされたはずの公務の遂行を妨害した」ことになる。

事例一：警察官AはBを被疑者とする殺人事件の捜査を行っていたが、新たにCによって別の殺人事件が引き起こされてその事件捜査を担当することになったため、AはなされるはずのBに対する殺人事件の捜査を行うことができなくなった。

事例一－二：事例一において、CとBが夫婦関係にあり、Bが被疑者である殺人事件の核心部分に迫ろうとしたAが当該事件の担当から外れることを意図して、Cが当該殺人事件を起こした場合はどうか。

事例二：警察官Dは、Eによる窃盗事件の発生を知り、出動したため、当該出動時間において本来Dにより遂行されたはずの警ら、立番業務その他の業務の遂行がなされなかった。

このような事例一におけるCや事例二におけるEは、それぞれ殺人罪や窃盗罪とは別に、業務妨害罪の罪責を負うことになるのであろうか。態様としての「殺人行為」や「窃盗行為」が「偽計（もしくは威力）」に当たらないとする積極的な根拠は見出しがたく[19]、もし仮にその点でそれらの行為が「偽計（もしくは威力）」に該当し得ると評価されるのであれば、その限りにおいて、いずれの事例においてもそれぞれ、殺人罪や窃盗罪とは別に「偽計業務妨害罪（もしくは威力業務妨害罪）」が成立することになりかねない。そしてこのことは、警察の人員が投入され得るすべての犯罪に関して同様のことがあてはまる以上、「全ての犯罪行為は、同時に業務妨害罪にも当てはまるものである」ことになってしまうのである。これは極めて違和感のある帰結となる。

論者によっては、「そのような場合には偽計行為の故意（認識）がない」とするのかもしれない。しかし、だとすればこれはこれで問題がある。なぜならば、「殺人罪しか成立しない通常事例」と「殺人罪と併せて偽計業務妨害罪が成立する事例」の違いは、行為者の主観面としての故意（意図）に全面的に依拠することになり、客観的態様では区別ができないことを示してしまうことになって、すなわち業務妨害罪はある意味そのような主観主義に陥ってしまうことになるからである。

(3)　「なされたはずの公務（業務）がなされなかった」という定式化は不具合をもたらす

以上のような①「『妨害に向けられた行為』の結果として為さざるを得なくなった対応業務も、その者の本来の業務に含まれること」を前提にしつつ、②「なされたはずの業務がなされなかった」という形式での定式化によって、業務妨害罪の妨害結果の存否を判断することは、実際の多くの事例において不都合をもたらし得ることになる。

事例三：ある論文集の編集担当者であったKは、その論文集の原稿の締切日が五月三一日であったので、六月一日に当該論文集の編集業務を行うことを予定していた。しかし執筆を予定していた大学教員Nら複数人が原稿を提出しなかったため、六月一日になされたはずの編集業務をKは行うことができなかった。原稿を提出しないことによって、六月一日になされるはずの編集業務をKは行うことができなくなる点について、Nらは当然に認識していた。

心当たりがあるだけに書いていて胸の痛む事例であり、また当然のことながらNの行為は道義的に許される行為ではないのであるが、それでもNの行為がなされるはずであった編集業務に対する業務妨害罪に問われるのであれば、日本の大学教員のかなりの数が業務妨害罪に問われてしまいかねないと感ずるのは筆者だけであろうか。もちろん、これに対しては「偽計行為」がないと評価される可能性はある。しかしそもそも前述のように「偽計行為」の限界線自体も非常に緩いものである以上、せいぜい「不作為による場合」を偽計行為から外すぐらいのことしかできないように思われる[20]。またさらに、そもそもこの事例では「妨害結果」が発生していないから業務妨害罪は成立しない、とする反論があり得るかもしれない。それでは次のような事例はどうか。

事例四：ある企業において、同僚であるBが意図的に仕事を懈怠したことによって、結果的にAは自らの担当すべき仕事が増えることになった。このため、本来Aによってなされるはずであった仕事をAは行うことができなくなった。この際、当該懈怠行為によってAの仕事が増えるであろう蓋然性が高いことがBには十分認識できていた。
事例四－二：とある裁判所において、同僚である裁判官Bが意図的に裁判官を辞職したことによって、結果的に裁判官Aは自らの担当すべき仕事が増えることになった。このため、本来Aによってなされるはずであった仕事をAは行うことができなくなった。この際、自らが辞職することによってAの仕事が増えるであろう蓋然性が高いことは、Bには十分認識できていた。

事例四において、BはAに対する業務妨害罪として評価され得るのであろうか。しかし事例四のような状況は一般企業においてよく見られ得るものともいえるし、また事例四－二のような事例を想定すれば、そのような状況はどのような職場でも起こりうることであることが容易に想像できる。しかし上述の定式化を前提にするのであれば、極論するならば、仕事のできない人間や突然職を辞した者は同僚から業務妨害罪で告訴され得ることにもなりかねない。ただしこの点に関しては、前述の事例三と同様に、不作為による場合を偽計行為から外すことで、業務妨害罪が成立しないことを説明することができるかもしれない。しかし次の事例はどうか。

事例五：ある通信販売会社の発送業務を担当するAは、Cに対する五月三一日納期の仕事を五月二五日付で行おうとしたところ、五月二四日にBから急に五月二六日納期での大量の商品発注があったため、それに対応せざるを得ず、五月二五日付でなされるはずであったCに対する五月三一日納期の仕事を五月二五日に行うことができなかった。Bは自らの注文行為が急な仕事の発注であり、本来五月二五日になされることになったであろうAのCに対する発送業務に割り込む形での仕事の依頼となることは十分認識していたが、仕事上のライバルであるCに対するAの仕事を遅らせる効果も計算に入れて、自らへの発送を優先させるような発注を行ったのであった。

この事例になると、もはやBには「不作為を理由として偽計行為がない」とすることはできない。よってこの事例五においては、「①『妨害に向けられた行為』の結果として為さざるを得なくなった対応業務も、その者の本来の業務に含まれることを前提にしつつ、②なされたはずの業務がなされなかったという形式での定式化によって、業務妨害罪の妨害結果の存否を判断する」という要件定立を前提にすると、①「妨害に向けられた行為」(偽計行為)によって為さざるを得なくなったBへの発送行為も本来のAの業務に含まれるということを前提にしつつ、②なされたはずのCへの発送業務が行われなかった、ということによって、BはAに対する偽計業務妨害罪が成立する、ということになってしまうのである。

これは違和感のある帰結である。なぜならば、この事例五におけるAにとってみれば、このBの行為は、単純に自らの仕事が増えたという限りにおいて、むしろ望ましい「商売繁盛」の状態でしかないからである。(21)

この点が重要なのである。すなわち、「(警察に対する)通報」(または「申告」)によって、「被告人の予告さえ存在しなければ遂行されたはずの警ら、立番業務その他の業務の遂行を困難ならしめ」たとしても、それは警察が必要とされる業務が増えた、いうなれば(表現は不適切であるが)「警察にとっての商売繁盛」の状態でしかないのである。経済的取引等によって利益をあげる通常の民間業務であればむしろ望ましいともいえる状況を前提にして、それを「偽計業務妨害罪」として評価するということは、違和感のあるものといわざるを得ない。

以上のような観点から、「①『妨害に向けられた行為』の結果として為さざるを得なくなった対応業務も、その者の本来の業務に含まれることを前提にしつつ、②なされたはずの業務がなされなかったという形式での定式化によって、業務妨害罪の妨害結果の存否を判断する」という形式での業務妨害罪の判断枠組みは、通常の経済活動をその内容とする一般的企業を想定した場合には、上述のとおり不都合な帰結を導くものである。したがってこのような判断枠組みにより業務妨害罪の成否を判断することは是認できず、それと同様に、警察などの公務を対象とした場合においてもやはり用いられてはならないものであることが示されるのである。

3 解釈論としての帰結

以上により、「虚偽犯罪予告行為」を、警察を被害者とする偽計業務妨害罪で処罰することは、一般的な企業などにおいて単純に「仕事が増えたこと」そのもの全体を処罰しかねないことに結びつくものであることが明らかになる。これが偽計業務妨害罪の成立範囲として妥当なものとは、およそ考えられない以上、その際に前提とされた判断枠組み自体が、捨て去られるべき、問題をはらむ基準定立であったことになる。

もちろん、「偽計行為（ないしは威力行為）」の定義を厳格にしたり、「妨害結果」の内容を具体的な形で要求したりすることによって、妥当な成立範囲の輪郭線を画することは可能かもしれない。しかし既に判例においては「偽計」および「威力」の概念が限定機能を喪失していると指摘されており[22]、またそもそも他の犯罪行為が成立するような場合における業務妨害罪の成否という点に関しても、――前述の事例一や事例二のような事例だけでなく――結果的にアウトラインが非常に緩くなってしまっている状況があるといえる。

事例六：Aは、あるファミリーレストラン店舗内で怨恨に基づいて店長を殺害した。その結果、同店舗内に飛び散った血液を洗浄する必要が出てきたがために、同店舗は数日間営業できなくなった。

この事例六についてAには殺人罪と同時に業務妨害罪は成立するのであろうか。すでに判例においても、駅の自動券売機の硬貨釣銭返却口に接着剤を塗り付け、釣銭の付着を待ってこれを回収しようとしたところ、接着剤の塗布行為後に、自動販売機の利用者が現れる前に駅員に逮捕された事案について、本位的訴因である窃盗未遂罪について実行の着手を認めなかったものの、接着剤の塗布行為自体について予備的訴因であった偽計業務妨害罪の成立を認めた裁判例がある。(24)このような事例において業務妨害罪の成立の可能性があるのであれば、事例六においても同様に偽計業務妨害罪の可能性があるものと評価されてもおかしくはない。業務妨害罪自体の限界線を検討する必要性が求められているといえるのである。

Ⅱ　立法論として——比較法的観点から

以上のような観点から、「（虚偽）犯罪予告行為」を偽計業務妨害罪で処罰の対象とすることは、「業務に公務が含まれるか」という論点における結論の如何を問わず、不当な結論を避けるために、純粋に論理的な観点から否定されるべきことになる。

しかしこのような解釈論的帰結は、当該行為態様の当罰性を否定するものではない。すなわち「仕事が増えること」は、民間企業においては「商売繁盛」として喜ばしいことかもしれないが、警察職務にとっては必ずしもそうではない。もちろん治安が悪化するなどして対処せねばならない仕事が増加したのであれば、警察として当然にそれに対処せねばならないものである。しかしそれ以上に、「虚偽の犯罪予告行為」を処罰することによって、「国家的訴追機関およびそれとともに刑事司法全体を、無駄な活動およびそれに伴う訴追強度の減殺から保護する」(25)ということの必要性があるのであれば、すなわち対応可能な警察の動員力が上限をもつものであり、虚偽通報によってその限りある警察力が不必要に減殺されてしまうことについて、独自の法益侵害があると評価できるのであれば、それに対応した犯罪類型を置くことが立法論として求められるべきである。現行の日本の法規定において、まさにこのような趣旨で設けられたのが軽犯罪法一条一六号なのである。(26)これは「刑法」と「軽犯罪法」という量的差異の問題ではなく、(27)その犯罪類型が射程においている内容的差異、質的差異に基づくものなのである。雑駁な表現をすれば、「昆布の虚偽の注文に対応することは昆布屋の仕事ではないが[28]、虚偽の犯罪事実申告に対応することは、それ自体も警察の仕事に含まれる」ということによる、必然的な内容上の差が、刑法二三三条・二三四条と軽犯罪法一条一六号の犯罪類型の質的差異となって現れているのである。よって今回の東京高判平成二一年三月一二日の事例において、実際に東京高裁がそのように判断したように、「虚偽の犯罪予告行為」があったことを認めるのであれば――すなわち「インターネットの掲示板への犯罪予告行為」を「警察に対する犯罪申告行為」と同視するのであれば――その限りにおいてこれは軽犯罪法一条一六号の適用の有無が問題となる事案だったのであって、その成否のみが検討されるべきであったし、もしそのようにその規定が予定する違法性の程度が――時代の変化などにより――当罰性の程度に見合わないというのであれば、立法論として例えばドイツ刑法一四五条d[29]のような犯罪類型を刑法典中に創設することを検討すべきなのであって、犯罪類型としての射程を異にする刑法典中の別規定の適用で対処すべきではないのである。また、そもそも「インターネットの掲示板への犯罪予告行為」を「警察に対する犯罪申告行為」と同視することができないのであれば、やはり同様にドイツ刑法一二六条[30]のような犯罪類型を創設することを立法論として検討すべきなのである[31]。

おわりに

以上の点から、「公務が業務に含まれるか」という論点に関して如何なる結論を採るかということに関わりなく、「インターネットの掲示板への犯罪予告行為」を、警察を被害者とする偽計業務妨害罪で処罰することは、「単に仕事が増えただけ」の事例全体に業務妨害罪の適用可能性をもたらすものである以上、解釈論としては否定されるべきであること、および、それでも当該行為につき当罰性が高いというのであれば、それに直接に対応するための立法論が展開されなければならず、その前提としての立法論的検討が必要であることが導かれた。

そもそも、「公務と業務の関係」に関して、最判昭和三五年一一月一八日刑集一四巻一三号一七一三頁において国鉄職員に対する妨害行為に対して威力業務妨害罪が認められて以降、業務妨害罪が適用される公務の領域は拡大の一途をたどっている。今回の東京高判平成二一年三月一二日は、その末路の一つを示すものである。筆者には、裁判所が、最判昭和三五年一一月一八日でつまずき、その後何とかしてバランスを立て直そうと弥縫策を重ね、早い段階で地面に手をついてしまえば手の骨折だけで済んだものが、それを避けようとするあまり、顔面から地面に転倒して首の骨を折った、という状況に見えなくもない。解釈論だけで対処が不可能な事例に関して、早い段階でその点を指摘し、これを立法論へと展開させることも、実務の重要な役割なのではなかろうか。「専ラ實業家ヲ保護スル精神ニ出ツ[32]」るものであり、経済的自由を保護するための規定である業務妨害罪の規定を、「（虚偽）犯罪予告罪」として運用することの不自然さを、そろそろ自覚すべきではないだろうか。

（1）高刑集六二巻一号二一頁、判タ一三〇四号三〇二頁。

（2）当該判決を解説・評釈したものとして、本田稔・法学セミナー六六四号（二〇一〇年）一三五頁、田山聡美・刑事法ジャーナル二〇号（二〇一〇年）七三頁以下、山崎耕史・警察学論集六三巻九号（二〇一〇年）一五〇頁以下、大谷潤一郎・警察公論六五巻八号（二〇一〇年）一〇五頁以下、前田雅英・警察学論集六四巻六号（二〇一一年）一四五頁以下、稲垣悠一・専修法学論集一一三号（二〇一一年）一六七頁以下、小風明・警察学論集六四巻一一号（二〇一一年）一頁以下、渡邊真知子・警察公論六六巻九号（二〇一一年）八九頁以下、野澤充「犯罪の虚偽予告がなければ遂行されたはずの警察の公務」成瀬幸典・安田拓人・島田聡一郎編『判例プラクティス刑法Ⅱ各論』（信山社、二〇一二年）一三二頁参照。またこの論点に関して扱った論考として、生田勝義「警察への虚構犯罪通報は偽計業務妨害か？」立命館法学三三七号（二〇一一年）一頁以下、奥村正雄「権力的公務と偽計業務妨害罪」研修七五五号（二〇一一年）三頁以下、岡田彩「偽計による警察職務の妨害と偽計業務妨害罪の成否――東京高等裁判所平成二一年三月一二日判決の論理構造と問題点」立命館法政論集一〇号（二〇一二年）一一二頁以下を参照。

（3）大鶴基成「一一九番への虚偽通報により消防部隊等の出動活動を妨害した事案について、刑法二三三条の業務妨害罪の成立を認めた事例」研修六四九号（二〇〇二年）一五頁。
（4）　大鶴・前掲研修六四九号一五頁以下。
（5）　大鶴・前掲研修六四九号一四頁以下（判例①の評釈）。
（6）　刑集五七巻三号三一八頁。
（7）　刑集五七巻三号三一九頁の適用罰条を参照。
（8）　この点については野澤充「信用毀損罪について」立命館法学三四五・三四六号（二〇一三年）六一一頁以下を参照。
（9）　さらに被告人が上告しての上告審である最判平成一五年三月一一日（刑集五七巻三号二九三頁）については、野澤・前掲論文立命館法学三四五・三四六号六一三頁以下を参照。なお、この大阪高判平成一四年六月一三日は、このように軽犯罪法一条一六号と刑法二三三条は重ねて成立し得るものであるとしつつも、（おそらく軽犯罪法一条一六号についての起訴がなされなかったがゆえに）結局本事案の結論として軽犯罪法一条一六号の成立を認めているわけではない。よってこの判示部分は「傍論」でしかない。
（10）　本判決を解説したものとして、鎮目征樹「公務に対する偽計業務妨害罪の成否」刑事法ジャーナル六号（二〇〇七年）七〇頁以下参照。
（11）　本判決を解説したものとして、内藤惣一郎「警察官に対し虚偽の被害届を提出し本来の警ら業務等の遂行を困難にさせるなどした行為について、業務妨害罪の成立が認められた事例」警察公論六〇巻一号（二〇〇五年）八一頁以下、鎮目・前掲刑事法ジャーナル六号七〇頁以下参照。
（12）　判タ一三二七号二八二頁参照。
（13）　なお、被告人については本件とは別の傷害事件も合わせて審理され、原審では過剰防衛が認められたものの、大阪高裁は正当防衛の成立を認めてその部分の原判決を破棄し、当該傷害について無罪を言い渡した（確定）。本判決の中の、この傷害罪の正当防衛が認められた部分に関して解説したものとして、本田稔・法学セミナー六七二号（二〇一〇年）一二五頁、岡本慎一・季刊刑事弁護六二号（二〇一〇年）八八頁以下、中島宏・季刊刑事弁護六二号（二〇一〇年）一六八頁以下、曲田統・判例セレクト二〇一〇［Ⅰ］（二〇一一年）三二頁、岡本昌子・刑事法ジャーナル二九号（二〇一一年）一〇二頁以下を参照（ただしいずれにおいても偽計業務妨害罪の部分については全く触れられていない）。
（14）　ただし裁判例①も「徒労の業務を行わせるとともに……正常な各業務の遂行を困難ならしめた」としており、また裁判例②も「通信指令業務の遂行を困難ならしめた」としていて、「なされたはずの本来の業務が妨害された」ことを前提にしているようにも見受けられる。
（15）　ただし、当該書き込み行為が「人の意思を制圧するような勢力」である「威力」にあたるかどうかという点に関しては、疑問なしとはしない。むしろこれは「偽計」にあたる事案であるように思われる。

(16)　本来の「間接的通報」は、第三者に犯罪事実に関する手紙をもたせて警察に届けさせる、というような事例が想定されるものである。

(17)　むしろその限りにおいて、このような「虚偽犯罪事実のインターネット上への書き込み」自体を（虚偽）犯罪による被害者そのものに対する「妨害結果」をもたらす「偽計行為」であると構成する方が、実はむしろ自然ともいえるのであり、その点から今回の東京高裁平成二一年三月一二日判決も、示された虚偽犯罪予告によりそれに対応を余儀なくされたＪＲに対する業務妨害として構成する余地も十分に考えられたのである。おそらく、ＪＲの業務が実際には通常どおりに行われたことが、このような「ＪＲを被害者とする業務妨害」という構成が採られなかった要因とも考えられるが、判例のように「業務妨害罪の成立のためには具体的な妨害結果の発生は必要ない」とする（大判昭和一一年五月七日刑集一五巻八号五七三頁など）のであれば――ただしそのような見解の当否は別問題である――、業務妨害罪の成立について問題はなかったのであり、無理に「間接的通報」などと強弁する必要もなかったのである。

(18)　警察法二条第一項。

(19)　「偽計業務妨害罪」の「偽計」については、①欺罔に限定する説、②欺罔に限らず誘惑をも含むとする説、③欺罔、誘惑に限らずさらに陰険あるいは不正な手段一切を指すとする説の三つに大別されるとされ（大塚仁ほか編『大コンメンタール刑法〔第二版〕第一二巻』（青林書院、二〇〇三年）九五頁〔坪内利彦＝松本裕執筆〕）、とくに③の見解を前提にして、「欺罔、計略、策略など、威力以外の不正の手段であって、悪戯の程度を越えるもの」（大塚ほか編・前掲『大コンメンタール刑法〔第二版〕第一二巻』九七頁〔坪内利彦＝松本裕執筆〕）として「偽計」をかなり広く捉える見解も存在する。とりわけ③のような見解であれば、とくに事例一－二のような事案を前提にすると、Ｃによる殺人行為も「偽計」に含まれうることになるであろうし、またもし仮に「偽計」にはあたらないとしても、場合によっては「威力」にあたり得ることになる。そして前述の「間接的通報もまた通報と同視できる」という理屈があり得るのであれば、このような「間接的になされた威力も直接的威力と同視できる」という理屈があり得ることになり、威力業務妨害罪の成立可能性が出てくることになる。

(20)　とくに、もし仮にＮがＫの仕事を妨げることについて積極的に意図していたような場合（とりわけ、初めから原稿など準備するようなつもりがなかったような場合）に、「偽計」行為にあたらないとすることは困難なのではなかろうか。

(21)　これに対しては、「Ｂの行為はＡに対する業務妨害ではなくて、むしろＣに対する業務妨害となる」とする反論もありうるかもしれない。しかしこの事例五におけるＢの行為を「Ｃに対する業務妨害」とするのであれば、通常の商取引の中で普通に行われ得る商業的競争が「業務妨害」として構成されることになりかねない。商取引においてある程度の競争的な行為が行われることは普通にあり得ることなのであり、それらを「競争相手に対する妨害」として全て処罰の対象とすることは、刑事立法としても刑罰法規の運用としても適切なものではなく、その中の悪質なものだけが不正競争防止法などの特殊な経済刑法で対処されれば足りるものなのである。

(22) ここでは、あくまでも「警察を被害者として」、業務が増えたことによって、なされたはずの通常業務がなされなかった、という構成を採ることが、問題を生じさせるものであると指摘するものである。よって、例えば今回の東京高判平成二一年三月一二日のような事案においては、警察に対する業務妨害罪ではなく、むしろＪＲに対する業務妨害罪が成立するとすべき事案であったようにも思われる。判例においては「妨害結果について現実の妨害結果の発生を必要としない」とされている（大判昭和一一年五月七日刑集一五巻八号五七三頁など）以上、そのような構成の方が無理のないものであったように考えられるのである（ただし、業務妨害罪についてそのような「妨害結果について現実の妨害結果の発生を必要としない」とする見解が本当に支持されるべきかどうかは、また別論である）。

(23) 山口厚「公務に対する業務妨害罪の成否」法学教室二三九号（二〇〇〇年）一二九頁。

(24) 東京簡判平成二一年一二月四日。ただしこれは検察により控訴され、東京高判平成二二年四月二〇日判タ一三七一号二五一頁により、窃盗罪の実行の着手が認められるとして破棄自判され、窃盗未遂罪が成立することとなった。このためその控訴審においては予備的訴因であった偽計業務妨害罪の成立自体が検討されなかった。しかし「窃盗未遂にあたらない行為」について「偽計業務妨害罪が成立する」とされたことは、下手をすると処罰規定のない窃盗予備を偽計業務妨害罪の規定で対処しようとしたものと受け止められても仕方のないものともいえる。なお当該控訴審に関しては、町井裕明・研修七四五号（二〇一〇年）一一一頁以下、小島陽介・刑事法ジャーナル二八号（二〇一一年）九六頁以下、佐藤拓磨・判例セレクト二〇一一［Ⅰ］（二〇一二年）三〇頁、本田稔・法学セミナー六九六号（二〇一三年）一三五頁を参照。

(25) Matthias Weidemann, Die Strafbarkeit falscher Bombendrohungen und falscher »Milzbrand-Briefe«, JA 2002, S.45.

(26) 東京高判平成二一年三月一二日において、この軽犯罪法一条一六号に関する主張は不思議なことに弁護側からも検察側からも出されず、結果的に判決内においてその検討は全くなされなかった。また当該判決についての一部の判例解説においてもこれは同様であり、例えば田山聡美・刑事法ジャーナル二〇号（二〇一〇年）七三頁以下では、五頁にもわたるその解説の中で、軽犯罪法一条一六号の規定が存在することに基づく分析は、不思議なことに全くなされていない。東京高判平成二一年三月一二日が軽犯罪法一条一六号の検討を行わなかったのは、「不告不理の原則」に基づくものであり、ある意味当然ともいえるが、そのような縛りのない研究者の判例解説においてこの点の指摘ないし検討が欠落しているのは、当該事案の問題点の中心部分（本質）を完全に見落としているものと言わざるを得ない。なお、このような虚偽通報について業務妨害罪規定ではなく軽犯罪法一条一六号を適用すべきと明確に指摘するものとして、生田・前掲立命館法学三三七号（二〇一一年）三六頁、野澤・前掲『判例プラクティス刑法Ⅱ各論』（二〇一二年）一三二頁、浅田和茂・井田良編『新基本法コンメンタール刑法』（日本評論社、二〇一二年）五一三頁〔森永真綱執筆〕。さらに岡田・前掲立命館法政論集一〇号（二〇一二年）一四〇頁は、軽犯罪法一条一六号も成立し得ず、無罪とならざるを得ないとする。

(27) 今回の東京高判平成二一年三月一二日は刑法二三三条の適用を肯定するに際して、「軽犯罪法一条三一号違反の罪が成立し得るのは、本罪等が成立しないような違法性の程度の低い場合に限られる」と判示して、軽犯罪法一条三一号が成立しないことを説明した。確かに軽犯罪法一条三一号と刑法二三三条（・二三四条）の差異は、そのような量的差異にとどまるものかもしれない。しかし軽犯罪法一条一六号と刑法二三三条（・二三四条）は、そのような量的差異にとどまるものではなく、質的差異をも含むものとせざるを得ないのである。この点から、大鶴・前掲研修六四九号三三頁以下が、軽犯罪法の法定刑が拘留または科料に過ぎないことや「一一〇番や一一九番への通報は、明らかに悪戯と分かるものでない限り、その通報内容が真実であることを前提に捜査や救助の活動を開始せねばならないため、相応の厳罰を科すことにより虚偽通報を防あつする必要があること」、さらに「軽犯罪法一条一六号と同様の趣旨であると考えられる同条三一号と偽計業務妨害罪との関係については『妨害の方法が偽計又は威力を用いる程度に達すれば、刑法の業務妨害罪の対象となる』と解されていること」、また「軽犯罪法一条一六号は妨害のおそれの発生さえ要件としていないことなどを考慮すると、軽犯罪法一条一六号が適用されるのは、虚偽の申告がなされたものの、公務が妨害されるおそれが全くなかったか、そのおそれがあったとしてもその程度が極めて軽微なものである場合に限られ、虚偽通報時の具体的状況から、公務が妨害されるおそれがあるなどの場合は、偽計業務妨害罪が成立すると考えるべきものであろう」などとするのは、軽犯罪法一条一六号と刑法二三三条（・二三四条）との内容上の差異、すなわち質的差異を無視し（これは軽犯罪法内における一条一六号と一条三一号を、上記のように「同様の趣旨であると考えられる」などとして両者の質的差異をも無視する考えが前提にある。しかし「同様の趣旨である」ならば、わざわざ同じ法律の中で別の規定として条文が置かれた理由が失われるのであり、「詐欺行為に窃盗罪を適用しても問題ない」と言うのも同然であって、失当と言わざるを得ない）、「明らかに悪戯と分かる」かどうかにかかわりなく、犯罪の通報には対処しなければならない――明らかに悪戯と分かる事例であっても、それ自体が軽犯罪法一条一六号の事件の発生を意味する――という警察の職務の性質を看過するものである。また軽犯罪法一条一六号が妨害のおそれなどの発生さえ要件としていないのは、虚偽か真実かを問わず犯罪事実の申告には公務員（警察官）は対応しなければならないことを前提に、「限りある警察力の摩耗」を保護法益として当該規定が作られたことの現れであり、そもそも「妨害」などを内容として必要的に予定するものではない以上、上記の見解はこの点を見誤っているのであって、警察の職務というものの性質や、軽犯罪法一条一六号の規定の趣旨を根本から見誤った解釈であると言える。

(28) 大阪高判昭和三九年一〇月五日下刑集六巻九・一〇号九八八頁。

(29) ドイツ刑法一四五条dの規定の文言の日本語訳は以下のとおりである。
一四五条d　犯罪行為の偽装
(1)官庁または告発を受理する権限をもつ地位の者に対して、それと十分に知りながら、
一　違法な行為が実行されたこと、または
二　一二六条第一項に挙げられた違法な行為の中の一つの実現が切迫していること
を偽装した者は、当該行為が一六四条、二五八条または二五八条aにおいて刑を科せられない場合には、三年以下の自由刑または罰金刑に処する。
(2)第一項に挙げられた地位の者の一人に対して、それと十分に知りながら、
一　違法な行為への、または
二　切迫しつつある、一二六条第一項に挙げられた違法な行為への
関与者に関して、欺罔しようと試みた者は、前項と同様に処罰される。
(3)この法律の四六条bまたは麻薬法の三一条による刑罰減軽または刑罰の免除を獲得するために、
一　第一項第一号もしくは第二項第一号による行為を実行した、または
二　それと十分に知りながら、第一項に挙げられた地位の者の一人に対して、この法律の四六条b第一項第一文第二号、もしくは麻薬法の三一条第一文第二号に挙げられた違法な行為の中の一つの実現が切迫していることを偽装した、または
三　それと十分に知りながら、これらの地位の者に、第二号による切迫した行為への関与者に関して、欺罔しようと試みた者は、三月以上五年以下の自由刑に処する。
(4)第三項のそれほど重大ではない場合においては、その刑は三年以下の自由刑または罰金刑とする。

(30) ドイツ刑法一二六条の規定の文言の日本語訳は以下のとおりである。
一二六条　犯罪の脅迫による公共の平穏の妨害
(1)公共の平穏を害するのにふさわしい方法で、
一　一二五条a第二文第一号ないし第四号に挙げられた騒乱の事例の中の一つを、
二　謀殺(二一一条)、故殺(二一二条)、もしくは大量虐殺(国際刑法典六条)もしくは人道に対する罪(国際刑法典七条)もしくは戦争犯罪(国際刑法典八条、九条、一〇条、一一条、もしくは一二条)を、
三　重大な傷害(二二六条)を、
四　二三二条第三項、第四項もしくは第五項、二三三条第三項の場合、以上のそれぞれの罪については重罪が問題となっている

限りにおいて、そして二三四条、二三四条a、二三九条aもしくは二三九条bの場合における個人の自由に対する犯罪行為を、
五　強盗もしくは強盗的恐喝罪（二四九条ないし二五一条もしくは二五五条）を、
六　三〇六条ないし三〇六条cもしくは三〇七条第一項ないし第三項、三〇八条第一項ないし第三項、三〇九条第一項ないし第四項、三一三条、三一四条、もしくは三一五条第三項、三一五条b第三項、三一六条a第一項もしくは第三項、三一六条c第一項もしくは第三項もしくは三一八条第三項もしくは第四項の場合における公共に危険な重罪を、または
七　三〇九条第六項、三一一条第一項、三一六条b第一項、もしくは三一七条第一項もしくは三一八条第一項の場合における公共に危険な軽罪を、
行う旨の脅迫をした者は、三年以下の自由刑または罰金刑に処する。
(2)公共の平穏を害するのにふさわしい方法で、それと十分に知りながら、本条第一項に挙げられた違法な行為の中の一つの実現が切迫していると偽装した者も、同様に処罰される。

(31)　筆者は以上のような観点から、このようなドイツ刑法一四五条dおよび一二六条と同様の規定を立法するという立法論を展開すべきではないかと考えている。時代の変化に伴って、ドイツ刑法一四五条dが予定するような形の「警察機関・司法機関の動員力の摩耗」が公共に対する犯罪の一種として当罰性が高いものと評価されるようになり、もはや軽犯罪法が予定する違法性の程度を超えたものを持つようになってきているのであれば、軽犯罪法一条一六号を格上げして吸収する形で、その成立要件を精緻化した上で刑法犯とするという立法論は検討されるべきものと言える。また「インターネット上への（虚偽）犯罪予告行為」といった「公共全体に対する脅迫行為」が、「個人に対する脅迫行為」のみを予定する通常の脅迫罪（二二二条）が「個人法益に対する罪」であるがために適用できないものの、それ自体として「社会法益に対する罪」の一つとしてドイツ刑法一二六条のような形で処罰するだけの当罰性もあるというのであれば、同様にその成立要件を精緻化した上で――とりわけこの犯罪類型においては成立要件を精緻化することは必要不可欠であり、戦前の「安寧秩序に対する罪」のような漠然とした秩序違反処罰規定の再来は避けなければならない――新たな犯罪類型として立法化することは検討されるべきものである。今回の東京高判平成二一年三月一二日の事案も、このようなドイツ刑法一二六条のような規定で対処されるべきものと考える。以上の観点からは本来は、ドイツ刑法典における各則第七章のこれらの「公共の秩序に対する犯罪行為」の内容について、それぞれ検討する必要があるが、紙幅の関係でこれらは今後の検討課題としたい。

(32)　田中正身『改正刑法釋義下巻』（西東書房、一九〇八年）一二〇八頁。

詐欺罪と機能的治安法
――ゴルフ場詐欺事件および近年の諸判例を手掛かりにして――

松宮孝明

Ⅰ　機能的治安法とは

1　本稿が献呈されるべき生田勝義教授は[1]、二〇〇四年に公刊された「日本の治安法と警察」と題する論稿の中で[2]、「機能的治安法」という言葉を用いている。それは、「治安法」に「機能的」という形容を付したものであるが、そこにいう「治安法」とは、単に世の中の平穏を保つための法という意味ではない。何より、そうであるなら、すべての法は「治安法」のはずである。そうではなくて、生田は、個人の安全を保護することを基本にする「市民法」と国家・社会の平穏・秩序を保護する「治安法」とを区別したうえで、「個人を超越した国家や社会の平穏・秩序を保護する法は『治安法』と呼ぶことができる。[3]」と定義している。そのうえで、「機能的治安法」とは、既存の警察組織法の枠組みを利用して『警備公安警察』を拡充するとか、道路交通法や軽犯罪法、屋外広告物条例などといった市民法や市民刑法に属する法律を治安法的に運用する」[4]という現象を指すものとして用いている。

この「機能的治安法」という言葉は、中山研一が一九七〇年に公刊した『現代社会と治安法』の中で用いたものである。そこでは、「治安」という言葉は、(1)市民間の生活秩序維持としての治安、(2)個人的法益をこえる全体的秩序としての治安、(3)政治的秩序としての治安に分類されたうえで、[5](3)の意味での治安を維持するための法的手段を総称するものが、固有の意味での「治安法」とされている。そこでは、単に国家・社会の平穏・秩序一般を保護することではなくて、現存の政治体制に対する反対派を抑圧することが、「治安法」の特徴とされている。したがって、その執行は、政治的反対派に焦点を当てて適用するという意味で、差別的・選択的に行われる。

また、そこにいう「機能的治安法」とは、一見、福祉的な目的の法律や条令が、(3)の意味での治安を維持するための法的手段として利用される現象を指すものとして用いられている。[6]そこで想定されていたものは、生田のいう「機能的治安法」と同じく、道路交通法や軽犯罪法、屋外広告物条例などといった特別刑法・行政刑法上の規定が、デモやビラ配りの規制などに——差別的・選択的な法執行を伴って——用いられる場合であった。

2　しかし、中山は、刑法典上の犯罪についても、それが「政治的」に解釈され適用される可能性が十分にあることを指摘していた。現に、傷害、暴行、監禁、住居侵入、不退去、強要、業務妨害、器物損壊などの罪は、労働運動や大衆運動にしばしば適用されているというのである。[7]たしかに、近年でも、住居等侵入罪や文書偽造罪などのような刑法典上の犯罪は、ここにいう「機能的治安法」として活用されているように見える。住居等侵入罪は政治宣伝物のポスティングなどに——もちろん、差別的・選択的法執行を伴って——用いられており、[8]また、文書偽造罪は、とりわけホテルなどの宿帳に偽名を用いた人物に——もちろん、差別的・選択的に——用いられている。[9]

3　このような刑法典上の「機能的治安法」の中に、最近、詐欺罪も加わったようである。というのも、一見すると、関係者は「もらうべきものはもらっている」ので財産損害を伴わないと思われる「嘘」についても、――もちろん、差別的・選択的法執行を伴う事案において――詐欺罪の成立を認める裁判例が増えてきているからである。ここに検討するゴルフ場詐欺事件も、そのようなもののひとつである。

この問題について、最近、最高裁は、一方では詐欺罪の成立を否定する判断を、他方では詐欺罪の成立を肯定する判断を示した。それは、一定の限度で、この種の機能的治安法としての詐欺罪利用に歯止めをかけたとも評される。しかし、結論を言えば、本質的には、この種の詐欺罪利用に対する十分な歯止めとはなっていないように思われる。以下では、そのような結論に至る理由を明らかにする。

Ⅱ　ゴルフ場詐欺事件のインパクト

1　「暴力団員お断り」という張り紙のあるゴルフ場で、特に暴力団員であると告げることなく暴力団員が、正規の料金を支払って、ゴルフをした場合に、利益詐欺罪（刑法二四六条二項）が成立するか。これが、本校で扱う問題の本質である。[10] この問題について最高裁判所は、前述のように、二〇一四年三月二八日に、一見すると矛盾する判決および決定を、相次いで言い渡した。破棄自判無罪が二件、有罪に対する上告棄却が二件である。

無罪判決[11]は、ゴルフクラブ会員ばかりでなく、非会員であるビジターの利用も認めていたゴルフ場（B倶楽部およびCクラブ）において、被告人らがビジターとしてゴルフプレーを申し込み、プレーをしたという事案に関するものである。その判決の要旨は、以下のようなものである。

まず、本判決は、以下のように述べて、本件ゴルフクラブでは暴力団排除の趣旨が徹底されていたわけではないことを強調した。

「B倶楽部及びCクラブは、いずれもゴルフ場利用細則又は約款で暴力団関係者の施設利用を拒絶する旨規定していたし、九州ゴルフ場連盟、宮崎県ゴルフ場防犯協会等に加盟した上、クラブハウス出入口に『暴力団関係者の立入りプレーはお断りします』などと記載された立看板を設置するなどして、暴力団関係者による施設利用を拒絶する意向を示していた。しかし、それ以上に利用客に対して暴力団関係者でないことを確認する措置は講じていなかった。また、本件各ゴルフ場と同様に暴力団関係者の施設利用を拒絶する旨の立看板等を設置している周辺のゴルフ場において、暴力団関係者の施設利用を許可、黙認する例が多数あり、被告人らも同様の経験をしていたというのであって、本件当時、警察等の指導を受けて行われていた暴力団排除活動が徹底されていたわけではない。」

そのうえで、次のように述べて、被告人らに詐欺罪にいう――「挙動による欺罔」としての――欺罔行為が認められないと判示した。

「上記の事実関係の下において、暴力団関係者であるビジター利用客が、暴力団関係者であることを申告せずに、一般の利用客と同様に、氏名を含む所定事項を偽りなく記入した『ビジター受付表』等をフロント係の従業員に提出して施設利用を申し込む行為自体は、申込者が当該ゴルフ場の施設を通常の方法で利用し、利用後に所定の料金を支払う旨の意思を表すものではあるが、それ以上に申込者が当然に暴力団関係者でないことまで表しているとは認められない。」

2　他方、暴力団員に詐欺罪を認めてその上告を棄却した決定(12)は、暴力団員ではないゴルフクラブの会員Aが暴力団員を同伴しているのに、それを告げることなくプレーの申込みをした事案に関するものである。本決定の要旨は、以下のようなものである。

「本件ゴルフ倶楽部においては、ゴルフ場利用約款で暴力団員の入場及び施設利用を禁止する旨規定し、入会審査に当たり上記のとおり暴力団関係者を同伴、紹介しない旨誓約させるなどの方策を講じていたほか、長野県防犯協議会事務局から提供される他の加盟ゴルフ場による暴力団排除情報をデータベース化した上、予約時又は受付時に利用客の氏名がそのデータベースに登録されていないか確認するなどして暴力団関係者の利用を未然に防いでいたところ、本件においても、被告人が暴力団員であることが分かれば、その施設利用に応じることはなかった。」

「以上のような事実関係からすれば、入会の際に暴力団関係者の同伴、紹介をしない旨誓約していた本件ゴルフ倶楽部の会員であるAが同伴者の施設利用を申し込むこと自体、その同伴者が暴力団関係者でないことを保証する旨の意思を表している上、利用客が暴力団関係者かどうかは、本件ゴルフ倶楽部の従業員において施設利用の許否の判断の基礎となる重要な事項であるから、同伴者が暴力団関係者であるのにこれを申告せずに施設利用を申し込む行為は、その同伴者が暴力団関係者でないことを従業員に誤信させようとするものであり、詐欺罪にいう人を欺く行為にほかならず、これによって施設利用契約を成立させ、Aと意を通じた被告人において施設利用をした行為が刑法二四六条二項の詐欺罪を構成することは明らかである。」

以上のように述べて、本決定は、本件ゴルフクラブの会員ではない被告人に詐欺罪の共謀共同正犯が成立するとした原判決を維持したのである。

3　注意すべきは、これらの事案につき結論が分かれたのは、主として、当該ゴルフクラブが暴力団排除方針を徹底していたか否かについての相違によるということである。正規の料金を支払ってゴルフをしたのに財産犯としての詐欺罪が成立するのか、という根本問題については、最高裁は積極の方向で回答したといえよう。

というのも、無罪判決の中でも、「ゴルフ場にとって暴力団員が施設を利用することは、一般的に、快適なプレー環境を害し、ゴルフクラブの評判を低下させて営業成績に悪い影響を及ぼす可能性が高いので、営業上無視できない事項といえよう。」という判示があるのであり、そしてこれは、上告棄却決定の中にある「ゴルフ場が暴力団関係者の施設利用を拒絶するのは、利用客の中に暴力団関係者が混在することにより、一般利用客が畏怖するなどして安全、快適なプレー環境が確保できなくなり、利用客の減少につながることや、ゴルフ倶楽部としての信用、格付け等が損なわれることを未然に防止する意図によるものであって、ゴルフ倶楽部の経営上の観点からとられている措置である。」という判示と平仄を合わせているからである。これは、取引の相手方にとって経営上の観点から重要と思われる事項について明示または黙示で誤った情報を与えられた場合には、その情報に基づいて行った財産処分行為（以下、「処分行為」）から直接に損害が生じなくても、それが他の人物の取引行動に影響を与え、その結果、当該取引の相手方にとって間接的ないし長期的に不利益に働く場合には、財産犯としての詐欺罪の欺罔行為が認められるという判断である。

4　しかし、正規の料金を払った場合でも詐欺罪になるという判断は、当該暴力団員ばかりでなく、一般的にも、違和感をもって迎えられた[13]。また、最高裁が指摘する風評被害については、そのような風評被害によってゴルフ場が失う財産的利益というものは、詐欺罪が守ろうとする財産的利益ではなく、ゴルフの機会を提供するというゴルフ場のサービスとそれに対して支払われた料金が釣り合っている以上、身分を隠してプレーした暴力団員といえども、ゴルフの機会を提供し、それに対する対価を受け取るというゴルフ場の財産的利益は侵害してはいないのであって、これは未成年者が成人と偽ってビールを買う場合と同じであるとする批判も表明されている[14]。

また、最高裁がいうような「ゴルフ場にとって暴力団員が施設を利用することは、一般的に、快適なプレー環境を害し、ゴルフクラブの評判を低下させて営業成績に悪い影響を及ぼす可能性が高い」という言明は、その真偽自体が経験的データによる検証を要するはずであるが、仮にそのような経済的な損失があり得るとしても、取引相手の処分行為によって直接生じるものではない。これは、詐欺罪において必要とされている「処分行為と損害（および利得）との間の直接性」を充たさない。というのも、暴力団員が多数（！）利用しているという風評によって一般客の利用が遠のくとしても、それは一般客の自主的な判断によるものであって、正規の料金で暴力団員にプレーをさせるという処分行為から直接に生じるものではないからである。また、そのような経営悪化のおそれのある風評を故意に流布して営業を妨害する行為については、別に、刑法二三三条に偽計業務妨害罪が用意されている。その偽計業務妨害罪の構成要件は「虚偽の風説を流布し、又は偽計を用いて、……その業務を妨害した」ことであって、暴力団員によるゴルフプレーそれ自体は、本罪の構成要件にすら当たらない。

5 それにもかかわらず、最高裁は、一般論として、暴力団員による正規の料金を支払ったうえでのゴルフプレーを詐欺罪とし、名古屋高裁を原審とする事件ではその成立を認めた。これは、経験的データの裏付けがなくても、それが何らかの意味で取引相手の業績に悪影響を及ぼす恐れがあると考えられる事実について、それを申告することなく取引に入れば、詐欺罪が認められてしまうことを意味する。これは、たとえば、阪神タイガースファンの常連客で賑わっている——そして「ジャイアンツファンお断り」という張り紙のある——大阪の居酒屋に、タイガースファンに紛れ込んでジャイアンツファンが来店し飲食した場合、「大阪の居酒屋にとってジャイアンツファンが店を利用することは、一般的に、タイガースファンにとって快適な飲食環境を害し、大阪の居酒屋の評判を低下させて営業成績に悪い影響を及ぼす可能性が高い」という理由で、——挙動による——詐欺罪を認める可能性を開いたことを意味する。[15]

それどころか、暴力団員が、組事務所としてではなく、住居として使用する目的で——もちろん、暴力団員であることは何も告げずに——マンションの賃貸借契約を結んだ場合にも、貸主側が暴力団排除を契約書等で明示しており、さらに借主側が契約書の右条項を具体的に説明されて、分かりましたと答えた場合であれば、詐欺罪が認められることになる。[16] これは、場合によっては、借主の生存権を脅かす事態にまで至ることもあろう。

しかし、この場合でも、借主側に賃料支払いの意思と能力があれば、貸主は直接には財産損害を受けないのである。[17] 暴力団員が多数（！）居住しているという風評が貸主の賃貸業に悪影響を与えるとしても、それは間接的なものである。

要するに、この種の「遠隔損害」（remote harm）の可能性で詐欺罪を認めることは、その恣意的な運用を許容することにつながる。それは結局、詐欺罪を「機能的治安法」とすることにならないか。これが、ゴルフ場詐欺事件が与えるインパクトなのである。

Ⅲ 「財産損害」をめぐる判例の変遷

1　以下では、詐欺罪が、このような意味での「機能的治安法」として用いられていないかを、近年の詐欺罪判例を素材として検討してみよう。これは、前述のように、詐欺罪の成立要件のうち、とりわけ、「財産損害」および「処分行為と財産損害との間の直接性」が尊重されているか否かによって測られる。

2　まず、財産損害要件では、これをして、「被欺罔者が真実を知っていればそのような処分行為をしなかったであろうにもかかわらず、だまされたのでそのような処分行為をした」こととする「形式的個別財産喪失説」がある。一部では、判例はこの見解に依拠しているとされる。

しかし、そのリーディングケースとされている裁判例を子細に見れば、そのような評価は短絡的であることが判明する。

たとえば、相当な対価が提供されたのに詐欺罪を認めたとされる「ドル・バイブレーター事件」最高裁判決(18)は、たしかに相当対価提供の場合でも詐欺罪が成立すると述べているが、原審が認定した事実では、被告人の売値と商品の市場価格との間に七〇〇円程度の差があった。つまり、「相当対価提供の場合でも」というのは、この裁判例では傍論にすぎないのである。他方、対価以上の金銭を払っても詐欺罪になりうると述べた裁判例として引用される「払下げ国有林転売事件」大審院判決[19]は、被告人らは国有林の払下げに関して六〇円の補償金を納付し五七四円で払い下げを受けたのに、被害者には、補償金の弁償として一六〇円、払下げ代金として一四一四円その他の支払が必要だったという虚偽を述べ、被害者がその事実を知っていたら現に支払ったような高値では買わなかったという事案に関するものであった。ここでは、国有林の市場価値が買受代金を上回っていようがいまいが、払下げに要した費用が売買代金の決定にとって重要であったのだから、その点を偽って高値で転売した被告人に詐欺罪が認められたのである。

また、相当対価提供事例で詐欺罪を認めたリーディングケースとされる「偽造連帯保証人委任状事件」大審院判決[20]の事案は、被告人が偽造した委任状で連帯保証人がいるかのごとく欺き被害者から金員を借りた際に十分な価値の抵当権を設定したとしても詐欺罪が成立するとしたものである。貸主にとって信用ある連帯保証人の存在が重要であった事案と推察される。

さらに、「偽造鉄鋼割当証明書事件」大審院判決[21]は、割当等の統制下にある鉄鋼について、割当証明書を偽造して鉄鋼の割当を受けた行為に詐欺罪を認めたもので、最高裁のリーディングケースである「配給酒類不正買取事件」最高裁大法廷判決[22]は、配給制度の下にあった酒類について、たとえ公定代金を支払ったとしても、偽造の特配指令書を真正なものと詐り、相手方を誤信させて、真正な指令書の所持人でなければ買い受けることのできない酒類を買い取った場合は、詐欺罪が成立すると述べたものである。いずれも、経済統制下での商品であり、闇市場価格ではもっと高値であったと推察される。

その他の判例も含めて、その傾向を大別すれば、①配給物資などのように、公定価格を支払うだけでは入手できない（闇市場では、もっと高値が付いている場合もある）事例や、②一般的な宣伝ないし被害者との個別交渉において特定の品質や効能、使用価値があると偽ってわざわざ買わせた事例、ないし特定の価格で入手したことが売買価格決定において重要であった事例に分けることができる。①については、闇で高値が付いているのであれば、純粋経済的財産概念から見ても、欺罔手段を用いた公定価格での入手は「財産上不法の利得」である。②については、商品につき価格交渉の余地がある以上、特定の品質や効能、使用価値が価格決定において重視される場合、これを偽って商品を販売して得た利潤は、やはり「財産上不法の利益」であろう。そして、その裏返しとして、被害者は、もっと安く買えた、またはそもそも買わなかったことと差引勘定して、「財産上の損害」を受けたと解することができるのである。

つまり、一見するとこれらの裁判例を説明するものは「形式的個別財産喪失説」であるように思えるが、背後では、闇市場も含めた経済的観点、および買い手の商品に求める品質や使用価値等を考慮した損害判断がなされているのである。判決理由で用いられる「形式的個別財産喪失説」のような言い回しは、以上の実質的考慮の説明を省略したものでしかない。ゆえに、他方で大審院が偽医師による売薬事件において詐欺罪を否定したのは[23]、買い手が求める商品の品質・効能ないし使用価値に偽りがなかったからであり、この点において当時の判例には矛盾はなかったと思われる。ゆえに、これらの裁判例をして、詐欺罪を「機能的治安法」として用いた事例と解するべきではない。

3　ところが、今世紀に入るころから、その様相は徐々に変化してくる。すでに、最高裁は、二〇〇〇年に、「簡易生命保険契約の事務に従事する係員に対し、被保険者が傷病により入院中であること又は被保険者につき既に法定の保険金最高限度額を満たす簡易生命保険契約が締結されていることを秘して契約を申込み、同係員を欺罔して簡易生命保険契約を締結させ、その保険証書を騙取した行為」について詐欺罪を認める決定を出していた[24]。ここでは、単に「被保険者が傷病により入院中であること」を秘した点ばかりでなく、「既に法定の保険金最高限度額を満たす簡易生命保険契約が締結されていること」を秘した点をも挙げていたことが注目される。つまり、保険料が納付され相手方に経済的な損失がない場合であっても、詐欺罪が成立する余地が認められていたのである。ただし、この決定は、あくまで、被保険者が傷病により入院中であることも秘した事例に関するものであり、保険事故のリスクを偽ることにより相手方に一種の「不良債権」を得させる点で、保険料との対価性が充たされていないことに「財産損害」を認めることができるものであった。

しかし、他人名義で預金口座を開設しその通帳の交付を受けた事案に関する二〇〇二年の最高裁決定[25]では、重大な一歩が踏み出された。そこでは、「預金通帳は、それ自体として所有権の対象となり得るものであるにとどまらず、これを利用して預金の預入れ、払戻しを受けられるなどの財産的な価値を有するものと認められるから、他人名義で預金口座を開設し、それに伴って銀行から交付される場合であっても、刑法二四六条一項の財物に当たると解するのが相当である。」という理由で、預金者には当然交付されるはずの預金通帳につき、これを詐取したとして、詐欺罪の成立を認める判示がなされたのである。問題は、当時の通説的な考え方では、預金者とは、口座開設申込書の名義人ではなく、預金のために財産の出捐をした人物であるとされていたことである。[26]これによるなら、本件の被告人は間違いなく本件の預金者であり、ゆえに、彼が銀行から通帳の交付を受けることは、預金契約上、彼の当然の権利であった。ゆえに、本決定の原判決は、本件通帳の交付については、「預金通帳は預金口座開設に伴い当然に交付される証明書類似の書類にすぎず、銀行との関係においては独立して財産的価値を問題にすべきものとはいえない」などの理由を付して、詐欺罪の成立を否定していたのである。もちろん、この場合、通帳交付に関し銀行側に財産上の損害はない。[27]もっとも、本決定は、結論においては、原判決が著しく正義に反するものではないという理由で上告を棄却している。ゆえに、右の判示部分は、まだ、傍論にすぎなかった。

4　取引の相手方に財産損害が生じていなくても詐欺罪を認める傾向は、二〇〇三年の誤振込み金員払戻事件に関する最高裁決定[28]によって顕著となった。この決定では、送金元である仕向銀行に振込みを依頼した人物の過誤によって被仕向銀行にある被告人の預金口座に振り込まれた金員を、被告人が身に覚えがないにもかかわらず被仕向銀行の窓口で払戻請求をしてその支払いを受けたという事案に関して、預金債権が有効に成立していることを前提にしながら、[29] 当該振込みの過誤の有無に関する調査・紹介、さらには預金組戻しの機会を被仕向銀行に与えなかったことを理由に、詐欺罪の成立が認められたのである。その際、決定中に「銀行にとって、払戻請求を受けた預金が誤った振込みによるものか否かは、直ちにその支払に応ずるか否かを決する上で重要な事柄であるといわなければならない。」（傍点筆者）という文言が用いられた。

しかし、最高裁は、一九九六年の民事判決において、誤振込み金員については誤振込みの依頼人と受取人との間での不当利得返還請求による解決を示唆していたのであり、その解決如何に関わらず、被仕向銀行は財産損害を被らない。また、本決定を担当した調査官は、その解説において、身に覚えのない振込みが被仕向銀行の「誤記帳」または仕向銀行の「誤発信」であった場合は預金債権は成立しないという見解を前提として、[30] その可能性があるのに調査・紹介の機会を与えないで行う払戻請求は欺罔行為であり、それによる払戻しは――[31] 実際には振込依頼人の過誤による誤振込みであったので銀行側に何の損害も生じていないにもかかわらず――詐欺罪（刑法二四六条一項）にいう「財物の交付」に当たるとする。これは、財産損害の抽象的危険を理由に、詐欺罪の成立を広範囲に認めるものにほかならない。

二〇〇四年の住管機構を欺いて根抵当権を放棄させたとされた事件に関する決定では、本件根抵当権放棄と引き換えに「住管機構に支払われた金員が本件各不動産の時価評価などに基づき住管機構において相当と認めた金額であり、かつ、これで債務の一部弁済を受けて本件各根抵当権等を放棄すること自体については住管機構に錯誤がなかった」にもかかわらず、「被告人に欺かれて本件各不動産が第三者に正規に売却されるものと誤信しなければ、住管機構が本件各根抵当権等の放棄に応ずることはなかった」という理由で、被告人に詐欺罪が認められた。[32] しかし、根抵当権の付された不動産が第三者に売却され、その代金が住管機構に支払われるのか、それともそれを担保に第三者からさらなる融資を引き出して、その融資金の中から同額が住管機構に支払われるのかについては、一般の根抵当権者は文字通り利害関係を有しない。

このような「形式的個別財産喪失説」に戻ったかのような理由付けは、二〇〇七年の売却目的銀行口座開設事件に関する最高裁決定(33)でも用いられた。そこでは、銀行の約款が口座ないし預金通帳等の他人への売却を禁止していたにもかかわらず、売却の目的を秘して銀行の預金口座を開設し預金通帳等の交付を受けた被告人に、詐欺罪の成立が認められたのである。そこでは、銀行の窓口係が被告人の売却目的を知ったなら口座開設に応じなかったであろうという事実関係を確認したうえで、「以上のような事実関係の下においては、銀行支店の行員に対し預金口座の開設等を申し込むこと自体、申し込んだ本人がこれを自分自身で利用する意思であることを表しているというべきであるから、預金通帳及びキャッシュカードを第三者に譲渡する意図であるのにこれを秘して上記申込みを行う行為は、詐欺罪にいう人を欺く行為にほかならず、これにより預金通帳及びキャッシュカードの交付を受けた行為が刑法二四六条一項の詐欺罪を構成することは明らかである。」と判示された。

5　もっとも、二〇〇七年の決定に対しては、一部の学説において、その「形式的個別財産喪失説」的な理由付けの裏に、当該銀行の口座(の多数)が振り込め詐欺等の目的に利用されているという風評が立てば、当該銀行の業績が悪化する可能性があるという理由で、その財産犯性を根拠づけることができるのではないかという評価が加えられていた。いわゆる本人確認法の制定後、銀行に対しては、公共機関として、口座を犯罪等に利用させないという信頼が寄せられており、それが破られれば、当該銀行に対する取引者の信頼は失われる時代となっているという指摘(34)が、それである。これは、先に述べた「遠隔損害」の可能性の指摘である。

他人を搭乗させる目的を秘して空港カウンターで搭乗券を受け取った事件に関する二〇一〇年の決定(35)では、この「遠隔損害」を彷彿させる理由付けが用いられた。そこでは、「本件において、航空券及び搭乗券にはいずれも乗客の氏名が記載されているところ、本件係員らは、搭乗券の交付を請求する者に対して旅券と航空券の呈示を求め、旅券の氏名及び写真と航空券記載の乗客の氏名及び当該請求者の容ぼうとを対照して、当該請求者が当該乗客本人であることを確認した上で、搭乗券を交付することとされていた。」として厳重な本人確認がなされていた事実が指摘された後、「このように厳重な本人確認が行われていたのは、航空券に氏名が記載されている乗客以外の者の航空機への搭乗が航空機の運航の安全上重大な弊害をもたらす危険性を含むものであったことや、本件航空会社がカナダ政府から同国への不法入国を防止するために搭乗券の発券を適切に行うことを義務付けられていたこと等の点において、当該乗客以外の者を航空機に搭乗させないことが本件航空会社の航空運送事業の経営上重要性を有していたから」であるとし、「以上のような事実関係からすれば、搭乗券の交付を請求する者自身が航空機に搭乗するかどうかは、本件係員らにおいてその交付の判断の基礎となる重要な事項であるというべきであるから、自己に対する搭乗券を他の者に渡してその者を搭乗させる意図であるのにこれを秘して本件係員らに対してその搭乗券の交付を請求する行為は、詐欺罪にいう人を欺く行為にほかならず、これによりその交付を受けた行為が刑法二四六条一項の詐欺罪を構成することは明らかである。」（傍点筆者）と判示されたのである。

二〇〇三年の誤振込みに関する決定で用いられた「直ちにその支払に応ずるか否かを決する上で重要な事柄」という公式や本決定で用いられた「本件係員らにおいてその交付の判断の基礎となる重要な事項」という公式、一般化していえば、「当該取引きに応ずるか否かを決する上で重要な事項」という公式は、冒頭で触れたゴルフ場詐欺事件に関する決定に引き継がれている。「利用客が暴力団関係者かどうかは、本件ゴルフ倶楽部の従業員において施設利用の許否の判断の基礎となる重要な事項」という公式が、それである。この「重要な事項」に当たるか否かは、二〇一〇年決定では、「航空機の運航の安全」や「本件航空会社がカナダ政府から同国への不法入国を防止するために搭乗券の発券を適切に行うことを義務付けられていたこと」といった間接的には営業上の不利益という意味での

「財産損害」につながるという点で「経営上重要性を有していた」か否かによって決せられる。ゴルフ場詐欺事件に関する決定でも、これは形を変えて、「利用客の中に暴力団関係者が混在することにより、一般利用客が畏怖するなどして安全、快適なプレー環境が確保できなくなり、利用客の減少につながることや、ゴルフ倶楽部としての信用、格付け等が損なわれる」という間接的な財産損害を予防するうえで「重要な事項」か否かによって判断されている。その意味で、近年の最高裁判例は、まさに「遠隔損害」によって財産犯としての詐欺罪を根拠づけようとしているのである。

6　しかし、これも先に触れたように、このような「遠隔損害」による根拠づけは、詐欺罪に要請される「処分行為と財産損害との間の直接性」を害する。また、その点では、簡易支払督促手続を用いて支払督促正本等を騙し取ったとされた事件で詐欺罪の成立を否定した二〇〇四年の決定[36]と矛盾する。

この事件では、被告人は、金員に窮し、支払督促制度を悪用して叔父の財産を不正に差し押さえ、強制執行することなどにより金員を得ようと考え、被告人が叔父に対して六〇〇〇万円を超える立替金債権を有する旨内容虚偽の支払督促を申し立てた上、裁判所から債務者とされた叔父あてに発送される支払督促正本および仮執行宣言付支払督促正本について、共犯者が叔父を装って郵便配達員から受け取ることで適式に送達されたように外形を整え、叔父に督促異議申立ての機会を与えることなく支払督促の効力を確定させようと企て、共犯者において、二回にわたり、あらかじめ被告人から連絡を受けた日時ころに叔父方付近で待ち受け、支払督促正本等の送達に赴いた郵便配達員に対して、自ら叔父の氏名を名乗り出て受送達者本人であるように装い、共犯者を受送達者本人であると誤信した郵便配達員から支払督促正本等を受け取ったものである。その際、被告人は、当初から叔父あての支払督促正本等を何らかの用途に利用するつもりはなく速やかに廃棄する意図であった。これに関して、本決定は、「このように、郵便配達員を欺いて交付を受けた支払督促正本等について、廃棄するだけで外に何らかの用途に利用、処分する意思がなかった場合には、支払督促正本等に対する不法領得の意思を認めることはできないというべきであり、このことは、郵便配達員からの受領行為を財産的利得を得るための手段の一つとして行ったときであっても異ならないと解するのが相当である。」と判示して、詐欺罪の成立を否定したのである。

注意すべきは、被告人らの行為は「郵便配達員からの受領行為を財産的利得を得るための手段の一つとして行った」ものであったことである。すなわち、被告人らは、裁判所から債務者とされた叔父あてに発送される支払督促正本および仮執行宣言付支払督促正本について、共犯者が叔父を装って郵便配達員から受け取ることで適式に送達されたように外形を整え、叔父に督促異議申立ての機会を与えることなく支払督促の効力を確定させることにより、民事執行法二二条四号により、強制執行の根拠となる債務名義を手に入れることができた。そして、被告人らがこの債務名義に基づき強制執行の実施を申し立てれば、それにより、被害者である叔父の財産は減少することになっていたのである。これは、債務名義の獲得それ自体を財産上の利益とみなし、これによって財産が減少する危険を被害者の財産損害とみなす場合はもちろん、強制執行の実施によって被告人らの財産が増加することを利得とみなし被害者の財産が減少することを財産損害とみる場合でも、それに至る必然的な過程として支払督促正本および仮執行宣言付支払督促正本という「財物」を交付させることが必要であるから、これらを交付する相手方がまさしく被害者であることは、郵便配達員にとって「直ちにそれらを交付するか否かを決する上で重要な事柄」となるはずである。

それにもかかわらず本決定がそのような判断をしなかったのは、まさしく、本件支払督促正本等の交付が直接に被告人らの利得と被害者の財産損害をもたらすものではなかったからである。被告人らが債務名義を手に入れるためには、本件支払督促正本等の交付を受けただけでは意味がなく、さらに、これらが被害者に「適式に送達されたように外形を整え、叔父に督促異議申立ての機会を与えることなく支払督促の効力を確定させること」が必要であり、この場合には、詐欺罪に必要な「処分行為と財産損害との間の直接性」の要請を充たさないのである。[37] ゆえに、詐欺罪の財産犯としての性格を「遠隔損害」によって根拠づけることはできない。

7　このように、最高裁の判例は、今世紀に入るころから詐欺罪を大幅に――不当に、といってもよいほどに――拡大してきた。それも、近年では、単なる「形式的個別財産喪失説」ではなく、「遠隔損害」を示唆することで、その財産犯的性格を確保しようとしている。[38]

しかし、そのような「遠隔損害」で詐欺罪を根拠づけることは、詐欺罪における「処分行為と財産損害（および利得）との間の直接性」の要請と矛盾し、最高裁判例相互における矛盾をも生み出している。[39]

Ⅳ　「財産概念」ないし「損害概念」

1　それでは、詐欺罪における財産損害はどのようなものと考えるべきであろうか。[40] 単純に考えるなら、取引において等価交換が実現されているのであれば財産損害はなく、したがって損害は取引における収支がマイナスになっている場合にのみ認められるということになろう。これは、純粋な「経済的財産概念」に由来する「客観的損害概念」である。しかし、その場合にとりわけ問題となるのは、①一見すると商品交換において等価交換が担保されているように見えるが、商品の使用価値につき欺罔がある場合（いわゆる「相当対価」のある場合）、および、②寄付金詐欺や乞食詐欺のような、一見すると対価が期待されていない一方的出捐に見えるが、当該財産出捐の目的につき欺罔がある場合である。

2　純粋な「経済的財産概念」の長所は、それによる「財産損害」の算定方法が、行為者や取引相手方の主観的ないし恣意的な取引目的に左右されずに、取引対象（財物ばかりでなく役務を含む）の市場での交換価値という客観的な尺度によって定まることである。それゆえ、詐欺罪に基づく刑罰の発動が恣意的な判断に左右されず安定する。[41]

反対に、「形式的個別財産喪失説」や「財産損害不要説」[42]から帰結される「主観的損害概念」がある。これは、取引の相手方によって重要な取引動機に錯誤があり、真実を知っていれば取引しなかったであろう場合には、それにもかかわらず財物や役務を給付したときには詐欺罪が成立するというものである。「不要説」も、視点を変えれば、そのような錯誤に基づいた財産や役務の給付自体を「財産損害」とみるものだと考えることができる。この見解によるなら、たとえば、ナチス時代のドイツで、取引相手がユダヤ人であったなら取引に応じないという風潮が一部にあった場合、ユダヤ人であることを告知せずに取引をした人物は詐欺罪に問われることになる。[43]

この両者の中間に、ドイツでは「法律的・経済的財産概念」に基づく「客観的・個別的損害概念」や「動的財産概念」、「人的財産概念」、「機能的財産概念」などに基づく損害概念があり、日本では、類似の見解に基づく「実質的個別財産喪失説」や「目的不達成説」に基づく損害概念がある。ただ、これらの議論は極めて錯綜している。

3　このうち、「客観的損害概念」は、前述の①相当対価がある場合、および②取引相手が反対給付を予定していない場合に難点を有する。①では、交換価値の差引勘定では損害が出ないし、②では、取引相手が反対給付を不要とする以上、交換価値の差引勘定自体が不要となるからである。[44]もちろん、このような場合に、詐欺罪の成立を否定するという価値判断もあり得よう。しかし、「客観的損害概念」の支持者も、この場合には、詐欺罪を否定しない。すなわち、①では、「相当な対価を支払った場合も、その権原に基づく占有の侵害の故に一項詐欺罪が成立しうることになる。[45]」とされ、②では、「反対給付がなかったため、常に財産上の損害を肯定することができる」のであり、錯誤がない場合にだけ「被害者の意識的な自己加害」として詐欺罪が否定されるので、そうでない典型的な寄付金詐欺では詐欺罪を肯定することに疑問はないとされるのである。[46]

しかし、①でそのように「権原に基づく占有の侵害」を持ち出すのであれば、ユダヤ人であることを知らずに財物を交付した場合でも、「権原に基づく占有の侵害」があるので詐欺罪が認められることになってしまう。これでは、「形式的個別財産喪失説」や「主観的損害概念」と何ら変わるところはない。また、②でそのようにいうのであれば、そこにいう「財産損害」は、何らかの意味で、給付者の給付目的を考慮することにより、純粋な「客観的損害概念」から離れざるを得ないことになる。

4　他方、純粋な「主観的損害概念」では、先のユダヤ人相手の取引の例や、あるいは特定の野球チームファンだけにサービスしたいと思っている飲み屋の例[47]、さらには未成年者が年齢を偽って商店からタバコを買う事例で、すべて詐欺罪が成立することになってしまう。

これを論外とするのであれば、何らかの中間説に向かわざるを得ないが、その中で近年有力となっているのは、「法益関係的錯誤説」に基づく「目的不達成説」である[48]。この見解は、取引相手による給付の社会的目的が実現しているか否かで詐欺罪の成否を判断し、かつ、行為者が取引に際して、取引相手の給付目的が実現しないのに、それが実現するかのように装うことを「欺罔」と解するものである[49]。ここでは、詐欺罪において重視される「目的」に、「社会的」ないし「社会的意味のある」という限定が付されることで、純粋な「主観的損害概念」との一線が画されている。

もっとも、問題は、ここにいう「社会的」という言葉が、なお曖昧なことである。そのため、たとえば、学説においては詐欺罪とならないことにほぼ一致のある未成年者のタバコ購入事案でも、未成年者の喫煙を防止すること自体には——未成年者の心身の健全な発達という——「社会的」意味があると断定して、代金が支払われていても当該未成年者を詐欺罪に問うことができるかもしれない[50]。ましてや、ここにいう「目的」を経済的・社会的目的に限定する必要はないという見解に立つなら、「目的不達成説」は純粋な「主観的損害概念」と何ら変わらないことになってしまう[51]。

さらに、「目的不達成説」の致命的な弱点は、取引における反対給付の交換価値を全く考慮しないこと、それによって、行為者側の「利得（不法領得を含む）」および「不法利得目的（不法領得目的を含む）」を、給付者側の個別給付の獲得に矮小化してしまうことである。たとえば、木こりがその——木を切り倒すという——仕事に用いるために鉄製の斧の購入を申し込んだところ、行為者側が、その木こりの日頃の働きに報いてやろうと考え、斧を入れる箱の中にひそかに「金の斧」を入れて、鉄製の斧の代金と引き換えにこれを引き渡したとしよう。この場合、「金の斧」は、木を切り倒すには不向きであるが、鉄製の斧よりはるかに高価である。しかし、「金の斧」では、鉄製の斧を手に入れて仕事に用いようとしていた木こりの目的は達成されない。この場合、「目的不達成説」では「金の斧」を渡した人物は詐欺罪に問われることになる。

この不当な結論は、行為者側に「不法利得（不法領得を含む）」がないとか「不法利得目的（不法領得目的を含む）」がないといった理由で回避することはできない。なぜなら、「目的不達成説」は「不法利得」を完全に個別化しているので、鉄製の斧の代金を自己のものとする意思と事実があれば、「不法利得」も「不法利得目的」も認められるからである。[52] ゆえに、「財産損害」において反対給付を考慮すること、すなわち差引勘定は不可避である。[53]

5　結局、「客観的損害概念」では「財産損害」を取引による差引勘定に求める際に、これを取引対象（財物・役務）の純粋経済的価値（＝交換価値）で判定しようとしたところに問題があった。他方、「目的不達成説」では、その「目的」の内容から取引による差引勘定を単純に追い出したところに問題があった。

ところで、この差引勘定は、純粋経済的価値（＝交換価値）で判定されるべきものであろうか。この点では、ドイツも含めて通説が「客観的損害概念」に満足せず、「客観的・個別的損害概念」に移行した理由は、簡単に無視されてよいものではないであろう。結論から言えば、この差引勘定は、取引相手が取引において追求した商品（財物ないし役務）の「使用価値」をも考慮して判定すべきである。

「客観的損害概念」を支持する論者は、ドル・バイブレーター事件[54]において詐欺罪を否定することから、これらの商品の品質や効能、使用価値が取引において重要であることが客観的に明らかである場合にも、これを財産損害において考慮しないようである。[55] しかし、それは、「貨幣―商品―貨幣」という資本の運動においては妥当であり、ゆえに、そのような取引においては、相当の反対給付は詐欺罪を否定するが、「商品―貨幣―商品」によって生活を営んでいる消費者の「財産損害」の把握としては不十分なように思われる。というのも、この場合には、消費者は商品の使用価値について欺かれており、その結果、幸福追求のために他の商品を購入する可能性をもっていた貨幣を、自らが手に入れたいと考えていた使用価値をもつ商品を入手できないまま、失ったからである。これは、十分に、「財産損害」の名に値する出来事である。

他方、販売側は、このように商品の使用価値を偽ることによって本来なら売れなかったはずの商品の販売に成功しており、それによって貨幣を獲得し、それを通じて「利潤」を得ている。もちろん、この商品がその商品の使用価値を知ってこれを求める消費者に同じ価格で売れた場合も、同額の貨幣を獲得し「利潤」を得る。しかし、販売側は、本来なら売れなかったはずの商品の販売に成功することで、得られなかったはずの「利潤」を得ているのであり、かつ、それは、前述の――使用価値を得られないまま貨幣を失うという――意味で、消費者の「財産損害」という犠牲によって得られたものである。ゆえに、この「利潤」は「不法の」利益である。[56]

もちろん、この場合でも、当該商品に消費者が追求した使用価値はないが、その交換価値が使用価値の欠如を埋めて余りある場合には、詐欺罪は成立しないであろう。小児まひなどの疾病に効能がなくても、「金のドル・バイブレーター」が格安で販売されたのであれば、消費者は騙されて儲かったのであって、損をしたのではない。

6　寄付金詐欺のような片面的給付の場合には、給付した財物ないし役務の使用目的が重要である。というのも、給付者は、まさにそのような使用目的を信頼して、自己の財物（ないし役務）を相手方に託したからである。言い換えれば、使用目的が偽られていない限り、別の点で偽りがあっても、詐欺罪は認められない(57)。

この点では、「客観的損害概念」を支持する論者も、正当な寄付の場合には財産損害がないというのであれば、そこにいう財産損害は、給付(寄付)目的の達成可能性を考慮しているものになる。つまり、財産損害は財産処分者の処分目的を考慮しないで純粋客観的に決めることはできないのである。

他方、この点について、「社会的に」重要な事実に対する欺罔か否かを決め手とするだけでは、せっかく「財産損害」要件の重要性を強調したのに、それと無関係に規定される欺罔および錯誤の「重要性」に詐欺罪の成否を委ねることになって、たとえば寄付金額をみなで同額にすることは社会的に重要だから、他人の寄付金額を偽った寄付の依頼は詐欺罪になるという不当な結論を回避することはできない。

7　以上の点を総合すると、筆者には、(1)まず財物と対価との純然たる客観的価値を比較し、(2)次にそれが相等しい場合においては、被害者の主観的地位から見た価値をやや客観的に比較し、(3)最後に純然たる主観的事情であっても、当事者間において特にこれを条件としたものと認めるべきときには、これに基づく価値を比較して決するとする宮本英脩の見解(58)がすぐれたものに思われる。ただし、(2)の「主観的地位」を、商人や消費者といった「取引における役割」に置き換え、かつ、「純然たる主観的事情」もまた、商品の使用価値ないし給付の使用目的に関するものに限る必要がある。これによって、「他人が多額の寄付をしたから」という主観的事情や、「売春の対価として」といった公序良俗に反する事情は除くことで、「法律的(むしろ規範的)・経済的財産概念」に至るべきであると考える。その結果として、詐欺罪にいう「財産損害」については、取引における役割に応じたその使用価値ないし使用目的について欺罔され、その錯誤によって財産を処分したことが、反対給付があればそれによって使用価値等の欠損が埋め合わされるか否かも考慮して決定されるという意味で、「個別的・客観的損害概念」を採用することになろう。

V　機能的治安法化と「偽罪」への後退

1　さて、このように見た場合、漠然とした「遠隔損害」の可能性を指摘することでその財産犯性を担保しようとする最高裁の態度もまた、疑わしいものとなる。なぜなら、ゴルフ場詐欺事件になぞらえていえば、それは、「ユダヤ人との取引によって客足が遠のく」という前述のナチス時代の論証と、大して変わらないからである。

また、このようにして適用範囲を拡大された詐欺罪の現実の適用領域は、まさに「機能的治安刑法」と呼ぶにふさわしいものとなっている。なぜなら、ゴルフ場詐欺事件では、その適用はまさに「暴排運動」の徹底として、暴力団員であることを隠して行われていたゴルフプレーに適用されているからである。搭乗券事件や売却目的口座開設事件でも、それはテロや不法入国の防止という治安政策のため、あるいは振り込め詐欺防止のための、いずれも予備段階の行為の処罰を狙ったものである。住管機構根抵当権放棄事件では、単なる債権回収ではなく、「借り手の責任」を追及し彼らを今後の経済活動から排除するという政策が追求されている。つまり、これらの詐欺罪適用例は、すべて、単に消費者を悪徳商法から守るといった市民刑法的な目的ではなく、暴力団統制、出入国管理、金融管理、経済活動の統制という、個人の財産権保護とは別の政策に資するものなのである。

2　そのようにして詐欺罪を「機能的に」用いるには、詐欺罪にいう「財産損害」は、何らかの点で取引に偽りがあり、取引相手が何らかの理由でそれを重視しており、そして、その偽りに基づいて行った取引が、将来的に何らかの形で取引相手の業績に悪影響を及ぼす恐れがあることで足りるとすべきことになる。(59)

このような詐欺罪の変質は、「財産犯としての詐欺罪」の確立史に逆行し、一般的な「偽罪」(falsum ないし stellionatus) に回帰するものであるように、(60) あるいは、それ以上に一般的な「嘘をつく罪」への後退であるように思われる。

(1) 以下、敬称を略する。
(2) 初出は立命館法学二九二号（二〇〇五年）五七－七九頁。以下では、生田勝義『人間の安全と刑法』（法律文化社、二〇一〇年）一二一－一四三頁に収められたものから引用する。
(3) 生田・前掲書一二二頁。
(4) 生田・前掲書一二九頁。
(5) 中山研一『現代社会と治安法』（岩波新書、一九七〇年）八頁参照。
(6) 中山・前掲書一二頁以下、一四六頁以下参照。
(7) 中山・前掲書一四七頁参照。
(8) 代表的な事件として、自衛隊宿舎のドアポストにイラク派遣反対を訴えるビラを投函した人物に住居等侵入罪（邸宅侵入罪）の適用を認めたもの（最判平成二〇・四・一一刑集六二巻五号一二一七頁）、および、集合住宅（マンション）のドアポストに政治宣伝物を投函した人物に本罪（住居侵入罪）の適用を認めたもの（最判平成二一・一一・三〇刑集六三巻九号一七六五頁）がある。
(9) 偽名は、一般的には、当該人物を指し示す別名にすぎないので、本来なら偽名を使用して文書を作成しても偽造罪は成立しない。つまり、偽名は、作成者とは別の人格を指し示す名前ではないので、「作成者と名義人の人格の同一性を偽る」という偽造の本質を充たさないのである。しかし、近年の裁判例では、人格の属性を偽った場合でも「偽造」とするために、戸籍名を使用しない場合に偽造の成立を認めたり（最決平成一一・一二・二〇刑集五三巻九号一四九五頁）、さらには、――無効な養子縁組に関しては――戸籍名を使用しても偽造の成立を認めたりするもの（東京地判平成一五・一・三一判時一八三八号一五八頁、仙台高判平成一六・五・一〇高刑速（平一六）二二九頁）が見受けられる。
(10) 筆者は、この問題に関し、すでに「暴力団員のゴルフ場利用と詐欺罪」浅田和茂ほか編『刑事法理論の探求と発見　斉藤豊治先生古稀祝賀論文集』（成文堂、二〇一二年）一四七頁において、大まかな検討を行った。あわせて参照されたい。
(11) 最判平成二六・三・二八〈LEX/DB25446329〉。本判決には、Cクラブについてはビジターのゴルフ場施設利用申込みにつき会員による紹介・同伴を原則としていた等の事情から「フロントにおいて申込みの事実行為をした者が会員であるかビジターであるかにかかわらず、紹介・同伴された者が暴力団関係者でないことを会員によって保証された申込みと評価することができるのであり、このような申込みは偽る行為に当たる」とする小貫裁判官の反対意見が付されている。言い換えれば、法廷意見は会員の紹介というだけでは、紹介・同伴された者が暴力団関係者でないことを会員によって保証された申込みと評価することはできないと判断したのである。他の一件についても、法廷意見の内容は、ほぼ同じである。
(12) 最決平成二六・三・二八〈LEX/DB25446340〉。もっとも、本決定では、非会員で本件ゴルフクラブの暴力団排除方針を確定的に認識していなかった被告人に、なぜ、会員の欺罔行為について「共謀」が認められるのか、その理由が明らかにされていない。なお、もうひとつの上告棄却決定は、この事件において暴力団員を誘ってゴルフプレーを申し込んだゴルフクラブの会員Aに対するものである。

(13) ネット上でその違和感を率直に表明するものとして、以下のものがある。すなわち、「名古屋方面の事案(確か弘道会系)で、この〝手法〟による逮捕、起訴のニュースが初めて報じられたのに接したとき、自分は一瞬そこまでやるのか、とは思った」(http://blogos.com/article/83416/)と。また、「まさか詐欺罪で捕まるとは思わなかった」というのが、被告人らの率直な感想なのである。

(14) http://bylines.news.yahoo.co.jp/sonodahisashi/20140404-00034214/. 加えて、ここには、「暴力団の排除・撲(ぼく)滅は、社会公共的・刑事政策的な利益であって、それが重要なことは分かりますが、その推進のために詐欺罪という個人の財産を保護するための規定を利用するというのはスジ違いの法適用だと思います。」という意見が付されている。

(15) 福島県いわき市の「スパリゾート・ハワイアンズ」では、「暴力団およびその関係者」ばかりでなく、「体調の悪い方」の入館もお断りとされている。http://www.hawaiians.co.jp/about/abt09.html 参照。もちろん、これは温泉利用者の健康に配慮した注意書きと思われるが、これさえも、「スパリゾート・ハワイアンズにとって体調の悪い方が温泉を利用することは、(感染の危険等により)一般的に、他の利用客にとって快適な入浴環境を害し、スパリゾート・ハワイアンズの評判を低下させて営業成績に悪い影響を及ぼす可能性が高い」という理由で、詐欺罪とすることが可能である。

(16) この種の事例につき札幌地判平成一九・三・一〈LEX/DB28135165〉は詐欺罪の成立を否定しているが、それは、「賃貸人側から契約書の上記条項を具体的に説明されて、分かりましたと答えた場合であればともかく」という留保が付いていることに注意が必要である。

(17) 誤解を避けるためにいえば、この場合、貸主が、契約条項違反を理由に賃貸借契約を解除することは、それが――借主の生存を脅かすなどの理由で――権利濫用に当たるのでない限り、可能である。

(18) 最決昭和三四・九・二八刑集一三巻一一号二九九三頁。

(19) 大判大正二・一一・二五刑録一九輯一二九九頁。

(20) 大判明治四三・五・一七刑録一六輯八七九頁。

(21) 大判昭和一七・二・二刑集二一巻七七頁。

(22) 最大判昭和二三・六・九刑集二巻七号六五三頁。

(23) 大決昭和三・一二・二一刑集七巻七七二頁。

(24) 最決平成一二・三・二七刑集五四巻三号四〇二頁。もっとも、その先例的価値は、認定事実にあるように、「被保険者が傷病により入院中であること」が認められる事案に限られる。松宮孝明「判批」『刑法判例百選Ⅰ総論〔第五版〕（別冊ジュリスト一六七号）』（有斐閣、二〇〇三年）九四頁。
(25) 最決平成一四・一〇・二一刑集五六巻八号六七〇頁。
(26) 預金者の定義に関しては、野村豊弘「預金者の認定について」金融法務研究会編『預金の帰属』（金融法務研究会事務局、二〇〇三年）四頁以下参照。
(27) 後述する最決平成一九・七・一七刑集六一巻五号五二一頁と異なり、本決定では、通帳等が他人に売却される予定であった等の事情は認定されていない。
(28) 最決平成一五・三・一二刑集五七巻三号三二二頁。本決定は、「銀行実務では、振込先の口座を誤って振込依頼をした振込依頼人からの申出があれば、受取人の預金口座への入金処理が完了している場合であっても、受取人の承諾を得て振込依頼前の状態に戻す、組戻しという手続が執られている。また、受取人から誤った振込みがある旨の指摘があった場合にも、自行の入金処理に誤りがなかったかどうかを確認する一方、振込依頼先の銀行及び同銀行を通じて振込依頼人に対し、当該振込みの過誤の有無に関する照会を行うなどの措置が講じられている。」と述べたうえで、「これらの措置は、普通預金規定、振込規定等の趣旨に沿った取扱いであり、安全な振込送金制度を維持するために有益なものである上、銀行が振込依頼人と受取人との紛争に巻き込まれないためにも必要なものということができる。また、振込依頼人、受取人等関係者間での無用な紛争の発生を防止するという観点から、社会的にも有意義なものである。したがって、銀行にとって、払戻請求を受けた預金が誤った振込みによるものか否かは、直ちにその支払に応ずるか否かを決する上で重要な事柄であるといわなければならない。これを受取人の立場から見れば、受取人においても、銀行との間で普通預金取引契約に基づき継続的な預金取引を行っている者として、自己の口座に誤った振込みがあることを知った場合には、銀行に上記の措置を講じさせるため、誤った振込みがあった旨を銀行に告知すべき信義則上の義務があると解される。社会生活上の条理からしても、誤った振込みについては、受取人において、これを振込依頼人等に返還しなければならず、誤った振込金額相当分を最終的に自己のものとすべき実質的な権利はないのであるから、上記の告知義務があることは当然というべきである。そうすると、誤った振込みがあることを知った受取人が、その情を秘して預金の払戻しを請求することは、詐欺罪の欺罔行為に当たり、また、誤った振込みの有無に関する錯誤は同罪の錯誤に当たるというべきであるから、錯誤に陥った銀行窓口係員から受取人が預金の払戻しを受けた場合には、詐欺罪が成立する。」と判示した。本決定と、これと矛盾する可能性のある最判平成二〇・一〇・一〇民集六二巻九号二三六一頁については、松宮孝明「誤振込みと財産犯・再論」『川端博先生古稀祝賀論文集』（成文堂、二〇一四年）掲載予定で詳細な検討を行ったので、あわせて参照されたい。
(29) この点については、最判平成八・四・二六民集五〇巻五号一二六七頁が、リーディングケースとなっている。なお、最判平成一二・三・九金法一五八六号九六頁、前掲最判平成二〇・一〇・一〇民集六二巻九号二三六一頁も参照されたい。
(30) 宮崎英一「判解」『最高裁判所判例解説刑事篇平成一五年度』(二〇〇六年)一三三頁以下参照。
(31) その前提自体がすでに争いのあるものであることは、松宮・前掲『川端博先生古稀祝賀論文集』(誠文堂、二〇一四年)掲載予定において指摘している。
(32) 最決平成一六・七・七刑集五八巻五号三〇九頁。そこでは、「住管機構は、担保不動産の売却による一部弁済を受けて担保権を放棄する際には、代金額が適正であることを厳格に審査し、かつ、必要な経費を除く代金全額を返済に充てさせるものとし、担保不動産に関する利益を債務者に残さない方針を採っていた。」ことに特別の意味が見出されており、被告人はこの方針を知っていたので、「真実を告げた場合には住管機構が本件各根抵当権等の放棄に応ずるはずはないと考え、住管機構の担当者に対し、真実はダミー会社に売却をして本件各不動産を被告人において実質的に保有しつつ取引銀行から多額の融資を受ける目的であるのに、これらの事情を秘し、真実の買主ではなく名目上の買主となるにすぎない者と共謀の上、本件各不動産をその者に売却するという虚偽の事実を申し向け、上記担当者を欺いてその旨誤信させ、住管機構をして、時価評価などに基づき住管機構の是認した代金額から仲介手数料等を差し引いた金員をA社から受け取るのと引換えに、本件各根抵当権等を放棄させ、その抹消登記を了した」がゆえに、詐欺罪が認められている。しかし、このような融資は、被告人につき、その融資元の金融機関に関する背任罪の共犯を根拠づける事情ではあっても、住管機構に対する詐欺罪を根拠づけるものではない。このような過剰かつ不良な貸し付けがなされると知っていても、住管機構としては、その全額を回収することで自らも背任の共犯となるわけにはいかないからである。ゆえに、融資であろうと正規の売却であろうと、住管機構が手にする利益は同じである。
(33) 最決平成一九・七・一七刑集六一巻五号五二一頁。
(34) 松澤伸・判例セレクト別冊附録三三〇号(二〇〇八年)三四頁参照。
(35) 最決平成二二・七・二九刑集六四巻五号八二九頁。
(36) 最決平成一六・一一・三〇刑集五八巻八号一〇〇五頁。
(37) この問題については、松宮孝明「詐欺罪における不法領得の意思について」立命館法学二九二号(二〇〇四年)三〇四頁以下も参照されたい。この論文では、この問題を「利得と損害の素材同一性」という言葉で表現している。しかし、その意味するところは「直接性」と同じである。つまり、利得と損害は、同一の処分行為から直接に生じた者でなければならず、その意味で、両者は裏腹の関係になければならないということである。
(38) すでに、下級審では、振り込め詐欺の共犯者でない人物が、振り込め詐欺被害者から自己の銀行口座に振り込まれた——ゆえに誤振込みではないので前述の最決平成一五・三・一二の射程が及ばない——事案において金員の払戻しを受けた場合に、いまだ口座取引の停止措置が採られていないのに、詐欺罪の成立を認めた原判決を是認したものがある（大阪高判平成二五・六・一二公刊物未登載）。しかし、この場合、被告人の預金債権は、間違いなく成立しているのであり、口座取引停止措置をとっていない限り、その払い戻し請求には何らの欺罔もない。さらに、下級審では、猫の里親を募集している団体から、虐待目的を秘して、猫を譲り受けた人物に、動物虐待罪に加えて、詐欺罪の成立を認めたものまである（横浜地川崎支平二四・五・二三判時二一五六号一四四頁）。しかし、これには、「不法領得の意思」の存在が疑われるほか、すでに、無主物を刑法二四六条一項にいう「財物」とみなしてよいのかという原則的な疑問がある。本判決の評釈である松宮孝明「判批」法学セミナー六九五号（二〇一二年）一三一頁も参照されたい。

(39)　この点では、最決平成一五・一二・九刑集五七巻一一号一〇八八頁のような効能のない「釜焚き」の代金をクレジットカード会社に立替払いをさせることによる利得に、「釜焚き」代金債務を負担するという被害者の処分行為との間の「直接性」を認めることも、無理だといわなければならない。クレジット会社の立替払いは、仮装のクレジット取引によって欺罔されたクレジット会社自身の処分行為である。にもかかわらず、「直接性」を認めるのは、山口厚『新判例から見た刑法〔第二版〕』（有斐閣、二〇〇八年）二〇一頁以下。

(40)　詐欺罪における損害概念を扱った文献はかなりある。最近のものとして、渡辺靖明「詐欺罪における実質的個別財産説の検討」横浜国際経済法学二〇巻三号（二〇一二年）一二一頁、裵美蘭「詐欺罪における財産上の損害」法政研究七八巻四号（二〇一二年）一七六頁、足立友子「詐欺罪における『欺罔』と『財産的損害』をめぐる考察」川端博ほか編『理論刑法学の探究6』（成文堂、二〇一三年）一三三頁、田山聡美「詐欺罪における財産的損害」高橋則夫ほか編『曽根威彦先生・田口守一先生古稀祝賀論文集〔下巻〕』（成文堂、二〇一四年）一五一頁。

(41)　それゆえ、浅田和茂「詐欺罪の問題点」中山研一ほか編『現代刑法講座第四巻』（成文堂、一九八二年）三一一頁や、裵・前掲一七六頁は、基本的に、このような「客観的損害概念」を支持する。

(42)　牧野英一『刑法各論・下巻』（有斐閣、一九五一年）六八二頁以下。近年、不要説を主張するものとして、小田直樹「財産犯論の視座と詐欺罪の捉え方」広島法学二六巻三号（二〇〇三年）二一六頁、山口・前掲『新判例から見た刑法〔第二版〕』二二七頁以下。以下、「不要説」と呼ぶ。

(43)　現に、当時のドイツでは、小児科医に母乳を売ったユダヤ人女性や雑誌編集者であるユダヤ人について、それぞれ、取引の相手方に損害が生じたとする見解があったようである。これについては、浅田・前掲三一六頁参照。今日から見れば論外と思われる見解であるが、当時のユダヤ人排斥の風潮の中で見れば、ユダヤ人と取引をしたことで取引相手に風評による業績悪化の恐れがあったという理由を追加すれば、ゴルフ場詐欺事件と問題の所在は同じであることが明らかになる。すなわち、最高裁のいう「ゴルフ場にとって暴力団員が施設を利用することは、一般的に、快適なプレー環境を害し、ゴルフクラブの評判を低下させて営業成績に悪い影響を及ぼす可能性が高いので、営業上無視できない事項といえよう。」というフレーズの中の「暴力団員」を「ユダヤ人」に置き換えてみればよいのである（「ゴルフ場にとってユダヤ人が施設を利用することは、一般的に、快適なプレー環境を害し、ゴルフクラブの評判を低下させて営業成績に悪い影響を及ぼす可能性が高いので、営業上無視できない事項といえよう。」）。

(44) 一方的給付によって「財産損害」は生じるが、被害者が同意しているので詐欺罪にならないとするのは技巧的であろう。給付者が意識している財産減少は、そもそも「損害」ではないと思われる。

(45) 浅田・前掲三一九頁。

(46) 裵・前掲一三五頁以下参照。

(47) 最近、阪神ファンの父親に対し、阪神ファンを装って娘との結婚を認めさせようとするストーリーの阪神電車企業ＣＭが放映された（https://www.youtube.com/watch?v=wBaCfLJ95Tk）。仮に、認めさせようとするものが――阪神電車や阪神球団とは無関係な――取引の対象となるものであったなら、この場合、純粋な「主観的損害概念」では、詐欺罪が成立するはずである。

(48) 代表として、伊藤渉「詐欺罪における財産的損害――その要否と限界」刑法雑誌四二巻二号（二〇〇三年）一四三頁。

(49) この見解は、このような「欺罔」によって給付が行われれば詐欺罪は成立するのであり、それ以外に「財産損害」は不要であるとする点で、一種の「不要説」である（伊藤・前掲一五二頁は、「被害者の有する財産の価値が何らかの意味で減少していること」を要しないと述べている）。しかし、これも、見方を変えれば、給付目的が実現しないと知らずに財物や役務の給付を行ったことが「財産損害」だと解することができよう。ここにいう「財産損害」とは、そうでなければ給付した財物や役務を別の幸福追求目的に用いることができたのに、そのチャンスを失ったという意味である。この考え方は、「動的財産概念」の帰結である。

(50) 実際、タバコ販売店で購入者の年齢確認が一般化した今日、ある検察官は、筆者に対して、この場合でも詐欺罪が成立すると述べたことがある。しかし、未成年者喫煙防止法は、保護の対象である未成年者を処罰していない。それを詐欺罪で処罰するのは矛盾である。

(51) 足立・前掲一五三頁は、限定不要を明言する。しかし、この見解では、それ以外に詐欺罪の財産犯性を担保するものは、財物の交付ないし財産上の利得でしかないのであり、結局それは、純粋な「主観的損害概念」に帰着する。なぜなら、純粋な「主観的損害概念」でも、財物の交付ないし財産上の利得は必要だからである。

(52) もちろん、「不法」利得目的がないとすることもできない。なぜなら、この見解によれば、取引相手の取引目的が達成できないことを知りながら反対給付を得ることが「不法」利得だからである。

(53) 詐欺罪では、財物詐欺（刑法二四六条一項）が基本法で利益詐欺（刑法二四六条二項）がこれに対する補充法の関係にある。この点につき、学説の一部には誤解があるようだが、一般法と補充法との間の関係は、逆に見れば、特別法と一般法の関係にもなる。ゆえに、利益詐欺の要件とされているものは、そのまま、財物詐欺の必要条件ともなるのである。ゆえに、利益詐欺で必要とされる「不法利得」および「不法利得目的」は、財物詐欺でも、財物の交付に内在する要件である（それは、一般には、財物の「不法領得」および「不法領得意思」という形で現れる）。

(54) 前掲最判昭和三四・九・二八。

(55) 裹・前掲一三八頁参照。

(56) 付言すれば、商品の販売によって販売側は何らかの「利潤」を得るのであり、それは「利益」に当たると考えてよい。しかし、詐欺罪で問題となるのは、「不法の」利益のみである。

(57) 奈良地判昭和三八・六・二七下刑集五巻五＝六号五八九頁は、一定割合を町が負担しなければならないとされている補助金を、私人が負担することとなったことを秘して受給した町長に関して、「本件においては補助金はその目的通りに使用され、他に流用した事実」はないため「不法領得の意思」が認められないとして、詐欺罪の成立を否定した。内容虚偽の汚泥処理券を提出して公共工事の代金を得たとされる事件で詐欺罪の成立を否定した最判平成一三・七・一九刑集五五巻五号三七一頁もまた、工事代金の目的たる工事の完了自体については、偽りのない事案に関するものであった。

(58) 宮本英脩『刑法大綱（第四版）』（弘文堂書房、一九三五年）。鈴木茂嗣編『宮本英脩著作集第三巻』（成文堂、一九八四年）三七〇頁。

(59) この「恐れ」自体も、証拠によって経験的・科学的に根拠づけられたものではない。

(60) この点では、同じくfalsumなどから分岐してきた文書偽造罪にも、機能的治安法への不当な拡大傾向がみられることに注意が必要である。なお、その検討は、別の機会を予定している。

国税滞納処分免脱罪に関する一考察
――仮装譲渡と真正譲渡について――

石塚伸一

はじめに――滞納処分免脱罪の運用の変化

国税徴収法に「滞納処分免脱罪」（第一八七条第一項）という犯罪類型がある。この刑罰法規は、一九六〇（昭和三五）年に現行国税徴収法が施行されて以来、二〇〇八（平成二〇）年までの半世紀弱の間に、わずか一二件が起訴されたにすぎず、判決も八件にすぎない、「抜かずの伝家の宝刀」であった。[1]

ところが、ここ数年、国税庁からの滞納処分免脱罪の告発件数は、二〇〇六年四件、二〇〇七年三件、二〇〇八年五件と増加傾向にあり、[2]二〇一二年には告発件数は六件となり、過去最高となった。[3]

この突然の変化には違和感を感じる。税金滞納者であるとはいえ、自力執行権をもつ国税局が、公訴権を独占する検察庁に告発し、勾留の後、有罪判決が言渡されれば、その刑が執行される。ほとんどの事案には執行猶予が付くとはいえ、法律家ならずとも、不公平や不公正を禁じ得ないのではないか。

本稿では、まず、国税滞納処分免脱罪の明文規定、立法経緯および成立要件を確認する。つぎに、同罪の保護法益について、強制執行免脱（妨害）罪と比較しながら検討する。これらを踏まえ、一般市民に自力救済を禁止することの反射的効果から制定された強制執行免脱（妨害）罪と自力救済の実効性を確保する滞納処分免脱罪との制度目的、債権認定手続、正当化の論理および両罪の相互関係の各論点を比較検討する。最後に、「真実の譲渡」を処罰の対象とすべきか否かについて、立法の背景と趣旨を分析検討し、「真実の譲渡」の可罰性について考察することにする。

Ⅰ　滞納処分免脱罪における「仮装の譲渡」

1　明文規定

現行国税徴収法第一八七条第一項は、「納税者が滞納処分の執行を免れる目的でその財産を隠ぺいし、損壊し、国の不利益に処分し、または、その財産に係る負担を偽って増加する行為をしたときは、その者は、三年以下の懲役もしくは二五〇万円以下の罰金に処し、または、これを併科する」と規定している。

また、同条第二項は、「納税者の財産を占有する第三者が納税者に滞納処分の執行を免れさせる目的で前項の行為をしたときも、また同項と同様とする」とし、第三項は、「情を知って前二項の行為につき納税者またはその財産を占有する第三者の相手方となった者は、二年以下の懲役もしくは一五〇万円以下の罰金に処し、またはこれを併科する」と規定している。

2 立法経緯

国税滞納処分免脱罪は、つぎのような経緯をへて、現在の明文規定になった(4)。

同罪は、一八八九年制定の『滞納処分法(明治二二年法律第三二号)』にその起源をもつ。一八九七年に『国税徴収法(明治三〇年法律第二一号)』(以下「明治三〇年国税徴収法」という。)が制定された。同罪は、国税徴収法に受け継がれ、同法第三二条第一項は、「滞納者又ハ財産ヲ占有スル者其ノ財産ヲ蔵匿脱漏シ又ハ虚偽ノ契約ヲ為シタルトキハ一月以上二年以下ノ重禁錮ニ処ス」と規定していた。当時の処罰対象は、財産の「蔵匿」および「脱漏」ならびに「虚偽ノ契約」であった。

一九五〇年、国税徴収法が改正され(昭和二五年法律第六九号)(以下「昭和二五年改正国税徴収法」という。)、新たに「当該処分の執行を免れる目的」という主観的構成要件要素を付加し、滞納処分の執行前については「滞納処分の執行を受けた場合」を客観的処罰条件とした。また、その行為を「隠蔽」「損壊」「国ノ不利益処分」および「虚偽の財産負担増加」とした。昭和二五年改正国税徴収法第三二条第一項の明文規定は、「納税者滞納処分ノ執行ヲ受ケル前ニ於イテ、当該処分ノ執行ヲ免レル目的ヲ以テ、其ノ財産ヲ隠蔽シ、損壊シ、国ノ不利益ニ処分シ又ハ財産ノ負担ヲ虚偽ニ増加スル行為ヲ為シテ当該処分ヲ受ケタル場合ハ、之ヲ三年以下ノ懲役若シクハ二〇万円以下ノ罰金ニ処シ又ハ之ヲ併科スル。当該処分ノ執行ヲ受ケタル後其ノ執行ヲ免レル目的ヲ以テ、此等ノ行為ヲ為シタル場合ニツキ亦同ジ」であった。

一九五九年、①租税徴収の確保(租税の優先権・自力執行権の存続)、②私法秩序の尊重(私債権との調整)および③徴税制度の合理化(徴収猶予・滞納処分の執行猶予などの徴収緩和措置の整備)を目的として、国税徴収法が全面改正された（昭和三四年四月二〇日法律第一四七号）（以下「昭和三四年改正国税徴収法」という。）。とりわけ、徴収緩和制度については、猶予等の対象を拡大し、国税職員の裁量権を強化し、「滞納者の事情と徴収の効率」を調整する制度をめざした。滞納処分免脱罪についても、執行前の場合の「滞納処分の執行」という客観的処罰条件は削除され、国税職員の裁量の範囲が拡大され、国税徴収法第一八七条第一項は、「納税者が滞納処分の執行を免かれる目的でその財産を隠蔽し、損壊し、国の不利益に処分し、または、その財産に係る負担を偽って増加する行為をしたときは、その者は、三年以下の懲役もしくは五〇万円以下の罰金に処し、またはこれを併科する」となった。

二〇一〇年、『所得税法等の一部を改正する法律』（平成二二年三月三一日平成二二年法律第六号）によって、本罪の罰則が強化された（以下「平成二二年改正国税徴収法」という。）(5)。これにより、同法第一八七条第一項は、「納税者が滞納処分の執行を免れる目的でその財産を隠ぺいし、損壊し、国の不利益に処分し、または、その財産に係る負担を偽って増加する行為をしたときは、その者は、三年以下の懲役もしくは二五〇万円以下の罰金に処し、または、これを併科する」との規定になった。なお、第三項についても、罰金刑の多額が三〇万円から一五〇万円に引き上げられた。

3　成立要件

本罪が成立するためには、構成要件に該当する事実の認識だけでなく、「滞納処分の執行を免れる目的」という主観的構成要件要素の充足が必要とされる（目的犯）。「滞納処分の執行を免れる目的」とは、「滞納処分の執行の実益をなくそうとする意図」をいう。本罪の成立には、実際に滞納処分が執行されたかどうか、あるいは、滞納処分の対象となった国税の徴収ができなかったかどうかは関係がない（危険犯）。

行為態様である「隠ぺい」とは、財産についての仮装の売買、仮装の贈与、財産の隠匿などによって、徴税職員による財産の発見を困難にさせる行為をいう。

「損壊」とは、財産の構造の一部または全部について損傷を与え、その性質、形状を変える等その財産の財産的価値を害する行為をいう。

「国に不利益な処分」とは、贈与、不当に低額な対価による売買、換価容易な財産と換価困難な財産との交換、賃借権の設定、債務免除その他の財産の処分によって国に不利益を与える行為をいう。

「財産に係る負担を偽って増加する行為」とは、虚偽に地上権、賃借権を設定するなどその財産の価値の減少を仮装する一切の行為をいう。

行為の主体は、「納税者」である。納税者とは、「国税に関する法律の規定により国税を納める義務がある者および当該源泉徴収による国税を徴収して国に納付しなければならない者をいう」(国税徴収法第二条第六号)。なお、譲渡担保権者(同法第二四条第一項)は、罰則の規定の適用については納税者とみなされる(同条第九項)。

本罪の告発権者は、国税の徴収職員である。なお、徴収職員は、その職務を行うことにより、犯罪があると認めたときは、告発しなければならない(刑事訴訟法第二三九条第二項)。

本罪の公訴時効は、犯罪行為が終わった時から三年を経過することによって完成する(同法第二五〇条第二項第六号、第二五三条)(6)。

Ⅱ　保護法益

1　滞納処分免脱罪の保護法益

最高裁判所第二小法廷は、一九五四年四月二八日、昭和二五年改正国税徴収法第三二条の滞納処分免脱罪に関す

る事案において、「刑法第九六条の二にいう『強制執行』とは、民事訴訟法による強制執行又は民事訴訟法を準用する強制執行を指称するもので、国税徴収法に基づく滞納処分たる差押はこれに含まない」と判示した。(7)

上記判決の調査官解説によれば、「（本罪は）国の税徴収を直接の目的とするもので何も国民の道義維持等を直接の目的とするものではない。国の税徴収も国家の作用であり、公務であることは勿論であるが、この国務も税務官吏がこれを執行するに当りこれに対して暴行又は脅迫を加えた場合には刑法第九五条の公務執行妨害罪が成立することは、他の国家の作用たる公務の執行を妨害した場合と異なることはなく、刑法は公務員の行う国家の作用一般の保護については、刑法第九五条の規定だけで足る(8)」という。滞納処分免脱罪（昭和二五年改正国税徴収法第三三条）は、税の徴収を目的とするもので、「税の取立さえできればよいので、税の徴収という国の作用そのものの保護を目的としたものではない」。また、「納税者が税を滞納したとしても国は必ず滞納処分を執行しなければならないものではなく、徴収を猶予し、又は分納付を許すこともできる」。したがって、敢えて「税の取立さえできれば強いて人を罰する必要はない(9)」。

昭和二五年と昭和三四年の改正国税徴収法は、その基本的性質および立法趣旨について違いはないといえよう。したがって、滞納処分免脱罪（昭和三四年改正国税徴収法第一八七条第一項）の保護法益は、「滞納処分という国の作用を通じて税の徴収を確保すること(10)」であり、戦前のように、「国民の道義維持」や「国家の威信」を保護するものではない。

たしかに、強制執行妨害罪と滞納処分免脱罪は、ともに国家の作用を保護する刑罰法規である。しかし、同じ国家の作用でも、司法作用を保護することで私権を保護することを究極的な目的とする強制執行妨害罪と行政作用を保護することで国や地方公共団体の税の徴収機能を保護する滞納処分妨害罪とでは、自ずとその解釈の出発点は異なる。国家作用であることを強調しすぎるのは問題である。

2　強制執行免脱（妨害）罪の保護法益

滞納処分免脱罪の保護法益を考えるに際しては、刑法の強制執行免脱（妨害）罪の保護法益の変遷が参考になる。[11]

(1)　昭和一六年刑法改正法（一九四一年）——国家の威信の確保

「強制執行免脱罪」（刑法九六条ノ二）は、一九四一年、いわゆる「大政翼賛国会」において刑法典に導入された治安立法であった。当時の刑法第九六条ノ二は、「強制執行ヲ免レル目的ヲ以テ財産ヲ隠匿、損壊若クハ假装譲渡シ又ハ假装ノ債務ヲ負擔シタル者ハ二年以下ノ懲役又ハ千圓以下ノ罰金ニ処ス」と規定していた。

戦後、幾度かの罰金刑の引き上げの後、一九九五年の『刑法の一部を改正する法律』（平成七年五月一二日法律第九一号）によって、表記が平易化（現代用語化）され、刑法第九六条の二は、「強制執行を免れる目的で財産を隠匿、損壊もしくは仮装譲渡し、または仮装債務を負担した者は、二年以下の懲役または五〇万円以下の罰金に処する」に変更され、その柱書きも「強制執行妨害罪」に改められた。

同罪は、強制執行を免れることを目的とする目的犯であり、その行為態様は、財産の「隠匿」「損壊」および「仮装譲渡」ならびに「仮装債務の負担」の四つに限定されていた。

保護法益については争いがあったが、同罪は、一九四〇（昭和一五）年に発表された『改正刑法假案』の諸規定うち、「戦時下に於ける社会の実情等に鑑み、是非とも改正を要する部分」として新設されたものであった。『刑法改正ノ件』（昭和一六年法律六一号）（以下「昭和一六年刑法改正法」という。）の目的のひとつは、「治安を確保し、国防国家体制の完璧を期する」ことにあった。[12]

同罪は、『刑法改正假案』では第四七章「権利の行使を妨害する罪」に配置されていたが、昭和一六年刑法改正では第五章「公務の執行を妨害する罪」の章に編入されている。したがって、制定当時の保護法益は「国家の作用」であり、それも「国家の道義」の維持を目的とする治安立法であったといえよう。[13]

同法は、一九四一年三月一一日に公布、同月二〇日に施行され、同年一二月の日米開戦を待つことになる。

(2)　昭和三五年最高裁判決――行き過ぎた自力救済の抑制

戦後の混乱と経済復興の中で、強制執行免脱罪は、その私債権の実効性を担保するという経済的側面が強調された。最高裁は、一九六〇年六月二四日、強制執行免脱罪について重要な判決を言渡した。同罪が成立するためには「現実に強制執行を受けるおそれのある客観的な状態の下において、強制執行を免れる目的をもって同条所定の行為を為すことを要するものと解すべきであり、何らの執行名義も存在せず単に債権者がその債務の履行請求の訴訟を提起しただけの場合には、刑事訴訟法の審理過程において、その基本たる債権の存在が肯定されなければならない」と判示した。(14)

保護法益については「国家行為の強制執行が適正に行われることを担保する趣旨をもって設けられたものであることは疑いのないことであるけれども、強制執行は要するに債権の実行のための手段であって、同条は究極のところ債権者の債権保護をその主眼とする規定である」として、「債権保護のための手段である強制執行の適正な行使」が保護法益であるとした。(15)

(3)不良債権と反社会的勢力――官民上げての「債権回収」の保証

一九九〇年代、バブル経済崩壊によって不良債権の迅速・適正な処理が喫緊の課題とされた。そのような時代状況の中で、不動産執行その他の各種の強制執行に対し、暴行・脅迫その他の実力を行使し、あるいは、資産を隠し、不正な工作を弄して、強制執行を妨害しようとする暴力団その他の反社会的勢力の行為が社会問題となっていた。そこで、このような悪質な強制執行妨害に対して、私権の実効性を確保し、強制執行という公務を保護するために強制執行妨害罪が適用されるようになった。(16)

(4)　保護法益の変遷

このように、強制執行免脱(妨害)罪は、①戦時統制経済の時代に経済犯罪対策(経済犯)として導入され、②高度経済成長の時代には自由経済の行過ぎと不公正を是正し、私権行使の実効性を担保する財産犯として再解釈されたが、③不良債権の回収が国策とされた時代に抵抗勢力を排除するための経済犯罪として再定義された。保護法益に即していえば、「究極的には財産権の保護を目的としながらも、具体的には国家作用としての強制執行」を保護法益という二面性を有している。①の時代には国家の作用が強調され、②の時代には私権の保護が優勢となり、③の時代には、再び国家の作用としての側面が強調されるようになった。[17] ただし、等しく「国家の作用」といっても、戦前は「国家の道義」の護持という権威的側面が重視されていたが、いまや「司法への信頼」の確保という機能的側面を重視すべきであろう。[18]

Ⅲ　強制執行免脱(妨害)罪と滞納処分免脱罪——自力救済の禁止と自力執行の確保

1　制度の目的(国家秩序の維持と徴税の確保・税負担の公平)

近代市民社会は、自力救済を禁止することで、私的紛争の発生を防止し、社会の秩序を維持している。強制執行制度は、自力救済を禁止した代わりに、私人に代わって国家が、正当な個人の権利を実現することをその目的としている。

アダム・スミスの「租税四原則」以来、「税負担の公平」は、徴税の基本原則とされてきた。税負担の公平は、課税面にとどまらず、徴税面においても尊重されなければならない。滞納処分制度は、徴税によって国家財政を確保するため、やむを得ず設けられたものではあるが、税負担の公平を図るという面でも重要な役割を担っている。[19]

2　債権の認定（裁判所〔司法〕と国税庁〔行政〕）

執行債権の認定に関して、強制執行では私債権の認定（債務名義の付与）は、裁判所、すなわち司法機関が行なう。これに対して、滞納処分では、租税債権の第一次的認定は、国税局、すなわち、執行機関たる行政官庁みずからが行なう。

3　正当化の論理（自力救済の禁止と自力執行の確保）

私債権については、権利の自力救済が禁止される。債務が履行されない場合には、債権者は債務者を裁判所に訴え、判決に基づき、国家権力によって債権を強制的に実現することが保障されている。国家は、自力救済を禁止することによって私的紛争を防止し、社会秩序の維持を図っているのである。

これに対して、租税は、国家の一般的需要をまかなうために法律に基づいて一律に課されるものであり、選択的に成立させることができる私債権とは根本的に異なる。租税の徴収は、大量的・反復的であり、あまりに煩雑な手続を要求すると実効性を欠くことを考慮して、徴税については、例外を認め、行政機関に自力執行権を付与するとともに、一般的優先権を認め、強力かつ特殊な債権実現制度を設けている。[20]

4　滞納処分免脱罪の解釈

以上のように、強制執行と滞納処分は、ともに債権を国家権力によって強制的に実現する制度ではあるが、私債権については、自力救済を禁止し、私法秩序の中での解決することを原則とし、その担保ないし前提として国家機関による強制執行制度を設けている。

これに対し、租税徴収については、国家の財政力を確保する上でやむを得ない必要性から、一般的優先権とともに自力執行の制度すなわち租税滞納処分制度を認めているのである。

したがって、その強制力の行使に対する妨害行為の処罰に際しても、強制執行免脱（妨害）罪においては、強制執行という司法作用を保護することが、正当な私債権の実現の保障につながるかどうかを判断指標とすべきであるのに対し、滞納処分免脱罪においては、滞納処分という行政作用を保護することが、公平かつ効率的な税徴収を実現する上で、必要不可欠であるかどうかを判断指標とすべきである。

いずれの罪についても、刑法の適用に際しては謙抑性・補充性の原則が妥当し、債権の実現が私的自治の枠組みの中でなしうるのであれば、刑法はその介入を控えるべきであることはいうまでもない。

しかしながら、滞納処分免脱の場合には、債権の認定や自力での執行という強力な権限をもつ国税局が第一次的執行機関となっている。国税局は、徴税機能が現実に脅かされるような事案についてのみ、その告発権を行使すべきであり、他に選ぶべき徴収手段がある場合には、権力による保護の屋上に屋を重ねる必要はない。

したがって、滞納処分免脱罪の解釈は、強制執行妨害罪のそれに比して、さらに厳格でなければならず、法益保護の究極的目的および具体的な侵害の危険性の観点から、より謙抑的・制限的であるべきである。構成要件の解釈に際して類推解釈や行き過ぎた拡大解釈は厳に慎まなければならない。

Ⅳ　「仮装の譲渡」と「真実の譲渡」

「仮装の譲渡」と「真実の譲渡」の取り扱いについても、強制執行免脱（妨害）罪の解釈の変遷が参考になる。

1 「強制執行免脱罪」（昭和一六年刑法改正法）の限界

一九四一（昭和一六）年の「強制執行免脱罪」（第九六条ノ二）の新設に際し、佐竹委員は、「債務者に不利益な財産の真実の譲渡」を処罰の対象に加えるべきであると執拗に主張した。当時横行していた強制執行を免れる行為を広く取り締まるためには、「仮装の譲渡」だけでなく、無償贈与のような「真実の譲渡」も、処罰の対象にすべきであるというのである。もし、真実の譲渡を取締まる明文規定がないと、拡張解釈によって「真実の譲渡」を「損壊」に含ましめるような解釈がなされることが危惧される、と述べている。(21)

しかし、大竹政府委員は、昭和一六年刑法改正では、「仮装の譲渡」だけを処罰の対象とすることにさせてもらいたいとして頑として譲らなかった。当時、強制執行を免れるための行為としては、仮装譲渡が最も多く、それが一番の弊害となっている。「真正の譲渡」が強制執行を免れるために利用されることが絶対にないとはいえないが、多く場合、「仮装の譲渡」と認定できるとも述べている。(22)

このように、昭和一六年刑法改正法の立法者意志は、きわめて明解であり、「真実の譲渡」は強制執行免脱罪の処罰対象ではなかった。

2 「強制執行免脱罪」改正の背景——反社会的勢力の排除

一九九〇年代後半、「少額債権の場合には、債権額に不相応な時間と費用を要するため『費用倒れ』になる」「金銭債権訴訟で勝訴しても、債務者が所有財産を巧妙に隠匿する場合には強制執行できない」など、当時の民事執行制度の欠陥が厳しく批判された。

このような問題状況を踏まえ、権利実現の実効性を確保するという見地から、債務者の履行促進、債務者の財産の把握および占有屋等による不動産執行妨害への対策を目的とする民事執行制度の改善方策が提案された。

一九九六年および一九九八年、二度の民事執行法等の改正があり、濫用的な短期賃貸借に基づく不法占有者については、競売手続による的確かつ迅速な排除が可能となった。さらに、一九九九年には最高裁が「抵当権の効力として、抵当不動産の不法占有者に対する妨害排除請求権の代位行使」を認め[23]、債権回収を妨害する者に対して、抵当権者および譲受人がとりうる手段の範囲は画期的に広がった。

しかし、「競売屋」「占有屋」などと呼ばれる新手の妨害業者が、競売を不調に終わらせ、立ち退き料の名目で金員を要求するなど、悪質な強制執行妨害行為は後を絶たなかった。いわゆる「占有屋」は、立退料、利用収益、転売差益などの取得を目的として、占有不明状況を作出し、執行の費用を増加させ、対象物件を損壊するなど、さまざまな手口で強制執行を妨害した。とりわけ、執行手続を遅延させ、その間物件を転貸して、収益を上げる手口が横行していた。司法制度改革においても、強制執行妨害を排除するための民事訴訟法等の改正が提案された[24]。

刑事法の領域でも、二〇〇二年九月、法務大臣は、法制審議会に対し「近年における強制執行の妨害行為等に係る犯罪の実情にかんがみ、早急に、この種の犯罪に対処するため刑法を改正する必要があると思われるので、別紙要綱（骨子）について御意見を承りたい」（諮問五九号）として、強制執行免脱罪改正の検討を求めた。法制審議会総会は、刑事法部会（強制執行妨害犯罪等処罰関係）に検討を付託した[25]。

刑法第九六項の二との関連では、「強制執行を妨害する目的で、次に掲げる行為をした者は、三年以下の懲役若しくは二五〇万円以下の罰金に処し、またはこれを併科するものとすること。情を知って、その譲渡の相手方となった者も同様とすること」の検討が求められた（「要綱（骨子）」の二）。行為としては、「①強制執行を受けまたは受けるべき財産を隠匿し、損壊し、もしくは仮装譲渡し、または債務の負担を仮装する行為、②強制執行を受けまたは受けるべき財産について、その現状を改変して、価格を減損させ、または強制執行の費用を増大させる行為、および③金銭執行を受けるべき財産を無償または低額で譲渡する行為」が挙げられた。③には、「（無償または低額の）真実の譲渡」が含まれていた。(26)

3　改正「強制執行妨害罪」（平成二三年刑法改正法）の趣旨

民事訴訟法の改正は、比較的スムーズに進んだが、刑事法の改正は難航した。その原因は、強制執行免脱罪の改正を『組織的な犯罪の処罰及び犯罪収益の規制等に関する法律』の改正、就中、いわゆる「共謀罪」と抱き合わせで行おうとしたことにあった。国会には、『犯罪の国際化及び組織化並びに情報処理の高度化に対処するための刑法等の一部を改正する法律案』として提出され、三度審議されたが、いずれも廃案になった。二〇一一年、共謀罪を切り離し、いわゆる「サイバー刑法」と抱き合わせで、通常国会に法案が提出され、同年六月、『情報処理の高度化等に対処するための刑法等の一部を改正する法律』（平成二三年六月二四日法律第七四号）が制定された。

かくて、刑法第九六条の二は、昭和一六年の制定以来、初めて、実質的かつ抜本的な改正が行われ、柱書きは「強制執行妨害罪」から「強制執行妨害目的財産損壊等」となり、処罰の対象行為が拡大され、一定の範囲の「真実の譲渡」を処罰する明文規定が新設された。(27)

平成二三年改正刑法の「強制執行妨害目的財産損壊等」（刑法第九六条の二）は、「強制執行を妨害する目的で、次の各号のいずれかに該当する行為をした者は、三年以下の懲役もしくは二五〇万円以下の罰金に処し、またはこれを併科する。情を知って、第三号に規定する譲渡または権利の設定の相手方になった者も、同様とする」と規定する。処罰対象行為は、「一　強制執行を受け、もしくは受けるべき財産を隠匿し、損壊し、もしくはその譲渡を仮装し、または債務の負担を仮装する行為」（第一号）、「二　強制執行を受け、または受けるべき財産について、その現状を改変して、価格を減損し、または強制執行の費用を増大させる行為」（第二号）および「三　金銭執行を受けるべき財産について、無償その他の不利益な条件で、譲渡をし、または権利の設定をする行為」（第三号）である。

客体財産については、第一号および第二号は、強制執行を受ける前後のすべてを含むが、第三号は強制執行実行の前の財産である。

なお、法制審議会刑事法部会の審議の中で明らかになったことであるが、民事執行法によれば、金銭執行は目的財産の差押えによって開始され、差押え後の目的財産の譲渡は、差押債権者に対抗できない。したがって、「真実の譲渡」は、金銭債権の引当財産に不足を生じさせることはないので、行為の客体は「金銭執行を受けるべき財産」、すなわち、「強制執行を受けるおそれのある客観的状況が発生した後、実際に強制執行が開始される前において、強制執行の目的となるべき財産」に限定される。この点は、国税徴収法第一八七条の客体についても同様であるが、国税徴収では、差押え前の財産であっても、滞納税については優先執行できる場合には、滞納処分さえ執行できれば、引当財産に減少が生ずるとはいえない。

目的については、強制執行を「免れる」（免脱）から、「妨害する」（妨害）に変更された。

行為は、①財産の隠匿、損壊および譲渡の仮装、ならびに「債務の負担の仮装」（第一号）、②財産の「状況の改変」、「価格の減損」および「強制執行費用の増大」（第二号）、そして③金銭執行前の財産についての「無償その他の不利益な条件」での「譲渡」および「権利の設定」（第三号）である。

特筆すべきは以下の三点である。すなわち、行為の主体を債務者以外の妨害者へと拡張するため、行為態様を「仮装譲渡」から「その譲渡を仮装し」へ、「仮装の債務を負担した者」から「債務の負担を仮装する行為」へと変更した（第一号）。「強制執行を受けるべき財産の価値の減損又は強制執行の費用を増大させる行為」を新設した（第二号）。一定の範囲の「真実の譲渡」および「真実の権利設定」を処罰対象とした（第三号）。

法定刑については、懲役刑の上限を二年から三年に、罰金刑の多額を五〇万円から二五〇万円へと引き上げ、さらに、併科を可能とした。

4　「真実の譲渡」の処罰と平成二二年改正国税徴収法の立法者意志

上述のように、平成二三年刑法改正法は、一定の範囲の「真実の譲渡」、すなわち、「物理的な損壊ではない譲渡という法律上の手段により、金銭債権の引当財産に外見上の不足を生じさせ、かつ、その譲渡が仮装ではない真実のものである場合」を処罰の対象とした。前述のように、昭和一六年刑法改正法の立法過程で佐竹委員が執拗に要求し、大竹政府委員が頑として譲らなかった一定の範囲の「真実の譲渡」の処罰を明文によって認めたのである。

平成二三年刑法改正法以前には「真実の譲渡」は不可罰であった。この処罰の間隙が立法上の欠陥であると判断したからこそ、立法者は、第九六条の二の第三号を新設し、「真実の譲渡」を処罰対象としたのである。

この議論は、すでに、二〇〇二年一〇月にはじまった諮問第五九号の法制審議会刑事法部会においても話題となっていた。したがって、「真実の譲渡」が処罰の対象ではないことは前提であった。法制審議会答申は、法案化され、二〇〇四年二月および二〇〇五年一〇月、国会に提出され、実質審議もなされた。

たしかに、法案は、二〇〇五年八月と二〇〇九年七月の衆議院解散によって廃案となった。しかし、二〇一〇年の『所得税法等の一部改正法』(平成二二年国税徴収法改正)の審議段階では、「真実の譲渡」は、強制執行免脱罪(刑法第九六条の二)の処罰の対象外であり、当然、これとパラレルに考えられてきた滞納処分免脱罪(国税徴収法第一八七条第一項)の「隠ぺい」の行為には、「仮装の譲渡」は含まれるが、「真実の譲渡」は含まれないことが前提となっていた。

平成二二年改正国税徴収法では、強制執行妨害罪の改正を想定して、罰金刑の多額を二五〇円に引き上げている。

にもかかわらず、敢えて構成要件には手をつけなかったのである。

平成二二年改正国税徴収法の立法関係者は、「今回の改正においては、近年、同罪（滞納処分免脱罪・筆者）の告発件数が増加していることを踏まえ、悪質な徴収回避行為を伴う滞納事案に厳正に対処する観点から、現行の強制執行妨害罪（刑法九六条の二）との均衡等も踏まえ、罰金刑の水準の引き上げが行われた(28)」と述べている。

この時点では、強制執行免脱罪の法定刑は「二年以下の懲役もしくは五〇万円以下の罰金、またはその併科」であったにもかかわらず、平成二三年刑法改正法の成立を意識して、強制執行妨害罪との均衡などを理由に「二五〇万円以下の罰金」に引き上げるとしている。その結果、二〇一四年現在、両罪の法定刑は同じになり（「三年以下の懲役若しくは二五〇万円以下の罰金に処し、又はこれを併科する」）、両罪の当罰性の平仄が合ったことになる。

したがって、平成二二年改正国税徴収法の立法者意志は明解で、「構成要件には手を加えず、『真実の譲渡』は不処罰とする。法定刑の一部を引き上げ、強制執行妨害目的財産損壊等と法定刑を揃える」である。このような明白な立法者の意志に反して、類推解釈または拡大解釈を施して、「真実の譲渡」を「隠ぺい」等の構成要件に包摂することは、近代刑法の大原則である罪刑法定主義に違反するものであり、決して認められてはならない(29)。

V　国税滞納処分免脱罪と「真実の譲渡」

1　滞納処分と強制執行

平成二三年刑法改正法の審議過程（特に、法制審議会刑事法部会の第三回審議）において「強制執行」の概念が検討の対象となった。滞納処分を強制執行の概念の中に含めるか否かについてである。民事執行法の競売は含むということになったが、国税徴収法の滞納処分との関係については議論が百出した。

強制執行妨害罪は、「民事の権利関係を最終的に担保する国家制度としての強制執行手続を公務の一種として刑事法によって保護することにその目的を限定すべきである」「国税債権については、国税徴収法によって自力執行力が認められており、刑法の強制執行妨害罪関連の中に国税徴収法の滞納処分まで含む必要はない」「必要であれば、税徴収法を改正して、別途適切な処罰規定を設ければよい」など、否定的な意見が有力であった。

これに対しては、「公務保護という基本的な保護法益は一緒である」から、滞納処分も強制執行に含めるべきであるとする積極論もあった。「国家の作用としての執行行為が踏みにじられている現場で、国税職員の士気を高揚させるためには滞納処分を含めて解釈した方がよい」という趣旨の意見も表明された。「強制執行妨害罪にだけ国税徴収法関係を配慮するとなると、広義の公務執行妨害の中に二つの強制執行概念が混在することになる」との消極的意見も示された[30]。

立法者の意志は、必ずしも明確とはいえない。しかし、前述のような立法経緯、等しく公務を保護するといっても、直接の保護対象としての司法作用と行政作用とは異なること、究極目的が私債権の実現と国の徴税権の確保という、究極的な目標が異なることから、両罪はその目的を異にするので、国税徴収法の滞納処分は、強制執行妨害罪の強制執行には含まれないと解すべきであろう。

2　強制執行妨害罪における「仮装の譲渡」

たしかに、一般に、債務者が「強制執行を免れる目的で、自己に実質的支配を残したまま、名義のみを変更したような場合」には、強制執行を免れるための「仮装の譲渡」というべきであろう。しかし、不動産を譲渡して、登記を移転し、あるいは、債権を譲渡して債務者に通知をしている場合には、客観的・法律的には「真実の譲渡」であって、実質的・事実的な支配が及んでいるというだけで、「仮装の譲渡」となるというのは、論理として矛盾している。[31]

平成二三年刑法改正法以前の強制執行妨害罪については、有効な契約に基づいて譲渡がなされ、譲受人が対抗要件を備え、あるいは、債務者に通知がなされ、法的に外観を備えている場合には、「仮装の譲渡」として処罰することはできないというべきであろう。

3　詐欺破産罪における「仮装の譲渡」

これとは対照的に、『破産法』（平成一六年六月二日法律第七五号）は、「破産手続開始の前後を問わず、債権者を害する目的で、次の各号のいずれかに該当する行為をした者は、債務者について破産手続開始の決定が確定したときは、一〇年以下の懲役もしくは一〇〇〇万円以下の罰金に処し、またはこれを併科する」（第二六五条第一項）として詐欺破産罪を処罰している。同罪は、「債務者の財産を隠匿し、または損壊する行為」（第一号）、「債権者の財産の譲渡または債務の負担を仮装する行為」（第二号）および「債務者の財産の現状を改変して、その価格を減損する行為」（第三号）と並んで、「債務者の財産を債権者の不利益に処分し、または債権者に不利益な債務を債務者が負担する行為」（第四号）を挙げて、「真実の財産処分（譲渡）」も処罰の対象としている。

しかし、強制執行妨害罪の保護の対象は、司法を通じて正当な債権者の権利を保護することである。これに対して、詐欺破産罪の保護の対象は、「債務者の全財産を確保して総債権者に対する公平かつ迅速な満足を図ろうとする破産制度」（最決昭和四四年一〇月三一日刑集二三巻一〇号一四六五頁）であり、財産の譲渡が、真実であるか、仮装であるかは、破産制度を害する行為であるか否か、すなわち、債権者保護の要否とは関係がない。[32] したがって、詐欺破産罪と強制執行妨害罪および滞納処分免脱罪の対象行為は異なり、国税滞納処分免脱罪に「真実の譲渡」が含まれるとする根拠にはならない。

4　国税徴収法における「真実の譲渡」

前述の立法の経緯や上述の強制執行妨害罪・詐欺破産罪との比較を踏まえれば、平成二三年刑法改正法は、「真実の譲渡」は、改正前の刑法第九六条の二の対象外であることを前提とする。平成二三年改正国税徴収法も、このことを自明の前提としていた。したがって、法改正の行われていない国税徴収法第一八七条一項は、当然、「真実の譲渡」を含まない。

実質的にも、自力執行力をもつ国税庁が、差押えなどの滞納処分を駆使して、徴税の努力をしているにもかかわらず、告発もなしに検察庁が介入するということは、国税の徴収という行政目的を害するものであり、謙抑性、補充性を旨とする刑法のなすべきことではない。だからこそ、国税徴収法は、国税職員の告発を事件の端緒としたのである。

たしかに、「仮装の譲渡」以外にも、不正を発見することが困難な経済取引がある。しかし、国税徴収法は、一定の事由がある場合には、第二次納税義務（第三二条以下）を認めるなどして徴税権限を補強している。譲渡担保者の物的納税義務（第二四条）のような実効性のある手段がある場合には、そちらの措置を優先すべきであり、これに成功した場合には、告発権が消失すると解すべきであろう。国税徴収法の目的は、公正かつ効率的な国税の徴収であって、「国家の道義」や「国の権威」の保護ではないからである。

むしろ、国税局が、滞納処分を妨害するような「真実の譲渡」を発見できず、効果的な滞納処分をすることができなかったとすれば、独自の調査権と自力執行を認められている国税局自身が怠慢の誹りを免れない。このような場合の告発は、「自らの過誤や怠惰を納税者に転嫁している」といわなければならない。

したがって、国税職員は、自らに与えられた自力執行権限を駆使して、公平かつ効率的な徴税に努めるべきである。たしかに、滞納者の「仮装の譲渡」による悪質な「隠ぺい」工作を発見した場合には、明らかな犯罪行為を知悉したものとして、積極的に告発すべきであろう。しかし、たとえ滞納者であっても、事業を継続するため、自らの財産を処分して金策し、借金の一部を返済して差押えを回避するための努力を、社会的に許された経済活動を通じて行っている限りは、刑事処分の対象とはいえないであろう。国税局は、多様な滞納処分を効果的に駆使して、滞納者に対処するにとどめるべきである。

5　小　括

以上のように、「滞納処分免脱罪の解釈は、強制執行妨害罪と比して、より厳格でなければならず、法益保護の究極的目的および具体的な侵害の危険性の観点から、その適用は謙抑的・制限的であるべきである」ことが明らかになった。

また、昭和一六年強制執行免脱罪の制定の経緯、平成二三年刑法改正の背景とその審議状況の分析検討から、平成二二年改正国税徴収法の立法者は、「真実の譲渡」を滞納処分免脱罪の処罰とはしていないことも検証された。

国税職員は、自らに与えられた自力執行権を駆使して、徴税に努めるべきであり、滞納者が「仮装の譲渡」によって悪質な「隠ぺい」工作をした場合には、明らかに犯罪行為があったと知悉したものとして、積極的に告発すべきであろう。しかし、たとえ国税の滞納者であっても、事業を継続するため、自らの財産を処分して金策し、借金の一部を返済して差押えを回避するというような適法な経済活動を行っている限りは、刑事処分の対象とすべきでない[33]。このような場合について国税局は、滞納処分によって滞納者に対抗すべきである。

むすび

契約法の大家故来栖三郎は、「法解釈論争」の契機ともなった記念碑的論攷において、「世間の人々は、法律家は何だか人世にとって非本質的なものを有難がって、本質的なものを軽んじているようにみている。そればかりか法律家は論理の厳正なような、勿体ぶった議論をするがそれでいて何んとなくうさんくさくて恣意的で、相手によっては規則の運用に当って随分融通をきかせもするくせに、また相手によっては意地悪く冷淡に規則を楯にとるものだとさえ感じている(34)」として、法律家の融通無碍な法解釈を批判している。この問題提起は、法解釈の主観性と客観性をめぐる論争へと発展していくのであるが、国税滞納処分免脱罪の解釈と運用においても、来栖の指摘するような恣意的な法の解釈が罷り通ろうとしている。

かつて、わたくしは、強制執行妨害罪において象徴的な法の運用がなされていることを検証した(35)。強制執行妨害罪は、検察庁の受理人員を起訴人員が大きく下回る犯罪類型で、検察官の起訴裁量が大きな役割を果たす。その意味では、検察による訴追権限の恣意的または濫用的な行使が危惧される犯罪類型である。しかし、本来、強制執行妨害罪では、私人の債務名義の執行の確保が課題なのであるから、裁判所の強制執行に対する現実的な妨害行為が問題となる――バブル経済崩壊後の債権回収機構による告発は、国策会社と検察が一体化して本罪を適用した例外的な事態であった――。ここでは、自力救済を禁じられた私人が、その正当な権利を実現するため、司法権の発動を求め、その実現が妨害された場合に刑罰権が介入することが想定されている。その意味では、刑法の二次規範性や補充性が機能する構造になっている。

これに対し、滞納処分免脱罪は、国税局の告発が端緒となって捜査が始まる。ところが、国税局は、国税の徴収につき、独占的なかつ広範な裁量権と自力執行権をもっているのである。自らの裁量権を効果的に行使し、徴税の実を上げるのが腕の見せ所なのではないか。滞納者の財政状況に改善の見込みがあれば、差押え、公売などの換価処分を猶予することもある。敢えて差押えによって、滞納者の納税を促すこともあろう。刑事処分によって、納税者を潰してしまっては、徴税は不可能となる。刑事告発は、他に選ぶべき方法のない場合の「伝家の宝刀」、究極の「最後の手段（ultima ratio）」であるべきである。

加えて、平成二二年国税徴収法改正は、平成二三年刑法改正を射程に入れていながら、敢えて構成要件に手をつけず、法定刑の一部を引上げるにとどめた。従来の構成要件の解釈を変更すべきではない。

したがって、「隠ぺい」には「仮装売買、仮装贈与、財産隠匿等によって、徴税職員による財産の発見を困難にさせる行為」に、物権または債権の「真実の譲渡」は含まれないと解する。

〔献辞〕　生田勝義先生にはじめてお会いしたのは、三〇年程前、香川大学の刑法学会のときだったと記憶している。バスの中で故・櫻木澄和先生（中央大学教授）に「この人は、いい論文を書いている。学者は、物（ぶつ）だぞ」と紹介していただいた。爾来、折に触れてご教示いただいてきた。二〇年程前、ドイツで「危険社会と刑法」について調査研究してきたときも、帰国後、議論の機会を与えていただいた。一〇年程前からは、当番弁護士を支える市民の会・京都で一緒に活動させていただいている。先生には、市民の会のニュースの発送作業にも一人の市民として参加していただいている。どんなときも、どんなことにも真摯に臨まれるその姿勢から、多くのことを学ばせていただいた。本稿が、その学恩に対するいささかのお応えになっていれば幸いである。

（1）　中井隆司「滞納処分妨害罪に関する一考察」税大ジャーナル第七号（二〇〇八年）一－二七頁〔八頁〕は、本罪の適用についての国税局の消極的な姿勢を指摘し、「国税債権の徴収は、国家の財政基盤を支える礎であり、極めて重要な行政作用である。それゆえ、徴収職員が滞納者に対して積極果敢に質問検査を行い、必要な場合には滞納処分を行うという姿勢もまた、非常に重要であると考えられる。そして、その結果として、国税当局において、滞納処分妨害事犯があると思料されるときは、検察官に相談するなどして、同罪の積極的な摘発に努めることは、今日、非常に重要な意義があるものと思料される」（二二頁）として、検察庁から国税当局への熱いラブコールを送っている。

（2）　大柳久幸＝金澤節男「租税罰則・国税通則・国税徴収関係の改正」『平成二二年度税制改正の解説』（二〇一〇年）六二一－六四四頁〔六二八頁〕。同論文は、財務省ホームページ http://www.mof.go.jp/tax_policy/tax_reform/outline/fy2010/explanation/PDF/16_P621_644.pdf で参照することができる。

（3）「国税庁　平成二四年度の租税滞納状況を公表」週刊税務通信第三二七三号（平成二五年八月八日）七頁参照。

（4）立法の経緯とその変遷については、臼井滋夫「新国税徴収法の罰則解説（一）（二・完）」警察研究三〇巻六号（一九五九年）六一－七四頁。同巻第七号、同年、五三－六九頁）、吉国二郎＝志場喜徳郎＝荒井勇共編『平成二一年改訂・国税徴収法精解』（大蔵財務協会、二〇〇九年）、長坂光弘「国税徴収法上の罰則規定についての一考察」税大論叢第二三号（一九九三年）二六五－三九〇頁、権田和雄「滞納処分妨害罪の解釈の在り方について——事例を基に」九州国際大学法学論集二〇巻三号（二〇一四年）八三－一二六頁参照。

（5）同改正については、註（2）を参照。

（6）通説的見解については、臼井前掲論文註（4）（二・完）五七－六四頁参照。

（7）最決二小昭和二九年四月二八日刑集八巻四号五九六頁。

（8）岩田誠『最高裁判所判例解説・刑事篇〔昭和二九年度〕』（法曹会、一九七〇年）七六－八〇頁〔七八－七九頁〕。

（9）上掲解説、七九頁。

（10）上掲解説、八〇頁。

（11）石塚伸一「弁護士業務と強制執行妨害（免脱）幇助罪」金子武嗣＝石塚伸一編著『弁護士業務と刑事責任——安田弁護士事件にみる企業再生と強制執行妨害』（日本評論社、二〇一〇年）一四二－一七九頁所収〔一四三－一四四頁〕。同「強制執行妨害罪の研究——刑事立法政策学的一考察」龍谷法学四二巻三号（二〇一〇年）一〇二〇－一〇六四頁参照。

（12）日沖憲郎「刑法の一部改正について」法律時報一三巻五号（一九四一年）一一－一五頁参照。

（13）金子＝石塚前掲書註（11）一四四頁。

（14）最判二小昭和三五年六月二四日刑集一四巻八号一一〇三頁。

（15）上掲判例。

(16) これについては、石塚前掲論文註(11)一〇三三－一〇三五頁参照。なお、本判決については、藤木英雄「強制執行妨害罪の罪質について」三ケ月章他編『裁判と法――菊井先生献呈論集(下)』(有斐閣、一九六七年)八六三－八八一頁参照。
(17) 金子＝石塚前掲書註(11)一五四頁。
(18) 同旨のものとして、松宮孝明「強制執行妨害罪の濫用傾向について」立命館法学三四五・三四六号(二〇一二年)七三七－七五三頁参照。
(19) 田中二郎『租税法〔新版〕』(有斐閣、一九八一年)三七頁など参照。
(20) 長坂前掲論文註(4)三〇四頁参照。
(21) 刑事基本法研究会「刑法の一部改正の解説(七)」警察研究六一巻一号(一九九〇年)五九－六七頁〔六五頁〕。
(22) 上掲六四頁。
(23) 最大判平成一一年一一月二四日民集第五三巻八号一八九九頁。
(24) 司法制度改革審議会「司法制度改革審議会意見書――二一世紀の日本を支える司法制」下記のサイトを参照。http://www.kantei.go.jp/jp/sihouseido/report/ikensyo/index.html
(25) 刑事法部会は、二〇〇二年一〇月から二〇〇三年一月にかけて、計四回審議し(第一回平成一四年一〇月七日、第二回同年一一月一八日、第三回同年一二月一六日、第四回平成一五年一月二七日)、若干の修正の後、採択された。諮問第五九号については、下記のサイトを参照。http://www.moj.go.jp/shingi1/shingi_keiji_kyousei_index.html
(26) 法務省刑事局刑事法制課「諮問第五九号・強制執行を妨害する犯罪等に対する罰則整備のための刑法の一部改正に関する法制審議会への諮問について」判例タイムス一一〇四号(二〇〇二年)一八頁以下など参照。
(27) 同法の強制執行妨害罪関連規定については、大下英希「強制執行妨害罪の改正とその検討」立命館法学三四五・三四六号(二〇一二年)一六七－二一〇頁参照。なお、拙稿「強制執行妨害罪の研究」註(12)一〇四〇－一〇五〇頁参照。
(28) 大柳＝金澤前掲論文註(2)六二八頁。
(29) 平成二二年改正国税徴収法は、滞納処分免脱罪の「隠蔽」を「隠ぺい」と書き換えてはいるが、「妨害」という文言は用いていない。なお、一般には「滞納処分妨害罪」という用語も用いられるが(権田前掲論文註(4)八四頁)、平成二三年刑法改正法は、敢えて「妨害」の文言を用いた。したがって、後者を「強制執行妨害罪」と呼ぶのは適切であるが、前者を「滞納処分妨害罪」とするのは不適切であると考える。
(30) 審議の経過、とりわけ、第三回の議事録(註(25)のサイト)を参照。
(31) 松宮孝明「強制執行妨害罪の濫用傾向について」立命館法学三四五・三四六号(二〇一二年)七三七－七五三頁〔七五三頁〕。

(32) 上掲七五一頁。
(33) その際の判断メルクマールは、「一連の行動が合理性を持った経済行為として無理のない流れにあるといえるのか、その中の特定の行為が犯罪を構成するのであれば、経済的合理性を越える特別な動機あるいは利益の追求という面がある」ことが立証されているか、である（北川弘治「裁判の生命」司法研修所論集一一五号（二〇〇五年）一－四四頁〔四一頁〕）。
(34) 来栖三郎「法律家」浅井清信編『末川博先生還暦祝賀論文集・民事法の諸問題』（有斐閣、一九五三年）二三五－二五四頁所収。『来栖三郎著作集Ⅰ』四九－六六頁所収〔五一頁〕。
(35) 石塚前掲論文註（11）龍谷法学一〇二五－一〇三〇頁。

証券犯罪と刑事規制

平山幹子

Ⅰ　問題の所在

証券犯罪とは、一般に、かつて証券取引法という名の法律及びその関連法に規定された犯罪のことであり、現在では、基本的に、金融商品取引法（以下、金商法という）に規定された犯罪を指す。(1) 経済犯罪と呼ばれるものの中でも特にその法益が不明確ないし抽象的なものが多く、各処罰規定に関する解釈の指針が立てにくいのが特徴とされる。そのため、たとえば証券市場の公正性と健全性や、市場に対する投資者の信頼といったものを保護法益として承認するとしても、取引関与者の財産的利益に対する侵害の危険性がない行為に対しては、原則として処罰規定の適用を認めない見解(2)や、経済刑法の保護対象を一般消費者の財産的・経済的利益や経済主体たる企業及び公的機関等の財産的・経済的利益に限定した上で、犯罪成立のためには、測定可能な害悪またはその侵害の危険が具体的に確定されなければならないとし、国家の経済的制度の侵害及びそれに関連する行為については、秩序違反として、行政処分でもって排除・予防すればよいとする見解[3]も主張されている。

このような見解に共通するのは、経済刑法の保護対象を可能な限り個々人の財産的利益に関連づけて捉えようとする点である。しかし、これに対しては、刑罰の対象となる経済犯罪の範囲をそのような性質のものに限定することが経済犯罪の抑止という政策的見地から妥当といえるのか、疑問も提起されている。[4] たとえば金商法の禁止するインサイダー取引に違反する行為について、不特定・多数の投資者の財産的損害の発生によってその可罰性を説明することは困難である。インサイダー取引は、取引を行った者に利益をもたらすことと引き換えに、必ずしも個々の取引関係者の具体的な利益を侵害するものではないからである。

そこで、証券犯罪に関しては、金商法一条に規定されている同法の目的規定を各規定の保護対象を確定するうえでの手掛かりとすることや、「国民経済の健全な発展及び投資者の保護」を可能とする制度の機能を経済刑法の保護法益として承認する見解[5]が注目を集めている。もっとも、証券犯罪の究極的な保護対象を金商法の立法目的に求める場合、結局は目的達成のために選択された政策により設定されるルールの違反を犯罪として捉えることになりかねないか、疑念が生じてくる。

生田勝義教授は、御著書『行為原理と刑事違法論』の中で、次のように述べておられる。「近代法（少なくともその理念型）においては、個人の自由や権利を維持するために社会契約が結ばれ、社会とその管理国家としての政府＝国家がつくられた」のであり、刑法は、「社会や国家は個人の権利のために存在するのであって、社会や国家のために個人が存在するのではない、という個人尊重の理念つまり個人主義に基づくものである」が、いわゆるシステム理論によると、「自由な経済秩序」等の法益については、不特定・多数人の自由・権利に分解されることなく、システムそのものに刑法によって保護される社会的価値があるとされてしまい、「システムが一人歩きしかねない。

『いかなる社会システムも具体的な人間のために存在する。』」。この規範を明確に示すことが法、とりわけ刑法の任務であるというべきであろう」[6]。また、戦後の日本では、行政法違反に対する制裁として刑罰が多用されているが、そのような状況を合理化する機能主義刑法理論、すなわち、刑法を社会コントロールの手段の一つだとする考えは、「刑法と民法や行政法などとの法的性質の違いをその法的効果である制裁の違いに求めるだけの見解になりやすい」。しかし、「犯罪に対する制裁がなぜそのように峻厳なものになるのかという理由を犯罪というものの性質とかかわらせて解明しようとしない」限り、「刑罰の最終手段性は時々の気分感情に合わせて揺れ動くことになりかねない」。さらに、「システム理論に立つわけではないが、経済秩序や環境等につき法益として独自の重要性を認め、経済法や環境法を担保する罰則規定を経済刑法や環境刑法とる考え」に基づき「刑法は最終手段だとされていても、あるいは、経済法や環境法等という第一次法を担保する第二次法が刑法だという法の階層構造は維持されていても、第一次法が行政法と同様に予防的規制法化しておれば、刑法も容易に予防主義的規制の最終手段とされてしまいかねない」[7]。それを避けるためには、少なくとも、「第一次法において保護される人権の社会的重要性、およびその侵害の客観的明確性が、その侵害行為を犯罪とするための必要条件であるという原則（侵害行為原理）」を堅持する必要がある[8]。

この見解は、単なる行政法規違反の行為と刑罰の対象たる犯罪とを区別する実質的根拠を必要としつつ、それを経済システムや経済的効率性のような抽象的な利益の侵害ではなく、個人の自由や権利との関係でとらえようとするものであるように思われる。これによれば、刑法が最終手段であるというだけでは、各種規制の手段として刑罰を投入することの正当性を説明したことにはならない。また、個人の権利との関連性が明らかでないまま、自由な経済秩序や経済的効率性といった抽象的な利益を法益とし、それらに対する侵害性を指摘したとしても、不十分だということになる。

もっとも、この見解が当該行為の規制手段として刑罰を用いる場合に必要としているのは、「第一次法において保護される人権の社会的重要性、およびその侵害の客観的明確性」であり、必ずしも「個人的」な「法益」の侵害ではない。換言すれば、保護されるべき「人権」の社会的重要性は、個人の自由や平等に還元されなければならないが、それをどのように測定するのかは必ずしも明らかにされていないし、人権に対する侵害の客観的明確性も、必ずしも法益侵害の客観的明確性を意味せず、「侵害行為」あるいは「侵害結果」の客観的明確性と解する余地を残しているように思われる。

すでに述べたように、証券犯罪の究極的な保護対象は金商法の立法目的に求められ、それが一定の社会的重要性を有していることは否定できない。同時に、当該目的を達成する手段にはいくつかの選択肢があり得るのであり、どれを選択するかは、合理的な裏付けのある法政策的判断に委ねられる。そうすると、金商法の違反行為と個人の権利・責任とを結びつけうるのは、当該政策決定に対する個々人の合意と、自らの行動の自由に基づいて参加した証券市場において、自ら合意したはずのルールを故意に破ったことにより他の参加者が公正な市場で自律的に取引する権利を侵害した点及びそれに対する非難可能性しかないように思われる。結局のところ、ルール違反の行為に対する刑罰の発動を正当化するために、第一次法において保護される「人権」の社会的重要性を根拠づけようとする場合、当該ルールが合理性を有しており、違反者に対する非難可能性が基礎づけられる程度に、ルールを支える規範意識が存在することが必要と考える。同時に、この規範意識は、罪刑法定主義や責任主義といった形で、「侵害」の客観的明確性や予測可能性を要求する機能を有するものと考える[9]。

このような意識の下、本稿では、日本における証券犯罪の規制状況に目を向けることにしたい。

II　証券犯罪の規制状況

1　総　説

金商法は、その前身である証券取引法を全面的に改正する形で、二〇〇六年に成立した。同法は、「企業内容の開示の制度を整備するとともに、金融商品取引業を行う者に関し必要な事項を定め、金融商品取引所の適切な運営を確保すること等により、有価証券の発行及び金融商品等の取引等を公正にし、有価証券の流通を円滑にするほか、資本市場の機能の十分な発揮による金融商品等の公正な価格形成を図り、もって国民経済の健全な発展及び投資者の保護に資することを目的とする」ものである。[10] 同法に置かれた処罰規定には、①情報開示に関する規制として、虚偽有価証券届書提出罪及び虚偽有価証券報告書提出罪（金商法一九七条一項）、②不公正取引の規制として、不正取引罪（一九七条一項五号、一五七条）、相場変動目的による風説の流布、偽計、暴行、脅迫の罪（金商法一九七条一項五号、一五八条）、相場操縦罪（一九七条一項五号、一五九条）インサイダー取引罪（一九七条の二第一三号、一六六条、一六七条、一六七条の二）、損失保証・損失補てん罪（一九八条の三、二〇〇条一四号、三八条の二、三九条）等がある。

2　情報開示に関する規制

金商法における開示制度には、有価証券の発行時点のもの（発行市場）と、上場会社の継続的な情報開示（流通市場）とに区別されるが、同法は、双方について、開示の実効性を確保するために刑事罰を投入している。罰則規定である金商法一九七条一項一号は、「重要な事項につき虚偽の記載のある」有価証券届出書、有価証券報告書などを提出した者を、一〇年以下の懲役若しくは一〇〇〇万円以下の罰金（または併科）で処罰することを定め、同法一九七条の二第六号は、半期報告書、四半期報告書、臨時報告書等について、同様の行為をした者を、五年以下の懲役若しくは五〇〇万円以下の罰金（または併科）で処罰することを定めている。有価証券提出書を提出せずに有価証券を発行する者（同一号）、有価証券報告書を提出しない者（同五号）も同様である。両罰規定も置かれており（二〇七条一項一号・二号）、法人に罰金刑を科すことが可能となっている。

上記のような規制の目的は、効率的な資源配分を可能とする市場の維持、つまりは、「資本市場の機能の十分な発揮による金融商品等の公正な価格形成を図り、もって国民経済の健全な発展及び投資者の保護に資すること」に帰着する。金商法は、金融商品の価値に関する情報を開示させ、利益を求めて行動する投資者の判断を市場に集約することを通じてその適正な価格付けを図っているので、開示された情報が真実でない場合には、投資者の判断を誤らせ、ひいては市場が効率的な資源配分を達成できないことになる。ゆえに、正確な情報の開示は、同法の根幹をなす重要な要請とされる。

もっとも、虚偽有価証券報告書提出罪の成立を認めるには、同報告書の「重要な事項につき虚偽の記載」を行う必要があるが、いかなる事実が「重要な事項」に当たるかの判断基準とされているのは、投資家ないし金融商品の価格形成に及ぼす影響である。すなわち、同法では、「重要な事項につき虚偽の記載」がある場合と、「記載すべき重要な事項の記載が欠けている」場合とが分けて規定されており、後者にしか罰則は置かれていない。しかし、通説は、重要な記載の欠如は虚偽記載と同様に市場における有価証券の価格形成に影響を及ぼし、投資家に与える不利益性は異ならないこと、また、重要な記載の欠如は記載すべき事項を虚偽のものにすることを理由に、重要事項の記載漏れも虚偽記載に当たると解している[11]。

3　不公正取引に関する規制

金商法一五七条は、有価証券の売買その他の取引またはデリバティヴ取引等について、①不正の手段、計画または技巧をすること（一号）、②重要な事項について虚偽の表示があり、または誤解を生じさせないために必要な重要な事実の表示が欠けている文書その他の表示を使用して金銭その他の財産を取得すること（二号）、③取引等を誘引する目的をもって、虚偽の相場を利用すること（三号）を禁止している。これに違反した場合には、一〇年以下の懲役若しくは一〇〇〇万円以下の罰金（または併科）で処罰される（一九七条一項五号）。また、当該行為によって得た財産は没収・追徴されるが（一九八条の二）、課徴金納付命令の対象行為とはされていない。

ここで、「手段、計画又は技巧」という語には、行為の当罰性を根拠づけるものは無いため、この罰則の本質は、「不正の」という語に尽きるが、何が「不正」かは、証券取引秩序の全体像の中において理解するほかない。そのため、同条は、「金融商品等の公正な価格形成」や、「国民経済の健全な発展」という、同法の基本理念そのものを保護する規定であるという見方が可能である。[12]そもそも、本罪の基礎となったアメリカの連邦証券取引所法一〇条(b)及びSEC規則一〇－b－五が包括的な詐欺禁止規定であることから、「不正の手段」とは、詐欺的行為、すなわち、人を錯誤に陥れることによって、自らのまたは他人の利益を図ろうとすること、あるいは、有価証券の取引に関する社会通念上不正と認められる一切の行為をいい、[13]本条は、そのような詐欺的行為を包括的に禁止する規定[14]と解されている。

こうした包括規定に対しては、「不正の手段、計画、技巧」という構成要件に刑罰規定としての明確性が欠けるとして、かねてより罪刑法定主義の観点から疑問が呈されてきた。そのため、従来、本規定の適用については消極的な姿勢が示されていた。しかし、いわゆる村上ファンド事件等[15]をきっかけに、非上場株式の仮装売買、オプションの交渉を促進するための市場価格の操作、時価公募増資の際の空売りにより発行会社の株式を下落させ、特定の者に安価で引き取らせる行為等についても、一五七条で捉えることができないか等が検討されるようになってきている。

4　風説の流布、偽計、脅迫の罪（一五八条）

金商法第一五八条は、何人も、取引等のため、又は有価証券等の相場の変動を図る目的をもって、風説を流布し、偽計を用い、有価証券の募集、売出し若しくは売買その他の取引若しくはデリバティブ取引又は暴行若しくは脅迫をしてはならないと規定するものであり、本規定に違反した場合、違反者は一〇年以下の懲役若しくは一〇〇〇万円以下の罰金に処せられる（金商法一九七条一項五号）。また、風説の流布及び偽計行為は、課徴金の対象となり得る（金商法一七三条、施行令三三条の六～三三条の九）。このように、本条は、所定の目的をもってなされた風説の流布や、偽計の利用、暴行・脅迫を不公正取引として規律するものである。ここで、「偽計」とは、他人に錯誤を生じさせる詐欺的ないし不公正な策略、手段をいうと解されており[16]、詐欺的な行為を広く含む[17]。「風説の流布」と重なり合う概念であるが、虚偽の外観を作出した上で、その内容を公表する場合のように、犯行全体の悪質性が強い場合には、「偽計」と評価されやすい[18]。そのため、「偽計」禁止は、金商法一五七条と並んで、不公正取引を禁止する一般規定として機能し得る一方で[19]、そのような活用可能性を推し進めるために「偽計」の意義を緩やかに解釈することには、合理的な経済活動や表現の自由の観点から慎重なければならない、との見方もある[20]。

しかし、近年、厳しい経済金融環境の中、経営不振に陥った上場企業において、正体不明の投資ファンド等を引受先とする第三者割当増資やＭＳＣＢ発行などのファイナンスが頻繁に見られるようになっている。このようなファイナンスは、それ自体で違法というわけではないが、既存株主の権利を著しく希薄化するものであって、好ましいものではないとされる[21]。というのも、経営不振に陥った企業に何十億もの大金を投じようとするファンドは、業務から上がる収益で投下資本を回収しようとしているとは考え難い一方で、通常、ファンドは第三者割当によって大量の株式を取得することから、ファイナンス後、企業の支配権がファンドに移ることを利用して企業を乗っ取り、企業を使って違法収益を得ることで投下資本を回収しようとしているのではないか、あるいは、ファンドから会社に一旦入れた株式払込金をただちに社外流出させるとともに、ファンドが引き受けた大量の株式を市場で売却することによって、市場から巨額の資金を騙し取ろうとしているのではないか、と推測されるからである。とりわけ、背後に反社会的勢力の存在が窺われる場合、市場の公正性及び投資者保護を確保し市場への信頼を保つための規制が、必要不可欠となる。こうした状況を背景に、近時では、従来、刑法一五七条の公正証書原本等不実記載罪で対処されるのが通例であった架空増資が、金融商品取引法一五八条の偽計取引罪に当たるとして、取り締りの対象とされるようになってきている。(22)

5　相場操縦規制（一九七条一項五号、一五九条）

金商法は、一五九条として、相場操縦行為に対する規制を置いているが、その理由は、総じて次の点に求められる。すなわち、本来、正常な需給のバランスによって形成されるべき有価証券等の市場による価格が、大量の売買やその仮装等の人為的工作によって変動させられてしまうと、そのように変動させられた価格は、当該有価証券等の本来の価値からは大きくかけ離れたものとなる点である。もっとも、近時では、証券取引所における株券オプションの取引が実際よりも盛況に行われていると仮装するために、自らの支配の及んでいる証券会社を利用するなどして、株券オプションの仮装取引や馴合取引を行ったという事案について、出来高が操作された場合に生じ得る弊害などにかんがみれば、出来高に関し他人に誤解を生じさせる目的も「取引が繁盛に行われていると誤解させる等これらの取引の状況に関し他人に誤解を生じさせる目的」に当たり、特定の銘柄についての価格操作ないし相場操縦の目的を伴わない場合でも、本罪に当たるとされた[23]。

6　インサイダー取引規制（一九七条の二第一三号、一六六条、一六七条、一六七条の二）

金商法におけるインサイダー取引規制には、①会社関係者などのインサイダー取引規制（一六六条）及び②公開買付者等関係者等のインサイダー取引規制（一六七条）の二類型がある。①では、「上場会社等」の「会社関係者」または第一次情報受領者であって、「上場会社等」にかかる「業務等に関する重要事実」を知った者は、当該「業務等に関する重要事実」の「公表」がされた後でなければ、当該上場会社等の「売買等」をしてはならないことが定められており、上記各文言の具体的内容については、同法一六三条及び一六六条に定義されている。また、②では、「公開買付者等関係者」または第一次情報受領者であって、「上場等株券等」の「公開買付け等の実施に関する事実」または「公開買付け等の中止に関する事実」を知った者は、当該公開買付け等の実施に関する事実または公開買付け等の中止に関する事実（「公開買付け等事実」）の「公表」がされた後でなければ「株券等」にかかる「買付け等」または「売付け等」をしてはならないとされ、上記の各文言についても、同法一六七条一項～四項で定義されている。このようなインサイダー取引規制に違反した場合、五年以下の懲役もしくは五〇〇万円以下の罰金（または併科）が科され（一九七の二第一三号）、法人も、両罰規定によって五億円以下の罰金に処せられる（二〇七条一項二号）。また、インサイダー取引規制の違反行為は、課徴金の対象である（一七五条）。

右記に加え、近年、いわゆる増資インサイダーなど、会社関係者や公開買付等関係者から情報伝達を受けた者による違反行為が増加したことを背景に[24]、情報伝達行為に対する規制の導入なども含めた金商法の改正法案が作成され、平成二五年六月一二日、国会において可決成立し、同月一九日に公布された。平成二五年インサイダー取引改正の内容は多岐に渡るが[25]、実務的にも影響が大きいとして注目されているのは、情報の伝達行為・取引推奨行為に対する規制が導入された点である。[26] これにより、金商法は一六七条の二で、「会社関係者」または「公開買付者等関係者」であって「業務等に関する重要事実または公開買付け等事実」を知った者が、他人に対し、当該重要事実または当該公開買付け等事実について公表がされたこととなる前に、当該上場会社等にかかる株式の売買をさせることにより「当該他人に利益を得させ、又は当該他人の損失の発生を回避させる目的をもって」、その重要事実もしくは公開買付け等事実を伝達し、または、当該売買等を勧める行為を禁止するに至った。

以上のような取引規制の特徴は、その構成要件の細目が基本的に法令で明確かつ具体的に規定されている点にある。これは、昭和六三年の証券取引法の改正においてインサイダー取引の禁止規定が新設された段階において、その当罰性について必ずしも十分なコンセンサスがなかったことから、[27] 抽象的な評価概念を用いないことにより、一般投資家が取引を行うに際して、その取引がインサイダー取引として処罰されるか否かを明確に判断できることが、取引の法的安定性の見地から強く求められたからである。[28] しかし、現在、インサイダー取引が違法である旨の認識は相当に浸透したと考えられ、「なぜ悪いのかの説明は異なり得ても、インサイダー取引を禁止すべきことに争いはない」[29]と評されるに至っている。自主規制機関による未然防止の体制も整えられ、平成四年に設置された証券取引等監視委員会も活発な活動を続けていることや、平成一六年の証券取引法改正で課徴金の制度が導入されたことにより規制の実効性がさらに高まりを見せる中、インサイダー取引の規制の定め方についても、見直しを求める意見が一層注目を集めている。[30]

7　損失補てん

損失補てんとは、顧客が証券取引によって被った損失を証券会社が穴埋めすることをいう。金商法三九条は、一項で、金融商品取引業者が損失保証・補てんの約束等をしたり（一号・二号）、現実に顧客または第三者に財産上の利益を提供する行為を禁止し（三号）、二項で、顧客が自らの要求に基づいて、損失保証や損失補てんの約束をしたり、財産上の利益を受けたりする行為を禁止している。一項の違反者は、三年以下の懲役若しくは三〇〇万円以下の罰金（または併科）によって処罰され（一九八条の三）、両罰規定の適用があるが（二〇七条一項三号）、課徴金の対象とはならない。他方、二項に違反した顧客は、一年以下の懲役若しくは一〇〇万円以下の罰金（または併科）によって処罰され（二〇〇条一四号）、当該顧客（または情を知った第三者）が受けた財産上の利益は、没収・追徴される（二〇〇条の二）。

損失保証・補てんは、特定の顧客の便宜を図る行為であり、その他の顧客に不公平感を与える行為である。しかし、それが行われたからといって、他の投資家が直接的に損害を被る訳ではない点は、インサイダー取引と同様である。そのため、損失補てんが禁止されるようになったのは、バブル崩壊後の平成三年に、大手証券会社を含む多くの証券会社が大口顧客に対して多額の損失補てんをしていたことが発覚し、大きな社会問題となってからである。[31]同罪の処罰根拠については、損失保証・補てんを認めると、安易な証券投資が行われる結果、市場における適正な価格形成機能が害されるおそれがあることにそれを求める見解もある。[32]しかし、損失保証等が行われているのは、証券会社に実質的な判断がゆだねられているケースであることから、それが行われたからといって、安易な投資判断がなされているわけではない。[33]近時では、損失補てんの恩恵を受けられない一般投資家の証券市場に対する信頼を失わせる点、及び、それによって証券市場に対する投資家の信頼が失われ、証券市場への資金の流入が不足することになりかねない点に、本罪の処罰根拠が求められる傾向にある。[34]

Ⅲ　規制の動向とそのあり方

以上、金商法違反の行為に対する刑事規制の動向を概観したが、本稿のような極めて雑駁な外観であっても、近年における金融商品市場をめぐる法環境の変化が急速であり、かつ、法規制の複雑さが増していることは読み取れるように思われる。もっとも、各規制の保護法益に関しては、立法当初から、資本市場の公正性と健全性に対する投資者の信頼の確保が挙げられており、この点について、基本的に変化はみられない。各規制制度は、市場の信頼の確保のための手段の一つなのであって、市場が進化したり、市場参加者の行動が変化したりすれば、それに対応して制度も見直されるということである。少なくとも、金商法が第一条に「国民経済の健全な発展及び投資者の保護」を目的として規定する限り、そのために取引等の公正、流通の円滑化、あるいは公正な価格形成といったことが強調されることになる。しかし、このレベルの保護法益論から、侵害行為の客観的明確性や行為者への非難可能性を引き出すことはできない。

一般に、経済犯罪における抽象的な構成要件は、刑罰の発動を委縮させてしまう結果、不平等な法執行をもたらし、社会的な不公正を拡大する結果にもなりかねないと指摘される。しかし、近時の金商法一五八条の摘発事例からは、「組織再編行為であれ不公正ファイナンスであれ、資本市場を不正に活用した不公正行為があれば、その行為の一部のみ（たとえば不公正ファイナンスでいえば不実の登記）を切り取ってその違法性が検討されるのではなく、その一連の行為全体を評価して適正に処罰する流れができあがりつつある」のと同時に、「証券取引等監視委員会は金商法一五八条を適用して告発を行うと、その告発内容についてすぐ詳細な説明を公表している」のであり、「市場関係者としては、このような公表を手掛かりとして、金商法一五八条の射程保検討し、『偽計』と認定された行為が再び生じない自主ルールや防止策策定に活かすことができる」とされる[35]。他方、インサイダー取引に関しては、それが「規制を要する悪性の強い行為であることは、もはや今日では異論はな」いとされる。すでに述べたように、「なぜ悪いのかの説明は異なり得ても、インサイダー取引を禁止すべきことに争いはな」く、現実の規制のあり方を考える上で生じる困難な問題は、「適用範囲の必要不十分性を確保するためには、形式的な要件の定め方では限界があり、実質的な要件を盛り込まざるを得なくなるが、実質的な要件を盛り込むと、規制の予測可能性および規制の運用可能性は、それだけ損なわれることとなる」点にあるとされ[36]、改善策として、現行法の形式的な規制枠組みを見直し、一般的・抽象的な規制の枠組みに改める方向を目指すと同時に、具体的で詳細な基準がガイドラインなどの形で定められることが求められている。

このような証券犯罪をめぐる規制動向及び規制改善の方向性は、具体的な事件の積み重ねの中で市場（社会）において確立されつつある規範を浮き彫りにするものであり、同時に、侵害行為の態様と、証券犯罪における抽象度の高い法益論の背後にあって、個別の違反行為の処罰によって守られる具体的な利益の内容を画し得るものではなかろうか。少なくとも証券犯罪に関しては、法益の側から「どのような違反行為であれば処罰の対象としてよいのか」を正当化することは困難であるし、自律的に市場に参加し、自由かつ公正に振る舞うべき個人の権利を侵害する行為態様を明らかにし得るものでないように思われる。

（1）　甲斐克則編『企業活動と刑事規制⑤』（日本評論社、二〇〇八年）一〇六頁〔高崎秀雄〕。
（2）　芝原邦爾『経済刑法　上』（有斐閣、二〇〇五年）九頁。
（3）　神山敏雄「経済犯罪行為と秩序違反行為との限界―ドイツの法制度・学説・判例を中心に（三・完）」刑法雑誌二七巻一号（一九八六年）四五頁以下。
（4）　芝原・前掲注（2）九頁。

(5) 京藤哲久「経済刑法の構成要件とその合目的的解釈」刑法雑誌三〇巻一号(一九八九年)九四頁。
(6) 生田勝義『行為原理と刑事違法論』(信山社、二〇〇二年)三六頁。
(7) 生田・前掲注(6)三七頁。
(8) 生田・前掲注(6)三八頁。
(9) 法益論を補完する、あるいはそれに代わる立法原理として「社会に現存する規範の確証」に注目する見解として、松宮孝明「法益論の意義と限界を論ずる意味」刑法雑誌四七巻一号(二〇〇六年)一頁以下。これによれば、「罪刑法定主義も客観主義も責任主義も、それ自体が自由主義国家を構成する規範であり、それらが遵守されることそれ自体が、その社会の規範的アイデンティティー=法文化を維持することである」。
(10) 金商法一条参照。
(11) 近藤光男=吉原和志=黒沼悦郎『金融商品取引法入門〔第二版〕』(商事法務、二〇一一年)二四八頁以下。
(12) 甲斐・前掲注(1)一〇七頁〔髙崎〕。
(13) 最判昭和四〇・五・二五刑集一五五号八三一頁。
(14) こうした包括規定に対しては、「不正の手段、計画、技巧」という構成要件に刑罰規定としての明確性が欠けるとして、罪刑法定主義の観点から疑問を向けることができる。そのため、従来、本規定の適用については消極的な姿勢が示されていた。しかし、いわゆる村上ファンド事件等をきっかけに、同条で拾える行為として、非上場株式の仮装売買、オプションの交渉を促進するための市場価格の操作、時価公募増資の際の空売りにより発行会社の株式を下落させ、特定の者に安価で引き取らせる行為、ヘッジファンドなどのＭＡＣＤに関する行為、スカルピングなどの行為の一部について、一五七条で捉えることができないかが問題となった。
(15) 最決平成二三・六・六刑集六五巻四号三八五頁。本件は、金商法一六七条の公開買付者等関係者の取引規制に関する事案であるが、被告人が本件当時までニッポン放送の株式を順次買い付けた上で、それを高値で売却する意図を秘して、ライブドア社に対し、ニッポン放送株の大量買い集めを働き掛け、株価を高騰させた後、同社を裏切って保有株式を売り抜けている点において、偽計的要素が強く、金商法一五七条一項を適用すべきであったと指摘されている(太田洋=宇野伸太郎「村上ファンド事件東京高裁判決の意義と実務への影響」金融・商事判例一三一五号八頁以下)。
(16) 平野龍一ほか編『注解特別刑法補巻(二)』(青林書院、一九九六年)一一五頁。なお、「風説の流布」とは、真偽にかかわらず合理的根拠を有していない風評を、不特定または多数の者に伝播させることをいうとされる。
(17) たとえば平成一八年のライブドア事件では、取引所の自主ルールに基づくタイムリー・ディスクロージャーおよび四半期報告書等での虚偽の事実の公表が「風説の流布」に当たることと並んで、利益を得るために株式交換比率を恣意的に決めたのにその事実を秘して取引を進めたことが「偽計取引」に当たるとされている。

(18) 武井一浩＝石井輝久「日本版一〇b－五としての金商法一五八条(中)」商事法務一九〇五号(二〇一〇年)四六頁。

(19) 黒沼悦郎『金融商品取引法〔第四版〕』(日本経済新聞出版社、二〇一一年)一六二頁。そもそも、本規定は、相場操縦の防止を目的とした戦前の取引所法三二条の四を戦後引き継いだものであるため、相場操縦の禁止規定及び一般的な詐欺禁止規定(一五七条)が導入されている現在、その適用範囲はいずれの規定とも重なる広範囲なものとなっている。

(20) 大杉謙一「ライブドア事件判決の検討——東京地裁平成一九・四・一八判決(下)」商事法務一八一一号(二〇〇七年)一二頁。

(21) 「告発の現場から①——不公正ファイナンスに係る偽計の告発」証券取引等監視委員会ホームページ http://www.fsa.go.jp/sesc/actions/actions_menuo2.htm 参照。

(22) 架空増資に対する金融商品取引法一五八条の適用事例としては、平成二一年七月一四日に証券取引等監視委員会が東京地方検察庁検察官に告発し、同年七月一五日に公訴の提起がなされたペイントハウス事件、平成二一年一二月二四日に証券取引等監視委員会が大阪地方検察庁検察官に告発し、公訴提起がなされたユニオンホールディングス事件、平成二二年三月二六日に証券取引等監視委員会が東京地方検察庁検察官に告発し、一部につき公訴の提起がなされたトランスデジタル事件、平成二二年一〇月二六日、さいたま地方検察庁検察官に告発し、公訴提起がなされた株式会社エフォーアイ公募増資事件などがある。なお、架空増資に関する議論の推移ないし近時の告発事例については、平山幹子「架空増資の規制について——不公正ファイナンスの規制についての序論的考察」斉藤豊治先生古稀祝賀論文集(成文堂、二〇一二年)一八三頁以下参照。

(23) 大阪証券取引所オプション取引事件(大阪地判平一七・二・一七判タ一一八五号一五〇頁、大阪高等判平一八・一〇・六判時一九五九号一六七頁、最決平一九・七・一二判時一九八一号一六一頁)。

(24) 木目田裕「最近の公募増資インサイダー取引における問題の所在と防止策」金融法務事情一九五八号六頁参照。

(25) 改正の柱となっているのは、(一)情報伝達行為・取引推奨行為に対する規制の導入(金商法一六七条の二、一九七条の二)、(二)上場投資法人の投資口のインサイダー取引規制の対象化、(三)公開買付者等関係者の範囲の拡大(金商法一六七条一項五号・六号)、(四)資産運用業者の違反行為に対する課徴金の引上げ(金商法一七五条一項三号・二項三号)及び(五)インサイダー取引規制の適用除外の拡大である。

(26) 立法当時から、会社関係者や公開買付等関係者による情報伝達行為については、刑法の共犯規定の適用によって規制の対象となり得るとされてきたものの、実際に情報伝達者が共同正犯が認められたケースとしては、名古屋地判平成九・九・三〇判時一六二六号一五九頁、東京地判平成二二・四・五判タ一三八二号三七二頁、共同正犯の成否が争われたケースとしては、東京地判平成一五・五・二判タ一一三九号三二一頁、教唆犯の成立が認められたケースとしては、東京地判平成一一・四・一三公刊物未登載等しか見当たらない。

(27) こうした事情は、インサイダー取引規制の歴史が浅く、そのあり方を考えるにあたり、「公正」や「投資家保護」といった抽象的内容のものに頼って議論することが危険であることを示している。同様の指摘をするのは、藤田友敬「内部者取引規制」フィナンシャル・レビュー(大蔵省財政金融研究所、一九九九年)二頁。なお、制定当初から現行規定に至るまでの経緯については、松井秀樹「インサイダー取引規制の変遷と現行制度の概要」商事法務一六七九号(二〇〇三年)四頁以下参照。

(28) 横畠裕介『逐条解説インサイダー取引規制と罰則』(商事法務研究会、一九八九年)六六八頁。

(29) 前田雅弘「インサイダー取引規制のあり方」商事法務一九〇七号(二〇一〇年)二六頁。

(30) 前田・前掲注(28)二七頁。

(31) 本規制の導入経緯については、大蔵省・法務省内証券取引法令研究会『損失補てん規制Q&A』(財経詳報社、一九九二年)三頁以下。

(32) 神崎克郎=江頭憲治郎=芝原邦爾=竹居照芳「座談会・損失補填問題と証券取引法」ジュリスト九八九号(一九九一年)二〇頁以下。

(33) 黒沼『証券市場の機能と不公正取引の規制』(有斐閣、二〇〇二年)一八〇頁以下。

(34) 山下友信=神田秀樹編『金融商品取引法概説』(有斐閣、二〇一〇年)三四六頁〔後藤元〕、山口厚編著『経済刑法』(有斐閣、二〇一二年)二五七頁〔橋爪隆〕。

(35) 武井一浩=石井輝久「日本版一〇b-五としての金商法一五八条(下)」商事法務一九〇六号(二〇一〇年)一〇七頁。

(36) 前田雅弘「インサイダー取引規制のあり方」商事法務一九〇七号(二〇一〇年)二六頁。

第Ⅲ部　人権保障と刑事手続

裁判員制度の「見直し」について

内田博文

Ⅰ　裁判員裁判で変わったこと、変わらなかったこと

1　変わったこと

最高裁事務総局によって、「法曹が払ってきたエネルギーは、我が国の司法制度の歴史の中でもまれなほどに膨大なものがある」と自負される裁判員制度は、平成二一年五月二一日の施行以来、五年余りを経過した。

このうち、平成二四年五月末までの約三年間の裁判員裁判対象事件の事件数や裁判結果について概観すると、新受人員総数は四八六二人であり、新受人員を罪名別にみると、強盗致傷（二四・四％）、殺人（二〇・九％）で半数近くを占め、次いで現住建造物等放火（九・五％）、覚せい剤取締法違反（八・四％）、傷害致死（八・二％）、（準）強姦致

死傷（七・一％）、（準）強制わいせつ致死傷（五・八％）、強盗強姦（四・八％）、強盗致死（強盗殺人）（二・七％）と続いている。年度毎にみても、この罪名の傾向に大きな変動はみられない。終局人員総数は三八八四人であり、新受人員総数の七九・九％となっている。各年毎では、制度施行翌年の平成二二年以降は、新受人員にほぼ見合った終局人員数となっている。(1)

問題は、この裁判員制度によって刑事裁判がどのように変わり、あるいは変わらなかったかである。前述の「検証報告書」によって、これを見ていくことにしよう。

先ずは変わった点であるが、裁判員の選任手続や公判前整理手続等が新たに加わった点等を除くと、真っ先に挙げられるべきは被告人の保釈であろう。次のように検証されている。

「裁判員裁判対象事件の保釈率は、裁判官裁判時代には、総数で四・五％、自白で四・八％、否認で四・〇％であったが、制度施行後は、総数で八・五％、自白で一〇・二％、否認で五・九％に上昇している。…保釈された者のいない強盗強姦、強盗致死（強盗殺人）を除くすべての罪名で、保釈率（裁判官裁判（裁判員裁判対象罪名の事件）（平成一八年～平成二〇年）の場合は四・五％に対して、裁判員裁判の場合は八・五％—引用者）が高くなっている。」「実刑判決が宣告された事件に限ってみても、ほとんどの罪名で保釈率が上昇している。」「制度施行前の問題意識を踏まえて、保釈の弾力的運用が図られつつあるといえる。(2)」

裁判員裁判の導入により、公判前整理手続が集結した段階での保釈は認められやすい傾向が出てきているとの指摘が裏付けられた結果となっている。公判前整理手続において公判審理が実質的に先取りされた結果、「証拠隠滅のおそれ」等の保釈の除外事由が減少したことによるものといえよう。(3)

変わった点の第二は、量刑である。求刑と量刑の関係の変化、それも重罰化の方向への変化が次のように検証されている。

「殺人既遂罪等八つの罪名について、量刑分布(同じ罪名の判決人員全体に占める割合)を、裁判官裁判と裁判員裁判とで比較すると、殺人未遂、傷害致死、強姦致傷、強制わいせつ致傷及び強盗致傷の各罪で、実刑のうち最も多い人数の刑期が、重い方向へシフトしている。」「上記八つの罪名のうち有期懲役刑の実刑判決が下された事件について、判決と求刑の関係を比較すると、裁判官裁判では九七・九%、裁判員裁判では九四・二%の事件で求刑を下回る量刑がなされている。裁判員裁判では、求刑どおり(一二六件、五・〇%)又は求刑を上回る判決(二三件、〇・九%)が少なくない。(4)」

そして、その他方で、執行猶予、とりわけ保護観察付け執行猶予の増加という傾向の存在が次のように指摘されている。

「上記八つの罪名について、有罪判決を受けた被告人のうち、執行猶予付き有罪判決を受けた被告人の割合を裁判官裁判と比較すると、裁判官裁判の一三・〇%から一五・六%にわずかながら増加している。」「殺人既遂、殺人未遂、強盗致傷及び現住建造物等放火については、執行猶予に付される率が上昇している。」「同じく八つの罪名について、執行猶予付き有罪判決を受けた被告人のうち、保護観察に付された割合を裁判官裁判と比較すると、裁判官裁判の三五・八%から五五・七%に大幅に増加している。(5)」

この量刑面での変化に関わって影響がみられるのが上訴審である。上訴審に及ぼした影響についても、次のように検証されている。

「裁判員裁判対象事件のうち、判決人員の多い一五の罪名について、裁判官裁判時代と控訴率を全事件で比較すると、裁判官裁判時代は三四・三%、裁判員裁判では三四・五%であり、控訴率はほとんど変わらない。」「控訴審の終局人員及び控訴理由別内訳をみると、裁判官裁判時代と比較して、検察官が控訴した事件の終局件数が少なくなっており、検察官からの控訴申立自体が顕著に減少していることがうかがわれる。」「控訴審の結果を裁判官裁判時代と比較すると、事実誤認を理由として第一審判決を破棄した割合は裁判官裁判時代の二・六％が裁判員裁判では〇・五％、量刑不当を理由として破棄した割合は五・三％が〇・六％、判決後の情状を理由として破棄した割合は八・四％が五・〇％と、明白な低下傾向を示している。」「控訴審における事実の取調べの実施状況を比較すると、事実取調べの行われた事件の割合は、第一審が裁判官裁判の場合に七八・四％であったのに対し、裁判員裁判の場合は六三・一％に低下している。その中でも、被告人質問とそれ以外の証拠調べが併せて行われた事件の割合は、第一審が裁判官裁判の場合に四一・〇％であったものが、裁判員裁判の場合は二三・九％とほぼ半減している。」「検察官からの（上告の—引用者）申立ては、双方申立ての一件にとどまっている。…一五の罪名について、裁判員裁判の上告審における破棄率（破棄人員数÷上告審終局人員数）を裁判官裁判時代と比較すると、裁判員裁判の破棄率〇・三八％、裁判官裁判時代のそれは〇・四一％である。(6)」

より検察官サイドに傾斜した第一審の「是正」の場ではなく、「追認」の場に上訴審がなっている傾向がうかがわれる。(7)

2　変わらなかったこと

それでは、裁判員裁判によっても変わらなかったことは何であろうか。日本型刑事裁判手続のほとんどは変わらなかったといってもよいが、その主なものの第一は、日本型刑事裁判の象徴ともいうべき公判における書面審理という点である。検証結果が次のように記述されている。

「制度施行後の運用をみると、検察官の書証への依存傾向が是正されず、弁護側も、事実関係を争わない限り、主要な事件関係者であっても、供述調書を同意するというこれまでのスタンスを大きく変えることはなかった。このような傾向に対する裁判所の問題意識も十分ではなかったことから、全体として書面による立証を中心とする旧来型の運用が主流となっていた実情が浮き彫りになってきた印象がある。それは、冒頭陳述が詳細化し、なるべく多くの捜査結果を公判に持ち込もうとする前述の傾向とも対応していると思われる。その後、裁判所は、こうした傾向に対する問題意識を持つに至り、できる限り人証を中心とした立証を行うように求めてきているが、特に自白事件については、立証に多大な負担を要するとする検察官と被害者を法廷に呼ぶことに消極的な弁護人の協力を得られないことも多く、未だ裁判員裁判にふさわしいとされた法廷中心の審理が実現できていないというのが現状である。(8)」

審理に長期を要する事件の増加や公判前整理手続の長期化も、ある意味では、変わらなかったことの一つに付け加えることができるかもしれない。裁判員制度の実施に当たって、裁判所等は、裁判員の負担の軽減等を理由に公判審理の迅速化等に特に意を注いでいたにもかかわらず、結果はこのようなことになったからである。この点についても、次のように検証されている。

「三日以内の事件は、平成二一年は事件全体の六二・〇％を占めていたが……、二二年は三九・九％、二三年は二七・六％、二四年は二五・八％と減少している。逆に六日以上一〇日以内の事件は、平成二二年の一二・八％、二三年の二一・八％から二四年の二三・六％と増加しており、審理に一一日以上を要する事件の比率も二二年〇・六％、二三年二・五％、二四年六・一％と増加している。」「公判前整理手続期間についてみると、自白事件においても、否認事件においても長期化する傾向にあり、それが事件全体の審理期間を裁判官による裁判に比して長期のものとしている。(9)」

変わらなかったことの主な第三は、無罪率である。裁判官裁判（平成一八年～平成二〇年）の終局人員七五二二人、有罪人員七二二四人、有罪・一部無罪一九人、無罪四四人（判決人員に対する割合〇・六％）に対して、裁判員裁判（制度施行～平成二四年五月末）の終局人員三八八四人、有罪人員三七七九人、有罪・一部無罪一〇人、無罪一八人（同〇・

五％）となっているからである。大きな変化は見られない。むしろ微減している。無罪が出ていない罪種も少なくない。[10]

変わらなかったことの第四は、死刑判決である。裁判員裁判（制度施行～平成二四年五月末）の有罪人員三七六九人のうち、死刑は一四人である。殺人既遂では、裁判官裁判（平成二〇年四月一日～平成二四年三月末）では判決人員五三一人に対して死刑は七人、裁判員裁判（制度施行～平成二四年五月末）では判決人員四九六人に対して死刑は六人となっており、ほとんど変化は見られない。[11]

Ⅱ　誘導される「国民世論」と裁判員裁判

1　裁判員等経験者に対するアンケート調査

裁判員裁判が実施されたことを踏まえて、最高裁によって二種類のアンケート調査が実施されている。一つは裁判員等経験者に対するもので、平成二五年三月にその調査結果が「裁判員等経験者に対するアンケート調査結果報告書（平成二四年度）」と題してまとめられ、法務省が設置した「裁判員制度に関する検討会」に提出され、公表されている。

裁判員経験者に対するアンケートのうち、公判審理については、次のような結果となっている。

「『（審理内容について―引用者）理解しやすかった』と回答した割合は、審理実日数が一日又は二日の場合、六七・一％であるのに対し、審理実日数が六日以上の場合、四五・一％となっている。自白・否認別では、『理解しやすかった』との回答が、自白事件において六五・一％であるのに対し、否認事件においては五〇・八％である。」「検察官、弁護人、裁判官の法廷での説明等について、『わかりやすかった』または『普通』と回答した者の割合は、検察官が九三・二％、弁護人が七八・九％、裁判官が九八・四％である。」「弁護人については審理実日数が長いほど『わかりやすかった』と回答した者の割合は低くなっているが、検察官及び裁判官については審理実日数の長短による顕著な違いはみてとれない。」「法廷での手続全般について、『理解しにくかった点はなかった』との回答は三三・九％である。理解しにくかった理由については、『証人や被告人が法廷で話す内容がわかりにくかった』（二八・九％）、『事件の内容が複雑であった』（一五・二％）、『調書の朗読が長かった』（一一・五％）、『証拠や証人が多数であった』（三・六％）、『審理時間が長かった』（二・五％）の順で高くなっている。[12]」

これによると、全体として弁護人の活動の方が検察官の活動よりは「分かりやすさ」「理解のしやすさ」の程度が低いことがうかがえる。そして、そのことが前述の量刑における変化の醸成にも与っているといえようか。[13] 検察官の活動についても、「弁護人よりは分かりやすさの程度は高いが、年々その比率が低下しており、低下率は法曹三者の中で最も高い。[14]」と分析されている点が注目される。

他方、評議については、次のような結果となっている。

「（『評議における話しやすさ』は―引用者）審理実日数別、自白・否認別いずれも各回答の割合に大きな差はみられない。」「審理内容が『理解しやすかった』、法廷での説明等が『わかりやすかった』と答えた層で（評議が―引用者）『話しやすい雰囲気であった』とする回答の割合がいずれも七六％以上となっている。」「（評議における議論の充実度については―引用者）審理実日数別、自白・否認別いずれも各回答の割合に大きな差はみられない。」「評議の話しやすさ別では、『話しやすい雰囲気であった』と答えた層の八一・一％が『十分に議論ができた』と回答しているのに対し、『話しにくい雰囲気であった』と答えた層では、一三・八％に止まっている。[15]」

注目されるのは裁判員として裁判に参加した感想等であるが、次のようなアンケート結果となっている。

「『非常によい経験と感じた』との回答が五四・九％である。これに、『よい経験と感じた』との回答（四〇・二％）

をあわせると九五・二%になり、ほとんどの人が『よい経験』と感じたと回答している。」「選任前の参加意向が積極的な層ほど、『非常によい経験と感じた』と回答した者の割合が高くなっている。また、選任前やりたくなかったと回答した層であっても、選任後は八八・八%が『よい経験』と感じたと回答している。[16]」

裁判員経験者に対するアンケート調査で気になることは、裁判員の経験を踏まえて裁判員制度の是非を問うようなアンケート項目はまったく見られないという点である。もっとも、それも、当然のことといえるかもしれない。本アンケート調査の実施主体は、公平な第三者機関ではなく、マスメディアも大々的に動員し、多額の税金を使って鳴り物入りで裁判員制度を喧伝し、その実施・定着を図る側の大黒柱ともいうべき最高裁だったからである。右のアンケート結果がいずれも「期待される回答」に沿ったものとなっており、想定外の回答が見られないことも容易に理解し得るところだといえよう。

2　国民・市民に対する意識調査

最高裁が実施したもう一つのアンケート調査は国民・市民に対するもので、平成二五年一月に実施され、調査結果が平成二五年三月に「裁判員制度の運用に関する意識調査[17]」と題してまとめられ、これも同じく検討会に提出され、公表されている。

ここでも、「模範的な回答」が寄せられている。「裁判員制度が実施されている」ことを知っているかを聞いたところ、「知っている」と答えた者が九八・五%、「知らない」と答えた者は一・五%であった。裁判員裁判の内容についても、裁判官と一緒に有罪・無罪の判断や刑の内容（重さ）を決める制度であることを「知っている」と答えた者が九七・〇%、「知らない」と答えた者は三・〇%であった。裁判員制度が開始されてから、裁判や司法に対する興味や関心が変わったかをたずねたところ、「以前に比べて興味や関心が増した」と答えた者の割合は三七・四％、「特に変わらない」は六一・一％、「以前に比べて興味や関心が減った」は一・六％であった。裁判員制度の実施により期待することを聞いたところ、平均点が最も高かったのが「裁判の結果（判断）に国民の感覚が反映されやすくなる」（三・九七点）、以下、「裁判がより公正中立なものになる」（三・九六点）、「裁判所や司法が身近になる」（三・八八点）、「裁判がより信頼できるものになる」（三・八七点）、「刑事裁判や司法など公の事柄について、国民の関心が増して自分の問題として考えるようになる」（三・八一点）、「裁判の結果（判断）がより納得できるものになる」（三・七三点）、「裁判の手続や内容がわかりやすくなる」（三・七〇点）、「事件の真相がより解明される」（三・六五点）、「裁判が迅速になる」（三・五九点）となっている。現在実施されている裁判員制度について、どのような印象を持っているかを聞いたところ、平均点が最も高かったのが「裁判の結果（判断）に国民の感覚が反映されやすくなった」（三・六七点）、以下、「裁判所や司法が身近になった」（三・五九点）、「刑事裁判や司法など公の事柄について、国民の関心が増して自分の問題として考えるようになった」（三・五四点）、「裁判がより公正中立なものになった」（三・三九点）、「裁判がより信頼できるものになった」（三・三九点）、「裁判の結果（判断）がより納得できるものになった」（三・二六点）、「裁判が迅速になった」（三・二四点）、「事件の真相がより解明されている」（三・二三点）、「裁判の手続や内容がわかりやすくなった」（三・二三点）となっている。刑事裁判や司法などに国民が自主的に関与すべきであるという考え方については、「そう思う」＋「ややそう思う」は五一・七％、「あまりそう思わない」＋「そう思わない」は二〇・四％である[18]。

この回答には、マスメディアの報道の影響が色濃く投影されている。現在実施されている裁判員制度について前述の印象を持つことになった原因を聞いたところ、「テレビ報道」が八八・九％と最も高く、次いで「新聞報道」が六四・五％で、以下、「インターネット」（一三・五％）、「家族・友人・知人等の話」（一二・〇％）、「ラジオ報道」（一一・一％）となっているからである[19]。マスメディアが醸成した漠然としたプラス・イメージに従って回答しているためか、「裁判が迅速になった」など、最高裁の検証結果と乖離した回答となっている部分も少なからず見受けられる。マスメディアが裁判員制度について「国策報道」の役割を担っていることからすれば、このような「模範解答」も容易に了解し得るところであろう。

ただし、本音の部分も透けて見える。裁判員として刑事裁判に参加したいかどうかについて聞いたところ、「参加したい」が四・七％、「参加してもよい」が一〇・二％、「あまり参加したくないが、義務であれば参加せざるを得ない」が四一・九％、「義務であっても参加したくない」が四一・九％となっているからである。消極的、受動的な姿勢が垣間見られる。[20] 司法改革で標榜された国民における「統治主体意識の涵養」とは逆方向に行っている。

Ⅲ　裁判員制度の「見直し」

法務省によって設置された「裁判員制度に関する検討会[21]」が平成二五年六月二一日に公表した「最終報告書[22]」では、各論点についての検討会の議論の状況が要約されている。積極意見が大勢を占めた論点と消極意見が大勢を占めた論点とがあるが、前者については、次のように要約されている。

「公判審理の期間が極めて長期間に及ぶ事案につき、裁判員の負担が過重なものとなる事態を避ける等の観点から、例外的に裁判官のみによる裁判を実施することができることとする制度については、これを導入すべきであるとの意見が大勢を占めた。[23]」「甚大な災害発生等の非常事態時における候補者の呼出しの在り方に関連し……、非常事態にあるがために出頭が困難であるといった内容の辞退事由を独立した新しい辞退事由の類型として規定するという法制上の措置をとるべきであるとの意見が大勢を占めた。[24]」「選任手続における被害者等に対する配慮義務を定めるような規定を新設することが望ましいとの意見が少なからず示され、これに反対する意見は見られなかった。[25]」

裁判員の負担が過重なものとならないための措置や被害者の保護のための措置については、裁判員制度の骨格を損なわない範囲内であれば、できる限り講じることとしたい。このように考えられているといえよう。これに対し、裁判員制度の骨格を変更することにつながりかねない「法制上の措置」については、消極意見が大勢を占めている。この点について、次のように要約されている。

「性犯罪に係る事案を一律に除外すべきである等の意見のほか、被告人の請求する否認事案を対象に加えるべきとの意見などについて幅広く検討を行ったが、いずれの点についても、現行法の対象事件の範囲を改めるべきではないとの意見が大勢を占めた。[26]」

「裁判長が公判廷において冒頭手続後及び被告人の最終陳述後に刑事裁判の原則を説明することを義務付ける法改正をすべきではないかという意見や、少年の被告人の裁判員裁判では、弁護人の請求により公開を停止したり、被告人の一時退廷を認めることとする規定を刑事訴訟法及び裁判員法に設け、また、いわゆる科学主義の理念を刑事訴訟法及び裁判員法に明記すべきとの意見もあったが、消極意見が多く見られ、法制上の措置を行う必要はないとの意見が大勢を占めた。[27]」

「有罪判決などの被告人に不利な判断をするための評決要件として、裁判員の過半数及び裁判官の過半数を求めるべきとの意見や、裁判員法のみならず裁判所法を改正して、裁判員裁判か否かを問わず、死刑の言渡しのためには、全員一致の評決を必要とすべきであるとの意見があったが、消極意見が多く見られ、法制上の措置を行うべきではないとの意見が大勢を占めた。[28]」

「死刑を言い渡された被告人が上訴を申し立てない場合にも、法律上自動的に上訴審の審査を受ける仕組みについて検討を行うべきとの意見が示されたが、消極意見が大勢を占めた。[29]」

「裁判員又は補充裁判員であった者に対する守秘義務に関し、……罰則の対象となる行為の見直しをすべきであるとの意見が述べられたが、現行法が定める守秘義務の罰則の対象範囲を変更すべきではないとの消極意見が多く示された。[30]」

興味深いのは、「当検討会において示されたその他の論点」について、その議論の状況が次のように要約されている点である。[31]

（一）　当検討会において示されたその他の論点として、

○　弁護人が開示請求をした証拠について、検察官がいったん不存在の回答をしたにもかかわらず、事後その存在が判明することがあることから、かかる事態を防止するために、検察官手持ち証拠のリストを弁護人に開示するという運用を行うべきではないか。裁判員裁判において必要的に公判前整理手続が実施されることなどに鑑み、この点も当検討会で議論を行うべきである

○　裁判員裁判において、事実認定の審理と量刑についての審理を区別して行う運用を積極的に行うようにすべきではないか

との意見が示された。

（二）　これらについては、

○　刑事訴訟全体に関連する全般的な問題であって、裁判員制度特有の法制又は運用の問題ではないので、当検討会で議論を行うことは適切ではない

○　裁判員裁判のみならず裁判官による裁判であっても共通して適用される刑事訴訟法上の問題である。裁判員裁判における証拠開示を念頭においても、裁判員裁判固有の問題があるとは考え難い

○　他の機会（法制審議会新時代の刑事司法制度特別部会）において検討事項として取り上げられている以上、そのような場で議論されるのがすみ分けとして適切である

など、当検討会で議論の対象に取り上げること自体に否定的な意見が数多く示された。

ここに至ると、裁判員制度の見直しにおいて形成された検討会の方針も明らかであろう。「裁判員制度の見直し」を契機とした「日本型刑事裁判の見直し」論を明確に拒否するとともに、裁判員制度の骨格を変更することにつながりかねない改革についても、これを退けるという方針がそれである。その実質は「見直し」拒否論ともいうべきもので、「見直し」検討会の名に値する検討がなされたかは多いに疑問であろう。検討会報告書は、その「第五　終わりに」において、「これまでの運用状況を見ても、おおむね順調に推移してきていると評価できる」[32]と結んでいるが、これもはじめに結論ありきの感を免れ難い。マスメディアによると、本報告書をもって大幅な見直しはない見通しだと報道されたのも当然といえよう。

Ⅳ　裁判員制度の「見直し」とメディア及び弁護士会

検討会には、マスメディアからも委員が選ばれている。土屋美明委員（当時・一般社団法人共同通信社編集委員兼客員論説委員）がそれである。土屋委員も、他の委員と同様、大幅な見直しは必要ないとの立場に立っている。検討会の偏った土俵設定の枠内で、持論を展開している。検討会に提出された二〇一三年六月二一日付の「裁判員・補充裁判員の保護について　心理的ケアを中心に」と題された土屋意見書でも、専ら裁判員の保護ないし負担の軽減という立場から、そのための「具体的な改善の提案」がなされている[33]。同じような提案は、四宮啓委員（当時・國學院大學法科大学院教授・弁護士）からもなされている。同じく二〇一三年六月二一日付で検討会に提出された意見書の中で、「裁判員等が持つストレスに対して誠実かつ適切に対応することは、当該裁判員等のためのみならず、裁判員等の任務に対する社会のポジティヴな態度を一層向上させることになる」という観点から、「裁判員デブリーフィング制度」の導入などが提案されている[34]。

このように、土屋案および四宮案では、裁判員の保護ないし負担の軽減という面に特化した「改善の提案」となっている。刑事訴訟法の理念・目的が「裁判員の保護ないし負担の軽減」に取って代わったかのような観を呈している。検討会の偏った土俵を更に偏ったものにしていると言っても過言ではない。

もっとも、検討会において弁護士委員が果たした役割については、メディア委員のそれと単純に同視することはできない。検討会では反対多数で退けられたものの、前述の検察官手持ち証拠のリストの弁護人への開示などが、弁護士委員から提起されたことは想像に難くないからである。弁護士委員の胸中は察するに余りある。しかし、検討会の土俵がこのように偏ったものとなることははじめから予想されたことであった。弁護士委員とそれをバックアップする日弁連には、自らの提案を実現するための戦略とそれを基礎付ける理論が不可欠だったはずである。しかし、弁護士委員・日弁連はそれらを用意しなかった、用意し得なかった。十分な戦略的検討や理論的検討に基づいて裁判員制度の支持に回ったわけではなかったからである。市民が参加すれば、刑事司法制度改革にきっと展望が開けるに違いない。このような漠然とした淡い期待で支持に回ったからである。とすれば、「見直し」検討会の議論が実質的には「見直し」拒否論に終わったことについて、弁護士委員・日弁連も責任を免れ難いといわざるを得ない。「体制翼賛」の一翼を担ったといわれてもやむを得ないのではないか。

V　真の見直しを

裁判員制度の見直しを裁判員制度の推進者の手に委ねても、公平で公正な見直しを期待することは難しいのではないか。現に、検討会では、偏った土俵設定になった。右の偏りは、裁判員制度を推進する側からみても説明できないほどのものとなっている。

「国民のみなさんが裁判に参加することによって、国民のみなさんの視点、感覚が、裁判の内容に反映されることになります。その結果、裁判が身近になり、国民のみなさんの司法に対する理解と信頼が深まることが期待されています。」

国によれば、裁判員制度導入の目的が、このように説明されている。とすれば、今回の見直しに当たっても、この点が評価の基準とされるのが、国の立場から言っても筋であろう。しかし、そうはなっていない。導入目的から見て、見直しが欠かせないと思われる、国民の現状は「統治主体意識の涵養」とは逆方向に向っているという点についても、何ら検討は行われていない。制度の存在意義に関わる「審理の分かりやすさ」についても、「被告人の弁解そのものの理解しにくさ」、あるいはそれに起因する「弁護人の活動の分かりやすさの比率の低さ」といった点との関係をどう調整するのかといった観点からの検討は見られない[35]。自白事件の情状弁護がこの「分かりやすさ」によって大きな制約を受けているのではないか[36]というような問題意識は微塵もうかがえない。裁判員量刑検索システムの導入により、量刑判断が形骸化しているのではないかとの声がみられる[37]にもかかわらず、「求刑と量刑の関係の変化」や「保護観察付け執行猶予の増加」等といった点についても、「国民の視点・感覚の裁判への反映」と言い切れるのかどうかといった観点からの踏み込んだ検討はなされていない。これでは、「司法に対する理解と信頼」や「統治主体意識の涵養」というのは名目上の目的に過ぎなかったのではないかというような疑いさえも生じる。

より気になることは、刑事訴訟法の理念、目的に照らした見直しは検討会ではまったくなされていないという点である。裁判員制度の見直しとは直接関係がないからとか、別の場所で検討されるべき事柄だからといった理由で拒否されている。刑事訴訟法の理念、目的と裁判員制度の目的とはまるで無関係だといわんばかりである。書面審理を改めるには捜査の改革が必要となるが、検討会では捜査の改革は視野の外に置かれている[38]。裁判員の負担軽減のために迅速な公判審理を無理に墨守しようとすることは、刑事訴訟法の理念、目的に照らし、無理があるのではないかというような反省も見られない。しかし、裁判員制度といえども、刑事訴訟法の理念、目的を実現するための手段に過ぎない。手段と目的を逆転させ、手段を目的とさせるようなことがあってはならない。にもかかわらず、検討会では、裁判員制度をもって自己目的化されている。このような手段の自己目的化は違憲の誹りを免れ難い。刑事裁判に対する国民・市民の信頼と理解を損なうことに注意しなければならない。裁判員制度を合憲とした最高裁大法廷判決も、このような逆転を認めるものではなかろう。

裁判員制度の見直しにおいて真に見直しがなされるべきは、このような手段の自己目的化ではないか。そのためには、公平な第三者機関による、刑事訴訟法の理念、目的に照らした、そして、場合によれば、廃止も視野に入れた、公正な見直しが必要だといえよう。[39]

（1）　最高裁判所事務総局「裁判員裁判実施状況の検証報告書」（平成二四年一二月）を参照。http://www.saibanin.courts.go.jp/topics/pdf/kensyo_houkokusyo/hyousi_honbun.pdf

（2）　同「検証報告書」三一－三二頁。

（3）　ちなみに、裁判員対象事件である傷害致死罪の事案について、公判前整理手続が終了した段階における保釈を許可した東京地決平成二二年四月七日によれば、「被告人が目撃者に対する罪証隠滅工作をし、それが効を奏する可能性はそれほど高いとはいえない上、被告人には前科がなく、自衛隊員として長期間勤務していたなど身上関係が安定していること等の事情を考慮すれば、公判前整理手続が終結して公判期日まで二か月足らずの期間がある現段階において、目撃者等との接触禁止等の条件を付した上、保釈保証金額を五〇〇万円と定め、裁量により被告人の保釈を許可した原裁判は、その裁量権を逸脱した不当なものであるとはいえない。」とされた。

（4）　法務省が設置した「裁判員制度に関する検討会」に提出された最高裁判所作成の資料「裁判員裁判の実施状況について（制度施行～平成二五年四月末・速報）」に掲載の表三「罪名別・量刑分布別（終局区分別を含む）の終局人員及び控訴人員」によると、たとえば、殺人については、終局人員一一七一人、有罪人員一一四九人、死刑六人、無期懲役四三人、三〇年以下二一人、二五年以下二九人、二〇年以下一四〇人、一五年以下一九二人、一〇年以下一三六人、七年以下一五七人、五年以下一三〇人、三年以下（実刑）七一人、三年以下（執行猶予付け）二二四人（九四人）となっている。

ちなみに、原田國男『裁判員裁判と量刑法』（二〇一一年、成文堂）の「第一五章　裁判員裁判の新しい量刑傾向」によれば、最高裁判所の「裁判員制度の運用等に関する有識者懇談会」の配布資料に基づいて、新しい量刑傾向が次のように分析されている。「性犯罪、すなわち、強姦致傷と強制わいせつ致傷については、従来の裁判官裁判より量刑のピークが重いほうにシフトしている傾向がうかがわれる。強姦致傷では、いずれも執行猶予になった件数は少ないけれども、執行猶予率は、裁判員裁判のほうが低い。」「実刑のピークは、現住建造物等放火と覚せい剤取締法違反（営利目的輸入）以外の罪では、一ランク重いほうにシフトしている。」（二六七－二六八頁）と。

（5）前述の表三によると、有罪とされた者、執行猶予とされた者、保護観察に付された者の数は、強盗致傷一一五四人、一四一人、九七人、殺人一一四九人、二二四人、九四人、傷害致死四七七人、五〇人、一〇人、現住建造物等放火四七二人、一七四人、一一六人、（準）強姦致死傷三〇九人、一〇人、七人、（準）強制わいせつ致死傷二六四人、一〇五人、七五人、等となっている。

前掲・原田『裁判員裁判と量刑法』でも、次のように指摘されている。「執行猶予率は、殺人既遂と強盗致傷とでは、裁判官裁判よりと裁判員裁判のほうが高く、殺人未遂、傷害致死、現住建造物等放火では、両者はあまり変わらないが、裁判員裁判のほうがやや高く、逆に、強姦致傷では、裁判員裁判のほうが低い。」「保護観察率については、……裁判官裁判では、三六・六％であるのに対して、裁判員裁判では、五九・二％と明らかな差が出ている。」と。

（6）同「検証報告書」三二－三四頁。

（7）ちなみに、前記「検証報告書」によると、第一審が裁判官裁判（控訴審の終局が平成一八年～平成二〇年）のときの控訴審終局処理人員は二四五五人で、破棄人員（破棄率）は四三一人（一七・六％）、そのうち、事実誤認を理由とする破棄有罪は四九人、量刑不当を理由とする破棄有罪は一二九人、判決後の情状を理由とする破棄有罪は二〇七人、事実誤認を理由とする破棄無罪・一部無罪は一〇人である。これに対し、第一審が裁判員裁判（控訴審の終局が制度施行～平成二四年五月末）のときの控訴審終局処理人員は八〇四人で、破棄人員（破棄率）は五三人（六・六％）で、そのうち、事実誤認を理由とする破棄有罪は一人、量刑不当を理由とする破棄有罪は五人、判決後の情状を理由とする破棄有罪は四〇人、事実誤認を理由とする破棄無罪・一部無罪は三人である。

（8）同「検証報告書」一七頁。

（9）同「検証報告書」四頁。

（10）同「検証報告書」添付の図表三「終局結果の比較（罪名別）」を参照。

（11）図表五二－一を参照。ちなみに、死刑求刑事件とそれ以外の事件について、平均審理期間、平均公判前整理手続期間を比較すると、両者とも、自白、否認を通じ、死刑求刑事件の方が相当に長くなっている。また、評議について、死刑求刑事件、無期懲役求刑事件、これら以外の事件を比較すると、まず、平均評議時間では、死刑求刑事件の平均評議時間は無期懲役求刑事件よりも格段に長く、総数では三〇時間以上、自白事件に限っても二七時間以上に上っている（同「検証報告書」二九－三〇頁を参照）。

(12) 同「調査結果報告書」一七－二三頁。

(13) ちなみに、前記「検証報告書」一九頁は、弁護人の活動が「分かりにくい」「理解しにくい」理由について、「基本的には被告人の弁解そのものの理解しにくさが……反映しているものと解される」と分析している。

(14) 同「検証報告書」一九頁。

(15) 同「調査結果報告書」二四－二九頁。

(16) 同「調査結果報告書」三二－三五頁。

(17) http://www.moj.go.jp/content/000111903.pdf#search='%E8%A3%81%E5%88%A4 等を参照。

(18) 同「意識調査」八－三五頁。

(19) 同四六頁。

(20) 現に、前記「検証報告書」によると、「選定された（裁判員―引用者）候補者の五三・〇～六二・〇％の者について辞退が認められている。」「調査票段階で認められた者が四七・三％、質問票段階で認められた者が四四・九％で、選任手続段階で認められた者は辞退者全体の七・七％である。」「選任手続期日前に辞退が認められた候補者が裁判員候補者全体に占める割合は平成二二年以降増加している（四八・四％、五四・七％、五七・七％）。」「出席率が制度施行直後の八三・九％から八〇・六％、七八・四％、七五・七％と年々低下している。」「未だ短期間ではあるが、この間ですでに辞退率の上昇、出席率の低下という傾向が現れてきている。辞退率の上昇は、現在の事件数のもとで、書面審査による辞退の判断を柔軟な基準により行うという面が現れているということも考えられる。一方、出席率の低下は、現状ではさほど深刻なものではないとはいえ、この制度に対する国民の意識の端的な反映ともみられるものであり、今後の動向を注視して、対策を講じていく必要がある。」（五－八頁）と注視されている。

(21) 委員の構成は、井上正仁・東京大学大学院法学政治学研究科教授（座長）、大久保恵美子・公益社団法人被害者支援都民センター理事、菊池浩・最高検察庁検事、合田悦三・東京地方裁判所部総括判事、酒巻匡・京都大学大学院法学研究科教授、残間里江子・プロデューサー・株式会社キャンディッド・コミュニケーションズ代表取締役会長、四宮啓・國學院大學法科大学院教授・弁護士、島根悟・警察庁刑事局刑事企画課長、土屋美明・一般社団法人共同通信社編集委員兼客員論説委員、前田裕司・弁護士、山根香織・主婦連合会会長である。

(22) www.moj.go.jp/content/000109144.pdf 等を参照。

(23) 同「最終報告書」二七－二八頁。

(24) 同二八頁。

(25) 同二八－二九頁。
(26) 同二七頁。
(27) 同二八頁。
(28) 同二八頁。
(29) 同二九頁。
(30) 同二九頁。
(31) 同二六－二七頁。
(32) 同二九頁。
(33) http://www.moj.go.jp/content/000112001.pdf 等を参照。
(34) http://www.moj.go.jp/content/000111963.pdf 等を参照。
(35) ちなみに、裁判員法三九条一項は、「裁判長は、裁判員及び補充裁判員に対し、最高裁判所規則で定めるところにより、裁判員及び補充裁判員の権限、義務その他必要な事項を説明するものとする。」と規定している。そして、最高裁によれば、「裁判員法三九条の説明の基本的考え方」と「三九条の説明例」が示されているが、この中には、「無罪推定」も「合理的な疑い」の文言もないといわれている。
(36) 横浜弁護士会刑事弁護センター発行の『刑弁センターニュースＮＯ.１』の特集によると、裁判員裁判の場合、市民が裁判官と共に判断者に加わるため、職業裁判官を相手にした従来の情状弁護のままでは、裁判員に伝わりにくく、更に言うと反感を買ってしまうことにもなりかねないという点に難しさがあるので、刑弁センター委員にアンケートを実施してみたところ、「裁判員裁判の情状弁護では、『極度に刑事弁護人を嫌う裁判員がいる』という意識を持った方がよい。そこで、弁論では、『被告人がしたことは確かに悪い。悪いからこそ、刑罰を受ける必要がある。ただし、刑罰には幅がある。幅があるのは色々な事情をくみ取って評価するためである。被告人にはこういう良い事情もある。こうした事情がない人に比べれば、刑罰を軽くすべきである。』などと説明した方がよいのではないか。」等の回答があったとされる。
(37) ちなみに、最高裁「検証報告書」に添付された資料の図表五三によると、裁判員裁判（制度施行～平成二四年五月末）における「宣告刑が求刑を上回った判決」、「求刑と同じ判決」、「求刑を下回った判決」の割合を裁判官裁判（平成二〇年四月一日～平成二四年三月末）のときのそれと比較すると、「宣告刑が求刑を上回った判決」は〇・一％から〇・九％に、また、「求刑と同じ判決」は二・〇％から五・〇％に増加しているのに対して、「求刑を下まった判決」は九七・九％から九四・に％に減少している。
(38) ちなみに、陪審制度を復活する会編『司法の犯罪（冤罪）は防げるか――裁判員制度を検証する』（奈良新聞社、二〇一一年）

一二五頁によると、「欧米では、陪審員が裁判するのですから、その判断に捜査官憲の判断が及んではならず」、「通常、陪審は捜査官が作成した記録等など読む機会はなく、また読んではならないのです」と説かれているが、日本でも、大正刑事訴訟法の時代は、周知のように、重罪事件については検事調書の証拠能力は認められていなかったのである。

(39)　二〇一三年十月中旬の新聞報道によると、法務省は、同省の有識者検討会が同年六月にまとめた最終報告の内容に沿って、審理が年単位の著しく長期間に及び、裁判員の選任が困難となる事件を対象から除外すること、性犯罪の裁判員選任手続で被害者の氏名や住所を明かさないよう義務づけ、候補者が知った場合はが外部に漏らすことを禁じること、地震等の大規模災害時に裁判所は被災地域に住む裁判員候補者を呼びださない措置をとれるようにし、生活再建が必要な候補者には辞退を認めること、をポイントとする裁判員法改正案を法制審議会に諮問し、同審議会の答申を得て、二〇一四年の通常国への法案提出を目指すとのことのようである。

その法制審議会での審議であるが、平成二六年五月二二日開催の刑事法（裁判員制度関係）部会では、要綱（骨子）第一「長期間の審判を要する事件等の対象事件からの除外」について、事務当局から修正案の説明がなされた後、その修正案を基に審議が行われ、その他、要綱（骨子）全体についても審議が行われたとのことである。

退去強制と刑事手続に関する「法の不備」（再論）
――立法的解決を目指して――

小山雅亀

Ⅰ　はじめに

近年最高裁第二小法廷は、イギリス国籍を有する被告人の第一審無罪判決後の控訴審による勾留の適否が問題となった事案において、勾留が適法である旨を判示した。(1) これによって、最高裁の全ての小法廷が――無罪判決の検討を含めて慎重な判断が必要としつつも――「無罪判決後の控訴審による勾留が許される」旨の判断を示したことになる。(2)

しかし、一審の無罪判決に対して検察官が控訴した場合に、被告人が日本人その他在留資格を有する者であるときは、通常身柄不拘束のまま審理が進められて、逆転有罪判決（実刑）となった段階で再勾留されると言われるのに対して、在留資格のない外国人である被告人は、それより以前の段階で勾留される可能性があることになる。[3]これは、後述するような退去強制手続と刑事手続の調整規定の不備に由来するものとも考えられ、そうだとすれば「法の不備」から生じる不都合を外国人被告人に押し付けていることになる。[4]

Ⅱ　退去強制事由のある外国人と刑事手続との関係

退去強制事由のある外国人が刑事手続とかかわる場面は多様であるが、本稿で検討する問題は、退去強制手続と刑事手続が並行して進行し、しかも刑事手続が一審判決後の（裁判が未確定な）段階において生じるものである。[5]この問題は「東電ＯＬ殺人事件」を契機に大きな注目を浴びるに至った。

1　東電ＯＬ殺人事件

周知の事件であるので詳細は省略し、[6]そこで指摘された法の不備についてまとめる。この事件においては、無罪判決が言い渡され刑訴法三四五条によって勾留状が失効した後の再勾留が認められるかが争点であった。具体的には①再勾留の実体的要件、②再勾留が可能となる時期が争われたが、その背景には「控訴審の審理中に被告人が退去強制される可能性にどう対応するのか」という問題が存在した。

⑴　法廷意見は、「控訴審裁判所は、記録等の調査により、右無罪判決の理由の検討を経た上でもなお罪を犯したことを疑うに足りる相当な理由がある……（ときは勾留の理由と必要性があると認める限り）……その審理の段階を問わず、被告人を勾留することができ、……また、裁判所は、勾留の理由と必要性の有無の判断において、被告人に

対して（入管）法に基づく退去強制の手続が執られていることを考慮することができる」と判示した。[7] このような考え方によれば、退去強制の可能性には勾留によって対処し得るため、「法の不備」は存在しないあるいは極めて小さいということになろう。[8] しかし、この事件をめぐって何回か「法の不備」が指摘された。

(2) 検察官による控訴申立後における勾留の職権発動の申立てに対して職権不発動とした東京高裁の決定は以下のように判示した。[9]

無罪判決に対する検察官上訴を認めながら、被告人の出国を認めると、実質上上訴権の実効性を失わせる虞がある。とくに退去強制事由のある外国人について「第一審で無罪判決が言い渡された場合に、被告人の強制送還により控訴審の実質審理が困難になるという事態は、現行法を前提とする限り容易に予想される……が、現行法上はやむを得ないものとして割り切る」しかない。

(3) 最高裁決定における遠藤裁判官の反対意見は、控訴審裁判所が被告人を再勾留するためには、実質審理が始まることが必要であるとしたうえで、以下のように指摘する。[10]

（本件ではその虞は大きくないが）訴訟手続の進展いかんによって（控訴審での実質的審理に）現実に支障が生じる可能性もあり得る。しかし、入管法に基づく行政処分と刑訴法に基づく身体拘束処分との関係を調整するための規定が設けられていない。「したがって、現行法を前提とする限り、入管当局としては、無罪判決の宣告により勾留状が失効した不法残留の外国人に対しては速やかに退去強制令書を執行せざるを得ず、一方、司法当局としては、その執行を阻止するため無罪判決により勾留状が失効した被告人の身柄を確保すべき法的根拠を有しない。正に法の不備といわざるを得ない……。（この問題に対しては）例えば、一定の要件の下に、この種の不法残留者等に対しては退去強制処分の執行停止を認めることができる旨の規定を設けるなどしてこれに対応することが望まれよう。」

(4) 同じく藤井裁判官の反対意見は、実質的な審理が始まることが要件であるとしつつ、以下のように指摘する。[11]

勾留状が失効して釈放された被告人に対しては退去強制令書の執行ができるものと解されているが、「犯人としての嫌疑の濃い被告人の国外退去を可能にすると、控訴審の審理に事実上制約がかかるおそれがあるだけでなく、仮に……有罪となったとした場合に刑の執行ができなくなる……。この問題は、退去強制手続と刑事手続の調整に関する規定の不備によるものであり、このことだけで勾留を正当化することはできない。」

2　その後の判例

東電ＯＬ事件の後にも、無罪判決後の勾留をめぐる判例において法の不備を指摘するものが現れた。以下代表的なものを示す。

(1)　スイス人女性が覚せい剤の営利目的輸入等の事実で起訴され、一審判決が無罪を言い渡した後の控訴裁判所による勾留が問題となった事案においても――法廷意見は、前記東電ＯＬ事件最高裁決定を引用しつつ、一審段階より高度の嫌疑等が求められるとするにとどまっているが――補足意見によって法の不備が指摘された[12]。近藤裁判官の補足意見は以下のように指摘する（田原裁判官もこれに同調する）。

一審無罪の被告人を勾留するための要件が充足されない場合において、被告人が在留資格を有しない外国人であるときは、「勾留されていない被告人は……退去強制手続の対象となるから、控訴審の審理において被告人質問が必要となってもこれを行うことができず、また、控訴審では有罪とされた場合であっても刑の執行を確保することもできない。このような事態に対処するためには、退去強制手続と刑事訴訟手続との調整規定を設け、退去強制の一時停止を可能とするなどの法整備の必要があるのであるが……いまだに何らの措置も講じられていない。」

(2)　他方、イギリス国籍で南アフリカ居住の被告人が大麻密輸入事件につき起訴され、一審の無罪判決後検察官が控訴したが、控訴審で勾留の職権発動がなされなかったため、退去強制により被告人が南アフリカに退去強制（自費出国）されたが、弁護人を送達受取人に選任し電話や電子メールでの連絡によって控訴審の審理に特段の支障を生じなかった事例も報告されている。(13)

(3) アフリカのベナン共和国から覚せい剤を密輸入しようとしたとして起訴され、一審無罪判決後の勾留が問題となった事案において、最高裁は被告人の勾留を認めるための要件について、嫌疑の程度のみならず、勾留の理由および必要性についても、一審無罪判決の理由等を検討し「刑訴法三四五条の趣旨及び控訴審が事後審査審であることを考慮」するよう求めたが、特に「法の不備」についての指摘はなされていない。(14)

Ⅲ 問題の原因

上述した判例において「法の不備」として指摘されている状況を生じさせているのは、主として入管法（以下「法」として引用する）の解釈（運用）のためである。

1 全件収容主義（収容前置主義）

法三九条一項は、「入国警備官は、容疑者が……（退去強制事由に）該当すると疑うに足りる相当の理由があるときは、収容令書によりその者を収容することができる」と規定する。この「収容することができる」の解釈について見解の対立がある。

(1) 一般には、収容の在り方はもっぱら立法裁量であることを前提にして、「退去強制事由のある者すべてを収容してから入国審査官による違反調査を行う」とする全件収容主義を採用したものと解されている。この論拠としては、①法四四条、四五条は容疑者を収容しないで違反事件を入国審査官に引き継ぐことを定めていないこと、②

法四七条一項は退去強制事由に該当しないと認定された者の放免を命じているので、それまでは収容されていることが前提とされていること、③法四八条の特別審理官による口頭審理においても出頭を求める規定がなく、非該当者は放免されると規定されているので、収容が前提とされていること、④法六三条一項は、一定の場合に収容しないときにも退去強制手続を行うことができるとするが、これ以外の場合には収容したうえで退去強制手続が行われるはずであること、等が挙げられている。[15]

(2)　全件収容主義を否定する論拠としては、①法三九条一項は「収容することができる」と規定し、収容を必要的とはしていないこと、②収容は、身体の拘束を意味する以上、勾留と同様に必要性を要件としているはずであること、が挙げられる。[16]

(3)　入管実務は全件収容主義を前提に運用されているが、結果として過剰収容を生じさせるとともに、刑事手続との関係でも、保釈を認めにくくさせ、収容中の被告人の出廷確保にも困難を生じさせてきたと指摘されている。[17]

2　刑事手続との調整規定——制限適用説

法六三条一項は、「退去強制対象者に該当する外国人について刑事訴訟に関する法令……の規定による手続が行われる場合には、その者を収容しないときでも……退去強制の手続を行うことができる」とし、同条二項は「前項の規定に基づき、退去強制令書が発付された場合には、刑事訴訟に関する法令……の規定による手続が終了した後、その執行をするものとする」と規定する。この「刑事訴訟に関する法令の規定による手続」が何を意味するかについても見解が対立している。

(1)　入管実務は、この「手続」を「身体の拘束を伴う手続」を意味するとの制限適用説によっているが、その論拠は以下のとおりである。[18]すなわち、①法六三条一項は、退去強制事由があると疑われる外国人が刑事手続上の身体拘束を受けている場合には、それと両立しない収容令書による収容の措置を取らないとして、その限度で刑事手続を優先させる一方で、その場合においても——入管職員が拘置所等に赴いて調査等を行うことは妨げられないので——退去強制の手続を進めることを許容する規定(全件収容主義の例外規定)である。そうだとすれば、②同条二項も、刑事手続上の身体拘束を伴う手続が終了した後に、退去強制令書の執行を定めた規定と解するのが素直である。さらに、③同条一項二項において「刑事訴訟に関する法令の規定」と併記されている二つの規定は、明らかに身柄拘束を伴う手続きである、④後述する全面適用説によれば、在宅の軽微な刑事事件でも収容せずに退去強制手続を進めることになるが、この場合にも刑事手続を優先させて身柄を収容しない理由は明らかではないし、軽微な事件で刑事裁判が確定するまで退去強制を延期する実質的な理由はない。また、⑤刑事手続の始期と終期は必ずしも外部からは明白ではない。

(2) この「手続」を「身体の拘束の有無を問わず、文字通り一切の刑事手続を意味する」と解するものが全面適用説であるが、その論拠は以下のとおりである[19]。①法六三条一項は、身柄を拘束しない場合でも退去強制令書の発付ができるとの趣旨であって、身柄拘束を前提とするものではなく、同条二項の文言にも何らの限定も付されていない。②実質的に考えても、退去強制されてしまえば被告人の裁判を受ける権利が大きく損なわれるし、身体拘束の有無によって退去強制令書の執行に異なった取り扱いをすることに合理的な理由はない。さらに、③法務大臣を長とする二つの組織が、一方で訴追し他方で退去強制するということには矛盾がある。なお、同条二項の退去強制令書の「執行」とは、送還を意味するのであって収容という付随的処分を含んでおらず、したがって、刑事手続の進行中も退去強制令書の付属的処分として収容することは可能である。

(3) 基本的には制限適用説が正しいとしつつ——法六三条は刑事手続という国家の利益に配慮した規定であるから——刑事手続が進行中の被告人の退去強制は無条件ではないとして、一定の縛りをかけようとする見解(修正制限適用説）もある。[20]

Ⅳ　法の不備はあるか

入管当局は、一審判決の内容が実刑以外の場合に、全件収容主義と制限適用説に基づき、刑訴法三四五条により勾留状が失効して被告人の身柄が自由になると直ちに入国者収容所等に収容し、退去強制手続を進めて退去強制令書を発付し、その後に退去強制令書の執行として速やかに送還する。そのために、我が国の刑訴法は三審制を採っているにも拘らず、上訴申立期間中も含めて上訴審の審理中に、被告人が退去強制されてしまうことになる。[21] これまで判例や学説によって「法の不備」として指摘されてきたのは主としてこの問題である。ただ、この問題については、被告人上訴の場合と検察官上訴の場合を区別して考察する必要がある。

1　被告人の上訴の場合

退去強制事由のある被告人が一審判決に対して上訴を申立てた場合には、主として裁判を受ける権利（憲法三二条、三七条、国際人権規約B規約一四条）の観点から問題となる。[22] その背景には、退去強制された被告人の裁判を受ける権利の実質的侵害があるかという問題がある。[23] しかし、（法の解釈として）全面適用説を採用し、または修正を加えて、無罪判決であれば、また、執行猶予付き有罪等の判決に被告人側からの上訴の申立てがなければ、直ちに退去強制を行い、上訴の申立があれば——犯罪の重大性に応じた線引きをするかの問題は残るが——当該事件の確定を待って退去強制を行えばよいはずである。[24]

2　検察官の上訴の場合

我が国の刑訴法は三審制を採った上で事実誤認をも含めた検察官上訴を認めている(本来は、この上訴じたいの正当性が問われなければならない)から、無罪判決等が言い渡された後に検察官が上訴を申立てた場合には、深刻な問題が生じる。

(1)　これまで(とくに前に引用した諸判例によって)指摘されてきた「法の不備」は、検察官上訴に基づく審理中に退去強制令書が執行されてしまうと、①控訴審の審理に実質的な支障が生じる、②控訴審で破棄・有罪とされた場合に刑の執行が困難になるという点であった。しかし、②の点については、勾留が副次的には将来の刑の執行確保という機能をも果たすことは否定できないが[25]、刑の執行確保をいうのであれば、本来は犯罪人の引渡しを内容とする司法共助条約の締結によるとするのが――少なくとも理論的には――筋であろう[26]。

(2)　審理の支障としては、(a)書類の送達と(b)刑訴法三九〇条の出頭命令の可能性が指摘されている[27]。(a)の問題があることは否定できないが、この問題は日本人についても生じ得ることであり、また、送達受取人を選任して届けていれば問題がほぼ解消されるはずである[28]。また、刑訴法三九〇条は「被告人の出頭がその権利の保護のために重要」なときに出頭を命じることができるとされる。通説によれば、本条に基づく出頭命令は被告人のための制度であることが前提とされ、それを出すか否かは裁判所の裁量にゆだねられている[29]。

(3)　現行法の解釈によって上記の「法の不備」を解消することは可能であろうか。まず、全件収容主義を前提に全面適用説を採用すれば、上記(1)の①および②の不備はほぼ解消される。すなわち、一審判決の結果として刑事手続上の拘束を解かれた被告人は入管に収容され、刑事裁判が確定するまで退去強制令書の執行はできないのであるから、上訴審の審理にも刑の執行にもとくに問題を生じることはない。しかし、この場合に外国人は自ら上訴という手段を選択したわけでもないのに、刑事手続が終了するまで入管に収容され続けるとすれば、日本人の場合と比較してあまりにも不利益が大きいといわなければならない（比ゆ的に言えば「退去強制のための収容」が「刑事事件のための収容」に転化している）。この問題を解決するためには、仮放免や特別在留許可の活用が望まれるとともに、全件収容主義の見直しが必要となる。[30]

3　被告人の再勾留

(1)　最高裁は、一連の判例により被告人の再勾留を認めることによって検察官上訴に関する上記の「法の不備」を事実上ほぼ解消した。すなわち、①刑訴法六〇条を根拠にして、②審理の段階を問わず（上訴審での実質的な審理を待たずに）、③控訴審裁判所が、④一審段階よりも高い程度の嫌疑があり、勾留の理由があり「適正・迅速な審理のために必要があるとき」に勾留を認め、しかも、⑤勾留の理由と必要性の判断に際して退去強制手続が執られるという事実を考慮してよいとしたからである。[31]

(2)　法の不備を再勾留によって埋めることの当否については、最高裁法廷意見は必ずしも明言していないが、[32]これが許されるべきでないことを指摘する意見も見られる。すなわち、東電ＯＬ事件決定の遠藤裁判官および藤井裁判官の反対意見は「法の不備」を理由に「勾留の正当性を裏付けようとすることも許されない」とする。また、最高裁平成一九年決定の田原裁判官および近藤裁判官の補足意見は、法の不備を埋めるための措置が取られていないことを批判したうえで、「一審無罪の被告人の控訴審における勾留について……（退去強制の可能性を理由に）その要件の充足を緩やかに解すべきであるとすることは許されない」と明言する。[33]

V　立法的解決を目指して

1　基本的視点

以前の論稿においては、目指すべき方向として現行入管法の解釈によって問題の解決を目指すことを志向した。すなわち、全面適用説の採用と全件収容主義の見直し、そして特別在留許可と仮放免の活用である。この考え方の基礎には、上訴審の審理への実質的不利益を回避するという点への重視が存在した。しかし、全面適用説を無条件に採る限り、すべての刑事事件につき、退去強制事由のある外国人の出国の自由が制限されることになる。そして近年の通信技術の向上等を前提とすると、審理への実質的不利益は常に大きいとはいえない[34]。したがって、むしろ立法的解決を目指すという視点からは、これに一定の修正を加えた方がよいのではないかと解するに至った。

2　第一審段階

刑事裁判権の(国家にとっての)重要性、被告人の裁判を受ける権利の実質的保障、そして被告人の公判期日への出頭の権利義務(刑訴法二八六条)という視点から、第一審の裁判時までは全面適用説を採用すべきである[35]。

3　被告人上訴の場合

(1)　これまで述べてきたように、現在の入管実務を前提とすれば、一審で執行猶予付有罪判決が言渡されれば、たとえ被告人が控訴を申立てたとしても、退去強制事由のある外国人は身柄を収容され退去強制令書が執行されることになる。このような運用は、憲法三二条の裁判を受ける権利、国際人権規約B規約一四条の「自ら出席して裁判を受ける権利」および「上級の裁判所によって再審理を受ける権利」の視点から見て問題のあることは否定できない。そして刑訴法三九〇条も「被告人は自ら出頭を望まない場合には出頭なくしても開廷できるが、被告人は公判期日に出頭する権利を有する」と解されている。[36] このような問題は、入管法六三条一項につき全面適用説を採用すればほぼ解消されることになり、筆者も前稿では（主として解釈論として）その方向で立論した。

(2)　しかし、後述する検察官上訴の場合における問題をも考慮すると、むしろ制限適用説に立ったうえで、被告人の裁判を受ける権利の確保という視点から新たな立法的手当てをする方がベターではないか。すなわち、刑事手続上の身柄拘束を受けていない被告人が上訴を申立てて公判期日に出頭する権利の行使を申立てた場合には、退去強制令書の執行が停止される旨の規定を入管法におけば足りるからである。[37]

4　検察官上訴の場合

(1)　前稿で論じたように、全面適用説を採った上で、在留特別許可や仮放免を活用するという方向を採れば、公判審理への実質的な影響の回避と刑の執行の確保という現行の「法の不備」はほぼ埋められる。しかし、全面適用説を採る限り、仮に仮放免等によって身体の自由そのものは回復されるにせよ、退去強制事由のある外国人は（どのような刑事事件であれ）刑事裁判が終了するまで出国することができないことになる。日本人であれば、長期二年以上の刑にあたる罪について訴追・逮捕・勾留等がなされている場合に旅券の発給が拒否され（旅券法一三、一九条）、退去強制事由のない外国人であれば長期三年以上の罪について訴追・逮捕・勾留等をされている場合に二四時間を限って出国留保が認められるのに比して（入管法二五条の二）、退去強制事由のある外国人の出国の権利が大きく制約される結果となる。

(2)　したがって、むしろ上訴段階については制限適用説を基本として制度を設計すべきではないだろうか。ただ、検察官上訴を認める以上、上訴審の実質的審理への支障の可能性に対する手当は必要であり、また、刑罰の執行の確保という点も完全に無視することはできないであろう。そうだとすれば、一定の場合には、刑事手続上の身柄拘束を解かれた退去強制事由のある外国人の出国には――全件収容主義を否定したうえで――一定の制限を設けるという立法政策を採ることも許容されよう。[38] 問題はどのような制限および手続を設けるかである。

(3) 前者の問題（出国の自由が制限される範囲）については、一定の犯罪に限って検察官の連絡により入管が退去強制の執行をなしえないとする方式が考えられる。[39] 退去強制不可の対象となる犯罪の範囲については、日本国民の出国の自由との対比で考えるとすれば、旅券法における旅券発給拒否事由たる長期二年以上の刑にあたる罪ということになる（旅券法一三、一九条参照）。しかし、日本人の出国の自由と外国人の出国の自由を同様に扱う必要があるかについて疑問が残るとともに、同法は当初長期一〇年以上の罪としていたものが、外国からの批判を受けて対象犯罪の範囲が拡張されてきたという経緯がある。[40] むしろ外国人の出国確認の留保という制度（法二五条の二）が刑事裁判権と入管行政との調整という同じような狙いを有していることに注目すべきであろう。すなわち、この制度は「重大な犯罪を犯した疑いのある……外国人が国外に逃亡することを防止するため、これらの者の出国確認の手続を一定期間留保し、その間に関係機関が所要の措置をとる機会を与えることにより我が国の刑事司法が有効に機能できるようにする趣旨」であるから、[41]「死刑又は無期若しくは長期三年以上の懲役若しくは禁錮に当たる罪」について訴追されている者については、単に出国確認の留保にとどまらず、退去強制令書の執行ができなくなる可能性を認め得るように規定を改正すればよいのではないか。[42]

(4) 出国の自由を制限する手続については、法二五条の二のように、（上訴を申立てた）検察官及び被告人からの連絡があれば直ちに出国の自由が刑事裁判の確定まで制約されるとする制度も可能であるが、刑事裁判の当事者の判断だけで滞在の自由が認められたり出国の自由が制限されるとする制度には問題が残る。これまでこの点に関しては、当事者の請求に基づいて上訴裁判所が裁量的に退去強制の執行停止を命じる権限を認める方式と主任審査官に退去強制の執行停止を認める方式が提案されている[43]。この問題は、退去強制という行政権限と刑事裁判権という司法権限の調整をどのように設計するのかというものであるから、どのような場合に退去強制が司法の利益に配慮して停止されるのかを決定するのは受訴裁判所とする方がベターであろう[44]。

5　結　論

第一審の裁判時までは全面適用説により、上訴審段階においては、制限適用説を前提としつつ、被告人上訴の場合には被告人の裁判を受ける権利の観点から、被告人による出頭して審判を受ける権利行使の申立があれば退去強制令書の執行が停止される。他方、検察官上訴の場合には、刑事司法と入管行政の調整という視点から、一定の犯罪に限り検察官の申出により退去強制令書の執行停止が可能となる制度を立法によって採用すべきであろう。

Ⅵ　結びに代えて

これまで入管法上の刑事手続との調整規定である六三条に焦点を合わせて検討してきた。そして、現行法の解釈によってもかなりの問題点を解消し得るものの、根本的な解決のためには立法による必要があるとの結論を得た。なお、退去強制事由のある外国人の自由を拘束する効力を有する収容令書および退去強制令書は——裁判官ではなく——主任審査官が発するとされているが、憲法上の疑念が残らないわけではない[45]。また、退去強制手続には、捜索・差押状の発給等を除いて司法が関与する場面はなく、事後的に行政事件訴訟法による救済が認められるだけであるという点も検討を要する点である[46]。

(1) 最決平二三・一〇・五刑六五―七―九七七、判タ一三六一―一三八。
(2) 上記判タ一三六一―一三九のコメント参照。
(3) 松田俊哉・最高裁判例解説刑事編平成一九年度四八九頁参照。
(4) 筆者は、以前にこの問題を検討したことがある(拙稿「退去強制と刑事手続に関する『法の不備』」『光藤景皎先生古希祝賀記念論文集(上)』(成文堂、二〇〇一年)一五七頁以下、「外国人の刑事手続」刑法雑誌四一巻三号(二〇〇二年)四二八頁以下)。本稿は、その後の動きをも含めてこの問題を再検討することを目的とする。なお、本稿は、二〇一二年三月一三日に開催された日弁連刑弁センター制度改革小委員会の学習会で報告した原稿をベースにしたものである。
(5) この問題につき、拙稿「法の不備」(前掲注(4))一六一頁以下参照。
(6) 最決平一二・六・二七刑五四―五―四六一。本案である強盗殺人事件については、いったん無期懲役の刑が確定したが(最決平一五・一〇・二〇集刑二八四―四五一)、再審開始決定がなされ(東京高決平二四・六・七高刑六五―二―四)、再審で無罪判決が言い渡された(東京高判平二四・一一・七判タ一四〇〇―三七二)。なお、再審開始決定後の同年六月一五日に被告人は出国している(毎日新聞同年六月一六日朝刊)。
(7) 被告人の勾留を認めた原決定は、(罪証隠滅の可能性のあることに加えて)①入国管理局に収容されていたことは住居不定に当たる、②退去強制が行われた場合には、被告人は本邦外に出て審理手続を回避する結果となるから、逃亡すると疑うに足りる相当な理由がある、③以上の諸事情に鑑みると、控訴審における適正かつ迅速な審理を実現するために、勾留の必要性も認められる、とした(東京高決平一二・五・一九判タ一七一八―一二四)。
(8) 後述する平成一九年最高裁決定の近藤補足意見は、本件(東電OL殺人事件)決定における法廷意見と反対意見の相違について、高度の嫌疑と強い必要性という無罪判決後の勾留の要件がその時点において充足されていたか否かの判断の相違であると要約する(判タ一二五九―二一一)。
(9) 東京高決平一二・四・二〇判タ一〇三二―二九八。
(10) 最決平一二・六・二七刑五四―五―四六一(四六三頁以下)。
(11) 最決平一二・六・二七刑五四―五―四六一(四六八頁以下)。なお、遠藤・藤井両反対意見は、退去強制の可能性を理由に控訴審の実質審理開始前の勾留を認めることについては否定的な判断を明示しているが、その可能性を個別の事件で勾留の理由・必要性の判断において斟酌することができるかについては明示的な判断を示していない。
(12) 最決平一九・一二・一三刑六一―九―八四三。ただし、田原補足意見は、無罪判決後の勾留の要件(高度の嫌疑と勾留の理由と必要性)について述べたのち、被告人が退去強制手続の対象となることを含めて、勾留の必要性があるとした原決定には裁量権の濫用は認められないとした。近藤補足意見も、退去強制の可能性のあることを理由に、無罪判決後の勾留の要件を緩やかに解してはならないとしつつ、本件勾留には裁量権の逸脱や濫用はないとした。

(13) 東京高判平二〇・一二・九判タ一二九七−三一一。ただし、この事件においても、控訴審が審理の結果有罪の心証を得た場合には、被告人質問をせずに原判決の破棄・自判をすることはできないから、審理に支障を生じさせていたはずである、との指摘がある（渡辺咲子「一審裁判所で無罪判決を受けた被告人を控訴裁判所が勾留する場合の嫌疑の程度について」ジュリスト一四一三号（二〇一〇年）一二三頁参照）。

(14) 最決平二三・一〇・五判タ一三六一−一三八。なお、同決定の原決定は、①被告人に退去強制手続が執られることなどを考慮すると住居不定、逃亡の虞という要件が充足され、②退去強制の現実的な可能性等を考慮すると、勾留の必要性が認められるとしていた（東京高決平二三・八・二四判タ一三六一−一四〇）。

(15) 最高裁事務総局刑事局監修『特殊刑事事件の基礎知識――外国人事件編』（一九九六年）四四頁、大島隆明「外国人被告人の保釈」平野龍一他編『新実例刑訴法Ⅱ』（青林書院、一九九八年）一六六頁、坂中英徳＝齋藤利男『出入国管理及び難民認定法逐条解釈〔改訂四版〕』（日本加除出版、二〇一二年）六三八頁、『注解・判例・出入国管理実務六法平成二五年版』（日本加除出版、二〇一二年）九三頁。この解釈の基礎には、収容令書による収容の目的は、退去強制手続の執行の保全のための身柄確保の必要性にくわえて、不法上陸者や不法残留者――本邦において在留活動をすることは許されない――の身柄を収容して在留活動を制限することにあるとする「在留活動禁止説」が存すると指摘される（児玉晃一＝関聡介＝難波満編『コンメンタール・出入国管理及び難民認定法』（現代人文社、二〇一二年）三〇九頁）。

(16) 鬼塚忠則「入管行政と外国人刑事事犯および刑事手続」季刊刑事弁護四号（一九九五年）五一頁、入管実務研究会『入管実務マニュアル〔改訂第二版〕』（現代人文社、二〇〇七年）一五七頁、肖萍「日本における刑事手続上の身体拘束と出入国管理法制の関係（一）」一橋法学六−一（二〇〇七年）三四八頁以下参照。この説を採る論者は、全件収容主義の示す根拠を逐一否定する（児玉他・前掲書（前注(15)）三一四頁以下）。また、全件収容主義の建前は、二〇〇四年に新設された出国命令制度（法二四条の三）によって崩されたとも指摘する（同書二六三頁以下）。

(17) 鬼塚・前掲論文（前注(16)）五三−四頁、大島・前掲論文（前注(15)）一七五頁以下参照。

(18) 大島・前掲論文（前注(15)）一六九頁参照。

(19) 松井仁「中国人密入国事件にみる控訴審の弁護活動」季刊刑事弁護四号（一九九五年）七九頁。

(20) 大島・前掲論文（前注(15)）一七〇頁、三好幹夫「外国人の被告人について、保釈の存否を判断するに当たり考慮すべき事項」新関雅夫他編『増補令状基本問題（下）』（一粒社、一九九七年）四〇頁。入管法六三条の解釈をめぐる諸学説の詳細な分析として、

肖・前掲論文（前注（16））三五二頁以下参照。

(21) 同じ問題は、一審判決以前の審理段階においても、退去強制事由のある被告人が在宅で起訴された、あるいは保釈された場合にも生じる（大島・前掲論文（前注（15））一六四頁以下、三好・前掲論文（前注（20））四〇頁以下参照）。ただし、制限適用説を前提としても、保釈も強制処分であるから、現実に身柄拘束中と同視し得るとの見解として、肖・前掲論文（前注（16））一三八二頁以下参照。

(22) 実際に問題となるのは、執行猶予付きの有罪判決に対して被告人が無罪を主張して上訴する場合がほとんどであろう。

(23) 福岡高決平七・八・一六判タ九二一－一四〇別紙一（同一四四頁）および別紙二（同一四五頁以下）参照。

(24) 控訴を申立てた被告人の国内への滞在可能性という問題のほかに、被告人の身柄の解放の問題を考慮する必要がある。この点では「必要と認める条件を付して放免する」（法五二条六項）や「在留の特別許可」（法五〇条）の活用が求められる（拙稿「法の不備」（前注（4））一六八頁以下参照）。

(25) 高田卓爾『刑事訴訟法〔二訂版〕』（青林書院、一九八四年）四八八頁参照。

(26) 東電ＯＬ事件特別抗告審決定（最決平一二・六・二七刑五四－五－四六一）における遠藤裁判官の反対意見参照。

(27) 小川新二「第一審で無罪判決を受けた被告人を、検察官控訴後、実質審理開始前に、控訴裁判所が勾留することを適法とした最高裁判例」法律のひろば五三巻一一号（二〇〇〇年）一七頁。

(28) 拙稿「法の不備」（前注（4））一七一頁参照。

(29) 『注釈刑事訴訟法第六巻〔新版〕』（立花書房、一九九八年）二四〇頁（小林充）、『大コンメンタール刑事訴訟法〔第二版〕第九巻』（青林書院、二〇一一年）三三二、三三九頁参照。ただ、四〇〇条但書による破棄自判――無罪判決を控訴審が事実誤認を理由に破棄自判――をするために、最低限被告人質問を控訴審でも行う必要がある事件もあるから、公判審理への支障がないとまでは言えない（松田・前掲論文（前注（3））四九二頁参照）。

(30) 筆者は現行入管法の解釈によっても全件収容主義の見直しは可能だと解するが、立法的解決がより望ましいことは当然である（大橋毅「出入国管理施設と国際人権法」法律時報八三巻三号（二〇一一年）三〇頁参照）。

(31) 最高裁の基準に従っても、無罪判決後の勾留を認める要件不充足の為に被告人が勾留されない場合については――特に将来の刑の執行確保という視点を重視すれば――「法の不備」は残ることになるのは当然である（肖・前掲論文（前注（21）一三八〇頁参照）。また、原裁判所による再勾留の可否・要件という問題も残されている（飯田喜信「無罪判決後の勾留」井上正仁他編『刑事訴訟法判例百選〔九版〕』（有斐閣、二〇一一年）二〇七頁、江口和伸「第一審無罪判決と控訴審における勾留」松尾浩也・岩瀬徹編『実例刑事訴訟法Ⅲ』（青林書院、二〇一二年）三三五頁以下参照）。

(32)　ただし、東電ＯＬ事件の法廷意見（最決平一二・六・二七刑五四－五－四六一）が「勾留の理由と必要性の有無の判断において退去強制の手続が執られていることを考慮できる」とするのは、ある意味で法の不備を再勾留によって埋めることを認めたものとも解し得る。この点に関し、退去強制事由のある外国人については、勾留要件の判断基準を緩やかにするものではないが、逃亡のおそれや勾留の必要性の判断に際して考慮されてよいとの指摘がある（江口・前掲論文（前注（31）三六七頁以下）。

(33)　最決平一九・一二・一三刑六一－九－八四三。ただし、田原・近藤補足意見は、原決定が退去強制手続が執られていることを勾留の必要性判断に際して考慮したことに裁量権の濫用は認められないとする。

(34)　東京高判平二〇・一二・九判タ一二九七－三一一参照。

(35)　全件収容主義の見直しが前提となる（前注（30）参照）。また、全面適用説によれば刑事手続の始期と終期が明確ではないとの批判があることを考慮すると、「公訴の提起がなされてから第一審の裁判があるまで」と明示する方がベターかもしれない（肖・前掲論文（前注（21））一三九〇頁参照）。

(36)　松尾浩也監修『条解刑事訴訟法〔第四版〕』（弘文堂、二〇〇九年）一〇五〇頁。

(37)　「執行猶予付きの有罪判決を受けた不法残留等の外国人が自ら上訴し、いたずらに退去強制処分の執行を遷延することがないよう配慮する必要がある」のかは微妙な問題である（東電ＯＬ事件特別抗告決定での遠藤裁判官の反対意見参照）。現状のような全件収容主義を前提とする限りこのような権利を行使する被告人はほとんどいないであろうが（拙稿「外国人の刑事手続」（前注（４））四三〇頁参照）、前述したような在留特別許可や仮放免の活用が図られるような運用（あるいは全件収容主義の見直し）となれば、この可能性も否定することはできない。しかし「裁判を受ける権利」の重要性に配慮すると、たとえば被告人の出頭命令に関する刑訴法三九〇条の「五〇万円以下の罰金又は科料にあたる事件」は対象外とした上で、出頭する権利（我が国に滞在する権利）を認めるといった選択肢もあり得るのではないか。

(38)　土本武司・判例評論五一一－五八（判時一七五二－二三六）は、現行入管法六三条の解釈は制限適用説によらざるを得ないとしつつ、「身柄拘束の有無を問わず、刑事手続の完了まではわが国内に留めておくことができる旨の明確な立法が望まれる」とするが、上訴審段階においては別の考慮も必要となるのではないか。

(39)　大島・前掲論文（前注（15））一七一頁は、「立法論としては、罪の重さに応じて刑罰権の行使と入管法上の処分との優先・劣後の関係を整理する必要があろう」とする。

(40)　昭和四五年の長期一〇年以上の刑から長期五年以上の刑への変更は日本人の国際犯罪の阻止という一般的要請からのものであり、また、昭和五二年の長期二年以上の刑への変更は日本人による国際的テロへの対応としてハイジャック防止法の改正と同時になされたという経緯がある（旅券法研究会『逐条解説旅券法』（大蔵省印刷局、一九九九年）一二三～一二七頁）。

(41) 坂中＝齋藤・前掲書（前注（15））五八五頁。
(42) 逃亡犯罪人引渡法が、長期三年以上の刑にあたる事件でなければ引渡しの対象とならないという点もこれを補強する（逃亡犯罪人引渡法二条三、四）。他方、日米・日韓犯罪人引渡条約は異なった線引きを用いている。すなわち、前者は長期一年を超える拘禁刑にあたる罪（同二条）、後者は長期一年以上の拘禁刑にあたる罪としている（同二条）。また、外国人の出国・帰国の自由という重大な人権を制約することになるから、退去強制令書の執行停止は我が国の重大な刑事司法の利益を守るために必要不可欠な犯罪に限るべきだとすれば、必要的弁護事件や法定合議事件に相当する犯罪に限定するという選択肢も考えられないわけではない。
(43) 肖・前掲論文（前注（21））一三九〇頁参照。
(44) 無罪判決後の再勾留をめぐる問題点を考慮すれば、単に「勾留が収容に代わる」ものとなることは許されない。そうだとすれば、全件収容主義の見直しが不可欠となるとともに、司法手続における被告人の身柄の必要性にも配慮して「出入国の公正な管理を図る」という視点から入管当局が判断する方がよいということになるかもしれない。疑問を留保しておきたい。
(45) 判例は合憲とする（東京地判昭四九・七・一五 LEX/DB27661759、東京高判昭五〇・一一・二六 LEX/DB27661904）。
(46) 上記東京地裁も、「事後的にせよ究極的には司法裁判所による救済の方途が存置されている限り」違憲の問題は生じないとして、司法的救済の重要性を指摘している。また、大橋・前掲論文（前注（30））三〇頁参照。

国選弁護制度の現状と課題

辻本典央

Ⅰ　はじめに

被疑者・被告人は、刑事手続の全ての段階で「弁護人」を選任することができる（刑訴法三〇条）。もっとも、被疑者・被告人は、その人的及び物的資源の限界から、自身で弁護人を選任できないことも多い。そこで、被疑者・被告人自身が弁護人を選任することができないときは、「国でこれを附する」（憲法三七条三項二文）こととされている。このようにして、国が被疑者・被告人のために弁護人を選任する制度を、国選弁護制度という。

しばしば、「刑事訴訟法の歴史は、まさに弁護制度拡充の歴史であった」と言われるとおり[1]、その内容如何は、刑事訴訟の構築にあたる立法者の考え方を端的に示すものである。現在も、国選弁護制度のあり方は、刑事立法における最重要検討課題の一つである。

本稿は、国選弁護制度のあるべき姿を探るために、その制度設計を根拠付けるための理論的考察を行う。[2]その際、比較法的視点として、近時重要な改正が行われたドイツの動向[3]に目を向けて、その参考としたい。

Ⅱ　日本の国選弁護

1　総　説

刑事被告人は、「資格を有する弁護人」に弁護を依頼することができるが（憲法三七条三項一文）、「自らこれを依頼することができないとき」は、「国でこれを附する」（憲法三七条三項二文）。この国選弁護制度は、「弁護人依頼権を実質的たらしめんとする二〇世紀的発想を示すもの」であり、[4]弁護人依頼権を補充すべく、被告人の「国選弁護人を付してもらう権利」（国選弁護人権）として理解される。[5]

これを受けて、刑事訴訟法は、従来、「被告人」が貧困等の事由によって自ら弁護人を選任することができないときは、「その請求」に基づいて、裁判所が、被告人のために弁護人を附するものとされてきた（刑訴法三六条本文）。また、被告人が未成年者である等特にその防御に必要と認められるときには、裁判所は、「職権」で弁護人を付することもできる（刑訴法三七条）。

国選弁護は、憲法上の基本権としては、現行憲法で初めて定められたものであるが、刑訴法上は、その歴史も古く、すでに治罪法（明治一三年）では、重罪裁判所事件が必要的弁護とされ、弁護人が選任されない場合に備えた「官選弁護制度」が定められていた。官選弁護制度は、旧々刑事訴訟法（明治二三年）及び旧刑事訴訟法（大正一一年）でも継承され、その対象範囲は、徐々に拡張されてきた。現行刑訴法の制定過程では、その第三次案までは、起訴後に限らず勾留中の被疑者についても国選弁護人を付する規定がおかれていたが、最終的に、起訴後の被告人に限定された。

二一世紀に入り、弁護制度の拡充問題が司法制度改革審議会の議論にのぼり、二〇〇四年には、刑事訴訟法改正及び総合法律支援法の成立により、一定の要件の下で起訴前の被疑者段階にも国選弁護制度が導入されることになった(6)。被疑者国選弁護は、すでに二〇〇六年及び二〇〇九年の二度にわたって拡張され、二〇一三年現在は、「死刑又は無期若しくは長期三年を超える懲役若しくは禁錮に当たる事件」で、「被疑者に対して勾留状が発せられている場合」が、その対象とされている(7)。

2　被疑者国選弁護拡張論

国選弁護制度の性質及びその対象範囲については、現行憲法の解釈をめぐって、従来から争われてきた。

国選弁護制度の性質については、これが市民の権利であるのか、又は、国家に対する制度的義務付けであるのかという点で対立がある。これを権利であると解すると、市民の側はその放棄が可能であり、さらには請求がない限り、国家に積極的な協力義務まで課すものではないことになる。憲法学説上、これを制度的義務付けであるとして、被告人からの請求如何にかかわらず、弁護人の必要性が認められる限り、国には弁護人を付する義務があるとする理解もありうるが(8)、これを権利であると解する見解が通説となっている(9)。このような理解に基づいて、刑訴法上、被告人の請求を国選弁護人の任命要件とし（刑訴法三六条）、ただ、一定の場合には職権でも付することができるとされた。特に二〇〇四年改正では、請求にあたり資力申告書の提出が要件とされたことから（刑訴法三六条の二）、国の制度的義務付けとする理解はより困難となったように思われる。

従来からもより実践的であり、かつ現在でも活発な議論の対象となっているのが、国選弁護の対象範囲である(10)。

従来、憲法上の「被告人」の文言をめぐり、これを起訴後に限定して解釈する見解[11]と、広く被疑者段階にまで及ぶとする見解[12]とで対立してきた。この対立は、現在でも、憲法解釈としてはありうるが、二〇〇四年改正により、刑訴法上は解決された。但し、現行法上は、事物的には、一定程度以上の重大な犯罪に限定されていることに加えて、時間的には、「勾留状が発せられている場合」に限定されている。もっとも、その後、二〇〇六年には短期一年以上の合議事件等に、二〇〇九年には必要的弁護事件に拡張されている。現在、立法論として、事物的には全ての被疑事件に、また、時間的には逮捕段階からの選任へと拡張することが、有力に提唱されている。[13]

Ⅲ　ドイツの国選弁護

本項では、国選弁護の制度設計に向けた比較法的知見を得るべく、近時国選弁護制度の改革が行われたドイツの状況を概観する。

1　国選弁護の基本的理念

（1）　国選弁護制度

ドイツ刑訴法一三七条一項一文によると、被疑者・被告人は、全ての手続段階において弁護人の援助を受けることができる。[14]ドイツ憲法（ドイツ基本法）には、「弁護人」の規定はないが、欧州人権条約六条三項c号により、「自身が選任する弁護人を通じて防御する権利」が保障されており、弁護人の援助を受ける権利は憲法に準じた保障を受ける。[15]

ドイツ刑訴法上、弁護人の関与が必要的である場合で、被疑者・被告人がこれを選任（wählen）していないときには、国選弁護人が任命（bestellen）される。すなわち、ドイツ刑事手続では、国選弁護は必要的弁護と連動しており、国選弁護人は常に必要的弁護人ということになる。

国選弁護人の任命は、原則として、当該事件につき公判の管轄を有する裁判所又は現に事件が係属している裁判所の裁判長が行うが（ドイツ刑訴法一四一条四項前段）、勾留又は仮収容が執行される事案では、当該身体拘束に権限を有する裁判官が行う（ドイツ刑訴法一四一条四項後段）。国選弁護人の任命にあたっては、事前に、被疑者・被告人に対して任命を希望する弁護士を指名する機会が与えられ（ドイツ刑訴法一四二条一項一文）、裁判長は、その妨げとなる「重大な理由」がない限り、被疑者・被告人が希望する弁護士を国選弁護人として任命しなければならない（ドイツ刑訴法一四二条一項二文）。国選弁護人は、任命を受けて就任した後は、基本的に、私選弁護人と同等の権利及び義務を有する。

国選弁護人の解任にあたっては、私選弁護人との対等性をめぐって争いがある。ドイツ刑訴法には、弁護人除斥の制度があるが（ドイツ刑訴法一三八a条以下）、これによると、弁護人に対して対象犯罪についての共犯又は処罰妨害罪等の嫌疑があること（ドイツ刑訴法一三八a条一項一文、三文）や、犯罪遂行又は行刑施設の治安を脅かすために接見交通権を濫用したこと（ドイツ刑訴法一三八a条一項二文）等法定の事由に該当する限りで、かつ、必要的口頭弁論（ドイツ刑訴法一三八d条一項）等所定の手続によってのみ、当該弁護人を手続への関与から除外することができる。弁護人除斥に関する規定は、かつて、弁護人がその司法機関としての地位に反する行為をした場合に、法的根拠なく手続から除外するという実務が常態化してきたことに対して、連邦憲法裁判所[16]がこれを憲法違反であると断じたことから、一九七四年に法定されたものである[17]。もっとも、ドイツの刑事裁判実務は、国選弁護人の手続関与からの除外は、従来は、この弁護人除斥規定によるのではなく、裁判長の裁量手続によってきた。すなわち、裁判長は、任命に際して「重大な理由」があれば、被疑者・被告人の希望する弁護士以外の者を任命することができるが、いったん任命された後も、解任すべき「重大な理由」が認められる場合は、任命を撤回するかたちで解任することができる、と解されてきたわけである。学説上、このような実務に反対する見解もあるが[18]、これを肯定するのが通説[19]である。連邦通常裁判所[20]も、国選弁護人に法定の除斥規定が適用されうることは認めているが、これによっても、除斥規定以外の方法で任命が取り消される可能性を否定しているわけではない。

(2) 国選弁護の基本理念

国選弁護制度は、被疑者・被告人に代わって裁判長が弁護人の任命を行う制度であるが、その基本理念をめぐって対立がある。そして、この点が、実務の具体的運用にも影響を及ぼしている。

まず、被疑者・被告人は、自身の手続における防御主体であるが、必ずしも法的素養が十分ではなく、また、事件への主体的関与ゆえに客観的かつ冷静な判断を行うことが困難である。それゆえ、刑事手続において自身の正当な権利を行使し、十分な防御を行うためには、弁護人による援助が不可欠である。そして、被疑者・被告人が資力等の理由で弁護人を選任することが困難であるときに、国がこれに代わって弁護人を任命するというその構造からは、国選弁護が刑事手続における被疑者・被告人の援助を実質的なものとする機能を有することは否定できない。欧州人権条約六条三項c号では、公正な裁判を受ける権利の具体化として、「無料で弁護人を付される」権利が挙げられている。

もっとも、国選弁護が必要的弁護と連動しており、必要的弁護事件では被疑者・被告人が希望しない場合でも弁護人が付されるという構造からは、国選弁護を純粋に被疑者・被告人の手続権利であると解することには問題が生じる。ドイツ刑訴法上、弁護人の関与が必要的である場合として、多くの箇所で法定されているが、そのうち特に重要であるのが一四〇条の規定である。これによると、まず、被疑者・被告人の一般的な防御能力が欠けることが推定される事例群として[21]、一審が高裁又は地裁で行われる場合、重罪が追及されている場合、勾留が執行されている場合が列挙されている（ドイツ刑訴法一四〇条一項）。また、犯罪の重大性や事実点又は法律点の困難性ゆえに弁護人の関与が求められる場合や、被疑者・被告人自身が防御することが困難である場合も、弁護人の関与が必要的とされている（ドイツ刑訴法一四〇条二項）。これらの規定からは、必要的弁護制度も、一義的には、被疑者・被告人の援助を目的としたものであるが、弁護人の任命が被疑者・被告人の意思に反してでも行われるべきことからすると、手続の適切な進行を保全するという目的も併存していることは否定できない[22]。

このような基本理解は、訴訟の現実的な運用にも反映されている。すなわち、国選弁護人の任命は、必要的弁護事件に限り、かつ、被疑者・被告人が弁護人を選任していない場合に限られるが、実務では、保全弁護人（Sicherungsverteidiger）を任命するという運用がなされている[23]。これは、手続が長期化し、事実点及び法律点においても複雑な大規模手続において、私選弁護人が選任されているにもかかわらず、国選弁護人を補充的に任命しておき、これを手続に関与させるというものである。必要的弁護事件では、弁護人が欠けると公判を開くことができず、また、弁護人が辞任した後に国選弁護人を任命する場合には、弁護準備のため必要な期間につき公判を中断又は延期しなければならない。このような弁護人の辞任が、手続遅延を目的に濫用された場合には、迅速かつ適切な訴訟の進行を図ることは困難になる。そこで、手続が長期にわたることが予測される場合には、あらかじめ保全的に弁護人を任命しておき、万一の私選弁護人辞任の場合に備えておくわけである[24]。

このような保全弁護人の任命は、被疑者・被告人の意思に反してでも行われており、これはまさに、国選弁護が手続保全を（も）目的とした制度であるとの理解に基づいたものである。被疑者・被告人の自律権保障の観点から、このような実務に対する批判は強いが[25]、判例は、これを適法であると認めている[26]。

2　近時の改正

(1)　従来の問題点

国選弁護の関係で、従来、被疑者・被告人が身体拘束された場合の弁護人の関与について、勾留が執行されてから三か月以上経過し、かつ、公判開始の二週間前までに釈放される見込みがない場合に、初めて必要的となるものと規定されていた（ドイツ刑訴法一四〇条一項五号。現行も、本規定は残されている）。ドイツでは、記録閲覧権[27]は弁護人に対してのみ認められてきたため（ドイツ刑訴法旧一四七条）、弁護人がいない場合には、被疑者・被告人は、自身の刑事事件に関する捜査記録等の内容を知ることができなかった。このことによる不利益は、特に、被疑者・被告人が身体拘束されている場合には顕著であり、彼らは長期を経て弁護人の任命を受けるまでは、十分な防御を行うことが困難な状況におかれていた。例えば、被疑者・被告人は、勾留されている間はいつでも、勾留の取消し又は保釈を求めて裁判所の審査を請求することができるが（ドイツ刑訴法一一七条）、このような請求は、法的素養のある弁護人を得て、これが被疑事実に対する嫌疑等を十分知ったうえでなければ、実質的になしうるものではなかった。

このような法律状況について、欧州人権裁判所[28]は、早くに、被疑者・被告人が未決勾留に付されている場合、捜査手続における記録閲覧の完全な拒否は許されないと判断してきた。それにもかかわらず、ドイツの裁判実務では、拘束されている被疑者に対してその追及されている被疑事実ならびに彼に不利となる事実を実質的に告知すること（ドイツ刑訴法一一五条三項）で十分であり[29]、ただ例外的に、裁判所の勾留裁判においてそれがなければ効果的な防御が保障されないといった場合に限り、勾留命令の執行前に、記録閲覧が保障されるべきものとされてきた[30]。しかし、欧州人権裁判所は、このような実務の見解をはっきりと批判した[31]。

その後、ドイツの判例も、欧州人権裁判所の見解を支持するにいたり、弁護人には勾留裁判官と同じ情報が与えられなければならないとしたうえで、検察官が捜査戦術上の理由で証拠を差し控えようとした場合、武器対等性の理由から、勾留を当該証拠に基づかせることは許されない、としている。[32]

(2)　改正法

連邦政府は、欧州人権裁判所判例（及び、欧州拷問等防止委員会の勧告）を受けて、二〇〇九年一月に「勾留法改正法案」[33]を提出した。この法案は、法務委員会での討議を経て、[34]同年に議決・公布、二〇一〇年一月一日から施行されている。[35]本稿に関連する改正点は、次のとおりである。

第一に、起訴前での弁護人の記録閲覧権が、従来よりも広く保障されることになった。すなわち、弁護人の記録閲覧権は、起訴後は無制限に保障されるが、起訴前は捜査目的が阻害される場合には制限されることになっている（ドイツ刑訴法一四七条二項一文）。本改正により、前述の制限がなされる場合でも、被疑者が勾留に付されている（又は、被疑者が仮拘束され、勾留が申請されている）事件については、弁護人に対し、身体拘束の合法性を評価するために重要な情報について適切な方法でアクセスできることが保障され、この点について、原則として記録閲覧が認められるべきこととされた（ドイツ刑訴法一四七条二項二文）。また、被疑者・被告人に弁護人が付されていない場合には、適切な防御のため必要であり、勾留の目的を阻害せず、かつ、第三者の優越する利益を害さないという限りで、被疑者・被告人自身にも記録閲覧が認められることになった（ドイツ刑訴法一四七条七項）。

第二に、勾留との関係で、弁護人の関与が必要的とされ、これに伴って国選弁護人が任命されるべき要件が緩和された。すなわち、従来は、被疑者・被告人の勾留が執行されてから少なくとも三カ月を経過しないと、弁護人の関与が必要的とはされず、国選弁護人が任命されることはなかった。これに対し、本改正により、被疑者・被告人に対して、未決勾留又は仮収容[36]が執行された場合には、すでにその段階で弁護人の関与が必要的とされ（ドイツ刑訴法一四〇条一項四号）、被疑者・被告人本人が弁護人を選任しないときは、国選弁護人が任命されることとされた。

本改正により、特に被疑者・被告人が勾留される事件においては、従来と比較して、国選弁護人が付される可能性が著しく高められるとともに、記録閲覧権の行使を通じて、その身体拘束に関する防御手段を講じることが容易になった。

今回の改正は、特に被疑者・被告人が勾留に付される場合について、その防御権の保障を高めるものであるが、いくつかの課題も残されている。

3 残された課題

まず、連邦弁護士会は、二〇一〇年七月に、本改正に対する意見書[37]を提出している。そこでは、改正法が勾留事件で国選弁護人の任命を早期化すべきとする長年の要請に応えたことに対する評価とともに、すでに現実の運用においても生じている問題点が提示されている。その主たる関心として、被疑者・被告人自身が信頼できる弁護士の任命を確保するとともに、実際にも、国選弁護が私選弁護に比べて二級のものとならないよう配慮されるべきことが、主張されている。そこから、連邦弁護士会は、次の点を今後の課題として提示している。

①被疑者・被告人に対して、弁護士を指定するための熟慮期間として、一週間の期間をおくこと

②被疑者・被告人に対して、国選弁護を引き受ける意思を示している弁護士又は法律事務所のリストを交付すること[38]

③被疑者・被告人の留置場所が管轄裁判所から離れており、身体拘束の翌日までにそこへ引致できないときは、直近の区裁判所へ引致して尋問することになっているが（ドイツ刑訴法一一五a条一項、二項一文）、その尋問に際して、まずは応急的に弁護人を任命し、その後に管轄裁判所より被疑者・被告人の希望を聞いたうえで、国選弁護人を任命すること

④裁判所は、任命に先駆けて弁護士と面接し、国選弁護を引き受ける意思及び能力を確認し、それに満たないと

きは、改めて被疑者・被告人に指定の機会を与えること
⑤被疑者・被告人が弁護士を指定しないときでも、裁判所は、その選定にあたり合理的な判断を行うこと（単にアルファベット順に選定する等は、してはならない）
⑥弁護活動が開始された後、被疑者・被告人からその解任と、新たな弁護士の任命を求める申立てがあった場合、重大な理由が妨げとならない限り、その申立てが聞き入れられること
⑦弁護士が被疑者・被告人の家族等から依頼されたと申し出るときは、まず、被疑者・被告人本人との立会いなき面会を許すこと

本提言を見ると、確かに、国選弁護人の任命が迅速に行われるべきことは重要であるが、それ以上に、被疑者・被告人自身が信頼をおき、実際にも適切な弁護をなしうる弁護士が任命されるべきことが、強く要請されていることがうかがわれる。[39]この点は、弁護士の素養如何にかかわる問題でもあり、単純に比較することはできないが、ともかくも身体拘束が行われた事案では迅速に弁護人を付したうえで（提言③）、以後の弁護人の選定にあたっては、被疑者・被告人の意思を尊重することが求められている（提言①③⑥）ことがわかる。このような提言は、前述のとおり、国選弁護制度の基本的趣旨に対する理解と、特に保全弁護人の取扱いに見られるような実務の運用に対する問題意識が反映されたものである。

Ⅳ　若干の検討

国選弁護の制度設計をめぐり、二〇〇四年の司法制度改革立法に向けた「司法制度改革本部」に設置された「公的弁護制度検討会」（以下、検討会という）において、諸論点をめぐって活発な議論が行われた。そのうち特に重要と

思われる点について、前述で得た比較法的知見を参照しつつ、若干の検討を行う。

1　私選弁護の原則

検討会では、私選弁護と公的弁護の関係について、少なくとも現行法上は私選弁護が原則であり、公的弁護はこれを補充するものであるとの見解が多数を占めた。すなわち、「被疑者・被告人の弁護人を選任する権利を保障するという意味からすれば、国家刑罰権行使の対象として、国から犯罪の嫌疑ありとして被疑者又は被告人とされた場合に、それに要する弁護人の費用を国が負担するということは理論上あり得るかもしれないが、現行法の枠組みは、私選が原則で、国選弁護は補充とされており、これを被疑者段階で変える必要はない」というわけである[40]。また、一歩進んで、「弁護には信頼関係が必要となるので、本来私選が原則であるという前提を崩すべきではない」との、原理的な理解もみられた[41]。

私選弁護の原則は、そこから、被疑者・被告人の資力要件が導かれるとされている。すなわち、国選弁護が国費で賄われることから、国民の理解が得られるためには、あくまで被疑者・被告人本人が弁護人を選任できない場合に限られるべき、というわけである。また、被疑者段階の国選弁護対象事件についても、財政上及び弁護士側の対応能力の限界という理由から、一定程度以上の重大な事件に限定された。この点も、被疑者としては、自身が希望しかつ雇用能力がある限り、私選弁護人を選任すればよいという考え方が、その根底にある。

確かに、このようなかたちでの国選弁護の制限は、私選弁護の原則を前提に導かれうるものである。しかし、前出の検討会意見にも見られるとおり、私選弁護の原則は、それ自体が所与のものではなく、現行法上の枠組みからそのように理解されているに過ぎない。従って、この原則から国選弁護の限定を導くことは循環論法である。また、被疑者・被告人と弁護人との信頼関係は、必ずしも私選弁護の原則を導くわけではない。例えば、ドイツにおける国選弁護人任命に際しての被疑者・被告人の弁護士指定権等を見ると、国選弁護によっても十分な信頼関係の構築を保障することは可能である。

それゆえ、私選弁護の原則は、刑事訴訟の原理から当然のものとして導かれるわけではなく、我が国の現行法上の構造を指す程度のものに過ぎず、これによって国選弁護の制限を正当化しうるものではない。

2　国選弁護人選任の始期

刑訴法上、起訴前では、勾留に先駆けて必ず逮捕手続を行わなければならない（「逮捕前置主義」、刑訴法二〇七条一項）。この逮捕手続は、その規定の趣旨からは、勾留に向けたスクリーニングを行うことが主たる目的であるが[42]、この段階で警察又は検察官による被疑者の取調べ（刑訴法一九八条一項）が禁止されているわけではない。さらに、逮捕後に被疑者の引致を受けた司法警察員又は検察官は、所定の手続の中で犯罪事実の要旨を告知したうえで、被疑者に弁解の機会を与えなければならないが（刑訴法二〇三条一項、二〇四条一項）、すでにその際に、被疑者が自白した場合は、これを録取した書面（弁解録取書）は被疑者の自白を示す証拠として使用することができる[43]。弁解録取手続は、取調べと異なり、「専ら被疑者を留置する必要〔が〕あるか否かを調査する」ことを目的とし、刑訴法上は黙秘権の告知も不要とされている[44]。

このような捜査・裁判実務の状況を見ると、被疑者は、身体拘束を受ける場合、拘束直後に捜査機関と対峙し、訴訟の結論を左右する供述（弁解）を求められている[45]。そして、前述のような弁解録取の手続を見ると、弁護人ができるだけ迅速に被疑者と接見し、黙秘権等の諸権利を教示し、以後の手続に向けた対応を協議しておくことは、被疑者の防御準備にとって非常に重要である[46]。

このような必要性を前提にして、勾留に先駆けた逮捕段階で国選弁護人を付することは可能であろうか。

そのためには、まず、物的及び人的な資源の充実化が必要である。国家の財政的支援と、これを引き受ける弁護士側の準備態勢の整備が不可欠である。法制度の設計は、それを支えるべき財政的及び人的資源の充実が図られるのでなければ、画餅に帰する。

では、国選弁護人の選任時期を逮捕段階に早めることについて、法的問題点はどうか。

国選弁護が一定の制限を伴いながらも被疑者段階に拡張されたのは、それによって、「弁護人の援助を受ける権利を実効的に担保」し、「充実しかつ迅速な刑事裁判の実現を可能にする上でも、刑事弁護体制の整備」を図るために、「被疑者段階と被告人段階とを通じ一貫した弁護体制を整備すべき」ことを目的とする。[47] このような要請からは、弁護人の選任ができる限り早期に行われることが望ましく、これを勾留段階に限定する理由はない。このことは、私選弁護と国選弁護とで異なるものでもない。

他方で、二〇〇四年改正では、現実的な運用可能性を考慮し、すでに逮捕段階で国選弁護人を選任することは、逮捕についての法定の制限時間や、それを担う弁護士側の受け入れ態勢を考えると難しく、最終的に、選任の始期は勾留手続に入ってからとされた。検討会では、「逮捕段階から請求権を認めるという制度設計を理想にして、何とか技術的な問題点をクリアするというのが筋であろう」、「制度設計として非常に難しいかもしれないが、何とか工夫して、身柄拘束されてから速やかに弁護人が付くよう知恵を出して欲しい」といった意見も見られたが、「当番弁護士制度を前置することを前提に、勾留段階から国選弁護人を選任するという仕組みがよい。勾留審査と併せて、裁判所が弁護人を付するという仕組みである」、「逮捕直後の接見の重要性は分かるが、逮捕段階で選任するという仕組みは、現実には動かないのではないか」といった意見が、決定的となった。[48] 確かに、現実の運用可能性は重要な視点であるが、制度設計の本質はその理念であり、今回の改正は妥協に過ぎない。

このような点を考えると、財政的及び人的整備が前提条件となるが、法制度的には、より早期に国選弁護人が選任される機会が設けられることが要求され、かつ、それを妨げるべき法的理由はない。

3　国選弁護人の解任

二〇〇四年改正では、国選弁護人の解任事由が法定された（刑訴法三八条の三）。

従来、刑訴法学説上、私選弁護と国選弁護とでは、その選任主体及び手続が異なるのみであり、いったん就任した後はその法的地位に違いはないが、ただ、解任についてのみ異なるものとされてきた。すなわち、国選弁護人は、私選弁護人と異なり、自ら辞任し又は被疑者・被告人がこれを解任することはできず、選任主体である裁判所が解任しない限り、国選弁護人としてのその地位を失うものではないというわけである。[49]もっとも、裁判所は、如何なる事由があれば解任できるのか、また、被疑者・被告人が弁護人の解任を求めることはできるのか、といった点が問題として残されてきた。

解任事由が法定されたことにより、裁判所（官）は、所定の事由に該当しない限り解任できず、解任の手続として弁護人の意見を聴取し、かつ、解任によって被疑者・被告人の権利が不当に制限されないよう配慮すべきとされた。これによって、国選弁護人の解任をめぐる不要な争いが防止され、また、解任権者や解任手続が明示されることによって、従来の実務に法的根拠が与えられることになった。[50]

もっとも、今回の改正によっても、被疑者・被告人と弁護人との間に対立が生じ、信頼関係が損なわれたような場合でも、被疑者・被告人に解任権又はその請求権が与えられることはなかった。この点について、検討会では、「公的弁護制度の選任は、裁判所の裁判により行われるのだから、身柄が釈放される等選任の基礎がなくなるような場合以外は、裁判所の判断により解任されるという構成にならざるを得ず、法律論としては、解任請求権というものは成り立たない」、「被疑者から弁護人が嫌だと言われたら解任するとすると、選任のときも、被疑者にどの弁護士がいいか聴くべきだということにもなりかねない。国費で資格ある有能な弁護士を弁護人に付けるという制度なのであるから、被疑者が嫌だから弁護士を代えるという問題ではない」といった意見が優勢であった。[51] しかし、国選弁護人の選任に際して被疑者・被告人の意見を聴取するというのは、ドイツの法制でも見られるところであり、国費で弁護士を弁護人として付することと矛盾するものではない。また、選任を行う裁判所に解任権もあるということは、直ちに、被疑者・被告人側の解任請求権まで否定するものではない。逆に、被疑者・被告人と弁護人との信頼関係は、弁護人依頼権の実質的な保障にとって不可欠のものであり、それは、いったん構築されたとしても、事後的に解消される場合もありうることを考えると、被疑者・被告人に国選弁護人の変更又は解任請求権を認めることが考えられてもよい。また、国選弁護人を推薦する立場にある弁護士会に、一定の関与を認めることも考えられてよいであろう。[52]

V おわりに

以上、本稿は、国選弁護制度の諸問題について、二〇〇四年改正の分析を含めて検討した。

今後も刑事訴訟の歴史は発展し、それに伴って弁護制度のあるべき姿も探究されなければならない。それゆえ、現在の法律状況は、それが最高の到達点ではなく、常にその通過点に過ぎない。他方で、国選弁護制度は、公的資金を投入し、社会における負担の上に成り立つものである。それゆえ、被疑者・被告人の防御権の充実は常に追求されなければならないとしても、現在の「通過点」をどこに置くべきかは、諸利益の衡量が不可欠となる。

その意味で、国選弁護制度のあるべき姿の検討は、理念と現実が正面から対抗する問題であり、今後も、常に必要かつ重要なものである。本稿が、その一端に与しうるものであれば幸いである。

（1）団藤重光『新刑事訴訟法綱要〔七訂版〕』（創文社、一九六七年）一一五頁。*Glaser*, Handbuch des Strafprozesses Bd.2 (1885), S. 223.

（2）岡田悦典「被疑者弁護と公的弁護制度の将来的課題」刑弁五八号（二〇〇九年）一〇一頁以下は、イングランド・ウェールズの動向を参考にして、「実質的な弁護権保障」の充実を提唱する。

（3）丹治初彦編著〔斎藤司執筆〕『保釈――理論と実務』（法律文化社、二〇一三年）三八頁以下は、勾留との関係で近時の立法動向にも言及している。

（4）樋口陽一ほか〔佐藤幸治執筆〕『憲法Ⅱ・第二一条～第四〇条（注解法律学全集）』（青林書院、一九九七年）三五三頁。

（5）野中俊彦ほか〔高橋和之執筆〕『憲法Ⅰ・第五版』（有斐閣、二〇一二年）四四六頁。

（6）辻裕教『司法制度改革概説六　裁判員法／刑事訴訟法』（商事法務、二〇〇五年）三八頁以下。

（7）我が国の国選弁護制度の歴史について簡潔にまとめたものとして、山口健一「日本における国選弁護制度のあり方について」後藤昭・高野隆・岡慎一編著『実務体系　現代の刑事弁護一　弁護人の役割』（第一法規、二〇一三年）三八三頁。

（8）高橋（前掲注（5））四四六頁参照。

（9）最大判昭二四・一一・二刑集三巻一一号一七三七頁、最大判昭二四・一一・三〇刑集三巻一一号一八五七頁、最大判昭二八・四・一刑集七巻四号七一三頁、佐藤（前掲注（4））三五四頁。

（10）包括的な研究として、岡田悦典『被疑者弁護権の研究』（日本評論社、二〇〇一年）。

（11）例えば、平野龍一『刑事訴訟法（法律学全集）』（有斐閣、一九五八年）七四頁は、憲法上の権利としては否定しつつも、「立法論としては大いに考慮の余地がある」と述べていた。

（12）憲法的刑事手続研究会編〔竹之内明執筆〕『憲法的刑事手続』（日本評論社、一九九七年）三六八、四〇二頁、村井敏邦編〔大出良知執筆〕『現代刑事訴訟法・第二版』（三省堂、一九九八年）一七頁。田宮裕『捜査の構造』（有斐閣、一九七一年）四〇七頁、同『刑事訴訟とデュー・プロセス』（有斐閣、一九七二年）一五二頁は、憲法三四条前段から被疑者段階の国選弁護権を導いている。

（13）日本弁護士連合会「第一二回国選弁護シンポジウム基調報告書　みんなで担う国選弁護――全ての被疑者に弁護人を」（日本弁護士連合会、二〇一二年）六頁。後掲追記参照。

（14）ドイツの弁護人制度に関する一般的論稿として、辻本典央「ドイツにおける刑事弁護人の法的地位論（一）（二・完）」論叢一五四巻一号（二〇〇三年）五一頁、二号（二〇〇三年）一一八頁、同「ドイツの刑事弁護」後藤昭・高野隆・岡慎一編著『実務体系　現代の刑事弁護三』（近刊）。

（15）ドイツでは、条約は制定法と同列におかれているが（ドイツ基本法二五条一文）、ドイツ制定法及び憲法の解釈にあたっては連合法に適合した解釈が求められるため、欧州人権条約は、実質的に憲法に準じた位置付けにおかれる（BVerfGE 111, 307）。

(16) BVerfGE 34, 293.
(17) BGBl I S. 3686.
(18) *Seier*, Die Aufhebung der Pflichtverteidigerbestellung, in FS-Hirsch, 1999, S. 977 ff.. 辻本典央（翻訳）「ユルゲン・ザイアー『国選弁護人の任命取消』」立命二七八号（二〇〇一年）二一六頁。
(19) *Beulke*, Strafprozessrecht 12 Aufl., 2012, S. 114 Rn. 169; BVerfGE 39, 238.
(20) BGHSt 42, 94.
(21) *Beulke*, (Fn. 19) S. 112 Rn. 166.
(22) *Welp*, Die Rechtsstellung des Strafverteidigers, ZStW 1978, 804, 821.
(23) *Welp* (Fn. 22) S. 822.
(24) 日本でも、このような運用を肯定する見解が、実務家を中心に多数をしめる。小林充「刑事訴訟指揮における若干の問題」曹時三三巻二号（一九八一年）一頁、内藤丈夫「訴訟関係人に対する在廷命令」熊谷他編『公判法体系Ⅱ／公判・裁判（一）』（日本評論社、一九七五年）三二一頁、河上和雄「必要的弁護事件における国選弁護」警論二六巻七号（一九七三年）二七頁。
(25) *Roxin/Schünemann*, Strafverfahrensrecht 27 Aufl., 2012, S. 124 Rn. 40.
(26) BGHSt 15, 306; BGH NJW 1973, 1985.
(27) ドイツにおける記録閲覧権について詳細は、斎藤司「ドイツにおける被疑者・被告人の証拠開示請求権の展開」九法八九号（二〇〇四年）一頁、同「ドイツにおける証拠開示請求権とその憲法的視点—二〇〇四年改正刑訴法に対する一つの視点として」法時七八巻一〇号（二〇〇六年）六八頁、同「捜査手続過程の事後的可視化と証拠開示」『人権の刑事法学・村井敏邦先生古稀記念論文集』（二〇一一年）三五二頁。
(28) EGMR StV 1993, 283.
(29) BVerfG StV 1994, 1.
(30) BVerfG NStZ 1994, 551; BVerfG wistra 2004, 179; BGH NJW 1996, 734.
(31) EGMR StV 2001, 201; EGMR NStZ 2009, 164.
(32) BVerfG StV 2006, 281; OLG Hamm StV 2002, 318.
(33) BT-Drs. 16/11644.
(34) BT-Drs. 16/13097.
(35) BGBl I S. 2274.

(36) 責任無能力の状態で違法行為を行った者に対して、保安拘禁に備えて精神病院等に暫定的に収容すること（ドイツ刑訴法一二六a条、二七五a条）。

(37) *BRAK*, Thesen zur Praxis der Verteidigerbestellung nach §§ 140 Abs. 1 Ziff. 4, 141 Abs. 3 Satz 4 StPO i.d.F. des Gesetzes zur Änderung des Untersuchungshaftrechts vom 29.07.2009, StV 2010, 544.

(38) 従来の規定では、裁判所の管轄内で登録している弁護士が優先されるべきとされていた（ドイツ刑訴法旧一四二条一項一文）。今回の改正で本規定が削除されたのであるが、弁護士会提言によると、それは、裁判所の自由裁量（自身が気に入る弁護士を任命できること）を意味するのではなく、広く被疑者・被告人にその選択権を保障するものと解されている。

(39) これに対して、信頼を置く弁護人の任命以上に、迅速な弁護人の任命を要求する見解として、*Wohlers*, Pflichtverteidigung: Beiordnung; Unverzüglichkeit, StV 2010, 151; *Herrmann*, Aktuelles zur Pflichtverteidigung, StraFo 2011, 133（ダーヴィット・ヘルマン（加藤克佳＝辻本典央訳）「国選弁護の現在」近法六〇巻二号（二〇一三年）四三、五一頁）。また、*Mickalke*, Reform der Untersuchunghaft—Chance vertan?, NJW 2010, 17（ラインハルト・ミカルケ（加藤克佳＝辻本典央訳）「未決勾留の改革——チャンスは潰えたか？」近法六〇巻二号（二〇一三年）七五、七八）は、多くの事例で「捜査手続の本質的な方向付けは、すでに仮拘束後の最初の一時間のうちに行われうるという事実を考えると」、勾留執行後では遅すぎると述べる。

(40) 公的弁護制度検討会（第四回・平成一四年七月二三日）議事概要。

(41) 公的弁護制度検討会（第三回・平成一四年六月二五日）議事概要。

(42) 河上和雄ほか編（渡辺咲子執筆）『大コンメンタール刑事訴訟法・第二版・第四巻』（青林書院、二〇一二年）三五五頁。

(43) 最判昭二七・三・二七刑集六巻三号五二〇頁、東京高判平一九・一二・一一刑集六三巻九号一八八〇頁。

(44) 最判昭二七・三・二七（前掲注43）、最判昭二八・七・一四集刑八四号七九九頁。

(45) ミカルケ（前掲注39）参照。

(46) 最判平一二・六・一三民集五四巻五号一六三五頁。

(47) 司法制度改革審議会「意見書——二一世紀の日本を支える司法制度」（平成一三年六月一二日）。

(48) 公的弁護制度検討会（第四回・平成一四年七月二三日）議事概要。

(49) 最判昭五四・七・二四刑集三三巻五号四一六頁。加藤克佳「弁護人の訴訟法上の地位」後藤昭・高野隆・岡慎一編著『実務体系現代の刑事弁護一　弁護人の役割』（第一法規、二〇一三年）五五頁。

(50) 河上和雄ほか編（石井俊和執筆）『大コンメンタール刑事訴訟法・第二版・第一巻』（青林書院、二〇一三年）四三〇頁。

(51) 公的弁護制度検討会（第四回・平成一四年七月二三日）議事概要。

(52) 公的弁護制度検討会（第四回・平成一四年七月二三日）議事概要。

〔追記〕本稿校正段階の二〇一四年七月九日、法制審議会「新時代の刑事司法制度特別部会」は、その第三〇回会議において、これまでの議論を踏まえた最終的な取りまとめに向けた審議を行い、「新たな刑事司法制度の構築についての調査審議の結果【案】」をもって法務大臣諮問第九二号に対する部会としての意見とし、これを法制審議会総会に報告することを全会一致で決定した。同意見では、「新たな刑事司法制度を構築するための法整備の概要」が示されたが、その中に「弁護人による援助の充実化」も取り込まれた。具体的には、（一）被疑者国選弁護制度の対象となるべき場合を、「被疑者に対して勾留状が発せられている［全ての］場合」に拡大するものとすること（「被疑者国選弁護制度の拡充」）、（二）司法警察員、検察官、裁判官又は裁判所は、弁護人選任権の告知にあたり、刑訴法七八条一項の規定による弁護人選任の申出ができる旨も教示すべきものとすること（「弁護人の選任に係る事項の教示の拡充」）が、改正案として挙げられている。

ドイツにおける勾留審査手続について

山名京子

Ⅰ　問題の所在

勾留裁判に対する不服申立ての手段として、日本では、勾留理由開示請求、勾留の取消し請求、保釈請求、勾留決定や保釈請求却下の裁判に対する抗告（準抗告）がある。勾留理由開示制度においては、公開の法廷での口頭による勾留理由開示の仕組みが法律上規定されてはいるが、実務上は、この制度の趣旨を、勾留理由の公開を要求するものとするにとどまり、不当勾留からの救済手段であるとは考えられておらず、その運用において、裁判官は勾留状発付時点での勾留の理由を指摘し、刑訴法六〇条一項各号にあたる形式的な理由を読み上げるにとどまっているようであり、勾留の必要性に関する再審査の機能を果たしているとはいい難い。

ドイツ刑事訴訟法においては、被疑者・被告人が勾留に対して勾留状の取消しまたは執行猶予（日本の保釈にあたる）などの裁判を求めて不服申立てを行う場合、勾留状の取消し請求、勾留状の執行猶予請求、勾留審査請求（ドイツ刑事訴訟法一一七条以下（以下、条文は断りのないかぎりドイツ刑事訴訟法を指す））および勾留抗告（三〇四条以下）を行うことができ、勾留審査および勾留抗告については、口頭審理による手続が規定されている（一一八条一項、二項）。勾留審査における口頭審理の規定は、被勾留者は口頭審理の権利を有していなければならないとする改革要求を実現したものであり、一九二六年の刑事訴訟法改革以来の勾留法の構成要素とされ、口頭審理を受ける権利が、被勾留者の保護の中核であるとされてきた。

また、日本では、勾留された被疑者のうち国選弁護人選任請求権が認められているのは、現時点では限定的な事件のみであるが、ドイツでは、二〇一〇年一月一日施行の二〇〇九年勾留法改正法により、必要的弁護制度が勾留された被疑者・被告人すべてに拡大された。

ドイツにおける勾留裁判に対する不服申立ての法的枠組および最近の法状況の紹介と検討は、日本の未決拘禁をめぐる諸問題の解決のための一つの参考になると思われる。以下では、勾留裁判に対する不服申立ての法的枠組を概観したうえで、とくに口頭審理による勾留審査手続の内容を紹介・検討する。

Ⅱ　勾留審査手続と勾留抗告手続

1　勾留審査手続

1　ドイツでは、被疑者・被告人は、勾留されている間はいつでも、勾留状の取消しまたは勾留状の執行猶予について、裁判所の審査を請求することができ（一一七条一項）、その審査手続については、被疑者・被告人の請求により、または裁判所の裁量に従い職権で、口頭審理に基づいて裁判する（一一八条一項）。[(1)] また、勾留に対する抗告手続においても、被疑者・被告人の請求により、または職権で、口頭審理に基づいて裁判することができる（一一八条二項）。

勾留審査および口頭審理の諸規定は、一九六四年の刑事訴訟改正法によって、それまでやや雑然としていた諸規定を簡潔にしたものである。すなわち、口頭審理は、勾留審査の一形態であり（一一八条一項）、裁判所は、例外にあたる場合を除き（一一八条三項および四項）、被疑者・被告人の請求によってこの方法を使用しなければならず、その裁量に従い職権によってもこの方法を選択することができる。したがって、すべての勾留審査は、口頭審理によって実施することが可能となっている。口頭審理の請求の例外は、一定の期間において（一一八条三項）、また、自由を剥奪する判決後であり（一一八条四項）、これらの例外規定は、単なる型どおりの口頭審理を排除するために設けられたものである。(2)

なお、勾留審査は、被疑者・被告人が「勾留されている間はいつでも」（一一七条一項）請求することができるとされており、それは、勾留の維持、取消しまたは執行猶予が決定されることになる勾留状が執行されていることを前提とする。したがって、勾留状が執行猶予中である場合や被疑者が逃亡している場合には、勾留審査請求を行うことはできない。(3)

2　二〇一〇年一月一日に施行された二〇〇九年勾留法改正法により、被勾留者に必要的弁護が拡大され、それに伴い、職権による勾留審査（一一七条五項）は廃止された。同改正によって、必要的弁護の場合が規定されている一四〇条一項において、その四号に、「被疑者・被告人に対して、第一一二条、第一一二条aによる勾留又は第一二六条a若しくは第二七五条a第六項による仮収容が執行されるとき。」と規定された。これに伴い、勾留審査の規定も改正された。二〇〇九年一二月三一日まで有効であった一一七条五項によれば、勾留が三カ月に達したのに、被疑者・被告人が勾留に対して不服申立てを行わず、弁護人も付されていないときは、勾留審査は職権によって行われなければならなかった。一一七条四項は、「被疑者・被告人に弁護人がない場合において、勾留の執行が三月以上継続し、検察官又は被疑者・被告人若しくはその法定代理人が請求したときは、勾留がなお存続している間、被疑者・被告人のため弁護人を任命する。この請求権については、被疑者・被告人に教示しなければならない。第一四二条、第一四三条及び第一四五条を準用する。」と規定し、同条五項は、「勾留が三月に達したのに、被疑者・被告人から勾留の審査請求がなく、また抗告の申立てもないときは、職権で勾留審査を行う。ただし、被疑者・被告人に弁護人があるときはこの限りでない。」と規定していた。一一七条四項および五項は、上記のように、必要的弁護の勾留への拡大に伴って廃止された。

3　勾留審査および口頭審理の請求権者として、被疑者・被告人と同様、その弁護人も被疑者・被告人の意思に反しないかぎり(一一八条b、二九七条)、および、法定代理人は被疑者・被告人の意思に反しても、勾留審査の請求および口頭審理の請求を行うことができ(一一八条b、二九八条)、その請求は、被疑者・被告人が請求を行った場合と同じ効力を有する(一一八条b)。検察官も、口頭審理を請求することはできるが、検察官の請求には、被疑者・被告人の請求のように、それを強制する効力は認められない(4)。請求を行った者は、その請求を取り下げることもできる。

4　勾留審査の請求のための特別な形式は規定されておらず、請求は、たとえば裁判官による勾留尋問の際に(一一五条二項、一一五条a第二項)口頭で、その他の場合には書面で、たとえば管轄裁判所の事務局の調書によっても可能である(一一八条bによって準用される二九九条一項)。

請求は、勾留問題の審査を要求していることを明示していなければならないが、勾留状を取り消しまたは執行を猶予するという請求を明示的に含んでいる必要はない。請求人としては、それにもかかわらず、勾留審査請求が詳細に理由づけられること、場合によっては、それまで知られていなかった新たな証拠資料の提示によって、被疑者・被告人の無罪立証の目的をもって理由づけられることは、多くの事例では意味があるとされる。このことは、とくに、勾留状に対して法的論拠によって対抗しようとする場合に妥当し、法的論拠について、管轄裁判所が勾留審査期日までに吟味し、その考慮に含めることができるような判例と文献に基づく証拠が用意されるべきであり、裁判や文献をコピーして勾留審査請求に添付することは、実務において有効であるとされる。(5) 同様に、証拠資料としての文書が手元にあるときは、それを書面による勾留審査請求に添付することも有効である。たとえば、被疑者が犯行時間にアリバイを有していることを証明しうる証人の書面による供述を添付することは重要であるが、このような事例では、書面による供述を添付することではなく、その証人が尋問のために勾留審査期日に出頭しうることを裁判所に知らせることがより有効である。もっとも、裁判所は、勾留審査期日におけるそのような証人尋問請求に応じることを義務づけられていない。(6)

2　勾留抗告手続

1　被疑者・被告人は、勾留について抗告を申し立てることができる（三〇四、三〇五条二文）。さらに、被疑者・被告人は、勾留審査に基づいて、または、勾留状の取消しもしくは執行猶予の請求に基づいて出された裁判に対しても、抗告を申し立てることができる。抗告の提起によって、勾留状の執行は停止されない（三〇七条一項）。勾留抗告は、その時点で被疑者・被告人が勾留状態にないときにも許容される。すなわち、勾留状が執行を猶予されているときは、勾留抗告は、勾留状自体の存続に対しても執行猶予の賦課に対しても行うことができる。これらの事例では、執行を猶予されていた勾留状の執行を命ずべき一一六条四項の要件が存在しないかぎり、執行を猶予されていた勾留状を、被疑者・被告人の抗告に基づいて執行することは許容されない。

2　勾留抗告審においても、被疑者・被告人の請求により、または職権で口頭審理に基づいて裁判することができる（一一八条二項）。三〇九条一項は、抗告に対する裁判は、口頭審理を経ないで行うと規定しており、一一八条二項は、三〇九条一項に対する特別規定であるが、その他に、担保（保釈保証金）の没取の裁判に対する即時抗告においても、被疑者・被告人またはその者のため担保を提供した者および検察官に、申立ての理由を口頭で陳述し、また事情究明の結果を説明する機会を与えるものとする、という口頭審理の規定が設けられている（一二四条二項三文）。勾留抗告審においても、被疑者・被告人の口頭による陳述を聴取し、彼に証人を対置することが望ましい場合があるため、裁判所には、勾留抗告について口頭審理に基づいて裁判する権限が認められている。被疑者・被告人は口頭審理を請求することができ、また、検察官も同様であるが、口頭審理が行われるか否かは裁判所の裁量によってのみ決定され、それによって、口頭審理の手続は、それに適した事件に限定される。そのような事件はそれほど多くないが、抗告審裁判所は、被疑者・被告人、その弁護人、および、場合によっては証人の在廷における口頭による吟味に基づいて、不明確性が排除され、勾留理由としての犯行の強い疑いならびに勾留要件が書面による手続よりも確実に判断され、また、被疑者・被告人の人物的な印象をも観察しうるという利益を見込めるときには、口頭審理を使用すべきであるとされている(7)。

3　抗告の理由づけは規定されていないが、それにもかかわらず、弁護人は、裁判所に、彼の見方から勾留状の取消しないし執行猶予を導く事実的かつ法的観点を明示し、それによって抗告審において綿密な吟味を可能にするために、抗告を理由づけるべきであろう。弁護人が抗告の申立てにおいて、事後的な理由を通知するときは、抗告審裁判所は、憲法一〇三条一項（法的聴問）に関連して、その表明のために、期間を設定するかまたは適切な期間、裁判を先に延ばさなければならない。さらに、抗告理由の作成において、すでに抗告理由において基本権の侵害が主張されるときは、憲法抗告の申立ての可能性が顧慮されるべきであろう(8)。

4　抗告は、その裁判が更正される裁判所に申し立てられなければならない（三〇六条一項）。原裁判をした裁判所が、抗告に理由があると認めるときは、原裁判は更正される（三〇六条二項）。この裁判には、理由が付されなければならず（三四条）、手続関与者に告知されなければならない（三五条二項）。更正しない場合、審査の結果は、記録にのみ書き留められる必要がある。理由は不要であるが、異なることは、原裁判に理由が付されており、抗告の申立てが事実の主張を含むときにのみ妥当する。更正しない場合は、速やかに、遅くとも三日以内に抗告を抗告裁判所に送付するものとする（三〇六条二項）。この期間は、裁判所への抗告の到着によって開始し、たとえば、裁判所が抗告に対して更正しないことを決定したときに開始するのではない。この期間は、裁判所がさらなる事実の取調べが必要であると判断することによっても遅延させることはできず、事実の取調べが期限内に実施可能でないときは、最初の裁判所は、この裁判を抗告裁判所に委託しなければならない。

勾留裁判官が抗告に対して原裁判を更正しないときは、ＬＧ（地方裁判所）の刑事部への抗告が（裁判所構成法七三条）、さらに、その裁判に対してＯＬＧ（上級地方裁判所）への再抗告が許容される（三一〇条）。勾留状がＯＬＧの捜査裁判官（一六九条一項一文）によって発付されたときは、ＯＬＧが管轄を有し（裁判所構成法一二〇条三項二文）、その裁判に対しては、ＢＧＨ（連邦裁判所）への再抗告が想定されている（三一〇条一項）。ＢＧＨの捜査裁判官（一六九条一項二文）が勾留状を発付したときは、抗告について最初からＢＧＨが裁判する（裁判所構成法一三五条二項）。

3　勾留審査と勾留抗告の関係

抗告手続は、勾留審査手続との関連では補充的なものである（一一七条二項一文）。また、通説によれば、すでに勾留抗告が提起された場合であっても、抗告が処理される前に被疑者・被告人が勾留審査請求を行うときは、抗告は不許容となる。[9] なぜなら、勾留審査請求においてなされた裁判に対して、抗告および再抗告が想定されているために（一一七条二項二文、三〇四条、三一〇条）、勾留抗告を維持することによって不服申立てが法律上重複することになり、それは混乱をもたらすだけでなく、余分なものとなるからである[10]。

勾留審査の請求と並行して、同じ事件において勾留抗告を申し立てることは許容されないが、その前提は、同じ目的、たとえば勾留状の取消しまたは執行猶予が求められるということであって、抗告が審査請求とは別の目的に向けられる場合には許容される[11]。係属中の勾留審査は、口頭審理による勾留審査の請求を妨げない。しかし、それにもかかわらず申し立てられた抗告は不許容である。最初の抗告も（三〇四条一項）、再抗告も（三一〇条一項）、一一七条二項の規定における抗告のもとで理解される。抗告審裁判所は抗告手続においても事実の取調べを実施し（三〇八条二項参照）、抗告について、被疑者・被告人の請求によりまたは職権で、口頭審理に基づいて裁判する可能性が存在する（一一八条二項）[12]。

勾留状に対して抗告が提起されるべきか、または、口頭審理による勾留審査の請求のほうが優先されるべきか、また、いかなる時点でそれらがなされるべきかについては、確定した規則はなく、被疑者・被告人およびその弁護人としては、そのつどの個別事例に基づいて判断すべきであるとされ、むしろ決定的なことは、それぞれの法的救済の機会とリスクを衡量することが重要であるとされる。弁護人の立場からは、勾留抗告を行うか口頭審理による勾留審査請求を行うかを適切に評価するため、事前の記録閲覧が不可欠であるとされる[13]。

Ⅲ　口頭審理による勾留審査手続

1　口頭審理の概要

(1)　口頭審理の趣旨と概要

1　一一八条は、一九二六年以降の勾留法の構成要素である口頭審理の権利について規定したものであり、それは、被勾留者は口頭審理の請求権を有していなければならないという、それ以前からの改革要求が実現されたものである。ドイツでは、口頭審理の規定は、被勾留者にとっての保護規定の中核と呼ばれてきた。そして、よく準備されて実施される口頭審理は、手続を集中させ、また、勾留を短縮させる有効な手段であると考えられている[14]。口頭審理による勾留審査は、実務において頻繁に使用されており、それは、勾留状の取消しまたは執行猶予にとって意味のある、あらゆる事実的かつ法律的観点を申し立てる機会を最も容易に提供するものであり、また、管轄裁判所に、被疑者・被告人の人物的印象を与える可能性をも開くものであるからだと考えられている[15]。

2　口頭審理は、二三〇条二項、二三六条、三二九条四項一文による勾留の場合を含む、あらゆる態様の勾留の場合に適用される。裁判の管轄は、公訴提起前においては勾留裁判官であり、公訴提起後は、事件の係属する裁判所である（一二六条一項）。被疑者・被告人が口頭審理を請求し、または、裁判所が職権により口頭審理が必要であると判断したときは（一一八条一項）、裁判は、口頭審理の後に行われ、裁判は抗告および再抗告によって不服申立てが可能である。

被疑者・被告人が口頭審理の請求をしなかったか、または、裁判所が口頭審理を必要ではないと判断したときは、裁判は、書面に反映された状態に従って言い渡される。この場合、裁判所には、それが実質的な時間の損失なく可能である場合には、裁判の前に個々の証拠を調べることは禁じられていない。

3　被疑者・被告人は、口頭審理による勾留審査期日に原則として引致される（一一八条a第二項）。被疑者・被告人が立会いを放棄するときは、引致の例外とされる。しかし、裁判所は、職権によって口頭審理を決めることもできるため、この放棄には拘束されない。さらに、被疑者・被告人の病気、遠隔地にいること、その他除去することのできない障害の場合も、引致から除かれる（一一八条a第二項一文）。被疑者・被告人が引致されないときは、弁護人が、口頭審理において被疑者・被告人の権利を守らなければならず、必要な場合には任命される弁護人が

（一一八条a第二項三文）、それを行う。

4　口頭審理の場所および日時について、手続関与者は通知される（一一八条a第一項）。被疑者・被告人は、口頭審理に原則として引致されるが（一一八条a第二項）、引致されないときは、彼に代わって弁護人が出廷しなければならない（一一八条a第二項二文）。口頭審理は、公開されない。裁判所は、出頭した関係人の陳述を聴かなければならない（一一八条a第三項）。一三六条一項（最初の尋問の際の被疑者・被告人に対する告知）の規定は、準用される。裁判所は、証拠調べの方法および範囲を決定する（一一八条a第三項）。ここでは、厳格な証明ではなく自由な証明の規則が適用される。被疑者・被告人は、証拠申請を行うことができるが、裁判所がそれを調査する必要はない。そこでは、正式の回答を必要としない提案として扱われるだけである。被疑者・被告人が、自身で証人を召喚させ、審理に立たせる可能性を使用したときは、裁判所がその証人の尋問を必要と判断する場合には、証人は尋問される。もっとも、裁判所は、証人を尋問することを義務づけられていない。

5　口頭審理については、調書が作成され、公判調書に関する二七一条から二七三条の諸規定が準用される（一一八条a第三項）。被疑者・被告人が口頭審理において供述を行い、それが調書化されたときは、調書は、二五四条によって公判において朗読されることが許される。

裁判の可能性は多様である。すなわち、裁判官は勾留状を取り消すか（一二〇条）、または、勾留状を維持するか、もしくは勾留状の執行を猶予する（一一六条）。さらに、裁判官は、勾留状を内容的に変更することもでき、また、勾留要件を変更することもできる。

(2)　口頭審理請求の制限

1　一一八条三項は、再度の口頭審理請求が制限される場合を定めている。一一七条一項によれば、被勾留者は、勾留の全期間にわたって、いかなる制限もなく勾留審査を請求することができ、また、一一八条一項によれば、勾留審査においては、被勾留者の請求により口頭審理に基づいて裁判されなければならない。仮に一一八条一項の規定が制限なく適用されるとするならば、口頭審理による審査後すぐに、勾留理由としての犯行の強い嫌疑または勾留要件の存在に疑いを生じさせる可能性のあるいかなる資料も提出されなかった場合でさえ、裁判所は、口頭審理の絶え間のない繰り返しを強いられることになる。そうすると、口頭審理は単なる形式的なものになり、綿密な審理が手続および勾留を短縮することができるような場合でさえ、その手続を型どおりのものにしてしまう可能性がある。したがって、一一八条三項は、同条一項による請求の効力を、一定の要件すなわち勾留の全期間として三カ月かつ最後の口頭審理から二カ月という二つの期間の経過後に限定し、そうでなければ再度の請求には口頭審理を強制する効力がないものとした。裁量に従い職権で口頭審理に基づいて裁判する裁判所の権限については（一一八条一項）、それを制限する規定はない。

勾留審査手続または抗告手続において、口頭審理に基づいて勾留が維持されたときに、上記の制限が生じる。口頭審理の請求権の制限にとって、規定の趣旨および文言によれば、勾留状が維持されたことではなく勾留が維持されたことが問題であり、勾留状の執行が猶予された場合（一一六条）は、勾留状の取消しの場合（一二〇条）と同様に、一一八条三項は適用されず、したがって、三カ月および二カ月の期間の算定については、釈放（一二〇条）の前に、または、勾留状の執行の猶予における釈放（一一六条）の前に存在する期間は、二つの期間のいずれもの継続期間にとって除外される。

2　一一八条四項は、口頭審理の権利に対して、一定の手続段階における制限をもたらすものであり、その一つは公判手続の期間中である。すなわち、被告人は、「公判手続が行われている期間中」、口頭審理の請求権を有さない。このような公判手続中の口頭審理の請求権の制限は、二つの理由から正当化され、第一の理由は、公判手続と勾留審査を同時に行うことになるとすると、裁判所は、一方で公判審理に専念することを義務付けられ、他方で同様に勾留問題を審査することを義務付けられることになるからである。第二の理由は、公判手続において、裁判所が口頭によって審理し、被告人を聴取することによって、犯行の強い疑いを根拠づける事実について検討しており、いつでも勾留要件および比例性を審査することができるため、口頭審理の請求権はあまり意味をもたないからである。

3　さらに、一一八条四項は、自由刑もしくは自由を剥奪する改善保安処分に処する判決があった事例についても、口頭審理の請求からそれを強制する効力を失わせている。

自由刑は、それ自体、刑罰として言い渡されていなければならず、代替自由刑の有罪判決は（刑法四三条）、口頭審理の権利を排除しない。自由刑の執行が保護観察のために猶予されているか（刑法五六条一項、二項）、または、勾留の算入もしくは他の自由剥奪による総括刑（刑法五一条一項ないし三項）が達成された場合であっても、それは、口頭審理の権利の消滅の問題にとって意味をもたない。もっとも、これらの事例では、通常、勾留状は取り消されるべきであると考えられる。(16) 自由を剥奪する改善保安処分としては、精神病院（刑法六三条一項）および禁絶施設への収容（刑法六四条一項）が考慮される。なぜなら、それは、罰金刑と併科しても、言い渡されうるからである。それに対して、保安監置における収容は（刑法六六条）、自由刑と併科してのみ許容され、その結果、口頭審理の請求権は、すでに自由刑の有罪判決を理由としてのみ消滅する。

自由を剥奪する判決が宣告されたときに、口頭審理の請求権は失われる。基準となるのは、自由を剥奪する判決が宣告されたという事実のみであり、そこから、口頭審理の請求権は、判決が上訴裁判所によって破棄されるときに、再び復活することはない、ということが明らかとなる。なぜなら、破棄は、判決が宣告され、自由刑または自由を剥奪する改善保安処分が下されたという事実を取り除くものではないからである。公判において、犯行の強い疑いについて包括的に審理されており、さらに、有罪判決が上告裁判所によって無罪判決に至ることなく破棄されるとしても、その場合のための他の規定の存在により（一二〇条一項二文、一二六条三項）、後の口頭審理はもはや何の意義ももたらさない。勾留要件は、公判手続後にはほとんど変化がなく、したがって、通常の事例については、この場合に口頭審理請求権を失わせるという立法者の判断は根拠のないものではない。[17] ただし、職権では常に口頭審理に基づいて裁判されうる。

2　口頭審理の早期実施

(1)　口頭審理の早期実施の目的

口頭審理を早期に行うことの意義は、次のように説明されている。[18]

訴訟手続が詳細な書面によってかつ精密に準備されていることは、ドイツの刑事手続の特徴であり、精密な手続は、たしかに手続をあいまいにする可能性を減少させるが、同時に、早期の効果的な弁護にとっては妨げになる。書面による手続は、たしかに、捜査の精密性を促進するが、捜査の集中性と迅速性の道をふさぐ可能性がある。公判審理のみが判決にとって決定的であるが（二六一条）、その経過は完全には予測されえないため、通常、捜査手続においては、公判審理開始後から見るとときには必要ではなかったような精密性が、迅速性よりも優先される。したがって、勾留事件における口頭審理は、起訴前手続への口頭性の憲法上および訴訟法上望ましい介入であり、このことは、とくに最初の口頭審理に妥当する。

最初の口頭審理は、被疑者およびその弁護人を裁判官および検察官に引き合わせ、彼に、手続に介入する機会および手続の短縮に寄与する機会を提供する。検察官は、手続を集中して短縮し、手続の終結を促進する。このようにして、勾留という、無罪推定された者の権利（ヨーロッパ人権条約六条二項）への最も重大な侵害を、有効に制限することができる。このことは、口頭審理の準備および実施の際に、顧慮されなければならない。

最初の口頭審理が起訴前手続において行われるならば、その口頭審理によって、勾留事件のその後の取扱いの方針を前もって定めることができる。さらに、最も重要な証人は、被疑者と対置して尋問され、被疑者の証拠調べ請求が受理され、必要な場合には、短い延期後に処理されることになる。もっとも、口頭審理は、勾留要件と並んで、犯行の強い嫌疑を審査するという、その目的を超えてはならず、罪責認定を目指してはならない。

(2) 証拠調べの準備

1 一一八条五項は、口頭審理は速やかに行うものとすると規定し、口頭審理の期日指定のための最大の期間として、請求の日から二週間という期間を設定している。口頭審理は被疑者・被告人の請求に基づいているため、彼は、彼の利益のために規定された期間の延長にも同意することができる。同意は、期間が超過することだけではなく、延長される日数の範囲にも及ばなければならない。請求が、被疑者・被告人によってではなく、弁護人または法定代理人によって行われたときは(一一八条b、二九七条、二九八条一項)、期間の延長には、これらの者の同意が必要であり、被疑者・被告人の同意は必要ではない。ただし、弁護人は、一一八条bによって準用される三〇二条二項により、被疑者・被告人の明示の授権を必要とする。

2 裁判所は、証拠調べの方法および範囲を定める(一一八条a第三項二文)。この規定は、審理に適用されるが、その準備にとっても意義を有する。被疑者・被告人が、審査を求めている内容を請求において明示的に表明しないときは、裁判所は、被疑者・被告人が、犯行の疑い、その程度、または勾留要件について審査を求めているのか、および、彼が、そのために何を提示しなければならないかを確認しなければならない。その場合、裁判所は、予備的協議において、通常、検察官および弁護人との接触後、いかなる証拠方法が審理において必要とされ、とくに、いかなる証人および鑑定人が召喚されなければならないかを決定しなければならない。口頭審理にとっていかなる証拠方法が考慮されるかが明白であるときは、上記の手続は必要ではない。その場合は、裁判所は、証拠方法が提出され、証人が召喚されるように対処する。証人および鑑定人は、勾留理由としての犯行の強い疑いについても、勾留要件についても、召喚されうる。彼らの氏名は、期日の通知の際に、被疑者・被告人に通知されなければならない。

3　被疑者・被告人は、さらなる証人の召喚を請求しうる。彼は、その証人を自ら召喚し、または、証人を立てることができる。たしかに、裁判所は、証拠調べの方法および範囲を自ら定めるので（一一八条a第三項二文）、請求に応じる必要はなく、召喚されまたは立てられた証人を尋問する必要もないが、請求が犯行の強い疑いおよび勾留要件に関係するかぎり、行うべきであるとされている。[19]審理の準備のための裁判所の調査も許容され、その結果は、当事者に適した時期に通知されなければならない。

(3)　口頭審理と手続関与者

1　被疑者・被告人の引致（一一八条a第二項）につき、簡略な勾留審査に対して、口頭審理の意義は、次の点にあるとされている。[20]口頭審理では、事案および勾留要件が被疑者・被告人とともに口頭で検討され、それによって、被疑者・被告人が、犯行の嫌疑、その嫌疑の程度、逃亡もしくは罪証隠滅のおそれの存在、または、一一二条三項、一一二条a第一項において挙げられた勾留要件の存在に対する釈明および反対釈明によって自己を弁護する機会を得ることである。彼が口頭審理に出席しているときのみ、この弁護を有意義に行うことができる。そのために、被疑者・被告人は引致されなければならない。

2　被疑者・被告人が口頭審理への立会いを放棄した場合のほか、除去することのできない障害がある場合に、引致は行わないでおくことができ、法律は、例として遠隔地および病気を挙げている。上記の口頭審理の意義のゆえに、障害の事由は、狭く解釈されなければならず、障害は、可能なかぎり除去されなければならない。[21]障害が引致の妨げになっているのではなく、期間の遵守の妨げになっているときは、被疑者・被告人の欠席において審理されるよりも前に、被疑者・被告人は、期間が延長されることを彼が同意するか否かを、まず尋ねられなければならない（一一八条五項）。ある障害は、引致の方法が変化すること、すなわち、病気の被勾留者について、裁判所ではなく、勾留施設の引致室またはその施設の病室、場合によっては直接に病院で口頭審理が実施されることによっても、除去されうる。また、遠隔地についても、それが常に障害事由とされるのではなく、移送によって引致を行い、その移送時間が期間延長を必要とするときは被勾留者の同意が必要になる。

3　被疑者・被告人を例外的に引致することができないときは、弁護人が、被疑者・被告人の権利を守らなければならない（一一八条a第二項二文）。この場合において、被疑者・被告人に弁護人がないときは、口頭審理のために弁護人が任命されなければならない（一一八条a第二項三文）。しかし、弁護人を有することで十分ではなく、むしろ、弁護人は、被疑者・被告人の権利を口頭審理において守らなければならない。たとえば、彼が、裁判所の見方に反して、口頭審理を無益であると判断するという理由で出頭しないときは、職権で被疑者・被告人に弁護人が任命されなければならない。任命は、口頭審理のみを対象としているが、弁護人には、口頭審理外でも、その準備をするために彼が必要とする諸権利、とくに記録閲覧権（一四七条）および被疑者・被告人との交通権（一四八条）が、当然与えられる。それらの権利を行使することができるため、弁護人はできるだけ早期に任命されなければならない[22]。被疑者・被告人の不在での口頭審理は、公判審理と同様に、必要的弁護において、弁護人が出席している場合にのみ行われうるので、一四五条が準用される（一一八条a第二項四文）。

4　裁判所の管轄については、一二六条に規定されており、裁判所は、非公開で決定の構成において審理しかつ裁判する。裁判官の除斥に関する二三条は、適用されない。他の裁判所または受命裁判官もしくは受託裁判官による審理は、口頭審理における全体的な管轄を有する裁判所の心証は直接的に形成されなければならないことから、許容されない[23]。被告人の請求権はないが、職権により公判手続の間にも口頭審理は行われうる。その場合、事件が係属する裁判所（一二六条二項一文）が、その判決体において（裁判所構成法七六条二項）、審理しかつ裁判する。

5　検察官の在廷については、公判の場合は二二六条において規定されており、立法者が、この規定を口頭審理に準用すべきものと考えていたならば、それを一一八条aにおいて指示していなければならなかったであろう。したがって、立法者意思によれば、検察官が口頭審理に出席するか否かは、検察官の自由裁量に任されることになる。しかし、通常、起訴前手続の段階にある最初の口頭審理は、この手続段階において最も良く事件に精通しており、一二〇条三項によって勾留状の存続について自由に処理することができる検察官なしで行われるべきではなく、したがって、検察官は、最初の口頭審理には常に在廷すべきであるとされている。(24)

Ⅳ　検討と課題

ドイツ刑事訴訟法では、勾留審査手続および勾留抗告手続において口頭審理の請求権が保障され、勾留審査手続においては請求によって口頭審理の実施が保障されているが、これは、被勾留者は口頭審理に対する権利を有していなければならないとする改革要求を実現したものであり、一九二六年の刑事訴訟法改革以来の勾留法の構成要素とされ、口頭審理に関する諸規定は、被勾留者にとっての保護規定の中核であるとされてきた。そして、よく準備されて実施される口頭審理は、手続を集中させ、また、勾留を短縮させる有効な手段であると考えられている。

ドイツの勾留審査手続においては、審査時の勾留理由、勾留要件および相当性がそのつど審査され、したがって、同一勾留に対する請求は、例外にあたる場合を除き、一回に限られない。すなわち、そのつどの事情の変化に対応することによって、不当勾留からの早期救済を目指したものであるといえよう。日本の勾留理由開示制度においては、実務上、開示時の勾留理由ではなく勾留状発付当時の勾留理由を開示することで足りるとされ、同一勾留に対する請求は一回に限られる。また、日本の抗告制度につき、刑事訴訟法四二〇条三項、四二九条二項において、犯罪の嫌疑がないことを理由として抗告できないとして抗告理由を制限しているのは、犯罪の嫌疑はまさに事件の実体の問題であって、本案裁判で争うべきものだからであるとされ、したがって、勾留について抗告審で争えるものは、刑訴法六〇条一項各号事由の存否、相当性、手続上の瑕疵等に限定されている。他方、ドイツ刑事訴訟法では、抗告手続においても、勾留理由である犯罪の強い疑いについても抗告の対象となりえ、口頭審理もありうる。

ドイツの勾留審査手続および勾留抗告手続における口頭審理については、請求内容によっては、そこで勾留理由についても証拠調べが行われるため、それと公判手続との関係が検討されなければならない。また、実際上の問題として、口頭審理の経過および結果が、公判手続にどのような影響を及ぼすかの分析が必要であろう。たとえば、勾留状の執行猶予を得るために口頭審理による勾留審査手続において被勾留者が自白をすることによって、また、勾留理由の基礎になった証人に被勾留者または弁護人が尋問することによって、場合によっては、犯行の強い疑いが後の手続にまで固定化してしまう可能性が指摘されている[25]。

日本の勾留理由開示制度は、実務上、開示される事項が極めて限定的であることから、被勾留者の早期救済の手段としての、勾留の必要性についての実質的な再審査の機能を果たすような運用が求められており、その参考のために、ドイツにおける勾留に対する不服申立て制度の法的枠組とその運用状況について、今後も検討していく必要があろう。

〔関連条文〕
ドイツ刑事訴訟法（訳は基本的に法務省大臣官房司法法制部訳『ドイツ刑事訴訟法典』〔法曹会、二〇〇一年〕に拠り、適宜、加筆修正した。）

第一一二条（勾留理由、勾留の要件）

(1)被疑者・被告人が罪を犯したと疑うに足りる強い理由があり、かつ勾留の要件が存するときは、これを勾留することができる。ただし、事件の軽重及び処せられるべき刑又は改善保安処分から見て均衡を失するときは、この限りでない。

(2)特定の事実に基づいて、次の各号の一に当たると認められるときは、勾留の要件が存するものとする。

1　被疑者・被告人が逃亡し、又は潜伏しているとき

2　当該事件における諸事情を考慮すれば、被疑者・被告人が刑事手続を免れるおそれがあるとき（逃亡のおそれ）

3　被疑者・被告人の行動が、

a　証拠方法を破壊し、変造し、持ち去り、隠匿し、若しくは偽造し、

b　共犯者、証人若しくは鑑定人に対し不当なやり方で影響を与え、又は、

c　第三者に前記のような行動をさせる

ことを強く疑わせるものであり、それゆえに真実の発見を困難ならしめるおそれがあるとき（罪証隠滅のおそれ）

(3)国際刑法典第六条第一項第一号の罪、刑法第一二九条a第一項若しくは第二項の罪、第一二九条b第一項との関連における第一二九条a第一項若しくは第二項の罪、刑法第二一一条、第二一二条、第二二六条の罪、第三〇六条b、第三〇六条cの罪又は他人の身体若しくは生命を危険ならしめた刑法第三〇八条第一項から第三項までの罪を犯したことが強く疑われる被疑者・被告人に対しては、第二項に定める勾留の要件がないときにも、勾留を命ずることができる。

第一一二条a（勾留の要件—追加）

(1)被疑者・被告人が

1　刑法第一七四条、第一七四条a、第一七六条から第一七九条までの罪、第二三八条第二項及び第三項の罪、又は

2　反覆又は継続して刑法第八九条a、第一二五条a、第二二四条から第二二七条まで、第二四三条、第二四四条、第二四九条から第二五五条まで、第二六〇条、第二六三条、第三〇六条から第三〇六条cまで、第三一六条a、又は麻薬法第二九条第一項第一号、第四号、第一〇号、第三項、第二九条a第一項、第三〇条第一項、第三〇条a第一項の法秩序を著しく侵害する罪を犯したことが強く疑われ、かつ特定の事実によりその被疑者・被告人が有罪判決の確定前に同種の重大な罪を犯し、又は犯罪を継続するおそれがあり、その危険を防止するために勾留が必要と認められるときは、勾留の要件が存するもの

とする。ただし、第二号の場合については、一年を超える自由刑が見込まれるときに限る。第二号第一文における罪を犯したことの強い疑いの判断にあたっては、異なる手続の対象であるか若しくは対象であった犯罪事実をも含めることができ、その手続が確定している場合も同様である。

(2)第一一二条による勾留状発付の要件があり、かつ第一一六条第一項、第二項の定める勾留状の執行を猶予する要件が存しないときは、第一項の規定はこれを適用しない。

第一一三条（軽微な犯罪についての制限）

(1)六月以下の自由刑又は一八〇日以下の日数罰金に当たる事件では、罪証隠滅のおそれを理由として勾留を命ずることはできない。

(2)前項の場合においては、被疑者・被告人について次に掲げる事由があり、逃亡のおそれを理由とするときに限り、勾留を命ずることができる。

1　前に刑事訴追を免れたことがあるとき、若しくは逃亡の準備をしたとき、

2　本法の適用地域内に定まった住居若しくは居所を有しないとき、又は

3　その身元を証明することができないとき。

第一一七条（勾留審査）

(1)被疑者・被告人は、勾留されている間はいつでも、勾留状の取消し又は第一一六条による勾留状執行の猶予について、裁判所の審査を請求することができる（勾留審査）。

(2)勾留審査請求と並行して抗告を申し立てることはできない。勾留審査請求に対して裁判があった場合、これに対して抗告を申し立てる権利は失われない。

(3)裁判官は、勾留の維持に関する将来の裁判にとって意義を有すべき個々の捜査活動を命じ、その捜査の実施後に新たな審査を行なうことができる。

第一一八条（口頭審理）

(1)勾留審査の際、被疑者・被告人の請求により、又は裁判所の裁量に従い職権で、口頭審理に基づいて裁判する。

(2)勾留状に対して抗告が申し立てられたときは、抗告審においても、被疑者・被告人の請求により、又は職権で、口頭審理に

基づいて裁判することができる。

(3)口頭審理に基づいて勾留が維持された場合は、被疑者・被告人は、勾留が少なくとも三月継続し、かつ最後に口頭審理を行った時から少なくとも二月を経たときに限り、重ねて口頭審理の請求をすることができる。

(4)公判手続が行われている期間中、又は自由刑若しくは自由を剥奪する改善保安処分に処する判決の宣告後は、口頭審理を請求することはできない。

(5)口頭審理は、速やかにこれを行うものとする。被疑者・被告人が同意した場合を除き、口頭審理の期日の指定は、請求の日から二週間以上であってはならない。

第一一八条a（口頭審理の実施）

(1)口頭審理の日時及び場所については、検察官、被疑者・被告人及び弁護人にこれを通知する。

(2)被疑者・被告人は、審理期日にこれを引致する。ただし、被疑者・被告人が立会いを放棄したとき、又は被疑者・被告人が遠隔地にいるため、若しくは病気のため、その他除去することのできない障害のために引致できないときは、この限りでない。被疑者・被告人を口頭審理に引致しなかったときは、弁護人が審理において被疑者・被告人の権利を守らなければならない。この場合において、被疑者・被告人に弁護人がないときは、口頭審理のために弁護人を任命する。この任命については、第一四二条、第一四三条及び第一四五条を準用する。

(3)口頭審理においては、出頭した関係人の陳述を聴かなければならない。証拠調べの方法及び範囲については裁判所がこれを定める。審理は、調書に録取する。この調書には、第二七一条から第二七三条までを準用する。

(4)裁判は、口頭審理の終結に続いて宣告するものとする。口頭審理終結に続いて宣告することができないときは、遅くとも一週間以内に裁判をしなければならない。

第一一八条b（請求権者）

勾留審査の請求（第一一七条第一項）及び口頭審理の請求については、第二九七条から第三〇〇条まで及び第三〇二条第二項を準用する。

第一二〇条（勾留状の取消し）

(1)勾留の要件が存続しなくなったとき、又は勾留の継続が事件の軽重及び処されるべき刑若しくは改善保安処分から見て均衡を失することが判明したときは、勾留状を直ちに取り消さなければならない。特に、被告人が無罪とされたとき、公判手続を開始しないものとされたとき、又は手続が一時的ではなしに打ち切られたときは、勾留状を取り消すものとする。

(2)上訴の申立てがあっても、被告人の釈放を遅延させてはならない。

(3)公訴の提起前においては、検察官が請求したときは、勾留状を取り消すものとする。検察官は、請求と同時に、被疑者の釈放を命ずることができる。

第一四〇条（必要的弁護）

(1)次の場合には、弁護人の関与を必要とする。

1　第一審の公判手続が高等裁判所又は地方裁判所において行われるとき。

2　被告人が重罪について訴追されているとき。

3　手続の結果、職業禁止の処分に至る可能性があるとき。

4　被疑者・被告人に対して、第一一二条、第一一二条aによる勾留又は第一二六条a若しくは第二七五条a第六項による仮収容が執行されるとき。

5　被告人が少なくとも三月の間、裁判官の命令又は承認に基づいて施設に収容され、かつ、公判開始の少なくとも二週間前までに釈放される見込みがないとき。

6　被告人の精神状態に関する鑑定の準備のため、第八一条による収容が考慮されているとき。

7　保安手続（Sicherungsverfahren）が行われるとき。

8　弁護人を手続から除斥する裁判があったとき。

(2)前項に定める場合のほか、裁判長は、犯罪事実が重大なため、若しくは事件が事実点ないし法律点につき困難があるため、弁護人の関与が必要であると認められるとき、又は被告人が自ら防衛することができないことが明らかなとき——特に、第三九七条a及び第四〇六条第三項、第四項により被害者に弁護士が付されている場合——は、請求により、又は職権で、弁護人を任命する。耳の聞こえない又は口のきけない被告人の請求には応ずるものとする。

(3)第一項第五号による弁護人の任命は、被告人が公判開始の少なくとも二週間前までに施設から釈放されたときは、取り消すことができる。第一項第四号による弁護人の任命は、第一項第五号の定める要件の下で、その後の手続に対しても効力を有する。

ただし、他の弁護人が任命されたときは、この限りでない。

（1）ドイツの勾留および勾留状執行猶予の法的枠組については、山名京子「ドイツにおける勾留状執行猶予の取消しについて」浅田和茂ほか編『福井厚先生古稀祝賀論文集　改革期の刑事法理論』（法律文化社、二〇一三年）一五三頁以下参照。

（2）Hilger, in : Löwe/Rosenberg, Die Strafprozeßordnung und das Gerichtsverfassungsgesetz, Großkommentar, 26.Aufl., 2007, §118, Rn. 2.

（3）Münchhalffen/Gatzweiler, Das Recht der Untersuchungshaft, 3. Aufl, 2009, Rn. 384.

（4）Hilger, a.a.O., §118, Rn. 2.

（5）Münchhalffen/Gatzweiler, a.a.O., Rn. 387 ; Schlothauer/Weider, Untersuchungshaft, 4. Aufl.,2010, Rn. 752.

（6）Münchhalffen/Gatzweiler, a.a.O., Rn. 388.

（7）Hilger, a.a.O., §118, Rn. 3.

（8）Münchhalffen/Gatzweiler, a.a.O., Rn. 404.

（9）Meyer-Goßner, Strafprozessordnung, 55.Aufl., 2012, §117, Rn. 14 ; Roxin/Schünemann, Strafverfahrensrecht, 27. Aufl. 2012, § 30, Rn. 65.

（10）Roxin/Schünemann, § 30, Rn. 65.

（11）Münchhalffen/Gatzweiler, a.a.O., Rn. 409.

（12）実務において、抗告審における被疑者・被告人の口頭審理の請求はしばしば却下され、ＬＧの管轄する抗告部またはＯＬＧの刑事部による抗告手続における口頭審理の期日指定はめったにないとされている。たとえばOLG Köln（ケルン上級地方裁判所）の管轄において、最近三〇年の間に、再抗告における口頭審理は一度しか行われなかった。しかし、このことによって弁護人は、彼の観点からみて、センセーショナルな事件ないし被疑者が著名人であることのゆえに、あるいは世論やメディアの圧力のもとで、不当に勾留状が発せられた事例において、口頭審理を強く求めるのを避けるべきではなく、そこではしばしば、全体的な状況が述べられ、事案がさらに解明されることから、犯行の強い疑いないし勾留要件の不存在が詳述された書面による手続よりも効果的であろうとされている（Münchhalffen/Gatzweiler, a.a.O., Rn. 409）。

（13）Münchhalffen/Gatzweiler, a.a.O., Rn. 405. 弁護人が、起訴前の段階で勾留理由よりもむしろ勾留要件に対してのみ反証を挙げようとするときで、勾留状の執行猶予のみを獲得しようとするときには、口頭審理はとくに重要であるとされている。依頼人の人物像および家族環境を持ち込み、勾留裁判官と対話することが重要であり、したがって、そこでは口頭による勾留審査は真の法的救済手段であるとされている。それに対して、法的問題を提示し、犯行の強い疑い、勾留要件または比例性に関して記録閲覧に基づいて論証しようとするときは、勾留抗告が実際的であるとされている。ゲッチンゲンの調査によれば、勾留審査において、勾留状の三六・九%が執行を猶予され、六・五%のみが取り消された。勾留抗告においては、六・八%が勾留状の取消しに至り、四・五%のみが執行猶予に至った (Schlothauer/Weider, a.a.O., Rn. 798 ff.)。

(14) Hilger, a.a.O., §118, Rn. 1.
(15) Münchhalffen/Gatzweiler, a.a.O., Rn. 383 ; Schlothauer/Weider, a.a.O., Rn. 735.
(16) Hilger, a.a.O., §118, Rn. 13.
(17) Hilger, a.a.O., §118, Rn. 15.
(18) Hilger, a.a.O., §118a, Rn. 1 ff.
(19) Hilger, a.a.O., §118 a, Rn.8 f.
(20) Hilger, a.a.O., §118 a, Rn.13.
(21) Hilger, a.a.O., §118 a, Rn.15.
(22) Hilger, a.a.O., §118 a, Rn.17 ff.
(23) Hilger, a.a.O., §118 a, Rn.20.
(24) Hilger, a.a.O., §118 a, Rn.23.
(25) Schlothauer/Weider, a.a.O., Rn. 758, 763.

被疑者・被告人の防御権
――接見室におけるスマートフォン等電子機器持ち込み問題を契機に――

福島　至

Ⅰ　はじめに

当番弁護士制度の定着や被疑者援助制度の活用、被疑者国選弁護制度の拡大などにより、被疑者段階からの弁護活動は、以前にくらべ、広範化するとともに活発化してきた。他方で、接見をめぐる法的争いの中身は変化を見せている。かつては、接見自体を制限する刑事訴訟法（以下「法」という。）三九条三項の接見指定が大きな争点であったが、ここ最近は接見室へのスマートフォンなどの電子機器持ち込みやその利用の可否など、[1] 新たな問題が争点となっている。以前に述べた通り、[2] 接見交通権の問題は、接見内容や方法の自由、接見の秘密性をめぐる問題へと、課題が変化してきている。

接見室における弁護人の電子機器持ち込みや使用等の問題については、弁護人の援助を受ける権利を軸として、弁護人と被疑者・被告人との秘密のコミュニケーション保護などから、その自由が保障されるとするアプローチが有力である。(3) 私自身も、その論理は基本的に正しいと考えている。

そのアプローチはそれとして、本稿では少し異なる視点から、この問題や関連問題を論じることを試みる。この試みが必要であると思ったきっかけのひとつは、やや性格を異にする事件が、発生したことにある。後に述べる大阪拘置所内の被告人居室を対象とした捜索差押え事件（以下「大阪拘置所差押え事件」という。）が、それである。この事件には、必ずしも弁護人の援助を受ける権利の枠組みだけでは、とらえきれないものがあるように感じられた。

このため、私は、被疑者・被告人の防御権の意義を検討し、その固有の保障内容が導かれることを論じることが必要であると考える。その手始めとして、とりあえず本稿では、防御権に関する概括的な考察を行い、接見の秘密性とは別に、防御権行使に関する秘密性の保障が導かれることなどを示すことにする。

私の問題意識は、以下の通りである。弁護人の弁護活動は、接見室内であろうと、法律事務所内であろうと、基本的に同じレベルで保障されるべきである。それと密接に関連して、被疑者・被告人自身の防御活動も、身体拘束を受けていようがいまいが、同じレベルで保障されるべきである。私の問題意識の背景には、弁護人の援助を受ける権利とは異なる位相に、被疑者・被告人の防御権が保障されているとの考えがある。

Ⅱ　これまでのアプローチとあらたな課題

1　最近の下級審判例

接見をめぐって比較的最近争われた事件について、判例の論理がどのようなものであったか、以下の論述と関わりのある範囲で、概観する。

まず後藤国賠事件である。この事件は、証拠採用されたビデオを再生しながら被告人と接見することを求めた弁護人に対し、上記ビデオの内容検査を経ないことを理由に、拘置所職員が接見を拒否した事案である。

この事件の控訴審判決[(4)]は、まず、法三九条一項の接見交通権等は、憲法の保障に由来するものであるとし、被告人等と弁護人との接見の秘密性保障は、接見の機会が保障されても、その内容が捜査機関、訴追機関及び収容施設機関等に知られるようなことがあれば、「両者のコミュニケーションが覚知されることによってもたらされる影響を慮ってそれを差し控えるという、いわゆる萎縮的効果を生ずることにより、被告人等が実質的かつ効果的な弁護人の援助を受けることができないことも十分に予想されるからであると解される」とした。その上で、「被告人等と弁護人とが直接面会して被告事件等に関する口頭での打合せを行うことと証拠書類等を見せるなど口頭での打合せに付随する行為とは密接不可分である以上、法三九条一項の『接見』とは、口頭での打合せに限られるものではなく、口頭での打合せに付随する証拠書類等の提示をも含む打合せと解すべき」と判示し、口頭での打合せを越えて秘密性の保障が及ぶことを明確にした。

一審で無罪が確定したいわゆる志布志事件（鹿児島県議会議員選挙違反事件）では、弁護人との接見内容を、直後に取調官が被疑者・被告人から聴取・録取した行為につき、国賠請求訴訟が提起された。その一審判決は、次のように述べている[(5)]。

法三九条一項の規定は、「被告人らが弁護人から有効かつ適切な援助を受ける上では、被告人らが弁護人に必要かつ十分な情報を提供し、弁護人から被告人らに適切な助言をするなど自由な意思疎通が捜査機関に知られることなくなされることが必要不可欠であると考えられることに基づくものであるが、これは接見内容が捜査機関に知られることになれば、これを慮って、被告人らと弁護人の情報伝達が差し控えられるという萎縮的効果が生じ、被告人らが実質的かつ効果的な弁護人の援助を受けることができなくなると解されることによるものである。そうすると、刑訴法三九条一項の『立会人なくして』とは、接見に際して捜査機関が立ち会わなければ、これで足りるとするというにとどまらず、およそ接見内容について捜査機関はこれを知ることができないとの接見内容の秘密を保障したものといえ、原則的には接見後その内容を捜査機関に報告させることも許されないといえる。」とした。

後藤国賠事件で注目すべき特徴は、接見を単なる口頭での打合せだけに限るのではなく、口頭の打合せに付随する行為も含むとし、その範囲に法三九条一項の秘密性保障が及ぶとした点である。具体的な帰結として、証拠としてのビデオフィルムの内容についても、口頭の打合せに付随する行為として秘密性が及ぶとしたわけである。また志布志国賠事件では、口頭の打合せ中の秘密性だけでなく、事後的な探知も許さないという判断を示した。二つの判決に共通する特徴は、接見の秘密性の根拠に、弁護人の援助を受ける権利に対する萎縮的効果を挙げていることである。

2　接見室における電子機器等の利用

(1)　弁護人による電子機器等の利用形態

最近、日弁連が実施した会員アンケート調査から、いくつか具体例を紹介する。[6]「被疑者が留置中に縄で縛られて負傷した旨申し出たので、負傷部位を携帯電話で撮影しようとした事例」、「被告人が拘置所職員に殴られたと訴えたので、写真撮影しようとした事例」、「虫歯の被告人について、十分に治療を受けさせてもらえないとのことで、写真撮影を申し出た事例」、「暴行の被疑事実で警察に勾留されている被疑者が、被害者から受けた暴行により内出血をしていたので、正当防衛の主張が考えられることから、写真撮影しようとした事例」、「凍傷のような症状を訴えている被告人について、デジカメで撮影し、写真を保釈申請の疎明資料等にすることを検討していた事例」、

「ｉＰａｄに取り込んでいた調書を接見室内で示していた事例」などである。これらは、拘禁中の不当な取り扱いに対する救済申立て準備や公判準備活動等として位置づけられよう。

このほか電子機器等の利用として考えられるのは、インターネットの利用である。たとえば、インターネットで提供されている地図をＰＣで検索して、犯行現場付近の位置関係を、弁護人と被疑者・被告人とで検討することなどが考えられよう。これも、公判準備活動である。

⑵　利用形態と口頭での打合せに付随する行為

前述の後藤国賠事件控訴審判決が指摘している通り、被疑者・被告人と弁護人との接見は、両者間の口頭の打合せにとどまらない。接見には、打合せと密接不可分な情報の利用や情報の形成・取得・記録も行われる。

電子機器等が普及する以前には、接見でどのようなことが行われてきたか。たとえば、接見時に、現場周辺の地理的関係について被告人と確認検討する際には、弁護人が持参した地図帳を使ってきた。これは、弁護人が持参した情報の利用である。弁護人が証拠書類を持ち込んで被告人と検討することも、情報の利用として、行為の性格は同じである。また、接見内容を、弁護人や被告人がそれぞれノートにメモする行為は、情報の形成・取得・記録となる。被告人の傷を弁護人がスケッチすることも、情報の取得・記録である。これらの行為は、接見の中に含まれ、秘密性の保障を受けることになる。

それでは、電子機器等が普及すると、これらはどのようになるか。たとえば、前述の地図帳の利用は、インターネット上に提供されているマップで、被告人・弁護人が現場周辺の地理的関係を確認検討することに変化するだろう。同様に、接見内容の記録を、弁護人がＰＣ上でファイルとして作成し、それをデータとして保存することになるだろう。また、被告人の傷は、弁護人がカメラで撮影することに変わる。これら電子機器等の利用形態は、行為の性格としては、情報の利用や形成・取得・記録であって、従来から行われてきたものと変わりはない。

このように考えると、接見室で弁護人が電子機器等を利用する行為については、これらも口頭の打合せに付随する行為としてとらえることができる。したがって、上記の電子機器等を利用した接見室での弁護活動は、被疑者・被告人の弁護人の援助を受ける権利を実質化する活動であって、接見の秘密交通権が保障される行為であると結論づけることができる。

3　大阪拘置所捜索差押え事件と防御の秘密

ところが、ここに新たな事件が発生した。大阪拘置所内の被告人居室捜索差押え事件である。検察官側が、強盗被告事件の期日間整理手続が終了した翌日に、右被告事件を被疑事実として、大阪拘置所の被告人居室等を捜索した。捜索した検察事務官は、その居室から、弁護人宛ての手紙、弁護人が差し入れた尋問事項書、被告人が書きとめた事件に関するメモなどを差押えた。[7] この事件については、どう考えるべきであろうか。

差し押さえられた書類のうち、弁護人宛ての手紙や弁護人差し入れの書面は、接見に密接不可分の押収物である。被告人と弁護人とのコミュニケーションに関わる書面なのであるから、接見交通の秘密性の保障が直接に及び、このような捜索差押えは基本的に違法と判断することができる。

それでは、それ以外の書面はどうであろうか。たとえば、被告人本人が公判廷で主張しようとしていた事実関係に関するコメントや、関係者の供述で弾劾すべき点に関するコメントを書き込んだメモなどである。もし、被告人がそれらを明らかに弁護人に伝えるつもりがなかったら、弁護人の援助を受ける権利や接見交通権の保障の次元で論じることにはやや困難がある。また、もし、被告人に弁護人が選任されていない事件において、同様のメモ等が差押えられた場合にも、同じ状況が生じる。後藤国賠事件で根拠とされた萎縮的効果論など、弁護人の援助を受ける権利からの立論では、必ずしも論じきれないものがある。

しかしながら、このような被告人の防御活動に関する情報を、検察官が強制的に知ることになるのは、許されまい。これらは、被告人の防御活動に関する中核的な情報であって、相手方当事者である検察官に対し、秘密が保護されるべき情報だからである。かかる捜索差押えに対しては、憲法三七条二項の証人審問権の保障や、より一般的に防御権の保障から、立論する必要があるように思われる。

同様のことは、たとえば被疑者ノートの秘密性についても言えよう。被疑者ノートの内容を、刑事施設や留置施設の職員が見ることは許されるか。刑事収容施設及び被収容者等の処遇に関する法律（以下「被収容者処遇法」という。）七五条や二一二条の規定からは、それは可能のようにも見える。しかし、被疑者ノートは弁護人に渡すことを前提にしているから、接見交通の秘密性の保障が及び、その秘密性を侵害することは違法である。ただ、この点も上述の公判対策メモと同様に、接見の秘密を持ち出す以前に、そもそも防御の秘密として保護されるべきもののようにも考えられる。

4　小　括

このように考えてくると、被疑者・被告人と弁護人との間のコミュニケーションを軸として保障される接見交通権の問題に加えて、より根源的なものとして防御権（防御活動を行う自由）の問題があるのではないか。そこで、以下において、防御権に焦点をあてて、検討を加えることとする。

Ⅲ　防御権の展開

1　国際人権法の系譜

一九四八年一二月一〇日、第三回国連総会において、世界人権宣言が採択された。その一一条一項は、「犯罪の訴追を受けた者は、すべて、自己の弁護に必要なすべての保障を与えられた公開の裁判において法律に従つて有罪の立証があるまでは、無罪と推定される権利を有する。」と規定している。ここでは、「自己の弁護に for his defence」との文言が用いられている。

人権に関する多国間条約である自由権規約（一九六六年国連総会で採択）も、その一四条三項(d)第一文において、「自ら出席して裁判を受け及び、直接に又は自ら選任する弁護人を通じて、防御すること」を、刑事上の罪の決定を受けるに際して、権利として保障している。この規定で用いられている英文は、「to defend himself in person」であり、この日本語訳が「直接に……防御すること」となっている。また、ヨーロッパ人権条約六条三項(c)も、自由権規約と同様に「直接に、または自ら選任する弁護人を通じて、防御すること」の権利保障をしている。

これらを見ると、刑事上の罪の決定にあたり、直接かまたは自ら選任する弁護人を通じて防御・弁護することが保障されていることがわかる。日本語では、defend を、防御するとも弁護するとも訳すので、文脈により訳語が異なっている。

本稿では、これらの権利関係を、構造として次のようにとらえることにする。すなわち、基底に防御権が保障され、それを被疑者・被告人自らが行使する場合（自己弁護権）と、弁護人を通じて行使する場合（弁護人の援助を受ける権利）とが、それぞれ保障されているとの把握である。(8)

それを図示すれば、次の通りである。[9]

防御権
- 自ら行使する場合（自己弁護権の局面）
- 弁護人を通じて行使する場合（弁護人の援助を受ける権利の局面）

ただ、弁護人の援助を受ける権利は、法的知識に欠け、身体拘束を受けている被疑者・被告人にとっては、極めて重要な意義を持つことは強調しておきたい。あらゆる権利へと続く「ドアの鍵」としての性格を有していることを、忘れてはならない。[10]これが保障されていなければ、実態として、防御権の行使が困難になる場合がほとんどなのである。

2　防御権の観念と展開

次に、刑事訴訟法学界において、防御権の用語はどのように用いられるようになり、どう展開してきたか、考察してみよう。

防御権それ自体は、刑事訴訟法の概説書中で、それほど一般的に論じられてきたわけではない。その中にあって、團藤重光『新刑事訴訟法綱要』（以下『綱要』という。）は、現行刑事訴訟法典制定直後からの思考の変遷を映し出す好例である。

團藤重光は、一九四八年に、『綱要』の初版本を弘文堂書房から刊行した。そこには、防御権の用語は出てこない。その後、『綱要』は出版社を創文社に変えて版を重ねることになったが、四訂版（一九五一年）まで防御権の言及はほとんど認められない。ところが、一九五三年刊行の五訂版になって、はじめて防御権についての詳しい記載が現れる。それは、「第二編　訴訟の組織」「第三章　当事者」中の「被告人」に関する記述にある。次のように記されていた。

「被告人は、受動的当事者として、能動的当事者としての検察官の攻撃に対して、防禦（弁護）の権利をもっている。これは、人権の保障の見地からとくに重要性をもつものといわなければならない。かようにして、被告人は、後述のように弁護人依頼権をみとめられるとともに、みずからも証拠調べの請求、弁論、上訴の申立をはじめ各種の訴訟行為をする権利があり、また、供述の義務はなく、公判期日においても終始沈黙しまたは個々の質問に対して供述を拒むことができるのである（三一一条、なお、憲三八条一項）。」この記述は、『綱要』七訂版（一九六七年）まで、そのまま維持されている。

このほかの刑事訴訟法概説書で、防御権ないし防御の権利について、それなりのスペースを割いて記述しているものはほとんど見られない。

概説書以外で、この問題を論じるのは、以下の論者である。

渡辺修は、その著書の冒頭「はしがき」で、次のように書いている。[11]「本書の主たる課題は、被疑者・被告人の『包括的防御権』の充実である。右権利は、被疑者・被告人たる地位に固有・内在する憲法上の権利であって、憲法が被疑者・被告人に様々な手続上の権利を保障する基本たる原理と考えている。」

村岡啓一は、次のように述べている。黙秘権など手続的保障権を憲法上の権利として位置づけているのは、「すべて、国家によって刑罰権発動の対象とされた国民の『個人の尊厳』を守るための工夫であり、被告者が国家と対峙する一方当事者として、自らが主体的に自己を防御することができるように憲法上の権利を付与したのである」[12]。加えて、村岡は、自由権規約一四条三項(d)は、「被告者本人が『防御の主体』であることを当然の前提としたうえで、具体的な弁護の方法として、法律専門家である弁護人を利用する防御手段と『自己防御権』を行使する本人訴訟の形態を並列的に保障しているのである」[13]とし、防御権行使の形態として、弁護人の援助を受ける権利と自己弁護権を構想している。

これらの文献からは、次のことが認められる。『綱要』の記述に防御権が現れたのは、一九五三年以降であった[14]。その際には、被疑者の権利ではなく、被告人の権利として、検察官の攻撃後に観念されていたことがわかる。それが、最近の論稿においては、被疑者段階から防御権が保障されることを当然の前提とするようになった。また、いずれの論者においても、防御権という用語は、かなり包括的な権利の総体として構想されている。

3　実定法上の防御権

実定法上、防御権の用語はどのように用いられてきたであろうか。一九四九年から施行された現行刑事訴訟法典において、当初は防禦（御）権の文言は用いられていなかった。もっとも、「権」とは規定されていなかったが、「防禦」という文言は用いられていてきた。その例を、いくつか示そう。

接見指定に関わる法三九条三項但書は、「但し、その指定は、被疑者が防禦の準備をする権利を不当に制限するようなものであつてはならない」と規定する。また、起訴状の罰条記載に関わる法二五六条四項但書は、「但し、罰条の記載の誤は、被告人の防禦に実質的な不利益を生ずる虞がない限り、公訴提起の効力に影響を及ぼさない」とし、訴因変更に関する法三一二条四項は、「裁判所は、訴因又は罰条の追加又は変更により被告人の防禦に実質的な不利益を生ずる虞があると認めるときは、被告人又は弁護人の請求により、決定で、被告人に充分な防禦の準備をさせるため必要な期間公判手続を停止しなければならない」と規定している。このほか、最近挿入された規定である法二九五条二項などに「被告人の防御に実質的な不利益」の用語が、また法三一六条の五の第一項などに「被告人の防御の準備」の用語が、それぞれ用いられている。

これらにおける用語法から、以下の点を確認することができよう。それは、ここでの防御（禦）とは、もっぱら公判廷での防御活動を念頭においているように思われる点である。他方、被疑者がそれに備える活動は、防禦の準備とされてきた点である。

こうした中で、二〇〇四年に、刑事訴訟法典の規定中に、はじめて防御権の文言が用いられることになった。開示証拠の目的外利用に対する措置をするに際し、考慮すべき事情を定めた法二八一条の四の第二項である。「前項の規定に違反した場合の措置については、被告人の防御権を踏まえ」るべきと、定められた。この規定は、目的外利用に関する制裁規定が被告人の防御権行使の脅威になりうることを危惧した国会が、法案提出後に議員提案で挿入したものである。(15)

さらに、刑事訴訟法以外の法律においても、防御権の文言が用いられるようになった。二〇〇五年の被収容者処遇法三一条である。そこでは、「未決拘禁者の処遇に当たっては、未決の者としての地位を考慮し、その逃走及び罪証の隠滅の防止並びにその防御権の尊重に特に留意しなければならない」と規定された。ここにおいては、未決の者としての防御権とされていることから、実定法上、被告人のみならず被疑者の防御権がはじめて明記されたのである。

4 小括

このような流れをまとめると、現行刑事訴訟法典制定当初は、防御権の概念は、学界においても、実定法上においても、あまり浸透していなかったと言えよう。それが、徐々に、被告人の防御権の構想がなされ、さらに実定法上の文言として防御権が一般化し、定着して来た。それとともに、防御権が、公判廷で行われる被告人の防御活動の権利をもっぱら指し示していた段階から、被疑者時点からの防御活動の権利を含めてとらえようとする段階へ、拡張してきた経緯もみてとれよう。このような展開を評価するならば、理論的にも、実務的にも、防御権の確立が深化し、定着してきたと評価できる。

Ⅳ　防御権の意義

1　防御権の定義と性格

防御権概念は徐々に浸透し、実定法上も定着してきていると言ってよい。しかし、その定義や権利としての性格など、十分明確になっているとまでは言えない。防御権の保障内容を明確化し、豊富なものとして構成する必要がある。そこで、私なりに、防御権の定義と性格を把握し、その具体的な効果、帰結について考えてみたい。

防御権とは、強大な権力を有する国家が刑罰権を行使しようとする脅威や攻撃に対して、被疑者・被告人が対抗する権利総体を包括的に総称するものである。この場合に、国家の刑罰権行使の脅威、攻撃には、被疑者の逮捕・勾留も含めて考えられるし、被疑者らが拷問や非人道的な取り扱い等を受けることなども含む。それらに対抗する権利であるから、憲法一三条が保障する人間の尊厳を根底に置き、憲法三一条以下の人身の自由に関する権利を包含する内容を有する。また、後に検討すべき課題との関連では、被疑者・被告人がどのように防御するかというアイディア形成も、防御権の一内容として含まれる。すなわち、それは人間の思索的営為であって、思想や内心の自由にも関係するからである。

防御権は、国家の刑罰権行使の脅威、攻撃との対抗関係で、保障される。攻撃と防御の関係は、物理学でいう作用と反作用の関係に類似する。つまり、作用の開始とともに、それを打ち消す方向で反作用が観念されることに似ている。これを刑事手続でみれば、捜査機関に特定の嫌疑が形成され、特定の人に向けられるのが、攻撃（作用）の段階の開始である。この段階から、防御（反作用）が必要となる。それを権利として保障するのが、防御権である。それゆえ、刑事訴訟法が被疑者として規律する局面から、防御活動が必要となり、防御権の保障がスタートする。たとえば、任意取調べの被疑者について、黙秘する権利が保障されるということは、その段階から防御権が保障されていることの一環ととらえることができる。

2　防御権の効果

防御権は包括的な権利の総体である。といっても、黙秘権や証人審問権など、個別の権利を束ねて総称しただけのものではない。むしろ、防御権の概念というのは、豊かなダイナミズムを有する包括的権利ととらえるところに意味がある。つまり、国家刑罰権に対抗することを内実とし、基底に人間の尊厳が備わる権利であるから、その範囲内において種々の効果を導き出しうる豊かな権利である。歴史の進展とともに拡大・発展してきたのが防御権の歴史であり、そこに本質があるように思う。

その本質から考えるならば、防御権の一内容として、防御方針をどう立てるのか、それをどう具体的に実現していくのか、その活動自体の自由が保障されなければならない。つまり、まず被疑者・被告人に防御方針を立てる（構想する）思考の自由が保障されるのである。また、そこで考え出された内容を、相手方当事者たる国家権力は知ってはならないという、秘密性が保障される。被疑者ノートのほか、被疑者・被告人が防御権行使のためのアイディアなどを書きとめたノート類を、捜査機関や訴追機関、刑事収容施設等の職員は、基本的に閲覧することはできないのである。

3　具体例の検討

(1)　防御の秘密性保障

被疑者・被告人が、いかなる方針で身体拘束からの解放を求め、また公判廷での訴訟活動を進めて行くか、この策定の自由とその秘密性が保障されなければならない。そうでなければ、対等な当事者による公判審理などありえない。その秘密性は、防御権から固有に保障されると考えられる。

たとえば、被告人・弁護人側の防御方針の開示は、手続の進行とともに、法に定められた方式で行われることになる。公判前整理手続や期日間整理手続に付された事件については、その開示は、そこに定められた方式で検察官側に伝えるよう義務付けられているだけである。このように考えるならば、大阪拘置所捜索差押え事件で検察官の行った行為は、明らかに防御権を侵害する行為であり、違法性の程度は強いと思われる。

もっとも、刑事収容施設で被収容者の処遇に携わる職員が、拘禁目的確保の観点から、適法に被収容者の書いているノートなどの記載内容を見ることがあるかもしれない（被収容者処遇法七五条一項）。しかし、その情報が防御の秘密に該当するものであったならば、当該職員はそれについて守秘義務を負うと考えられる。したがって、その情報を公判担当検察官などに知らせた場合には、防御の秘密を侵害し違法ということにもなろう。

(2)　暴行を受けた被収容者と写真撮影の自由

日弁連のアンケート調査によれば、写真撮影を弁護人が行う事例の多くは、職員の暴行など収容施設職員の違法行為、不適切な処遇に関わるものが多い。これに対抗するため、写真撮影をして証拠化する作業は、身体拘束も含めた国家権力の脅威、攻撃に対する防御権行使として、当然認められる。

なお、写真撮影を行う弁護人には、国家から法曹資格が付与されている。防御権保障に伴う弊害の除去は、弁護人のプロフェッショナルなスクリーニングに委ねられている。[16]弊害は基本的に除去されると考えられるので、写真撮影を制限する根拠とはならない。

Ⅴ　むすびにかえて

学界や実務、さらに立法のレベルにおいて、防御権概念が一般化し、深化してきたことは明らかである。とくに、被収容者処遇法三一条は、初めて未決段階での防御権尊重を明記した点で評価されてよい。その規定は、逃走及び罪証隠滅防止と並立して防御権尊重を規定しているが、逃走及び罪証隠滅防止は拘禁目的を明示しているだけであって、さほどの意味があるわけではない。憲法に由来する防御権を明記した歴史的意義を踏まえれば、このうちどれを優先して考えていくべきかは自明であろう。

私たちは、防御権発展の歴史的流れの中にある。さらに、その発展を進めていかなければならない。本稿では、防御権について考察してみた。まだ、試論の域を出ないように思われるが、本稿が後の検討のたたき台になれば幸せである。

（1）　その状況については、山口健一・安元隆治「面会室内における写真撮影及び録音について」自由と正義六四巻一二号（二〇一三年）九八頁。

（2）　拙稿「接見交通の秘密と防御活動の自由」浅田和茂ほか編『村井敏邦先生古稀記念論文集　人権の刑事法学』（日本評論社、二〇一一年）三二九頁。

（3）　葛野尋之「弁護人接見の電子的記録と接見時の電子通信機器の使用」季刊刑事弁護七二号（二〇一二年）七六頁以下など。

（4）　大阪高判二〇〇五（平成一七）年一月二五日訟務月報五二巻一〇号三〇六九頁。後藤国賠訴訟弁護団編『ビデオ再生と秘密交通権［控訴審編］　後藤国賠訴訟の記録二』（現代人文社、二〇〇五年）一三一頁。

（5）　鹿児島地判二〇〇八（平成二〇）年三月二四日判例時報二〇〇八号三頁。

（6）山口・安元・前掲註（1）参照。
（7）この事件については、宮下泰彦＝長部研太郎「拘置所居室での弁護人宛ての手紙・尋問事項書などの差押え」季刊刑事弁護七七号（二〇一四年）一五〇頁以下。
（8）村岡啓一「憲法的刑事訴訟論」村井敏邦＝川崎英明＝白取祐司編『刑事司法改革と刑事訴訟法　上巻』（日本評論社、二〇〇七年）三三頁参照。村岡も、「防御権行使の二つの形態」としているので、二つの形態によって行使される防御権を構想しているものと思われる。
（9）このように峻別するのは、あくまでも構造を理解しやすくするための図式である。たとえば、公判廷における個々の被疑者・被告人の行為が、自己弁護権の行使なのか、弁護人の援助を受ける権利の行使なのか、厳格に性格規定することができると主張している訳ではない。それはいずれにせよ、防御権に含まれるとすればいいだけである。
（10）拙稿・前掲註（2）三四六頁参照。
（11）渡辺修『刑事裁判と防御』（日本評論社、一九九八年）の「はしがき」ｉ頁。
（12）村岡・前掲註（8）三〇頁。
（13）村岡・同三三頁。
（14）ちなみに、調べた限りでは、最高裁判例の中に防禦権の文言が初めて現れたのは、最（一小）決一九五四（昭和二九）年五月二〇日刑集八巻五号七一一頁である。この時点は、『綱要』五訂版が刊行された後である。
（15）この点については、森下弘「特別企画　記録の取り扱い――立法経過・審議会、検討会、国会等の動き」季刊刑事弁護四四号（二〇〇五年）七八頁。
（16）拙稿・前掲註（2）三四八頁。

防御の秘密と捜索・差押えの限界

渕野貴生

Ⅰ　課題設定

近時、捜査機関や刑事施設による、被疑者・被告人と弁護人との間のコミュニケーションの秘密性を失わせるような行為の適否が、秘密交通権保障との関係で争われる事例が増えている。このような状況を指して、接見交通権をめぐる争いは、接見の自由から接見の秘密性に焦点が移されているとも言われる(1)。そして、さらにごく最近、被疑者・被告人が勾留されている拘置所等の居室等に対して捜査機関が捜索・差押えを行った事案をめぐって、秘密交通権の侵害等を理由とする国家賠償請求訴訟が提起された(2)。

本稿は、この事案において私が裁判所に提出した意見書に基づき、被疑者・被告人の勾留場所に対する捜索・差押えの可否及び限界について、検討することを目的とする。この問題においては、一方における被疑者・被告人の防御権・弁護権と、他方における事案の真相を解明し、犯人を適切に処罰するための捜査権限とが直接衝突しているようにも見え、その観点から、捜索・差押えの限界を憲法および刑事訴訟法に基づいて適切に位置づける必要がある。ただし、捜索・差押えが許されるためには、当然の前提として、犯罪についての証拠が存在する蓋然性が認められなければならないが、そもそも被疑者・被告人の勾留場所に犯罪の証拠が存在するというのは、いかなる意味においてなのかは、必ずしも自明とは言い難い。仮になんだか怪しげな物ではあるが、犯罪の証拠ではない物を捜索・差押えしようとしているのだとすれば、そのような捜査機関の行為は捜査とは言えないから、防御権と捜査権限との衝突という構図自体が成立しない。そのような〝空中楼閣〟的な捜索・差押えは、長々と検討するまでもなく、当然違法である。本稿では、この前提問題についても検討に組み込んだうえで、勾留場所に対する捜索・差押えの限界の全体像を明らかにすることとしたい。

また、上述の国賠訴訟では、元被告人本人と弁護人がともに原告になっている。それぞれに保障されている刑事手続上の権利は、互いに重なり合う部分も少なくないが、固有の権利性を有している部分も存在する。また、捜索と差押えは一体的に論じられることも少なくないが、それぞれの捜査行為の中身に立ち入って考察してみると、捜索行為と差押え行為とでは、法益の制約のされ方には相違点が存在しうる。そこで、本稿では、捜索行為と差押え行為とを区別し、さらに、それぞれの行為によってその権利を侵害される主体ごとに分けて検討するという方法をとることとする。もちろん、他方で、捜索行為と差押え行為とが強い関連性を有すること、あるいは、被告人の権利と弁護人の権利とが相互に密接に関連し合い、補強しあって、刑事手続上の権利としての総体を形成していることもまた明らかである。それゆえ、それぞれの行為の法的性質や権利内容の共通性にも十分留意する必要があり、本稿では、権利相互あるいは行為相互の関係性の点も明らかにしながら検討を進めていくことにする。

Ⅱ　弁護人と被疑者・被告人との間の交通の「秘密」の権利性

1　有効な弁護を受ける権利の本質的内容としての「交通秘匿権」

(1)　弁護人依頼権の憲法的意義

被疑者・被告人と弁護人との間の通信・文書に対する差押えは、被疑者・被告人の有効な弁護を受ける権利との関係が直接的に問題となる。

被疑者・被告人は、憲法三四条および憲法三七条三項に基づいて、弁護人依頼権を有する。弁護人依頼権は、被疑者・被告人が刑事手続において実効的に防御権を行使するうえで必須不可欠の権利である。なぜなら、刑事手続に関する専門的知識を持たず、具体的な防御のノウハウも有していない被疑者・被告人が、法的・専門的援助もなく一人で捜査機関の取調べに主体的に対抗して供述の提供の仕方をコントロールしたり、検察官の主張立証の弱点を見つけ出して適切に法的な主張に組み上げて弾劾するなどということは、およそ現実的に不可能だからである。法的専門家としての弁護人の援助を受けることができなければ、被疑者・被告人自身の防御権は名目上のものにすぎなくなってしまう。

このような弁護人依頼権の意義に照らすと、憲法上の弁護人依頼権は、単に被疑者・被告人が弁護人を依頼することを妨げられない権利にとどまらず、依頼した弁護人から有効な援助を受ける権利をその本質的保障内容とする。このことは、既に判例も認めるところである(3)。

(2)　弁護人依頼権の本質的要素としての秘密交通権

ところで、以上のような憲法上の権利としての弁護人による有効な弁護を受ける権利の保障にとっては、その秘密性も本質的要素である。なぜなら、弁護人と被疑者・被告人との間では、予想される取調べに対する対抗方法、裁判における防御の方法、被疑者・被告人側証拠の発見や活用の仕方の打ち合わせ等の話し合いや通信が行われるが、そのような情報が第三者、とりわけ捜査機関に筒抜けになってしまったら、有効な防御を行うことはおよそ不可能になるからである。たとえば、捜査官が取調べで聞いてくるであろう質問を予測し、不利益にならないような答えを打ち合わせていても、そのことが捜査機関に伝われば、捜査官は、別の聞き方をするだろう。有力な被疑者・被告人側証人がいると被疑者・被告人が弁護人に伝えても、その証人の存在が直ちに捜査機関に漏れてしまったら、捜査機関は、先取りして捜査側に都合のよい調書を取ろうとするだろう。捜査側証人の証言のどこをどうやって弾劾するかという情報が漏れたら、検察官は、その点を補強した主尋問をするだろう。

このように秘密が守られることの保障がないとすると、被疑者・被告人も弁護人も防御にとって必要・有効な情報ほど、かえって相談・打ち合わせの際に率直に情報・意見の交換を行い、防御の方針を決めることができなくなってしまい、その結果、弁護人の有効な援助を受ける権利の核心部分が侵されることになる。[4]

被疑者・被告人と弁護人との間のコミュニケーションの秘密性が保障されないとすると、被疑者・被告人と弁護人との間の自由なコミュニケーションに対する萎縮効果をもたらし、結局、有効な弁護の提供を阻害するがゆえに、秘密交通権もまた憲法三四条の弁護人依頼権に由来する極めて重要な権利であるとの理解は、近時の秘密交通権侵害が争われた下級審裁判例において、共通して取られている立場である。[5]

(3)　秘密交通権の保障範囲――「交通秘匿権」という概念の必要性

さらに、被疑者・被告人と弁護人との自由な情報・意見の交換にとって、接見時のみならず、事前事後も含めてコミュニケーションの秘密性を保障することが必要不可欠であるという認識も、裁判例[6]においても学説[7]においても、広く共有されている。実際、弁護人と被疑者・被告人との情報のやり取りの中身を事前事後に取得することも、弁護人と被疑者・被告人との間の自由なコミュニケーションを阻害する効果を生じさせ、その結果、有効な弁護の保障が全うされなくなるという点では、接見時の立会い・聴取と全く同じであるから、秘密交通権が弁護人と被疑者・被告人とのコミュニケーション全般に及ぶことは当然の論理的帰結と認識されてきたといえよう。

ただ、従来、この点の認識は、刑訴法三九条一項の規定の存在に影響を受けたためか、接見時における第三者の秘聴、事後の取調べにおける接見内容の聴取、接見時の書類等の持ち込みなど、いささか「接見」に関連する範囲に偏っていた嫌いがあることは否めない。しかし、繰り返すが、被疑者・被告人と弁護人との情報・意見の交換が第三者とりわけ捜査機関に漏れてしまうことによって生じる防御権行使に対する阻害効果は、漏えいの形態に関わらず、同じである。それゆえ、弁護人による有効な援助を受ける権利を実効的に保障するためには、被疑者・被告人と弁護人との間の相談内容は面談か、通信かといった方法を問わず、また身体拘束中の接見か、それ以外の場面での情報交換かを問わず、完全に秘密性を保障されるべきである。弁護人と被疑者・被告人との間の通信を捜索差押えという方法で取得する行為も、当然のことながら、弁護人の有効な援助を受ける権利を侵害する行為として禁止される。換言すれば、憲法によって保護されるべき権利の内実は、弁護人と被告人との間で取り交わされる情報交換の内容を秘匿する点にあるのだから、それを暴く行為は、すべて弁護人依頼権の侵害に当たると考えるべきである。(8) 本稿では、以下、被疑者・被告人と弁護人間の情報・意見交換の秘密性を包括的に保護する権利のことを「交通秘匿権」ということとする。

被疑者・被告人と弁護人との情報交換の秘密性は、弁護人依頼権以外にも、憲法三七条二項の証人審問権および、疑わしきは被告人の利益に原則(無罪推定法理)からも根拠づけられるが、この点は、被疑者・被告人固有の防御活動の権利性の根拠と共通するので、Ⅲ2およびⅢ3でまとめて論じる。

2　被疑者・被告人と弁護人との間の交通秘匿権の絶対性

(1)　最大判平成一一年三月二四日との関係

以上のような交通秘匿権については、被疑者・被告人が弁護人と十分に協議したうえで自ら進んで秘密性を解除する場合はさておき、それ以外の場面では、後述する弁護人自身が証拠隠滅等の犯罪に手を染めたという極限的な異常事態を除いては、例外は存在しないと考える。仮に、身体拘束中の被疑者・被告人と弁護人との接見の「機会」に関しては、最大判平成一一年三月二四日の規範に従い、接見交通権は捜査権に絶対的に優先するものではなく、捜査権との調整がありうるという立場に立って考えるとしても、交通秘匿権の場合には、接見交通権とは異なり、個別の調整は必要ではないし、すべきでもない。

すなわち、接見交通権の場合には、一つしかない被疑者の身体を弁護人と捜査機関とが取り合うという関係にあるから、被疑者の利用について、個別の場面で調整が必要な場合を想定しうる。ただし、その場合でも、接見指定の場面で許される調整は、あくまでも、防御権を侵害しない範囲に限定されたものである。つまり、調整するとはいっても、捜査権を優越させて、防御権保障を切り下げることまでが許されているわけではない。最大判平成一一年三月二四日も、このことを当然の前提として、（取調べ中等の）調整の方法を提示したものといえよう。接見指定に関する最高裁判例の趣旨をこのように理解すべきことは、初回接見について、防御上の重要性を正面から認めて、取調べ中であっても中断して接見させるべきと判示した最判平成一二年六月一三日[9]によって一層明らかにされている。

これに対して、交通秘匿権については、第一に、利用の競合というような意味での調整問題は生じない。したがって、この点だけで、最大判平成一一年三月二四日の射程は及ばないというべきである。しかも、弁護人と被疑者・被告人との間の情報が捜査機関から聞き出されたり、差し押さえられたりすることは、防御の手の内が捜査機関に伝わることを意味し、さらに、防御の手の内が捜査機関に漏れる危険性を否定できなくなることによって、将来の防御活動に関する弁護人と被疑者・被告人間の情報のやり取りに必然的に委縮効果をもたらす。つまり、交通秘匿権の場合は、秘密性の保障を制限すれば、直ちにかつ不可避的に防御権に対する侵害を生じさせるという関係にあるから、防御権の切り下げを防ぎつつ、捜査権と調整することはもともと不可能な場面であるといえる[10]。したがって、この点からも、最大判平成一一年三月二四日の規範を交通秘匿権に及ぼすことは妥当とは言えないのである。

(2) 証拠収集の必要性との間の個別的調整の可否

仮に百歩譲って、交通秘匿権をめぐって捜査権との調整を想定するとしても、そのような想定から、直ちに個別具体的な調整が許されるという帰結が導かれるわけではない。秘密性をめぐって捜査権との衝突がシビアに問題となりうる場面は、立件されている被疑（公訴）事実とは別個の、（立件されている被疑・公訴事実に関連して）既に実行された証拠隠滅等の犯罪行為に関する証拠を収集する必要性かあるいは、立件されている被疑（公訴）事実に関する罪証隠滅防止の必要性が一応は考えられよう。このうち、調整の相手方となる捜査行為が捜索・差押えである場合には、既に実行された証拠隠滅等の犯罪行為に関する証拠を収集する必要性のみが問題となることに注意が必要である。なぜなら、罪証隠滅防止の必要性とは、具体的には、証人威迫等の犯罪行為は未だ行われていない段階での捜査権との調整問題であるから、犯罪行為の発生を前提とする捜索・差押えが正当化される余地はそもそも存在しないからである。

そこで、捜索・差押えとの関係で問題となるのは、既に実行された証拠隠滅等の犯罪行為に関する証拠を収集する必要性と、被疑者・被告人と弁護人間との間の交通秘匿権との調整であるが、率直に言って、このような事態までを想定して調整しなければならないのかは甚だ疑問である。なぜなら、このような事態とは具体的には、弁護人が被疑者・被告人と結託して証人予定者に対して「俺たちの望むとおりに証言しないと、殺すぞ！」という内容の脅迫状を送りつけたといった、もともとほとんど起こり得ない稀有な事態だからである。しかも、弁護人は厳格な職業倫理に拘束され、弁護士会による懲戒処分や刑事制裁のもとにも置かれているので、もともと稀有な事態の発生は、さらに一般予防によって何重にも防止措置が備えられている。したがって、このような予防措置による調整に加えてさらに、捜索・差押えを認めるべき場合を想定する必要があるとは思われない(11)。

これに対しては、被疑者・被告人が弁護人を通じて第三者に指示をして罪証隠滅行為を実行するという事態は必ずしも稀有とは言えないのではないか、という指摘があるかもしれない(12)。しかし、この場合も、制度的に、弁護人がそのような行為をチェックして、罪証隠滅に至らないように防止する役割を果たしうる(13)。弁護人には公正な手続を阻害するような行為を防止する法曹としての責務があり(14)、その責務に従って弁護人が職務を遂行する限り、被疑者・被告人の罪証隠滅行為を防止することができるから、結局、被疑者・被告人が弁護人を通じて既に実行済みの証拠隠滅等の犯罪行為に関する証拠を収集する必要性が現実化することも稀有であるといえよう。

それゆえ、被疑者・被告人と弁護人との間で取り交わされた情報を犯罪の証拠として収集することが必要となるのは、弁護人が被疑者・被告人と結託して明らかに脅迫状としか評価できないような手紙を実際に証人予定者に送るなど、明白に証拠隠滅（教唆）あるいは証人威迫にあたる犯罪行為が行われたことが客観的に明らかになった場合という極限的な場面に限定される。そしてそのような場合には、後述のⅣおよびⅤで定めた要件に準じて、被疑者・被告人の管理場所に対する捜索・差押えが認められる可能性が皆無ではないかもしれない(15)。ただし、このような想定に基づく「調整」は、ほとんど起こり得ない「異常な事態」に限ってあてはまるものであるから、実際には、捜索・差押えとの関係において、交通秘匿権は事実上絶対的保障のもとにおかれるといってもよい。

(3)　裁判例における捜査権との「調整」の意味・基準

次に、捜査・差押え以外の捜査権限と交通秘匿権との調整可能性に目を転じてみると、この点、裁判例では、確かに、交通秘匿権が捜査権に絶対的に優先するものではなく、捜査権と交通秘匿権との間に調整の余地があると判示されている。そして、裁判例のなかには、捜査権等と交通秘匿権との単純な比較衡量で事案の解決を図ろうとして、結果的に、交通秘匿権に対するかなり大きな制約を認めるものもある。[16] また、学説においても、弁護人との接見の前後で被疑者の供述が変遷したような場合に、事後の取調べにおいて、聴取事項が接見内容に及ぶことがあっても直ちに違法とは言えないとするものもある。[17]

しかし、交通秘匿権（秘密交通権）の趣旨や意義について深く立ち入った考察をおこなったうえで結論を出している裁判例における具体的な調整の基準を見てみると、捜査権と交通秘匿権とを単純に比較して利益衡量しているわけではないことがわかる。

たとえば、接見内容の事後的な聴取について判断した福岡高判平成二三年七月一日では、「捜査権の行使と秘密交通権の保障とを調整するに際しては、秘密交通権の保障を最大限尊重すべきであり、被疑者等と弁護人等との自由な意思疎通ないし情報伝達に萎縮的効果を及ぼすことのないよう留意することが肝要であって、刑訴法三九条一項の趣旨を損なうことになるか否かについても、かかる観点から慎重に判断すべき」であり、「したがって、捜査機関は、被疑者等が弁護人等との接見内容の供述を始めた場合に、漫然と接見内容の供述を聞き続けたり、さらに関連する接見内容について質問したりすることは、刑訴法三九条一項の趣旨を損なうおそれがあるから、原則としてさし控えるべきであって、弁護人との接見内容については話す必要がないことを告知するなどして、被疑者等と弁護人等との秘密交通権に配慮すべき法的義務を負っている」とされている。[18] つまり、既に同判決を分析した評釈等で解明されているように、実際には、秘密性を消失していない事実の聴取については、実質的衡量をすることなく、直ちに違法と判断しているのである。[19] また、接見時に被疑者・被告人と検討するための証拠（ビデオテープ）について、内容確認を違法とした裁判例でも、「被拘禁者とその弁護人との間の接見において、仮に訴追機関や収容施設側が重大な関心を持つと考えられる被拘禁者側からの罪証隠滅の希望や示唆、更には被拘禁者の心情の著しい変化等の内容にわたる可能性があったとしても、それを理由に右の接見についての秘密交通権自体を否定することは法的にはできない」と判示されており、[20] 重大な捜査の利益が存在する場合であっても、交通秘匿権との個別調整には入らないままに違法の結論を導き出している。

このように、各裁判例について判断基準の具体的な適用方法にまで深く立ち入って検討してみると、裁判例も、問題意識を持って交通秘匿権（秘密交通権）の意義・権利内容をきちんと検討すれば、実際には、原則として、個別的調整には踏み込まない姿勢に傾くことが強く推認されるのである。[21] そうすると、交通秘匿権が防御権保障にとって必須不可欠の本質的要素であることを踏まえるならば、結局、個別の事案ごとに交通秘匿権と調整する利益が残っている局面は存在せず、交通秘匿権は全体として絶対的保障のもとに置かれることになると言うべきである。

Ⅲ　被疑者・被告人自身による防御権行使に関する秘密の権利性

1　有効な弁護を受ける権利

被疑者・被告人が自ら訴訟資料を検討した結果をメモとして作成したり、自らに有利な証人を探したり、証人予定者との直接の手紙のやり取りを通じて証人の体験した事実を教えてもらったり、証人としての出廷を依頼するといった活動は、被疑者・被告人自身の正当な防御権の行使として、当然許される。これらの資料や通信に対する捜索・差押えは、被疑者・被告人自身の防御権との関係でもその許容性が問題となる。

まず、被疑者・被告人自身が行う防御の準備についても、その多くの部分は、のちに弁護人との情報交換が予定された情報として、Ⅱの保障のもとにおかれるのが原則である。被疑者・被告人自らが訴訟資料の検討をした結果をメモとして残した場合にも、通常、被疑者・被告人自らが弁護人に相談もせずにいきなり裁判の場でそのような検討結果を主張するわけではない。通常は、メモ作成後、そのメモに従って弁護人と相談して、具体的な主張・防御の方針を確定していくものである。また、被疑者・被告人自身がまずは証人となり得る者に直接コンタクトを取ったとしても、実際に証人として請求し、具体的にどのような証言を引き出すかを詰めることは、弁護人に引き継がなければ、被疑者・被告人一人で実現できることではない。被疑者・被告人が勾留されている場合にはなおさら、証人との具体的な交渉・相談は弁護人にゆだねるしかない。したがって、被疑者・被告人本人が作り出した資料であっても、近い将来、弁護人と情報交換がされたうえで、防御の方針を決定するために使われるものがほとんどである。[22] そのような情報が事前に捜査機関によって差し押さえられてしまえば、防御の手の内を捜査機関に晒すことになり、弁護人と相談したうえで防御方針を選択する道が封じられてしまう。また、差押えがあり得ると予測することによって、資料を作り出すこと自体を自制せざるを得ず、防御方針の決定に多大な支障を及ぼすことになるという委縮効果も働く。

それゆえ、被疑者・被告人自身が作り出した資料も、通常は、交通秘匿権の絶対的な保障のもとにおかれる。

2　証人審問権

そのうえでさらに、被疑者自身の防御活動に伴って作り出された資料は、被疑者・被告人固有の防御権からも原則として、秘密性を保障されるべきである。

被疑者・被告人自らが作り出した訴訟準備のための資料が、被疑者・被告人自身の防御権を保障するために、捜査機関に対して秘密性を保持されるべきであることは、第一に、憲法三七条二項から根拠づけられる。被告人が自らに有利な証拠（証人）を強制手続によって得ることは憲法三七条二項が保障するところであり、その前提として、どの程度、有利な証拠になり得るのかを判断するために証人予定者にアクセスすることは、証人審問権を実効的な権利として行使するための不可欠の前提である。また、同様に、敵対証人に対しても、被告人は、憲法三七条二項に基づいて、十分に弾劾の機会を与えられなければならない（反対尋問権）。反対尋問権を実効的に行使するためにも、まず、予定証人の予定証言の内容を知ることが不可欠である。被告人は予定証言を知ったうえで、その証言の弱点を探し、公判において具体的に弾劾していくのであり、弾劾の準備を行う機会を十分に保障することによってはじめて、憲法三七条二項の証人審問権は実効的に保障される。

ところが、これらの収集情報や収集した情報の検討結果が訴追側の知るところとなれば、訴追側に予め先回りされて、反対尋問が奏功しないような尋問の仕方に変えられたり、補強の証拠を作られたり、場合によっては、証言潰しにもつながるような取調べが証人に対して行われたりして、有効な弾劾を不可能にされたり、自らに有利な証人を得ることを阻害されたりすることになる。そして、訴追側が被疑者・被告人の防御の方針を覗き見るという行為は、検察官の立証の補強に必然的に結びつくのであるから（検察官が、有罪立証活動と関係なく、そのような行為をするわけがないし、防御方針を知っていながら、それに対応した立証の補強をしないで放置しておくなどということも考えられない）、秘密性を解除する行為自体が証人審問権の侵害に当たる。また、仮に検察官が防御方針を得るだけで、検察側立証の補強のための活動は行わない場合があり得るとしても、結局のところ、防御方針が検察官に漏れて対応されてしまうことを恐れて、被疑者・被告人が訴訟資料の検討の結果をメモに残したり、予定証人にアクセスすることを差し控えるという萎縮効果を生じさせるから、やはり証人審問権の侵害は免れない。

3　疑わしきは被告人の利益に原則

さらに、もともと刑事裁判においては、疑わしきは被告人の利益にという鉄則が働く。少なくとも、同原則の保障の中核が、検察官が被告人が有罪であることを合理的疑いを超えて証明する全面的な挙証責任を負っているという点にあることに異論を唱える者はいない。そして、このような意味での疑わしきは被告人の利益に原則を被告人の側からとらえれば、被告人は、無罪を立証する必要はなく、ただ、検察官の主張を待って、その主張に対して自らの主張をぶつけることによって弾劾し、検察官の主張に「疑い」を生じさせることのみが要求されていると言える。ところが、検察官に対して、被疑者・被告人側の防御方針を事前に、かつ強制的に知ることを許し、防御方針の効果を失わせるような主張・立証の組み替えをすることを許すならば、被疑者・被告人側は、無罪を勝ち取るには、増強された検察官の主張・立証をさらに乗り越えるような防御をしなければならなくなる。これは、要するに被疑者・被告人に無実の証明を強いる結果となり、事実上の立証責任の転換になる。被告人が公判で投げかけることができるべき疑いを予め封殺してしまうことになるような訴追側の行為は、疑わしきは被告人の利益に原則を根本から掘り崩す行為である。

したがって、被疑者・被告人が自らの訴訟の準備として作成した被疑者・被告人の主張があらわされた書面等を予め差し押さえるといった行為は、無罪推定法理および疑わしきは被告人の利益に原則の侵害にもあたるといえよう。

なお、ここで述べた反対尋問の具体的方法や合理的疑いを生じさせるための弾劾の提示の仕方などは、上述したように、被疑者・被告人が単独で決定して行うというよりも、弁護人と相談しながら決めていくというのが通常の在り方といえよう。したがって、自明のことではあるが、証人審問権や疑わしきは被告人の利益に原則を実効的に保障するためにも被疑者・被告人と弁護人との間の秘密を守られた上での交通は不可欠の前提となっている。すなわち、被疑者・被告人と弁護人との間の交通秘匿権は、証人審問権・疑わしきは被告人の利益原則の実効的保障にとっての不可欠の構成要素でもあり、それぞれの権利に内在する権利内容をなしていると言える。それゆえ、Ⅱ1

(3)で触れたように、被疑者・被告人と弁護人との交通秘匿権は、憲法上、弁護人依頼権とともに、証人審問権・疑わしきは被告人の利益原則によっても根拠づけられているといえるのである。

Ⅳ　被疑者・被告人自身による防御権行使に関する秘密の権利性と捜査権との調整（一）——差押えとの関係

1　個別的調整の可否

被疑者・被告人が作成した資料・メモや被疑者・被告人が弁護人を介することなく刑事手続に関連して入手した資料が、同時に、当該事件あるいは他の事件について被疑者・被告人の有罪を基礎づける証拠としての意味あいを持つ場合がありうる。たとえば、被疑者・被告人が証拠隠滅あるいは証人威迫目的で証人予定者に対して直接、当該証人予定者を脅迫するような内容の手紙を出したような場合がこれに当たる。このような場合、被疑者・被告人の行為は、正当な証人審問権の行使とはいえないから、その場合に限り、捜査権との間で調整問題が発生する。そして、被疑者・被告人が弁護人を介さずに直接、証人予定者に働きかけをした場合には、弁護人によるチェックという制度的調整方法は機能しないから、個別の事案ごとの調整を許す余地がなくはない。また、証拠隠滅目的で作成した資料や威迫を目的として証人予定者に働き掛ける文書については、上述のように、弁護人は、そのような資料を第三者に伝達したり、そのような文書を使って第三者に働き掛けることは行わないという職務上の義務を負っているから、被疑者・被告人としては、弁護人には知らせず直接第三者とやり取りをすることを予定しているといいうる。したがって、このような情報については交通秘匿権の保障も及ばない。

しかし、だからといって直ちに捜査権との調整が許されるわけではない。

まず、このような場合にも制度的調整として、接見禁止処分を科すという装置が用意されており、原則としては、この措置を発動することで、調整は済まされると考えるべきである。接見禁止処分では十分に証拠隠滅等の他の犯罪に関する証拠の発生を防止できず、そのような証拠が現に発生してしまったという場合に初めて、差押えが問題となる。

2 前提条件——犯罪の成立

そのうえで、前提として、差押えの対象となるのは、あくまで「犯罪の証拠」であるから、差押え対象物は、当該被告（被疑）事件あるいは他の事件について被疑者・被告人の罪責を基礎づける証拠でなければならない。とりわけ、他の事件について被疑者・被告人の罪責を基礎づける証拠については、その対象・範囲を明確にしておく必要が高く、当該被告（被疑）事件とは全く関連性のない別個の犯罪についての捜査がたまたま並行して進んでいた場合のような特殊な例を除けば、具体的には、過去に①偽証教唆罪、②証拠隠滅教唆罪、③証人威迫罪のいずれかの罪として成立する行為が行われた場合の当該行為の罪責を基礎づける証拠物でなければならない。まちがっても、今後、証拠隠滅に当たる行為が行われるおそれがあるという理由で、その徴表となる物件を収集することが正当化されるわけではないので、注意が必要である。

つまり、差押えの理由となる罪証隠滅工作とは、あくまで過去に行われた罪証隠滅行為や証人威迫行為のことを指すのであって、権利保釈の除外事由や勾留要件として掲げられた「罪証を隠滅すると疑うに足りる相当の理由（罪証隠滅のおそれ）」とは全く異なる概念である。勾留要件等の「罪証隠滅のおそれ」は、将来に対する予測的判断であるが、未だ罪証隠滅犯罪を成立させるような行為が行われていないにもかかわらず、「なんだか怪しい行為が行われようとしている」という根拠で、捜索・差押えが認められることは、理論的にも、現行刑訴法の規定上もあり得ない。当然のことながら、予定証人等に発送する前の手紙は捜索・差押えの対象となる証拠ではない。

3　具体的な調整の基準

以上の前提を踏まえた上で、差押えが問題となる場面では、さらに場合分けが必要である。

第一に、被疑者・被告人が所持する資料・証拠が、もっぱら刑事裁判における主張又は被疑者・被告人側の防御のための証拠としての意味しか持たない場合、つまり、被疑者・被告人の罪責を基礎づける証拠（以下、罪責証拠という）としての意味を有しない場合には、差押えは許されない。この場合は、そもそも罪責証拠でないのだから、差押えの通常のルールをあてはめて、正当な理由がないと結論付けるだけのことである。

第二に、被疑者・被告人が所持する資料が、刑事裁判における被疑者・被告人の主張とは何らの関連性も有しない場合には、防御権の行使とは関連がないから、その資料が、罪責証拠である蓋然性が認められれば、差押えできる。これも、差押えの一般ルールをあてはめただけである。正当な理由があるかどうかの判断をするだけで足りる。

それでは、当該資料が、罪責証拠に当たる可能性も否定できないが、被疑者・被告人の正当な主張・訴訟準備のプロセスで作られた資料や収集された証拠とも言える場合、どのように考えればよいか。この場合には、差押えは許されないと考えるべきである。なぜなら、証人予定者に対して、自らの主張を伝え、どのような証言になり得るのかを問い合わせる行為が、正当な防御権の行使なのか、証拠隠滅行為に当たるのかの境界は極めてあいまいであり、正当な防御権行使を阻害しないためには、被疑者・被告人に対する萎縮効果を生じさせない範囲に限定して、はじめて差押えが正当化されると考えるべきだからである。そして、被疑者・被告人の地位に置かれている者は、自らの事件に関してさまざまな観点から防御の準備をしていることが予測されるから、被疑者・被告人が所持している事件関係資料は、通常、訴訟における主張や証拠に該当する情報を含むものと推定される。

したがって、差押えは、実体的には、一見明白に証拠隠滅行為としか評価できないような手紙等の存在が明らかである場合に限って許されるに過ぎない。また、手続的要件としては、捜査機関は、単にその資料が罪責証拠に当たり得るということを疎明するだけでは足りず、その資料が、被疑者・被告人の刑事裁判における主張および被疑者・被告人側の防御手段としての証拠に該当しないことについても疎明しなければ、被疑者・被告人の手持ち資料に対して差押えを行うことは許されないと解するべきである。

V　被疑者・被告人自身による防御権行使に関する秘密の権利性と捜査権との調整（二）——捜索との関係

1　捜索による防御権・交通秘匿権侵害の固有性

言うまでもなく、差押えの要件が満たされなければ、捜索の要件が満たされることはなく、捜索は正当化されない。しかしながら、このことは、逆に、差押えの要件が満たされれば、自動的に捜索も正当化されることを意味するものではない。なぜなら、ある資料が罪責証拠としての意味しかない資料であることが疎明された場合であっても、被疑者・被告人は、それらの資料と同一の場所に、弁護人との通信や防御方針メモをも保有していることが十分考えられるからである。

差押えが正当であっても、捜査機関は、当該差押え対象物を捜索する過程で、それ以外の弁護人との間の通信や被疑者・被告人自身の防御方針メモ等に付随的に触れてしまう危険を常に有している。捜索の過程で発見した防御方針メモ・弁護人との通信等について捜査機関は本格的に内容を探索しないとしても、少なくとも差押え対象物に該当するかどうかを区別するために必要な限りでは捜査機関が情報内容を取得してしまうことは不可避である。そうすると、結局、防御方針が部分的にせよ捜査・訴追側に伝わる結果となってしまい、交通秘匿権や防御権の侵害に至ることになる。(23) また、委縮効果に関しては、捜査機関が捜索の過程で、どの程度深く、防御情報の内容に触れたかを正確に知ることは実際には極めて困難であるから、弁護人も被疑者・被告人も、最大限のリスクを予測して

（つまり、最も深く情報取得される場合を想定して）行動せざるを得ない。それゆえ、結局のところ、防御方針全体について、情報のやり取りは不可能になってしまう。つまり、捜索による情報取得が結果としては断片的なものに終わったとしても、権利侵害の程度が限定的な範囲にとどまるわけではなく、防御権・交通秘匿権に対する侵害は、防御方針メモ等の差押えとほとんど同じレベルで、決定的で深刻なものになるといわざるを得ないのである。

2　捜索が認められるための固有の要件

(1)　補充性

したがって、捜索行為によって、そのような交通秘匿権・防御権に対する決定的な侵害がもたらされないようにするためには、捜索について、固有の要件が満たされる必要がある。

第一に、他の手段によって捜査目的の達成が可能な場合には、被疑者・被告人側に対する捜索は正当化されない。いわゆる補充性の必要である。したがって、たとえば、「被疑者・被告人の脅迫に応じるという内容の、被疑者・被告人が証人から受領した手紙（差押え対象物）が被疑者・被告人の居室にあることが疎明された」という場合を考えてみると、確かに、被疑者・被告人の居室に現存する証人からの手紙を差し押さえることによっても捜査目的は達成されるが、被疑者・被告人が証人から受領した手紙を差し押さえずとも、証人が被疑者・被告人から受領した脅迫状や証人の供述によって同一の捜査目的を達成することが可能であるから、被疑者・被告人居室にあえて捜索を行う必要性は認められない。

(2)　捜索の時間的・場所的限界

第二に、捜索場所における被疑者・被告人の防御関係資料の集積度・集中度に応じて、捜索の必要性はより高度なものが要求されると考えるべきである。防御権・交通秘匿権の重要性に鑑み、比例原則の観点から、防御権・交通秘匿権侵害の危険性が高まれば高まるほど、差押え対象物に、証拠としての不可欠性および高度の重要性が認められなければ、当該場所からの差押えおよびその前提となる捜索は正当化されない。

防御関係資料の集積度・集中度を図る基準となるのが、捜索の時期と捜索の場所である。場所に関しては、とくに被疑者・被告人が身体拘束されている場合には、防御に関する情報を自由に外部に保管することは困難であり、また身体拘束場所に保管しておかないと、防御の準備に甚だしく支障をきたすから、身体拘束場所における防御関係資料の集積度はとりわけ高いといえよう。また、時期に関しては、刑事手続が進行すればするほど、被疑者・被告人と弁護人との相談は回数を重ね、防御関係資料も比例的に増加していくから、刑事手続初期段階よりも、手続が進行した段階の方が、防御関係資料の集積度は高い。とりわけ、起訴された後は、被告人は、完全な当事者として、本格的に訴訟の準備をする段階に入るから、防御関係資料の集積度は累乗的に高くなっていく。当事者主義や捜査の終結に照らして、もともと起訴後の強制処分は認められるべきではないが、仮に、認められる場合があるとしても、防御権・交通秘匿権侵害の危険がきわめて高い場所についてまで起訴後に捜索することが正当化される余地はほとんどないはずであり、あるとしても、それは、当該証拠が失われると検察官の立証が根底から崩壊するといったごくごく例外的な場合に限られるというべきである。

(3) 捜索方法の相当性

第三に、以上の条件を満たして捜索が認められる場合にも、反対当事者たる捜査機関が、被疑者・被告人側の防御資料に触れることを極力回避する方法での捜索でなければ相当性を欠く捜索方法として許されない。そうすると、起訴後は、裁判所による捜索を利用できるのだから（刑訴法一〇二条）、捜査機関が捜索を行う必要性はないはずである。この点に関してはなるほど、従前、裁判所が強制処分を行うことに対しては、予断排除原則や裁判所の中立性の観点から消極的な意見も出されており、これらの懸念自体は正当であると私も考える。しかし、少なくとも第一回公判期日以降は、予断排除原則との抵触は正面から問題とはならなくなる。[24]しかも、裁判所の中立性を害するリスクよりも、相手側当事者たる捜査・訴追側に、防御方針が漏れてしまうことによる防御権侵害の重大性の方をよほど重視すべきである。

仮に、あくまでも捜査機関による捜索に固執するとしても、防御資料に触れることを極力回避するための手続的保障は、最低限の要求として必須不可欠である。そうすると、捜査機関は、捜索中に防御資料を発見した場合には、それ以上に当該資料の中身を探索すべきではないが、このことを担保するために、弁護人の立会いを必要的とすべきである。刑訴法二二八条による捜索においては、当事者の立会権は明文では認められていないが、第一回公判期日後の捜索は本来は、裁判所が行えるものであり、その場合には、当事者には立会権が保障されているのだから（刑訴法一一三条一項）、刑訴法二一八条に基づく捜索の場合にも、防御権侵害を可及的に防止するのに最もふさわしい弁護人の立会いを捜索の条件とすべきである。捜索に当たって裁判所がこのような条件を付すことは、決して突飛な考え方ではない。被疑者・被告人に対する過剰な権利侵害を防止するために、条件を付して捜索令状を発付することは、すでに判例が、いわゆる強制採尿令状で長きにわたって行っていることであり（「医師をして医学的に相当な方法で行わせる」旨の条件を付して発付される）[25]、前例は十分に存在するのである。

（1）　赤松範夫「接見交通権確立実行委員会と接見国賠訴訟の切り拓いた地平」季刊刑事弁護六七号（二〇一一年）一一五頁。
（2）　本件国賠訴訟については、参照、宮下泰彦＝長部研太郎「拘置所居室での弁護人宛ての手紙・尋問事項書などの差押え」季刊刑事弁護七七号（二〇一四年）一五〇頁以下。
（3）　最大判平成一一年三月二四日・民集五三巻三号五一四頁。
（4）　小坂井久「身体拘束と弁護権」村井敏邦＝川崎英明＝白取祐司編『刑事司法改革と刑事訴訟法　上巻』（日本評論社、二〇〇七年）五〇三頁以下、木谷明『刑事事実認定の理想と現実』（法律文化社、二〇〇九年）一三四頁、鳥丸真人「組織的な秘密交通権の侵害と国選弁護人の解任――鹿児島秘密交通権侵害事件」季刊刑事弁護三八号（二〇〇四年）一四〇頁、渡辺修「『防御の秘密』と被疑者取調べの法的限界」『鈴木茂嗣先生古稀祝賀論文集〔下巻〕』（成文堂、二〇〇七年）二三六頁以下。

（5）大阪地判平成一二年五月二五日・判例時報一七五四号一〇二頁、大阪高判平成一七年一月二五日・季刊刑事弁護四三号一六二頁、鹿児島地判平成二〇年三月二四日・判例時報二〇〇八号三頁、佐賀地判平成二二年一二月一七日・訟務月報五七巻一一号二四二五頁（LEX/DB25470563）、京都地判平成二二年三月二四日・判例時報二〇七八号七七頁。なお、参照、最判平成一五年九月五日・判例時報一八五〇号六一頁の梶谷玄・滝井繁男両裁判官の反対意見。

（6）大阪地判平成一二年五月二五日・判例時報一七五四号一〇二頁、鹿児島地判平成二〇年三月二四日・判例時報二〇〇八号三頁、福岡高判平成二三年七月一日・判例時報二一二七号九頁、京都地判平成二二年三月二四日・判例時報二〇七八号七七頁。

（7）指宿信「秘密交通権をめぐって――志布志事件接見国賠裁判を通して考える」成城法学八一号（二〇一二年）二六二頁以下、岡田悦典「接見交通権における秘密性の基礎」村井敏邦先生古稀記念論文集『人権の刑事法学』（日本評論社、二〇一一年）三二〇頁、関正晴「秘密交通権と被疑者の取調べ」政経研究（日本大学）四九巻三号（二〇一三年）七四九頁、渡辺修・前掲注（4）論文・二二一頁以下。

（8）弁護人の事務所や被疑者・被告人の居房に対する捜索・差押えについて、このことを説く見解として、川崎英明「刑事弁護の自由と接見交通権」小田中聰樹先生古稀記念論文集『民主主義法学・刑事法学の展望　上巻』（日本評論社、二〇〇五年）二五頁以下、渡辺修『刑事裁判を考える――二一世紀刑事司法の展望』（現代人文社、二〇〇六年）二五頁、四一頁、八四頁。とくに川崎英明は、接見交通権の保障下で被疑者・被告人と弁護人との間で授受された書類等については、接見交通権を根拠として押収禁止とすべきであり、そうした規定ぶりになっていないのは立法の過誤というべきであるとして、防御情報に当たり得る情報についての捜索・差押えは許されないという姿勢を徹底している。

（9）最判平成一二年六月一三日・民集五四巻五号一六三五頁。

（10）この点を指摘するものとして、葛野尋之「判批（福岡高判平成二三年七月一日）」判例評論六四一号（二〇一二年）一二頁、緑大輔「弁護人との接見内容を取調担当官が被疑者・被告人から聴取・録取した行為の適法性」法律時報八一巻一一号（二〇〇九年）一三〇頁、丹治初彦「接見交通権の残された課題――鹿児島選挙違反事件を素材として」季刊刑事弁護五一号（二〇〇七年）一七頁、東條雅人「接見内容の組織的取調べと接見交通権――鹿児島秘密交通権侵害国賠事件判決」季刊刑事弁護六九号（二〇一二年）一六六頁、半田望「秘密交通権の保障と第二次富永国賠控訴審判決の意義」季刊刑事弁護六八号（二〇一一年）一一七頁。

（11）武井康年＝森下弘編『ハンドブック刑事弁護』（現代人文社、二〇〇五年）二二八頁、葛野尋之「身体拘束中の被疑者・被告人との接見、書類・物の授受」後藤昭＝高野隆＝岡慎一編『実務体系　現代の刑事弁護1　弁護人の役割』（第一法規、二〇一三年）

一九三頁以下、村岡啓一「接見禁止決定下の第三者通信をめぐる刑事弁護人の行為規範」小田中聰樹先生古稀記念論文集『民主主義法学・刑事法学の展望　上巻』（日本評論社、二〇〇五年）四六頁、和田恵「一般接見に関する弁護活動」後藤昭＝高野隆＝岡慎一編『実務体系　現代の刑事弁護2　刑事弁護の現代的課題』（第一法規、二〇一三年）五七頁以下。

(12)　このような前提に立ち、被疑者・被告人と第三者との間の弁護人を通じた書類等の授受を広く規制できると主張するものとして、たとえば、参照、尾崎道明「弁護人と被疑者との物の授受」平野龍一＝松尾浩也編『新実例刑事訴訟法Ⅰ』（青林書院、一九九八年）一八九頁以下、松本裕「弁護人と被疑者の接見」松尾浩也＝岩瀬徹編『実例刑事訴訟法Ⅰ』（青林書院、二〇一二年）三五二頁以下。

(13)　葛野尋之・前掲注（11）論文・一九三頁以下、武井康年＝森下弘編・前掲注（11）書・二二六頁、小坂井久・前掲注（4）論文・五〇四頁、川崎英明・前掲注（8）論文・二二頁、福島至「接見交通の秘密と防御活動の自由―信書の秘密とカメラ等携行の自由」村井敏邦先生古稀記念論文集『人権の刑事法学』（日本評論社、二〇一一年）三四四頁、安元隆治「拘置所接見室内での写真撮影の可否をめぐる田邊国賠」季刊刑事弁護七五号（二〇一三年）一三二頁。これに対して、岡慎一＝神山啓史「弁護活動の限界」後藤昭＝高野隆＝岡慎一編『実務体系　現代の刑事弁護1　弁護人の役割』（第一法規、二〇一三年）一〇五頁以下は、書簡の方法による被疑者・被告人と第三者との間の情報伝達については、介在する弁護人の遮断能力に対してやや慎重な評価をしている。

(14)　なお、弁護人の責務の内容・範囲は接見禁止処分が科されているか否かにかかわらず異ならないことにつき、参照、岡慎一＝神山啓史・前掲注（13）論文・一〇五頁、武井康年＝森下弘編・前掲注（11）書・二二六頁、村岡啓一・前掲注（11）論文・三六頁、四五頁。

(15)　弁護人と被疑者・被告人との間の秘密交通権に関して、捜査権との調整の在り方につき、本稿と同様のアプローチを取る見解として、川崎英明・前掲注（8）論文・二二頁以下、関正晴・前掲注（7）論文・七五三頁。

(16)　大阪地判平成一八年一一月一四日・判例タイムズ一二三八号一九六頁、大阪高判平成二四年一〇月一二日・LEX/DB25483106など。

(17)　小木曽綾「判批（鹿児島地判平成二〇年三月二四日）」刑事法ジャーナル一七号（二〇〇九年）一〇二頁以下。なお、参照、名取俊也「刑事収容施設及び被収容者等の処遇に関する法律の概要」刑事法ジャーナル五号（二〇〇六年）一八頁、加藤俊治「判批（福岡高判平成二三年七月一日）」警察学論集六四巻一〇号（二〇一一年）一八三頁以下。

(18)　福岡高判平成二三年七月一日・判例時報二一二七号九頁。被疑者が接見内容を話し始めた場合には、捜査機関はそれを制止すべきとする規範は、鹿児島地判平成二〇年三月二四日・判例時報二〇〇八号三頁でも打ち出されている。

(19)　葛野尋之・前掲注（10）論文・一一頁。

(20)　大阪高判平成一七年一月二五日・季刊刑事弁護四三号一六二頁。

(21) なお、捜査権と秘密交通権との調整がありうるとしても、現実に弁護人との接見時に罪証隠滅工作等が行われたか否かの判断は、相当慎重に行われるべきと指摘する裁判官の論稿として、参照、中桐圭一「弁護人との接見時のやりとりに関する尋問」判例タイムズ一三二二号（二〇一〇年）四三頁。

(22) これらの情報の流通が、防御情報の流通として接見交通権の保障のもとに置かれることについて、川崎英明・前掲注（8）論文・一五頁以下。

(23) 捜索の固有の権利侵害性を指摘するものとして、渡辺修・前掲注（8）書・二五頁以下。

(24) 新関雅夫＝佐々木史朗ほか『増補　令状基本問題　下』（一粒社、一九九七年）三四九頁以下〔合田悦三執筆〕は、この点を指摘したうえで、起訴後は、実質的な当事者間の武器対等の原則の要請が働くから、防御資料に触れる捜索・差押えに限らず捜索・差押え一般について、原則として裁判所の手によって行われるべきであるとしている。

(25) 最決昭和五五年一〇月二三日・刑集三四巻五号三〇〇頁。なお、本文のいわゆる強制採尿令状についての叙述は、条件付令状の発付がありうることを示す一例として述べたにすぎない。強制採尿がそもそも憲法上許容されるかどうかは、もとより別問題であり、私自身が合憲説に与しているわけではない。

障がいのある被疑者の取調べにおける支援と適正手続保障
――オーストラリア・ビクトリア州Office of Public Advocateの活動から――

森久智江

Ⅰ　はじめに

二〇〇九年、刑事施設における福祉的ニーズを有する被収容者の増加(1)を背景として、地域生活定着支援センター（以下、定着支援センター）を中心とした出所者支援(2)、いわゆる「出口支援」が開始された。しかし、その対象となる障がい者・高齢者のケースの中には、刑務作業への従事の困難等により、そもそも刑罰、とりわけ刑事施設収容になじまない場合、あるいは、コミュニケーション不要な刑事施設の環境への順応や、社会内の支援者等との関係性の断絶等で、刑事施設収容がさらに本人の社会復帰を困難にする場合もある。結果的に、刑罰自体が次の犯罪行為への関与の可能性をより高めるという矛盾が生じてしまう。また、その特性を十分に理解されないまま、捜査段階での不適切な取調べ・取り扱いにより、冤罪に至る場合や、その後の適切な支援につながる契機が失われる場合もある。ゆえに、当該被疑者の特性を踏まえた適正手続を保障し、刑事施設収容自体を可能な限り回避し、社会内において生活再建を目指すための適切な「入口支援」がより重要となる。

既に定着支援センターの一部では、クライアントに必要な福祉的支援体制とその計画書を準備し、執行猶予・起訴猶予処分、つまり刑事施設収容の回避を目指す「入口支援」が行われている(3)。また、障がいのある被疑者に対する取調べにおいて、福祉の専門家が助言・相談を行う取り組みや、一部の検察におけるソーシャルワーカーの設置(4)、定着支援センターとは別個の「入口支援」組織設置の動きもある(5)。

但し、このような取組みは、社会復帰や再犯に至らない生活に繋がらない刑事施設収容や、捜査における冤罪発生の危険性、適切な支援に向けたアセスメントの不在といった、顕在化している種々の課題に対する個別的対応の結果であり、本来、このような「入口支援」がいかなる目的・指針に基づき、誰がどう支援を行うべきであるのかは必ずしも明らかではないように思われる。例えば、前述の助言・立会人制度試行では、検察の依頼により「心理学を専門とする大学教授、元保護観察官、元鑑別技官」が、立会い実施前の検察への「助言」、「同席による取調べ」、終了後の「立会人からの助言」が行われている(6)。日弁連の指摘の通り(7)、本試行は知的障がいのある被疑者の「供述の信用性判断のために有効」であるがゆえに実施すべきとされ(8)、被疑者自身の適正手続保障が目的とされている訳ではない。また、助言・立会人の属性についても、定着支援センター・地検双方が研修実施、同センターが候補者を推薦する長崎を除き、助言・立会人の選出・研修は直接地検が行っており(9)、助言・立会人の独立性・第三者性は担保され得ない。捜査機関の「協力者」たる「助言・立会人」が、有罪立証のための「供述の信用性」を高めるためにこのような体制が採られるのであれば、それは明白に、無罪を推定される被疑者の適正手続保障とは相容れず、当初の問題状況に適切に対応しうるものであるのか否かが真摯に検討されなければならない。

本稿は、福祉的ニーズを有する被疑者・被告人への「入口支援」、とりわけ捜査段階における障がいのある人への取調べにおける支援に着目し、オーストラリア・ビクトリア州[10]Office of Public Advocateの取り組みの目的・意義とその実際に照らし、あるべき方向性を検討するものである。

Ⅱ　障がいのある人の適正手続保障

1　日本の刑事手続における障がいのある人に対する取調べ

日本の刑事手続における取調べは、被疑者一般についても「冤罪の温床」とも言われ、代用監獄制度とあわせて、その問題性を国内外において指摘されてきた。[11]福祉的ニーズを有する人が被疑者である場合に、その問題性はより顕著にあらわれる。[12]宇都宮事件（二〇〇四年）では、知的障がいのある被疑者に対して、障がいの有無についてのアセスメントの欠如に加え、尋問に対して迎合的な被疑者の特性を利用した自白誘導、客観的証拠が乏しい中での起訴がなされ、第一審中に偶然真犯人とおぼしき別の被疑者が逮捕されたことで無罪判決に至った。[13]本件事案の元被告人を原告とする国家賠償請求事件では、前記の捜査機関による取調べ及び公訴提起が違法なものとされ、原告の請求を一部認容した。[14]

福祉的ニーズを有する人の多くは、医学的に診断可能な一次的障がいのみならず、コミュニケーションにおいて社会的に生じる二次的障がいに起因した、社会生活上での困難を抱えている。知的障がいのある被疑者の取調べにおいて、物事の抽象化・一般化を行うことの困難、対人コミュニケーションにおける緊張や恐怖感、記憶において客観的事実が残りにくいといった被疑者の特性を十分に理解し、適切なコミュニケーションにより供述を得たのでなければ、容易に虚偽供述や捜査官に迎合的な供述に至る危険性がきわめて高く、その供述の信用性には疑義が生じ得ることとなろう。これは確かに刑事手続における「真実発見」にかかるきわめて現実的な疑義である。

しかし、かような被疑者の障がいという特性からは、むしろその供述の任意性についていかに担保すべきかがより大きな問題となるように思われる。実務上、いわゆる「取調べ受忍義務」が肯定され、取調べにおいて被疑者が客体化されやすい日本の現状では、刑事手続において、例えば黙秘権の行使など、その意思表明や意思決定を主体的に為すことには実質的な困難をともなう。まして、一九九〇年代半ばに至ってなお「原則として障害者が裁判を受けることを想定していない」[15]と指摘されていた日本の司法手続全般において、障がいのある人の参加自体、考慮され始めたのはごく近年のことであり、前述の刑事司法における現状に鑑みれば、その主体性が認められてきたとは言い難い。

一般的に、自白の証拠能力の有無の判断は、その採取過程の適切なルール化と録画による検証可能性の担保により、自白採取が適正手続に則ったものであったか否かを基準に判断されるべきである。そのあるべきルールの部分において、障がいのある被疑者にとっての適正手続とは何かを検討することは不可欠であろう。

2 「合理的配慮」による適正性の担保――障害者権利条約の基本的視座

障がいのある人の特性に応じた司法手続への参加と適正手続保障のあり方について、その指針となるべきものとして、二〇一四年一月に日本もようやく批准に至った「障害者の権利に関する条約（Convention on the Rights of Person with Disabilities：障害者権利条約）」がある[16]。同条約一二条はすべての人が平等に法的能力を行使する権利を有することの保障とその支援について、一三条は司法へのアクセス権と手続参加の保障を規定している。これらは条約交渉過程の中で、障がいのある当事者の声を強く反映して規定されたものであり、障がいのある人に対する従来の強制医療・強制収容の歴史、司法手続関与時のアクセシビリティにおける無配慮、また、刑事司法上の問題状況を反映したものである[17]。

同条約には、既存の人権条約における権利と異なる新たな権利を創設するのではなく、これまで「標準」とされてきた「非障害者」中心の考え方では効果的に人権保障がなされない条件について概念化することが求められた。[18]そのため、明記されてこなかった新しい概念を明文化し、締約国に対してそれを実質化するための一定の作為義務を課している（五条三項）。特に、「合理的配慮（reasonable accommodation）」（二条）は、障がいのある人に対する直接・間接的な差別、つまり差別にあたる行為を防止することに加え、「合理的配慮」を欠くという不作為もまた差別であるとして、差別概念に新たな枠組みを加えた。[19]二〇〇〇年に国際生活機能分類（ＩＣＦ）で、いわゆる「医学モデル」から「社会モデル」への障がい観の転換と、社会的環境変更の社会全体の共同責任が明言されたことが、[20]障がいに関する差別についても、非障がい者中心の環境の中で排除され、機会の平等を失わせ、見えにくい「障がいを作ってしまう社会生活構造」という不作為を、差別として可視化するこの概念の明文化に繋がったのである。[21]

「合理的配慮」は、障がいのある人が「すべての人権及び基本的自由を享有し又は行使することを確保するため」に、①類型的に必要かつ適切な変更及び調整を行うのみならず、個別的状況を前提とした判断と方法の具体化、②につき、障がいのある人が保障を求める人権の性格や重要性、具体的に選択された手段の不可欠性・非代替性、配慮の欠如による権利侵害の程度等と、個人か法人か公的機関か等の相手方の性格、業務の内容・規模・公共性・不特定性、業務規模から見た負担の程度、事業に与える影響等を要素に、人権相互の比較衡量論に基づく適切性・必要性判断を要求している。但し、これは単純な比較衡量ではなく、当該手段がなければ障がいのある人にとって（非障害者であれば保障されているはずの）平等な機会自体が奪われる重大な権利侵害であること、またこのような機会の格差が生じる原因が、社会のあり方そのものにあることを前提にすべきとされる。[22]

こうした差別とその問題解決への視座は、「差異ある平等」を企図するもの、障がい者／非障がい者という分断を超えること、すなわち多元的な人間像を前提にした問題解決志向である。障害者権利条約は、その前文(c)で「全ての人権及び基本的自由が普遍的であり、不可分のものであり、相互に依存し、かつ、相互に関連を有する」という「人権の不可分性」を、主要人権条約の中で初めて明記したという点でも評価されている。(23) 主に社会権的側面が強調されてきた障がい者施策においては、自由権的側面ではむしろ「保護」の名の下に一定の権利制約を肯定してきた経緯がある。機会の平等、自律、無差別等、同条約の一般原則（三条）における人権価値（human rights value）を実現していくためには、それを阻む問題状況に対し、自由権的観点と社会権的観点を不可分なものとすべきであることを明示したのである。(24) 自由権は、非障がい者にとって「国家からの自由」により保障されるが、障がいのある人にとっては一定の社会的支援（社会権保障）がなければ保障され得ない。同じ人権価値の実現にあたって、人の多様性に応じた「平等」を多元的に保障することが必要であり、「合理的配慮」は、このような基本的視座を最も象徴的に反映し、各条項においてそれを貫徹させていくための概念なのである。

3　障害者権利条約にみる適正手続保障

障害者権利条約一二条は、司法手続における「合理的配慮」の具体化として、第三者が本人に代わって意思決定を行う「代行決定」を否定し、「支援された自己決定」を定めたものであるとされる。一般に社会環境的要素や本人の過去の経験、知識の習得等が個人の判断に影響していることからすれば、非障がい者であっても全く「支援」を受けない自己決定は観念できないという立場に立ち、「支援された自己決定」のための社会的支援を「合理的配慮」として保障しようとする。(25) さらに一三条は、障がいのある人が「捜査段階その他の予備的な段階」も含めた広範な法的手続において、実効的に参加する権利とその保障のための「合理的配慮」を規定し、この「司法」には、民刑の司法手続に加え、種々の重要な法律行為をも含む。これらにおいて「合理的配慮」がなされていない場合、事後的にもその不作為が問われることとなるであろう。

少年に対する適正手続保障のあり方に関する議論に照らせば、手続への参加のあり方と適正手続保障は不可分のものであるといえる。適正手続保障（憲法三一条）は、誰に対しても均質かつ同様の配慮を行いさえすれば、その保障が十分に確保される訳ではない。まず本人が手続における主体であることを明確にし、その特性に応じて、本人が自律的に手続に関与でき得るための支援のあり方が追求されねばならない。少年の手続参加のための支援として、まずは法的支援、つまり防御主体としての少年への支援のあり方が問題とされる一方[26]、少年の健全育成という目的（少年法一条）の下にある手続において、成長発達権（児童の権利に関する条約六条）をいかなる過程によって保障しうるのかという観点からすれば、司法に関与する大人からの一方的な「教育」・「指導」による過程ではなく、多様な専門性を有する大人との、少年の特性を踏まえたコミュニケーションを成立させる支援のあり方が重要となる。同条約一二条の意見表明権は「少なくとも自らに影響を及ぼすあらゆる事柄の決定過程に参加する権利であり、また自らの最善の利益を守る手続的権利[27]」である。ゆえに、かようなコミュニケーションを可能とし、少年自らが手続への実効的参加を確保するためには、法的ニーズへの対応のみならず、福祉や心理をも含めた少年のニーズに応じた支援による意見表明を可能とする対応が求められることとなる[28]。

翻って、障がいのある人の適正な刑事手続においても、その特性を踏まえた「合理的配慮」がなされることで、「支援された自己決定」に基づく実効的な参加が確保されていることが必要となるのではないか。そこで必要とされる「合理的配慮」の意味内容と適正手続保障について、次章ではビクトリア州での実践に照らし、その深化を試みる。

Ⅲ　オーストラリア・ビクトリア州における障がいのある人の取調べにおける支援

1　Office of Public Advocate（公的権利擁護事務所）の概要

オーストラリア・ビクトリア州におけるOffice of Public Advocate（ＯＰＡ：公的権利擁護事務所）は、障がい者の権利と尊厳の啓発・擁護を目的とする独立機関である[29]。同事務所を代表するPublic Advocate（ＰＡ：公的権利擁護者）は、Guardianship and Administration Act 1986（一九八六年後見及び管理法：一九八六年後見法）に規定され（同法一四条）、①障がいのある人へのサービスや施設の啓発・調整・促進、②当事者を含む民間団体の支援、③情報提供による社会啓発・教育、④制度運用の問題点の報告及び改善のあり方の提案等を任務としている（同法一五条）。ゆえに、その下にあるＯＰＡも刑事司法制度においてのみ支援を行う組織ではなく、委任・後見・医療行為にかかる同意等のクライアントの意思決定にかかわる直接支援、前記支援に関する電話による相談、障がい関連政策に対する意見公表、各種ボランティアスタッフの研修・プログラム運営等を行っている。ＯＰＡのクライアントとなり得るのは、何らかの認知の障がいを有する人で、知的障がい、精神障がい、痴呆のほか、アルコールや自動車事故等による後天性脳障害も含まれる（同法三条）。

中心的業務である後見人（guardian）[30]について、Victorian Civil and Administrative Tribunal（ＶＣＡＴ：ビクトリア州行政審判所）は、障がいのある人による自己決定に支援が必要であり、本人の「最善の利益」に適うと判断した際に、後見人を指名することができる（同法二二条）。ＶＣＡＴが後見人としてＰＡを指名すると、ＯＰＡ直属の後見人、あるいはＯＰＡのCommunity Guardianship Program（地域後見人プログラム）に所属するボランティアに対して、ＰＡが当該支援を付託する権限を有する（同法一八条）。しかし、ＰＡは一般の後見人よりも強い権限（いわゆる「代行決定」

権限（同法一六条一項(f)）をも有しているため、ＰＡが後見人に指名されることは「最終手段（last resort）」であり、まずは近親者や友人等、一般の後見人の指名が追求される。

その他、ＰＡは、障がいのある人が何らかの虐待や搾取を受けている可能性がある場合、当該事案を調査・告発する（inspection）権限も有している。障がいのある人の利益や安全に関わる事項については、本人に代わって各種機関に対し照会を行う権限もある（同法一八条Ａ）。

なお、ＯＰＡの組織属性につき、Victorian Department of Justice（ビクトリア州司法省）内の一組織として設置されてはいるものの、指揮命令系統下にはない独立した機関であり、業務に関する報告義務はVictorian Parliament（ビクトリア州議会）に対して負っている（同法一五条(d)）。

2　刑事手続における後見人による支援

ビクトリア州の刑事手続における後見人の地位や役割につき、法律に直接の規定はなく、最も広い権限を有する後見人（plenary guardian）であっても、刑事手続上の意思決定に関しては代行決定を行うことはできないと解されている。[31]また、精神障がいによって被疑者・被告人が訴訟不適の場合、あるいは、訴訟行為は可能であるが、被疑事実となっている行為時に何らかの精神障がいによる影響があり、無罪の可能性がある場合の対応について規定した[32]Crimes (Mental Impairment and Unfitness to be Tried) Act 1997（一九九七年犯罪（精神障がい及び訴訟不適）法：一九九七年法）においても、同法下の手続での（法的支援を行う弁護人ではなく）後見人についての規定はない。

さらに、母親に対する殺人の被疑事実で起訴された、精神障がいのある被告人Ｒについて、Victorian Legal Aid[33]がＶＣＡＴに対し、警察の取調べを受けないという意思決定等、Ｒに代わって刑事手続上の代行決定を行うために、Ｒの後見人としての指名を求めた事案[34]でＶＣＡＴは以下のように判示した。すなわち、①一九九七年法に規定された訴訟不適と判断される以前の刑事手続において、障がいのある被疑者が、警察の取調べを受けたり、保釈の請求をしたりする際等、何らかの決定をするための支援を必要とする状況も一九九七年法下の手続に含まれ、②一九九七年法はＶＣＡＴに対し、同法下の手続において代行決定を行う後見人を指名する権限を与えていないと判示した。つまり、刑事手続において後見人が障がいのある人に代わって意思決定を為すことは、判例においても否定されているのである。刑事手続以外の領域においては、ＰＡたる後見人等による「代行決定」権限を一部認め、パターナリスティックな側面を有するビクトリア州においても、刑事手続においては、その訴訟能力が認められる限り、「支援された自己決定」による手続参加を追求していることとなる。

そもそもビクトリア州における障がいのある人の権利は、基本法であるDisability Act 2006（二〇〇六年障がい法）において規定され、同法は障害者権利条約同様、障がいのある人の尊厳、自律、無差別、機会平等、社会参加等を一般原則（五条）とする。(35) 権利章典としての連邦憲法を有しないオーストラリアでは、国際人権規約の理念が国内法の制定時にダイレクトに反映されやすく、また、各州がそれぞれに人権憲章（ビクトリア州ではThe Charter of Human Rights and Responsibilities Act 2006：二〇〇六年人権憲章）を有しているため、二〇〇六年障がい法、そしてその背景に障害者権利条約と二〇〇六年人権憲章に依拠した権利保障がなされていることになる。(36) 二〇〇六年障がい法自体は、刑事手続における権利を具体的には規定していないが、二〇〇六年人権憲章に規定された、弁護人の支援を受ける権利（二五条）、法的聴聞権（二四条）等の刑事手続における適正手続保障のための諸規定に基づき、これらを障がいのある人に対しても保障することが求められる。刑事手続の相手方は国家であり、そこで制約される権利の重要性も高いことから、「合理的配慮」が認められるべき範囲は私人間よりも広範であるべきといえよう。

3　刑事手続におけるＯＰＡの支援の内容

ＯＰＡの支援は、障がいのある人が、被疑者・被告人、被害者、証人いずれの立場であっても、刑事手続に関与した場合に行われる。被疑者・被告人に対して、権利擁護者／後見人は[37]、①警察の取調べ、②法的支援の確保、③弁護人による聴取、④提起された弁護方針の有用性の検討、⑤今後のサービスや居住場所の交渉、⑥健康状態に関する診断書の確保、⑦聴聞への出席、⑧判決における選択肢に関する支援、⑨矯正局とのやり取りといった場面で支援を行う。被害者や証人に対しても、健康及びカウンセリングサービスへのアクセス支援、警察の取調べにおける支援、被疑者・被告人の裁判への出席と関与等を行っている。

前記④は、刑事弁護人が立てた弁護方針について、（例えば、本人の状態や意思を考慮せず、より軽い刑の獲得のみを目指す等）被後見人の「最善の利益」の観点からは必ずしも適当ではないのではないかと考えられる場合、後見人が、本人及び弁護人とともに「最善の利益」のあり方をすり合わせる場を設け、本人がその方針に同意できないことが明らかになった場合には、採られるべき方策を本人から弁護人に伝えるというものである。このような後見人の役割が推進される背景には、「今なお発展途上にある治療的司法（therapeutic jurisprudence）の考え方がある」とされ[38]、「最善の利益」原則を軸にしながら、犯罪行為を契機に本人が抱える社会的困難に対してもアプローチしようとする姿勢が窺われる。またその際に、一方的な確認ではなく、本人とのコミュニケーションの中でその意思を確かめようとする点が重要である。コミュニケーションの場を随時設定するための連携を企図した⑤⑧⑨からも、一貫して本人が参加することが追求されているものと思われる。

しかし、刑事手続の中でも捜査段階、特に取調べは、閉じられた緊張感の中で[39]、前提となる状況を把握しながら、一方当事者たる捜査機関から、被疑者が話すのか、また何を話すのか、その即時の意思決定と表明を継続的に求められる場である。また、福祉的ニーズを有するにも関わらず、福祉サービスに繋がっていなかった被疑者が、捜査機関との接触を機にそのニーズが顕在化し、刑事手続からのダイバージョンに繋がり得る場でもある。[40] 後見人に加え、ＩＴＰによる支援が求められるのは、取調べという場のかくなる特異性が、また別の配慮を要求するからである。

4 Independent Third Person（ＩＴＰ：独立第三者制度）の概要

ＩＴＰは、被疑者・被告人、被害者、証人を問わず、警察による障がいのある人への取調べを行う必要が生じた場合、障がい特性を理解している第三者が取調べに立ち会う制度である。本制度の特徴的な点は、ＩＴＰと前述の後見人は別個の支援であるという点にある。つまり、ＰＡが後見人として指名されている場合には、同じＯＰＡから派遣されているものの、当該被疑者・被告人に通常、後見人として支援を行う者と、当該被疑者に対する警察による取調べの際にＩＴＰとして支援を行う者とで取調べに臨むこととなる。

ＩＴＰ制度の創設は、イギリスにおけるＡＡ制度導入の契機となったConfait事件控訴院判決（一九七五年）[41]が、取調べに責任ある大人（responsible adult）の立会いがなかったことを指摘し、障がいのある少年の冤罪事件となった本事件の背景について調査された「フィッシャー・リポート」[42]の提出に端を発する。[43] 当時、イギリスからの完全な司法的独立には至っていなかったオーストラリアにおいてその影響は大きく、特に一九八〇年以降に進んだ障がいのある者の「脱施設化」の中で、ＯＰＡによる一九八七年調査研究「Finding the Way」[44]は障がいのある人が一般の人々よりも刑事司法と関わりを持ちやすいという現状を明らかにし、イギリスをモデルに取調べにおける第三者立会制度を提言した。そして、一九八八年にＩＴＰが創設された。[45]

法律上にＩＴＰの規定はなく、ビクトリア州警察の捜査規範Victoria Police Manualにおいて、認知的・精神的障がいを有する、もしくはその可能性があるかもしれない人を取り調べる場合、ＩＴＰを同席させることが義務付けられている。[46]この段階での障がいの有無に関する診断は不要で、本人自身への確認やその場での言動からはもちろん、前歴や近隣の病院等も照会した上で、障がいがある可能性があればＩＴＰを呼ばなければならない。

二〇一四年三月現在、ＩＴＰは州全体で二六〇名が、二四時間三六五日体制で担当警察署ごとに待機している。警察はＯＰＡのコールセンターを通じて待機中のＩＴＰの派遣を依頼する。取調べの場所は警察署に加え、刑務所や病院等で行われる場合も、必要性があれば立ち会うこととなっている。ＩＴＰはＯＰＡによる研修を受けたボランティアで、その属性は様々であるが、必ずしも障がいについて専門的に学んだ人ばかりではなく、法学を学んでいる学生等も多いとされる。

5　ＩＴＰと後見人の役割

ＩＴＰは、コミュニケーションの仲介、本人が自らの権利を理解するための支援、手続における一貫した支援を役割とし、後見人は、取調べ前の弁護人との接見、警察官による被疑者の障がいに対する配慮、警察官のＩＴＰ同席に関する調整、取調べ時の本人の意識の明白さ、取調べ後の必要な支援サービスの提供を確保することが、取調べにおける役割であるとされる。[47]両者の差異は、主に、ＩＴＰが手続そのものの客観的な公正性と本人の理解を担保しようとしているのに対し、後見人はその元来趣旨からすれば当然ではあるが、飽くまでも本人の伴走者としてその意思に沿った支援を行いながら、本人の権利擁護に特化している。いずれも当該被疑者にとっての適正手続保障を確保するための支援者ではあるが、このように機能分化を行うことで、多様な人材の関与と、相互的コミュニケーションによる本人の参加の実現が志向されているのではないだろうか。

ＯＰＡによる一九八六年報告書では、ＩＴＰに相当する役割をobserver（観察者）の必要性として提言し、その他、取調べに立ち会うべき人として、本人に長期関与するadvocateと、被疑者がおかれた危機的状況に介入することを目的とした短期関与するadvocateを挙げ、その重畳的関与の重要性を強調した[48]。コミュニケーションによる意思の表明や調整には、当然ながらそれを為すための基本的能力を必要とする。障がいのある人が、そもそも自分のニーズの言語化や表明が困難だからこそ支援を必要としているにも関わらず、その支援が単一の担い手による情報のインプットと確認のみでは、本人が言語化できないニーズは考慮されえない。現実には、ニーズは「初めに名状しがたいしんどさがあって、それに偶然手当てをされることで、明確化する」[49]という場合が多く、まずその明確化の過程を支援するためには、多様な担い手の多角的関与が必要となるのである。つまり、当初からＩＴＰの導入は、単なる「立会人」の必要性のみを企図したものではなく、障がいのある被疑者に対する取調べの空間を、多元的なコミュニケーションを実現する場として立体的に構築しようとしたのではないかと思われるのである。

6　ＩＴＰの運用状況と判例の動向

ＩＴＰは、二〇一三年に一七〇の警察署における二六二七件の取調べに立会い、そのうち被疑者取調べの立会いが二三八三件（九一％）、被害者一九七件（七％）、証人四七件（二％）であった。事案類型は身体的暴行（七〇二件）と窃盗（六〇〇件）で半数近くを占める。二〇〇八－二〇〇九年時点で一四二五件（うち七七％が被疑者・被告人、一八・七％が被害者、四・三％が証人）であったのと比して、総数は約一・五倍増、特に被疑者と被害者の需要が高まっていることが判る。なお、ＩＴＰ一人あたりの年間担当件数は平均八・五件で、中には四〇件を担当するＩＴＰもいるという[50]。

また、ＩＴＰの立会いのない取調べにおいて得られた供述の取扱いについて、証拠法上、これに証拠能力を認めないという明文規定はない。しかし、二〇一二年のビクトリア州高等裁判所（County Court of Victoria）の判決において、本来ＩＴＰが立ち会うべきであった取調べで得られた被疑者の自白を、「被告人にとっての公正性（fairness to the defendant）」の観点により裁量的に証拠から排除し、同判決内で「訴追側より提出された証拠」について、「その証拠の収集過程を考慮するとその証拠の採用が被告人にとって公正さを欠くと思われる場合」に、裁判官による裁量的証拠排除を認めたEvidence Act 2008（二〇〇八年証拠法）九〇条の規定に当たると言及した。同条はコモン・ロー上の「不公正さに基づく裁量（unfairness discretion）」を体系化したもので[51]、これに該当するとしたのである[52]。従来、ＩＴＰの立会いのない取調べで収集された自白が証拠採用されなかった判例の中には、この裁量に言及した上で自白を証拠から排除したものも存在したが[53]、被疑者が少年である場合や、ＩＴＰの不在に加えて警察による被疑者への暴行等、その他の要素の証拠排除への影響が窺われた。本判決では、二〇〇八年証拠法九〇条との関係を明示し、ＩＴＰが取調べに立ち会うことで担保される適正手続を「被告人にとっての公正性」として明確にした点に意義がある。日本の議論で自白法則の根拠として挙げられる、虚偽排除説、人権擁護説、違法排除説にひきつけて解釈するとすれば、今後、同条を根拠に、より違法排除説的な判断がなされやすくなる可能性もある。ＩＴＰの立会い件数は、そのような判例の動向からしても、今後さらに増加することが予測される。

Ⅳ　若干の検討――ＯＰＡの活動に対する評価と日本への示唆

ＯＰＡにおける後見人やＩＴＰによる支援は、直接の法的根拠を持たないながらも、国際基準や基本法を理念的背景に、障がいのある人に対する刑事手続において、多様な人材の多角的関与と相互的コミュニケーションの中で本人の意思決定・表明を支援し、その参加の実現を志向することにより、適正手続の確保に寄与しようとしている。その活動の結果が、裁判においても重視され、事後的に「合理的配慮」の欠如が問われた結果として、その後の警察における実務でＩＴＰの立会いを促すことの一因となっている。

一方、後見人やＯＰＡのあり方を規定する基本法の一つである一九八六年後見法は、既に制定から三〇年弱を経て、「代行決定」の許容等、パターナリスティックな部分も残しており、障害者権利条約及び二〇〇六年人権憲章の理念を十分に反映できていないとして、その是正が求められている。[54]現在、ＯＰＡでは新たに「支援された自己決定試行プロジェクト（Supported Decision-Making Pilot Project）」を展開中であり、[55]なお国際基準に則した「合理的配慮」のあり方を追求している段階にある。

翻って、日本は障害者権利条約の批准にもようやく至ったところであり、刑事手続における障がいのある人の権利保障について、その意義をいかに実質化していくべきかが問われている。近年の「出口支援」や「入口支援」の進展もその流れに位置づけることは可能であろう。ただ、その支援が、「障害者」としての「最善の利益」の実現と、「被疑者・被告人」としての適正手続保障とを、「合理的配慮」により、一人の個人への支援として、多元的・統合的に追求しようとするものでなければ、分断された支援は、たとえば犯罪という側面を重く採り上げ再犯防止を直接的に企図した権利制約的な福祉による関与等、個人が有する他の属性において、その権利や生き方を制約することにもなりかねない。現在は主に「司法」と「福祉」という枠組みで語られるこの領域の支援を、「当事者」を中心に据え、法曹や社会福祉士等といった社会的に認知された「専門性」の有無を問わず、多様な領域の関与とそれによる機能分化によって多元化し、その上での統合を目指すべきであろう。

また、刑事手続における「合理的配慮」は、前述の通りその性質からして、対国家との関係では、本来は刑事手続以外の領域よりも広範に認められるべきものである。ところが、実際には障がいを「リスク」として捉えられ、直接の相手方ではない抽象的な「社会の安全」との衡量により、「合理的配慮」が狭く解される傾向がある。[56]ビクトリア州においても、避けられる「リスク」の存在を許さないという社会の「リスク回避」的傾向の高まりによって、障がいのある人が採れる選択肢はあらゆる場面で過度に制約され、その狭い配慮の中においてすら、その支援に関与した人々の重い責任が求められるとされる。[57] しかし、ＯＰＡが後見人として関与するクライアントの五七％が六五歳以上であり、その多くが痴呆や後天性脳障害を有する人でもある。[58] この事実に向き合うことが、抽象的「社会」と「リスク」を隔てる二項対立的思考を超え、[59] 自分自身と地続きの社会の中で安心を「創り出す」契機なのではないだろうか。

（1）浜井浩一『刑務所の風景――社会を見つめる刑務所モノグラフ』（日本評論社、二〇〇六年）、山本譲司『累犯障害者』（新潮社、二〇〇九年）他参照。

（2）一般社団法人全国地域生活定着支援センター協議会ＨＰ http://zenteikyo.org/ (last visited 2014/02/01)。

（3）「入口支援」として最もよく知られているのは、二〇一〇年から行われてきた長崎・南高愛隣会によるものであり、二〇一二年以降は「新長崎モデル」として、最高検、長崎地検、南高愛隣会、長崎定着の協働試行による、捜査段階での助言・立会人制度や、検察による処分決定前の支援計画書提出を行う障がい者審査委員会の設置が行われた（全定協ＨＰ参照）。また、長崎以外においても、滋賀など一部の定着支援センターでは、当該地域独自の社会資源を活用しつつ、相談支援事業の一環として個別に「入口支援」を行ってきた実績がある。なお、二〇一三年からは平成二五年社会福祉推進事業「罪に問われた高齢・障がい者等への切れ目ない支援のための諸制度の構築事業」の一環として、長崎・宮城・和歌山・滋賀・島根・東京で「入口支援」が行われている。本事業の詳細は南高愛隣会ＨＰ「社会福祉推進事業」http://www.airinkai.or.jp/hasshin/kenkyu/shakaifukushi/gaiyou_h25.html (last visited 2014/02/01) 参照。

（4）福祉の専門家による取調べの助言・相談、検察におけるＳＷの設置も「新長崎モデル」の一環として取り組まれ始めたものであるが、これに加え、検察改革の一環として、検察における知的障がいによりコミュニケーション能力に問題がある被疑者等に対する取調べの録音・録画の試行が実施されている。最高検察庁ＨＰ「取調べの録音・録画に関する検証結果」http://www.kensatsu.go.jp/kakuchou/supreme/rokuon_rokuga.html (last visited 2014/02/01)。

（5）二〇一三年からの南高愛隣会主導の社会福祉推進事業では、「出口支援」を行う従来の地域生活定着支援センターとは別個に、「入口支援」に特化した「司法福祉支援センター」の設置が新規事業として謳われている。詳細は南高愛隣会ＨＰ・前掲註３「社会福祉推進事業」参照。

（6）最高検察庁「知的障害によりコミュニケーション能力に問題がある被疑者等に対する取調べの録音・録画の試行について」

（二〇一二年七月）http://www.kensatsu.go.jp/kakuchou/supreme/img/rokuon_rokuga4.pdf（last visited 2014/02/01）。

（7）日本弁護士連合会「知的障がいのある被疑者等に対する取調べの立会いの制度化に向けた意見書」（二〇一二年九月一四日）http://www.nichibenren.or.jp/activity/document/opinion/year/2012/120914.html（last visited 2014/02/01）。

（8）検察の在り方検討会議提言「検察の再生に向けて」（二〇一一年三月三一日）http://www.kensatsu.go.jp/oshirase/sinki/kensatusaiseigaiyou.pdf（last visited 2014/02/01）二七頁。

（9）朝日新聞「知的障害者の聴取、改革中　すべて可視化・七四事件　専門家が同席・四地検」（二〇一二年二月二六日朝刊）。長崎においては、南高愛隣会が二〇一三年より実施している「社会福祉推進事業」において、「助言・立会人」となることのできる人材の不足から、「保護司、民生児童委員、福祉事業者、特別支援学校教員等」を対象とした研修会の実施や、「県行政（県社協等）のボランティアセンターへの『助言・立会人』の登録」を行うとしている。

（10）オーストラリア・ビクトリア州の刑事司法制度の概要及び障がいのある犯罪行為者を対象に行われる支援の概要については、森久智江「障害のある犯罪行為者（Justice Client）に対する刑事司法手続についての一考察」立命館法学三三七・三三八号（二〇一〇年）九二八－九五五頁参照。なお、本稿において言及するビクトリア州の現行法令は以下のサイトで入手できる。Victorian Legislation and Parliamentary Document <http://www.legislation.vic.gov.au/> (last visited Feb. 1 2014).

（11）国連自由権規約委員会第五回審査最終報告書（CCPR/C/JPN/CO/5）外務省仮訳（二〇〇八年一〇月三〇日）http://www.mofa.go.jp/mofaj/gaiko/kiyaku/pdfs/jiyu_kenkai.pdf（last visited 2014/02/01）「C.主な懸念事項及び勧告」一八・一九参照。また二〇一一年六月より法制審議会・新時代の刑事司法制度特別部会が開催され、第二六回会議（二〇一四年四月三〇日）において、法務省試案で取調べの全過程を録音・録画することが示されたが、対象事件の範囲については委員間での合意が得られず、捜査機関側から主張される捜査手法の拡大についても、弁護士・有識者委員らから、不十分な取調べの可視化に比して著しくバランスを欠くとの指摘がなされている。各回の会議の詳細は法務省「法制審議会——新時代の刑事司法制度特別部会」http://www.moj.go.jp/shingi1/shingi03500012.html（last visited 2014/04/29）参照。

（12）宇都宮事件以外にも、従来、知的障がいを有する被疑者や証人に対する捜査、とりわけ取調べにおける問題性は指摘されてきた。その点に配慮した上での知的障がいのある被疑者・被告人に対する刑事弁護について、大阪弁護士会『知的障害者刑事弁護マニュアル——障害者の特性を理解した弁護活動のために』（Sプランニング、二〇〇六年）、内田扶喜子ほか編著『罪を犯した知的障がいのある人の弁護と支援　司法と福祉の協働実践』（現代人文社、二〇一一年）、大石剛一郎・谷村慎介・西村武彦著・内田扶喜子編『障害者弁護ガイドブック　先駆的実践と事例から学ぶ』（現代人文社、二〇一二年）等が詳しい。

（13）宇都宮地判平一七・三・一〇LEX/DB28105419。なお、宇都宮事件の公判の様子については、山本・前掲註（1）を参照。

(14) 宇都宮地判平二〇・二・二八判時二〇二六号一〇四頁。
(15) 関東弁護士連合会編『障害者の人権――障害者の裁判を受ける権利／成年後見制度の研究』(明石書店、一九九五年)一一頁。
(16) 本稿における条文引用は、「障害者の権利に関する条約(外務省二〇一四年一月三〇日公定訳)」http://www.mofa.go.jp/mofaj/gaiko/page22_000599.html (last visited 2014/02/01) による。
(17) 条約制定時の経緯については、山本眞理「強制医療・強制収容」、東俊裕「司法へのアクセス」長瀬修ほか編『障害者の権利条約と日本　概要と展望』(生活書院、二〇〇八年)を参照。
(18) 川島聡・東俊裕「障害者の権利条約の成立」長瀬修ほか編・前掲書一五－一六頁。
(19) 「合理的配慮」が明記されるまでの過程につき詳述したものとして、玉村公二彦「国連・障害者権利条約における『合理的配慮』規定の推移とその性格」障害者問題研究三四巻一号(二〇〇六年)一一－二一頁。
(20) 世界保健機関(WHO)『ICF国際生活機能分類――国際障害分類改訂版』(中央法規、二〇〇二年)一八頁。
(21) 東俊裕「障害に基づく差別の禁止」長瀬修ほか編・前掲書六四－六六頁は、いわゆる差別禁止法の必要性は、その核として、差別を発見して処罰することではなく、非障がい者の「権利」と「差別」に対するイメージや、自らはそれらを当たり前に保障されていることに気付かないという意識等、ギャップを埋めるための「物差し」となることであると指摘する。
(22) 東俊裕「障害に基づく差別の禁止」長瀬ほか編・前掲書四五－五〇頁。
(23) 川島聡「障害者権利条約の基礎」松井亮輔・川島聡編『概説　障害者権利条約』(法律文化社、二〇一〇年)四－五頁。
(24) 阿部浩己「権利義務の構造」松井ほか編・前掲書五一－五三頁。
(25) 池原毅和「法的能力」松井ほか編・前掲書一八六－一九〇頁。本規定がおかれた背景には、権利擁護を目的とした成年後見制度等の現状において、過度にパターナリスティックな介入が行われたり、本人の権利を不当に制限したりするような問題状況があり、日本の成年後見制度も「支援された自己決定」に沿う形での制度変更が求められるとする。
(26) 少年司法における適正手続保障を認めたアメリカにおけるケント判決(一九六六年)、ゴールト判決(一九六七年)以降、成人同様の論理による少年に対する適正手続保障の実質化、いわゆるジャスティス・モデルが主張された。京明『要支援被疑者の供述の自由』(関西学院大学出版会、二〇一三年)三〇－三三頁は、従来のジャスティス・モデルが、法的支援による補完により、少年を自己決定主体として承認した上での「小さな大人」観を前提にしたものであり、少年の主体的な成長発達を可能にするための独自の適正手続を構築する上では不十分なのではないかと指摘とする。
(27) 服部朗・佐々木光明編著『ハンドブック少年法』(明石書店、二〇〇〇年)四四八頁。
(28) 少年司法手続における少年の手続参加と適正手続保障について、イギリスの少年及び障がいのある人への捜査段階における支援

「Appropriate Adult（ＡＡ）（適切な大人）」制度の経験を踏まえ、詳細に論じるものとして、京・前掲書参照。後述するように、ビクトリア州における Independent Third Person もＡＡ制度構築の過程の影響を強く受けている。

(29) Office of Public Advocate HP <http://www.publicadvocate.vic.gov.au/> (last visited 2014/02/01).

(30) ビクトリア州においてＶＣＡＴより指名を受ける成年後見人には、後見人（Guardian）と管理者（Administrator）があり、一九八六年後見法において、前者は、被後見人の個人あるいは生活に関わる意思決定（personal and lifestyle decisions）、すなわち、居住先や受ける医療、各種サービスへのアクセス等にかかる決定を為すにあたっての支援を行い、後者は、財産的あるいは法的意思決定、すなわち財産管理や請求に対する支払い等にかかる決定を為すにあたっての支援を行うものとされている（同法第四章及び五章に規定）。ゆえに、本稿における後見人（Guardian）の支援には、日本とは異なり、財産的・法的意思決定にかかる支援を含まない。なお、後見人については、全ての権限と義務を有する後見人（plenary guardian）と被後見人ごとにＶＣＡＴが指定した事項のみを支援する部分的後見人（limited guardian）の設定があり、日本の制度における後見・保佐・補助という類型化された制度とは異なっている。

(31) Office of Public Advocate, *Criminal law – Supporting clients who are offenders or victims of crime*, (principles and practice guidelines, March 2010) 3 <http://www.publicadvocate.vic.gov.au/file/file/PracticeGuidelines/PG18%20_Criminal_Law_supporting_clients_100309.pdf>. (last visited 2014/02/01).

(32) 同法が適用された被疑者・被告人については、通常の刑事司法手続とは異なる特別の調査（鑑定）手続が行われ、その上で、通常の刑事手続に戻される場合と、何らかの監督命令を言い渡される場合があり得る。

(33) Victoria Legal Aid は、連邦及び州政府からの出資を財源としながら、独立機関として運営されている法的支援機関である。刑事事件のみならず、家庭内暴力や子どもの権利擁護、差別、精神衛生に関わる法的問題等の様々な法的問題について、特に経済的・社会的に不利な状況におかれた人々の支援を行っている。Victoria Legal Aid HP <http://www.legalaid.vic.gov.au/> (last visited 2014/02/01)。

(34) *R v VCAT* [1997] VCAT29837 (Member Sandra Davis).

(35) オーストラリアは世界的にも比較的早い時期の二〇〇八年に障害者権利条約を批准している。

(36) Department of Human Services, *Protecting Rights Service: delivery principles, disability services* <http://www.dhs.vic.gov.au/for-service-providers/disability/protecting-rights> (last visited 2014/02/01).

(37) 後見人（guardian）は一九八六年後見法に規定された地位であり、被後見人の「最善の利益（best interest）」を求めて行為すべきであるという原則規定（同法三二条一項）がある。一方、より支援における介入の度合いが低いとされる権利擁護者（advocate）については、同法に特別な職位としての公的権利擁護者（Public Advocate）の地位と権限を規定するのみであり、一般的な地位の規定はない。しかし、後見人が「可能な限り被後見人の権利擁護者（advocate）として『最善の利益』を求める」（三二条二項(a)）という規定の存在から、後見人であっても可能な限り介入の度合いを低くするべきであるという立法者の意思が示されている。

(38) Office of Public Advocate, *Supra note* 31, at 6-7.

(39) ビクトリア州においても、取調べの全過程録画（及びそれがなされない場合の証拠排除）や弁護人の立会は明文で規定されている（Crimes Act 1958 s 464C, 464H, Crimes Act 1914 (Cth) s 23V）。但し、その対象が正式起訴犯罪（indictable offence）に限定され、一定の例外も認められている。

(40) このような視点は、既にＩＴＰ導入の契機となったＯＰＡの報告書において指摘されている。Office of Public Advocate, *Finding the Way* (1987) Ch.3 <http://www.publicadvocate.vic.gov.au/file/file/Report/Finding%20the%20Way.pdf> (last visited 2014/02/01).

(41) *R v Lattimore and others* (1975) 62 CR. App R53.

(42) *Report of an Inquiry by the Hon. Sir Henry Fisher into the circumstances leading to the trial of three persons on charges arising out of the death of Maxwell Confait and the fire at 27 Doggett Road, London SE6* (HMSO, 1977) <https://www.gov.uk/government/publications/report-of-an-inquiry-into-the-death-of-maxwell-confait> (last visited 2014/02/01).

(43) Confait事件及びフィッシャー・リポートから、ＡＡ制度の成立に至るまでの経緯は、京・前掲註（26）一三四－一四二頁参照。

(44) Office of Public Advocate, *Supra note* 40.

(45) この時期、一九八六年に設立されたＯＰＡは、当該報告書以外にも、刑事司法における障がいのある人の施策に多大な影響を与えた報告書を残している。その内容と制度改革の経緯については、森久・前掲註（10）九三四－九三七頁参照。

(46) Victoria Police Manual 112-2, 112-3, para 6.2.　なお、同項目において、取調べを受ける人に障がいの疑いがある場合は、Forensic Medical Officerという当番制で待機する医師を呼んでアドバイスを受けることも規定されている。

(47) Office of Public Advocate, *Supra note* 31, at 4-5.

(48) Office of Public Advocate, *Supra note* 40, at 42-43.

(49) 熊谷晋一郎・荻上チキ「誰のための『障害者総合支援法』」シノドス・荻上チキ『シノドス新書　荻上チキ対談集一』（シノドス、二〇一三年）。

(50) 最新のデータは二〇一四年三月に行ったＯＰＡ訪問時の聴き取りに基づく。

(51) Kenneth J Arenson at el., Criminal Processes and Investigation Procedures: Victoria and Commonwealth 183-185, 188-194 (LexisNexis Australia,2010).

(52) Office of Public Advocate, *Annual Report 2012-2013* (15 August 2013) 38-39 <http://www.publicadvocate.vic.gov.au/file/file/Report/2013/OPA%20Annual%20Report%202012-2013.pdf> (last visited 2014/02/01). 当該事案においては、被害者の取調べでＯＰＡによって派遣されたＩＴＰが立ち会っているにも関わらず、被疑者の取調べにおいては、当該被疑者の雇用主が立ち会うのみであり、被疑者が自身の権利を理解するための支援がなされていないことが批判された。

(53) *DPP v Toomalatai* (2006]) VSC 256 (15 May 2006), *R v Laracy* (2007) VSC 19 (9 February 2007).

(54) Victorian Law Reform Commission, *Guardianship Final Report 24* (31 January 2012) (VLRC 2012) <http://www.lawreform.vic.gov.au/projects/guardianship-final-report> (last visited 2014/02/01).

(55) Office of Public Advocate, *Project description Supported Decision-Making Pilot Project* <http://www.publicadvocate.vic.gov.au/file/file/Research/Current%20projects/SDM%20project%20flyer%20FINAL.pdf> (last visited 2014/02/01).

(56) いわゆる「大阪アスペルガー事件」一審判決（大阪地判平二四・七・三〇 LEX/DB25482502）における量刑判断に顕著であろう。

(57) John Chesterman, *The Review of Victoria's Guardianship Legislation: State Policy Development in an Age of Human Right*, The Australian Journal of Public Administration (2010) 69 (1) 61, at 61.

(58) Office of Public Advocate, *Supra note* 52, at 13.

(59) Frédéric Mégret, *The Disabilities Convention: Towards a Holistic Concept of Rights*, International Journal of Human Rights (2008) 12 (261). Mégretはこの論文で、障害者権利条約が既存の人権規約におけるあらゆる二項対立的思考を超え、従来の人権概念に強さを、またその価値の実現に至る最たる方法を見出す契機になることを論じている。

無罪判決後の勾留

川崎英明

Ⅰ　問題の所在

いわゆる東電ＯＬ事件の再審は、二〇一二年六月七日の再審開始決定の後、二〇一二年一一月七日の東京高裁・控訴棄却判決の確定により、二〇〇〇年四月一四日の確定審の（東京地裁）第一審無罪判決が確定して終結した。東電ＯＬ事件は、再審公判において検察官が異例にも無罪論告を行ったほどに冤罪性が明らかだった事件である。しかし、確定審において第一審無罪判決が控訴審で破棄され、上告棄却により控訴審の有罪判決が確定したため、事件発生から雪冤までに一五年以上の時を要することとなった。その間、無辜の身体を拘束した責任の所在、すなわち誤判の原因が厳しく究明されなければならないし、再審請求の時点から再審無罪判決までに七年の時を要することとなった再審実務の運用が抱える問題性の真摯な検討が求められている。(1)

しかし、東電ＯＬ事件が提起した問題はこれだけではない。この事件は、無罪判決の宣告による勾留状の失効を定める刑訴法三四五条の運用についても、新たな問題を提起することとなった。すなわち、東電ＯＬ事件の確定審において、検察官は、第一審無罪判決の宣告により勾留状が失効し釈放された被告人ゴビンダ・マイナリ氏に対して、無罪判決に対する控訴申立と同時に、第一審（東京地裁刑事第一一部）に勾留の職権発動を申し出たが、刑事第一一部が職権発動しなかったため、二〇〇〇年四月一九日、東京高裁第五特別部に勾留の職権発動を求めた。第五特別部（木谷明裁判長）も職権発動しなかった（東京高決平成一二年四月二〇判例タイムズ一〇三二号二九八頁。以下、この決定を木谷決定という）ため、検察官は、東京高裁への訴訟記録の送付を待って、同年五月一日、三度目の勾留の職権発動の申出を行い、これを受けて、控訴審第一回公判期日前の同月八日、控訴審・東京高裁刑事第四部（高木俊夫裁判長）が勾留決定をした。検察官がこれほど執拗に勾留の職権発動を求めたのは、マイナリ氏が来日外国人（ネパール人）であり、勾留状が失効したままでは母国に強制送還され、控訴審の審理に困難を来すためだという。

刑訴法三四五条の趣旨に照らし、東京高裁刑事第四部の勾留決定には疑問が残るが、刑事第四部の勾留決定に対するマイナリ氏の（東京高裁刑事第五部への）異議申立は棄却され、特別抗告も棄却された（最一小決平成一二年六月二七日刑集五四巻五号四六一頁。以下、平成一二年最高裁決定という）。この平成一二年最高裁決定は、職権判断として、刑訴法上は被告人勾留の「時期には特段の制約がない」とした上で、第一審の無罪判決後でも、「控訴審裁判所は、記録等の調査により、……罪を犯したことを疑うに足りる相当な理由があると認めるときは、勾留の理由があり、……勾留の必要性があると認める限り、その審理の段階を問わず、被告人を勾留することができ、……新たな証拠の取調べを待たなければならないものではない」と判示した。この判示には、遠藤、藤井両裁判官の反対意見が付されており、それは、無罪判決の言い渡しを受けた被告人を控訴審で勾留するには、控訴趣意書及び答弁書が提出されるなどして実質的な審理が始まり、第一審判決が破棄され有罪となる可能性があると判断されることが必要であり、より高度の嫌疑を要するというものであった。

平成一二年最高裁決定以前に控訴審における被告人の再勾留を許容する旨判示した最高裁判例は、第一審判決が執行猶予付き懲役判決であった事案（最三小判昭和二九年一〇月二六日裁判集刑事九九号五〇七頁）と第二次控訴審無罪判決が第二次上告審で破棄された後の第三次控訴審における再勾留が問題となった事案（八海事件・最三小決昭和四一年一〇月一九日刑集二〇巻八号八六四頁）であり、無罪判決後の再勾留が問題化した東電ＯＬ事件とは位相を異にしていた。それ故に、東電ＯＬ事件の木谷決定は、「従前の実務において、第一審の無罪判決後控訴審が被告人を勾留した事案も、控訴審が審理を遂げ有罪の心証を固めた後のことと考えられる」と判示したのである。平成一二年最高裁決定が、「第一審で無罪とされた被告人に対する控訴審における勾留の時期、要件について明示の判断をした初めての最高裁判例」[2]として議論を呼ぶこととなったのも、その故である。[3]

その後、二〇〇七年一二月一三日、最高裁は、覚せい剤密輸事件で、東電ＯＬ事件と同じく第一審無罪判決により勾留状が失効した来日外国人被告人について控訴審の第一回公判前の勾留決定の当否が問題となった事案で、これを是認して次のように判示した（最三小決平成一九年一二月一三日刑集六一巻九号八四三頁。以下、平成一九年最高裁決定という）。すなわち、第一審の無罪判決後、「控訴審裁判所は、その審理の段階を問わず、職権により、その被告人を勾留することが許され、必ずしも新たな証拠調べを必要とするものではない」とするのが「判例」の見解であるところ、刑訴法三四五条は、「無罪推定を受けるべき被告人に対し、未確定とはいえ、無罪の判断が示されたという事実を尊重し、それ以上の被告人の拘束を許さないとしたものと解されるから」、被告人が無罪判決を受けた場合は、刑訴法六〇条の犯罪の相当な嫌疑の「有無の判断は、無罪判決の存在を十分に踏まえて慎重になされなければならず、嫌疑の程度としては、第一審段階におけるものより強いものが要求されると解するのが相当である」、と。

このように、最高裁判例は、無罪判決後の勾留状失効を定める刑訴法三四五条から、再勾留要件加重の帰結を導きつつ、無罪判決後の再勾留を許容したのである。そのために生じた事態が、東電ＯＬ事件や上記・覚せい剤密輸事件のように、無辜の被告人を第一審無罪判決後も長期にわたって勾留するという事態であった。この点で、平成一九年最高裁決定の調査官解説は、「検察官が控訴審に対し、第一回公判前に勾留の職権発動を促すといった行動に出ることは余りないように思われる。通常は、身柄不拘束のまま控訴審が進められて、逆転の有罪判決で実刑となった段階で、初めて再勾留される場合が多いように思われる」と指摘していた(4)。この指摘には、無罪判決後の再勾留が来日外国人被告人に限定されるかのような響きがあるが、そのような保証はなく、実際にも、通常の事件で、第一審無罪判決後の再勾留が深刻に懸念された事例はあった。平成一二年最高裁決定や平成一九年最高裁決定で提起された本質的問題は、検察官上訴に伴い、第一審無罪判決後も被告人を長期にわたって勾留するような事態が、刑訴法三四五条の下で正当化されるのか否か、という点にある。

無罪判決後の再勾留の可否の問題は既に多くの論考で検討がなされているが、本稿では、これまでの議論を踏まえつつ、無罪判決後の再勾留を限定する法改正をも想定しながら、ドイツ刑訴法の知見を参照して無罪判決後の再勾留を限定する理論を追求したいと思う。

Ⅱ　刑訴法三四五条の趣旨と帰結

1　刑訴法三四五条の趣旨と再勾留の可否

東電ＯＬ事件の木谷決定は、刑訴法三四五条の趣旨は、身体を拘束しないという無罪判決等の「裁判所の判断が示された以上その判断は尊重されるべきであって、ともかくも一旦は被告人の身体を釈放するのが適当であると考えられた」ことにあるから、「被告人の身柄を、特段の事情もなく、直ちに再び拘束できるというような解釈は、この規定を実質的に空文化するもので適切でない」と判示した。かつて岩田誠元最高裁判事は、この点を次のように説明していた。[5] すなわち、刑訴法三四五条は、第一審裁判所が「身体拘束をしない意思を表明した場合」、「従来の勾留を継続することは、その裁判所の意思に反するが故に、勾留状の効力が消滅する旨規定したもの」であって、「第一審裁判所の裁判（意思）をそれが破棄されない限り尊重しようというのがその主眼」であり、三四五条所定の裁判は「被告人の身柄拘束を意図しない裁判であるから、勾留状の効力を失わせて被告人を釈放し、その裁判にそう状態を造るもの」である、と。後述するように、刑訴法三四五条所定の裁判の宣告後、再勾留がどのような場合に許容されうるのかという点では、木谷決定と岩田説とで若干の差異があるが、終局裁判の「判断」ないし「裁判（意思）」を「尊重」すべきことが刑訴法三四五条の趣旨だとする点では一致している。

近時の裁判実務を代弁するものとみられるコンメンタールは、刑訴法三四五条の趣旨について、同条所定の「裁判が言い渡されたときは、被告人の逃亡のおそれが減少するとともに、刑の執行確保の必要性も少なくなる」と指摘しており、[6] 木谷決定や岩田説とは異なった理解に立つもののようにみえる。しかし、無罪判決等の告知によって何故に逃亡のおそれや刑の執行確保の必要性が減少すると捉えるのか、[7] その実質的理由を突き詰めていけば、無罪判決等の「裁判所の判断は尊重されるべきである」との要請に帰着せざるをえないであろう。上述のように、平成一九年最高裁決定も刑訴法三四五条の趣旨として第一審裁判所の「無罪の判断」の「尊重」を指摘している。その意味で、木谷決定や岩田説のような刑訴法三四五条の趣旨の理解は裁判実務でも共有されているとみてよいであろう。

2　無罪判決後の再勾留の可否と要件――従来の見解

無罪判決後の再勾留については、従来の議論では、上述のような刑訴法三四五条の趣旨の理解の下、上訴審における再勾留を許容しつつ、その時期や要件に限定をかけるのが多数説であった。

この点で、無罪判決後の再勾留が許容される場面を厳格に限定し、上訴審において無罪判決が破棄され有罪（実刑）の自判がなされた後か原審に差し戻された後にのみ再勾留が許容されるものとするのが前述の岩田説であった[8]。岩田説は無罪判決後の再勾留の場合だけでなく、刑訴法三四五条所定の終局裁判後の再勾留にすべてこのような限定をかけている。無罪判決後の勾留の場面に即して岩田説の主張を敷衍すれば、以下のように捉えられよう。すなわち、刑訴法三四五条の趣旨は「第一審裁判所の裁判（意思）」を「尊重」することであり、被告人の勾留（身体拘束）を継続することは無罪判決を言い渡した「裁判所の意思に反する」ことになるから、この事態を回避し、無罪判決という「被告人の身柄拘束を意図しない裁判」に「そう事態を造る」ためには勾留状を失効させるほかない。つまり、刑訴法三四五条は無罪判決と勾留決定（勾留状の有効性）の併存という矛盾的事態を解消するために勾留状を失効させる規定だから、上訴審裁判所が勾留決定することができるのは、この矛盾的事態が解消された場合に限られる。矛盾的事態が解消された場合とは、無罪判決が破棄された場合だけである、と。この論理は、訴訟行為の当然無効の法理に類似している。もっとも、刑訴法三四五条の適用場面は無罪判決が未確定の段階だから、当然無効の法理が直接に適用できる場面ではなく、その類似的場面であるが、実質的理由があれば、当然無効の法理の類推適用は正当化できよう。岩田説ではこの点の理論的筋道が明示されていなかった。私見は、当然無効の法理の類推適用という論理を明確にして、岩田説を補強しようとするものである。

上述の木谷決定は、無罪判決後の再勾留を上訴審が実体判断を遂げ有罪心証を固めた段階に限定する見解であり、平成一二年最高裁決定の遠藤、藤井両裁判官の反対意見に通ずるものがある。これは、岩田説と同様に、無罪判決後の再勾留に上訴審裁判所の実体判断と結びついた時期的限定（有罪の心証が形成された時期という限定）をかけつつも、岩田説とは異なり、（無罪判決が破棄されるよりも前段階の）無罪判決破棄が予想される段階に前倒しして再勾留可能とする見解であり、裁判実務家から同様の考え方が主張されている[9]。この見解は、控訴審の審理を進める上で勾留が実際に必要となる場合があるとの「実務の経験」に基づき、無罪判決の「尊重」義務から上訴審裁判所を解放し再勾留を可能とすることを要請する事案があるとの認識を根拠として、無罪判決後の再勾留を「実体審理を遂げて有罪の心証を固めた」段階に限る時期的要件を設定するものとされる[(10)]。この見解は実質論としては了解可能であるが、上訴審裁判所が有罪心証を固めた時点とは客観的確定が困難で可視性がなく、再勾留可能な時点が大幅に早まる危険性もある。

それにしても、岩田説も木谷決定も、無罪判決後の再勾留を、上訴審裁判所が「無罪の判断」を排斥する実体判断に至った時点（無罪判決破棄または有罪の心証形成の時点）以降に限定する点では共通しており、その意味で、これらの見解は実体的限定説と呼ぶことができる。

これに対して、平成一九年最高裁決定は、控訴審裁判所は、審理の段階を問わず、新たな証拠調べを経ることなく、職権により勾留決定できるが、刑訴法三四五条の趣旨に鑑み、再勾留は「嫌疑の程度としては、第一審段階におけるものより強いものが要求される」というものだから、（上訴審の実体判断とは切り離された）勾留要件加重説と呼ぶことができよう。その理由は明言されてはいないが、従来から指摘されていたように、勾留を時期的に制限する刑訴法の規定はないこと、証明水準として、無罪判決は合理的疑いを超える程度の証明に至らなかった場合になされるものだから、勾留理由たる犯罪の相当な嫌疑の存在は無罪判決の下でも肯定できること等を理由とするのであろう。その上で、刑訴法三四五条の趣旨に照らして、無罪判決後の再勾留の場合は第一審段階よりも犯罪の嫌疑の程度を加重するとの帰結を導いたものとみることができる。しかし、それでは、無罪判決の宣告と同時に勾留状が当然に失効するものとした刑訴法三四五条の存在意義は無視されるに等しい。というのも、刑訴法三四五条は、無罪判決の宣告があったときは、無罪判断の理由を問わず、当然に勾留状を失効させる規定だからである。つまり、こういうことである。無罪判決が言い渡された場合、理論的には、勾留理由たる犯罪の相当な嫌疑が認定できる場合も相当な嫌疑さえ認定できない場合も、いずれも想定できるが、刑訴法三四五条は、そうした無罪判決の実体的理由の如何は問わないで、無罪判決の宣告に勾留状の当然失効という効果を付与したのである。そうであるから、刑訴法三四五条の下では、無罪判決が存在する限り、勾留理由たる犯罪の相当な嫌疑の有無や程度を問う余地はなく、勾留はおよそ認められないという帰結に至るのが論理的である。刑訴法三四五条は「無罪の理由のいかんにかかわらず身体の拘束を解く」規定だとする平成一二年最高裁決定の反対意見もこのような理解を含意していると思われる。こうして、無罪判決の下で犯罪の相当な嫌疑の存在を肯定して(加重要件の下であれ)再勾留を正当化する議論は、刑訴法三四五条を訓示規定と化し、その規範的意義を実質的に否定するに等しい。

学説をみると、実体的限定説が多数説を形成しているとみてよいと思われる。すなわち、勾留の実体的要件たる被疑事実の存在は、訴訟の進行に応じて動的に捉えるべきであるから、無罪判決の言渡しによって勾留要件の被疑事実の存在は否定され、控訴審が「有罪の心証を形成しない限り」再勾留は否定されるとする見解[11]や、刑訴法三四五条は無罪判決の場合に勾留要件の不存在を推定した規定だと捉えて、無罪判決後の再勾留は控訴審による原判決破棄の場合か無罪の実体判断を不当とするような重大証拠が新たに発見された場合に限定する見解[12]がそれである。後者の見解は、刑訴法三四五条を推定規定と捉えるのであろうが、その点では、後述するドイツ刑訴法の考え方に似ている。いわゆる二項対立的事実観を否定する立場から無罪判決の下での犯罪の嫌疑の存在を否定し、事実の取調べの片面的構成(被告人に不利益な証拠調べの禁止)による控訴審の有罪心証形成の不可能性を介して無罪判決後の裁判所の再勾留権限自体を否定する見解[13]も、無罪の実体判断に依拠する論理においては実体的限定説の発想に近い[14]。私見は、訴訟行為の当然無効の法理に依拠して、実体的限定説に立ちつつ、再勾留を上訴審において無罪判決が破棄された場合に限定しようとするものであり、この実体的限定説は、犯罪の嫌疑がないことを抗告理由とすることを禁止する刑訴法四二〇条二項の趣旨とも整合的である[15]。

第一審無罪判決後の再勾留の要件として「第一審判決の破棄の蓋然性」を要求する見解に対しては、それでは「勾留を刑の執行確保のためのものと位置づけることに他なら（ず）」、「これを否定するのであれば」、犯罪の嫌疑を超えて「控訴審裁判所による有罪心証を問題とすべきではない」との批判も考えられる。(16) しかし、実体的限定説のように無罪判決後の再勾留に実体的限定を付すことが、論理的に、刑の執行確保を勾留目的とすることに直結するわけではない。なぜなら、実体的限定説は、刑訴法三四五条による再勾留の限定の枠から解放されるのはどのような場合かという論点についての考え方だからである。実体的限定説の下でも刑訴三四五条の限定から解放されて再勾留が可能となる場合があるが、その場合、再勾留の可否は勾留理由と必要性の有無により決定されるから、勾留目的の如何が問題化するのはこの場面においてである。そして、この場面では、無罪推定原則に照らして、刑の執行確保を勾留の目的と考えてはならないのである。(17) 上記の批判は正鵠を射ていない。

3　刑訴法三四五条と無罪判決後の再勾留の可否と要件——私見

以上の判例・学説の検討を踏まえて、刑訴法四三五条の趣旨と無罪判決後の再勾留の可否とその要件について考え方を整理しておきたい。

まず、刑訴法三四五条の趣旨は、岩田説が明言するように、刑訴法三四五条所定の終局裁判は「被告人の身柄拘束を意図しない裁判」であり、勾留の継続は「その裁判所の意思に反する」事態であるから、「勾留の効力を失わせて被告人を釈放し、その裁判にそう状態を造るもの」と解される。言い換えれば、これは、身体不拘束の終局裁判の下で身体拘束処分たる勾留を継続するのは矛盾的事態であるから、勾留の裁判を失効させることで、この矛盾的事態を解消しようとするのが刑訴法三四五条の趣旨だという理解である。これは、理論的には、訴訟行為の当然無効の法理の準用の論理だといってよい。すなわち、刑訴法三四五条所定の終局裁判と身体拘束の裁判（勾留の裁判）

とは相互に相容れない裁判（国家意思の矛盾）であるから、後の終局裁判の宣告により前の身体拘束の裁判（勾留の裁判）は（その裁判の取消しを要することなく）当然に失効するのであり、そのようにして矛盾的事態を解消する趣旨だというわけである。[18] もっとも、当然無効の法理は、終局裁判が確定した場合ならば、当然に勾留状失効を根拠づけることになるが、[19] 無罪判決等の終局裁判が未確定の段階で当然無効の法理をなぜ適用できるのかは問題である。この点で、刑訴法三四五条とほぼ同じく無罪判決等の終局裁判の「言渡シヲ為シタルトキハ……勾留セラレタル被告人ニ対シ放免ノ言渡アリタルモノトス」と規定した旧刑訴法三七一条の下では、勾留状の失効（「放免ノ言渡シアリタルモノトス」）の効果が生じるのは終局裁判が確定した場合に限られるものと解釈されていたのである。[20] しかし、「言渡」とは「告知」と同義であり、現行刑訴法三四五条と同様に、旧刑訴法三七一条についても、判決確定前でも「放免」の効果が生じると解することも、文理的には可能だったはずである。にもかかわらず、旧刑訴法の下で確定が要求され、現行刑訴法下では（確定を待たず）宣告で足りるとされるのは、何故であろうか。その理由は、刑訴法三四五条所定の終局裁判の下では身体拘束を正当化できないと考えられているからに他なるまい。では、現行刑訴法の下でそう考えられている理由は何なのか。

この点で、刑訴法三四五条が勾留の裁判を失効させる根拠は、同条所定の終局裁判の間で異なるであろう。無罪判決の場合は、無辜の身体を拘束することにおよそ正当性はなく、それは絶対的不正義であるから、そうした絶対的不正義を最大限回避するために、無罪判決がいったん言い渡された限りは、絶対的不正義の事前回避措置として被告人を身体拘束（勾留）から解放することが求められたと説明することができる。無辜の身体拘束の絶対的不正義性は、憲法四〇条の下で、無罪判決確定者に権利としての刑事補償を保障した刑事補償法に照らして確認することができるし、それはまた憲法三三条の令状主義が前提とする身体不拘束原則と憲法三一条の無罪推定原則とも整合する。すなわち、刑訴法三四五条が、確定を待たず、無罪判決の宣告に勾留状の当然失効の効果を付与したのは、無辜の身体拘束（勾留）の絶対的不正義性という憲法的根拠に基づいており、それが当然無効の法理の類推適用を正当化する理念的根拠である。これに対して、刑事補償法が、免訴や公訴棄却の裁判の確定者に対する刑事補償を「無罪の裁判を受けるべきものと認められる充分な理由があるとき」に限っており、有罪判決確定者を刑事補償の対象から外していることをも考慮すると、無罪判決以外の終局裁判に勾留状の当然失効の効果を付与する刑訴法三四五条の趣旨は、無罪判決の場合とは異なり、身体拘束（勾留）の絶対的不正義性に基づくものではなく、当該刑事手続において見込まれる終局結果と身体拘束の不利益とを比較考量した衡平の理念に基づく政策的要請に立脚するものと捉えることができる。後述するように、ドイツ刑訴法が無罪判決と形式裁判とで勾留状失効の理由を区別していることも、考慮すべきである。

以上の点を、無罪判決後の勾留に即して敷衍しよう。無罪判決を受けた被告人は無辜であり、審理の結果いったんは無辜であることが判明した者に対して、身体拘束（勾留）という裁判手続上の負担を継続することには、およそ正当性は見出し難い。というのも、無罪推定原則の下では、未確定とはいえいったん無罪判決を言い渡された者は、その無罪判決が存在する限り刑事手続の過程では無辜として扱わなければならず、そうであるなら身体拘束（勾留）という手続的負担を無罪判決を言い渡された者に賦課することは許されないことになるからである。無罪判決の下でも勾留理由としての犯罪の相当な嫌疑の存在を肯定することは理論的には可能であるのに、それにもかかわらず勾留状の当然失効という強力な法的効果を無罪判決の宣告に結びつけた刑訴法三四五条の趣旨は、そのように理解するほかあるまい。刑訴法三四五条が無罪判決後の勾留状の当然失効という形で当然無効の法理を類推適用した理念的根拠は、ここに求められる。無罪判決についての刑訴法三四五条の趣旨をこのように理解すると、無罪判決後に再勾留が許される場合があるとすれば、無罪判決が法的に抹殺された場合、すなわち無罪判決が破棄された場合に限るのが論理的である。無罪判決が破棄されれば勾留状失効の根拠はなく、当然無効の法理の妥当の余地はない。控訴審裁判所が有罪の心証を有するに至った場合もいずれは無罪判決は破棄されることになろうが、その場合もなお無罪判決は法的には存在しており、刑訴法三四五条の適用を排除する事態には至っていないというべきである。

かつて、私は、刑訴法三四五条を「無罪の実体判断を『勾留状』の『失効』という形で勾留の裁判に直接に投影させたものであり、……第一審の無罪の実体判断に一種の拘束力を認めた規定」だと説明したことがある。[21] 考えてみれば、この「拘束力」とは、刑訴法三四五条が、実体的限定説の論理の下に、勾留の裁判との関係で無罪の実体判断に拘束性を認めている結果となっていることの表現であったのである。

Ⅲ　ドイツ刑事訴訟法の問題状況

無罪判決後の勾留は、検察官の不利益上訴を禁止する法制度の下では問題化しない。その点で、ことは検察官の不利益上訴の是非と密接にかかわるが、[22] ここでは、日本法と同様に無罪判決に対する検察官上訴を許容するドイツ刑訴法の状況を参照しておきたい。

1　法　規　定

日本刑訴法三四五条と類似するドイツ刑訴法一二〇条一項は次のように規定している。[23] すなわち、「勾留の要件が存続しなくなったとき、又は勾留の継続が事件の軽重及び処せらるべき刑若しくは改善保安処分からみて均衡を失することが判明したときは、勾留状を取り消さなければならない。特に、被告人が無罪とされたとき、公判手続を開始しないものとされたとき、又は手続が一時的ではなしに打ち切られたときは、勾留状を取り消すものとする」、と。手続が一時的ではなしに打ち切られる場合とは、時効完成の場合や告訴欠缺の場合であり、日本法の公訴棄却や免訴等の形式裁判が言い渡される場合に相当し、管轄の競合による管轄の欠如や（土地）管轄違いによる手続打切りあるいは被告人不在等の事情による公判手続中止の場合は、一一〇条一項の射程外とされている。[24] ドイツ刑訴法一二〇条一項は執行猶予や罰金、科料の有罪判決の場合は除外していること、勾留状の当然失効ではなく裁判所による勾留の裁判の取消を求めていることが、日本刑訴法とは異なる点である。ドイツ刑訴法の勾留要件は日本法とほとんど差異はないが、犯罪の嫌疑には「強い嫌疑」が要請されている（ドイツ刑訴法一一二条）。

2　ドイツ刑訴法一二〇条一項の解釈と裁判実務

ドイツ刑訴法一二〇条一項が、無罪判決や手続打切りの終局裁判の宣告により勾留状を取り消すものと規定したのは、これらの場合には「勾留要件（無罪判決の場合は、特に犯罪の強い嫌疑）に欠けること、または（勾留要件としての――引用者注）比例原則を守れないことが法律上推定される」ためであり、「裁判の正しさや既判力の存在は問題とはならない」と説明されている。[25] 要するに、無罪判決の場合には勾留要件としての犯罪の強い嫌疑の欠落が推定され、手続打切りの裁判の場合は比例原則を満たせないことが推定されるということであり、無罪判決の内容を問わず、また裁判の確定を待たず、勾留状は取り消すという説明である。そして、無罪判決後の再勾留の可否とその要件については、第一に、無罪判決後に、控訴審において実体（Sachlage）が変化し、新事実や新証拠が判明して強い嫌疑が根拠づけられた場合には、法律上の推定が否定される結果、控訴審裁判所は新たに勾留状を発付することができ、第二に、上告審（法律審）において無罪判決が破棄され事実審に差し戻された場合は、法律上の推定の根拠である無罪判決が存在しないから、事実審裁判所は、新事実や新証拠がなくとも、新たに勾留状を発付できるものとされている。[26] これは、以下にみる下級審判例の見解に依拠した説明であり、ドイツの学説と裁判実務とで一二〇条一項の解釈に差異はない。

リーディングケースは一九五三年一一月二四日のハム上級地方裁判所（OLG Hamm）決定である。これは、無罪判決の言渡しに伴い第一審裁判所が勾留状を取り消した事案で、実体（Sachlage）に変化がないのに、控訴審裁判所が、第一審裁判所の証拠評価（Beweiswürdigung）に賛同できないとの理由で発付した勾留状について、これを取り消した裁判例である。(27) ハム上級地方裁判所は、刑訴法一二三条（現行刑訴法一二〇条）を「犯罪の強い嫌疑」の欠缺の法律上の推定規定と捉えた上、その理由を次のように判示している。すなわち、「（現行刑訴法一二〇条一項の趣旨からすれば—引用者注）実体に変化がない場合には、無罪判決を言い渡された者に対して、同一の行為を理由として再度勾留状を発付してはならない。この場合に勾留状を発付するなら、それは結果として、刑訴法一二三条（現行刑訴法一二〇条—引用者注）の強行規定を潜脱する結果となってしまう。……これに対して、事件の実体が変化し、新しい事実や証拠によって犯罪の強い嫌疑が以後、根拠づけられる場合には、その故に刑訴法一二三条の法律上の推定が否定されることについて、何ら法的疑問はない」、と。この判示がその後の下級審判例に受け継がれ、一九八五年三月二五日のマンハイム地方裁判所（LG Mannheim）は、手続打切り判決の後の勾留状の取消決定に対する検察官の抗告を斥けた事案において、ハム上級地方裁判所の上記判示を確認して次のように判示した。(28) すなわち、「無罪判決に対して上訴が申し立てられた場合、控訴審裁判所や上告審裁判所で判決が言い渡される前の段階では、たとえ上訴審裁判所が無罪判決とは異なる法的見解に立つとしても、同一の事実に基づく場合には刑訴法一二〇条によって取り消された勾留状の再発付は許されない……。これとは異なり、勾留状の再発付は、無罪判決の際には裁判所に知られておらず、その後（勾留要件たる犯罪の強い嫌疑が存在しないという—引用者注）推定を排斥するような新しい事実または証拠が存在するに至った場合には許容される。一時的ではなしに手続を打ち切るものとする判決についても、まさに同じことが妥当する」、と。

以上の裁判例は控訴審で再勾留の可否が争点となった事案であったが、上告審については、法律審であることから新事実や新証拠の登場という事情変更の事態が生じることはないとして、勾留状の再発付を否定する[29]が、上告審で無罪判決が破棄された場合は、差戻審で勾留状の再発付を認めるのが裁判例の立場である。一九八〇年八月一一日のハム上級地方裁判所決定は、最高裁（BGH）で第一審地方裁判所の無罪判決が破棄・差し戻された後の第一審裁判所が勾留状を再発付した事案で、次のように判示した[30]。すなわち、「犯罪の強い嫌疑が存在しないという推定は、無罪または手続打切りの判決が上告審で破棄され、事件が再度の審理と裁判のために差し戻された場合もまた、排斥されたものとみるべきである。というのも、無罪判決の破棄によって無罪が正当ではなかったことが示されたからである。それ故に、無罪判決は、それが破棄された後には、犯罪の強い嫌疑が存在しないという推定の基礎とはなりえない」、と。

3　ドイツ刑訴法の示唆

以上のドイツ刑訴法の学説・判例を踏まえて、ドイツ刑訴法一二〇条一項と日本刑訴法三四五条とを比較すると、以下の点を確認することができる。

第一に、ドイツ刑訴法では、勾留状取消の根拠は無罪判決の場合と手続打切りの場合とで区別されており、前者の場合は勾留要件の「犯罪の強い嫌疑」の欠如の推定に、後者の場合は比例原則の維持不可能性の推定に求められている。日本刑訴法三四五条は勾留失効の効果に結びつく終局裁判として無罪判決、形式裁判および罰金等の（身柄不拘束の）有罪判決を挙げているが、日本法でも、ドイツ刑訴法と同じく、これらの終局裁判の内容に応じて勾留状失効の理由づけは異なると解してもよいであろう。この点では、上述したように、無罪判決後の勾留状失効については無辜の身体拘束の絶対的不正義性という理念的根拠を提示できるのに対して、刑訴法三四五条所定の形式裁判や有罪判決の場合には理念的に勾留状失効を根拠づけることは難しく、第一審判決の尊重による裁判（国家意思）の矛盾の回避という政策的根拠に依拠する他ないであろう。

第二に、無罪判決後の勾留に視点をあてて比較すると、ドイツ刑訴法も日本刑訴法も（確定を待たず）無罪判決の宣告の効果として勾留状が失効するものとする点では同じであるが、勾留状の当然失効の制度をとる日本刑訴法とは異なり、ドイツ刑訴法は無罪判決を宣告した裁判所による勾留状取消の制度をとっている。(31)

無罪判決による勾留状失効をドイツ刑訴法が勾留要件たる「強い嫌疑」不存在の法律上の推定として構成するのは、そうした制度構成に根拠を有しているように思われる。というのも、勾留決定権限を有する裁判所に勾留状の取消を義務づける限り、勾留要件の欠缺を前提としなければならず、ここに勾留要件不存在の法律上の推定という理論構成が登場する余地があるということである。そこで、勾留要件が問題となるが故に、控訴審では無罪判決が破棄される前でも、推定を破る新事情が登場して勾留要件の存在が確認できれば、勾留状の再発付が可能となり、あるいは、無罪判決が破棄されれば推定の存在根拠はなくなるから、裁判所は勾留状の再発付が可能となるという論理が成り立つこととなる。そこには、ドイツの控訴審が覆審制を取っていることも作用しているのであろう（だから、上告審では事情変更による勾留状の再発付は認められていない）が、日本法の視点から見るときは、ドイツの学説と実務では、控訴審における再勾留は勾留要件の加重ではなく、事実の取調べにより新事実や新証拠が判明したという事情変更により限定されていることが特に留意されるべきである。

これに対して、日本刑訴法三四五条は勾留決定権者たる裁判所による勾留状の取消を介さない当然失効の規定であるから、勾留要件の欠缺という論理構成をとる必然性はなく、三四五条の文意と当然無効の法理からすれば、勾留状失効は無罪判決の存在に基づく効果（存在的効力）とみる方が合理的である。それ故に、無罪判決が存在する限り再勾留はあり得ず、無罪判決が破棄された場合にのみ勾留が許されるという解釈が成り立つことになる。日本刑訴法では、控訴審は事後審制をとるところ、控訴審で事実調べが行われる場合にはドイツの覆審と同様に新事実や新証拠が登場する事態となるが、刑訴法三四五条とドイツ刑訴一二〇条との上述のような相違の故に、無罪判決後の控訴審での再勾留の可否と要件については日本法とドイツ法では異なった帰結となるのである。もっとも、ドイツ刑訴法と日本刑訴法との帰結の相違は、上述のような条文構造や制度構成の相違だけに起因するのではなかろう。日本法では、憲法三一条以下の刑事手続条項の下で、無辜の身体拘束の絶対的不正義性という憲法的理念が刑訴法三四五条の（無罪判決の場合の）勾留状の当然無効の論理を支えていることを忘れてはならない。

Ⅳ　結　語

刑訴法三四五条の下で、無罪判決後の再勾留が許される場合があるとすれば、それは上訴審で無罪判決が破棄された場合に限定されるというのが、本稿の結論である。これは、上述した岩田誠元最高裁判事の主張とほぼ同様の結論である。もっとも、本稿には、無罪判決後の勾留を来日外国人被告人事件だけではなく通常の刑事事件でも生じさせる危険性を抱える近時の最高裁判例を見据えて、無辜の身体拘束の絶対的不正義性という憲法的理念の下で無罪判決後の勾留を厳しく限定する論理を提示するという問題意識があり、ドイツ法の比較法的考察という知見も加えている。

のみならず、本稿の問題意識の延長線上には、無罪判決後の勾留の可否と要件を判例実務の運用にのみ委ねるのではなく、無罪判決後の勾留について時期的限定を明記する法改正による歯止めが必要ではないかという問題意識もある。この点では、最近の日弁連刑事弁護センターの議論にも注目しておきたいと思う。無罪判決に対する検察官上訴の合憲性が判例上確立しているともみえる現状の下で、無罪判決後の勾留の規制という課題が喫緊の現実的課題として浮上しているのが現在の時点である。刑訴法三四五条所定の終局裁判のなかで、とりわけ無罪判決後の再勾留の可否に視点をあてた理由はここにある。

〈献辞〉　生田勝義先生はめでたく古稀を迎えられた。思い起こせば、およそ四〇年前、大学院への入学を間近にして、研究者として歩むべき道筋をどのように描けばいいのか途方に暮れていた私に、研究者としての生き方について心に沁みる助言を下さったのが、大学院の先輩である生田先生であった。一九七二年の暮れ頃、待兼山（豊中市）の大阪大学法学部棟の一室だったと記憶している。刑法読書会に誘って下さったのも生田先生であり、最初の就職の際にも助力下さった。深い感謝を込めて、本稿を先生の古稀の祝賀に捧げたい。

（1）　拙稿「東電ＯＬ事件再審開始決定と誤判救済の課題」法律時報八四巻一〇号（二〇一二年）一〇一頁以下参照。

（2）　『最高裁判所判例解説刑事篇平成一二年度』（法曹会）一四九頁。

（3）　高田昭正「無罪と勾留」法律時報七二巻一〇号（二〇〇〇年）一頁以下、村井敏邦「無罪推定原則の意義」光藤景皎先生古稀祝賀論文集・上巻（成文堂、二〇〇一年）一頁以下、小山雅亀「退去強制と刑事手続に関する『法の不備』」同上一五七頁以下、多田辰也「無罪判決に伴う勾留状失効後の被告人の再勾留」同上一三七頁以下など参照。

（4）　『最高裁判所判例解説刑事篇平成一九年度』（法曹会）四八〇頁。

（5）　岩田誠「刑訴法三四五条による勾留状の失効と再勾留」法曹時報七巻三号（一九五五年）五六頁以下参照。

（6）　松尾浩也監修『条解刑事訴訟法』〔第四版〕（弘文堂、二〇〇九年）九六五頁、河上和雄ほか編『大コンメンタール刑事訴訟法・第八巻』（青林書院、二〇一一年）三六五頁（三好幹夫）も同旨。

（7）　刑の執行確保の必要性を勾留の目的とみることの当否は問題である。この点につき、豊崎七絵「第一審無罪判決の場合における、控訴審での再勾留の批判的検討」龍谷法学三七巻三号（二〇〇四年）六五頁参照。

（8）　岩田・前掲論文三四〇頁参照。

（9）　小泉祐康「勾留状失効後再勾留した場合の勾留期間」判例タイムズ二九六号（一九七三年）三四頁以下、泉山禎治「刑訴法三四五条による勾留状の失効と再勾留の可否」阿部純二先生古稀祝賀論文集『刑事法学の現代的課題』（第一法規、二〇〇四年）五六九頁以下参照。
(10) 泉山・前掲論文五八二頁参照。
(11) 村井・前掲論文二二頁以下参照。
(12) 高田・前掲論文二頁。
(13) 豊崎・前掲論文三〇頁以下参照。その志向は検察官上訴否定説であり、控訴審における事実取調べを片面的に構成して被告人に不利益な事実調べを否定する。
(14) なお、多田論文は、無罪判決後の再勾留について、事実調べを経て実刑判決の可能性が生じた場合に勾留の必要性を認めて再勾留を許容する。小山論文も、実刑判決の可能性が生じた等の事情変更の下で勾留の必要性が肯定でき再勾留が認められる場合があるとする。なお、上口裕「時の判例・刑事訴訟法」法学教室二四六号（二〇〇一年）八六頁以下等参照。
(15) 拙稿・前掲論文一六頁参照。
(16) 川出敏弘「無罪の推定」法学教室二六八号（二〇〇三年）三三頁参照。
(17) この点につき豊崎・前掲論文参照。
(18) 三井誠他編『刑事法辞典』（二〇〇三年、信山社）の「当然無効」の説明（田口守一）には刑訴法三四五条が挙げられている。
(19) 再審無罪判決の確定による確定有罪判決の当然無効の場面がそれである。
(20) 多田・前掲論文一三八頁参照。なお、平沼騏一郎『新刑事訴訟法要論』（松華堂、大正一三年）五七八頁参照。
(21) 拙稿「東電ＯＬ殺人事件無罪判決と勾留問題」季刊刑事弁護二三号（二〇〇〇年）一六頁。
(22) 私は検察官上訴の合憲性に大きな疑問を感じている。この点につき、拙稿「二重の危険と検察官上訴」別冊判例タイムズ七号（一九八〇年）三五四頁参照。
(23) ドイツ刑訴法の条文の和訳は法務大臣官房司法法制部編『ドイツ刑事訴訟法典』（法曹会、二〇〇一年）によった。この和訳は一九七五年時点のドイツ刑訴法の正文の和訳であるが、その後もドイツ刑訴法一二〇条一項の条文は改正されていない。
(24) Vgl. Löwe-Rosenberg, StPO, 25 Aufl. 1997, Nr. 21 zu§120; Karlsruher Kommentar,Strafprozeßordnung,7 Aufl.1997,Nr.14 zu§120.
(25) Kleinknecht/Meyer-Goßner, Strafprozeßordnung,44 Aufl. 1999, Nr.8 zu§120,Vgl. Löwe-Rosenberg, a.a.O., Nr. 18 zu §120; Karlsruher Kommentar, a.a.O., Nr.11 zu §120.
(26) Kleinknecht/Meyer-Goßner, a.a.O., Nr.10 u.11 zu §120.
(27) OLG Hamm, Beschl. v.24.11.1953, NJW., 1954, S. 86f.
(28) LG Manheim, Beschl. v. 25.3. 1985, StV., 1985, S. 287.

(29) Vgl. OLG Düsseldorf, Beschl. v.14.1.1974, MDR 1974, S. 686f.
(30) OLG Hamm, Beschl. v.11.8. 1980, NStZ., 1981, S. 34.
(31) ドイツ刑訴法一二〇条一項が勾留状の当然失効を規定したものではなく、裁判所による勾留状の取消を必要的とすることを確認したのが、OLG Düsseldorf, Beschl. v. 29.7.1999, NStZ, 1999, S. 585 である。

袴田事件第二次再審請求における静岡地裁開始決定の意義
——刑事司法改革とも関連させて——

葛野尋之

Ⅰ　袴田事件の経緯と本稿の課題

袴田事件とは、一九六六年、静岡県旧清水市において味噌会社専務家族四人が殺害された強盗殺人放火事件である。元被告人の袴田巖氏（以下、袴田氏とする。引用判例中も同じく袴田氏とする）は、味噌会社に勤務しており、近隣の味噌工場二階の従業員寮に居住していた。袴田氏が被疑者として逮捕されたのは、事件発生から約一か月半後のことであった。袴田氏は、逮捕後、否認を続けていたものの、勾留満期三日前になって自白するに至り、その後起訴された。起訴後、犯行を全面否認した。自白においては、犯行着衣はすべてパジャマとされていたものの、事件発生から一年二か月後、第一審の審理中に、工場の味噌醸造タンク内から、麻袋に入り血液の付着した五点の衣類が発見された。その一二日後、警察官らが袴田氏の自宅を捜索したところ、タンス内に五点衣類中のズボンの端布を発見し、それを押収した。その翌日、検察官は冒頭陳述の主張を変更し、犯行着衣はパジャマではなく、これら五点の衣類だとした。

一九六八年、第一審の静岡地裁は、被害者らの各血液型と一致する多量の人血が付着していたことなどから、五点の衣類が犯行着衣であり、また、袴田氏の実家からズボンの端布が発見され、袴田氏のものとの疑いが濃厚な緑色パンツが含まれていたことなどから、五点の衣類は袴田氏のものだと認めたうえで、被告人を有罪とし、死刑を言い渡した。一九七六年、東京高裁は被告人の控訴を棄却し、一九八〇年、最高裁は上告を棄却した(1)。死刑判決が確定した。一九八一年、袴田氏は再審を請求した(第一次請求)。しかし、一九九四年、静岡地裁は請求を棄却した(2)。その後、二〇〇四年、東京高裁が即時抗告を棄却し(3)、二〇〇八年、最高裁が特別抗告を棄却した(4)。

その一か月後、袴田氏の姉を請求人として、第二次再審請求がなされた。そして、二〇一四年三月二七日、静岡地裁は、再審の開始を決定し、あわせて死刑および拘置の執行を停止した(5)。検察官が、拘置の執行停止決定について抗告したところ、翌三月二八日、東京高裁は、この抗告を棄却した(6)。その後三月三一日、検察官は、静岡地裁の再審開始決定について即時抗告を申し立てた。事件は現在、東京高裁に係属している。

袴田事件について再審開始が確定すれば、それは、死刑確定事件について五件目のものとなる。また、再審開始決定にともない、死刑の執行停止のみならず、拘置の執行停止が決定されたのは初めてのことである。

本稿は、再審判例における再審開始要件たる明白性判断の手法を確認した後、構成、証拠構造分析、明白性判断の手順、死刑・拘置の執行停止決定の内容について、静岡地裁の開始決定を概観したうえで、ＤＮＡ鑑定と証拠評価における「疑わしいときは被告人の利益に」原則の具体化、証拠開示、拘置の執行停止について、その特色と意義を明らかにする。続いて、本開始決定が、被疑者取調べの録音・録画制度、通常手続および再審請求手続における証拠開示をめぐって、現在進行中の刑事司法改革に対して、さらには死刑制度の存廃論に対してどのような示唆を与えるかについて検討する。

Ⅱ　再審開始要件としての証拠の明白性

1　再審判例における明白性判断

ノヴァ型再審の開始要件たる新証拠の明白性（刑訴法四三五条六号）について、一九七五年、最高裁の白鳥決定[7]は、「疑わしいときは被告人の利益に」原則に従って、確定判決の有罪認定に合理的疑いが生じることをもって明白性が認められるとし、その判断は新旧全証拠の総合評価によりなされるべきだとした。翌年、財田川決定[8]は、この判示を敷衍したうえで、有罪認定に合理的疑いがあるとして、再審開始を決定した。

明白性判断の方法については、白鳥・財田川決定の後にも、確定有罪判決の確定力を尊重し、再審の「非常」救済手続としての性格を強調する立場から、いわゆる限定的再評価説が提起された。この見解がとる前提については、無辜の救済という制度目的からして疑問がある。また、最高裁白鳥・財田川決定が、旧証拠の再評価を新証拠の立証命題と関連する範囲に限定しようとしていなかったことは、その判示内容からみて明らかだといえよう。限定的再評価説に立ったとされる最高裁決定も、実のところ、全面的再評価をともなう新旧証拠の総合評価を行っていたとみることができよう[9]。

学説においては、確定判決の有罪認定を支える旧証拠の有機的連関としての証拠構造が動揺・崩壊するかどうかによって明白性が判断されるべきとする見解が有力である[10]。たしかに、この証拠構造論は、再審請求における弾劾対象を明確化することによって、判断の可視性・透明性を高め、それにともない請求人の関与を実質化させ、また、利益再審制度の基礎にある二重の危険禁止の趣旨にも適うものといえよう。しかし、白鳥・財田川決定においても、証拠の明白性とは「確定判決における事実認定の正当性」についての疑いであって、それは確定判決において「犯罪の証明が十分でないこと」（財田川決定）、すなわちその有罪認定自体に合理的疑いが認められることを意味していたと理解すべきであろうし、その後の再審判例においても、このような立場がとられてきたとみるべきであろう[11]。

再審判例において、新旧証拠の総合評価による合理的疑いの有無の判断としての明白性判断は、有罪認定の証拠構造、新証拠の証拠構造上の位置など、事案の特性に応じてなされてきたといってよい。このとき、情況証拠による有罪認定が問題となる事案においては、新証拠がその立証命題に関連する旧証拠の証明力を減殺するか否か（弾劾効）を判断し、そのうえで犯罪事実の存在の推論を支える上位の間接事実への波及効の有無を判断し、さらに新旧全証拠の最終的総合評価により犯罪事実の存否を判断するという手順がとられてきたといえよう。証拠構造の分析も、このような新旧証拠の総合評価の手順のなかで行われてきた[12]。総合評価において限定的再評価が先行してなされてきたことの理由のひとつは、明白性ありとするためには、新証拠によって確定判決の事実認定の一部が崩れるだけでは足りず、それを超えて、最終的に犯罪事実の存在そのものに合理的疑いが認められなければならないことを明示するためであろう[13]。他方、新証拠の弾劾効が認められない場合でも、明白性判断が限定的再評価で終わるわけではなく、新旧全証拠の総合評価へと進み、そのうえで合理的疑いの有無を判断しているとみるべきであろう[14]。そうでなければ、犯罪事実の存在そのものに合理的疑いが生じるか否かを、新旧全証拠の総合評価によって判断することはできないからである。

2　袴田事件第一次再審請求における最高裁決定

袴田事件第一次再審請求における最高裁の特別抗告棄却決定は、「この点に関する新旧全証拠を総合しても」という一節を含んでおり、そのことから、一見、限定的再評価説に立っているようでもあった。

しかし、この一節は、五点の衣類が犯行着衣であり、袴田氏のものであるという点に関する新証拠については、「これらを旧証拠と総合評価することにより、確定判決の認定に合理的な疑いが生じると認められるならば、『無罪を言い渡すべき明らかな証拠』に当たるということになろう」という判示に続くものであって、このような判示は、五点の衣類が犯行着衣であり、袴田氏のものであるという間接事実がいくつかの情況証拠から推認され、犯罪事実の中枢部分たる犯人性の認定がその間接事実から決定的ともいえるほどに強く推認されるという証拠構造の顕著な特色のゆえになされたものというべきであろう。そうであるからこそ、最高裁決定は、「この点に関する新旧全証拠を総合しても、申立人の犯人性を認定する旧証拠の証明力が減殺されたり、情況証拠による犯人性の推認が妨げられるものとは認められない」と判示したのである。

加えて、最高裁決定は、その最終段階において、五点の衣類に関する情況証拠だけでなく、申立人の左手中指の切創、申立人パジャマへの血痕および混合油の付着、アリバイの不存在など、新証拠の立証命題とは関連しないそれ以外の情況証拠をも参照しつつ、申立人の自白には「無知」の暴露が含まれるとする供述心理学鑑定書などの新証拠は「前記一(二)のとおりの本件における客観証拠による強固な犯人性の推認を妨げる事情とはなり得ない」と判示しており、最高裁決定が新旧全証拠の総合評価のうえで、合理的疑いが認められないとの結論に達したことが示されている。

このようにしてみると、最高裁決定は、限定的再評価説に立ったものではなく、有罪認定の証拠構造の特性を反映させて、各局面に応じた新旧証拠の総合評価により、まず新証拠の弾劾効を判断し、さらにその波及効の判断を経て、合理的疑いの有無の最終判断を行うという手順により、明白性判断を行っていたことが分かるであろう。

Ⅲ　静岡地裁開始決定

1　開始決定の構成と証拠構造分析

開始決定は、確定判決における有罪認定の証拠構造を確認し、第一次再審請求の経過を整理したうえで、再審開始決定および死刑・拘置の執行停止決定の判断理由を述べている。判断理由は、①新証拠等の整理、②判断の枠組みと結論、③弁護人提出証拠の明白性、④結論、から成っている。中心となる③は、(i)ＤＮＡ鑑定関係の証拠、(ii)五点の衣類の色に関する証拠、(iii)五点の衣類に関する新証拠の総合評価、(iv)五点の衣類に関する新旧証拠の総合評価、(v)五点の衣類以外の新旧証拠の総合評価、(vi)結論、から構成されている。

開始決定は、確定判決における有罪認定の証拠構造を分析し、その結果、「袴田氏の犯人性を肯定するについて、五点の衣類が犯行に用いられた着衣であり、かつ、袴田氏のものであると認められることを証拠上最大の根拠とし、その他複数の客観的状況も併せると、袴田氏が犯人であると断定することができるとして」おり、自白調書は「犯人性を肯定するのに補充的に使われているにすぎない」と指摘した。五点の衣類による犯人性の認定という点にこそ、証拠構造の顕著な特色がみられるのである。

2　新証拠についての明白性判断

証拠構造の分析に続き、開始決定は、ＤＮＡ鑑定、各味噌漬け実験など五点の衣類の色に関する証拠（以下、味噌漬け実験証拠）のそれぞれについて、それ自体の証明力を確認し、さらにそれらの立証命題に関連する旧証拠の証明力を減殺し、結果として犯人性の認定に合理的疑いを生じさせるまでの高い弾劾効を認めた。

開始決定は、DNA鑑定については、H鑑定の検査手法を詳しく検討したうえで、Y鑑定とも対比しつつ、また、検察官が提示した専門家の批判にも配慮し、批判に一定の合理性があると認めた場合にはその批判を受け入れた前提に立って、その信用性を吟味した。その結果、開始決定は、「これだけをとっても、五点の衣類が犯行着衣であり、袴田氏が着用していたものであるという確定判決の認定に相当程度疑いを生じさせるものであり、特に袴田氏の犯人性については、大きな疑問を抱かせるものである」とした。

また、開始決定は、衣類および付着した血痕の状態について、検察官が主張する味噌漬け条件の違いの可能性にも配慮しつつ、各味噌漬け実験の結果と、鑑定書添付の写真、さらには第二次請求審において新たに開示された写真三〇枚とを慎重に比較検討した。その結果、「五点の衣類の色は、長期間味噌の中に入れられたことをうかがわせるものではなく、むしろ、赤味噌として製造されていた味噌の色を反映していない可能性が高いうえ、血痕の赤みも強すぎ、血液が付着した後一年以上の間、一号タンクの中に隠匿されていたにしては、不自然なものとなっている」とした。

かくして、開始決定は、五点の衣類に関する新証拠の総合評価として、「DNA鑑定という科学的な証拠によって、袴田氏の着衣でない蓋然性が高く、犯行着衣でもない可能性が十分あること」、「各味噌漬け実験の結果、一年以上味噌に漬かっていたとするには不自然で、かえって極く短時間でも、発見された当時と同じ状況になる可能性が」あることが判明したとして、五点の衣類による犯人性の認定に「合理的な疑い」が生じるべきことを認めた。開始決定は、袴田氏の犯人性を裏づける最有力証拠が、袴田氏の着用したものでも、犯行着衣でもなく、事件から相当期間経過後に味噌漬けにされた可能性があると指摘したうえで、「この事実の意味するところは、極めて重い」とし、「このような証拠が、事件と関係なく事後に作成されたとすれば、証拠が後日ねつ造されたと考えるのが最も合理的であり、現実的には他に考えようがない」とした。

次いで、開始決定は、①発見経過、②ズボンのサイズ、③白半袖シャツの損傷、スポーツシャツの損傷および袴田氏の右上腕の傷の関係、④ズボンの端布、⑤緑色パンツに関する公判供述について、新証拠の弾劾効を踏まえ、それにより必然的に生じる五点の衣類のねつ造可能性を考慮に入れつつ、五点の衣類による犯人性の認定に対して新証拠を起点として生じる波及効を検討した。開始決定は、新証拠の存在を前提にして、あらためて新旧証拠の総合評価を行った結果、「五点の衣類が犯行着衣及び袴田氏のものであることを裏付ける決定的な証拠がないばかりでなく、むしろねつ造されたものであることを示唆する証拠が複数存在することになり、DNA鑑定等の新証拠によって生じた疑いが払拭されるどころか、むしろ補強されたことになる。そうすると、五点の衣類が犯行着衣でも袴田氏のものでもないとの疑いが合理的なものであることは明らかであり、到底、排斥することができない」とした。

最後に、開始決定は、「念のため」として、①パジャマの混合油と血液、②元同僚に渡したとされる紙幣、③袴田氏の左手中指の切創など、④自白調書について、五点の衣類以外の証拠から犯人性の認定ができるかどうかを検討した。その結果、これらの証拠が「袴田氏の犯人性を推認させる力がもともと限定的又は弱いものしかなく、しかも、DNA鑑定等の新証拠の影響によりその証拠価値がほとんど失われるものもあり、自白調書について念のために検討しても、それ自体証明力が弱く、その他の証拠を総合しても袴田氏が犯人であると認定できるものでは全くないことが明らかになった」とし、最終的に新証拠に明白性を認め、再審開始を決定した。

以上のように、開始決定が、五点の衣類に関する新証拠とその立証命題に関連する旧証拠および新開示証拠との総合評価から新証拠の弾劾効を判断し、続けて五点の衣類に関する新旧証拠の総合評価によりそれを起点とする波及効を判断するという手順をふんだのは、犯人性の認定が五点の衣類が犯行着衣であり、袴田氏のものであるという間接事実に決定的といえるほどに強く依拠しているという有罪認定の証拠構造の顕著な特色を反映したものであろう。この間接事実の存在に合理的疑いが生じたならば、証拠構造からして、それは犯人性の認定についての合理的疑いに直結するのである。また、それでもなお開始決定が最後に五点の衣類以外の新旧証拠の総合評価を行い、合理的疑いの残存を「念のため」に確認しているのは、合理的疑いの存否は「当の証拠と他の全証拠と総合的に評価して判断すべき」（白鳥決定）とする白鳥・財田川決定の判示に対応したものであろうし、確定判決の有罪認定においては証拠の標目にはあげられなかったものの、重要な直接証拠たる自白が存在し、動機、殺害順序などの認定は自白に依拠していたことから、自白の信用性を検討し、それを否定しておく必要があると考えたためであろう。

3　死刑・拘置の執行停止

再審開始の決定に続き、開始決定は、「死刑が執行され取り返しのつかない事態が生じるのを防止するため」として、死刑の執行を停止し、あわせて拘置の執行も停止した。開始決定によれば、死刑執行までの拘置（刑法一一条二項）は、「死刑の執行行為に必然的に付随する前置手続であることは間違いないから、その意味では、死刑執行の一環であり、拘置及び絞首が全体として、刑事訴訟法四四八条二項の『刑』に含まれると解釈することが可能であ」って、含まれないと解釈すると、懲役刑、通常公判手続の無罪言渡しの場合とのあいだに看過しがたい不均衡が生じる。これらのことから、開始決定は、裁判所の裁量により（刑訴法四四八条二項）、死刑のみならず、拘置の執行も停止できるとされた。

そのうえで、開始決定は、第一に、ＤＮＡ鑑定の結果から、確定判決が最も重視した五点の衣類が犯人性を基礎づけるものでないことが明らかになったばかりか、そのねつ造の疑いまでもが生じ、さらに味噌漬け実験証拠、五点の衣類の発見経緯などにおいて、これを補強する証拠や事情が複数存在することからすれば、再審の審判において、無罪判決が出される相当程度の蓋然性があること、第二に、袴田氏が逮捕後四八年間、死刑確定後三三年間という極めて長期間、死刑の恐怖のもとで身体を拘束されてきたこと、第三に、五点の衣類をはじめとする有罪証拠が捜査機関によってねつ造された疑いがあり、自白調書のほとんども任意性を否定されるなど、「捜査機関の違法、不当な捜査が存在し、又は疑われる。国家機関が無実の個人を陥れ、四五年以上にわたり身体を拘束し続けたことになり、刑事司法の理念からは到底耐え難いことといわなければならない」ことを指摘し、他方、袴田氏の年齢、精神状態などからすれば、実効的手段による逃走のおそれは相当低いことをあげた。かくして、開始決定は、これ以上の拘置の継続は、「耐え難いほど正義に反する状況にあると言わざるを得」ず、「一刻も早く袴田氏の身柄を解放すべきである」として、死刑の執行停止とともに、拘置の執行停止を決定した。

Ⅳ　静岡地裁開始決定の特色と意義

1　DNA鑑定と「疑わしいときは被告人の利益に」原則

近時、足利事件、東電女性社員殺害事件と、DNA鑑定が決定的な新証拠となり、再審開始が決定された例が続いた。本開始決定もそうであった。本開始決定におけるDNA鑑定は、前二者の例と異なり、DNA型の不一致という鑑定結果から別の真犯人の具体的存在が強く推認されるというものではなかった。しかし、開始決定において、DNA鑑定は、味噌漬け実験証拠と相俟って、関連する旧証拠の証明力を大きく減殺し、五点の衣類による犯人性の認定に合理的疑いを生じさせるまでの高度の弾劾効を有しているとされ、それを起点にした波及効の判断、新旧証拠の最終的総合評価を経て、有罪認定に合理的疑いを提起する新証拠として認められた。

一般に、新証拠がどのような弾劾効を有し、それを起点としてどのような波及効が生じ、さらに最終的な合理的疑いにどのように結びつくかは、それらの判断が各局面での新旧証拠の総合評価によるものである以上、新証拠それ自体の証明力のみならず、確定判決における有罪認定の証拠構造の強靭さ、新証拠の立証命題が有罪認定の証拠構造のどの位置にあるかによって決まる。[15]

開始決定は、ＤＮＡの不一致を示すＤＮＡ鑑定の証明力を認め、さらに味噌漬け実験証拠と相俟って、犯人性の認定に合理的疑いを生じさせる高い弾劾効を肯定した。このとき、ＤＮＡ鑑定の証拠評価において、開始決定は、「疑わしいときは被告人の利益に」原則を堅持していたといえよう。再審制度が無辜の救済を目的とする以上、白鳥・財田川決定が判示したように、新証拠の明白性判断においては、「疑わしいときは被告人の利益に」原則が妥当する。このことは、新旧全証拠の最終的総合評価の場面だけでなく、それに先行する新証拠の弾劾効、波及効を判断する場面においても、これらの判断が各局面での新旧証拠の総合判断によるものである以上、いえることである。これらの判断において、「疑わしいときは被告人の利益に」原則は、有罪認定を維持する事実の存在の可能性ではなく、有罪認定に合理的疑いを生じさせる事実の存在の可能性はないかという視点に立った証拠評価という形で具体化する。[16]

このような視点からすれば、試料のＤＮＡと袴田氏または被害者のＤＮＡとの不一致が確実に示されるまでの必要はなく、不一致の可能性が科学的根拠により具体的に示されたならば、それにより合理的疑いの発生を認めうることになる。五点の衣類に付着した血液が汚染劣化試料であることを踏まえて、開始決定がＨ鑑定について外来ＤＮＡによる汚染の可能性がたとえあったとしても、高くはないとして、その信用性の肯定につなげた点、Ｈ鑑定について検察官の主張に応え、たとえ再現性がなくとも、鑑定結果の有効性を認めることが可能であるとした点、ＳＴＲ型鑑定においてＨ鑑定とＹ鑑定とのあいだに一致しないところがあっても、一概に判定不能とすべきではなく、また、Ｙ鑑定が鑑定不能としたからといって、ただちにＨ鑑定の結果の信用性が失われるわけではないとした点、白半袖シャツ右肩試料についてのYのミトコンドリア型鑑定の結果については、外来DNAによる汚染の可能性があるにせよ、血液に由来する可能性も一定程度は認められ、この型と袴田氏のDNA型との不一致は、血痕が袴田氏のものではないという事実と整合するとした点などに、このような視点に立った証拠評価が現れているといえよう。

開始決定は、五点の衣類に関するDNA鑑定、さらには味噌漬け実験証拠という新証拠の弾劾効を高く評価し、その必然的帰結としてねつ造の疑いを指摘した。ねつ造の疑いを前提とした再評価の結果、確定判決において犯人性の認定を強固に支えていたかにみえる各情況証拠の証明力が一気に消極的に見直されることとなった。たとえば、五点の衣類の発見経過について、確定控訴審判決は確定第一審判決を維持し、「不自然ではない」と評価していたのに対し、開始決定は、「まったくあり得ない訳ではないという意味なら理解できるが、通常の用語としては、やはり不自然と判断するのが相当である」と評価を改めたうえで、五点の衣類のねつ造を前提としたときは、「捜索や味噌の仕込みの際に発見されなかったのは、至極当然ということになって、全く証拠上の矛盾がない」と指摘した。また、袴田氏の実家においてズボンの端布が発見・押収されたことについては、五点の衣類が袴田さんのものであるという「確定判決の認定を支える極めて重要な事実」とされたが、これについても、「五点の衣類といわばセットの証拠といえるから、ねつ造の疑いをも視野に入れて検討せざるを得ない」とし、「その収集過程等に生じる疑いを払拭できないのであれば、端布についてのねつ造の疑いも強まったと判断すべき」だとした。そして、端布の存在も「五点の衣類が袴田氏の衣類ではないという疑いを払拭するほどに証明力の強い証拠ではなく、むしろ、この端布自体もねつ造された証拠である疑いが強まった」との評価に至った。このような旧証拠の消極的再評価が、新証拠の弾劾効が高く評価されたこと、新証拠が犯人性を認定する証拠構造の核心を突くものであったことと相俟って、五点の衣類に関する新旧証拠の総合評価によって、犯人性の認定についての合理的疑いを確かなものとして残存させるような波及効を生み、さらには最終的総合評価による合理的疑いの存在という結論を導いたのである。

2　証拠開示の意義

布川事件、東電女性社員殺害事件、福井事件、東住吉事件などの再審開始決定において、請求手続のなかで検察官が新たに開示した証拠が重要な役割を果たした。本開始決定においては、新開示証拠が合理的疑いの出発点たる新証拠とされたわけではないものの、五点の衣類に関する新証拠たるＤＮＡ鑑定および味噌漬け実験証拠の弾劾効・波及効を判断するにあたり、重要な役割を果たした[17]。

開始決定が味噌漬け実験証拠の弾劾効を判断するにあたり重要な役割を果たしたのが、第二次請求審において新たに開示されたカラー写真三〇点である。発見時の五点の衣類の色については、旧証拠たる鑑定書添付の写真に新開示証拠たる写真を加えて、それらから「白ステテコや白半袖シャツは、どちらかというと白に近い色調のようにみえる」と認定し、その認定を発見者の証言、発見直後の実況見分などの旧証拠によって補強した。この認定を踏まえ、味噌漬け実験の結果と対比しつつ、他の関連旧証拠もあわせ考慮し、これら衣類の「色は、一号タンク内の味噌の色と比較して相当程度薄かった可能性が高く、一年以上もの間一号タンク内に入れられていたものとしては不自然との印象が強い」との認定に至った。

血痕の色についても、開始決定は、味噌漬け実験証拠からは「黒色又は黒褐色に変色していて、赤、又は赤みを帯びた色とは評価できない」と認められるとしたのに対して、新開示写真を含む「五点の衣類の写真を検討すると、ネズミ色スポーツシャツ以外の五点の衣類に付着した血痕は、いずれも赤みを帯びていると認められ」るとし、その認定を発見直後の実況見分調書によって補強した。これを踏まえ、開始決定は、検察官の主張を検討したうえで、血痕が一年以上経過したものとしては「赤みが強すぎ、不自然であると言わざるを得ず、むしろ……血痕付着から一か月程度しか経過していない可能性が十分認められる」とした。

開始決定が五点の衣類に関する新旧証拠の総合評価によって新証拠を起点とする波及効を判断するにあたっても、新開示証拠たるズボンのサイズに関する供述が重要な役割を果たした。すなわち、確定控訴審は、寸法札の記載からズボンのサイズを「B体」だと認定し、袴田氏が事件当時はズボンをはくことができたとして、確定第一審判決を維持していたところ、開始決定は、新たに開示されたズボン製造会社役員の供述調書などから、「寸法札『B』という記載は、色を示すものであってサイズを示すものではなく、鉄紺色ズボンのサイズは、『Y体四号』であることは明らか」であって、それゆえ確定控訴審の認定は「明らかに誤り」だと断じた。そのうえで、開始決定は、サイズが「Y体四号」であることを前提にして、袴田氏の当時の体型について検討を加え、「ズボンのサイズは、それが袴田氏のものではなかったとの疑いに整合する」と認めた。

このように、開始決定が味噌漬け実験証拠の弾劾効を確認し、さらにそれを起点とする波及効を判断するにあたり、新開示証拠たるカラー写真、ズボンのサイズに関する供述調書などが、それぞれにおいて重要な役割を果たし、五点の衣類による犯人性の認定について合理的疑いを提起し、そのねつ造の疑いを発生させることに寄与した。

3　死刑の執行停止にともなう拘置の執行停止

静岡地裁が再審開始の決定にともない、死刑の執行停止のみならず、拘置の執行停止も決定したことは画期的であった。

これまで、再審開始決定にともなう死刑・拘置の執行停止をめぐっては、複雑な問題があった[18]。実務における支配的見解は、再審の判決（刑訴法四五一条一項）が確定したときに原確定判決が失効するというものであり、そのことを前提としつつ、再審開始を決定した裁判所が、その裁量によって刑の執行を停止することができるようにするために同法四四八条二項が設けられたと理解されてきた。このような理解を共有する立場のなかでも、同規定による死刑確定者の拘置の執行停止については、深刻な見解の対立があった。

免田事件の再審請求手続においては、即時抗告審の福岡高裁が開始決定にさいして死刑の執行を停止したものの、刑法一一条二項による拘置はなお継続していたため、再審公判の開始後、弁護人が死刑の執行停止には拘置の執行停止が含まれるとして、再審裁判所に対して、刑訴法四四八条二項の準用による拘置の執行停止を求めた。熊本地裁八代支部は、再審判決の確定により原確定判決が失効するとの立場を確認したうえで、刑法一一条において死刑の執行とは絞首を意味し、同条二項による拘置は「刑の執行」に含まれず、また、拘置の執行停止についてはなんら規定がないから、原確定判決の効力がなお存続する以上、死刑の執行が停止された後も拘置は継続されるとの見解を示し、弁護人の請求を排斥した[19]。拘置の執行停止はなしえないとしたのである。

他方、同旨の請求に対して、松山事件の再審裁判所である仙台地裁は、死刑の執行停止が拘置の執行停止をともなうものではないにせよ、拘置は死刑（絞首）の前置手続として広義の死刑執行の一環をなすこと、再審無罪判決がある場合について明らかなように、再審判決の確定まで拘置の執行停止ができないとすると、あまりに不当な結果となって、刑訴法四四八条二項が刑の執行停止を認めた趣旨に反することを指摘し、同規定により死刑の執行停止のほか、拘置の執行停止も可能であるとの見解を示した[20]。

本開始決定は、この仙台地裁見解に依拠しつつ、死刑の執行停止と同時に、拘置の執行も停止した。開始決定が、再審無罪判決の相当程度の蓋然性があること、死刑確定者として長期間拘束されてきたこと、捜査の違法・不当が疑われることをあげたうえで、「耐え難いほど正義に反する状況」にあるとまで厳しく指摘して、死刑の執行とともに拘置の執行を停止したのは、もちろん、五点の衣類のねつ造、自白強要などの違法・不当な捜査が疑われ、それが真実だとすれば、「国家機関が無実の個人を陥れ、四五年以上にわたり身体を拘束し続けたことにな」るという袴田事件に特有な事情を考慮したものであろうが、同時にまた、もともと刑訴法四四八条二項による刑の執行停止が、開始決定の確定があっても確定判決の効力は持続することを前提としつつ、開始決定後の執行の継続が「正義に反する場合がありうる」ことにかんがみ、確定者を「救済するという理念に立つもの」(仙台地裁見解)だと理解されてきたことによるものといえよう。このように性格づけられた同規定によって「刑」の執行停止を決定することから、本開始決定としては、執行の継続が「正義に反する」ことを明示する必要があったのである。

そうであるならば、五点の衣類のねつ造、自白強要その他捜査の違法・不当の強い疑いなどによって、「耐え難いほど正義に反する状況(傍点引用者)」がなければ、再審開始を決定した裁判所は、拘置の執行停止をすることができないというわけではあるまい。本開始決定における「耐え難いほど(傍点引用者)」の不正義の指摘は、あくまでも袴田事件に特有の事情によるものであって、死刑確定事件について再審開始が決定されたときは、明白性判断の現在の基準によれば、再審無罪判決が高度な蓋然性をもって見込まれ、また、時間の長短によらず、死刑確定者としての拘束は甚大な身体的・精神的苦痛をもたらしうることからすれば、釈放による逃亡の現実的可能性がとくに認められない限り、再審開始を決定した裁判所は、開始決定後の拘置の継続は「正義に反する」ものとして、その執行を停止することが可能であり、また、そうすべきであるといえよう。

静岡地裁の決定に対して、検察官は拘置の執行を停止すべきでないとして、その取消を求め、抗告を申し立てた。開始決定や請求棄却決定に対して即時抗告がなしうることが明記されているのに対して(刑訴法四五〇条)、刑の執行停止決定については、即時抗告が認められていないことなどから、刑の執行停止決定には刑訴法四一九条の一般抗告は認められないとする見解も有力である。[21] しかし、最高裁は、二〇一二年、刑の執行停止決定は「終局裁判をするため、その前提としてなす個々の決定の一つではないから、『訴訟手続に関し判決前にした決定』又はこれに準ずる決定に当たら」ず、また、不服申立を許さないとする特別規定もないことから、刑訴法四一九条の一般抗告の対象となると判示した。[22]この最高裁決定を受けて、静岡地裁の拘置の執行停止決定に対する検察官の抗告についても、東京高裁はその適法性を前提として、執行停止決定の当否を検討した。そして、静岡地裁の開始決定は「その前提事実の認定や推論の過程に明らかに不合理な点は見当たらず、論理則、経験則等に照らして、ひとまず、首肯できるものであ」って、再審無罪判決の蓋然性が相当に高い反面、身柄拘束の必要性はとくに高くないと認めたうえで、拘置の執行停止を決定した判断は「裁量の範囲を逸脱したものということはできない」とし、さらに検察官の主張する点を考慮しても、「袴田氏の年齢、精神の状態等に鑑みれば、その身柄を確保する現実的な必要性が高いということはできず」、「原決定の裁量判断に誤りがあるとはいえない」として、抗告を棄却した。

Ⅴ　刑事司法改革への示唆

1　被疑者取調べの録音・録画

「取調べ及び供述調書に過度に依存した捜査・公判の在り方の見直し」を主題とする法制審・新時代の刑事司法制度特別部会の審議が、二〇一一年六月より続けられている。特別部会は、二〇一三年一月二九日の第一九回会議において、中間総括として「基本構想」を取り纏めた後、[23]具体的制度化のための検討を続け、二〇一四年四月三〇日の第二六回会議においては、「事務当局試案」が提示され、さらに七月九日の第二八回会議においては、最終案として、「新たな刑事司法制度の構築についての調査審議の結果」（以下、「調査審議の結果」）が承認された。特別部会において検討された論点は多岐にわたり、また、「事務当局試案」においても、さまざまな改革が提案されている。

法制審に対する法務大臣諮問にも示されていたように、今回の改革論議の焦点は、被疑者取調べの録音・録画の制度化にあった。[24]特別部会および作業分科会の審議においては、取調べ全過程の録音・録画を義務化すべきとする立場と、広く捜査機関の裁量に委ねるべきとする立場の対立が続いてきた。「調査審議の結果」においては、義務化案が採用されたものの、裁判員裁判対象事件および検察独自捜査事件への義務化対象の限定、「十分な供述」獲得の必要を理由とする広汎かつ限界の曖昧な例外設定、取調べ請求する不利益供述調書を作成した取調べへの検察官の任意性立証の制限による義務担保措置の限定のなかに、裁量論の主張が色濃く反映していた。もしこのまま制度化されたならば、取調べの適正確保の点でも、確実かつ迅速な任意性判断という点でも、その実効性に限界があるようにみえる。

袴田氏は、逮捕から二〇日後、はじめて自白し、起訴までの三日間に二九通の自白調書が作成された(起訴後、さらに一六通作成された)[25]。袴田事件の確定第一審は、検察官調書一通についてのみ任意性を認め、それ以外の自白調書についてはすべて証拠能力を否定した。しかも、任意性を認めた一通についても、証拠の標目にはあげなかった。しかし、確定第一審・控訴審ともに、自白調書の信用性について詳細な検討を行っていた。本開始決定は、自白調書において犯行着衣がパジャマとされていたことに着目し、「重要な部分で客観的な事実との食い違いが明らかになった以上、他の部分についても、同様の危険が存在するはずであり、他の部分が単に外形的客観的な事実と合致していたことをもって信用性を安易に肯定することはやはり問題である」としたうえで、自白の補強事実を検討し、その信用性を否定した。

五点の衣類による犯人性の認定について明確な疑問が提起され、そのねつ造の疑いまでもが指摘されていることを考慮に入れたとき、袴田氏が現に自白していたという事実は、死刑判決が予想されるきわめて重大な事件においてさえ、無実の人が虚偽の自白をするという可能性、虚偽自白を生み出す自白強要的な取調べの可能性をリアルに浮かび上がらせる。開始決定も、警察が「袴田氏を逮捕した後、連日、深夜にまで及ぶ長期間にわたる取調べを行って自白を獲得して」いたことを指摘し、「そこには、人権を顧みることなく、袴田氏を犯人として厳しく追及する姿勢が顕著である」としている。虚偽自白を生む過度に威圧的・誘導的な取調べを防止し、取調べの適正さを確保するためには、全過程の録音・録画が必要であって、十分な供述獲得の必要を理由にしてその例外を認めることは、従前と同様、録音・録画されていない取調べのなかで、自白強要的な取調べがなされる危険を残存させるといわざるをえない。

また、検察官調書一通にせよ、袴田氏の自白に任意性が肯定されたという事実は、取調べ状況を直接記録した客観的証拠がないままでの任意性の判断が不確実なものとなる可能性を示唆しているといえよう。このとき、取調べの適正確保の前提が揺らぐことになる。取調べ状況に関する最良証拠は、その直接的・客観的な記録である。録音・録画による記録がまさにそれである。例外なく全過程を録音・録画することによって、この最良証拠を用いて、正確な任意性判断がなされるようにすべきである。

そして、取調べの適正確保と確実な自白の任意性判断という要請は、当然のことながら、裁判員裁判対象事件および検察独自捜査事件以外の事件についても及ぶ。そのための重要な手段である録音・録画の義務化を、これらの事件に限定することには、重大な疑問が残る。

2　通常手続における証拠開示

特別部会「調査審議の結果」のなかで、通常手続における証拠開示については、公判前・期日間整理手続において争点・証拠を整理する過程での開示制度という枠組みを前提として、検察官保管証拠の一覧票の交付および類型証拠開示の対象拡大が、当事者における整理手続の請求権とともに提案されている。(26)

静岡地裁の開始決定においては、上述のように、新証拠の明白性を判断するにあたり、五点の衣類のカラー写真、ズボンのサイズに関する製造会社役員の供述調書など、再審請求審において新たに開示された証拠が重要な役割を果たした。このことは、もし通常審の手続において十分な証拠開示がなされていたならば、五点の衣類による犯人性の認定という検察官の主張に対して、被告人側はより効果的な防御が可能であったはずであり、結果として判決の結論は違うものになっていたのではないかという可能性を浮かび上がらせる。

たしかに、現行の公判前・期日間整理手続においても、五点の衣類がすでに証拠調べ請求されていたとすれば、五点の衣類に関するカラー写真は、「証拠物」（刑訴法三一六条の一五第一項一号）として、また、ズボンのサイズに関する供述調書は、検察官の証明事実に関する供述録取書（同六号）として、類型証拠としての開示対象となろう。これらが類型証拠として開示されなかったとしても、主張関連証拠として開示対象となりうることに疑いはない（刑訴法三一六条の二〇）。

しかし、そうであるにせよ、袴田事件の再審請求手続においては、これらの証拠が実際に開示されるまで、弁護人はその存在を確実には認識できていなかったという事実に注意しなければならない。検察官の手許に、あるいは容易に入手可能なものとして、どのような証拠が存在するのかを被告人側が確実に認識することができるようにしなければ、「証拠を識別するに足りる事項」を明らかにしたうえでの請求による開示という現行制度のもとでは、被告人側は、自己の防御にとって決定的に重要な証拠の開示を請求することができず、結局、不開示のままに終わるという可能性が残る。この点について、特別部会の審議においても指摘されていたように、現行制度には限界がある。現行制度の枠組みのなかでも、検察官が手持ちの、あるいは容易に入手可能なものとしてどのような証拠が存在するのかを、被告人側が確実に認識することのできるような手続を構築すべきである。現在提案されている「一覧票」の交付については、制度的具体化において、このことを踏まえなければならない。作成される「一覧票」は、検察官が保管する、あるいは容易に入所可能な証拠の存在を、被告人側が確実に認識するために必要十分な情報を含むものでなければならない。

3　再審請求手続における証拠開示

他方、再審請求手続における証拠開示については、「基本構想」においては、通常審と再審請求審との手続構造の違いなどから慎重な検討が必要だとされながらも、なお検討課題として残されていた。しかし、これに関する提案は、「調査審議の結果」の要綱（骨子）なかには盛り込まれなかった。「調査審議の結果」においては、公判前整理手続における証拠開示に準じる形での証拠開示について賛否両論が示されたうえで、「今後の課題」の一つとして言及がなされたにとどまる。

近時、再審請求手続における証拠開示について、拡大の傾向が確認されている。その要因として、通常手続における証拠開示の制度化により、その重要性が再認識されたことが指摘されている[27]。公判前整理手続における証拠開示制度は、デュー・プロセスの観点から当事者間の格差を是正し、裁判の公正を図り、冤罪を防止することを目的としているとしたうえで、再審請求手続においても、もしその事件において公判審理の段階で公判前・期日間整理手続が行われ、証拠開示がなされていたとすれば、類型証拠、主張関連証拠として開示されていたであろう証拠については、新証拠の直接の立証命題と関連しないものであっても、開示がなされるべきとする見解が示されている[28]。再審請求手続においても、裁判所は訴訟指揮権に基づき、検察官に対して開示を勧告することができ[29]、その開示勧告も、通常審の整理手続における開示勧告と同じ対象・範囲においてなされるべきとするのである[30]。

しかし、検察官はこのような立場に与していないようであり、裁判所のなかにも、裁判所の訴訟指揮権に基づく開示勧告に関する最高裁判例[31]や通常審の整理手続における開示制度は、通常の第一審訴訟手続に関するものであって、再審請求手続にその射的は及ばないとする地裁決定がある[32]。このようななかで、再審請求における新証拠の明白性判断の手順と関連させて、新証拠が旧証拠の証明力を減殺する可能性が示されれば、新証拠と関連性のある証拠の開示の必要性が認められ、さらに新証拠が旧証拠の証明力を減殺する可能性が強まれば、「新旧全証拠による総合評価」のために、新証拠と関連性のない未開示証拠の開示の必要性も、新証拠と関連性のない旧証拠の証明力を判断するために必要だとして認められる、との見解が示されている[33]。

もっとも、再審請求はすでに確定した判決に対して再審を請求するものであり、また、請求にあたり請求人はその主張する再審理由を基礎づけるべき証拠の提出が義務づけられており（刑訴規則二八三条）、裁判所はその証拠に基づき請求に理由があるかどうかを審理することになるという「再審請求手続の構造」を理由にして、「裁判所が、請求人による新な証拠の発見に資するべく、訴訟指揮権に基づいて、検察官に対し弁護人への証拠開示を命ずることは、現行法上、許容されていない」とする立場もあることから[34]、証拠開示の必要性について、新証拠が旧証拠の証明力を減殺する可能性ではなく、現に弾劾効を有していると認められるに至って、はじめて必要性が肯定されるとする見解もありうるであろう。

この点について、静岡地裁の開始決定は重要な教訓を提供する。上述のように、開始決定においては、新証拠たる味噌漬け実験証拠の弾劾効を判断するにあたり、新たに開示された発見時の五点の衣類のカラー写真が重要な役割を発揮した。この新開示証拠がなかったならば、新証拠の弾劾効の評価は異なるものとなっていた可能性がある。もともと、新証拠の弾劾効の判断が、新証拠とその立証命題に関連する旧証拠との総合評価によるものである以上、旧証拠を再評価したうえで新証拠の弾劾効を正確に判断するためには、それに関連する証拠の開示が必要とされるというべきである。関連証拠が開示されなければ、新証拠の弾劾効自体の判断を誤るおそれがある。本開始決定は、新証拠の弾劾効を正確に判断するために関連証拠の開示が必要であることを例証したといえよう。

以上からすると、新証拠の明白性判断と結びつけていうならば、「新」証拠が提出されたときは、それに関連する証拠は開示されるべきであり、そうでないとすれば少なくとも、新証拠の明白性についての請求人の主張において、新証拠が関連する旧証拠の証明力を減殺する弾劾効を有し、さらにはそれを起点とする波及効を経て、最終的に有罪認定に合理的疑いを生じさせうることが一応の説得力をもって示されている場合には、まず新証拠の弾劾効を判断するために、その立証命題に関連する証拠が開示され、さらに新証拠を起点とする波及効を判断し、新旧全証拠の最終的総合評価を行うために、請求人の主張に関連する証拠の開示がなされるべきであろう。このような場合、検察官が任意の開示に消極的なときは、裁判所は訴訟指揮権に基づいて開示を勧告すべきであり、また、検察官はその勧告に従うべきである。

Ⅵ　結　語

以上、本稿は、静岡地裁の開始決定をめぐって、その構造と内容、意義、刑事司法改革に対する示唆を検討してきた。開始決定に対して検察官が即時抗告をしたため、現在なお、再審開始は確定していない。

主体に限定のない刑訴法四五〇条などの文言からして、開始決定に対する検察官の不服申立が当然に許されるものとされてきた。しかし、憲法三九条の二重の危険禁止のもと、再審は利益再審であって、その目的は無辜の救済であること[35]、再審請求手続における検察官の役割は、通常手続の場合と異なり、政策的要求として請求手続の職権化を回避し、請求人の関与を実質化させるためのものでしかなく、したがってその役割は限定されていることから[36]すると、開始決定に対する検察官の不服申立の権限については、再考の余地があるというべきである。検察官は、本来、憲法三一条の適正手続主義のもとで誤判救済の義務を負うというべきであるから、請求審裁判所の開始決定によって合理的疑いが承認された以上、無辜の救済に向けてこそ、必要かつ十分な権限の行使をしなければならない。そのことが、有罪の獲得やより重い処分の獲得が自己目的化することを戒めた「検察の理念」にも適う所以であろう。

誤判可能性は、生命の特別な回復不可能性と相俟って、死刑廃止論の最大の論拠の一つであった。(37) 静岡地裁の開始決定は、死刑事件における誤判可能性が現実のものであることをあらためて示した。また、死刑・拘置の執行停止決定により即日釈放された袴田氏の姿は、死刑が奪う生命の回復不可能性が自由・財産の回復不可能性とは質の違う、特別な意味を有するものであることを、リアルに印象づけた。死刑廃止について具体的検討を進めるべきときである。死刑廃止までのあいだは、死刑判決の可能性のある通常手続において、罪責認定の誤りを防ぐための手続保障とともに、死刑適用の誤りを極力排除するために、徹底した事実調査を含む特別高度な水準の弁護の保障、被告人の主張する減軽事由の十分な検討、(38) 被告人の人格、生育環境、行為選択などに関する科学的調査、全員一致による判断、死刑判決に対する必要的上訴制度、無罪判決に対する検察官の上訴制限など、生命を回復不可能な形で奪うという死刑の特殊な性格に相応しい、特別手厚い手続保障、すなわちスーパー・デュー・プロセスが用意されなければならない。(39)

(1) 最判昭五五・一一・一九集刑二二〇号八三頁。
(2) 静岡地決平六・八・八判時一五二二号四〇頁。
(3) 東京高決平一六・八・二六判時一八七九号三頁。
(4) 最決平二〇・三・二四集刑二九三号七四七頁。
(5) 静岡地決平二六・三・二七 LEX/DB25503209。
(6) 東京高決平二六・三・二八 LEX/DB25503286。
(7) 最決昭五〇・五・二〇刑集二九巻五号一七七頁。
(8) 最決昭五一・一〇・一二刑集三〇巻九号一六七三頁。
(9) 中川孝博『刑事裁判・少年審判における事実認定』(現代人文社、二〇〇八年)二七八頁以下。再審請求審による明白性判断がこのようになされることについては、①「無辜の救済」理念を貫徹していない、②二重の危険禁止の趣旨に悖る、③直接主義・口頭主義、証人審問権などの保障のない再審請求手続において、新たな事実認定をすることは許されるべきでない、④当事者主義構造が採用されておらず、訴因変更手続も、争点明確化手続もないなかでの新たな事実認定は、不意打ち認定の危険を内在し、防御権の侵害をともなう、という重大な問題がある（中川・同書二八三頁）。③については、松宮孝明「再審請求と『事実の認定』」『竹澤古稀・誤判の防止と救済』（現代人文社、一九九八年）五二三頁参照。

(10) 川崎英明『刑事再審と証拠構造論の展開』（日本評論社、二〇〇三年）八七頁以下。また、水谷規男「再審法理論の展望」村井敏邦＝川崎英明＝白取祐司編『刑事司法改革と刑事訴訟法（下巻）』（日本評論社、二〇〇七年）参照。

(11) 村岡啓一「再審判例にみる明白性の判断方法」自由と正義五六巻一二号（二〇〇五年）一一頁以下。あわせて、同「明白性判断の構造」、「（座談会）再審の展望と誤判救済」法律時報七五巻一一号（二〇〇三年）参照。

(12) 村岡・注（11）論文（自由と正義）一七頁以下。新旧全証拠の総合評価による合理的疑いの有無の判断だとしつつも、限定的再評価において弾劾効が認められたときにはじめて総合評価に進むとする二段階説が提起されている（佐藤博史『刑事弁護の技術と倫理』（有斐閣、二〇〇七年）三三九頁以下）。

(13) 中川孝博「（コメント）明白性の意義」葛野尋之＝中川孝博＝渕野貴生編『判例学習・刑事訴訟法』（法律文化社、二〇一〇年）三三〇頁、斎藤司「判批」法律時報八二巻七号（二〇一〇年）一〇六頁。

(14) 狭山事件第二次請求決定（最決平一七・三・一六判時一八八七号一五頁）が、新証拠の弾劾効をすべて否定した後に、「再審請求以降において新たに得られた証拠を含む他の全証拠を総合的に評価しても」犯罪事実の存在に合理的疑いは生じないとしていることが、その例証である。尾田事件決定（最決平一〇・一〇・二七刑集五二巻七号三六三頁）、名張事件第六次請求審決定（最決平一四・四・八判時一七八一号一六〇頁）も、限定的再評価説に立つとはいえないことについて、中川・注（9）書二八〇〜二八一頁。

(15) 村岡・注（11）論文（自由と正義）一九頁は、過去の再審判例を分析した結果、「再審開始決定に結びついているのは、当該再審事件の有罪判決の『決め手』となっている旧証拠の弾劾に成功し、『逆転』のありうる『総合評価』をも突破して『合理的な疑い』を帰結した新証拠の質、換言すれば、新証拠の重要性ということになる」としている。ここにいう新証拠の「重要性」が、新証拠自体の証明力、有罪認定の証拠構造の強靭さ、新証拠の証拠構造上の位置によって決まるということであろう。

(16) このような視点に立った証拠評価は、味噌漬け実験証拠の評価をめぐっても、完全な「再現」でなくとも、合理的疑いが発生しないかを判断する目的のためには証明力を認めうるとしたこと、肉眼による色の違いは主観性をともなうにせよ、色合いの違いは誰が見ても明らかであって、「犯人性に直結する事情に関する重要な証拠である以上、このような違いを看過することは許されない」としたことなどにおいて具体化している。逆に、無辜の救済ではなく、確定判決を重視する立場からは、有罪認定を維持する事実の存在の可能性はないかという方向の証拠評価に傾き、その結果、「疑わしいときは被告人の利益に」原則から乖離することになるであろう。その最たる例の一つは、第一次請求において提出された新証拠たる被服学専門家の鑑定が血液浸透等の実験結果およびズボンとステテコとの血液付着状態からすれば、ズボンのうえにステテコをはくという通常の着用状態で血液が外側から浸透し、付着したものではないと指摘したことに対して、東京高裁の即時抗告棄却決定が、これを排斥するうえで、五点の衣類はまとめて麻袋に入れられていたのだから、着用時とは異なる衣類同士が接触して血液が付着した可能性もあると指摘し、また、「厳密にいえば」と断りつつも、「確定判決は、犯人が犯行時において五点の衣類全部を終始通常の方法で着用していたと断定しているわけではなく、例えば、犯行の途中でズボンを脱いだなどという可能性も否定できないのである」としたことであろう。

(17) 第二次請求手続における証拠開示の経緯について、小川秀世「袴田事件——再審請求事件における証拠開示」季刊刑事弁護七四号（二〇一三年）参照。この報告によれば、二〇一〇年九月以降、検察官が五点の衣類に関する証拠の任意開示を開始し、その後、裁判所が、検察官に対して弁護人の開示請求した証拠が存在するかどうかについて釈明を求め、検察官が存在すると回答した証拠については、すべて開示勧告を行ったことにより、広範囲の証拠開示がなされたという。

(18) 河上和雄ほか編『大コンメンタール・刑事訴訟法〔第二版〕（第一〇巻）』（青林書院、二〇一三年）一五〇頁以下〔高田昭正〕参照。同書一六一頁以下は、ノヴァ型再審の場合、開始決定の確定により原確定判決は失効すると理解すべきとするが、正当な見解といえよう。この点について、水谷規男「再審開始決定に伴う刑の執行停止決定について」阪大法学六二巻三＝四号（二〇一二年）九六－九八頁参照。

(19) 熊本地八代支見解昭五六・六・五刑月一三巻六＝七号四八二頁。その後、検察官は、刑訴法四四二条但書により、再審開始が確定した後でも再審判決確定時までは裁量的な刑の執行停止の権限が与えられているとして、再審無罪判決の言渡し前に拘置の執行を停止した。

(20) 仙台地見解昭五九・三・六刑月一六巻三＝四号三四一頁。仙台地決昭五九・七・一一判時一一二七号七九頁は、再審無罪判決と同日、刑訴法四四八条二項の準用により、拘置の執行を停止した。

(21) 水谷・注(18)論文九八頁以下など。

(22) 最決平二四・九・一八刑集六六巻九号九六三頁。これに対する批判的評釈として、水谷規男「判批」新・判例解説Watch一三号（二〇一三年）、川崎英明「判批」法律時報八六巻三号（二〇一四年）。

(23) 「特集・刑事手続の構造改革」法律時報八五巻八号（二〇一三年）、同特集のなかの葛野尋之「刑事手続の構造改革——その理念と課題」、同「裁判員制度と刑事司法改革」法社会学七九号（二〇一三年）参照。

(24) 「小特集・被疑者取調べの適正化の現在」法律時報八五巻九号（二〇一三年）、同小特集のなかの葛野尋之「被疑者取調べ適正化の現在——その位置と課題」、同「取調べの録音・録画制度」法律時報八六巻九号（二〇一四年）参照。あわせて、川出敏裕「取調べの『可視化』」井上正仁＝酒巻匡編『ジュリスト増加・刑事訴訟法の争点』（二〇一三年）、田淵浩二「取調べの録音・録画制度」

犯罪と刑罰二三号（二〇一三年）など参照。

(25) 浜田寿美男『自白が無実を証明する――袴田事件、その自白の心理学的供述分析』（北大路書房、二〇〇六年）参照。袴田氏の取調べから自白に至る経過については、同書二九～六九頁に詳しい。同書は、第一次請求手続において弁護人が提出した供述心理学鑑定をベースにしており、①嘘分析、②「無知の暴露」分析、③誘導可能性分析によって袴田氏の全供述調書の内容の変遷を分析した結果、自白は虚偽のものであるとしている。同鑑定について、第一次再審請求における請求審決定は、「鑑定人がる述べる内容は、つまるところ、請求人の供述調書やその周辺の証拠に対する評価や意見にとどまる」と断じ、また、即時抗告審決定は、同鑑定は「請求人の自白供述を……自白以外の他の証拠との関係にも留意しつつ、詳細に分析したものではあるが、自白以外の証拠の分析・検討については、その専門性を主張し得るとは思われず、その作業は、結局のところ、全証拠を総合しての自白の信用性判断と実質において異ならない」ものであるから、同「鑑定は、本来、裁判官の自由な判断に委ねられるべき領域（刑訴法三一八条参照）に正面から立ち入るものであって、……そもそもその『証拠』性にも疑問がある」としたうえで、あえて嘘を交えた真犯人の自白と、犯罪体験のない無実の者の供述とを明確に区別しうるとする点において、「現実にそぐわないものであって、首肯し難」いとし、ともにその弾劾効を否定している。供述心理分析の証拠能力・証拠価値については、その科学性の正しい評価に立って再考する必要がある。この点について、中川孝博「判批」法学セミナー六〇三号（二〇〇五年）参照。秋山賢三「袴田事件――予断・偏見と無罪心証との相克」季刊刑事弁護一〇号（一九九七年）一一三頁は、第一審の静岡地裁判決が有罪を認め、死刑を言い渡す一方で、被告人の自白調書四五通中四四通の証拠能力を否定するにあたり、自白採取に至る連日一〇時間を超える取調べを厳しく批判していることを指摘している。

(26) 田淵浩二＝岡慎一＝白取祐司「連続鼎談・「新時代の刑事司法制度」を問う(二)――証拠開示」法律時報八五巻一二号（二〇一三年）、齋藤司「証拠開示制度の見直し」犯罪と刑罰二三号（二〇一三年）、「特集・証拠開示の理論と実務」刑法雑誌五三巻三号（二〇一四年）など参照。

(27) 佐藤博史「（ワークショップ報告）再審における証拠開示」刑法雑誌五三巻三号四五六頁。

(28) 門野博「証拠開示に関する最近の最高裁判例と今後の課題――デュープロセスの観点から」『原田判事退官記念論文集・新しい時代の刑事裁判』（判例タイムズ社、二〇一〇年）一五九頁以下。

(29) 斎藤司「刑事再審における証拠開示の現状分析と理論的検討」季刊刑事弁護七二号（二〇一二年）一二六―一二八頁。請求人は開示請求権を有し、裁判所の開示勧告を受けた検察官は、それに従う義務を負うとする。

(30) 指宿信『証拠開示と公正な裁判』（現代人文社、二〇一二年）二〇一―二〇二頁。

(31) 最決昭四四・四・二五刑集二三巻四号二四頁。

(32) さいたま地決平二一・一一・二判例集未登載。再審請求手続においては、実務において弁護人に証拠開示の申立権が認められているわけではないので、裁判所が「決定」により開示勧告の職権発動をしないことを示す必要はなかったといえよう。
(33) 佐藤・注(26)報告一二八頁。これは、明白性判断に関する二段解説(佐藤・注(12)書三三九頁以下)に対応しているとする。
(34) さいたま地決平二一・一一・二判例集未登載。
(35) 水谷・注(18)論文九四頁。検察官の役割は無辜の救済による公益の保護であるとしたうえで、開始決定により有罪認定に合理的疑いが生じたとされた場合、検察官はこの合理的疑いについて再審公判で争うことができることから、検察官には開始決定に対する上訴の利益が常に認められるわけではないとする。
(36) 河上・注(18)書一七三―一七五頁〔高田昭正〕。
(37) 団藤重光『死刑廃止論〔第六版〕』(有斐閣、二〇〇〇年)三頁以下・一五九頁以下、三島聡「誤判・冤罪と死刑」法学セミナー六六九号(二〇一〇年)、本庄武「死刑存廃論議における誤判冤罪問題の位相」『福井厚先生古稀祝賀論文集・改革期の刑事法理論』(法律文化社、二〇一三年)など参照。
(38) 最高裁は、永山事件(最判昭五八・七・八刑集三七巻六号六〇九頁)において、「犯行の罪質、動機、態様ことに殺害の手段方法の執拗性・残虐性、結果の重大性ことに殺害された被害者の数、遺族の被害感情、社会的影響、犯人の年齢、前科、犯行後の情状等各般の情状を併せ考察したとき、その罪責が誠に重大であって、罪刑の均衡の見地からも一般予防の見地からも極刑がやむをえないと認められる場合には、死刑の選択も許される」と判示し、死刑適用の基準を示したとされる。この永山基準は、死刑は生命を剥奪する「冷厳な極刑」であり、「誠にやむをえない場合における窮極の刑罰」であるから、その適用は「死刑を選択するにつきほとんど異論の余地がない程度に極めて情状が悪い場合」に限定されるべきとの立場から、罪刑均衡や一般予防の見地から極刑がやむをえない場合でも、被告人の更生可能性を考慮してなお死刑を回避しうるとする謙抑的姿勢を示し、被告人に不利な事情とともに、家庭環境、生育歴、精神的成熟度など主観的事情も含め、被告人に有利な事情も広く考慮しようとするものであった(本庄武「判批」速報判例解説一号〔二〇〇七年〕二〇九～二一〇頁)。最高裁の「永山基準」のもとでは、本来、被告人に有利な事情は広く検討されなければならない。
(39) 岩田太『陪審と死刑――アメリカ陪審制度の現代的役割』(信山社、二〇〇九年)一四四頁以下、本庄武「裁判員時代における死刑事件のデュー・プロセス」季刊刑事弁護六四号(二〇一〇年)参照。日本における死刑事件の量刑手続をめぐる問題について、デイビッド・T・ジョンソン＝田鎖麻衣子『孤立する日本の死刑』(現代人文社、二〇一二年)一二四頁以下〔ジョンソン〕・一六六頁以下〔田鎖〕、四宮啓「日本における死刑量刑手続について」『曽根威彦先生・田口守一先生古稀祝賀論文集(下)』(成文堂、二〇一四年)参照。葛野尋之「死刑事件の裁判員裁判」法学セミナー六七八号(二〇一一年)三六―三七頁は、最高裁の示した永山基準のもとで、死刑相当性をめぐる具体的争点を明確化し、それに関する主張・立証をうまくかみ合わせることによって、審理を充実させ、ひいては判断の誤りを回避するために、また、被告人が死刑回避のための防御を尽くすことができるようにするために、公判前整理手続において検察官は死刑求刑の予定を明示すべきだとする。

＊本稿は、二〇一四年四月一四日、日弁連主催の「袴田事件・再審開始決定報告集会」において私が行った基調報告をベースにしている。

間接事実にもとづく有罪認定の準則・覚書

高田昭正

Ⅰ　有罪の証明水準と最高裁昭和四八年判決の準則

1　最高裁平成二二年判決（最判平成二二・四・二七刑集六四巻三号二三三頁）は、間接事実にもとづく有罪認定について、「情況証拠によって認められる間接事実中に、被告人が犯人でないとしたならば合理的に説明することができない（あるいは、少なくとも説明が極めて困難である）事実関係が含まれていることを要する」と判示した。この最高裁平成二二年判決を契機に、間接事実にもとづく有罪認定に関する最高裁判例の準則(1)について、あらためて検討の俎上に載せたいと思う。

本稿で言及すべき第一の準則は、最高裁昭和四八年判決（最判昭和四八・一二・一三判時七二五号一〇四頁）により明らかにされた。この最高裁昭和四八年判決は、現住建造物等放火被告事件(2)において、「『犯罪の証明がある』ということは『高度の蓋然性』が認められる場合をいう」と解して、有罪の証明水準がもつべき意義を敷衍した。[3]しかし、より重要なのは、最高裁昭和四八年判決が有罪認定にいたる心証形成のあるべきプロセスも明らかにしたことであった。すなわち、「『蓋然性』は、反対事実の存在の可能性を否定するものではないのであるから、思考上の単なる蓋然性に安住するならば、思わぬ誤判におちいる危険のあることに戒心しなければならない。したがって、右にいう『高度の蓋然性』とは、反対事実の存在の可能性を許さないほどの確実性を志向したうえでの『犯罪の証明は十分』であるという確信的な判断に基づくものでなければならない」と判示したことであった。

「反対事実の存在の可能性を許さないほどの確実性を志向したうえでの『犯罪の証明は十分』であるという確信的な判断に基づくものでなければならない」とは、証拠評価にさいし、無罪方向の反対事実の可能性すべてを払拭できるかどうか――すなわち、確実性の存否――という課題をたてて、これを必ず検討しなければならないことを意味する。この、いわば理想――無罪方向の反対事実の可能性すべてを払拭する証明水準、すなわち、罪となるべき事実の存在の確実性――を志向することがあってはじめて、現実――罪となるべき事実の存在の高度の蓋然性、すなわち、無罪方向の反対事実の可能性がわずかだが残る証明水準――に甘んじることも許される。そのような意味で最高裁昭和四八年判決が定立した準則は、有罪の証明水準にいたる手続的要件を明らかにしたものでもあった。

この第一準則は、直接証拠による証明にも間接事実による証明にも適用され、その意味で一般的な準則であるとされた。しかし、最高裁昭和四八年判決が「この理〔準則〕は、本件の場合のように、もっぱら情況証拠による間接事実から推論して、犯罪事実を認定する場合においては、より一層強調されなければならない」と述べたように、間接事実にもとづく有罪認定についてこそ、適用すべき準則でもあった。

いうまでもないが、刑事訴訟における主要要証事実である罪となるべき事実は、証拠にもとづき〔刑訴三一七、三一八〕、合理的な疑いを超えて証明される必要がある。その証拠が間接事実である場合、罪となるべき事実を認定するには、推理・推論を加えることが必要となる。この推理・推論による認定は、間接証拠により証明された間接事実を根拠に行われ、それじたいが独立した作業である。[4] しかし、推理・推論が心証形成の独立した作業であることから、証拠的基礎から逸脱した推断となる危険、また、そもそも対応する証拠的基礎がない推断となる危険がつねに内在するといわねばならない。その危険を回避し誤判を防止するためには、間接事実にもとづく有罪認定の過程、すなわち、事実認定者じしんの推理・推論に媒介されねばならない推断の過程じたいについても、その適正化のための準則が独立して定立されねばならない。

最高裁昭和四八年判決が定立した第一準則は、間接事実にもとづくこの推断過程を適正化するための準則としても機能するものであった。具体的には、自白などの直接証拠がなく、間接事実しか存在しないケースにおいて、事実認定者は〈有罪の仮説とだけ整合し、無罪方向の仮説とはおよそ相容れない積極的間接事実〉、言い換えれば、〈被告人だけが犯人であることを一義的に推認させる積極的間接事実〉の存否について、具体的な検討を行うこと、そして、この検討を通して無罪方向の反対事実の可能性の程度を判断し、罪となるべき事実の認定にいたらなければならないことが求められるのであった。[5]

2　最高裁昭和四八年判決は、さらに、間接事実にもとづく有罪認定に特殊な第二準則を定立する。それは、複数の「間接事実をそのままうけいれるとしても、証明力が薄いかまたは十分でない情況証拠を量的に積み重ねるだけであって、それによってその証明力が質的に増大するものではないのであるから、起訴にかかる犯罪事実と被告人との結びつきは、いまだ十分であるとすることはできず、被告人を本件放火の犯人と断定する推断の過程には合理性を欠くものがあるといわなければならない」と判示し、「被告人を本件放火の犯人と断定することについては合理的な疑いが残る」と結論した部分に表された。

間接事実にもとづく有罪認定のさい、一般には、複数の間接事実が総合評価の対象とされねばならない。複数の間接事実を総合評価することは、主要要証事実である罪となるべき事実に対する推認力に強弱ないし優劣がある複数の間接事実について、そのひとつひとつの間接事実がそれだけでは有罪証明に必要な水準に到達はさせないとしても、それらを組み合わせて総合評価したときは、合理的疑いを超える有罪証明の水準に到達する場合がある――、そのようなケースを肯定することにつながる。

この間接事実の総合評価について、最高裁昭和四八年判決の第二準則は、ひとつひとつは証明力が薄弱か不十分である複数の間接事実をたんに積み重ねるだけでは、たとえ総合評価の対象にしようとも、合理的疑いを超える有罪の証明には到達できないことを明らかにした。この第二準則によって、複数の間接事実を総合評価の対象にするときは、ひとつひとつの間接事実について、犯行と被告人を直接に結びつける第一次間接事実かどうか[6]、また、他の解釈を許さず一義的に要証事実を推認させる間接事実かどうかなど、その重要性や推認力が厳密に検討されねばならないことになる[7]。とくに、間接証拠により証明される間接事実が第一次間接事実でなく第二次、第三次など下位の間接事実だけである場合や、下位の間接事実から第一次間接事実を推認できず「間接事実の連鎖に隙き間[8]」がある場合などは、実質的に、「証明力が薄いかまたは十分でない情況証拠を量的に積み重ねるだけ」となるため、合理的疑いを超える有罪証明の水準に到達しないといわねばならないであろう。その意味で、最高裁昭和四八年判決が定立した第二準則の実質的内容は、〈間接証拠により証明される第一次間接事実が存在しなければならない〉というものであり、間接事実にもとづく有罪認定について、ひとつの実体的要件を課したものとして機能するといえよう。

Ⅱ　最高裁平成二二年判決における有罪認定の準則

1　間接事実にもとづく有罪認定について、新たな準則を定立し、さらなる実体的要件を課したのが最高裁平成二二年判決（最判平成二二・四・二七刑集六四巻三号二三三頁）であった。最高裁平成二二年判決の事案は、殺人、現住建造物等放火被告事件であり、大阪母子殺害事件とも呼ばれる。起訴状に記載された公訴事実の概要は、次のようであった。

被告人は、①平成一四年四月一四日午後三時三〇分ころから同日午後九時四〇分ころまでの間に、大阪市平野区のマンション三〇六号室のA方において、Aの妻Bの頸部をナイロン製ひもで締めつけ、頸部圧迫によりBを窒息させて殺害し、②同日時・同場所で、A・B夫婦の長男であった当時一歳のCを、浴室の浴槽内の水中に溺没させるなどして殺害し、③放火するため、同日午後九時四〇分ころ、三〇六号室のA方六畳間において新聞紙や衣類などにライターで火をつけ、同室の壁面、天井などに燃え移らせてマンションの一部を焼損した、というものであった。なお、被告人はAの養父であり、保証人であった。ただし、事件発生の約半年前、被告人とAの養親・養子関係は解消されていた。

この公訴事実に対し被告人は、事件当日もそれ以前も、犯行現場となったマンションの敷地内に立ち入ったことはないとして、無罪を主張する。

第一審判決（大阪地判平成一七・八・三刑集六四巻三号三七七頁、判時一九三四号一四七頁）は、本件では、自白や目撃証言のような「被告人の犯人性に関する直接証拠が存しない」と述べる。しかし、本件では、被告人の犯人性を推認させるいくつかの間接事実が、証拠上、認定できるとした。そして、それらの間接事実が相互に関連しあって、その一般的信用性を補強しあい、狭義の証明力、すなわち推認力を高めていると判断し、そのような証拠評価の結果として、「被告人が本件各犯行を犯したことについて合理的な疑いをいれない程度に証明がなされている」と断じた。結論として、公訴事実とほぼ同じ事実を認定したうえで、被告人に対し有罪判決を言い渡し、無期懲役刑を宣告した。さらに、控訴審判決（大阪高判平成一八・一二・一五刑集六四巻三号四三三頁、判例時報二〇八〇号一五七頁）も、「ＤＮＡ鑑定の結果、ホンダストリームの目撃状況に加えて被告人がＡに対して有していた感情等といった事実関係に照らせば、被告人が本件各犯行の犯人であると強く推認される」とし、加えて、「被告人自身が当日の行動について具体的かつ合理的な説明をしておらず、第三者の犯行の可能性が乏しく、そのほか被告人の犯人性を疑わせるに足る事情も見当たらないのであって、上記の推認を覆すに足りる事情も存しない」ために、結論として、「被告人が本件各犯行の犯人であると認められるのであり、一審判決には事実誤認は存しない」と判示する。ただし、事案の具体的処理としては、無期懲役刑を不当とした検察官側の主張に理由があると認め、自判して死刑を宣告した。

この控訴審の死刑判決に対し、被告人側が上告を申し立てる。最高裁平成二二年判決は、まず、有罪の証明水準に関して、次のように判示した。

「刑事裁判における有罪の認定に当たっては、合理的な疑いを差し挟む余地のない程度の立証が必要であるところ、情況証拠によって事実認定をすべき場合であっても、直接証拠によって事実認定をする場合と比べて立証の程度に差があるわけではないが〔中略〕、直接証拠がないのであるから、情況証拠によって認められる間接事実中に、被告人が犯人でないとしたならば合理的に説明することができない（あるいは、少なくとも説明が極めて困難である）事実関係が含まれていることを要するものというべきである」、と。

2　最高裁平成二二年判決が定立したこの準則は、間接事実にもとづく有罪認定について、新たな実体的要件を課すものであった。ただし、〈被告人が犯人でないとしたならば、合理的に説明することができない、あるいは、少なくとも説明が極めて困難である事実関係〉と判示されたように、二重否定を含み、趣旨が分かりにくい。その趣旨は、〈複数の間接事実を総合評価して推認される事実関係〉のうち、〈被告人だけが犯人であると一義的に、あるいは、極めて強く推認させる事実関係〉を意味するものであろう。その意味で、〈罪となるべき事実を立証するうえで決定的推認力をもつ事実関係〉と言い換えることができる。(9) たとえば、〈あのひとが配偶者でないとしたならば、居住をともにし、一緒に子どもを養育しているうえ、冠婚葬祭にも配偶者として振る舞っている事実関係を合理的に説明することができない、あるいは、少なくとも説明が極めて困難である〉といえるであろう（なお、「配偶者からの暴力の防止及び被害者の保護に関する法律」一条三項は、同法律にいう配偶者には、「事実上婚姻関係と同様の事情にある者」も含むと定める）。端的に言えば、そのような事実関係は、〈そのひとだけが配偶者であると一義的に、あるいは、極めて強く推認させる事実関係〉であり、〈婚姻関係を立証するうえで決定的な推認力をもつ事実関係〉であると言い換えることができる。最高裁平成二二年判決は、複数の間接事実中に、そのような〈被告人だけが犯人であると一義的に、あるいは、極めて強く推認させる事実関係〉の存在を確認できない限り、罪となるべき事実を合理的疑いを超えて認定もできない趣旨を明らかにしたわけであった。

なお、最高裁平成二二年判決は、〈被告人だけが犯人であると一義的に、あるいは、極めて強く推認させる事実関係〉というような端的な言葉遣いをしなかった。それは、なぜだろうか。第一審判決は、「被告人が犯人であると考えれば、合理的な説明が可能であり、得心できる」（大阪地判平成一七・八・三刑集六四巻三号三七頁〔四二六頁〕）という複数の間接事実を挙げて、これを被告人の犯人性を推認する重要な根拠とし、この判断を控訴審判決も是認した。最高裁平成二二年判決が上述のような二重否定の言葉遣いをあえて用いたのは、この第一審・控訴審判決のような有罪認定のあり方じたいを否定するためであったと思う。なぜなら、最高裁平成二二年判決が判示した〈間接事実による有罪の認定にさいしては、被告人が犯人でないとしたならば、合理的に説明することができない、あるいは、少なくとも説明が極めて困難である事実関係が、間接事実中に、必ず含まれていなければならない〉というのは、言い換えれば、〈被告人が犯人であると仮定したならば、合理的に説明することができる複数の間接事実が存在するというだけでは、なお有罪の証明には不十分である〉ことを意味するものとなるからである。

3　最高裁平成二二年判決は、みずから定立した準則を具体的事案に適用し、本件における複数の間接事実から罪となるべき事実を推認した第一審・控訴審判決の判断には不合理があり（「本件吸い殻が携帯灰皿を経由して捨てられたものであるとの可能性を否定した原審の判断は、不合理である」、「被告人が本件事件当日に本件マンションに赴いたという事実は、これを認定することができない」）、また、その推断の過程においても反対事実が存在する可能性を十分には検討していない（「本件吸い殻が被告人によって本件事件当日に捨てられたものであるかどうかは、被告人の犯人性が推認できるかどうかについての最も重要な事実であり、DNA型の一致からの推認について、前記被告人の主張のように具体的に疑問（すなわち、反対事実の存在の可能性）が提起されているのに、第一審及び原審において、審理が尽くされているとはいい難い」）と判示する。そのうえで、「仮に、被告人が本件事件当日に本件マンションに赴いた事実が認められたとしても、認定されている他の間接事実を加えることによって、被告人が犯人でないとしたならば合理的に説明できない（あるいは、少なくとも説明が極めて困難である）事実関係が存在するとまでいえるかどうかにも疑問がある」と判示した。

最高裁平成二二年判決は、「結論」として、「本件灰皿内に存在した本件吸い殻が携帯灰皿を経由してB（被害者）によって捨てられたものであるとの可能性を否定して、被告人が本件事件当日に本件吸い殻を本件灰皿に捨てたとの事実を認定した上で、これを被告人の犯人性推認の中心的事実とし、他の間接事実も加えれば被告人が本件犯行の犯人であることが認定できるとした第一審判決及び同判決に審理不尽も事実誤認もないとしてこれを是認した原判決は、本件吸い殻に関して存在する疑問点を解明せず、かつ、間接事実に関して十分な審理を尽くさずに判断したものといわざるを得ず、その結果事実を誤認した疑いがあり、これが判決に影響を及ぼすことは明らかであって、第一審判決及び原判決を破棄しなければ著しく正義に反するものと認められる」と判示し、本件を「第一審である大阪地方裁判所に差し戻す」ものとした。(10)

4　上述した最高裁昭和四八年判決は、〈有罪の仮説とだけ整合し、無罪方向の仮説とはおよそ相容れない積極的間接事実があるか〉という検討を行ったうえで、無罪方向の反対事実の可能性の程度を判断しなければならないという第一準則を定立し、間接事実にもとづく有罪認定の手続的要件を明らかにした。また、最高裁昭和四八年判決の第二準則は、実質的に、間接証拠により証明される第一次間接事実が存在することを、間接事実にもとづく有罪認定の実体的要件とした。さらに、最高裁平成二二年判決が、複数の間接事実を総合評価した結果として、〈被告人だけが犯人であることまで一義的に、あるいは、極めて強く推認させる事実関係〉の存在を確認しなければならないという準則を定立し、間接事実にもとづく有罪認定の実体的要件を明らかにした。

すなわち、最高裁の二判決は、そのような検討と確認こそが、間接事実にもとづく事実認定が合理的疑いを超えた有罪証明の水準にいたる手続的要件および実体的要件になることを、具体的な準則として明らかにしたわけである。(11)この最高裁の二判決が明らかにした準則ないし手続的・実体的要件は、今後、間接事実により事実を認定しなければならない事案の処理について、大きな役割を果たすことになろう。

Ⅲ　福岡高裁平成二三年判決における準則の適用

1　この点で、福岡高裁平成二三年判決（福岡高判平成二三・一一・二（公刊集未登載））が注目される（最決平成二五・九・三（公刊集未登載）により検察官上告が棄却され、確定）。この福岡高裁平成二三年判決は、現住建造物等放火事件において、第一審判決中の有罪部分を破棄し、無罪をみずから言い渡した。その判示中で、最高裁平成二二年判決を先例として挙げる。福岡高裁平成二三年判決の判示は、次のようであった。

まず、現住建造物等放火事件について、「本件では犯行の目撃者等の直接証拠はなく、被告人が捜査段階から犯行に関して黙秘していることもあって被告人の自白もない」ため、間接事実しかない事案であることを確認する。この間接事実からの推認過程について、第一に、次のように判示する（傍点は引用者による）。

「本件放火発生から約一二分後に、放火現場から約三〇〇メートル離れた地点で被告人が自動車を運転していたことは、被告人が本件放火の犯人である可能性を示す事実であるものの、犯行の機会が被告人にしかないということまで認められるものではない。放火状況をみても、被害者宅は、一般住宅が密集した新興住宅地の南西角地に位置し、西側及び南側は市道に面しており、本件放火は、被害者宅の西側の市道から約五メートル入ったところにある勝手口とそこから約七メートル奥（東側）に入ったところにある駐輪場所付近に灯油を撒くという方法でなされたものであるところ、門扉等がないことから各放火地点には誰でも自由に出入りができ、放火方法にも特殊性はないことから、放火現場の状況等から犯人像を絞り込むことも犯行の機会が被告人にしかなかったと認定することも困難といえる。また、被告人宅や被告人使用車両からも被告人と本件放火とを結びつけるに足りる証拠は見つかっていない」、と。

福岡高裁平成二三年判決は、そのように述べ、〈被告人だけが犯人であることを一義的に推認させる積極的間接事実〉の存否を検討し、具体的にも、その不存在を確認する。また、「被告人と本件放火とを結びつけるに足りる証拠は見つかっていない」と述べ、間接証拠により証明される第一次間接事実が存在しないことも示唆した。

2　そのうえで、〈被告人が被害者宅付近の駐車場を無灯火の自動車で走行したこと〉、〈被害者に対し執拗な無言電話や嫌がらせメール、中傷ビラの張り付けといった迷惑行為・名誉毀損行為に及んでいたこと〉などの間接事実も挙げ、次のように判示する。

「一審判決が有罪認定の基礎とした間接事実は、いずれも被告人が犯人であるとすれば、それと矛盾しない事実であり、被告人が犯人であることについて濃厚な嫌疑があることは否定することはできないものの、その間接事実はいずれも単独では被告人の犯人性を断定することができるまでの証明力がないことから、これらの間接事実を総合し、その相乗効果により被告人が犯人であると認定するためには、さらに慎重な検討が求められるといえる」と述べる。そのうえで、最高裁平成二二年判決を援用して、「認定された間接事実中に被告人が犯人でないとしたならば合理的に説明することができない（あるいは、少なくとも説明が極めて困難である）事実関係が含まれているかどうか」を検討する。

具体的な検討は、こうである。まず、検討の具体的課題を明示する。すなわち、「本件においては、仮に被告人が犯人でないとすれば、被害者やその家族に対して迷惑行為や中傷行為を行っていた被告人が、介護を要する祖母を家に置いたまま、放火以外の何らかの理由で早朝、自動車で被害者宅付近に出向き、放火発生直後の時間帯に無灯火で被害者宅付近のコンビニエンスストア駐車場を横切るという行動をとり、何らかの理由で被害者宅の周辺の家には放火されず、被害者宅だけが放火されたという事実関係が想定され、これらが合理的に説明できない、あるいはそれが著しく困難といえるかどうかを検討することとなる」とする。その検討結果は、こうであった。「被告人の行動については、上記のとおり、被告人が、中傷ビラの張り付けを含む何らかの中傷行為をするため、又はその下見のために被害者宅付近に出向いて上記のような行動をとったと説明することが可能であり、そのような説明が不合理であるとはいえない〔中略〕。また、放火の発生についても、上記のとおり、放火は格別の動機なく無差別的に行われることもあることから、被害者宅だけが放火されたことが合理的に説明できない、あるいは著しく困難とはいえない」とした。結論として、「本件では、間接事実中に被告人が犯人でないとしたならば合理的に説明することができない（少なくとも説明が極めて困難である）事実関係は含まれていない」と述べ、「上記間接事実から被告人が本件放火の犯人であると推認することには論理則、経験則等に照らして合理的な疑いが残るといえる」として、無罪を自判したのであった。

3　福岡高裁平成二三年判決は、間接事実にもとづき罪となるべき事実を推認するうえで、最高裁昭和四八年判決と最高裁平成二二年判決がそれぞれ必要であるとした検討と確認の作業を的確に行い、合理的疑いを超える有罪証明にいたるための手続的要件と実体的要件を充たしたものであり、その意味で、ひとつのモデルとなる高裁判例だといえよう。今後も、下級審を含め、最高裁平成二二年判決以後の判例の展開が注目される(12)。

（1）本文で言及する最高裁昭和四八年判決に先立って、仁保事件——窃盗、強盗殺人被告事件であり、第一審死刑判決に対する被告人側控訴を棄却した控訴審判決について、最高裁がこれを破棄した事案——の最高裁昭和四五年判決（最判昭和四五・七・三一刑集二四巻八号五九七頁）も、間接事実にもとづく有罪認定に関する重要な準則を定立した。仁保事件では、自白とともに、複数の間接事実が有罪認定の決定的根拠になると検察側によって主張された。最高裁昭和四五年判決は、控訴審判決によって「自白の内容がそれらと符号するが故にその信用性真実性に疑いがないとし、また、犯行を否定する被告人の弁解を排斥」するために認定・挙示された「多くの間接事実、補助事実」のうち、「本件事案解明の鍵をなすもの」として、被害品の国防色上着を被告人が所持していたことや、犯行現場に遺留された藁縄の出所が被告人の供述に基づいて判明したことなど、重要な六つの間接事実を挙げたうえで、次のように判示する。すなわち、「これらの〔間接〕事実を積極に認定しようとするならば、その証明は、高度に確実で、合理的な疑いを容れない程度に達していなければならないと解すべきである。けだし、これらの事実は、〔中略〕被告人と犯行との結びつき、換言すれば被告人の罪責の有無について、直接に、少なくとも極めて密接に関連するからである」と判示した。すなわち、「被告人の罪責の有無について、直接に、少なくとも極めて密接に関連する」間接事実はそれじたいも合理的疑いを超えて証明されねばならないという準則が定立された。最高裁昭和四五年判決は、個々の間接事実について、「被告人の罪責の有無に直接に関連する」第一次間接事実かどうかという形式的基準だけでなく、その存否が「罪責の有無に密接に関連する」、または、「本件事案解明の鍵をなす」間接事実かどうかという実質的基準によっても、それが合理的疑いを超える証明の対象になるかどうかを決めたことに留意しなければならない。その意味で、合理的疑いを超える証明が必要とされる間接事実の範囲を広げるものであった。ちなみに、仁保事件では被告人の自白があったために、その自白との関係で個々の間接事実の重要性が実質的に決められ、その結果、合理的疑いを超える証明を必要とする間接事実の範囲も広げられたのであった。

（2）具体的事案は、被告人と犯人の同一性について、自白などの直接証拠がなく、間接事実からこれを推理・推論するほかないケースであった。ちなみに、控訴審判決（東京高判昭和四〇・一一・二〇（公刊集未登載））は、①家屋を焼燬した被告人方の内部の者の犯行であり、②犯行の嫌疑は被告人にしか認められず、③被告人には犯行の動機となりうるものもあるなど、複数の間接事実に依拠して有罪を言い渡した。しかし、最高裁昭和四八年判決は、外部侵入者の犯行の可能性を否定し難いとしたうえで、原判決の依拠した間接事実にはなお疑問の余地があると述べ、「被告人を本件放火の犯人と断定することについては合理的な疑いが残る」と判示し、原判決を破棄してみずから被告人に無罪を言い渡した。

（3）有罪の証明水準について、最高裁は「疑をさし挟む余地のない程度に確信を生ぜしめる」、「合理的な疑いを差し挟む余地のない程度の立証」の表現も採用した。すなわち、八海事件（強盗殺人被告事件）第三次上告審判決（最判昭和四三・一〇・二五刑集二二巻一一号九六一頁）が、「被告人らと本件犯行との結びつきについて、疑をさし挟む余地のない程度に確信を生ぜしめるような資料を見出すことができない」ため、「疑わしきは被告人の利益の原理に従い、被告人らに無罪の宣告をする」と判示し、また、最高裁平成一九年決定（最決平成一九・一〇・一六刑集六一巻七号六七七頁）は、「刑事裁判における有罪の認定に当たっては、合理的な疑いを差し挟む余地のない程度の立証が必要である。ここに合理的な疑いを差し挟む余地がないというのは、反対事実が存在する疑いを全く残さない場合をいうものではなく、抽象的な可能性としては反対事実が存在するとの疑いをいれる余地があっても、健全な社会常識に照らして、その疑いに合理性がないと一般的に判断される場合には、有罪認定を可能とする趣旨である」と判示した。なお、最高裁平成一九年決定が「抽象的な可能性としては反対事実が存在するとの疑いをいれる余地があっても」というのは、反対事実存在の抽象的可能性も検討したうえで結論されることであった。すなわち、最高裁昭和四八年判決のいう「反対事実の存在の可能性を許さないほどの確実性を志向したうえで」の結論であることを意味する。また、最高裁平成一九年決定の「健全な社会常識に照らして、その疑いに合理性がないと一般的に判断される場合」という判示も、最高裁昭和四八年判決の「『犯罪の証明は十分』であるという確信的な判断」が得られる場合に相当する。結局、有罪の証明水準について、最高裁昭和四八年判決と最高裁平成一九年決定は同趣旨を述べたといえよう。

（4）間接事実にもとづく推認過程の分析について、光藤景皎『刑事証拠法の新展開』（成文堂、二〇〇一年）二九頁、豊崎七絵「間接事実の証明と総合評価——情況証拠による刑事事実認定論（一）」法政研究七六巻四号（二〇一〇年）六六七頁など参照。

（5）不破武夫『刑事法上の諸問題』（弘文堂、一九五〇年）二八頁は、同様な準則について、「其の認定せられた犯罪事実を真実たりとして、はじめて一切の徴憑は盡（ことごと）く矛盾なく、殊に積極的徴憑は総て認定せられた犯罪事実と共に互いに相関聯（れん）せるものとして説明することを得べく、他の如何なる事実を仮定しても斯くの如き関聯を見出し得ないことが、確定せられるのを必要とする」と敷衍した。

（6）　第一次間接事実とは、他の間接事実を介在させず、それだけで被告人の犯行を推認させる間接事実を意味する。具体的には、被告人に犯行の動機がある、被告人が犯行の準備行為をした、被告人の所有物が犯行に使用された、犯跡の隠蔽工作をしたなど、犯行と被告人の結びつき――被告人の犯人性ともいう――をそれだけで推認させる事実が第一次間接事実となる。

（7）　複数の間接事実を総合評価する場合は、おのおのの間接事実の重要性や推認力を基準にして、その関連を論理的に整理してみること、すなわち、いわゆるチャート・メソッドにより間接事実の連関を一覧できるよう図式化することが、推断の過程を適正化するうえで重要な方法となる。このようなチャート・メソッドによる分析の目的は、主要要証事実の罪となるべき事実を推認するうえで重要な「鍵」となる積極的間接事実があるか、罪となるべき事実を推認するうえで――具体的な証拠的基礎がないにもかかわらず――たんなる推断による埋め合わせをしていないか、また、罪となるべき事実を推認させるうえで重要な障碍となる消極的間接事実がないかなどの諸点を、検討ないし確認することにある。チャート・メソッドについては、足立勝義『英米刑事訴訟法における情況証拠』司法研究報告書第五輯四号（一九五二年）五〇頁、石塚章夫「情況証拠による主要事実の認定――放火事件を素材として」小野慶二判事退官記念論文集『刑事裁判の現代的展開』（勁草書房、一九八八年）一一三頁など参照。

（8）　光藤・前掲論文集三四頁。

（9）　最高裁平成二二年判決の判示について、中川孝博・速報判例解説八巻（二〇一一年）二一一頁は、「個々の〔積極証拠となる〕間接事実の中に極めて高度な推認力を有するもの」が含まれていなければならないことを要求したと理解し、村岡啓一「情況証拠による事実認定論の現在――最高裁第三小法廷平成二二年判決をどう読むか」『村井敏邦先生古稀記念論文集・人権の刑事法学』（日本評論社、二〇一一年）六八二頁も「第一次間接事実（P）の中に、少なくとも、単独で主要事実（U）を推認するに足る間接事実（P）、いわば犯人性推認の『決め手』の存在が必要であることを示した」と理解する。村岡・前掲論文六八三頁は、具体的には、「殺人という実行行為との関係で合理的な疑いを超えた『決め手』となる十分な推認力を備えた第一次間接事実」が要求されることを示唆する。なお、村岡・前掲論文六八五頁はこのほかに、藤田宙靖、田原睦夫、近藤崇晴裁判官の三補足意見を援用して、最高裁平成二二年判決が「被告人の弁明の不合理性ないし虚偽性〔という間接事実〕を直ちに犯人性を確認する根拠とする」ことに「根本的な疑問を投げかけている」とも指摘しており、注目される。

（10）　第二次第一審の大阪地判平成二四・三・一五〔公刊集未登載〕は、「状況証拠によって認められる間接事実の中に、被告人が犯人でないとすれば合理的に説明できない（あるいは、少なくとも説明が極めて困難である）事実関係が存在するといえるかどうかには疑問が残る」と結論し、無罪を言い渡した（検察官控訴）。

(11) 田中輝和「間接証拠による事実認定の『準則』・覚書」東北学院法学七一号(二〇一一年)四四七頁は、「昭和四八年判決の『〔第一〕準則』は、要証事実の認定に向かっていくときに留意すべき『準則』であり、平成二二年判決の『準則』は、いったんその認定に到達した後に、それをテストするときの『準則』である」とし(〔 〕内は引用者)、また、田中・同上四四五頁は、最高裁昭和四八年判決と最高裁平成二二年判決の二準則を「ペアになる」ものと敷衍する。

(12) 参照すべき下級審裁判例として、鹿児島地裁平成二二年判決(鹿児島地判平成二二・一二・一〇〔公刊集未登載〕)だけ挙げておく。

我が国における裁判所侮辱（特に直接侮辱）への対応法制とその適用の現状
――「法廷等の秩序維持に関する法律」の検討を中心に――

吉井　匡

Ⅰ　我が国の戦後の裁判所侮辱法制研究の必要性

最高裁大法廷は昭和三三年、「裁判所侮辱（Contempt of Court）」の内の直接侮辱(1)に関し、「法廷等の秩序維持に関する法律」（昭和二七年法律二八六号）（以下、「法秩法」ともいう）が定める、直接侮辱への対処として、「侮辱を実際に見聞きした（＝体験した）裁判官が、通常の刑事手続によらず、直ちに制裁を科し得る」点について、「（裁判所は）直接憲法の精神、つまり司法の使命とその正常、適正な運営の必要に由来する（中略）司法の自己保存、正当防衛のために司法に内在する権限、司法の概念から当然に演繹される権限(2)」を有するが故に、このような、通常の刑事手続によらずに制裁を加えることも憲法三二条、三三条、三四条、三七条に反しないと判断した。

法秩法は、このように「簡易即決」な手続によって制裁を加えることを許容した点が特徴的であるが、立法当時、

「警察国家化への一環たるもの」[3]であり、「裁判所法第七三条の審判妨害罪のほかに、特別の法規ができたのは全く悲しむべきこと」[4]と評され、特に弁護士からは激しい批判が加えられたという過去を持つ。[5]だが、立法から六〇年以上を経た今日、この法律は学界でも、そして実務界においてすらほとんど顧みられることはなくなった。直接侮辱に関する研究も同様である。しかし管見では、法秩法や直接侮辱に関する研究は、等閑視されてよいようなものではない。なぜなら、最高裁が直接侮辱への「簡易即決」な手続に基づく制裁が、「司法の自己保存、正当防衛」のために必要であると述べる以上、直接侮辱及びそれに対する制裁についての検討は、司法の「自己保存」なり「正当防衛（権）」という、まさに司法権の本質を考える上で不可欠のものとなるからである。

本稿はこのような現状の中、その間隙を埋めることを企図している。

Ⅱ　刑事訴訟法及び裁判所法に規定される直接侮辱への対応

現行憲法下において、直接侮辱への対応が規定されているのは、主に法秩法の他、刑事訴訟法二八八条二項と裁判所法七一条～七三条である。以下では、これらの規定につき、簡単に確認する。

1　刑事訴訟法二八八条二項

刑事訴訟法二八八条二項は、「裁判長は、被告人を在廷させるため、又は法廷の秩序を維持するため相当な処分をすることができる。」と規定する。本項（特に後段）は法廷警察権について定めたものである。本項は、その規定において簡潔ではあるが、「裁判権行使に対する一切の妨害を排除する強制的権限を認めたもの」[6]として重要な意味を持つ。

法廷警察権は、その作用から、①「妨害予防作用」、②「妨害排除作用」、③「制裁作用」、の三種類に区分される。[7]この内、本稿の検討において重要な意味を持つのは③「制裁作用」であり、法秩法の定める「監置・過料」の制裁は、この「制裁作用」の発現であるが、②「妨害排除作用」についても、後述する裁判所法の規定との関係で検討すべき点はある。[8]

2　裁判所法七一条〜七三条

裁判所法の規定する裁判所侮辱は、直接侮辱に限られている。これを、戦前の諸立法との関係性という観点から見ると、七一条と七二条は、(旧)裁判所構成法一〇八条〜一一三条、七一条の二は明治一四年一〇月四日太政官達第八六号、[9]七三条の審判妨害罪は裁判所構成法には同様の規定が見られず、改正刑法仮案二一二条[10]の考え方を引き継いだものと考えられる。また、裁判所法七一条二項及び七二条によって、法廷警察権の「妨害排除作用」の側面がより具体的に規定されるに至る。

裁判所法は一見して明らかな通り、(旧)裁判所構成法に比べ、その規定方法においてかなり簡潔となっている。この点、この立法の経緯について、「終戦以降の急激な政治、法律の変遷に応ずるため、細かい具体的な規定を省略して、自由な解釈が十分できうるように、極めて弾力性に富んだ規定[11]」をしたとの指摘は、おそらく実態を反映していると思われる。

具体的に中味を確認すると、(旧)裁判所構成法からの大きな変化として、「簡易即決」な手続きによる制裁が条文上、消滅したことが挙げられる。(旧)裁判所構成法においては、同法一一〇条第一及び一〇九条によって、審問を妨げたり、不当の行状を為す「違犯者」である「当事者」は「裁判所ハ閉廷ヲ待タスシテ」「五円以下ノ罰金若ハ五日以内ノ拘留[12]」に処せられる可能性があった。このような、通常の手続を経ない、「簡易即決」な手続による制裁は、裁判所法では規定がない。もちろん七一条二項に基づいて退廷命令を出すことは可能であるが、これは、法廷警察権の「妨害排除作用」を規定したものであって、「制裁の意味しか持ち得ないような命令を発することは許されない。」[13]また、同項に基づいて「秩序を維持するのに必要な事項を命じ、又は処置を執る」ことも可能であるが、これも、退廷命令以上に重大な処置、例えば、拘禁命令や隔離命令は出せないものと解されている。[14]

また、七三条の審判妨害罪は、刑事罰なので、通常の刑事手続に則った手続が要求される。従って、「刑事罰―刑事手続」という形式を取る以上、当然に法廷警察権とは区別される。本罪は、原因となる当初の行為は直接侮辱ではあるが、直接侮辱であるが故に処罰するという形式をとらず、直接侮辱に対する裁判所の命令に従わない場合に刑罰を科すという、「命令に対する違反」を処罰するという形になっている。

以上からすれば、裁判所法における裁判所侮辱に関する規定は、「簡易即決」な手続に基づく制裁を排除し、制裁は刑事罰化するなど、我が国の戦前の（旧）裁判所構成法の下での裁判所侮辱法制とは明らかに異なっており、できる限り裁判所による制裁の発動に謙抑的であろうとしたとの見方も可能と思われる。

なお、裁判所法審議段階の枢密院審査委員会で、以下のようなやり取りがあった。

「枢密院審査委員会　第四回（昭和二二・二・一七）

○林顧問官　第七十三条の「必要な処置」を取るの意味如何。

○奥野民事局長　必要な場合には、妨害を排除するために実力を用いることもできる。現行法制（＝裁判所構成法―筆者注）の勾留（ママ）は、憲法との関係上、問題があるので止めたが、その代り、法廷侮辱罪の思想に立つ審判妨害罪を設けた。

○林顧問官　法廷で秩序をみだす乱暴な者を排するのに、この規定だけでゆけるかどうか問題である。審判妨害罪は、特別の手続によることを考えるのか。

○奥野民事局長　特別な手続は考えていないが、現行犯として処置することができるので、それで十分ではないかと考えている。[15]」

ここから読み取れるのは、「簡易即決」な手続による制裁は憲法に反するし、新設の「審判妨害罪」による対処で、法廷秩序の維持においては充分であると、裁判所法の立案者が理解していたという事実である。

Ⅲ　法廷等の秩序維持に関する法律

1　制定理由

「法廷等の秩序維持に関する法律[16]」は当初、「裁判所侮辱制裁法案」として第一〇回国会（昭和二六年）に提出された。提出者は自由党衆議院議員田嶋好文ほか四名である。同年五月一五日の衆議院法務委員会で田嶋は、

「わが国最近の社会情勢を見まするに、国民の一部には司法の重大な使命を十分に理解せず、あるいは裁判所における審理を妨害し、あるいは裁判所の権威をまったく無視した行為に出る者をも生ずるという遺憾な状態であります。もしこれをこのまま放置するときは、裁判所の威信を失墜し、遂には司法の機能に重大な障害を生ずるおそれなしとしないのであります。このような事態に対し、司法の威信を保持し、司法の健全なる運用をはかるためには、裁判所における事件の審理を妨害する等、裁判所の威信を害する行為を、裁判所侮辱にあたるものとして、これに対し、制裁を科することとすることが、必要かつ適当と存ずるのであります。[17]」

と、法案提出理由を述べている。その上で、

「裁判所侮辱制裁の手続におきまして、最も特異といたします点は、裁判所または裁判官が、みずからの発意に基いてその手続を開始し、審判をいたし、審判に検察官の関与を必要としない点であります。[18]」

「手続の上における第二の特長は、簡易な手続をとっている点であります。この制裁の性質が刑罰ではありません関係から、一般の刑事事件のような複雑な手続はとっておりません。」[19]と、「裁判所侮辱制裁法案」の特徴を説明している。

「裁判所侮辱制裁法案」はその後継続審議となる。「その治安立法的性格を危惧する学者、弁護士の反対意見が強く、新聞の論調も、慎重な審議を要望するもの」[20]だったからである。結果として、法案の審議が再開されたのは第一三回国会であった。そして、同国会では、法律名を「法廷等の秩序維持に関する法律」[21]と変更し、制裁についても「百日以下の監置若しくは五万円以下の過料」から「二十日以下の監置若しくは三万円以下の過料」へと変更するなど、いくつかの修正が加えられた後、可決・成立した。第一〇回及び第一三回国会における議論の詳細については別稿に譲るが、先に田嶋の述べた、そして審議の過程でも取り上げられた「裁判所または裁判官が、みずからの発意に基いてその手続を開始し、審判をいたし、審判に検察官の関与を必要としない点」及び「簡易な手続をとっている点」については、当初案からほとんど実質的な変更を加えられることなく成案に至った点ことは、明確にしておく必要があろう。

また、裁判所側からは本法案の審議に当たって、その成立を望む声が国会の場でも表明、あるいは紹介された。むしろ、最も熱心に法案の成立を期待していたのが裁判所であると言っても過言ではない。例えば、第一〇回国会衆議院法務委員会公聴会で公述人として出席した石田和外（最高裁事務次長、後に最高裁長官）は、「結論的に申しますと、申すまでもなく私といたしましては、この法案には全面的に賛成でございます。いなむしろ最も時宜に適した立法であると、敬意を心から払っておる者の一人でございます。（中略）私は裁判所法七十一条ないし七十三条の規定で、裁判官さえしっかりすれば十分秩序を維持できるという御議論に対しましては、それは事実から見ますと的をはずれておる御議論だと思います。」[22]

と述べているし、同じく第一〇回国会参議院法務委員会では、参考人として出席した奥山八郎（日弁連会長）が、最高裁長官らと懇談をした際に、長官を含む最高裁側が非常に熱心に本法案の成立を希望していた様子を明らかにしている。[23]

2　概　要

以下では、法律の目的について明らかにした法秩法一条及び、制裁を科せられるべき行為とその制裁内容について規定した同二条について検討する。それ以外の条文についての検討は別稿を期したい。

一条は、この法律の目的を「民主社会における法の権威を確保するため、法廷等の秩序を維持し、裁判の威信を保持すること」であると規定する。「法の権威」や「裁判の威信」といったものが立法目的として挙げられているが、これは、我が国の（旧）裁判所構成法や現行裁判所法、あるいは裁判所侮辱制度について長い歴史を有する英国[24]においても、少なくとも今日見られない特徴である。この点、提出当初の「裁判所侮辱法案」では、「裁判所の威信を保持し、司法の円滑な運用を図る」（裁判所侮辱法案一条[25]）（傍点引用者）ことが目的であるとされていたことを指摘した上で、「司法の円滑な運用を図ることを目的とする」というように元に戻した方がよいのではないかとの主張[26]は、当を得たものであったと思われる。

二条では、この法律において科し得る制裁は、「二十日以下の監置」若しくは「三万円以下の過料」又は「その併科」であると定めている。この制裁については、「裁判所侮辱制裁法案」として提出された当初から、「司法の運用のわく内における、いわば一種の秩序罰」[27]であると説明されてきたが、昭和三三年、最高裁大法廷が決定でこれらの制裁は「従来の刑事的行政的処罰のいずれの範疇にも属しないところの、本法によって設定された特殊の処罰である。」[28]と述べたことによって、裁判所が考える、この制裁の性格がより一層明らかとなった。従って、これらの見解を基にする限りにおいて、「監置の制裁を受けた後、更らに同一事実に基いて刑事訴追を受け有罪判決を言渡されたとしても、憲法三九条にいう同一の犯罪について重ねて刑事上の責任を問われたものということのできないことは（中略）明らか」との昭和三四年の最高裁判決もまた、理解することが可能であろう。[29] しかし、この点に関しては、昭和三四年最高裁判決以前の段階で、法秩法に基づく制裁は、刑罰的色彩が強いという点を強調し、憲法三九条に抵触する可能性を示唆する説[30]も存在した。

制裁が科せられる要件は、「裁判所又は裁判官が法廷又は法廷外で事件につき審判その他の手続をするに際し、その面前その他直接に知ることができる場所で」

①「秩序を維持するため裁判所が命じた事項を行わず若しくは執った措置に従わない場合」（命令・措置違背）

②「暴言、暴行、けん騒その他不穏当な言動で裁判所の職務の執行を妨害した場合」（職務妨害）

③「暴言、暴行、けん騒その他不穏当な言動で裁判の威信を著しく害した場合」（威信著害）

のいずれかである。

①の場合は、裁判所法七一条二項若しくは七二条に基づく命令（＝法廷警察権の「妨害排除作用」）に従わない場合を指す。この場合、裁判所の職務の執行が妨げられたか否かは問われない。従って、裁判所法七一条二項の命令に従わなかった場合は、法秩法による制裁を科した上で、もし当該行為によって裁判所の職務の執行が妨げられた場合は、裁判所法七三条の審判妨害罪につき訴追することが（昭和三四年最高裁判決の理論に従えば）可能となる。

②③の場合は、「職務の執行を妨害しもしくは裁判の威信を害する目的を必要としない。[31]」。そしてここで、この法律の内包する重大な問題点が明らかになる。③の「裁判の威信を著しく害する」とは一体いかなる事態を指すのか、本法に関する最高裁事務総局による解説書等を見ても明らかではない、という点である。この点以外にも、法秩法の実際の適用状況に関しては、ほとんど知られていないし、それに関する論考も管見の限り見られない。このよう

に、法秩法は、「実体・実態」が見えにくい法律なのである。

そこで、以下では、公表されている統計や、筆者が裁判所への情報開示請求によって得た資料を基に、法秩法の「実体・実態」について可能な限り明らかにしたい。

3　現　状

(1)　法秩法制定以降の同法の適用状況

図表1は、法秩法制定以降の同法の適用状況を公表統計から集計したものである。一見して明らかな通り、昭和四四年～四六年の三年間が制裁総計で年間一〇〇件を超えており、突出して多くの制裁がなされている。特に、昭和四三年は年間一件の制裁に留まっていることから、この増加ぶりは目を引く。昭和四四年に制裁数が急増した理由としては、「学生を中心とする集団事件等が多数係属し、いわゆる『荒れる法廷』が頻繁に現出したため[32]」とされる。

その後、昭和四七年以降、制裁数は漸減し、昭和五五年の二三件を最後にそれ以降年間二〇件を超える制裁がなされた年はない。特に、平成に入って以降、平成四年の一〇件を除いては、毎年、一桁台の制裁に留まっており、制裁が全くなかった年も散見されるようになる。確かに、これだけを見れば今日、法秩法の適用は現場においてほとんどなされなくなっていると言えよう。以下では、そのような状況の中でも法秩法を適用された事案について、見ていくこととする。

なお、法秩法五条及び六条に基づく不服申立てについては、申立て自体がなされることはあるが、（少なくとも）昭和四一年以降、その不服申立てが受け入れられ、原決定が取り消されたことは一度もない[33]。

(2)　平成一五年以降の法秩法の適用事例

図表１　「法廷等の秩序維持に関する法律」制定以降の適用状況

	監置													過料								
	(a)監置計	2日	3日	4日	5日	6日	7日	8日	10日	12日	14日	15日	20日	(b)過料計	3千円	5千円	6千円	1万円	2万円	3万円	制裁総計（a+b）	備考（「刑事事件以外」とは本案事件が刑事事件以外であることを指し、「併科」とは監置と過料の併科を指す）
昭和27年	1	内訳不明												1	内訳不明						2	
昭和28年	7	内訳不明												3	内訳不明						9	内1名併科
昭和29年	1	内訳不明												2	内訳不明						3	
昭和30年	1	内訳不明												1	内訳不明						2	
昭和31年	2	内訳不明												3	内訳不明						5	
昭和32年	2	内訳不明												0	内訳不明						2	
昭和33年	2	内訳不明												2	内訳不明						4	
昭和34年	0	内訳不明												0	内訳不明						0	
昭和35年	3	内訳不明												3	内訳不明						6	
昭和36年	3	内訳不明												1	内訳不明						4	
昭和37年	0	内訳不明												0	内訳不明						0	
昭和38年	0	内訳不明												0	内訳不明						0	
昭和39年	0	内訳不明												0	内訳不明						0	
昭和40年	0	内訳不明												0	内訳不明						0	
昭和41年	0													3	1	2					3	
昭和42年	10				1		1					2	6	0							10	
昭和43年	1						1							0							1	
昭和44年	103	2	20		31		31		7	1		11		11	1	1		4	1	4	114	
昭和45年	160	1	20	3	65		18	1	23	2		17	10	17		4		5	5	3	177	
昭和46年	117	1	16		42		11		14			7	26	14				6	7	1	131	
昭和47年	47	1	11		12		4		12			1	6	8	1	1		4	1	1	55	
昭和48年	36		8		16		5		4			1	2	11				2	7	2	47	
昭和49年	48		2		13	6			17			6	4	5		1		3		1	53	監置3日の内1名、5日の内1名は刑事事件以外
昭和50年	31	11	3		6		5		4			1	1	0							31	監置10日の内1名は刑事事件以外
昭和51年	34		3		9		4		6	2		7	3	1					1		35	過料2万円の1名は刑事事件以外
昭和52年	38		1		15	1	11		5	2		2	1	3					1	2	41	過料2万円の1名は刑事事件以外
昭和53年	29		4		4		7		4	2	1	4	3	3				1		2	32	
昭和54年	35		2	1	10		6		13			1	2	1						1	36	
昭和55年	22	1	4		3		6		3			1	4	1					1		23	
昭和56年	17		2		4		4		1	4		2		0							17	
昭和57年	10		2		2		4		1				1	1	1						11	

昭和58年	6				2				3				1	2					2	8	過料3万円の2名は刑事事件以外
昭和59年	6						1		3				2	0						6	監置20日の2名は刑事事件以外
昭和60年	5				2		1		1				1	1				1		6	
昭和61年	9		3		2								4	2			1		1	11	監置3日の内2名と、監置20日の内3名は刑事事件以外
昭和62年	7	1			2		1		2				1	2					2	9	
昭和63年	2				2									1					1	3	
平成1年	4	1	1				2							0						4	
平成2年	5				2		1				1	1		3				2	1	8	監置5日の内1名は、刑事事件以外
平成3年	2						1						1	0						2	
平成4年	10		1		2		1		1			3	2	0						10	
平成5年	2	1	1											0						2	監置3日の1名は刑事事件以外
平成6年	0													0						0	
平成7年	1								1					0						1	
平成8年	1				1									0						1	
平成9年	1						1							0						1	監置7日の1名は刑事事件以外
平成10年	4		1		1				1			1		0						4	
平成11年	0													0						0	
平成12年	4				1		1		1				1	0						4	
平成13年	7				1				5			1		0						7	
平成14年	2								2					0						2	監置10日の内1名は刑事事件以外
平成15年	4		1		1		1						1	0						4	
平成16年	2											1	1	1					1	3	
平成17年	3								2				1	1					1	3	内1名併科
平成18年	4						1		1				2	0						4	
平成19年	4	1			1								2	1					1	5	監置2日の1名と、過料3万円の1名は刑事事件以外
平成20年	5	2					1		2					0						5	
平成21年	5				3				2					0						5	
平成22年	4				3							1		0						4	
平成23年	2								1				1	0						2	
平成24年	4						1		2				1	0						4	

出典：昭和二七年から昭和四〇年までの統計は佐藤隆市『法廷等の秩序維持に関する法律による制裁手続に関する書記官実務の実証的研究』（昭和四六年度書記官実務研修）（裁判所書記官研修所、一九七一年）九頁によった。

昭和四一年以降の統計は、法曹時報掲載の「（各年における）刑事事件の概況」によった。

統計は、人員単位である。

(a) 司法行政文書開示の申出

各種判例データベースには、法秩法に基づく制裁事案が近年ほとんど収録されていない。そこで、筆者において裁判所に対する情報公開請求＝「司法行政文書開示の申出」を行い、そこで得られた情報を基に、近年の法秩法の適用の具体例を確認する。

なお、裁判所はいわゆる「情報公開法」（行政機関の保有する情報の公開に関する法律）の対象ではないが、最高裁以下各裁判所は、独自に定めた通達等に従って司法行政文書の開示を行っている。[34] また最高裁は、法秩法違反事件の裁判が行われた場合、最高裁へ報告するように下級裁判所に通達[35]を出している。

筆者は平成二三年以降、三度、「『法廷等の秩序維持に関する法律』が定める『監置』及び『過料』の制裁を科した全国の事案についての決定書」の開示の申し出を最高裁に対して行い、結果として、平成一五年以降の計四二件の「決定書」の開示を受けてきた。[36] 決定書の「事実の要旨」部分は、その多くがA４用紙一〇行に満たない分量であり、二〇行を超えるものは一つも見当たらなかった。つまり、制裁の理由となる行為については、きわめて簡潔に記述されるのが通例のようである。

図表２が開示を受けた「決定」の一覧であり、図表３－１～３－７がそれらを各項目ごとに区分し、グラフ化したものである。

(b) 制裁事案の概要[37]

これらを見ると、本案事件としては刑事事件が圧倒的に多く九割以上を占めていることが分かる（図表３－１）。また、制裁を受けているのは被告人が多く（図表３－２）、制裁内容は過料との併科を含め、監置がほとんどである（図表３－３）。そして、制裁の決定は、本案事件が単独審である場合の方が、合議審である場合よりもやや多くなされている（図表３－４）。さらに、制裁理由としては、職務妨害と威信著害の双方を挙げるものが六割を占めるが、

図表2 「法廷等の秩序維持に関する法律」決定一覧（平成15年以降）

No	裁判所	年	番号	刑事／民事(※1)	単独／合議(※2)	被制裁者	制裁の対象となる行為	制裁内容	制裁理由 命令・措置違背	制裁理由 職務妨害	制裁理由 威信著害
1	横浜地方裁判所	平成15年	秩ろ第2号	刑事	単独	被告人	暴言	監置			○
2	奈良地方裁判所葛城支部	平成15年	秩ろ第1号	刑事	単独	被告人	証人への暴行	監置		○	○
3	佐賀地方裁判所唐津支部	平成15年	秩ろ第1号	刑事	単独	被告人	発言禁止を無視し大声で怒鳴る	監置			○
4	東京高等裁判所	平成16年	秩に第1号	刑事	合議	被告人	暴言	監置		○	○
5	水戸地方裁判所下妻支部	平成16年	秩ろ第1号	刑事	単独	被告人	裁判官の措置に従わず暴言、暴行、けん騒	監置		○	○
6	岐阜地方裁判所	平成16年	秩ろ第1号	刑事	単独	被告人	被害者陳述に関連（詳細不明）	過料			○
7	大阪地方裁判所	平成17年	秩ろ第1号	刑事	合議	被告人	大声でわめく	監置		○	○
8	大阪地方裁判所	平成17年	秩ろ第2号	刑事	単独	被告人	不穏当な言動の中止を命ぜられ、退廷及び制裁裁判になる旨警告したが同様の言動を繰り返し、退廷を命じられた際、怒号	監置			○
9	名古屋地方裁判所	平成17年	秩ろ第1号	刑事	合議	被告人	証人尋問中の暴行	監置、過料			○
10	名古屋地方裁判所	平成17年	秩ろ第2号	刑事	合議	被告人	簡易鑑定実施者への証人尋問中、奇声、審理中断、不穏当な言動	監置		○	
11	東京地方裁判所	平成18年	秩ろ第1号	刑事	単独	被告人	証人尋問中、暴行	監置		○	○
12	大阪地方裁判所	平成18年	秩ろ第1号	刑事	単独	被告人	主文言渡し直後、怒号、暴行	監置		○	○
13	大阪地方裁判所	平成18年	秩ろ第2号	刑事	単独	被告人	検察官の論告開始時に怒号	監置			○
14	大阪地方裁判所	平成18年	秩ろ第4号	刑事	単独	被告人	被告人質問時、暴行	監置		○	○
15	名古屋地方裁判所	平成18年	秩ろ第1号	刑事	単独	被告人	検察官からの被告人質問中怒鳴り、審理中断、不穏当な言動	監置		○	
16	山口地方裁判所宇部支部	平成18年	秩ろ第1号	民事	単独	原告	被告本人質問時に被告に暴言、暴行、不穏当な言動	過料		○	○
17	東京地方裁判所	平成19年	秩ろ第1号	刑事	合議	傍聴人	閉廷後傍聴席でメモをとっていた際、暴行、さらに法廷裏廊下で暴行	監置		○	○
18	東京地方裁判所	平成19年	秩ろ第2号	刑事	合議	傍聴人	傍聴席からけん騒、退廷命令を受けた際に暴行	監置	○		
19	岡山地方裁判所津山支部	平成19年	秩ろ第1号	民事	単独	不明	第1回口頭弁論時に不規則発言を繰り返しながら、迫る	監置			○
20	東京地方裁判所	平成20年	秩ろ第1号	刑事	合議	不明	被告人に対する退廷命令時に怒号	監置			○
21	東京地方裁判所	平成20年	秩ろ第2号	刑事	合議	傍聴人	裁判長が傍聴人に席にとどまるよう求めた際に怒号、拘束命令時にも怒号反復	監置		○	○
22	さいたま地方裁判所	平成20年	秩ろ第1号	刑事	単独	被告人	上訴権告知時に不穏当な言動	監置		○	○
23	土浦簡易裁判所	平成20年	秩い第1号	刑事	単独	被告人	怒号、裁判官の拘束警告にも従わず怒号	監置	○	○	○

24	岐阜簡易裁判所	平成20年	秩い第1号	刑事	単独	被告人	大声	監置		○	○
25	水戸地方裁判所	平成21年	秩ろ第1号	刑事	合議	被告人	次回期日指定時（詳細不明）	監置		○	○
26	静岡地方裁判所沼津支部	平成21年	秩ろ第1号	刑事	単独	被告人	証人尋問中、証人に暴言	監置			○
27	静岡地方裁判所沼津支部	平成21年	秩ろ第2号	刑事	単独	被告人	最終陳述時（詳細不明）	監置			○
28	福岡地方裁判所	平成21年	秩い第1号	刑事	合議	不明	退廷命令時、法廷警備員による命令執行の際（詳細不明）	監置		○	○
29	福岡地方裁判所	平成21年	秩ろ第2号	刑事	合議	不明	傍聴人に対する拘束命令執行時にその執行を妨害	監置		○	○
30	名古屋地方裁判所岡崎支部	平成22年	秩ろ第1号	刑事	単独	証人	大声で2度暴言	監置		○	○
31	福岡地方裁判所	平成22年	秩ろ第1号	刑事	合議	不明	法廷が騒然とし、傍聴人全員に対する退廷命令執行時（詳細不明）	監置		○	○
32	福岡地方裁判所	平成22年	秩ろ第2号	刑事	合議	傍聴人	法廷警備員による別の傍聴人に対する拘束命令執行時（詳細不明）	監置		○	○
33	福岡地方裁判所	平成22年	秩ろ第3号	刑事	合議	被告人	検察官の意見陳述中、立ち上がって怒号	監置		○	○
34	東京地方裁判所	平成23年	秩ろ第1号	刑事	単独	被告人	検察官の論告直後、怒号、退廷命令に従わず怒号、裁判所の命じた事項を行わず、暴行、けん騒	監置	○	○	○
35	東京高等裁判所	平成23年	秩に（不明）	刑事	合議	被告人	判決言い渡し時に退廷命令（詳細不明）、暴言、暴行	監置			○
36	東京地方裁判所	平成24年	秩ろ第1号	刑事	合議	被告人	証人尋問中（詳細不明）	監置		○	○
37	大阪地方裁判所	平成24年	秩ろ第1号	刑事	合議	被告人	公判前整理手続終了直後（詳細不明）	監置			○
38	高松地方裁判所	平成24年	秩ろ第1号	刑事	単独	被告人	在廷を命じられた後、発言	監置		○	○
39	京都地方裁判所	平成24年	秩ろ第1号	刑事	単独	被告人	閉廷宣告後、手錠・腰縄を装着されて立ち上がった際、怒号、法廷裏廊下でも（詳細不明）	監置			○
40	大阪地方裁判所	平成25年	秩ろ第1号	刑事	単独	傍聴人	勾留理由開示傍聴中、退廷を命じられた後、法廷において不穏当な発言	監置		○	○
41	大阪地方裁判所	平成25年	秩ろ第2号	刑事	単独	被告人	意に沿わない国選弁護人選任に不満を抱き、法廷で暴言、発言制止を無視し暴言、退廷命令による退廷時にも暴言	監置		○	○
42	岐阜地方裁判所	平成25年	秩ろ第1号	刑事	単独	被告人	証人尋問中、暴行	監置、過料			○

筆者が行った最高裁判所への情報開示請求によって開示された情報による。

※1 本案事件の刑事／民事の区分
※2 本案事件の合議審／単独審の区分

一方で威信著害のみを制裁理由として挙げるものも三割強ある。命令・措置違背を制裁理由として挙げるものはあまりない（図表3－5）。

また、合議審では威信著害のみを制裁理由として挙げるのが一割ほどであるのに対し（図表3－6）、単独審では

図表３－１　本案事件の刑事・民事による区分

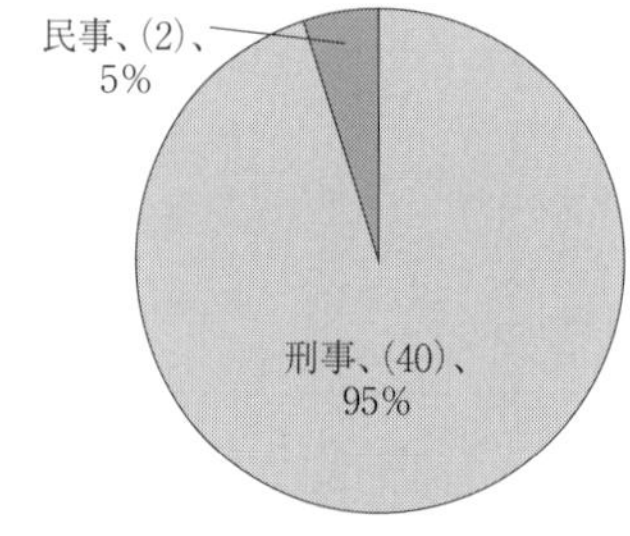

図表３－２　被制裁者の身分による区分

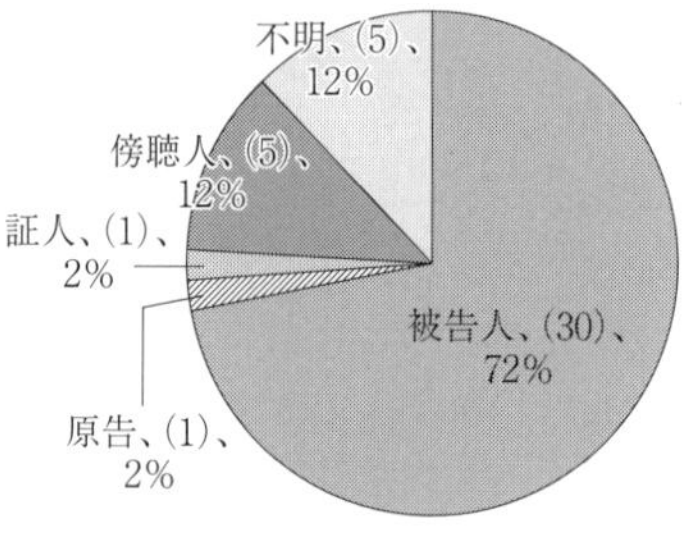

図表３－３　制裁内容による区分

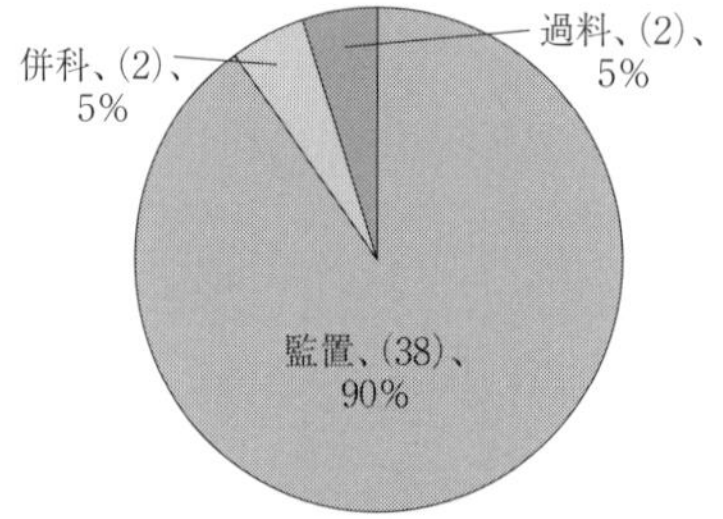

図表３－４　本案事件の合議審・単独審による区分

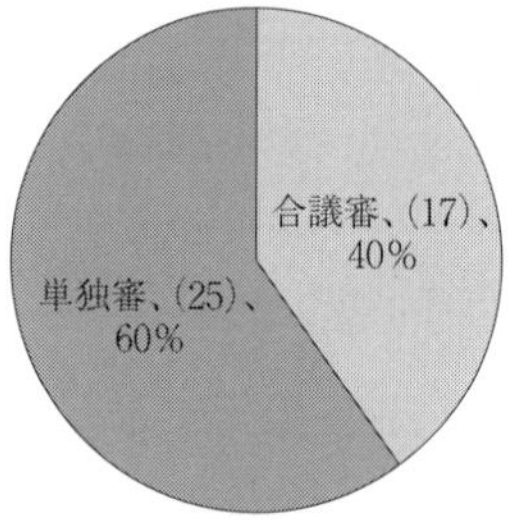

図表３－５　制裁理由による区分（全体）

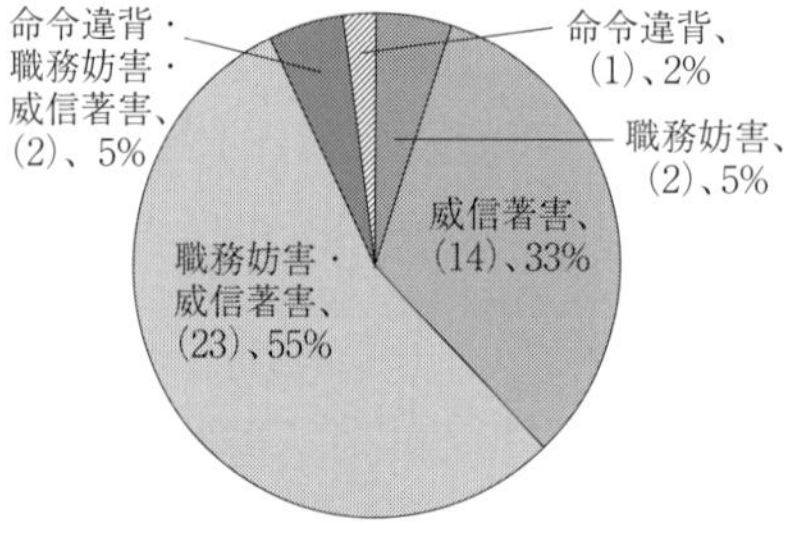

図表３－６　制裁理由による区分（合議審）

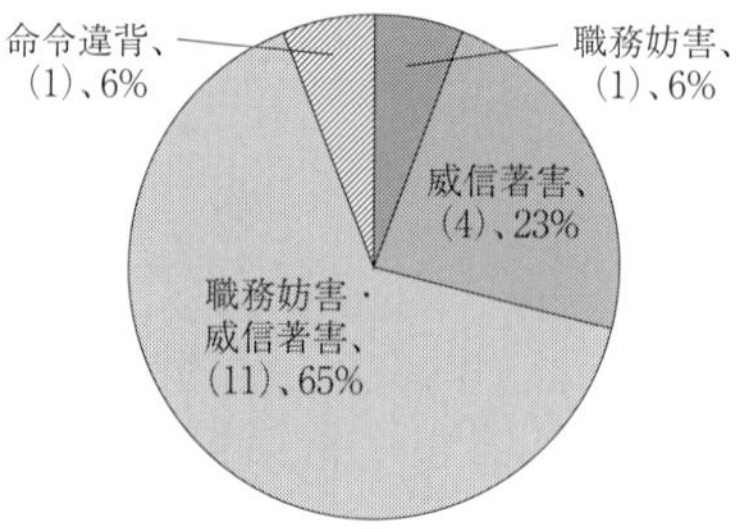

図表３－７　制裁理由による区分（単独審）

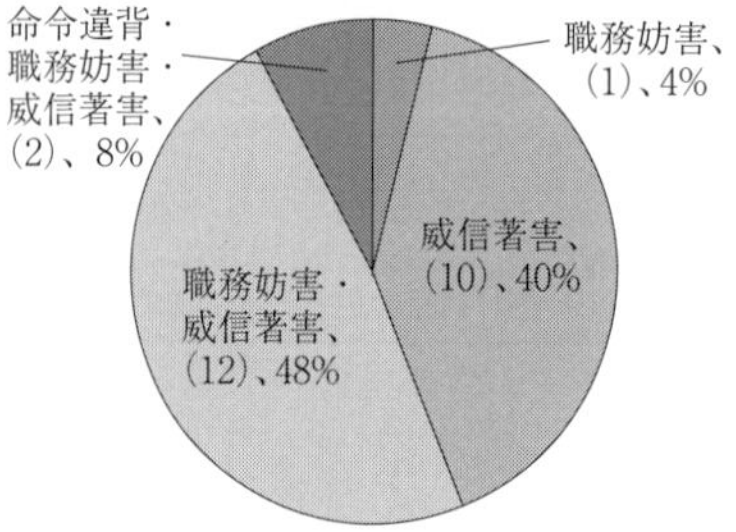

（　）は実数

四割あるという点も見て取ることができる（図表３－７）。さらに、職務妨害のみを制裁理由として挙げるものは合議審・単独審ともほとんどないという点も指摘可能である。

さらに、同じような行為に対し、威信著害を理由として制裁を科すこともあれば、威信著害とともに職務妨害も併せて制裁理由とすることもあり、ばらつきが見られる。

(c)　検　討

さて、以上を踏まえて法秩法の現状について検討する。適用件数が限られており、また開示された資料も一部黒塗りがなされているという難点はあるが、もし仮に、制裁者が単独である場合、つまり単独審における直接侮辱において、威信著害を理由とする制裁の発動が、合議審の場合よりもしやすくなるのだとしたら、これは問題であろう。つまり、法案審議の段階で表明された、「これは裁判所に対する侮辱制裁というふうには書いてございますが、しかしながらやはり事実上の問題となりますと、多かれ少なかれ裁判官個人に対する侮辱制裁というものになりはしないか思うのでございます。自分を侮辱した人間を裁判するということになって参りますと、不告不理の原則よりはもっと不利な原則、大きな抜け穴が出て来はしないかと思うのでございます。[38]」という懸念は、合議審であれば、裁判官相互で制裁に対する抑制が期待できるが、単独審の場合にはそのような期待が不可能であることをも含意していると思われるが、この懸念が表面化したとも言い得るからである。さらに言えば、同様の懸念については、裁判所侮辱に関する欧州人権裁判所判決[39]の中でも既に示されているのである。

また、「裁判の威信」の実態が何か不明であるばかりに、職務妨害と威信著害がそれぞれどのような言動によってなされるのかが必ずしも明らかでなく、結果として、裁判官の主観ないしは直感によって両者が使い分けられているとすれば、この点も、制裁の前提となる侮辱行為についての事実認定の不明瞭化を招きかねないのではないか。加えて、制裁の「量定」についても検討が必要である。通常の刑事裁判であれば、実務上、検察官の求刑によって一応の「量刑の目安」が示されてきたのが現実であるが、法秩法については、訴追官の関与がなく、まさに、当該裁判官の主観・直観に制裁の量定を委ねる外ないのである。「監置」という最大二〇日間の身柄拘束（そしてこれは、（旧）裁判所構成法が定めていた五日よりはるかに長い）を可能にする制裁の在り方として、問題であろう。

さらに、制裁に対する不服申立てについて、法秩法はその理由を法令違反に限り、事実誤認を理由とする抗告・異議の申立を認めない。その理由として最高裁事務総局は「特定の行為が制裁を科せられるべき行為にあたるかどうかは、その行為の行われた時期と場所における具体的な情況いかんによるのであって、これを直接実験しない者が爾後に記録等によって判断することは困難」[40]であるからだとするが、この言及は二つの点から看過できない。第一に、「直接実験しない者が爾後に記録等によって判断すること」は裁判所がまさに通常の職務において行っていることであるという点、第二に、裁判所法七三条の規定する審判妨害罪が通常の刑事手続を要求していることと整合が取れない点である。

Ⅳ　まとめにかえて

以上、我が国における現行の裁判所侮辱（特に直接侮辱）への対応法制とその状況について概観してきた。特に、法秩法に関する実際の適用に関する調査からは、

①近年においても少数ながら毎年、被制裁者が出ていること。
②少なくとも過去五〇年近く、制裁に対する不服申立てが受け入れられたことは一度もないこと。
③制裁の理由はきわめて簡潔に記述されるのが通例であること。
④制裁の理由となる行為が、「職務妨害」と「威信著害」のどちらに区別されるかは、必ずしも明確になっている

訳ではないこと。

といった点が見えてきた。確かに適用件数だけ見れば、過去三〇年以上に渡って、法秩法の運用は抑制的になされてきたと言えるかもしれない。では、「抑制的」な運用がなされれば、我が国の直接侮辱への対応法制としてこれ以上、検討すべき点はないだろうか。また、「抑制的」でありながら前記①〜④のような事態が生じる原因は何なのだろうか。以下では、この点についての検討を以て、本稿のまとめにかえたい。

裁判所侮辱、特に直接侮辱に関しては、その制度の最初期、例えば英国を例に取れば一二世紀頃を指すが、その頃はまさに「侮辱」という語が示しているように、国王を中心とする権威に対する不敬を取り締まるというのが、その目的であった。(41) しかしながら今日では、先に紹介した英国の例が示しているように、(42)「簡易即決」な手続に基づく制裁を準備してまで擁護しようとするものは、ただ権威といったものではなく、司法の健全な運営、言い換えれば、公正な裁判を提供するという司法の根本的な使命へとその目的は変遷したと考えられる。だが、司法が公正な裁判を実現しようと「簡易即決」な手続に基づく制裁を用いれば用いるほど、その手続自身が公正さを保障できなくなるというジレンマに陥る。その矛盾を欧州人権裁判所(43)は判決を通して指摘し、英国では自らその改革に乗り出し始めている。(44)

では我が国はどうだろうか。今日の直接侮辱対策の中心的役割を担う法秩法は、英国では今日、少なくとも直接侮辱に対して簡易即決に制裁を科する第一の目的とはされない「裁判の威信」の擁護というものを立法目的に掲げている。また、裁判官の無偏頗性を前提としていることも、②③のような事態が生じる一因ではないかと思われるが、通常の刑事手続のような除斥等の裁判官の無偏頗性の実質的担保は設けられていない。(45) さらに、被制裁者による弁解の機会も防御権も十分に保障されない(46)ことは、④のような、場合によっては不明瞭とも取られる可能性のあるような事実認定を許容する土壌を作り出すことにもなりかねない。つまり、我が国における直接侮辱に対する

「簡易即決」な手続に基づく制裁は、無条件でその存在を肯定できるほど強固な基盤を有していないのは勿論のこと、昭和三三年最高裁大法廷決定がいう「司法の自己保存、正当防衛」といった理由づけも、近時の欧州・英国の現状を見ると、少なくとも今日において、十分なものであるとは言えないと思われる。そもそも、非常に糾問主義的色彩の強い、「制裁手続」は、糾問主義的手続を克服して、弾劾主義的手続へと発展を遂げてきたという歴史的視点に立つ時、どのように評価されるのであろうか。

さて、法秩法立案当時、立案者らは、英国の例を引用し、その正当性や必要性を説いていた。しかしその英国自身が、直接侮辱への対応を見直しているという事実は、法秩法や直接侮辱について、今一度検討する機会を与えるものである。そして、その検討の結果は、我が国の法秩法の下での直接侮辱への対応は、現状ではその目的においても方法においても、抜本的改革の必要性を示すものとなろう。その際には、英国における近年の裁判所侮辱制度改革や欧州人権裁判所の言及が、我が国の改革においてもその方向性を指し示す、一つの指針になるものと思われる。そして、この改革は、被制裁者に対して公正な裁判を受ける権利を保障するために重要であるとともに、市民の司法参加に伴い、市民の司法に対する信頼の構築がかつてないほどに重要な意味を持つ現在においてこそ、より急務であるとも言えよう。

（1）　裁判所侮辱の形態は、その態様ごとに様々に区分される。代表的な区分が、侮辱行為がなされた場所の違いに基づく「直接侮辱」と「間接侮辱」という区分と、主に侮辱行為が向けられた対象の違いに基づく「民事侮辱」と「刑事侮辱」という区分である。法廷の面前でなされた侮辱を指す直接侮辱のもっとも典型的な例としては、法廷における裁判官に対する侮辱的言動が挙げられるし、直接侮辱以外の侮辱形態と位置付けられる間接侮辱の典型例としては、例えば証人を脅迫して法廷への出頭を妨害する行為、裁判への予断や偏見を生じさせるような報道、裁判所の命令に対する違反、などを挙げることができる。また、民事侮辱とは、先ほどの間接侮辱の例の一つとして挙げた、裁判所の命令に対する違反によって構成される裁判所侮辱を指し、この侮辱形態のことを消極的侮辱とも呼ぶ。刑事侮辱とはこれとは逆に、積極的侮辱とも呼ばれるものであり、消極的侮辱以外の侮辱がここに含まれる。なお、これらの点につき、細野幸雄『英国に於ける裁判所の規則制定権の歴史』（司法研究報告書一輯四号）（最高裁判所事務総局、一九四九年）二一三-二一四頁参照。

（2）最大決昭和三三年一〇月一五日刑集一二巻一四号三二九一頁。

（3）平野義太郎「民主主義に逆行する違憲諸立法（特集第一三国会の法律）」法律時報二四巻八号（一九五二年）三頁。

（4）戒能通孝「法律時評」法律時報二四巻八号（一九五二年）一頁。

（5）日本弁護士連合会第二回定期総会（昭和二六年）では、「国会で目下審議中の裁判所侮辱制裁法案は我が国情に副わず、時代に逆行し国民の自由を保障する憲法の精神にもとるの甚しいものである。仍て本会は茲に総会の決議を以て之に反対する。」との決議も出されている。資料裁判闘争編集委員会編『資料　裁判闘争①』（救援連絡センター、一九七一年）二〇九頁参照。

（6）高橋省吾『大コンメンタール刑事訴訟法〔第六巻〕』四四頁〔河上和雄ほか編〕（青林書院、第二版、二〇一一年）。

（7）高田卓爾『刑事訴訟法』（青林書院、二訂版、一九八四年）四〇四頁及び、香城敏麿＝福崎伸一郎『注釈刑事訴訟法〔第四巻〕』一四八－一四九頁〔河上和雄ほか編〕（立花書房、第三版、二〇一二年）参照。

（8）なお、①「妨害予防作用」としては、裁判所傍聴規則（昭和二七年九月一日最高裁判所規則二一号）が定める、傍聴人に対する規則や、裁判所法七一条の二が定める警察官の派出要請といったものが挙げられる。

（9）治罪法実施ニ付テハ大審院其他各裁判所公庭取締ノ使用ニ供スルタメ其院長所長ノ照会ニ応シ一名又ハ数名ノ巡査為相詰又拘留被告人審問中ハ其護送ノ巡査或ハ押丁ヲシテ守卒トシテ公庭ニ入リ看護（ママ）セシムヘシ此旨相達候事

（10）第七章　公務妨害ノ罪

第二百十二条　裁判所ノ審判ノ進行ヲ妨グル目的ヲ以テ法廷ニ於テ侮蔑又ハ喧噪ノ行為ヲ為シタル者ハ二年以下ノ懲役若ハ禁錮又ハ五百円以下ノ罰金ニ処ス

なお、改正刑法仮案における裁判所侮辱に関する規定については、吉井匡「改正刑法仮案成立過程における裁判所侮辱をめぐる議論――刑法改正起草委員会議事日誌に見る『審判の進行確保』と『裁判の威信擁護』」立命館法学三四五・三四六号（二〇一三年）九〇五頁以下参照。

（11）羽生田利朝『法廷警察権の研究（特に歴史的及び比較法的研究）』（司法研究報告書五輯一号）（司法研修所、一九五二年）九八頁。

（12）なお、「罰金・拘留」の文言が用いられているが、これは、刑罰ではなく、秩序罰としての性格を有するものであったとされる。吉井・前掲注（10）九四二頁参照。

（13）最高裁判所事務総局総務局編『裁判所法逐条解説〔下巻〕』（法曹会、一九六九年）三五頁注1。

(14) 最高裁判所事務総局編・前掲注(13)三五頁注1参照。
(15) 内藤頼博『終戦後の司法制度改革の経過――一事務当局者の立場から(第二分冊)』(司法研究報告書八輯一〇号)(司法研修所、一九五九年)七二七頁。林顧問官とは林頼三郎枢密顧問官のことであり、奥野民事局長とは奥野健一司法省民事局長(後に最高裁判事)のことである。
(16) 法案の審理経過については、桑原正憲「法廷等の秩序維持に関する法律について」法曹時報四巻八号(一九五二年)六七頁以下及び、村井敏邦「法廷等の秩序維持に関する法律の制定の歴史」法律時報五二巻一〇号(一九八〇年)二五頁以下参照。桑原論文の末尾には、裁判所侮辱制裁法案と最終的に成立した法秩法の対照表が掲載されている。
(17) 第十回国会衆議院法務委員会議録二三号二頁(昭和二六年五月一五日)。なお、「裁判所侮辱にあたるものとして…」の部分は、会議録では「判裁所侮辱にあたるものとして…」となっているが、明白な誤記のため筆者において訂正した。
(18) 法務委員会議録・前掲注(17)二頁。
(19) 法務委員会議録・前掲注(17)二頁。
(20) 村井・前掲注(16)二九頁。
(21) この点、桑原・前掲注(16)八〇頁は、「裁判所侮辱という用語は、これ(=戦前の「官吏侮辱」―筆者注)を連想させる嫌いがあり、具体的な事件を取り扱う特定の裁判所の威信を人格化し、又は裁判官一個人の尊厳を制裁権の発動によって保護しようとするものであるという印象を起させる傾きがあり、かつまた、この法案は、いわゆる直接侮辱のみを制裁の対象として取り上げ、間接侮辱を除外している点からいっても、『裁判所侮辱制裁法』という題名は適当でないとされた事情もあった」と指摘している。
(22) 第十回国会衆議院法務委員会公聴会議録一号一七‐一八頁(昭和二六年五月二四日)。
(23) 第十回国会参議院法務委員会会議録一四号六頁‐七頁(昭和二六年五月一五日)参照。当時の最高裁長官は、田中耕太郎である。
(24) 例えば、裁判所侮辱制度について包括的な検討を施した、*Report of the Committee on Contempt of Court (1974)*(通称、フィリモア委員会報告書)p14.は、直接侮辱に対する「簡易即決」な手続に基づく制裁を許容しつつ、その権限は、「司法の運営及び訴訟の進行を保護するためのもの」であると言明している。
(25) 法務委員会議録・前掲注(17)一頁。
(26) 第十三回国会衆議院法務委員会会議録六四号五頁(昭和二七年六月六日)の古島義英委員の発言参照。
(27) 法務委員会会議録・前掲注(17)二頁。
(28) 前掲注(2)。
(29) 最一判昭和三四年四月九日刑集一三巻四号四四二頁。

(30) 法学協会編『註解日本国憲法〔上巻(二)〕』（有斐閣、一九五三年）六八三頁参照。
(31) 最高裁判所事務総局編『法廷等の秩序維持に関する法律・法廷等の秩序維持に関する規則——解説』（一般裁判資料六号）（最高裁判所事務総局、一九五三年）六頁。
(32) 最高裁判所事務総局刑事局「昭和五〇年における刑事事件の概況（上）」法曹時報二九巻一号（一九七七年）一七五頁。
(33) 法曹時報掲載の「（各年における）刑事事件の概況」の記載による。
(34) 裁判所ホームページ（http://www.courts.go.jp/about/siryo/johokai/）（二〇一四年五月四日閲覧）参照。
(35) 「法廷等の秩序維持に関する法律違反事件等の報告について」（平成六年一二月二七日総一第三九〇号高等裁判所長官、地方、家庭裁判所長あて総務局長通達）。
(36) なお、開示を受けた「決定書」は一部〝黒塗り〟がなされている。被制裁者の住居・氏名・生年月日が黒塗りされているのは勿論、主文の一部（例えば、監置を科したことは分かるが、「何日の」監置を科したのかは分からないように黒塗りされている）や「事実の要旨」部分の主要な内容、そして制裁の裁判を行った月日についても黒塗りされている。
(37) なお、法秩法三条一項は、「制裁は、裁判所が科する。」と規定し、法秩法を受けて制定された、「法廷等の秩序維持に関する規則」（昭和二七年最高裁判所規則二十号）五条一項は、「法第二条第一項の規定にあたる行為を直接に知り得た裁判所又は裁判官は、自ら裁判をする場合を除いて、当該裁判所を構成する裁判官所属の裁判所又は当該裁判官所属の裁判所に、制裁を科すべき旨の請求をすることができる。」と規定している。これを見ると、当該裁判所と、「当該裁判所を構成する裁判官所属の裁判所又は当該裁判官所属の裁判所」つまり「他の裁判所」のどちらも制裁の裁判を行うことが可能であることが分かる。規定上は、「当該裁判所」と「他の裁判所」との間の原則・例外の関係は明らかではない。この点、法案提出当初の「裁判所侮辱制裁法案」三条一項では「裁判所侮辱に係る事件は、その裁判所が審判する。」（傍点引用者）（法務委員会議録・前掲注（17）一頁）と規定されていたが、国会審議の過程で先のように修正がなされた。このような規定上の理由から、今回の情報開示請求によって開示を受けた決定が、「当該裁判所」によってなされたのか、「他の裁判所」によってなされたのか、決定書の記載のみでは必ずしも判然としない事案も存在する（一方、決定書中に「当裁判所の本人に対する〇〇被告事件の公判期日において」といった記載がある決定書も存在する）。しかし、（黒塗りされている部分を除いて）明確に「他の裁判所」で裁判を行ったことが分かる決定書は存在しない。さらに、最高裁事務総局による「規則」の解説書には、「おそらく実際には、自ら制裁を科さないで他にこれを請求するなどという事態は起らないであろう。」（最高裁判所事務総局編・前掲注（31）三一頁‐三二頁）という記載があり、また、「これまでに他の裁判所が裁判をした事例は、まだない。」（佐藤隆市『法廷等の秩序維持に関する法律による制裁手続に関する書記官実務の実証的研究』（昭和四六年度書記官実務研究）（裁判所書記官研修所、一九七一）五六頁）とも述べられているので、以下では、「当該裁判所」によって制裁の裁判がなされたことを前提として検討を行う。このような前提はほぼ実態を反映していると思われるが、この前提を否定する事実が明らかになった際には、別稿によって修正を施したい。また、そもそも「別の裁判所」に裁判をさせること自体についても検討が必要であるが、紙幅の都合上、この点についても別稿を期さざるを得ない。

(38) 公聴会議録・前掲注（22）八頁の戒能通孝の発言。

(39) この点につき、*Achilles C. Emilianides, Contempt in the Face of the Court and the Right to a Fair Trial -The Implications of Kyprianou v. Cyprus, European Journal of Crime, Criminal Law and Criminal Justice, Vol. 13/3, 401-412, 2005.* 参照。同論文の中で中心的な検討対象となっている ***Kyprianou v. Cyprus (Application no. 73797/01)*** 欧州人権裁判所判決は、二〇〇四年の段階で、直接侮辱に対する「簡易即決」な手続に基づく制裁に関し、「客観的側面と主観的側面の双方から、裁判所は公正でなければならず、同一裁判体による審理は、法廷の公平に関する合理的な疑いを生じさせるのに十分」「裁判官も人間であり、彼らの個人的感情は、法廷でなされたある種の行為を侮辱と解釈する危険性がある」と述べている。

(40) 最高裁判所事務総局編・前掲注（31）一三頁。

(41) 細野・前掲注（1）二一六頁参照。

(42) 前掲注（24）参照。

(43) 前掲注（39）参照。

(44) 英国は二〇一三年には裁判所侮辱に関する Consultation Paper を発表している。これについての検討は別稿を期したい。

(45) この点につき、石田和外は、公聴会において「要するにきめどころの問題といたしましては、裁判官には不公平なしという前提で論議がなさるべきであります。」（公聴会議録・前掲注（22）一九頁）と述べている。なお、松井康浩「人違い監置事件と現代の司法政策」法律時報五二巻一〇号（一九八〇年）一六頁及び、梓澤和幸「人違い監置事件国賠訴訟の審理経過と現代司法」法律時報五四巻九号（一九八二年）五〇頁参照。

(46) 岸盛一（最高裁事務総局刑事局長、後に最高裁判事）は、法秩法等の運用に関する刑事裁判官向けの説明において、「直接侮辱を処罰するというのは、裁判官が現認しておる以上は、なんらそれについての弁論を必要としない。行為者の弁解を聞く必要はない。即座に制裁を科する、これが根本原則の形であります。」（最高裁判所事務総局編・前掲注（31）収録「法廷等の秩序維持に関する法律・規則の運用について―東京地方裁判所管内刑事裁判官会同における説明―」六六頁）と述べている。

第Ⅳ部　人間の尊厳と刑事政策

「死刑モラトリアム」のゆくえ
――ロシアにおける死刑制度をめぐる論議の動向――

上田　寛

Ⅰ　死刑問題についての現状

アムネスティ・インターナショナルの最近の報告では、国連加盟国一九三カ国のうち、二〇一二年中には一七四カ国で死刑執行がなく、Ｇ８諸国で死刑を執行したのは日本と米国のみ、ヨーロッパではベラルーシが唯一の死刑執行国とされている。ロシアにおける執行はなかった。

アムネスティの分類では、ロシアは「一〇年以上死刑の執行がない事実上の廃止国」であるとされている。(1) たしかに、確定した判決に従って最後に死刑が執行されたのは、一九九六年八月二日、未成年者一一人を殺したセルゲイ・ゴロフキン（執行時三六歳）であるとされ、それ以降、ロシアでは死刑の執行がない状態が続いているが、しかし、現行ロシア連邦憲法に基づき刑法典も、未だ死刑制度を保持したままである。このような法規定と現実との乖離状況は、二〇世紀末から続くロシアの複雑な政治過程、とりわけ西ヨーロッパ諸国との関係から、もたらされたものである。

一九九六年二月二八日、ロシアはヨーロッパ評議会に加盟した。一九九一年のソ連邦の解体以降、市場経済への移行と西ヨーロッパへの接近になりふり構わず突き進んできたロシアにとっては、大きな結節点となる出来事であったが、それは同時に、西欧に伝統的な人権概念の受容とそれに合わせての制度変更をも伴うものであった。一九四九年五月にベルギー、デンマーク、フランス、アイルランド、イタリア、ルクセンブルク、オランダ、ノルウェー、スウェーデン、イギリスの一〇か国によって創設されたヨーロッパ評議会は、その後大きく発展し、一九九〇年代にかつての東欧社会主義諸国をその構成主体に加えることによって、今日ではベラルーシ、カザフスタン、コソボ、バチカンを除くすべてのヨーロッパ諸国が加わっている。ヨーロッパ評議会規程の第一条(a)には、「欧州評議会の目標は、共通の財産であり、かつ経済的、社会的進歩をもたらす理念と原則を守り実現する目的のために、加盟国間でのより強固な統合を達成することである」、とうたわれているが、この共通の財産である「理念と原則」の中に、基本的人権、自由、法の支配などといった一般的な原則ばかりか、具体的な死刑制度の廃止もまた含められているのである。

ヨーロッパ評議会はロシアの加盟を認めるための条件として死刑制度の放棄を求めたが、これに対応して当時のエリツィン大統領は、一九九六年五月一六日、「ロシアのヨーロッパ評議会加盟との関わりでの死刑の適用の段階的な縮小について」の大統領令を発した。[2] そのように環境を整えた上で、ロシアは平時における死刑の適用を禁じた「ヨーロッパ人権条約」の第六議定書に署名したのであるが（一九九七年四月一六日）、議会は今日に至るまでその批准を拒み続けている。

ところで、現行ロシア連邦憲法(一九九三年)はその二〇条二項において、「死刑は、それが廃止されるまで、生命に対するとくに重大な犯罪に対する例外的な刑罰手段として、被告人に陪審員が参加する裁判においてその事件が審理される権利を与えて、連邦法により定めることができる」、と規定している。その適用対象を生命に対するとくに重大な犯罪に限定し、また陪審制裁判による事件の審理という条件を付した上で、例外的な刑罰手段としてこれを残し、その廃止を将来の判断に委ねたのである。

他方、現行ロシア連邦刑法典(一九九六年)の死刑に関する諸規定は、上述のような憲法の定めるところをうけて、さらにこれを発展させたものと捉えられている。

第五九条　死刑

一．例外的な刑罰手段である死刑は、生命を侵害するとくに重大な犯罪に対してのみ適用されうる。

二．死刑は、女性ならびに犯行時に一八歳に達していなかった者、そして裁判所による判決言い渡し時に六五歳に達している男性に対しても、適用されない。

二－一．ロシア連邦の国際条約もしくは相互主義の原則に従って外国国家により刑事訴追のためにロシア連邦に引き渡された者に対しては、これを引き渡した外国国家の法律によればその者が実行した犯罪に対しては死刑が定められていないか、死刑を適用しないことが引渡しの条件であったか、もしくはその他の理由で彼に死刑を適用しえない場合には、死刑は適用されない。[本項は二〇〇九年に追加]

三．死刑は減刑されるときは終身自由剥奪もしくは二五年の自由剥奪に替えられうる。

このように総則で規定した上で、各則では死刑を、加重的な事由のある殺人(一〇五条二項)、国家的もしくは社会的な働き手の生命の侵害(二七七条)、裁判もしくは捜査を実行する者の生命の侵害(二九五条)、法擁護機関の職員の生命に対する侵害（三一七条）、そしてジェノサイド（三五七条）に対する選択的な刑罰としてのみ規定している。かくして、例外的なそれとしてではあれ、死刑という刑罰制度を許容する憲法と刑法典の対応はきわめて明確である。

だが、それにもかかわらず、その段階的な縮小と廃止を目指すエリツィン大統領らの動きもまた一貫したものであり、上記の大統領令に続いて、一九九八年一月には刑事執行法典（УИК РФ）一八四条・一八五条の改正を実現させ、死刑判決の執行の条件として、受刑者からの恩赦の請願についてのロシア連邦大統領による却下もしくは不受理の決定を加えた。その上で、大統領としての恩赦請求の審査という手続きを放棄する旨宣言したのである(3)。

このような、大統領の個別的な対応という、法律によらない迂回的な手法による死刑制度の不適用という不安定な状態について、その具体的な問題解決に乗り出し、ロシアにおける死刑制度の運用停止を定着させたのはロシア連邦憲法裁判所であった。

一九九九年二月二日、連邦憲法裁判所は、ロシア連邦憲法二〇条二項および刑事訴訟法典四二〇条・四二一条の規定により死刑判決は陪審裁判所によってしか出しえないことになっていることを確認し、ロシア連邦の全域において陪審制の採用が完了していない状況の下では、特定の裁判所における死刑の言渡しは法の下の平等原則に反することから憲法一九条違反となるとして、ロシア連邦の裁判所は死刑の言渡しができない、とした(4)。

これをうけて、一九九九年六月三日の大統領令六九八号によって、当時の全死刑囚七〇三名に対し特赦が申し渡され、その大部分が終身刑へと減刑された(5)。

この時点では、憲法裁判所の決定はロシア連邦の全域に陪審裁判所が開設されていないという形式的な根拠に寄りかかったものであったが、連邦を構成する諸共和国のうち最後のチェチェン共和国においても、二〇一〇年一月一日より陪審裁判所が活動し始めることとなったことから、この日以降は死刑の適用が復活することも可能となり、この時期ロシアでは、死刑をめぐる社会的な関心も再び高まった。一方では、死刑の執行停止はあくまでも条件的なものであることが強調され、その条件が解除されるならば法律に従いその適用は再開されるべきだと主張されたが、他方では、第六議定書への署名は大統領によってなされたのであり、たとえその批准が遅れていても、ロシアはその内容に拘束されると主張された。が、おそらく最も影響力のあったのは、連邦人権問題全権(オンブズマン)であるルーキンの、実質的に見て死刑は法的にもすでに廃止されたのであり、これを二〇一〇年一月一日から復活させることなど論外である、「どのようなものであれ死刑適用は我われがヨーロッパ人権条約から、さらにはヨーロッパ評議会から、脱退することを意味するのであり、結局、我われに残されているのは死刑の完全な廃止しかないのだ(6)」という主張であろう。

二〇〇九年一一月、最高裁判所からの疑義申立てを受けて、憲法裁判所は死刑執行の停止措置が当初の期限を過ぎる翌年以降も、継続して適用されるとの判断を下した(7)。その理由として憲法裁判所は、死刑の適用停止をもたらした一九九九年の憲法裁判所の決定がその後の一〇年間でロシアの法制度として定着しており、憲法体制の一部として機能していることを挙げ、国際的な動向とロシア連邦が自らに課した責務を考慮するならば、それ自体「その廃止までの間」と時限的な性格が明らかにされている例外的な刑罰手段である死刑については、その廃止に向けての不可逆的なプロセスにあることを確認した。憲法はその廃止という目的の実現の条件をロシア連邦全領域への陪審制裁判の実現に見ていたのであり、それを逆に、死刑適用の再開の条件とすることは許されない、としたのである(8)。

この決定に引き続いて、二〇一〇年一月一五日、ロシアの議会は長年にわたりその批准を拒否してきたヨーロッパ人権条約の第一四議定書を賛成多数で批准した。それ自体はヨーロッパ人権裁判所での決定採択の手続きを簡素化することについてのものであるが、簡素化によって被告となった国を除く国々の三人の裁判官が判決を出すことが出来るようになり、たとえばロシアにおいて死刑判決を受けた者が人権裁判所に提訴すれば必ず死刑の適用を違法とする判決が出されるものと予想され、ここに実質上ロシアにおける死刑の適用の可能性はなくなったという評価が可能である。

しかし実際には、それ以来数年を経た現時点でも、ロシアにおける死刑制度に関わる問題は決着を見たというには程遠い状況にある。政府部内でも、学界でも、一般世論においても、死刑制度の運用再開を求める声は絶えず、また逆に法改正によって死刑を一掃するべきだとの意見も表明され続けている。その際、多くの議論が依拠しているのは歴史と現状におけるロシアの特殊性である――死刑は時に政治的背景から濫用され、また逆に寛容さと人道主義の誇示のために廃止を宣言されたが、多くの場合に同時に犯罪状況の深刻さ、とりわけ西ヨーロッパ諸国の数倍に上る殺人の件数が、その刑罰手段としての妥当性を人々に納得させてきたのである。

Ⅱ　近現代ロシアにおける死刑制度

帝政ロシアの最終的な法令集となった「ロシア帝国法律集成」（一八三五年施行）では、死刑は三種のカテゴリーの犯罪に対してのみ適用されていた。〈一〉政治犯罪、〈二〉検疫規則の重大な侵犯、そして〈三〉軍事犯罪に対してであり、一般的な殺人や強盗などはその対象外とされていた。

この法制のもとに二〇世紀を迎えるのであるが、帝政末期のロシアは社会不安と革命運動の激化に翻弄され、とりわけ一九〇五年の第一次ロシア革命以降は死刑の適用数も相当数にのぼる。さらに問題は、この時期の死刑が野戦法廷、県知事や最高司令官の決定などによって、つまりは正規の裁判手続きによらずに言い渡され、また、必ずしも革命派のテロ活動に対してのみ適用されたわけではないことである。[9]

一九一七年二月の革命後に臨時政府が死刑を廃止したのは、上記のような事態に照らせば当然の対応であったと言えよう。ところが、三月一二日の決定で死刑を廃止した臨時政府は、四か月後の七月一二日には前線での殺人、強盗、反逆その他の軍事犯罪に対する死刑を復活させてしまう。このことが、すでに始まっていた対ドイツ戦線での軍の崩壊に拍車をかけ、結局は臨時政府の滅亡・一〇月革命によるソビエト政権の樹立へと至ったのである。

ソビエト時代、死刑は法的には三回廃止が宣言され、その都度復活している。

まず、国家権力の掌握を宣言した第二回全ロシアソビエト大会は一九一七年一〇月二六日、熱狂のうちに「死刑の廃止について」の布告を採択した。[10] だが、当時の緊迫した政治状況の下でこの布告の実効性はかなり疑わしく、とくに一八年一〇月に発せられた「赤色テロルに関する」人民委員会議［閣僚会議に相当する］決定以降、事実上の内戦状態下に、革命法廷の決定によって、またそれすらも経ることなく、死刑は適用された。次いで、一時的に国内戦の戦況が好転した一九二〇年一月一七日に発せられた「最高刑罰手段（銃殺）の適用廃止について」の政府決定[11]も、通常事件についての死刑適用を停止することを述べるのみで、革命法廷による反革命犯罪についての死刑適用は容認したものであった。

これらの措置が、革命直後の流動的な事態の中で採られた、多分に宣言的な性格のそれであったのに対して、第二次世界大戦（「大祖国戦争」）終結後の一九四七年五月二六日付けソ連邦最高会議幹部会令によって宣言された「死刑の廃止」は本格的なものであり、平時においてとの条件付きではあるが、連邦におけるすべての死刑の適用される犯罪について、その最高刑を二五年の矯正労働収容所への拘禁に変えるべきことを定めていた。[12] しかし、たとえばロシア共和国では、当時の刑法典（一九二六年刑法典）が反革命行為などの国家犯罪を中心に約五〇の条項において死刑を選択的な法定刑としていたが、それらを一挙に廃止することは容易ではなかった。何よりも、世界の冷戦構造の確定の下での東西対立、アメリカを中心とする国々での「赤狩り」への狂奔、などといった国際情勢がそれをナイーヴな絵空事としてしまった。ソ連のスパイとしてローゼンバーグ夫妻の死刑が一九五三年六月にニューヨークで執行されたことは象徴的である。ソ連邦最高会議は一九五〇年と五四年の幹部会令によって「祖国への反逆」、「スパイ行為」、「破壊妨害活動」および「故意の殺人」に対し、一九四七年の幹部会令の〝例外〟として、死刑の適用を容認するに至る。

一九五八年のソ連邦の「刑事立法の基礎」に基づき制定された一九六〇年のロシア共和国刑法典は、それ以前の二つの刑法典と同様に、死刑を例外的な刑罰としつつ、六種の犯罪（祖国への反逆、スパイ行為、破壊行為、テロ行為、匪賊行為および加重的な殺人）に対してその適用を許容していた。ところが、その直後からむしろ死刑の適用範囲は拡大され、六一年には死刑の適用が可能な「とくに危険な犯罪」として、とくに巨額に上る国有財産の窃取、通貨の偽造、業としての貴金属ないし有価証券の投機、矯正労働施設の活動の阻害が、そして翌六二年には民警隊員（警察官）およびその補助員の生命への危害、加重的な事由のある強姦および賄賂行為が、それぞれ最高会議幹部会令により刑法典に加えられた[13]。

以上のようなソビエト・ロシアの刑事立法の対応を踏まえると、一九九一年の体制転換を経て登場したロシア連邦刑法典（一九九六年）の死刑についての取り扱いは画期的なものであった。

先に挙げたとおり、この九六年刑法典は死刑を「例外的な刑罰手段」としつつ、それが「生命を侵害するとくに重大な犯罪に対してのみ適用されうる」としたのであるが、そのような対応の根底にあるのは、ロシア連邦憲法二条が定めているとおり、ロシアの社会における価値の序列において最高のものが人間、その権利と自由であり、生まれながらに各人の有する権利と自由を奪うことは許されず、それを承認し、尊重し擁護することが国家の義務である、とする理解である。そして、人の持つ基本的諸権利の中で、生命権はとくに重要であり――それを侵害するときにはその回復が不可能なのである――、人の生命を奪う可能性にかかわる諸問題の検討にあたっては最大限の厳密さが要請されるべきだと強調される。その結果、ロシアの刑法典は死刑という刑罰の言渡しを可能とするような条件を狭く設定し、まず、死刑を適用できる犯罪の種類を

加重事由のある殺人（一〇五条二項）、

国家的または社会的な活動家の生命の侵害（二七七条）、

裁判または予審を行う者の生命の侵害（二九五条）、

警察職員の生命に対する侵害（三一七条）、そして

ジェノサイド（三五七条）、

の五つに削減した。見られるとおり、死刑の適用対象から経済犯罪や職務犯罪（とくに巨額に上る不法領得、外貨取引に関する規則の違反、賄賂などの罪）を除外し、人の生命を侵害する犯罪についてのみに限定している。

また死刑を適用されない人の範囲を、一九六〇年刑法典の、犯罪実行時一八歳未満の未成年者および犯行時、判決言渡しもしくはその執行時に妊娠している女性から広げ、一九九六年刑法典では、すべての女性、犯行時一八歳未満の未成年者あるいは判決言渡し時六五歳以上の男性に対する死刑の適用を禁じている。これらはヒューマニズムの原理に基づくものと説明されるが、とくに女性一般を除外するのは、実務が示しているとおり、女性が刑法に死刑が定められている犯罪を犯すことはまれであり、実際に裁判所が女性に対して死刑の言渡しをしたことがほとんどない事実も加えて、指摘されている。

だが、一九九六年刑法典のこれら死刑に関連する諸規定は、事実上、適用されることなく終わっている。――刑法典の編纂・制定の過程と並行して、一九九六年二月二八日、ロシアはヨーロッパ評議会に加盟したが、それとの関係で、死刑の執行の停止ないし事実上の廃止という事態が生じているためであるが、その経過については先に説

明したとおりである。

なお、ソビエト体制の崩壊へと至った「ペレストロイカ」期以降の、ソ連邦とロシアにおける死刑の適用状況は次のようなものであった。

図表1　死刑判決・執行数[14]

	ロシア			ソ連邦		
年次	判決数	減刑	執行数	執行数	減刑数	判決数
1985	790	28	654	770	20	
1986				526	41	
1987				344	47	
1988				271	72	
1989	284	23	186	276	23	263
1990	223			195	29	447
1991	147	37	59			
1992	159	54	18			
1993	157	123	10			
1994	160	151	10			
1995	141	6	40			
1996*	153	0				
1997	106	−	−			
1998	116	−	−			
1999*	19	−	−			
2000	−	−	−			

*）1996年8月、執行停止に関する大統領令

*）1999年2月2日、憲法裁判所決定

Ⅲ　廃止論と存置論、市民の法意識

当然ながら、ロシアでも死刑制度についての廃止論と存置論とが存在し、その間の論争は多岐にわたり、収束の展望も見えないままに続いている。[15][16]

その間にあって、世論は一貫して死刑存置論が圧倒的に優勢な状態にある。

全ロシア社会意識調査センター（ВЦИОМ）によれば、二〇〇一年七月の速報値で、特に重大な人身犯罪に対する死刑の支持者は七二％、反対は九％であった。二〇〇四年の調査ではロシア人の八四％までが、テロ行為との闘争の問題について死刑をともなう峻厳な立法に賛成していた。二〇〇五年の同じく*ВЦИОМ*のアンケートに答えた者のうち九六％がテロリストに対する死刑を支持しており、反対は三％にすぎなかった（九六％の内訳は、完全に支持が七八％、どちらかといえば支持が一八％）。その際、質問に答えたロシア人の八四％は死刑のモラトリアムの廃止に賛成であると表明した。

二〇〇五年六月に類似のセンター（*Левада-Центр*）の行なった世論調査では死刑賛成者は六五％で反対は二五％で

あった。またモスクワ大学社会学部の二〇〇二年五月のデータでは、裁判官の間の死刑支持者は八九%に達していた。[17]

比較的最近の二〇一二年春の調査では、ロシア市民の六二%が死刑の執行を望んでいるとされる。相変わらず高い水準の数字であるが、この間の犯罪現象の鎮静化を反映したものか、この数年間で一定の低下が見られることも事実である。[18]

しかし、このまま直線的に死刑復活論が減少し、やがては世論の少数派になっていくとは考えられない。公的な場でも、たとえば、幼児の権利のためのロシア連邦オンブズマンであるパーヴェル・アスターホフが残虐な児童殺害犯人に死刑を科すことを求めて話題になり(二〇一二年三月)[19]、連邦議会の国防委員会副議長であるクリンツェヴィチ(統一ロシア党所属)が軍事犯罪、小児性愛者の犯罪および巨額のコラプション事犯に対する死刑適用の復活を主張し(二〇一二年八月)[20]、内務大臣コロコリツェフはテレビ番組で、個人的には死刑は「非難されるべきだとは思わない」と口を滑らせた(二〇一三年二月)[21]などの事態が続いているが、いずれの場合も世論はむしろ好意的にこれを受け止めている。

二〇一一年一二月の選挙によりロシア国家院(下院)の構成は、与党である「統一ロシア」が二三八議席、ロシア連邦共産党九二議席、「公正ロシア」六四議席、ロシア自由民主党五六議席となっているが、すでに政治問題化している死刑制度について、各党の対応も割れている。

それら政党のうちロシア連邦共産党は、明確に、死刑の廃止はロシアの利益と安全に反すると批判している。[22]既に九〇年代からとくに巨額に上るコラプションや国有財産の不法領得に対しても死刑を適用すべきと主張していたこの党は、最近ではモスクワの地下鉄テロ事件(二〇一〇年)の際に党首ジュガーノフが具体的に、とくに重大な犯罪に対する死刑の復活を提唱した。[23]またロシア自由民主党は、その綱領においてテロ行為ならびにそれに利益を与えるコラプション行為に対する死刑を要求しており、党首ジリノフスキーは死刑の適用を拡大することで犯罪を減らすことができると主張している。[24] これら二党とは異なり、「公正ロシア」は死刑制度に反対の立場を明らかにしている。党首レビチェフは、二〇〇九年の憲法裁判所の決定に関連して次のように述べている。「私の考えでは、ここでの問題はロシアが既に引き受けた国際的な責務を果たさなくてはならないというようなことではない。ロシアはこの間きわめて困難な経路をたどって法治国家を実現してきたが、そこでは各市民の生命こそが最高の価値であると考える。それこそはかつての時代には十分でなかったものだ。死刑は民主主義と人道主義の原則を尊重する現代国家にとっては受け入れることができない。[25]」ところが、事態を複雑にしているのは、与党であり最大の勢力を占める「統一ロシア」のこの問題についての対応が定まらないことである。ペドファイルに対する刑罰として死刑は必要であり、その復活を神に祈ると公言していた前国家院副議長スリースカ[26]や連邦院議員で党の中央調整協議会メンバーであるチェカーリン、国家院の安全およびコラプション取締り委員会議長で党の幹部会メンバーであるヤロヴァヤなどが死刑制度の復活に賛成して発言しているのに対して、党の総評議会幹部会副議長であるイサーエフは、「死刑がいかなる程度においても犯罪の防止手段とはならないことは証明済みであり、また実行される犯罪を無くすることもできない。証明されているのは、死刑の存在それ自体が、誤判の悲劇の可能性を伴っているということだ。」と述べ、平時における死刑に反対する立場を明らかにしている。[27] だが、この党の指導者であり国家院議長であるグルイズロフは、憲法裁判所の死刑廃止の決定（二〇〇九年）の後に、テロリズムの脅威を理由として、ロシアは死刑廃止に関する第六議定書を批准するつもりはないと断言した。[28]

このような議会内の意見の分散に加えて、プーチン大統領とメドヴェージェフ首相のいずれもがロシアにおける死刑モラトリアムの廃止に対して消極的であること（後述）をも考慮する時、まさに問題の政治的な決着はなお先のことであると予想される。

ソビエト体制の崩壊後のロシアにおいて市民の精神生活において大きな比重を占めているロシア正教会も、死刑については一定の考え方を示している。

正教会は死刑についての原則的な考え方を次のように説明している。「特別な刑罰である死刑は旧約聖書にも記されている。それを廃止することが必要だとの記述は、新約聖書にも、聖伝その他の正教会の歴史的遺産の中にも存在しない。が、それと同時に、教会はしばしば、死刑を宣告された者らへの慈悲と情状酌量を求め、世俗の権力に対して彼らをとりなすことを自らに義務付けてきた。また、キリスト教の道徳的な影響が人々の意識の中において死刑についての否定的な態度を育成した。例えば、ロシアでは一八世紀半ば以来一九〇五年の革命までの間、死刑はきわめて稀にしか使用されていない。」そして、「今日、多くの国が法律で死刑を廃止したり、それを実施していない。罪を犯した者への慈悲はいつであれ復讐に優るとの考えから、教会は国家当局によるこの前進を歓迎する。と同時に、教会は、死刑の廃止あるいは不適用の問題は社会によって、犯罪状況、法執行機関や司法システムの状態、そして何よりも社会の善良な成員の生命を保護する必要を考慮して、自由に決定されるべきであると認めている[29]。」とするのである。より端的には、ロシア正教会キリル総主教の次のような説明がある。「我われに対して、教会の死刑に対する原則的な態度はどうなのかと問われるなら、教会の聖伝には死刑についての非難も、死刑制度の拒絶も無いと答える。主イエス・キリストご自身が十字架にかけられ、死刑を経験している。しかし、彼は犯罪者を処刑するなと言ったことは無いし、聖父たちについてもそれを見つけることはできない。したがって、死刑の拒絶はキリスト教の伝統の結果ではなく、西ヨーロッパの空間に出現した新しいリベラルな哲学的理念の結果なのである。しかし、教会は死刑に反対したことがないとはいえ、死刑の適用には反対してきた[30]。」

ここに明確に示されているとおり、正教会は死刑という刑罰の存在に対しては、その社会における犯罪の状況、とりわけ市民の生命の保護の必要を考慮しての、世俗の判断に委ねつつ、慈悲は復讐に優るとの立場から、死刑の具体的な執行に対しては反対するという立場を採るのである。

ロシアの世論が死刑のモラトリアム状態を解除して死刑の再開を要求する背景には、この国の犯罪現象の動向、とりわけ異常に高い率での殺人事件の発生がある。

Ⅳ　重大な犯罪——殺人の動向

一九九一年一二月のソ連邦の解体と独立国家共同体の成立、それに伴う新しいロシア連邦の発足以降、体制転換に伴う急激な政治改革と並行して、市場経済への移行をめざす強行的な経済改革が進行するとともに、あたかも当然の付随現象であるかのように、各種犯罪の噴出が見られた。この時期の、経済構造の再資本主義化とロシア市場の西側への統合をめざしての、なりふり構わぬエリツィン政権の諸施策の下で確実に進行したのは土地・家屋の私有化、国営企業の私営化、経済の各分野への競争原理の導入といった、脱社会主義の路線であり、それに逸速く乗じた大小の実業家の登場と圧倒的多数の市民の茫然自失と困窮であった。旧来の価値の序列が崩壊した後、それに代わる精神的支柱は見出されず、利潤万能の粗野な市場経済が新旧の犯罪集団を呼び寄せ、法体系は混乱をきわめ、規制に当たるべき行政当局は自身の金儲けに忙しく、警察力は限りなく弱まっているとしたら、さらにまた、かつて公的セクターに属した財産がきちんとした管理なしに随所に放置されており、金も志気も不足気味の軍隊と手のつけようのない民族問題を抱え込んでしまったとしたら、そして最後に、大統領を含め国家と社会の強力な指導者が容易に見当たらないとしたら、一体何が犯罪の増大をくいとめると期待できたであろうか。

この時期、犯罪対策として何の施策も取られなかったわけではない。憲法（一九九三年一二月）以下多数の法律が新たに制定され、刑事司法制度も警察・検察制度も変わり、警備業者の登場や市民による武器所持の規制の緩和などの変化が推し進められた。刑事基本法である一九六〇年の刑法典には多数の――そして時に場当たり的な――修正が加えられ、とりわけ各則において、社会主義計画経済を保護することに向けられた諸規定が削除され、逆に窃盗、恐喝、詐欺その他の財産犯罪が重罪のカテゴリーに編入され、多数の経済犯罪に関する条項が追加された。さらに、激増する犯罪に対応しようと、刑法典の正当防衛の範囲を拡大する改正がなされ、とくに九四年には激増する組織犯罪への対応として警察機関の大幅な権限拡大を含む「匪賊行為その他の形態の組織犯罪から住民を護るための緊急措置について」の大統領令まで発せられ[31]、これらに対応する刑事訴訟法の改正も行われた。次いで、九〇年代初めからの抜本的な刑法改正作業は、一九九六年五月のロシア連邦新刑法典の採択、翌九七年一月からの施行に結実した[32]。新刑法典の登場は、その編纂時期を通じての社会的・政治的な混乱を反映して、多くの中途半端さと妥協とを含むとはいえ、とりわけ各則において、個人的法益に対する罪の重視を明らかにし、社会主義経済に関連する罪を中心に六〇カ条ほどを廃止するなどの措置を取っている。それらの点こそまさに、ロシアにおけるソビエト時代の終了を確認し、刑法における基本原理の不可逆的な転換を示すものであった。

八〇年代半ばに顕在化した社会主義体制の動揺から、九一年末のソビエト連邦の解体を経て、今日に至るまでのロシアにおける犯罪現象を、内務省および国家統計局の資料によりいくつかの指標で見ると、図表2、図表3のとおりである[33]。

この表において印象的な、一九八九年以降の劇的な犯罪増加の背景となったのは、言うまでもなくこの時期のロシア社会の不安定な政治・経済状況である。不安定な政治状況と民族紛争を抱えた中央アジアやカフカースの旧ソ連邦地域から、さらにはロシア離れの著しいバルト諸国から、ロシアへの無秩序な人口流入はこの時期全体を通じて続き、その大多数が都市部で新たに形成されたスラム街に住み、半ばは浮浪者となっている。かつて刑法典にあった浮浪罪は九〇年代初めに廃止されたが、乞食や浮浪者は逆に激増した。さらに、アルコール中毒者や麻薬中毒者を収容していた治療・労働施設が九四年に廃止され、約一一、〇〇〇人が何の保障もなく街頭に放り出されたことも、これに拍車をかけた。

この時期の犯罪現象には、失業問題の深刻化が影を落としている。生産性の低い国営企業の多くが合理化、民営化され、あるいは閉鎖されたことによって、多数の労働者が職を失い、生産活動全般の停滞にともない新規の就職も難しくなっている。犯罪によって検挙された者のかなりが失業者であり、地域によっては犯罪者の半数が無職者で占められるまでになっている。このことは、より深刻な程度に、犯罪者の再社会化と安定した生活の回復を困難にし、結局、彼らを累犯者化することとなる。検挙人員の中に累犯者の占める割合も確実に増加している。

また、とりわけ危惧されたのは、少年層の犯罪化である。今や犯罪のかなりの部分が未成年者の関係するものであり、地域差をともないつつ、それは一般の犯罪にもまして増加し続けている。

このような陰気な情報のリストを前に、政権の側でも手を打たなかった訳ではない。ペレストロイカ末期のさまざまな努力は措くとしても、九一年以後、エリツィン大統領は膨大な数の大統領令を発し、経済活動に関連する犯罪の摘発を厳命し、民警隊員を大幅に増員し、市民に自己防衛のための銃器所持を認め、刑事手続きの迅速化を要求し、組織犯罪取り締まり強化のため捜査機関の権限を拡大した。二〇〇〇年に始まるプーチン時代にも、治安機構の整備・強化が進められた。

だが、先の表が示す通り、当初それらの措置は期待された効果を発揮せず、犯罪全体も凶悪な人身犯罪もその沈静化が明らかになるのはプーチン大統領の最初の任期が終わる二〇〇八年に近づく時期になってのことであった。記録された犯罪の全体では二〇〇六年の三八五万五千件、人口一〇万人あたり二、六九二・三がピークであり、殺人が一〇万人あたり二〇件を超える高原状態も二〇〇五年まで続いた。そして、犯罪全体については二〇〇八年頃、殺人についてはその前年頃を転換点として、事態は徐々に沈静化に向かっているかに思われる(34)。そのような統計的

図表2　国家統計局および内務省による犯罪現象（一九九七年まで）

表における犯罪数は一〇〇〇件単位で表示されている。ただし、テロ行為のみ絶対数。

年次	人口（一〇〇万人）	記録された犯罪（一〇〇〇件）	内訳	殺人・同未遂	故意の重傷害	強姦・同未遂	公然奪取	強盗	窃盗	テロ行為（件）*	麻薬取引関係犯罪	無頼行為	道路交通および自動車運転規則違反	その内、二人以上の人の死亡をもたらしたもの	賄賂行為
1985	142.5	1416.9		12.2	28.4	12.9	42.8	8.3	464.1	–	15.8	143.1	74.1	11.9	5.9
1986	143.8	1338.4		9.4	21.2	12.2	31.4	6.0	380.6	–	21.6	123.2	74.1	10.3	6.6
1987	145.3	1185.9		9.2	20.1	10.9	30.4	5.7	364.5	–	18.5	96.5	70.9	9.2	4.2
1988	146.5	1220.4		10.6	26.6	11.6	43.8	8.1	478.9	–	12.6	81.7	80.1	11.4	2.5
1989	147.0	1619.2		13.5	36.9	14.6	75.2	14.6	754.8	–	13.4	99.9	93.8	14.8	2.2
1990	147.7	1839.5		15.6	41.0	15.0	83.3	16.5	913.1	–	16.3	107.4	96.3	15.9	2.7
1991	148.3	2168.0		16.1	41.2	14.1	102.0	18.3	1240.6	–	19.3	106.6	95.6	17.1	2.5
1992	148.5	2760.7		23.0	53.9	13.7	164.9	30.4	1650.9	–	29.8	120.9	90.1	17.5	3.3
1993	148.6	2799.6		29.2	66.9	14.4	184.4	40.2	1579.6	–	53.2	158.4	51.7	17.0	4.5
1994	148.4	2632.7		32.3	67.7	14.0	148.5	37.9	1314.8	–	74.8	190.6	51.2	15.8	4.9
1995	148.4	2755.7		31.7	61.7	12.5	140.6	37.7	1367.9	–	79.9	191.0	50.0	14.4	4.9
1996	148.3	2625.1		29.4	53.4	10.9	121.4	34.6	1207.5	–	96.8	181.3	47.7	13.1	5.5
1997	148.0	2397.3		29.3	46.1	9.3	112.1	34.3	1054.0	32.0	184.8	129.5	48.0	13.2	不明

＊ロシア連邦刑法典（一九九七年一月一日施行）第二〇五条に該当する行為であり、したがって一九九七年以降のみ数値が記録されている。

出典：注（33）参照

図表3　国家統計局および内務省による犯罪現象（一九九八～二〇一一年）

表における犯罪数は一〇〇〇件単位で表示されている。ただし、テロ行為のみ絶対数。

年次	1998	1999	2000	2001	2002	2003	2004	2005	2006	2007	2008	2009	2010	2011
人口（一〇〇万人）	147.8	147.5	146.9	146.3	145.2	145.0	144.3	143.8	143.2	142.8	142.8	142.7	142.9	142.9
記録された犯罪（一〇〇〇件）	2581.9	3001.7	2952.4	2968.3	2526.3	2756.4	2893.8	3554.7	3855.4	3582.5	3209.9	2994.8	2628.8	2404.8
内訳														
殺人・同未遂	29.6	31.1	31.8	33.6	32.3	31.6	31.6	30.8	27.5	22.2	20.1	17.7	15.6	14.3
故意の重傷害	45.2	47.7	49.8	55.7	58.5	57.1	57.4	57.9	51.4	47.3	45.4	43.1	39.7	38.5
強姦・同未遂	9.0	8.3	7.9	8.2	8.1	8.1	8.8	9.2	8.9	7.0	6.2	5.4	4.9	4.8
公然奪取	122.4	139.0	132.4	148.8	167.3	198.0	251.4	344.4	357.3	295.1	244.0	205.4	164.5	127.8
強盗	38.5	41.1	39.4	44.8	47.1	48.7	55.4	63.7	59.8	45.3	35.4	30.1	24.5	20.1
窃盗	1143.4	1413.8	1310.1	1273.2	926.8	1150.8	1276.9	1573.0	1677.0	1567.0	1326.3	1188.6	1108.4	1038.6
テロ行為（件）*	21.0	20.0	135.0	327.0	360.0	561.0	265.0	203.0	112.0	48.0	10.0	15.0	31.0	29.0
麻薬取引関係犯罪	190.1	216.4	243.6	241.6	189.6	181.7	150.1	175.2	212.0	231.2	232.6	238.5	222.6	215.2
無頼行為	131.1	128.7	125.1	135.2	133.2	114.1	24.8	30.0	28.6	20.4	13.6	9.5	7.2	5.6
道路交通および自動車運転規則違反	52.4	53.7	52.7	54.5	56.8	53.6	26.5	26.6	26.3	25.6	24.3	27.5	26.3	27.3
その内、二人以上の人の死亡をもたらしたもの	14.4	15.1	15.4	15.5	16.1	17.6	16.0	15.7	15.8	15.5	13.6	10.6	10.3	10.9
賄賂行為	不明	不明	7.0	不明	不明	不明	不明	9.8	11.1	11.6	12.5	13.1	12.0	11.0

＊　ロシア連邦刑法典（一九九七年一月一日施行）第二〇五条に該当する行為であり、したがって一九九七年以降のみ数値が記録されている。

出典：注（33）参照

な事実が、今後、市民の意識ないし安全感にどのように反映するかが注視されなくてはならない。

V　問題の展望

プーチン大統領は就任の直後に、世論の動向には反して、死刑制度に反対する立場を明らかにした。[35] さらに同大統領は、国内外のロシア専門家を集めた『バルダイ国際会議』で、「数千年にわたる人類の歴史と現代の文化によって死刑という『無意味な』処刑は犯罪の抑止力にならないことが証明された」、と述べた。「犯罪増加を食い止める最も有効な手段は、刑罰の『必然性・確実性』であって刑罰の『残虐性』ではない。市民や犯罪者に対して死刑を執行することで、国家は市民に残酷さを教え込み、他方で市民は仲間同士あるいは国家に対して新たな残虐行為を働くようになるだろう。従って死刑制度は有効な手段ではなく、全くの逆効果をもたらすのだ」、としたのである。[36]二〇〇四年九月の、犠牲者三八六人を出したベスラン学校占拠事件の犯人であるチェチェン人テロリストも、その刑罰は終身刑にとどまった。[37]

プーチン大統領の後継となったメドヴェージェフ大統領も、三六人の犠牲者を出したモスクワの地下鉄爆破事件（二〇一〇年三月）の直後に、テロリストには死刑を適用すべきだというジュガーノフ（ロシア共産党党首）の提案に反対する立場を明らかにしている。[38]このように大統領たちは死刑廃止を主張し続けているが、国家院の議員の多くはその背後の選挙民の意向を顧慮してか死刑全廃を支持する立場を明確にしてはいない。

しかし、この間の政治過程の現実を直視するなら、今後短期日のうちにロシアが死刑のモラトリアムの廃止に至る可能性は少ないと考えられる。大統領の意向だけでなく、憲法裁判所の判断も明確であり、すでに議会がヨーロッパ人権条約の第一四議定書を批准したからには、今やロシアにおける死刑執行は国際機構的に不可能なのである（既述）。このような状況を確認すれば、いまや第六議定書の批准を拒み続けることには象徴的な意味合いしか残っていない。

しかし、ここに懸っているものは相当に大きいということも事実である。歴史経過と犯罪現象の現状に対する顧慮を欠いた形式的な死刑制度の廃止の要求へのロシアの市民の違和感は当然であり、また、西ヨーロッパ的な人権概念を前面に押し立ててのロシアに対する死刑制度の放棄の要求が、九〇年代以降の連邦と社会主義の崩壊・解体に伴う混乱のさなかにあったロシアの市民に対して、あたかも屈服を再確認させようとする試みであるかに受け取られたことも想像に難くない。

そして現実のロシアは、率直に言って、未だに凶暴な犯罪現象との格闘のさ中にあることを無視すべきではない。刑事立法の改正・整備、廉潔で効率的な警察機構の実現、「人民参審員」制からの移行を果たした陪審制裁判所の定着、刑罰とくに自由刑の執行方法の改善など[39]、山積する具体的な諸課題の着実な解決こそが、抽象的な死刑制度論議に優先する課題であることは明らかである。

さらに困難な問題は宗教的・民族的な対立を背景としたテロである。ロシアは南部のチェチェン共和国はじめ連邦の随所でテロ攻撃との対峙を強いられている。テロとの対応は多くの熾烈な局面を伴っており、テロリストに対しては法的な論理よりは軍事的な攻撃が前面に出てくることとなる。その結果、たとえば北カフカースでは数千人が取調べも裁判も無しに、「テロリストを撃滅した」との説明だけで、事実上処刑されているとの指摘もある[40]。これもまた、抽象的な死刑制度論議を凌駕する現実である。

ロシアにおける死刑モラトリアムのゆくえは、したがって、ロシアにおける全体的な犯罪現象の落ち着きと刑事警察および司法制度への信頼の確立、そしてテロ問題の解決に、委ねられていると言わなくてはならない。

（1） http://www.amnesty.org/en/death-penalty/abolitionist-and-retentionist-countries　アムネスティの区分では、死刑の完全な廃止国九七以外に、戦時の犯罪などを除き通常犯罪について廃止している国は八、過去一〇年以死刑を執行していない事実上の廃止国は三五あり、合計一四〇ヶ国が法律上または事実上、死刑を廃止しているということになる。

（2） ヨーロッパ人権条約（人権および基本的自由の保護のための条約）を基礎として、加盟国における死刑廃止に向けた動きを促進する目的で一九八三年四月二八日に公表され、一九八五年三月一日に発効した。議定書は、「国は戦時または差し迫った戦争の脅威がある時の行為について法律で死刑の規定を設けることができる。」（第二条）としつつ、平時における死刑の廃止を定めている。

（3） Смертная казнь в России: законодательные тонкости, «Аргументы и Факты» 2013.02.11.

（4） Постановление Конституционного Суда Российской Федерации от 2 февраля 1999 г. N 3-П "По делу о проверке конституционности положений статьи 41 и части третьей статьи 42 УПК РСФСР, пунктов 1 и 2 Постановления Верховного Совета Российской Федерации от 16 июля 1993 года "О порядке введения в действие Закона Российской Федерации «О внесении изменений и дополнений в Закон РСФСР „О судоустройстве РСФСР", Уголовно-процессуальный кодекс РСФСР, Уголовный кодекс РСФСР и Кодекс РСФСР об административных правонарушениях» в связи с запросом Московского городского суда и жалобами ряда граждан" // Российская газета. 1999. 10 февраля.

（5） Указ Президента Российской Федерации от 3 июня 1999 года № 698 «О помиловании».

（6） http://www.newsru.com/russia/29oct2009/kazn.html（二〇一三・〇八・二四・確認）

（7） Определение № 1344-О-Р Конституционного Суда Российской Федерации «О разъяснении пункта 5 резолютивной части Постановления Конституционного Суда Российской Федерации от 2 февраля 1999 года № 3-П» от 19.11.09 г.// Российская газета. 2009. 27 ноября.

（8） Определение № 1344-О-Р Конституционного Суда Российской Федерации «О разъяснении пункта 5 резолютивной части Постановления Конституционного Суда Российской Федерации от 2 февраля 1999 года № 3-П» от 19.11.09 г.　この決定については、憲法裁判所判事のうち三名の反対があり、その一人であるルートキン判事は記者会見などで、死刑の適用停止を延長すべきではないとの持論を説明した。Судья КС Юрий Рудкин огласил свое особое мнение, см. Газета "Коммерсантъ", №219, 24.11.2009

（9） Наумов А.В., Там же, стр. 580-581. 当時政府の内務大臣を務め、一九〇六年からは首相となったストルイピンによる乱暴な法運用と死刑の濫用については、かのヴィッテの回想録や作家トルストイの公開書簡「沈黙することはできない」によって、厳しく批判されている。

（10）«Декрет об отмене смертной казни», СУ РСФСР, 1917, № 1, ст. 10. http://www.zaki.ru/pages.php?id= 2126（二〇一三・〇九・一一確認）

（11）СУ РСФСР, 1920, № 4-5, ст. 22.

（12）«Ведомости Верховного Совета СССР», 1947, № 17. この布告の施行をうけて、ソ連邦政府は一九四九年の国連総会において世界的な死刑の廃止を提案したが、当時の複雑な国際情勢の下で主要な国々の合意を得ることは難しく、結局採択には至らなかった、という事実が指摘されることも多い。

（13）Курс Советского уголовного права, т. 3, М., 1970, стр. 117.

（14）Лунеев В.В., Преступность XX века. Мировые, региональные и российские тенденции, М., 2005. などによる。しかし、本書においてルネーエフ自身が指摘する通り、これらの統計はきわめて不正確であり、また不十分なものである。表において空白の欄は〇件ということでなく、単に情報がないことを示しているにすぎない。

（15）Смертная казнь. За и против., под ред. Келиной С.Г., М., 2013 г. が、Шишов О.Ф.によるロシア史における死刑制度についての詳細な解説論文とともに、帝政時代からの著名な刑法学者・哲学者などの死刑に関する文章を収めており、便利である。

（16）ソビエト時代末の「ペレストロイカ」期から一九九六年（現行）刑法典編纂期における死刑制度をめぐる論争を詳しく紹介するのは、上野達彦・ペレストロイカと死刑論争（三一書房、一九九三年）である。

（17）Смертная казнь в России, из «Википедия» Русская версия.

（18）Отношение к смертной казни. Мораторий на смертную казнь: общественная позиция, http://fom.ru/obshchestvo/10378（二〇一三・〇九・二〇確認）

（19）Астахов предложил вернуть смертную казнь для детоубийц, http://newsland.com/news/detail/id/926880/（二〇一三・〇九・二〇確認）

（20）Депутаты хотят вернуть смертную казнь, «Известия», 13.8.2012.

（21）Почти две трети россиян выступают против моратория насмертную казнь, «Российская газета», 11.2.2013.

（22）Мельников: Окончательная отмена смертной казни противоречит интересам России, http://www.rosbalt.ru/main/2009/11/19/690202.html（二〇一三・一一・二五確認）

（23）Побочный эффект, http://lenta.ru/articles/2010/03/30/rureaction/（二〇一三・一一・二五確認）

（24）Жириновский предлагает ввести смертную казнь после «Булгарии», «Росбалт» 19/07/2011, http://www.rosbalt.ru/main/2011/07/19/870791.html（二〇一三・一一・二五確認）ジリノフスキーはその際、国際的な制裁も恐れない、「ヨーロッパ評議

会から排除されるかもしれないが、我われにとってはわが市民の安全の方が大切である」、と言い切っている。

(25) Николай Левичев прокомментировал решение Конституционного суда о запрете применения смертной казни, http://www.spravedlivie.ru/i_nikolaj_levichev_prokommentiroval_reshenie_konstitucionnogo_suda_o_zaprete_primenenija_smertnoj_kazni.htm（二〇一四・一・一五確認）

(26) Списка помолится Богу за восстановление смертной казни, «Росбалт» 30/10/2009, http://www.rosbalt.ru/main/2009/10/30/684910.html（二〇一四・一・一五確認）

(27) Смертная казнь – показатель бессилия государства, http://newsland.com/news/detail/id/432221/（二〇一四・一・一五確認）

(28) Россия не отменяет смертную казнь из-за террористических угроз, заявил Грызлов. NEWSru 24 марта 2010, http://www.newsru.com/russia/24mar2010/kazn.html（二〇一四・一・一五確認）

(29) Смертная казнь: между ограничением зла и милосердием, "Православие и мир", 11 фев., 2013. http://www.pravmir.ru/smetnaya-kazn-mezhdu-ogranicheniem-zla-i-miloserdiem/（二〇一三・〇九・一一確認）

(30) Там же. その際キリル大主教は、自分自身は現代のロシアで死刑の適用を復活することには反対だと表明している。現在の裁判システムが能力も威信も低い状態にあることを理由に、今死刑制度を復活させることは法律によって人々を殺すという、恐ろしいことになると述べている。刑法における死刑の存在は、買収されない、権威のある裁判所、公正な捜査機関の活動といったものの確立を前提とする、と。

(31) Указ Президента РФ от14 июня 1994 г. N 1226 "О неотложных мерах по защите населения от бандитизма и иных проявлений организованной преступности"

(32) ロシア連邦における新刑法典の成立過程とその内容については、参照、上田寛「犯罪と新刑法典の制定」（藤田勇・杉浦一孝司編『体制転換期ロシアの法改革』（法律文化社、一九九八年）所収）。

(33) Российский статистический ежегодник. 2012 г. Федеральная служба государственной статистики. http://www.gks.ru/bgd/regl/b12_13/IssWWW.exe/Stg/d2/10-01.htm（二〇一三・〇八・二五確認）

(34) しかし、二〇一一年で人口一〇万人あたり一〇・〇、最多の二〇〇一年には二二・九という発生率は尋常な数字ではない。試みに、最近の諸国の数字を見てみると、アメリカ―四・八、イギリス―二・一、ドイツ―二・七、フランス―二・八、そして日本―〇・九といった水準であり、これはまさに桁違いの数字である。

(35) Владимир Путин - против смертной казни. Общественное мнение – за, «Правда» 11.07.2001, http://www.pravda.ru/politics/11-07-2001/836109-0/（二〇一三・〇八・二五確認）

（36）Президент России:Встречи с представителями различных сообществ, http://archive.kremlin.ru/appears/2007/09/14/2105_type63376type63381type82634_144011.shtml（二〇一三・〇八・二五確認）

（37）ただし、米国ボストンでのテロ事件（二〇一三年四月）の直後に市民との直接対話のテレビ番組でプーチン大統領は、「ボストンで起きた事件は、ロシアのテロ対策が正しかったことを証明した」とした上で、残虐なテロリストに対する刑罰として「死刑の復活を考えることがある」と漏らした。Путин задумался о возвращении смертной казни, http://rbcdaily.ru/politics/562949986773433（二〇一三・〇八・二五確認）

（38）Медведев: смертную казнь вернуть невозможно, «Вести. Ру» 02.04.2010, http://www.vesti.ru/doc.html?id=350887（二〇一三・〇八・二五確認）　しかし彼は一般的に刑事罰の「人道化」を主張するものではない。この発言の際にも、テロリストを援助する者の刑罰を引き上げることを要求しており、翌年にはコラプションに対する自由刑刑期の延長を（他の国なら死刑だと言いながら）提案してもいた。

（39）副検事総長ザバルチュークは『ロシア新聞』のインタビューに答えて、二〇〇九年にロシアの刑務所では四、一五〇人が死亡し、拘置所では五二一人が死亡したと述べた。いずれも、基本的な死因はさまざまな病気であり、それ自体これら矯正施設の劣悪な収容条件を物語るものである。Замгенпрокурора: в тюрьмах России не соблюдаются права заключенных. *В 2009 году не дожили до своего освобождения более 4 тыс. человек*, http://www.rg.ru/society/277842.html（二〇一四・〇一・二五確認）

（40）Радио ЭХО Москвы: Осторожно, история: 90-е лихие или время надежд : не поспешила ли россия отказаться от смертной казни? http://www.echo.msk.ru/programs/att-history2/776539-echo/（二〇一四・〇一・二五確認）

地域の安全、リスクと犯罪者の社会内処遇

三宅孝之

はじめに

今日の犯罪者の処遇は、刑事手続が警察、検察、裁判において果たす役割、機能に留意し、刑事政策的に手続を継続し、進行させ、裁判において有罪の認定を経て刑の執行を追求すべきかについて、転換期を迎えている。刑事手続におけるダイバージョンとこの流れは、最適な犯罪者処遇の観点から、その重要性をもってきている。この観点とは、警察段階における微罪処分、検察の起訴段階における検察官による起訴便宜主義に象徴される起訴裁量、求刑等、さらには刑事施設等の出所後における最適な処遇選択の方向と、これに向けた弁護士、犯罪者の処遇受入れ機関（地方自治体機関）・関係団体の積極的な関与として現れている。

近時、新たに法務省（矯正局・保護局）と厚生労働省（社会・援護局）による「刑事司法と福祉の連携」である「地域

生活定着支援センター」との連携に見られるように一貫した社会援助の犯罪者処遇に近接した新しい犯罪者処遇の局面を迎えている。[1] 処遇対象者が障害、高齢の犯罪者に限定はなおあるが、これは新しい局面である。

具体的には、精神的・知的障害があり、無銭飲食（詐欺）、万引き（窃盗）など、軽微な犯罪を繰り返す被告人に対し、起訴後の犯罪認定後の量刑にあたって、弁護人側から「障がい者調査支援委員会」がまとめた、判決前の調査委員会報告書というべき「支援計画」が提出され「長崎方式」が採用された結果、裁判所が実刑判決に代わり、執行猶予付き懲役刑を言い渡し、被告人を社会内で福祉面からもサポートする体制によって、再犯防止と社会復帰に期待をつなぐ局面が、二〇〇九年一月のモデル事業によって切り開かれた。二〇一二年には全国実施にまで波及してきている。[2]

そこで、本稿では、世論調査に見られる国民の意識にある体感治安、犯罪からの安全・安心への不安に対する問題対応、厳罰主義的傾向と、これに対する犯罪者のメインストリームとしての現実に進行する犯罪者の社会内処遇の促進というアンビバレントな関係をどのように捉え、その両者の関係をどのように解決し、新しい社会復帰に向けた多様な犯罪者処遇を推進すべきかを検討しようとするものである。その際、社会内処遇が社会内「刑罰化」の傾向をいかに回避できるかを観点としてもってみてゆくこととする。

このために、まず社会内処遇の基本動向と一面矛盾しあう側面のある国民の体感治安を感じ取る地域の安全、いいかえれば犯罪（被害）者のリスク、危険なるものを社会内処遇の前提問題として整理する（Ⅰ）。つぎに、今日に必要とされる社会内処遇理念の転換に触れ（Ⅱ）、もって、わが国の展開すべき方向を示唆しようとするものである。

Ⅰ　社会内処遇の前提問題

1　地域の安全、体感治安、量刑判断基準

今日、犯罪現象は、現実の犯罪発生（認知件数）に関係なく、特異な事件を契機として、人々の間で、あたかも「犯罪が増加し、治安が悪化しているという印象が広まり、犯罪不安が急速に高まっていく」モラル・パニック、実態のない治安悪化神話を生み出すとする。[3]犯罪者処遇は、施設内処遇から社会内処遇に移行し、社会内処遇が首座を占め、施設内処遇が他の処遇を選択し得ない者の最後の拠り所としての機能をもつと言われて久しい。犯罪者処遇の二〇一二年度の現況は、裁判確定人員で見るとき、有罪者（人員）に占める比率では、懲役・禁固人員が八・九％（うち実刑三・七％、執行猶予五・三％）であり、また罰金刑は積極的な処遇を行わないという意味では社会内処遇とはいえないが、これが八四・三％を占める状況に著しい変化はない。[4]しかしながら、都市部東京では、住民の体感治安は高いとされる。[5]

浜井浩一は、この客観的にみた犯罪情勢による治安は悪化していないが、近時の犯罪現象・刑事司法の状況について、これを（ピナル）ホピュリズムとして表わし、その要因として被害者支援運動、マスコミ〈メディア報道〉、法務・検察の慎重な厳罰化政策の指導があることを示すが至当である。[6]河合幹雄は、体感治安と犯罪統計上の治安との差異の本質的な原因について、マクロ的に見た犯罪状況は決して悪くないが、住宅地をミクロな視点で捉えれば犯罪状況は悪化しているとする。住宅地における犯罪体感は悪化する（ひったくり遭遇）。安全神話の崩壊として位置づけられるが犯罪の増減という視点ではなく、時間的な夜昼（昼夜営業コンビニエンスストア・スーパーマーケット、自動販売機）と地理的な繁華街と住宅街等を仕切ってきた境界が不明瞭（混在）になってきて、これまで安全であった仕切られた安全地帯（一九七〇年代の住宅街）がなくなり、安全神話は崩壊するとし、その鍵は、この境界線と共同体の問題であるとする。[7]

マクロ現象としての客観的な統計上の認知犯罪の減少と生活者の市民のミクロの生活周辺領域での体感治安、安

全感への不安とにはずれが生じていることも確かである。市民の体感治安は、局所的な重大犯罪へのマスコミを含めた過剰反応による犯罪への不安感はモラルパニックとして論じられて来たところである。

ここではイギリスにおいて、一九九〇年代に政府の犯罪対策である「法と秩序」政策に見られた、その有効性と問題が、市民の体感治安に反映して、逆に市民の犯罪不安を取り込んだポピュリズムによるハードな「法と秩序」政策という二極分化的な厳罰化対策を講じさせて来た轍を踏むことは避けるべきであることを指摘しておく。ガーランドが指摘するように、現代社会の政府がすでに犯罪を減少させる能力に限界があり、この苦境に対し束の間の矛盾した犯罪対策を講じていることがある。(8) むしろ、ここからわが国が学ぶとすれば、マクロ・ミクロの犯罪現象への抑止対策によって市民的安全を確保することによって、体感治安をなお回復、向上させるとともに、重要な犯罪者に収斂した厳罰化ではなく、社会復帰を展望した犯罪者の適正な社会的再統合が可能となるソフトな刑事政策を探求すべきである。

このためには、体感治安が、犯罪者の過度の自己責任追及の回避、適正な被害者救済(9)の中で、緩和・改善されるべきである。とりわけ、体感治安の心情的、心理的要因が、刑事裁判にあって、犯罪者の厳罰化に結びつかないようにするには、被害者感情および国民感情とあいまって、量刑判断において、これまで以上に量刑判断の基準（量刑の一般原理）が、厳罰化を強いることのないよう抑制する現代的保障を設定する必要がある。(10)

犯罪の被害防止、体感治安の緩和・改善の進展は、犯罪生起に際しての犯罪者処罰、刑事裁判での厳罰化への圧力も緩和され、減少していく。吉岡一男が指摘するように犯罪発生後の「手厚い保護・支援体制の充実もまた処罰回避に資する」(11)。

では、量刑判断基準はどのように、設定すべきであろうか。事後処罰のための量刑には、「責任原則など近代刑事制度の基本原理を危うくする」（吉岡）として、すべての事前（再）犯罪予防の要素の考慮を排除すべきであろうか。(12)

責任原則を、国家（刑罰権）と市民（犯罪者、被自由剥奪者）の対立関係および不当な市民的自由の剥奪からの保障という責任主義の実質的な観点から捉える必要がある。責任原則は、責任を限度として考慮される。

「責任主義を原則とすれば、消極的責任主義に立って、量刑は、行為責任による責任非難を前提とし、それによって画せられる刑量の枠内で行為者の社会復帰目的がいかにすればよりよく実現できるかという合目的的な考慮、すなわち可罰的な評価によって決まるべきである。その際に、量刑判断は、責任と特別予防との二元的構成で十分として、『一般予防の考慮が責任を超えて刑罰を重くする方向に働くことは責任主義違反であ』るとの岡上雅美の見解は傾聴に値する[13]」。

この現代的な量刑の一般原理なしには、主たる処遇としての犯罪者の社会内処遇は展開できない。社会内処遇の積極的な推進は、三権分立の刑事法領域の国家機関（立法、行政、司法）の適切で配分的な（再）犯罪対策・治安対策、体感治安への科学的対処を大前提に、責任原則に沿った刑事裁判における犯罪認定と量刑判断を小前提として、初めて可能となる。

2　安全・安心とリスク・危険

社会内処遇の推進にネックとなりうる地域の安全と体感治安を掘り下げるうえで必要なことは、安全、安心とこれらの対概念のように見える危険、リスク（risk）概念についてである。

安全・安心の語の用語法は、日本語の日常用語法がどの程度、専門用語として定義化されているかについて疑問が残り、多義的である。ひとまず「安全」が地域の安全のように、事故発生とその可能性・蓋然性という専ら客観

・事実・記述的なことの存否で表現されるのに対して、「安心」は国民・地域住民（市民）の安心のように、事実的基礎の存否・その可能性・蓋然性に関りなく、主観的・心理的にもつ市民の心情ということができる。よって、客観的な安全概念の対概念として、リスクと危険の問題をとらえることによって進む。

これに対し、リスクは、普通には「損失、危害、不利益、破壊の可能性」として理解され、このリスクを我々は「事故や危険（danger）にさらす」ことを表現している。これに対し、危険は不確定な悪結果、つまり害悪、危害、災難を惹起させることが免れないことである。リスクは危険にさらされることの、損出の見込み・程度を測る尺度であるとするものの、結びつきがあり、明確には区別しがたく、両者は我々と我々社会（world）との了解関係性とされる。[14]我々社会に存在するリスクの許容性を超える一定段階を危険として、我々が理解すると位置づけることができる。

かつて、イギリスの一九七〇年代に犯罪者の危険性をめぐる議論において、フラッド（＝フラウド）委員会はリスクと危険性（dangerousness）について、つぎのように定義したが、両概念の関係性を捉えるうえで示唆的である。

「危険性とは受忍できないリスクである。すなわち、我々は何らかの危害（発生）の蓋然性と重大性を測定し、または評価する。我々は、そのリスクを受忍できないと判断するとき、危険性について語り、予防的措置を求める。……リスクは事実の問題である。危険性は評価の問題である[15]」

後期近代国家とされる現代国家は、後退現象が見えるとはいえ福祉国家であり、リスク・マネージメント国家[16]とされるとき、リスクと危険（性）とを区別しながら、危険性判断の客観性、説明責任、了解性をどのようにして担保できるかを、この概念を犯罪対策、犯罪者処遇とりわけ社会内処遇の可否の振分け、処遇効果指標に用いる限り、明確にしていく必要がある。

「『危険』は、自己自身の決断とは無縁の脅威として原則的にネガティブに捉えられるのに対し、『リスク』は脅威としてのみでなく、チャンスとしても、つまりポジティヴな意味をもつものとしてとしても捉えられる」[17]

社会内処遇を受けた対象者が再犯、社会復帰の挫折の危険に至ってしまうことでもある社会内処遇を妨げる要因としてのリスクは、環境調整、治療・ケア的処遇、修復的司法[18]、被害者救済、社会資源の活用、社会的な援助等によって軽減されるべきものである。この考え方は、「リスク要因軽減パラダイム」と呼ばれるが、その先に「リカバリー・パラダイム」があり展望するとしても、今日なお踏まえて通過すべき状況、位置にあるといえるであろう（次節[19]）。

Ⅱ　社会内処遇理念の転換

1　社会内処遇の理念

ここでは、社会内処遇を促進する立場から、克服すべき処遇理念につき、歴史的な背景をふりかえり、新たな処遇理念モデルに限定し、これを整理し、方向性を提示する。

社会内処遇の将来像を構想し、現実的な多様なプログラムを実施することは、これまでの社会内処遇、わが国では保護観察に示される更生保護の理念的位置づけを見直すことでもある。

国外では、プロベーション（命令）型、パロール型、近時では社会奉仕（活動）命令型等に区分できる。わが国では、保護観察は、有権的更生保護とされ「権威的なケースワーク」とされる[20]。プロベーション型にあっては、対象者は施設に収容されることなく社会内処遇である保護観察に付されるのであるから、典型的な社会内処遇の理念型であるといえる。これに対しパロール型は、施設収容後の仮釈放による保護観察であり、自由剥奪後の緩和的処遇の面が強く出ている。これに対し、社会奉仕命令は、施設に収容することなく、同意を得ながらも社会内での奉仕的活動を強制するものであり、プロベーション型でありながら自由刑代替型の性質を含むものである。

有権的更生保護のもつ二つの内容・機能からすれば、「指導・監督」が権威的機能を、そして「補導・援護」がケースワーク的機能をもち、パロールの場合には、前者の権威的機能が前面に出ており、プロベーションにあっては、両機能の統合が謳われることが多い。

わが国では、プロベーションは、少年の保護処分である一号観察を除き、成人には純粋型はなく、刑の執行猶予に保護観察が付される場合がある。[21] 将来的な社会内処遇を展望する場合に、社会内処遇の「グラデーション」（段階的な濃淡のある処遇）[22]を想定するとしても、本来的な収斂すべき中核的処遇の理念は明確にしておく必要がある。

2　社会内処遇としての保護観察（プロベーション）理念モデル

わが国においては、社会内処遇として保護観察が典型である。この保護観察の内容・機能は、英米型のプロベーション類型におけるスーパービジョンのそれらと対応する。英米でのプロベーションをめぐる議論は、前述のわが国の「指導監督」と「補導援護」両機能をどのように位置づけてきたか、そして、社会奉仕命令を抱えるに至った社会内処遇のなかで、どのような方向に進むべきとされているかとして整理されよう。

これまでの議論は、図表1に、ホワイトヘッドが整理するように、大別六類型（モデル）に整理できる。ケア（援護）と統制（コントロール）、いいかえれば、わが国での「補導援護」と「指導監督」の両機能の何れか、または双方を含むか否かと、その濃淡等によって、類型化されている。①純粋なソーシャル（ケース）ワーク（SW）型の援助を内容とする福祉型の極とし、他方に②純粋な統制型があり、その間に、③主要に福祉型がある。さらに、この中間には、ケアと統制の濃淡（均衡度、積極消極度）で、④非介入治療型、⑤問題解決型、処遇者とクライエントの⑥両者

図表1　保護観察（プロベーション　スーパービジョン）の6類型（モデル）

類型（モデル）	擁護者	実　務	観　念	ケアか統制か	連続性
「純粋」SW	Harris	対象者の問題を援助するSWサービス	ケア（援護）	ケアと統制分離すべき	ケア ↑
主要（SW）	Walker/Beaumont	問題のある対象者の援護である向上的な実務	刑事司法制度の強度な効果の緩和	中間的統制	
非治療	Bottoms/McWilliams	対象者が援護を規定	人の将来・尊重を希望する価値保持	ケアと統制との均衡	
問題解決	Raynor	援助、交渉、参加共用評価（アセス）	葛藤マネージメント	ケアと統制との均衡	
両者の契約	Bryant他	両者の契約：対象者は福祉サービスの援助を受けうる	裁判所の信頼増 対象者自身の問題解決を激励	保護観察は処罰 対象者の求めに応じた援助利用	
統　制	Davies/Griffiths	処罰、統制、監視	裁判所との信頼を高揚	統制の強調	↓ 統制

SW：ソーシャルワーク、対象者＝Client　クライエント
出典：Philip Whitehead, *Community Supervision for Offenders:A New Model of Probation*, Abebury,1990, at 42.

契約型に区分されている。截然とした区分指標ではないため、ケアと統制だけでは区別しえない。

伝統的な統制処罰型（モデル）は、今日においても、社会内刑罰（コミュニティ・ペナルティ）志向の社会内処遇措置に見いだされる。これは、自由剥奪の施設収容の刑罰に十分に代替しうる施設収容を緩和した措置でしかない。これに対し、援護型（モデル）が唱えられ、この統制処罰型の対局をもつものであった[23]。

3　社会内処遇の理念と観察（スーパービジョン）

社会内処遇の積極的展開を今日志向するものとして、提示されているのが「新社会復帰型モデル」である。これは、犯罪者の強制的契機を含み、一九七〇年代に否定された社会復帰モデル治療モデル型の社会復帰を止揚し、スーパーバイザーである保護観察官が、社会内処遇におかれる犯罪者（対象者）の再犯に至るリスク要因と社会復帰に必要なニーズをアセスメントによって明らかにし、対象者の共有理解を基にしたスーパーバイズをしようとするものである[24]。

社会内処遇の対象者は、二分類され、再犯防止をメインにした犯罪者群だけではなく、高いリスクをもつ、危険な犯罪者群が想定されている。後者には、多分野機関からなる公衆保護配備による地域内モニタリング、監視、強力なスーパービジョンが想定されている。重要な個人目標の助長の重大な危害を齎す高いリスクから、低い程度のリスクに至るグラデーションがあり、このリスク評価（アセスメント）は介入やスーパービジョンの乏しい資源を効率的で効果的に分配することを正当化する「リスクの階梯」を創設することとも関係する。[25]

その他、「良好な生活モデル」GLM（Good Life Model）は、とは異なり、リスクアセスメントを用いた証拠に基づいた実証性のあるリスクアセスメントと結合した新しい社会復帰の援護型の修正モデルであるともいえ、犯罪者とソーシャルワーカーの協働型の処遇をめざすものといえる。[26]

今日の新しい社会内処遇のモデル論の背景には、つぎの対象者の社会復帰の権利に近い考えがある。「国家が市民に法順守を求め（う）るのは、国家も最低生活必需物と安全の保障を目指すときにである。その結果として、犯罪とは無縁自由な「良好な生活」が達成目標となりうるのである。……社会復帰的なサービスは国家的債務であり義務である[27]」。

しかしながら、この犯罪者の社会内処遇の在り方については懸念の指摘もある。すなわち、犯罪者処遇において社会内処遇を全面的に展開する方向が、ポストモダン（脱・後期近代）社会が対話、効率性、有効性を司法に用いるものであることを必然的な流れとするとしても、同時に、対象者（犯罪者）が、社会復帰のために再犯防止に向けたリスク評価に基づいた監視と規律を日常化して修得・実践するように（「習慣化」）、一般市民に対してと同様に、保護観察所等の公的処遇機関によって、そのための監視、情報、証拠収集が行われることには、新しい「矯正地域社会」の誕生でもあり、自由な、しかし「隠れ場所なし」の社会という新たなディレンマをかかえることになる。[28]

社会内処遇において、このリスク評価に向けたリスクの構成要素内容、その活用方法については、目的性が再犯防止という公益的・法益要素、保護要素からされる限り、対象者の人権、プライバシーと基本的に矛盾しあう面をもつことから、強制的でない新たな社会復帰目的に導かれるよう枠組みである原則を法的にも確立しておく必要がある(29)。

4　わが国での（社会内）処遇の法的根拠等

犯罪者処遇における施設内処遇への依存度を一段と縮小し、やがては無くし（アボリショニズム）、これに対応した社会内処遇とするためには、社会内処遇の基本原則となる法的根拠および国際準則を明確にしておく必要がある。ここでは、先行研究(30)を踏まえ、基本枠組みのみ指摘する。

まず国際準則との関わりでは、東京ルールズおよびグロニンゲン・ルールにおける対象者の同意原則、またヨーロッパ・ルールズにおける社会保護、責任ある人間としての扱いがあげられる。国内法による犯罪者の社会内処遇としては、憲法一三条の個人の尊重、および基本的人権の保障による人格的発展の保障を基点に、刑事司法における処遇であることから憲法三一条の適正手続の保障が前提となる。さらに、これまで見た社会内処遇への処遇の全面的な転換からすれば、（社会内）処遇は対象者の社会復帰の権利として位置づけることができる（憲法二五条(31)）。

おわりに

犯罪者処遇の基本的で主要な流れ（メインストリーム）を、社会内処遇にむけていくために必要なことについて検討してきた。そのために越えなければならないことが、市民のもつ体感治安への不安を消すために、犯罪現象の認知件数の全体現象の中で生じている体感治安の要因の解明であった。また、治安不安等による刑事裁判における重罰化を抑制し、犯罪者（被告人）の適正な量刑判断を導くには、責任原則の堅持と、量刑判断における一般予防および犯行後の事情の加重的考慮を片面的に構成することであった。

それらを前提に、社会内処遇は、新社会復帰モデルとされる、対象者の犯行による（法益）侵害を踏まえ、またリスクアセスメントに基づき、責任原則で限界づけた量刑の範囲内で、そして、その際、保護観察に示される遵守（順守）事項に表される観察（スーパービジョン）は、刑期内での処遇内容・計画、処遇の履行についての犯罪者の参加・協議、状況報告などが、「条件づけられる」点でのみ、刑事制裁の要素を残すのであり、処遇の実質的内容は、対象者（犯罪者）の同意ある社会復帰の措置を、ソーシャルケースワーカー等による社会的援助と共同（協働）によって実践することになる。[32] この点で、保護観察におけるスーパーバイジングは援助型であり福祉優先型、司法後退型、非刑罰型のモデルに位置づけることになる。

＊　生田勝義先生は、わが国における日常的な身近な犯罪の犯罪認知件数の減少下にあって、生じている犯罪への強い不安感について、それが幻想であるとの指摘ともに、国民の世論に示される、この犯罪への不安現象が生じた原因・理由を解明することの必要性を説いてこられた。[33] この犯罪への不安感が対症療法的な厳罰主義を導くことなく、新たな刑事政策・方向が提示されることによって、民主主義国家にふさわしい新しい地平が開かれることを願いつつ、本稿を先生に捧げる。

（1）　法務省矯正局長、同保護局長、厚生労働省社会・援護局長通知「刑事施設、少年院及び保護観察所と地方自治体、公共の衛生福祉に関する機関等との連携の確保について」（二〇〇九年四月）。この通知の目的は、親族等から適切な援助が受けられず、高齢であるため、または障害をもつため社会内で自立した生活を営むことが困難な受刑者、少年院在院者、保護観察対象者または更生緊急保護の対象となる者に対し、保護、保護観察、生活環境の調整、厚生緊急保護の措置の実施に向け、介護、医療、年金等の福祉サービスが受けられるよう情報交換のための連絡協議会の開催を指示したものである。

（2）　長崎新聞社「累犯障害者問題取材班」『居場所を探して　累犯障害者たち』（四刷。長崎新聞社、二〇一三年）全三二八頁。毎日新聞、二〇一二年七月二三日、一二版（二五面）記事、「累犯防止　「長崎方式」広がる」。地域でサポートする機関は、「地域生活定着支援センター」と呼ばれ、二〇一二年には全国に設置された。受入れの対象者は、知的障害や高齢の出所者のみならず、執行猶予者、起訴猶予となった被疑者、保護観察中の少年にまで及んでいる。同センターは、厚生労働省が全額補助し都道府県が設置し、運営は一部県直営もあるが、社会福祉法人やＮＰＯ法人など、主として民間に委託されている。長崎県で二〇〇九年一月に全国に先駆けてモデル事業（半年間）として実施された。この長崎のセンターは、社会福祉法人「南高愛隣会」が服役中の受刑者、高齢者に対して、服役中から保護観察所の仲介で、出所後の社会内の受入れ施設の確保、障害者手帳の取得、生活保護の申請等の福祉サービスの手続を行うものである。これに関連する法務・厚生労働省の前掲通知（注一、二〇〇九年四月一日付法務省保護観第二〇六号、社援発〇四〇一〇一九号）。厚生労働省「地域生活定着支援センターの事業及び運営に関する指針」について（二〇〇九年五月二七日付社援発第〇五二七〇〇一号）、同「地域生活定着促進事業実施要領」。

（3）　浜井浩一『犯罪不安社会　誰もが「不審者」？』（光文社、二〇〇六年）五〇、六〇頁。コーエンが、一九七二、一九八〇年に説いたモラル・パニック・モデルの有効性評価につき、以下。Malcolm M. Feely & Jonathan Simon, Folk devils and Moral Panics: an appreciation from North America, in D.Downes & P. Rock *et al, Crime, Social Control and Human Rights*, Willan Pub., 2007, at 39.

（4）　新規受理人員中に占める実刑による刑事施設への入所受刑者は一・七％（二万四七八〇人）であり、検察庁新規受理人員、不起訴人員は六〇・八％である。法務総合研究所編『平成二五年版犯罪白書』（日経印刷、二〇一三年）三六頁。

（5）　「体感治安」の語は、政府文書に用い、「治安がよく、安全で安心して暮らせる国だと思う」こととして理解しているようである。犯罪対策閣僚会議『犯罪に強い社会の実現のための行動計画二〇〇八――「世界一安全な国、日本」の復活を目指して』（首相官邸、二〇〇八年）http://www.kantei.go.jp/jp/singi/hanzai/.　警視庁が都市圏の東京で生活する住民（九二九人回答）に「体感治安」に関するアンケートをとったところ、八割近く（七七％）が自分や家族が犯罪に巻き込まれる不安ありとした。複数回答であるが、空き巣（六七％）、街頭犯罪（ひったくり六五％）、インターネット犯罪（フィッシング詐欺、不正アクセス六〇％）の不安が高いとした。日本経済新聞、二〇一二年九月二一日。警視庁「平成二四年度けいしちょう安全安心モニター」では、同年に四回実施されたアンケート（第四回）は「体感治安の向上と身近な犯罪の被害防止」についてであり、冒頭の三問が、体感治安についてであった。現実に、その他「振り込め詐欺」「金融商品偽装詐欺」等の被害額は、二〇一三年時点でも、深刻なものがある。これら特殊詐欺と総称される電話を通じた現金詐取の被害総額は約四八六億円に及び、手渡し型の増加に示される交通の便のよい首都圏での被害が集中している。体感治安の低さは、これらの実態、報道、潜在的被害感を反映しているといえる。毎日新聞「高齢者詐欺被害」二〇一四年二月八日。

（6）浜井浩一「日本における厳罰化とポピュリズム」『実証的刑事政策論』（岩波書店、二〇一一年）三二三頁以下。二〇〇六年と二〇一一年（一五〇〇人回収）の「犯罪被害などに関する調査」の比較では、日本の治安は、犯罪被害だけでなく体感治安においても改善が満たれたとの調査研究がある。津島昌寛「「犯罪被害などに関する調査」の背景と概要」日本犯罪社会学会編・同学会第三九回大会報告要旨集二〇一二、二一頁。

（7）河合幹雄『安全神話崩壊のパラドックス　治安の法社会学』（岩波書店、二〇〇四年）一〇八～一〇九、一八五頁。

（8）イギリスにおける一九九〇年代の犯罪現象の増加、受刑者人口の増加、有効な犯罪対策の混迷と刑罰ポピュリズムとハードな犯罪対策につき、三宅孝之「イギリスにおける保守党政権下の刑事政策―ポピュリズムと「法と秩序」政策」島大法学四二巻三号（一九九八年）三九頁以下。イギリスと犯罪状況の異なる点は、高犯罪（認知）率と高い刑事施設収容率であるが、共通することは検挙率の下方低位（一般刑法犯では三五％を切る）、責任化戦略などである。この責任化戦略（responsibilization）といわれる国家の犯罪対策は、近隣監視（防犯活動）、公私領域に監視カメラ設置などに見られる、「私的」組織および個人に、個人等の負担で犯罪責任委譲を求め、彼らが犯行の減少に役立つように鼓舞する点で国家機関が関与させ巻き込む、国家が私的組織に犯罪防止の責任を負わせるとともに、背後から間接的に私的組織に同責任を分担させるものである。イギリスで繰り返されたメッセージは「国家だけが犯罪の防止と統制に責任を負うのではなく、（国家以外の）別のものが責任を負わなければならない」であった。D・ガーランド（三宅孝之訳）「処罰的社会」島大法学三九巻三号（一九九五年）一二七、一三九頁。二〇一二年の検挙率は一般刑法犯では、三一・七％であった（二〇〇一年は一九・八％の戦後最低）。法務総合研究所編、前掲書、注（4）三、七頁。

（9）浜井浩一、前掲書、注6、現実の行き過ぎた被害者問題の状況の一面は「被害者遺族がカリスマ的存在」とする。三二六頁。

（10）原田國男『量刑判断の実際』（現代法律出版、二〇〇三年）一四〇頁。被害者の意見陳述規定の新設が量刑にある程度の影響があることはよいとしつつ、過度の厳罰化は認めるべきでないとするのが大方の支持を得やすい考え方とする。ただ、不当の範囲の捉え方如何によってはかなりの重罰化も容認する余地があるとすれば、その影響は広範となると指摘する。岩井は「刑期の上限を画するとされる責任刑も……実質的に社会復帰を要請しうる適切な処遇期間と認識されるべき」とするが至当である。岩井宜子「量刑のあり方を考える」法曹時報六五巻四号（二〇一三年）一八頁。

（11）吉岡一男「犯罪対応における被害と被害者」宮澤先生祝賀論集編集委『宮澤浩一先生古稀祝賀論文集』第一巻（成文堂、二〇〇〇年）八九頁。被害者を検察・弁護の両側に偏しない第三の存在にまで高めることによって、過度の応報刑化を回避する課題を指摘するものに、瀬川晃「刑事司法における被害者への配慮」同宮澤祝賀論文集（第一巻）、一一六頁。

（12）吉岡は、犯罪―被害の予防線を第三次予防線まで置き、「加害―被害の全体状況を視野におさめつつ、他者侵害的ではない欲求充足手段の整備・充実と、他外や自傷につながりやすい精神状況への福祉的配慮」という社会福祉的措置での犯罪―被害予防線

（第一次予防線）を設定する。第二次予防線は、「犯行親和的な環境要因の改善や被害を回避するための諸施策を積み重ねること（潜在的犯行者の存在を前提にしたうえでの……）」であり、これにより犯罪・被害の減少をめざすのが理想とする。犯罪者の処罰が第三次予防線であって被害者防止に不可欠ともされているが、この「事後処罰による事前予防」としては、ある種の矛盾をはらむとする。すなわち、第三次予防線は、「責任原則など近代刑事制度の基本原理を危うくする」と。これを避けるには、刑事制度の目的純化論の見地から「刑罰による犯罪予防を排し、捜査に始まる刑事制度の目的としては、生じた事態の解明と、時には犯人の処罰をめざす事後的な犯罪処理に純化する必要があろう」とする。ここでは、一般予防も特別予防の考慮も刑事裁判（制度）では回避され、事後処理に徹することになる。吉岡一男、前掲注（11）論文、八九－九〇頁。この第一次予防線は、F・v・リストのいう最良の社会政策は、最良の刑事政策と同旨であろう。

（13）三宅孝之「自由刑と量刑」前野・斉藤・浅田・前田編『量刑法の総合的検討』（松岡正章先生古稀祝賀論文集）（成文堂、二〇〇五年）一〇二頁。量刑事情としては、①被告人の年齢、性格、経歴および環境、②犯罪の動機、方法、結果、③社会的影響、④犯罪後における被告人の態度、⑤その他の事情（被害者による宥恕、損害賠償、社会的制裁、被害者の落ち度）があるが、これらは責任原則の観点から、責任を限度として考慮されるべきである。一般予防的考慮から、責任原則が掘り崩されかねない要素として、③の社会的影響（世論、マスコミの反響）、⑤の被害者からの厳罰要求があるが、これらを責任を超えて考慮すべきでないとするものである。同一〇三頁。

（14）David Garland, The Rise of Risk, in Richard V. Ericson & Aaron Doyle (Eds.), *Risk and Morality*, University of Toront Press 2003, at 50.

（15）J. Floud & W. Young, *Dangerousness and Criminal Justice*, Heinemann 1981. at 4. 邦訳として、ジーン・フロウド、ウォーレン・ヤング（井上祐司訳）『危険性と刑事司法』（九州大学出版会、一九九一年）。当時のイギリスの危険性論争について、三宅孝之「犯罪者と危険性」『精神障害と犯罪者の処遇』（成文堂、一九九二年）所収、一四九、一九三頁以下参照。

（16）D. Garland, *supra* note 14, at 61. 犯罪学分野での保険数理的司法とリスク・マネージメントの国際的議論の動向につき、竹村典良「二一世紀における犯罪、犯罪学、犯罪統制～リスク・不確実性・不安定性とカオス／複雑系～」罪と罰三九巻三号（二〇〇二年）五頁。刑事法領域でのリスク論につき、松原芳博「リスク社会と刑事法」法哲学年報二〇〇九（二〇一〇年）七八頁、大屋雄裕「ホラーハウス／ミラーハウス――松原報告へのコメント」同法哲学年報、九三頁、島田聡一郎「危険・リスク社会論と犯罪理論」刑事法ジャーナル三三号（二〇一二年）四頁。

（17）山口節郎『現代社会のゆらぎとリスク』（新曜社、二〇〇二年）一八四頁。

（18）イギリスにおいては、一九九七年以来、違法行為への責任（Responsibility）と損害賠償以外の修復補償命令（Reparation order）を含んだ若年犯罪者パネル会合形式での修復的司法（Restorative justice: RJ）が開始され（三項目の頭文字から３Ｒ）、成人犯罪者についても二〇〇三年刑事裁判法一四二条で裁判所が修復保障を命令することができるようになっている。Ian Edwards, Restorative Justice, Sentencing and the Court of Appeal, Crim. L. R[2006]110.

(19)「リカバリー・パラダイム」とは、犯罪者処遇パラダイムを三類型し、第一の「制裁パラダイム」では、犯罪者への対処は検挙（確率など制裁のインパクトを高めることに象徴され、第二の「リスク要因軽減パラダイム」は、専ら犯罪者を可変なリスク要因の軽減によって達成されると図式化し、これら二つと異なる第三のパラダイムといわれる。このリカバリー・パラダイム「犯罪者をスティグマを貼られたものであると考え、犯罪者の立ち直りは、スティグマの乗り越え（＝リカバリー）の過程によると考え、犯罪者処遇は、社会関係資本の充実などによってリカバリー過程を促進することを目的とすると考える。津富宏「はじめに」、「犯罪者処遇のパラダイムシフト　長所基盤モデルに向けて」、日本犯罪社会学会編（津富宏責任編集）『犯罪者の立ち直りと犯罪者処遇のパラダイムシフト』（現代人文社、二〇一一年）三、六二頁以下。伊福部は保護観察を三モデル（①選択（考試）過程モデル、②サンクション・モデル、③改善モデル）に類型化し、改善モデルの選択を説く。伊福部舜児「保護観察について——改善モデルによる分析」『社会内処遇の社会学』（日本更生保護協会、一九九三年）一二四頁。

(20)三宅孝之「社会内処遇の現状と問題点　社会内処遇の未来像」（青林書院新社、一九八四年）二七二頁。社会奉仕（社会貢献活動）命令は、プロベーションの類型に置くか、新たな類型とするかについては議論がありうる。わが国では、社会奉仕は、①独立の刑罰、②短期自由刑の代替刑、③罰金刑の代替執行手段、④起訴猶予・執行猶予の条件、⑤保護観察の内容である遵守事項、など法制審議会被収容人員適正化方策に関する部会で議論となった。要は処分か刑罰にせよ独立性を認めるのか否か、またその内容如何であり、根底には、施設収容人員の緩和策が、積極的な新たな社会内処遇のとするのか否かの位置づけにある。森本正彦「刑の一部執行猶予制度・社会貢献活動の導入に向けて」立法と調査三一八号（二〇一一年）六五頁。

(21)わが国の社会内処遇としての保護観察は、五号観察まであり、類型別には、一号観察である少年の保護観察、二号観察である刑の執行猶予者の保護観察、三号観察である少年院仮退院者の保護観察、四号観察である刑事施設からの仮出所者の保護観察、そして五号観察である婦人補導院からの仮退院者の保護観察がある。また、二〇一〇年法制審議会は、成人の一部刑執行後の、継続的な刑執行猶予という、いわば仮釈放型で保護観察中に特別遵守事項に社会貢献活動（奉仕）を付す答申を法務大臣に行い、その立法が企図されている。森本正彦、前掲論文（注20）五九頁。この動きにつき、行為責任主義への抵触およびダイバージョン機能をもたない実刑の一種である等とする批判意見として、京都弁護士会「刑の一部執行猶予制度に反対する意見書」（二〇一一年四月）。http://www.kyotoben.org.jp. イギリスにおける社会奉仕命令の創設期における拘禁刑に代替する独立した社会内処遇につき、三宅孝之「社会奉仕命令の一考察——イギリスの歩みと論議をみて」刑法雑誌二五巻三・四号（一九八三年）四三六頁。

(22)「社会的コントロール〈統制〉のグラデーション」の語が用いられている。D.Downess & P. Rock *et al*, *supra* note 3, at v, 37. 犯罪者処遇において施設内から施設外にいたる急激な落差のない「処遇のグラデーション」も重要である。拙稿「人格障害犯罪者の処遇――施設内処遇から社会内処遇への展望」佐藤・瀬川他編『大谷實先生喜寿記念論文集』（成文堂、二〇一一年）九四頁。後者の参考モデルとして、フィンランドの犯罪者処遇がある。日本弁護士連合会・第二東京弁護士会『フィンランド視察報告書―罪を犯した人の社会内での更生をめざす行刑システム――二〇〇九年六月三〇日～七月三日』（第一資料印刷、二〇一〇年）全一一二頁。人は変わり成長しうるとの信念（ミッション）から、コミュニティ・サンクションの役割は重視・強化され、再犯減少に向けて社会的排除がないように、対象者（クライアント）とのディスカッションを通じ、（社会復帰への）問題を見出そうとする。同二七頁。イギリスのスコットランド（地方）の社会内処遇は「ソーシャルワークを重視した社会復帰的、福祉的、傾向として……シフトを変えるべきこと」の示唆を与える。三宅孝之「スコットランドにおける犯罪者処遇――社会内処遇の未来像を求めて」論文集編集委員会編『中山研一先生古稀祝賀論文集』第五巻（成文堂、一九九七年）三〇四頁。

（23）　三宅孝之、前掲注（20）、二七九頁。すでに、アメリカの刑事司法標準目的に関する全国諮問委員会報告書『矯正保護』（一九七三年）は、保護観察の役割を、ケースワーカとしてよりも「社会資源管理者」として位置づけ、対象者のおかれた状況を考慮し、対象者が利用しうる人的・物的な社会資源を把握し、対象者がサービスを受けられるよう援助する役割をもっぱら担うとした。法務省保護局『社会内処遇の基準と目標』保護資料、一九号（一九八一年）九四頁参照。これは「援護モデル」ないし「社会資源モデル」といわれるもので、「指導監督」の性格を斥け、「補導援護」のみを軸とした保護観察（スーパービジョン）である。

（24）　Hazel Kemshall, The role of risk, needs and strengths assessment in proving the supervision of offenders, in Fergus McNeil, Peter Raynor and Chris Trotter eds., *Offender Supervision: New directions in theory, research and practice*, Willan publ., 2010, at156-7. 認知行動療法も含まれている。イングランド・ウェールズにおいてプロベーション（保護観察）において、リスクとリスク・マネージメントが本格的に取り入れられたのは一九九〇年代からである。Gwen Robinson, Exploring management in probation practice: Contemporary developments in England and Wales, Punishment and Society, vol 4 No1, 2002, at 5.

（25）　*Ibid*., 157.

（26）　このモデルは、リスクの分類（程度、介入必要度、強度）と結合したリハビリテーションモデルとされ、再犯防止、非犯罪者ライフスタイルの確立と変容の要は社会的包摂と再社会統合に焦点をおいた目標計画にあるとし、ソシャルワーカーとは犯罪者の行動変容を促進する「治療連携」（関係）を志向するものであり、そのために犯罪環境とかリスクのある行動の回避ではなく行動変容のためのスキル、能力を開発することを目標にする。*Ibid*.,164.

（27）　Fergus McNeil, Peter Raynor and Chris Trotter, Introduction: 'What's new and exciting?' , in Fergus McNeil *et al, supra* note 24, at 5.

（28）　William G.Staples, Surveillance and Social Control in Postmodern Life, in Thomas G.Blomberg & Stanley Cohen eds, *Punishment and Social*

Control, Enlarged 2nd ed., Aldine de Gruyter 2003, at 206. 薬物犯罪者の社会内処遇を効率的、効果的に行うために再犯リスク、いいかえれば再犯要因を多機能機関が科学的に明らかにし、これを対象者と共有し、専門処遇集団（保護観察官）による観察（スーパーバイズ）によって行うことの困難さはその証左でもある。

（29）社会内処遇原則は、これまでの受刑者の処遇原則が参考になる。対象者の（処遇、情報入手）同意原則、違法侵害原理（ハーム・プリンシプル）に応じた司法を契機とする）介入の最小限原理（LRA. Less Resrictive Alternative）、比例性原則、司法福祉から純粋福祉への移行原則、対象者への情報開示原則等、提示できる。参照、福田雅章「受刑者の法的地位」澤登・所・星野・前野編著『新刑事政策』（日本評論社、一九九三年）二二〇頁。比例原則が社会内処遇の予防的司法領域では、対象者の自由とプライバシーの制限が問題となるため、応報主義との親和性と犯罪者への相応の罰（ジャストデザート）。犯行の重度性と「責任」（culpability）とで構成。）の処罰的側面から要請されるとする。Carol Steiker, Proportionality as a Limit on Preventive Justice, in Andrew Ashworth, Lucia Zender and Patrick Tomlin eds, Prevention and The Limits of The Criminal Law, Oxford U.P. 2013, at 195.

（30）土井政和「日本における非拘禁的措置と社会内処遇の課題」刑事立法研究会編『非拘禁的措置と社会内処遇の課題と展望』（現代人文社、二〇一二年）一六－一七頁。

（31）この観点は、対象者の処遇は、対象者の権利として捉え直すものである。福田は受刑者につき、社会復帰処遇を受ける権利主体ついての法的地位があるとする。福田雅章、前掲論文、注（29）二一九頁。私は、精神障害犯罪者の処遇につき治療・処遇を受ける者の人権を、「自由権的基本権を基礎として、憲法二五条を根拠にした生存権的基本権にもとづく『社会復帰の権利』として把握する」とした。三宅孝之「イギリスにおける精神障害犯罪者の処遇」同志社法学二四巻五号（一九七三年）七一頁。

（32）津田博之「更生保護における社会的援助」前掲注（30）『更生保護制度改革のゆくえ』四七－五〇頁。社会的援助は「社会復帰という行刑の基本原則を具体化するもの」との指摘がある。

（33）生田勝義『人間の安全と刑法』（法律文化社、二〇一〇年）i頁参照。方法が記載されることになる（法一〇四条）。

米国少年司法の新動向——脱・厳罰主義から学ぶべきこと——

山口直也

Ⅰ　はじめに

二〇一四年四月に第四次改正少年法が可決成立して少年刑の上限が引き上げられた。すでに二〇〇〇年に少年法二〇条が改正されて、一六歳以上の少年による故意の致死事件は原則逆送されることになっているので、今回の改正によって一層の厳罰化が推し進められたことになる。このように刑事裁判所への移送を容易にし、少年に対する刑罰を重くする、いわゆる少年司法における厳罰政策は、わが国の少年法の母法たる米国少年法において、主として一九八〇年代以降に既に展開されてきたことはよく知られている。

しかしながら、米国においては、厳罰政策から三〇年経過した現在、少年の可塑性へ再度着目する動きが活発化している。具体的には、少年を刑事裁判所の管轄権から少年裁判所の管轄権に戻す移送法の改正、少年受刑者の刑事施設収容を回避する法改正等、刑罰主義から教育主義への回帰が全米各州で起こり始めている。従来の厳罰主義から脱厳罰主義に大きく舵をきっているようにも見える。

そこで本稿では、米国の少年司法政策に追随する形で行われてきているわが国の厳罰的少年司法政策を、米国の現状を踏まえたうえで検討するものである。以下では、米国の厳罰政策を概観したうえで、新しい脱厳罰政策の内容を検討し、わが国への示唆を探ってみたい。

Ⅱ　米国における厳罰政策の展開

一九八〇年代に入り、レーガン、ブッシュ保守政権において犯罪に対する強硬政策がとられるようになり、少年司法政策も大きな転換期をむかえたことはよく知られている。例えば、一九八〇年代の一〇年間は一九七〇年代の一〇年間に比して、少年犯罪者を刑事裁判所に移送する割合が四〇〇％上昇していると言われる。[1]このように刑事裁判所への移送率が急激に上昇した背景には、全米各州において、いわゆる移送法が改革されたことが大きい。

刑事裁判所へ送致する移送法については、従来から、少年裁判所の裁判官の裁量による移送決定があることは周知である（以下、裁判官裁量移送法とする）。この移送法は、さらに、①裁判官が諸般の事情を考慮してその全裁量によって移送判断する場合、②少年側が検察官の刑事裁判相当の推定を覆さない限り裁判所が移送判断する場合、③少年裁判所が必要的に移送決定をしなければならない場合に分かれる。①がわが国の少年法二〇条一項に、③が同二項にほぼ相当する。②は、対審構造を前提に、少年側に挙証責任を転換して移送不相当を立証させる制度である。強硬政策以前は、①が主流であったが、同政策がとられた後は、二〇〇八年までに一五州でそれぞれ②及び③が立法化されるとともに、移送対象年齢の引き下げ、移送対象犯罪の拡大が行われている。[2]

さらに強硬政策によって、制定法上あらかじめ一定の犯罪について少年裁判所の管轄権に付さずに、刑事裁判所が直接的に管轄権を有する「移送」法（以下、自動移送法とする）及び検察官の裁量で少年裁判所ではなく刑事裁判所の管轄権に付す移送法（以下、検察官裁量移送法とする）を立法化する州も増加している。二〇〇八年段階で、それぞれ二九州及び一五州が同法制度を採用している。[3] このうち一九七九年段階で自動移送法を採用していたのは一四州であったが、一九九五年段階で二二州に増加して今日の数に至っている。移送可能年齢についてもいくつかの州で引き下げられ、対象犯罪についても、殺人罪、強姦罪、強盗罪などの凶悪犯罪からさらに拡大されつつあるのは裁判官裁量移送法の改革と同様である。[4] さらに、理論的には少年裁判所と刑事裁判所の両方の管轄権が競合する犯罪について、いわゆる検察官先議で刑事裁判所に送致する検察官裁量移送法については、その制度趣旨から、主として、罪状、犯行態様、少年の年齢等をもとに移送判断が頻繁に行われている。検察官裁量移送法は、裁判官裁量移送法と異なって、社会調査に関わる記録・資料がない段階でほぼ警察報告書のみで審判なしに移送判断をすることになるので、必然的に社会防衛の観点が重視されることになる。一九九〇年代のフロリダ州の検察官裁量移送数が同時期の全米の裁判官裁量移送数に相当するとの調査結果があり、[5] 強硬政策の「成果」が最も色濃く表れる移送手段である。

そしてこれらの厳罰的改正を実効ならしめる制度として、「恒常的成人犯罪者制度（Once an Adult / Always an Adult System）」と「混合量刑制度（Blended Sentencing Sytem）」の創設が移送法の改革と併行して拡大している。恒常的成人犯罪者制度は、一度、いずれかの移送法によって刑事裁判所に移送された場合は、当該裁判での有罪無罪の結果如何にかかわらず、爾後の少年年齢での犯罪の管轄権を自動的に刑事裁判所に付する制度であり、二〇〇八年現在、三四州が同制度を採用している。[6] また、混合量刑制度は、刑事裁判で有罪が確定した「少年」受刑者を直ちに成人刑事施設に収容するのではなく、青少年期の一定期間、少年院等で青少年受刑者として処遇して釈放するか、あるいはその後成人刑事施設に移送して成人受刑者として処遇する制度である。二〇〇八年現在、一四州が同制度を採用している。(7) この混合的量刑法のもとでは、低年齢からの成人矯正施設への収容が回避できるため、かえって少年事件の刑事裁判所への移送が容易になっているとの評価がある。(8)

以上のように米国における厳罰政策は移送法の改革を中心に行われてきており、一九八〇年代後半以降、時の政権の交代によっても基本的に変動してこなかったと言える。

Ⅲ　米国少年司法の新たな展開

1　厳罰政策の歪み

もっとも、米国における厳罰政策は、二〇〇〇年頃から実証的な根拠をもって反省を迫られている。

第一に、ＭＲＩ等の高精密な医療機器の開発に伴って深められた少年の脳構造に関する科学的知見が蓄積されはじめて、一〇代の少年の脳構造が生物学的に発達段階にあり、成人の脳構造と異なることが明らかにされたことである。(9) これらの脳科学の研究結果によると、一〇代の脳は成人するまでにその構造及び機能において劇的変化を遂げることが明らかにされ、特に、最終発達段階にあたる脳の一部分が、目的に向けられた合理的な意思決定、すなわち長期的展望に基づいて物事を計画すること、衝動を統制すること、洞察すること、そして判断することに関わっていることがわかったのである。(10) したがって、このような未熟な判断に基づく少年犯罪者に成人犯罪者と同じように刑事責任を課して刑罰で臨むことが建設的な問題解決になるのかという点から、厳罰政策に根本的疑問が呈されることになったのである。

第二に少年犯罪者が成人として移送され、成人の刑事矯正施設に収容される数が増大したことから、成人被収容者による少年被収容者に対する性的虐待、いわゆる刑務所内強姦（Prison Rape）の問題が深刻化したことがあげられる。(11) 刑務所内強姦の問題自体については決して新しい問題ではなく、二〇〇三年に刑務所内強姦排除法（Prison Rape Elimination Act）が連邦法として制定される時点では、全米の成人刑事施設に収容される二〇〇万人の被収容者の二〇％が他の被収容者あるいは刑務所職員から性的暴行の被害を受けていることが明らかにされている。(12) そしてこのような性的被害は、成人矯正施設の中で一番弱い立場に置かれる「少年」受刑者に集中している。同法によって創設された全米刑務所内強姦排除委員会（National Prison Rape Elimination Commission）は、少年被収容者保護のための基準を定めて、居室、公共区域、浴場等で一八歳未満の者が成人と接触することがないように分離収容を徹底すべきことを各施設に求めている。(13) もっとも、少年犯罪者の移送数の増加に伴う被収容者数の増大は分離収容を不可能にしている部分もあり、少年受刑者に対する教育の必要性と併せて、根本的解決のためには、成人刑事施設に少年を収容しないことが求められるようになっている。(14)

そしてこれらの観点は、少年に対する死刑及び終身刑に関する連邦最高裁判決の中でも確認されている。二〇〇五年のRoper v. Simmonsでは、少年が精神的に未成熟で責任観念が醸成されていないことが科学的に実証されていること、国連子どもの権利条約（以下、権利条約とする）をはじめとする国際規範ではその事実を前提に少年に対する死刑が禁止されていること等を指摘したうえで一八歳未満の少年に対する死刑を違憲としている。(15) また、二〇一〇年のGraham v. Floridaにおいても、Roper v. Simmons同様に心理学及び脳科学の最新の知見に触れつつ、少年の精神的、脳機能的未成熟による可塑性に着目し、少年の改善更生の機会を閉ざしてしまう仮釈放なしの終身刑を、非殺人事件に限ってではあるもののこれを違憲としている。(16) さらに二〇一二年のMiller v. Alabamaにおいても、同様の理由で少年犯罪者に対する仮釈放なしの終身刑を科す命令的量刑法が違憲であるとしている。(17) これらの一連の連邦最高裁判決は、科学的に裏付けられた少年の可塑性を司法レベルで確認したことに大きな意義がある。

このような一連の流れの中で、各州では、少年犯罪者を刑事裁判所へ移送し、刑事施設に収容してきた厳罰政策を、以下の2乃至5の司法政策によって修正しつつある。

2　成人刑事施設への収容制限

第一の司法政策として、成人刑事施設に収容されている少年への悪影響を回避するために、移送によって、手続上、「成人」として扱われる少年被告人、少年受刑者を成人の未決拘禁施設及び刑務所に収容することを何らかの形で制限する法改正が、二〇〇八年以降二〇一三年までに、全米一一州で行われている。[18]
まず成人未決拘禁施設への収容制限に関しては、例えばテキサス州において、二〇一一年九月一日に第一二〇九法案が州議会で可決成立している。[19] これによって一八歳未満の少年で、移送後に「成人」として刑事手続にのせられて成人未決拘禁施設に収容されてきた者を一八歳以上の成人と分離して収容する州法改正が行われている。[20] その背景には、「成人」として未決拘禁施設に収容された一八歳未満の少年被収容者が、成人と分離されることなく収容されて、成人被収容者による性的虐待の被害にあっていること、その教育・運動の機会が非常に限定されていることなどが指摘されている。[21] 同様の法改正は、コロラド州[22]、アイダホ州[23]、ネバダ州[24]、オハイオ州[25]、オレゴン州[26]、ペンシルバニア州[27]、バージニア州[28]でも行われている。
さらに成人刑務所への収容制限に関してインディアナ州では、二〇一三年四月に第一一〇八法案が州議会で可決成立している。[29] 同法によれば、移送後に刑事裁判所で有罪が確定した一八歳未満の「成人」受刑者を直ちに成人刑務所に収容するのではなく、一八歳になるまでは少年矯正施設に収容することができ、一八歳に達した後に成人刑務所に移送収容することが可能になったのである。[30] このような、いわゆる混合量刑による矯正処遇は、すでに多くの州で行われているが、同制度を有しない州では、ごく低年齢の「成人」受刑者が教育の機会もなく、大人の受刑者からの精神的、肉体的虐待にさらされたままであったのである。なお、同様の法改正は、メイン州[32]でも行われている。また、ハワイ州では、少年矯正施設長が家庭裁判所の許可を得て、被収容少年を懲戒等の理由で成人刑務所に移送することが、二〇一一年の法改正で禁止されている。[33]

以上のように、未決、既決を問わず本来的な成人刑事施設に、移送によって理論上の「成人」となった少年犯罪者を収容することの弊害、すなわち成人受刑者による精神的・肉体的虐待の危険性、少年に対する教科・矯正教育の欠如が、少年犯罪者の社会復帰を困難にしているという現状が各州で問題視され始めている。そして一九七四年連邦少年司法非行防止法が四〇年に亘ってコアの指針にしている「一目瞭然（sight and sound）」な成人との分離収容[34]の重要性がここ数年再認識されるようになってきている。

3　少年裁判所管轄年齢の引き上げ

国連子どもの権利条約をはじめとした国際人権基準では、少年年齢を一八歳未満に設定しており、先進国の多くも少年年齢を一八歳未満に設定している。米国においても、二〇一一年現在、三七州が少年年齢を一八歳未満に設定しているが、残りの一三州のうち、ノースカロライナ州とニューヨーク州が一六歳未満に、コネチカット州をはじめとする一一州が一七歳未満に、それぞれ少年年齢を設定している。[35]これらの一三州では、一六歳及び一七歳の犯罪者は成人として刑事裁判所で扱われ、そもそも少年裁判所の管轄権から自動的にはずれることになる。このような中、第二の司法政策として、成人として自動的に刑事手続に付され、有罪となれば成人刑務所に収容される一六歳及び一七歳の「少年」について、少年司法の枠組みの中で扱うように管轄権年齢を引き上げる法改正がいくつかの州で行われ始めている。

まず少年年齢を一七歳未満に設定していたマサチューセッツ州では、二〇一三年九月に第一四三二法案が州議会で可決成立している。[36] これによって、成人犯罪者として刑事裁判所で扱われ有罪が確定すれば成人刑務所に収容されていた年齢が、従来の一七歳から一八歳に引き上げられている。[37] すなわち、国際的には少年である一七歳の犯罪者について少年裁判所の管轄権が及ぶようになったのである。本改正法が成立した背景として、成人刑事施設における一七歳の受刑者に対する性的虐待及び自殺の危険性が高いこと、一七歳の刑事犯の多くが少額窃盗、軽度の薬物犯罪等であるために施設収容されないものの、成人犯罪としての前科だけがついてその後の就労等に悪影響が残ること等が指摘されている。[38]

またイリノイ州では、二〇一三年六月に第二四〇四法案が州議会で可決成立しており、同州でも少年裁判所の管轄権が一七歳未満から一八歳未満に引き上げられている。[39] 同州ではすでに二〇一〇年の段階で一七歳の者が行った軽罪について少年裁判所の管轄権を及ぼす法改正が行われていたが、それが二〇一三年の改正で重罪を含むすべての犯罪に拡張され、これまで成人として刑事手続で扱われてきた一七歳の犯罪少年が保護教育の対象とされることになったのである。[40] このようにさらなる改正が行われた理由としては、同州少年司法委員会が二〇一二年に行った二〇一〇年改正の効果測定で、一七歳の少年による軽罪の増加が見られずむしろ粗暴犯も含めて減少したこと、少年矯正施設の過剰収容には至らずむしろ三施設が閉鎖されたこと、加えて、選挙権もなく民法上子どもとして扱われている一七歳の重罪犯罪だけを「成人犯罪」として扱うことで、法管轄に対する一般人の理解に混乱が生じていることなどが指摘されている。[41]

さらにこれらの州のように実際の法改正には至っていないものの、一九〇九年の少年法創設以来一六歳以上を成人犯罪としているノースカロライナ州でも、ここ数年の脳科学の研究成果に基づく二〇歳未満の者の自己決定能力の不十分性の発見、そのような未発達の状態の者へは刑罰の賦課より発達段階に応じた教育的処遇が効果的である

とする知見から、少年裁判所の管轄年齢を一八歳未満に引き上げる議論が州議会で継続している。(42)

以上のように、少年裁判所の管轄年齢を低く設定している一三州においても、少年の脳の発達に関する脳科学の知見、国際的合意事項である一八歳未満の少年年齢設定、連邦最高裁判所による一八歳未満を少年とする実質的判断等を理由に、少年裁判所の管轄年齢を一八歳未満に引き上げようとする動きは顕著である。

4　移送法の改正による少年裁判所管轄の拡大

罪を犯した少年が刑事裁判所に移送される形態には、上述したように、特定犯罪を対象とする制定法上の自動移送、検察官の裁量による移送及び裁判官の裁量による移送の三形態があるが、第三の司法政策として、二〇〇五年以降、これらの諸形態における移送要件を厳格化して、刑事裁判所への移送を制限する法改正が全米一二州で行われている。(43) これらの法改正は、刑事裁判所から少年裁判所へ再移送する手続の要件緩和（第一類型）、移送時の年齢要件の引き上げ（第二類型）、移送時の犯罪類型要件の制限（第三類型）、及び恒常的成人犯罪者制度の改正（第四類型）に分類することができる。(44)

まず第一類型にあたる法改正として、アリゾナ州で二〇一一年四月一九日に第一一九一法案が州議会で可決成立しており、刑事裁判所に移送された一八歳未満の者を少年裁判所に再移送できる対象犯罪が、それまで性犯罪のみに限定されていたところから罪種に限定を設けないことになっている。(45) また、再移送審判は刑事裁判官の裁量によって開始されるが、同改正によって裁判官の職権発動を求める少年の権利も認められている。(46) このような改正の背景には、同州における検察官裁量による刑事裁判所への移送件数が年間二二〇件を超えており、その中には財産犯、軽罪も含まれている現状が指摘されている。(47)

次に第二類型にあたる法改正として、コロラド州で二〇一〇年五月二五日に第一〇－一四一三法案が州議会で可決成立して検察官による移送可能な年齢が一四歳以上から一六歳以上に引きあげられ、一四歳及び一五歳の対象少年については裁判官の裁量による移送決定のみが可能とされることになっている。[48] また、二〇一二年四月二〇日に同じく成立した第一二七一法案によって、一六歳及び一七歳で検察官によって刑事裁判所に移送された少年に、刑事裁判官による再移送決定の職権発動を求める権利が認められている。[49] このような法改正の背景には、一九九三年少年法改正で刑事裁判所移送に関する検察官の裁量幅が拡大されて移送数が増大し、その結果、成人刑事施設に収容された少年の性的虐待による被害、自殺、再犯率の増加、長期収容による社会復帰の困難性などが問題視されていたことがある。[50]

さらに第三類型にあたる法改正として、デラウエア州で二〇〇五年六月に第二〇〇法案が州議会で可決成立し、それまで自動的に移送対象となっていた第一級強盗罪について、「過去に重罪で有罪判決を受けている者が犯罪遂行の過程で致死的な武器を使用した場合あるいは被害者に重大な傷害を負わせた場合」という限定を加えている。[51] これによって、少年が成人未決拘禁施設に長期間収容される例が大幅に減少している。[52]

そして第四類型にあたる法改正として、バージニア州では二〇〇七年三月に法案第三〇〇七号が州議会で可決成立している。[53] これによって、一度刑事裁判所に移送されれば刑事裁判で無罪が確定あるいは訴追自体が取り下げられたとしても、再び犯罪を行えば恒常的成人犯罪者制度に基づいて自動的に成人として訴追されていた者が、少年としての地位を保持することになったのである。[54] 同様の法改正はワシントン州でも行われている。[55]

以上のように厳罰主義の中核である移送法の運用実態については、特に検察官裁量による移送数の増大、移送後の刑事施設収容の弊害、社会復帰の困難性の増大が顕著になっており、このことに対する反省が少年保護の理念から迫られているという状況にある。

5　命令的量刑法の改正

第四の司法政策として、移送後の刑事裁判によって有罪判決を受けた少年に科される仮釈放なしの終身刑及び長期収容を含む命令的量刑法（mandatory sentencing law）を再考し、成人と異なる少年の精神的発達段階を考慮に入れた量刑を選択するような法改正が、二〇〇五年以降現在まで、全米一〇州で行われている。(56) 少年は精神的に未発達で未熟であること、無謀な行為を行いやすいこと、仲間の悪影響を受けやすいこと、それゆえにいわゆる可塑性が高く社会復帰教育に馴染みやすいことは、二〇〇五年に一八歳未満の少年に対する死刑を禁止した**Roper v. Simmons**、二〇一〇年に少年による非殺人事件で仮釈放なしの終身刑とすることを禁止した**Graham v. Florida**、二〇一二年に少年犯罪者に対する仮釈放なしの終身刑を科す命令的量刑法が違憲であるとした**Miller v. Alabama**の各連邦最高裁判決で繰り返し指摘されてきたところである。

このような観点から、例えばコロラド州では、二〇〇六年五月に超党派による法案第〇六ｰ一三一五号が州議会で可決成立して、「少年」受刑者に対する仮釈放なしの終身刑を廃止して、最高刑を仮釈放なし四〇年の刑期にしている。(57) 同様の法改正は二〇〇九年にテキサス州でも行われている。(58) また、カリフォルニア州では、二〇一三年九月に州議会で第二六〇法案が可決成立し、仮釈放なしの終身刑が科された少年受刑者であっても、収監後一五年が経過した場合には仮釈放の申立ができるようになっている。(59) これによって、二〇一三年現在収監されているおよそ五〇〇〇人の少年受刑者に改正内容が遡及適用されることになる。(60) 同様の法改正は、ノースカロライナ州でも行われており、二〇一二年七月に第六五三法案が州議会で可決成立し、仮釈放無しの終身刑が科された少年受刑者について、収監後二五年を経過した場合の仮釈放申請が認められることになっている。(61)

図1　米国少年逮捕率（単位・人／少年人口10万人当たり）

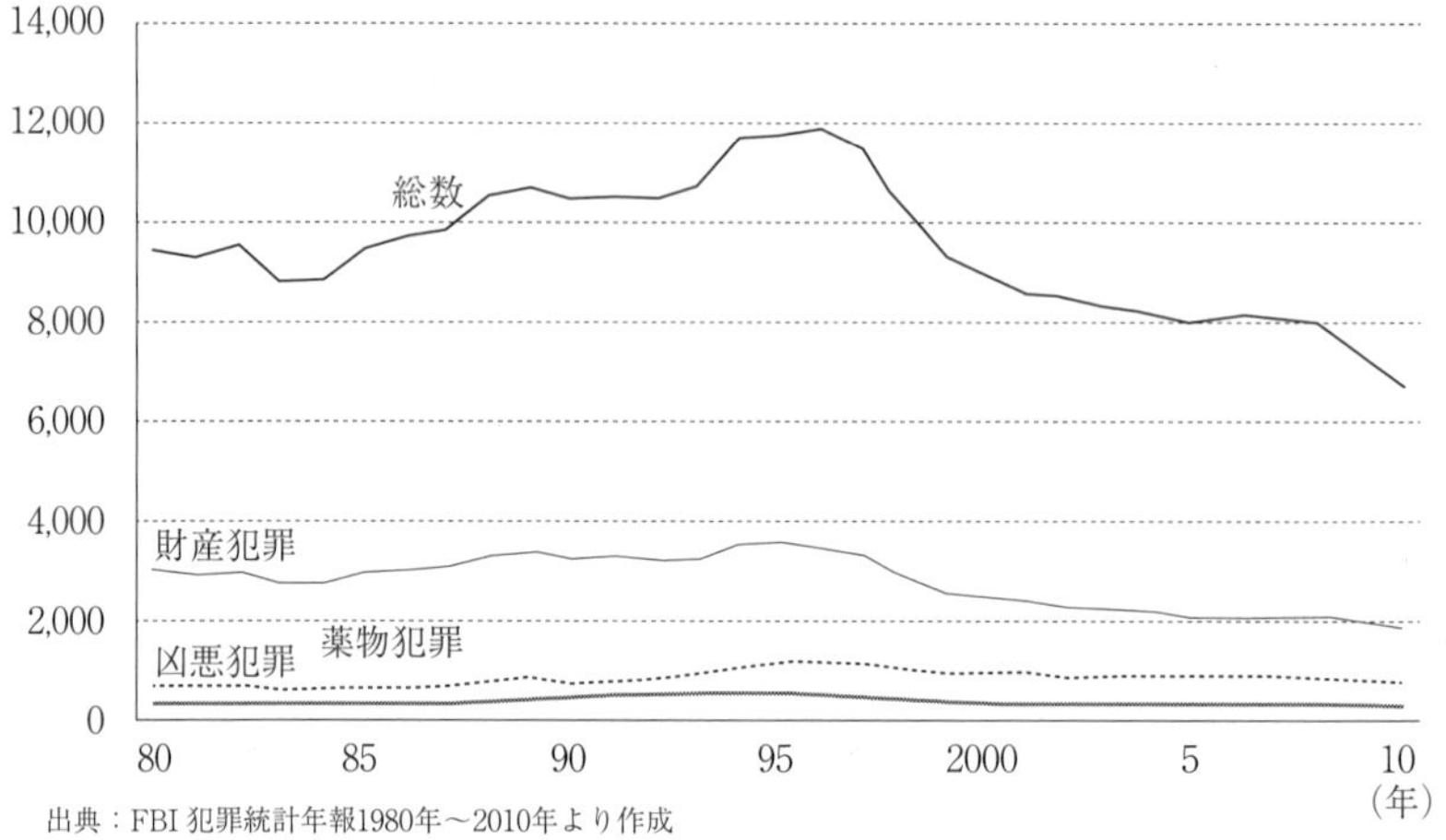

出典：FBI 犯罪統計年報1980年～2010年より作成

6　小　括

以上のように一九八〇年代後半から進められてきた厳罰政策については、二〇〇〇年以降一定の揺れ戻し現象が起きている。その理由としては、上述したように、少年の脳の発達段階についての近年の脳科学の発見があったこと、成人刑事施設に収容されている少年受刑者に対する強姦等の性犯罪被害が多発していること、一八歳という少年年齢を規定した国際人権基準を踏まえた一連の連邦最高裁判決が下されたことに加えて、少年犯罪率が二〇〇〇年頃から急激に低下してきたことが挙げられる（図1参照）。特に、一九九九年から二〇〇八年までの一〇年間で、成人犯罪者の逮捕率が三・四％増加したのに対して、少年犯罪者の逮捕率は逆に一五・七％減少している。[62] また、殺人罪、強姦罪、強盗罪及び加重暴行罪の凶悪犯罪については、二〇一二年現在の逮捕率はピークである一九九五年に比べてほぼ三分の一に低下しており、殺人罪については六分の一まで低下しているのである。[63] このような状況を踏まえると、米国における少年司法政策は、従来の厳罰主義による対応から脱却しつつあるように見える。

図2　少年受刑者数（人）

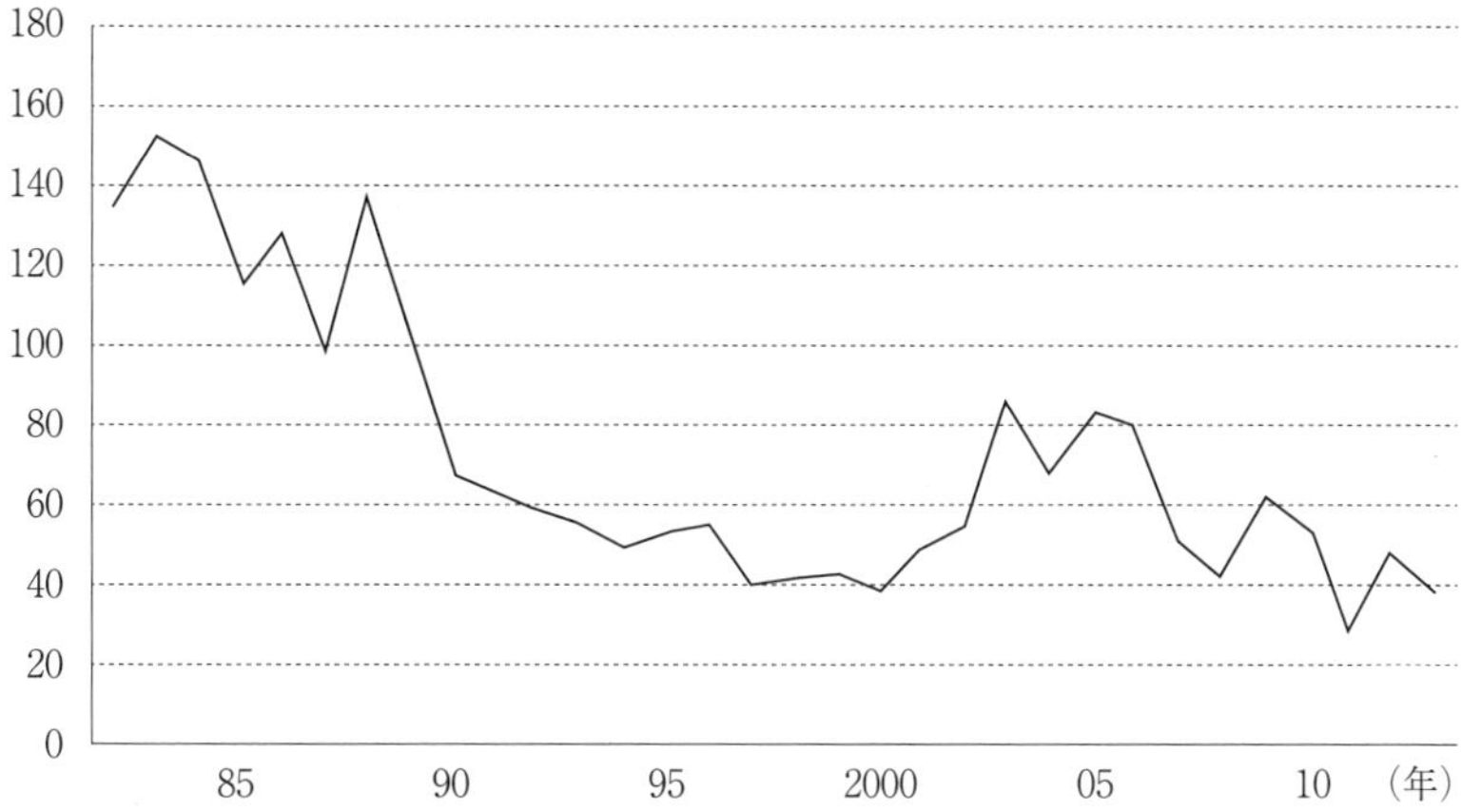

出典：犯罪白書1980年～2012年版より作成

Ⅳ　わが国の少年司法改革の現状と課題

一方でわが国における少年司法政策はどうであろうか。

わが国では、二〇〇〇年に少年法二〇条が改正され、それまで一六歳以上の少年による一定の犯罪のみに認められていた裁判官裁量による検察官送致（逆送）決定が一四歳以上の少年に認められることになり、一六歳以上の少年の一定の重罪については、裁判官が原則的に検察官送致決定（米国の裁判官必要的移送法に相当）しなければならないことになっている。一九八〇年以降、二〇一二年までの交通事犯をのぞく一般少年事件における逆送数自体は減少傾向にあるものの、二〇〇〇年の原則逆送規定の導入以降、導入以前の逆送率を大きく上回る逆送率になっていることが指摘されている。[64] これによって、二〇〇〇年改正以降二〇〇六年頃まで、少年刑務所に収容される少年受刑者の数が増加傾向にあったことがわかる（図2参照）。また同時に、少年法五六条三項が創設されて、一四歳及び一五歳の少年受刑者については一六歳まで少年院で処遇し、その後、刑事施設に移送して刑罰を執行する混合量刑制度が導入されている。さらに、

図３　一般保護事件数

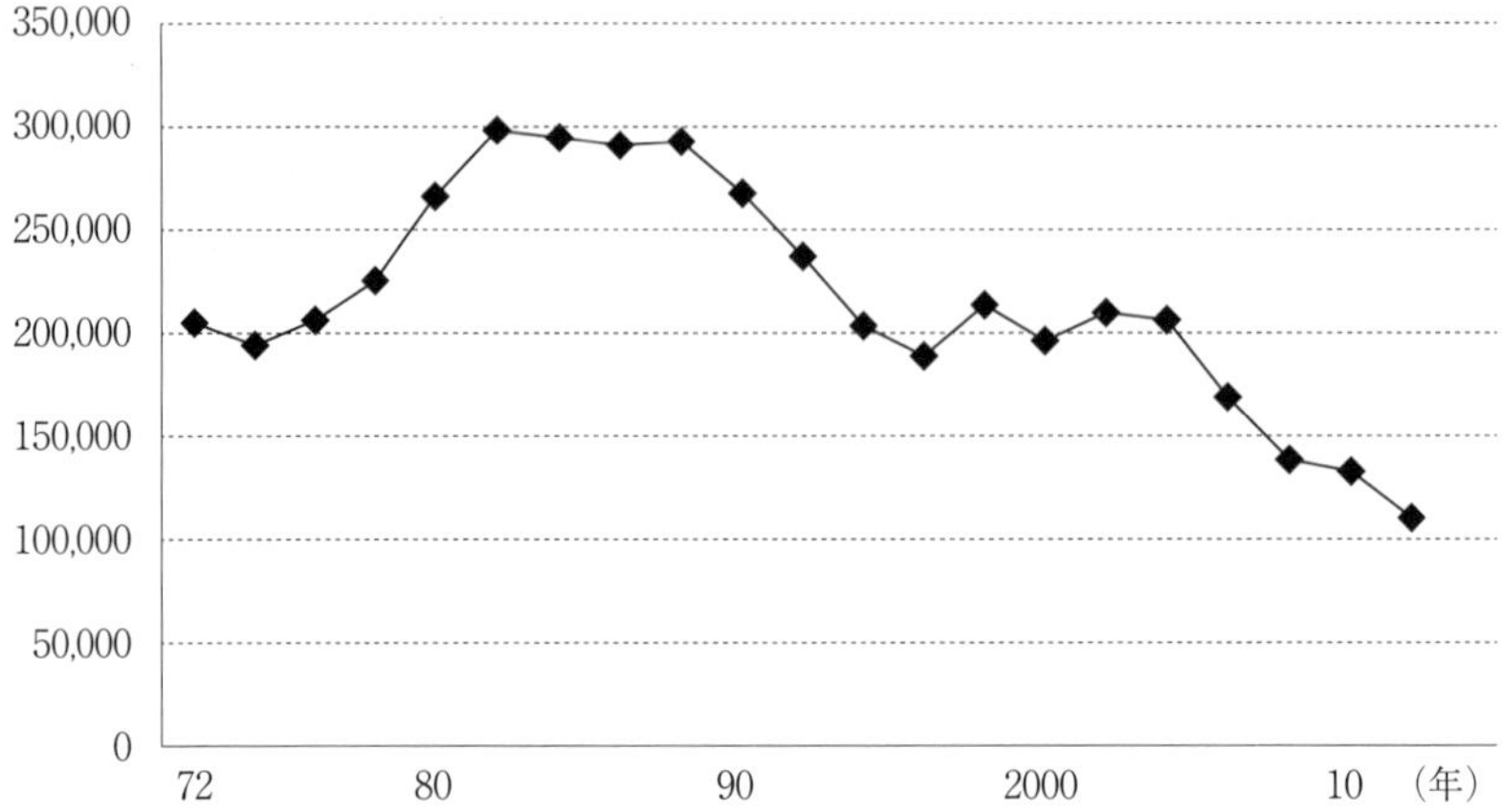

出典：司法統計年報・少年事件編1972年版～2012年版より作成

二〇一四年四月に成立した第四次改正少年法では、少年の不定期刑の上限が一五年にまで引き上げられ（米国の命令的量刑法に相当）、厳罰化の傾向はより強まったと言うことができる。これらの一連の法改正は、一九九〇年以降本格的に行われてきた米国の厳罰政策をほぼ一〇年遅れで後追いしているようにも見える。

もっとも一般少年保護事件数自体は、二〇〇〇年以降、減少の一途をたどっている（図３参照）。家裁に送致された一般少年保護事件数は、一九八〇年の二六五、七三九人から、一九九〇年には二六八、〇八七人、二〇〇〇年には一九七、二二三人、そして二〇一二年の統計では一一〇、八二三人に減少している。このうち、いわゆる重大凶悪事件に相当する殺人罪は、同様に四〇人、六一人、五五人、三三人に、傷害致死罪は、同様に二〇人、二四人、一一三人、二三人に、強盗致死傷罪は、同様に三〇二人、二五八人、一〇七四人、二三七人に、強盗罪は、同様に三八〇人、二五八人、三五二人、一八九人に、それぞれ一九九〇年以降二〇〇〇年をピークとして減少傾向にある（図４）。このような状況を見る限り、わが国の少年司法において厳罰政策を維持することの合理性は疑わしいと思われる。わが国においても、むしろ米国における脱厳罰主義に学ぶべき時期に来ているのでは

図４　凶悪少年事件数（単位・人）

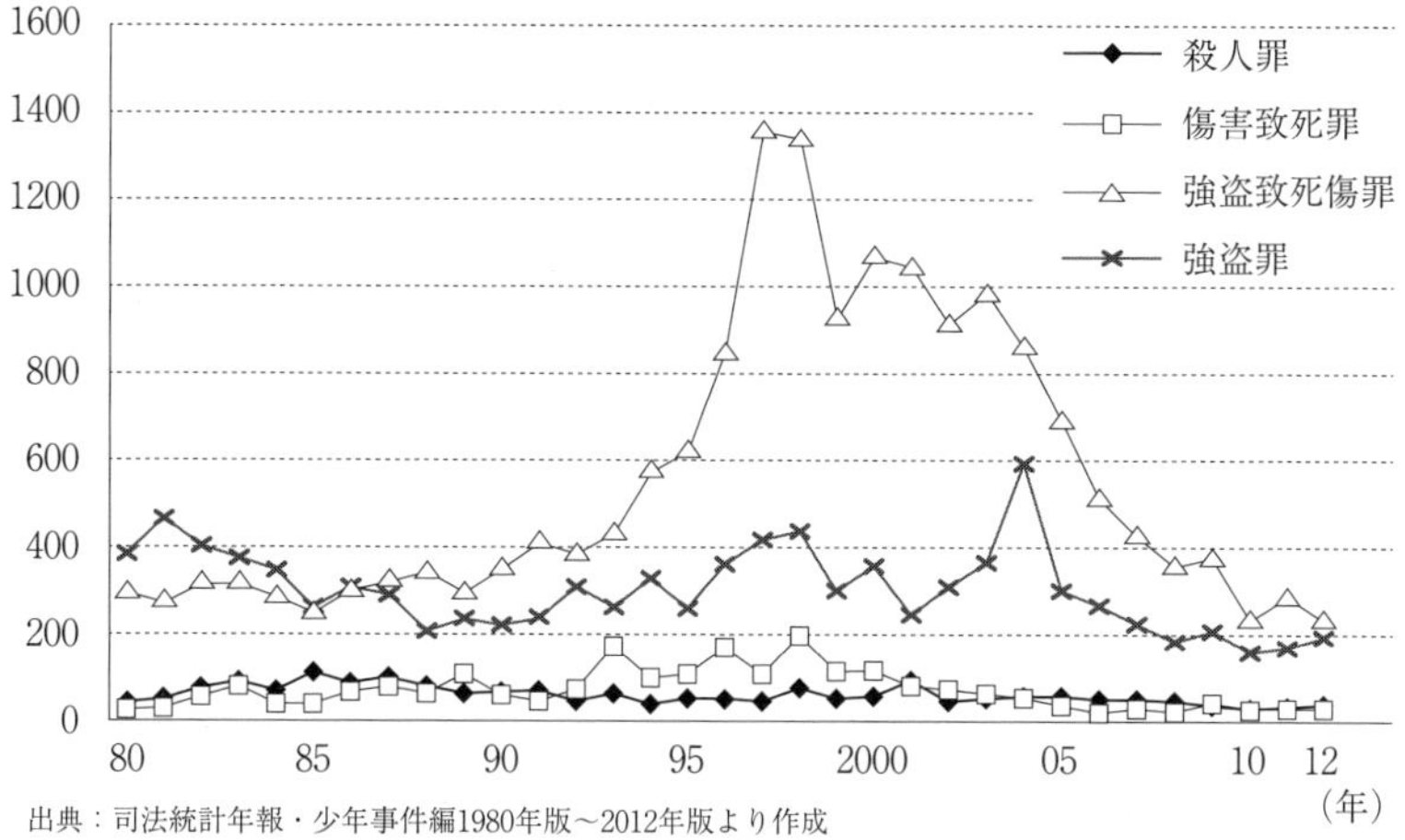

出典：司法統計年報・少年事件編1980年版～2012年版より作成

ないだろうか。

いずれにしても、まず、わが国の刑事施設の中では、少なくとも、米国におけるような少年受刑者に対する刑事施設内強姦が横行しているという状況はない。一つには刑務所に収容されている二〇歳未満の少年受刑者の絶対数が少ないこと、さらには、収容されるとしても、基本的に二六歳未満の青少年受刑者を収容する少年刑務所に収容されることから、米国で起こっているような悲劇的状況は生じていないものと考えられる。その意味では、当面、米国の刑務所内強姦排除法に基づく措置を参考にする状況にはないと言える。

しかしながら他方で、米国連邦最高裁が少年の死刑、無期刑に関して減軽事由の一つとして考慮した少年の脳構造解明に関する脳科学の知見は、わが国の少年審判、特に逆送決定並びに少年の刑事裁判における少年法五五条移送判断及び量刑判断において、今後検討すべき重要な課題である。逆送決定においては、社会調査における処遇意見の中で使用される保護不能又は保護不適という概念も、単に心理学及び精神医学的な検証に基づくだけではなく、大脳生理学、脳科学の生物学的な実証的根拠に基づく必要性が出てくると考えられる。また、刑事裁判においては、少年法五五条移送判断であれ、死刑、無期刑、不定期刑の量刑判断であれ、犯行時一〇代である被告人の脳が、一般的類型的に生物学的に未発達であって、そのことが犯罪行為の制御を困難ならしめているという実証的根拠が示される場合には、その点を無視した刑事責任の追求は困難であると考えられる。少年刑の量刑幅を広げて厳罰化をすすめているわが国の状況はまさにこの点を無視しており時代遅れの感がある。

そして最後に米国連邦最高裁が権利条約を中心とする国際人権規範に言及しつつ、少年が成長発達の途上にあって可塑性があるがゆえに死刑、仮釈放なしの終身刑が禁止され、刑罰の執行が例外的な措置とされていることを確認した点が注目される。**Roper v. Simmons**、**Graham v. Florida** 及び **Miller v. Alabama** の各判例によって、脳科学の知見を基盤に、少年に対する帰責性は低く、相対的に可塑性が高いと判示された点は、まさに国際人権規範が規定する子どもの成長発達権を保障すべきことを指摘しているに等しい。わが国の最高裁は批准した条約であり国内法としての意味を持つ国連子どもの権利条約についてでさえ、法規範として実質的に参照しているとは言い難い状況にある。脳科学の知見をもとにおよそ一〇代の子どもの可塑性に再着目する場合、およそ一〇代の者を子どもとして扱い、子どもの権利伸張にいっそう貢献する（権利条約第四一条）少年司法制度を有するわが国の法体系において、国際人権規範である権利条約第五条及び第六条において規定される子どもの成長発達権の観点から、死刑を含む少年に対する刑罰のあり方を再検討すべき時期にきていることは疑いがないように思われる。

Ⅴ　むすびにかえて

米国における少年司法は、少年犯罪率の低下とともに、少年の脳の発達段階についての脳科学の知見などを踏まえて、厳罰政策によって見失われてきた少年司法本来の教育主義、保護主義を見直す方向に大きく舵を切り始めている。良きにつけ悪しきにつけ、米国を範として展開してきたわが国の少年司法も、裁判員裁判をはじめとする刑事司法改革、犯罪被害者基本法に基づく司法政策の展開、教育改革、成人年齢引き下げの議論等の影響の中で、米国同様に大きな曲がり角に来ているように思われる。

問題は、厳罰化の方向か、脱厳罰化の方向か、そのいずれに舵を切るかである。現在のところ、少年刑の長期化を中心に厳罰化の方向にさらに舵を切っているように見えるが、二〇〇〇年代後半以降、特に少年非行の減少は顕著であり、また、権利条約を批准し、少年法一条において保護主義を宣明するわが国の少年司法の進むべき方向としては疑問である。少年司法政策において求められているのは、刑罰による制裁を強化することではなく、少年保護手続の中で少年の発達段階に応じた対応をとることではないだろうか。

（1） Benjamin Steiner and Craig Hemmens, "Juvenile Waiver 2003: Where are we now ?" Juvenile and Family Court Journal, Vol.54 No.2, 2003, at 2.
（2） Barry C. Feld and Donna M. Bishop, "Transfer of Juveniles to Criminal Court", in Barry C. Feld and Donna M. Bishop, The Oxford Handbook of Juvenile Crime and Juvenile Justice, 2012, at 815-818 (hereinafter, Transfer of Juveniles).
（3） Id at 809-810.
（4） Id at 819-820.
（5） Vincent Shiraldi and Jason Zeidenberg,"The Florida Experiment : Transferring Power From Judges to Prosecutor", Criminal Justice Vo. 15, 2000, pp.46-62.
（6） Transfer of Juveniles, supra note 2 at 803-805.
（7） Id at 822-824.
（8） Patricia Torbet et al., Juvenile Facing Criminal Sanctions: Three States That Changed the Rules, 2000, at 43-44.
（9） Neelm Arya, State Trends: Legislative Changes from 2005 to 2010 Removing Youth from the Adult Criminal Justice System, Washington DC: Campaign for Youth Justice, 2011, at 9 (hereinafter, State Trends 1).
（10） Id.

(11) Human Rights Watch Report, No Escape: Male Rape in U.S. Prisons, 2001 .
(12) See Deborah L. Rhode, Opinion: Rape in Prison: Indifference Rules, Nat'l L.J., Oct. 29, 2001, at A25
(13) See National Prison Rape Elimination Commision Report (2009); Prison Rape Elimination Act National Standards, 28 C.F.R §115.14 (2012).
(14) Carmen Daugherty, State Trends: Legislative Victories from 2011-2013 Removing Youth from the Adult Criminal Justice System, Washington DC: Campaign for Youth Justice, 2013, at 8 (hereinafter, State Trends 2).
(15) Roper v. Simmons, 543 U.S. 551 (2005).
(16) Graham v. Florida, 560 U.S. 48 (2010).
(17) Miller v. Alabama, 132 S. Ct. 2455 (2012).
(18) State Trends 1, supra note 9 at 24-28 ; State Trends 2, supra note 14 at 2-3.
(19) State Trends 1, supra note 9 at 26 ; State Trends 2, supra note 14 at 2-3.
(20) Texas Family Code §51.12 (2014), as modified by SB 1209.
(21) Michele Deitch, Anna Lipton Galbraith, Jordan Pollock, Conditions for Certified Juveniles in Texas County Jails, The University of Texas at Austin 2012, pp. 9-18.
(22) Colorado Revised Statutes, 19-2-508 (2012), as modified by HB 1139.
(23) Idaho Code Section 20-518 (2011), as modified by SB 1003.
(24) Nevada Revised Statutes, 62B.330 (2013), as modified by AB 202.
(25) Ohio Revised Code §2152.26 (2012), as modified by SB 337.
(26) Oregon Revised Code 137.705 (2011), as modified by HB 2707.
(27) Pennsylvania consolidated statutes 1275.1 (F) 1 (2011), as modified by SB 1169.
(28) Code of Virginia§§ 16.1-249, 16.1-269.5, and 16.1-269.6 (2011), as modified by SB 259.
(29) State Trends 2, supra note 14 at 2.
(30) Indiana Family and Juvenile Code §31-30-4 (2014), as modified by HB 1108.
(31) 例えば、テキサス州の混合量刑の現状については、拙稿「テキサス州少年法の史的展開と現代的課題」山梨学院ロージャーナル1号（二〇〇五年）一一七頁以下参照。
(32) State Trends 1, supra note 9 at 25.
(33) State Trends 2, supra note 14 at 2.

(34) 42 U.S.C. 5633 (a) (13) (A) and (B) (2014).
(35) State Trends 1, supra note 9 at 29.
(36) State Trends 2, supra note 14 at 4.
(37) Id.
(38) Id.
(39) Id.
(40) Id.
(41) Id.
(42) North Carolina Code §15A-1476 (2012),as modified by SB 653.
(43) State Trends 1, supra note 9 at 33-40;State Trends 2, supra note 14 at 5-6 .
(44) State Trends 1, supra note 9 at 33.
(45) State Trends 2, supra note 14 at 5
(46) Id.
(47) Children's Action Alliance, Improving Public Safety by Keeping Youth Out of the Adult Criminal Juatice System, 2010, at 4-5.
(48) State Trends 1, supra note 9 at 34.
(49) State Trends 2, supra note 14 at 5.
(50) Colorado Juvenile Defender Coalition, Re-directing Justice: The Consequences of Prosecuting Youth as Adults and the Need to Restore Judicial Oversight, 2012, at 27-62.
(51) State Trends 1, supra note 9 at 35.
(52) Id.
(53) H.B 3007, 2007 Gen Assem., Reg. Sess (Va. 2007);§16.1-271 of the Code of Virginia (2014).
(54) State Trends 1, supra note 9 at 37.
(55) Id.
(56) State Trends 1, supra note 9 at 41-43;State Trends 2, supra note 14 at 7-8 .
(57) State Trends 1, supra note 9 at 41-42.
(58) Id., at 42.

(59) State Trends 2, supra note 14 at 8.
(60) Id.
(61) Id.
(62) See, Campaign for youth justice, Most Youh in the Adult System; Are Convicted of Minor Crimes, 2010.
(63) See, Jeffrey A. Butts, Violent Youth Crime in U.S. Falls to New 32-Year Low, Research and Evaluation Databits, 2013.
(64) 正木裕史「二〇条二項送致の要件と手続」葛野尋之編『少年司法改革の検証と展望』(二〇〇六年)一三三頁以下等参照。

生田勝義先生　略歴・主要著作目録

略　歴

一九四四年（昭和一九）一〇月二五日　兵庫県淡路島に生まれる

学　歴

一九六三年（昭和三八）三月　兵庫県立津名高校卒業
一九六七年（昭和四二）三月　大阪大学法学部卒業
一九六九年（昭和四四）三月　大阪大学大学院法学研究科修士課程修了（法学修士）
一九七三年（昭和四八）三月　大阪大学大学院法学研究科博士後期課程単位取得満期退学
二〇〇三年（平成一五）三月　立命館大学にて博士（法学）の学位を授与される

職　歴

一九七三年（昭和四八）四月　立命館大学法学部助教授
一九八〇年（昭和五五）四月　立命館大学法学部教授
法学部学生主事（～一九八一年三月）
一九八九年（昭和六四）四月　法職課程主事（～一九九〇年三月）
一九九〇年（平成二）四月　法学部主事・法学研究科主事（～一九九一年三月）
一九九一年（平成三）四月　法学部調査委員長（～一九九二年三月）

一九九五年（平成七）　四月　二部部長（〜一九九六年三月）
一九九六年（平成八）　四月　法学部長、法学研究科長（〜一九九八年三月）
一九九八年（平成一〇）　四月　立命館大学理工学部教授（法学）
立命館大学大学院法学研究科教授（〜二〇〇一年三月）
学生担当常務理事（〜一九九九年一二月）
二〇〇一年（平成一三）　四月　立命館大学法学部教授
二〇〇四年（平成一六）　四月　立命館大学大学院法務研究科教授・法学部教授
四月　セクシャルハラスメント相談室長（〜二〇〇七年三月）

所属学会

日本刑法学会、民主主義科学者協会法律部会、日本法社会学会

主要著作目録

単　著

『行為原理と刑事違法論』（学位論文）　二〇〇二年六月　信山社
『人間の安全と刑法』　二〇一〇年一一月　法律文化社

共著・編著

風早八十二監修・前野育三他著『刑法改悪』　一九七六年四月　新日本出版社

『刑法各論講義』上田寛・名和鐵郎・内田博文と共著　一九八七年四月　有斐閣
『刑法各論講義〔第二版〕』上田寛・名和鐵郎・内田博文と共著　一九九六年一〇月　有斐閣
『現代刑法学原論〔総論〕第三版』刑法理論研究会著　一九九六年四月　三省堂
『世紀転換期の日本と世界第一巻法の構造変化と人間の権利』大河純夫と共編著　一九九六年六月　法律文化社
『大野真義先生古稀祝賀刑事法学の潮流と展望』森本益之と共編著　二〇〇〇年一一月　世界思想社、一六四－一九三頁
『刑法各論講義〔第三版〕』上田寛・名和鐵郎・内田博文と共著　二〇〇三年六月　有斐閣
『刑法各論講義〔第三版改訂版〕』上田寛・名和鐵郎・内田博文と共著　二〇〇五年四月　有斐閣
『刑法各論講義〔第四版〕』上田寛・名和鐵郎・内田博文と共著　二〇一〇年四月　有斐閣

論　文

「違法論における『結果無価値』と『行為無価値』について」　一九七二年三月　阪大法学八二号四七－一〇五頁
「沖縄協定と刑事裁判権――いわゆる教公二法反対闘争事件を中心に」　一九七三年一〇月　立命館法学一〇七号一六－四〇頁
「警察と人権」（山下健次と共同執筆）杉村敏正・光藤景皎・東平好史編『警察法入門』　一九七五年一一月　有斐閣、四－五頁
「市民的政治的自由と刑法改悪」　一九七六年四月　法の科学四号一六五－一七五頁
「わが国における不真正不作為犯論について（一）（二・完）」　一九七七年一月、七月　立命館法学一二八号、一三一号

「正当防衛における防衛意思、対物防衛、誤想防衛と過剰防衛」西原春夫・藤木英雄・森下忠編『刑法学二《総論の重要問題Ⅱ》』　一九七八年四月　有斐閣、四〇－七六頁

「可罰的違法性と社会的相当性」中山研一他編『現代刑法講座第二巻違法と責任』　一九七九年三月　成文堂、三三－五四頁

「医療行為と刑事責任」莇立明・中井美雄編『医療過誤法入門（法学入門講座）』　一九七九年三月　青林書院新社、一九三－二一八頁

「一九六〇年代日本における法構造の展開」『第一回日ソ学術シンポジウム報告集戦後日本の社会構造の変化』　一九八〇年六月　立命館大学人文科学研究所二一六－二三一頁

「日米同盟強化と刑法『改正』論　刑法改正の視点〈特集〉」　一九八一年一一月　法律時報五三巻一二号六五－六九頁

「保安・懲罰（武器の使用を含む）（監獄法「改正」の検討―一〇―）」　一九八一年一一月　法律時報五三巻一二号一七一－一七五頁

「刑法『改正』問題の現状と課題（上）」　一九八二年七月　立命評論七四号八六－九七頁

「刑法『改正』問題の現状と課題（下）」　一九八三年五月　立命評論七六号六〇－六九頁

「違法性と因果関係」中山研一・泉正夫編『医療事故の刑事判例』　一九八三年六月　成文堂、二五三－二八一頁

「不作為による作為犯についての一考察（一）」　一九八四年二月　立命館法学一七一号一－一五頁

「ロッキード事件追求の経路――刑事責任と政治責任（ロッキード田中裁判と日本の民主主義〈特集〉）」　一九八四年四月　法と民主主義一九六号一一－一五頁

「スパイ等防止法案の解釈論的検討（現代国家とスパイ等防止法案〈特集〉）」　一九八五年一一月　法律時報五七巻一二号二四－三一頁

「立法促進論のイデオロギーとその批判」中山研一・斉藤豊治編『総批判国家機密法――危機にたつ人権と民主主義』　一九八五年一一月　法律文化社、一九一－二一四頁

The consumer protection criminal law in Japan　一九八八年三月　Ritsumeikan Law Review No.3 pp.23-28

Judicial Law-Making in Criminal Law　一九八八年三月　Ritsumeikan Law Review No.3 pp.126-132

Tatprinzip und Verbrechenslehle　一九九〇年三月　Ritsumeikan Law Review No.5 pp.7-11

「ドイツにおける企業秘密保護刑法の歴史から学ぶもの（特集・営業秘密と刑事法）」　一九九一年九月　刑法雑誌三二巻一号一一七－一三八頁

「刑法の歴史と人間」中山研一・森井暲・山中敬一編『刑法理論の研究——中刑法理論の検討（中勝義先生古稀祝賀）』　一九九二年三月　成文堂、二三－四四頁

「『被害者の承諾』についての一考察」　一九九三年九月　立命館法学二二八号三一－七六頁

「可罰的違法性」阿部純二他編『刑法基本講座第三巻違法論／責任論』　一九九四年二月　法学書院、三五－五〇頁

「行為原理と刑法」　一九九四年三月　立命館法学（塩田親文・井戸田侃教授退職記念論文集）二三一・二三二号一一五－一五六頁

「行為原理と行為論」『刑法の理論（中山研一先生古稀祝賀論文集第三巻）』　一九九七年二月　成文堂、七五－八九頁

「正当防衛に関する一考察」　二〇〇一年二月　立命館法学（創立百周年記念論文集上巻）二七一・二七二号六四八－六七六頁

「政治腐敗と経済犯罪――日本における問題状況」上田寛・大久保史郎編『挑戦を受ける刑事司法――ボーダレス社会における犯罪と人権』　二〇〇一年二月　日本評論社、一四九－一六六頁

「法意識の変化と刑法の変容――ひとつの覚書」　二〇〇二年三月　国際公共政策研究六巻二号四九－六六頁

「影響力の濫用とあっせん収賄罪（特集公務員犯罪の諸問題）」　二〇〇二年七月　現代刑事法四巻七号三四－三九頁

「不作為による放火」　二〇〇三年七月　現代刑事法五巻七号四九－五八頁

「日本の犯罪発生傾向と検挙率の動向――特に都市型・多国籍型犯罪と関連して（犯罪の増加と自治警察を巡って）」　二〇〇三年一〇月　月刊自治研五二九号四六－五六頁

「日本における治安法と警察――その動向と法的課題」　二〇〇四年三月　立命館法学二九二号五七－七九頁

「挑発と量刑」『量刑法の総合的検討（松岡正章先生古稀祝賀）』　二〇〇五年二月　成文堂、一六五－一九三頁

「厳罰主義と人間の安全――刑法の役割についての一考察」『民主主義法学・刑事法学の展望下巻――刑法・民主主義と法（小田中聰樹先生古稀記念論文集）』　二〇〇五年一二月　日本評論社、三七－六五頁

「刑罰の一般的抑止力と刑法理論――批判的一考察」　二〇〇六年一月　立命館法学（立命館法学第三百号記念論文集）三〇〇・三〇一号二四－四四頁

「グローバリゼーション下の組織犯罪と刑法」上田寛編『国際組織犯罪の現段階：世界と日本（講座人間の安全保障と国際組織犯罪第二巻）』　二〇〇七年八月　日本評論社、六八－八四頁

「人身取引問題の現状と課題」大久保史郎編『人間の安全保障とヒューマン・トラフィキング（講座人間の安全保障と国際組織犯罪第三巻）』　二〇〇七年一〇月　日本評論社、一九七－二一三頁

「違法性の理論について（特集佐伯刑事法学の検討）」　二〇〇八年三月　犯罪と刑罰一八号四一－五九頁

「佐伯刑法理論の思想的背景――その国家像・人間像（特集佐伯千仭博士の刑事法学）」　二〇〇八年九月　刑法雑誌四八巻一号八五－一〇三頁

「特集自由と安全と刑法――企画の趣旨――総論を兼ねて」　二〇〇九年二月　刑法雑誌四八巻二号五九－六六頁

「警察への虚構犯罪通報は偽計業務妨害か？」　二〇一一年三月　立命館法学三三七号一二〇一－一二三七頁

「刑罰威嚇に頼らない環境保護条例：琴引浜「禁煙ビーチ」の取組み」　二〇一二年三月　立命館法学三四五・三四六号三一三八－三一八一頁

「違法の質・相対性と法的関係の相対性（序説）」　二〇一三年三月　立命館法学三五二号二六七三－二七〇二頁

教科書等分担執筆

「不作為による放火（セミナー・リーディングケース刑法四）」　一九七五年九月　法学セミナー二四三号六二－六五頁

「逮捕監禁罪、脅迫罪、誘拐罪」西原春夫編別冊法学セミナー基本判例シリーズ九　判例刑法Ⅱ各論　一九七五年一一月　日本評論社、一三四－一四〇頁

「労働刑事事件をめぐる問題点」中山研一・宮澤浩一・大谷実編『刑法各論』　一九七七年四月　青林新社、一七二－一八三頁

「公務の執行を妨害する罪」福田平・大塚仁・宮澤浩一・小暮得雄・大谷実編『刑法（五）各論Ⅲ』　一九七七年六月　有斐閣、一八〇－二〇五頁

「刑法改正問題」中山研一編『現代刑法入門』　一九七七年一二月　法律文化社、九二－一〇九頁

「正当防衛における防衛意思」西原春夫・藤木英雄・森下忠編『刑法学二《総論の重要問題Ⅱ》』　一九七七年一二月　有斐閣双書、四〇－五三頁

「自招危難」平野龍一編別冊ジュリスト五七号刑法判例百選Ⅰ総論　一九七八年二月　有斐閣、一〇二－一〇三頁

「公務執行妨害罪における『暴行』」平野龍一編別冊ジュリスト五八号刑法判例百選Ⅱ各論　一九七八年四月　有斐閣、二六－二七頁

「裁判の民主化」天野和夫・片岡曻編『現代法学入門』　一九七九年三月　法律文化社、一三四－一五七頁

「超法規的違法阻却事由、責任の本質」石川才顕編集別冊法学セミナー四〇号司法試験シリーズ三　刑法　一九七九年七月　日本評論社、五九－六六頁

「因果関係と他の事情の介入、誤想防衛、不能犯、刑罰の本質」斉藤誠二編『演習ノート刑法総論』　一九八二年一〇月　法学書院

河本一郎・中野貞一郎編集代表『法学用語小辞典』（刑法部分の分担執筆）　一九八三年三月　有斐閣

中川淳編集代表『判例辞典』（刑法部分の執筆担当）　一九八三年三月　六法出版社

「犯罪の概念、行為、構成要件、違法性」中義勝・吉川経夫・中山研一編『刑法1総論』　一九八四年一月　蒼林社、四三－一六八頁

「自招危難」平野龍一・松尾浩也編別冊ジュリスト八二号刑法判例百選Ⅰ総論〔第二版〕　一九八四年三月　有斐閣、九〇－九一頁

「公務執行妨害罪における『暴行』の程度」平野龍一・松尾浩也編別冊ジュリスト八三号刑法判例百選Ⅱ各論〔第二版〕　一九八四年四月　有斐閣、二二〇－二二一頁

「違法性、錯誤」大野真義・墨谷葵編著『要説刑法総論』　一九八四年一二月　嵯峨野書院、一一二－一二九頁、二一六－二二三頁

「通名による再入国申請書の作成と私文書偽造罪の成否」　一九八五年三月　法学セミナー三六三号三〇－三一四八頁

「騒擾罪の成立要件——新宿騒擾事件上告審決定」ジュリスト臨時増刊（昭和五九年度重要判例解説）八三八号　一九八五年六月　有斐閣、一七一－一七三頁

「名誉に対する罪、公務員・公務所の意義、公務の執行を妨害する罪」大野真義・墨谷葵編著『要説刑法各論』　一九八七年四月　嵯峨野書院、一二九－一四三頁、四〇〇－四一七頁

「猥褻の概念——問い直される処罰根拠」芝原邦爾編・別冊法学教室（刑法の基本判例）　一九八八年四月　有斐閣、一八四－一八七頁

杉村敏正・天野和夫編集代表『新法学辞典』（刑法部分の分担執筆）　一九九一年二月　日本評論社

「改ざんコピーの作成と偽造・変造罪（特集・刑法各論の新論点）」　一九九一年九月　法学教室一三二号二四－二五頁

「『職務ヲ執行スルニ当リ』の意義——熊本県議会事件」平野龍一・松尾浩也・芝原邦爾編別冊ジュリスト一一七号刑法判例百選Ⅱ各論〔第三版〕「刑法一五九条、一六〇条、一六一条、一六一条の二」　一九九二年四月　有斐閣、二〇八－二〇九頁

「判例回顧と展望一九九三」（本田稔と共著）　一九九四年四月　法律時報六六巻五号二七－四五頁

「判例回顧と展望一九九四」（本田稔と共著）　一九九五年四月　法律時報六七巻五号二四－四二頁

「判例回顧と展望一九九五」（本田稔と共著）　一九九六年四月　法律時報六八巻五号二四－四〇頁

大塚仁・川端博編『新・判例コンメンタール刑法四』　一九九七年一二月　三省堂、三八八－四三一頁

「不作為による放火」松尾浩也・芝原邦爾・西田典之編別冊ジュリスト一四二号刑法判例百選Ⅰ総論〔第四版〕　一九九七年四月　有斐閣、一四－一五頁

「『職務を執行するに当たり』の意義——熊本県議会事件」松尾浩也・芝原邦爾・西田典之編別冊ジュリスト一四三号刑法判例百選Ⅱ各論〔第四版〕　一九九七年五月　有斐閣、二一四－二一五頁

「名誉棄損罪における事実の証明」大野真義編著『演習刑法各論』　一九八八年五月　晃洋書房、九九－一〇八頁

「刑事手続と人権」中川淳編『やさしく学ぶ法学』　一九九九年四月　法律文化社、五八－七二頁

「必要的共犯」芝原邦爾・西田典之・山口厚編別冊ジュリスト一六六号刑法判例百選Ⅰ総論〔第五版〕　二〇〇三年四月　有斐閣、一九四－一九五頁

「強盗罪の要件たる暴行脅迫（一）」芝原邦爾・西田典之・山口厚編別冊ジュリスト一六七号刑法判例百選Ⅱ各論〔第五版〕　二〇〇三年四月　有斐閣、七〇－七一頁

「刑事手続と人権」中川淳編『やさしく学ぶ法学〔第二版〕』　二〇〇三年四月　法律文化社、六〇－七四頁

「間接幇助」西田典之・山口厚・佐伯仁志編別冊ジュリスト一八九号刑法判例百選Ⅰ総論〔第六版〕　二〇〇八年二月　有斐閣、一七四－一七五頁

「販売の目的の意義」西田典之・山口厚・佐伯仁志編別冊ジュリスト一九〇号刑法判例百選Ⅱ各論〔第六版〕　二〇〇八年三月　有斐閣、二一六－二一七頁

中川淳・大野真義編『新版法律用語を学ぶ人のために』　二〇〇八年五月　世界思想社

書評

京藤哲久「法秩序の統一性と違法判断の相対性」『平野龍一先生古稀祝賀論集』（平成三年）所収　一九九二年一〇月　法律時報六四巻一一号一〇四－一〇七頁

井上宜裕「緊急避難下の不可罰性と第三者保護に関する一考察――フランス刑法を中心として（一）～（三・完）」　二〇〇〇年四月　法律時報七二巻四号九九－一〇一頁

深町晋也「主観的正当化要素としての同意の認識の要否――同意の処罰阻却効果の『絶対性』との関係について」　二〇〇二年六月　法律時報七四巻七号八五－八八頁

松原芳博「所持罪における『所持』概念の行為性」『刑事法の理論と実践――佐々木史郎先生喜寿祝賀』（平成十四年）所収　二〇〇三年五月　法律時報七五巻五号八六－八八頁

嘉門優「法益論の現代的展開――法益論と犯罪構造」――刑事法学の動き　二〇〇八年六月　法律時報八〇巻六号一〇五－一〇八頁

葛野尋之「社会的迷惑行為のハイブリッド型規制と適正手続」　二〇一一年一月　法律時報八三巻一号一〇六－一〇九頁

関哲夫『続々・住居侵入罪の研究』　二〇一二年一一月　法律時報八四巻一二号一〇三－一〇六頁

甘利航司「『電子監視（Electronic Monitoring）』研究序説」　二〇一三年一二月　法律時報八五巻一三号三七八－三八二頁

紹　介

「西ドイツ刑法改正の責任および答責理論の理論的・イデオロギー的基礎」　一九七三年　現代法研究一

「ペーター・ブリンゲヴァード『心臓ペースメーカー再利用の場合における医師の説明義務の範囲』（学界展望最近の外国刑法事情七）」　一九八三年二月　警察研究五四巻二号九二－九六頁

「ヴォルフガング・ナウケ『刑罰目標と犯罪概念との相互作用』」　一九八八年三月　立命館法学一九六号一〇〇－一一〇頁

「マルテ・ディーセルホルスト「『第三帝国』におけるオイタナジー」（ラルフ・ドライアー、ボルフガンク・ゼラート編「第三帝国における法と司法」四）（最近の外国刑法事情一〇四）」　一九九一年八月　警察研究六二巻八号六九－七六頁

「ハンス・ルートヴィッヒ・シュライバー「『第三帝国』における刑事立法」（ラルフ・ドライアー・ヴォルフガング・ゼラート編『第三帝国における法と司法』八）（最近の外国刑法事情一〇七）」　一九九二年一月　警察研究六三巻一号六七－七一頁

「ギュンター・シュペンデル祝賀論文集の紹介（一）」　一九九四年六月　立命館法学二三三号一〇九－一三一頁

「ギュンター・シュペンデル祝賀論文集の紹介（二）」　一九九四年一〇月　立命館法学二三五号五二一－五四〇頁

「ギュンター・シュペンデル祝賀論文集の紹介（三）」　一九九四年一二月　立命館法学二三六号二一〇－二二六頁

「ギュンター・シュペンデル祝賀論文集の紹介（四）」　一九九五年一月　立命館法学二三七号二〇五－二二七頁

「ギュンター・シュペンデル祝賀論文集の紹介（五）」　一九九五年三月　立命館法学二三八号八六－九四頁

「連載を始めるにあたって（フランクフルト大学犯罪科学研究所編『刑法の驚くべき状態について』の紹介（一））」　一九九六年一二月　立命館法学二四八号二六六－二六七頁

「ミヒャエル・ケーラー『帰責の概念』ハンスヨアヒム・ヒルシュ古稀祝賀論文集の紹介（三）」　二〇〇一年二月　立命館法学二七三号五七一－五八〇頁

その他

「基本書の選び方、使い方刑法」法学セミナー一九八〇年増刊法学入門　一九八〇年四月　日本評論社、一六八－一七三頁

「子供会のハイキング中に起きた児童の水死事故とボランティア引率者の過失」　一九八五年三月　法学セミナー三六三号一四九頁

「責任――『誰それのせいだ』と『誰それはけしからん』で成り立つ（特集刑法入門・講義にそなえて）」　一九八五年四月　法学セミナー三六四号四八－四九頁

「騒擾罪の成立要件（新宿騒擾事件）」　一九八六年三月　法学セミナー三七五号六五頁

「刑法一一〇条の一項の放火罪と公共の危険発生の認識の要否」　一九八六年三月　法学セミナー三七五号六六頁

「刑法（ワークショップ）」　一九九一年一月　刑法雑誌三一巻三号四〇八－四一二頁

「〔コメント〕「犯罪論」について」徐益初・井戸田侃編著『現代中国刑事法論（現代中国叢書三）』　一九九二年九月　法律文化社、四八－五五頁

「共犯の因果性」　一九九二年一〇月　受験新報四二－一〇、四四－四五頁

「応報感情を考える（死刑廃止を求める刑事法研究者意見集（特別企画死刑廃止を考える））」　一九九三年一〇月　法学セミナー四六六号三八－一〇、三八頁

「政治腐敗と刑事法（ワークショップ）」　一九九六年五月　刑法雑誌三五巻三号四八七－四九一頁

「刑法は劇薬なのだ――拙著『行為原理と刑事違法論』を語る」　二〇〇二年一二月　立命館大学法学部ニューズレター三一号八－九頁

執筆者紹介

嘉門《かもん》　優《ゆう》　立命館大学教授
中村《なかむら》　悠人《ゆうと》　東京経済大学専任講師
松原《まつばら》　芳博《よしひろ》　早稲田大学教授
武田《たけだ》　誠《まこと》　國學院大學教授
佐川友佳子《さがわゆかこ》　香川大学准教授
安達《あだち》　光治《こうじ》　立命館大学教授
浅田《あさだ》　和茂《かずしげ》　立命館大学教授
豊田《とよた》　兼彦《かねひこ》　関西学院大学教授
髙山佳奈子《たかやまかなこ》　京都大学教授
高橋《たかはし》　直人《なおと》　立命館大学教授
本田《ほんだ》　稔《みのる》　立命館大学教授
大下《おおした》　英希《ひでき》　立命館大学准教授

玄《ひょん》　守道《すど》　龍谷大学教授
塩谷《しおたに》　毅《たけし》　岡山大学教授
井上《いのうえ》　宜裕《たかひろ》　九州大学准教授
金子《かねこ》　博《ひろし》　近畿大学専任講師
金《きむ》　尚均《さんぎゅん》　龍谷大学教授
野澤《のざわ》　充《みつる》　九州大学准教授
松宮《まつみや》　孝明《たかあき》　立命館大学教授
石塚《いしづか》　伸一《しんいち》　龍谷大学教授
平山《ひらやま》　幹子《もとこ》　甲南大学教授
内田《うちだ》　博文《ひろふみ》　神戸学院大学教授
小山《こやま》　雅亀《まさき》　西南学院大学教授
辻本《つじもと》　典央《のりお》　近畿大学教授

山名《やまな》　京子《きょうこ》　関西大学教授
福島《ふくしま》　至《いたる》　龍谷大学教授
渕野《ふちの》　貴生《たかお》　立命館大学教授
森久《もりひさ》　智江《ちえ》　立命館大学准教授
川崎《かわさき》　英明《ひであき》　関西学院大学教授
葛野《くずの》　尋之《ひろゆき》　一橋大学教授
高田《たかだ》　昭正《あきまさ》　立命館大学教授
吉井《よしい》　匡《たすく》　香川大学准教授
上田《うえだ》　寛《かん》　立命館大学名誉教授
三宅《みやけ》　孝之《たかゆき》　島根大学特任教授
山口《やまぐち》　直也《なおや》　立命館大学教授

Horitsu Bunka Sha

生田勝義先生古稀祝賀論文集
自由と安全の刑事法学

2014年9月28日　初版第1刷発行

編集委員　浅田和茂・上田　寛
　　　　　松宮孝明・本田　稔
　　　　　金　尚均

発行者　田靡純子

発行所　株式会社 法律文化社

〒603-8053
京都市北区上賀茂岩ヶ垣内町71
電話 075(791)7131　FAX 075(721)8400
http://www.hou-bun.com/

＊乱丁など不良本がありましたら、ご連絡ください。
お取り替えいたします。

印刷：亜細亜印刷㈱／製本：㈱藤沢製本
装幀：谷本天志

ISBN978-4-589-03620-9